张洪刚 韩清玉 编

吕荧纪念文集

时代出版传媒股份有限公司
安徽教育出版社

图书在版编目（CIP）数据

吕荧纪念文集／张洪刚,韩清玉编.—合肥:安徽教育出版社,2023.12

ISBN 978-7-5748-0138-7

Ⅰ.①吕… Ⅱ.①张… ②韩… Ⅲ.①吕荧(1915—1969)—纪念文集 Ⅳ.①K825.6-53

中国国家版本馆CIP数据核字（2023）第241373号

吕荧纪念文集

LÜ YING JINIAN WENJI

出 版 人:费世平
责任编辑:江 舟 徐 鹏 付 静 徐 宇
统筹编辑:徐 鹏
装帧设计:张鑫坤
技术编辑:陈善军

出版发行:安徽教育出版社
地　　址:合肥市经开区繁华大道西路398号　邮编:230601
网　　址:http://www.ahep.com.cn
营销电话:(0551)63683012,63683013
排　　版:安徽时代华印出版服务有限责任公司
印　　刷:安徽新华印刷股份有限公司

开　　本:710 mm×1010 mm　1/16
印　　张:22
字　　数:294千字
版　　次:2023年12月第1版
印　　次:2023年12月第1次印刷
定　　价:68.00元

（如发现印装质量问题,影响阅读,请与本社营销部联系调换）

吕荧先生及吕荧研究（代前言）

提到吕荧先生，人们首先想到的，便是20世纪五六十年代那场轰轰烈烈的"美学大讨论"，在那场对中国美学发展影响深远的学术论辩中，出现了关于美的本质的四大学说，分别是蔡仪的"美是客观的"，吕荧、高尔泰的"美是主观的"，李泽厚的"美是客观性与社会性的统一"和朱光潜的"美是主客观的统一"。虽然这场论争最后以实践论美学"一统天下"的理论样态延续了其在中国当代美学的发展，但是作为美学家的吕荧在此间尽显其思辨智慧与学者风采。

话说回来，吕荧先生又岂止是美学家呢？他更是一位诗人，一位文艺理论家，一位文学批评家，一位翻译家。在新中国成立前的新民主主义革命时期，吕荧发表文学作品，编辑左联刊物《浪花》，参加"中华全国文艺界抗敌协会"的成立大会，与作家胡风交往密切，翻译出版了大量俄苏文学作品和理论著作……无需赘述，不难看出在20世纪三四十年代，吕荧已经是一位重要的文学活动家了。

早在初中时，吕荧就开始从事文学活动；而如果从诗歌《一九三四年的春天》发表的20岁算起，直至1969年在清河农场极其恶劣的条件下病逝，他的文学与学术生命亦不过20余年，这其中又有多少时日的颠沛流离，多少时日病痛折磨甚至精神失常！如此算来，多才睿思的吕荧先生并没有太多从容写作与研究的岁月。在其短暂的文艺生涯中，吕荧先生在美学、文学理论、文学创作与文学翻译领域取得了显著成就，为中国当代美学和文艺学建设作出了重要贡献，也为中国现代文坛留下了不朽的诗篇与译文。吕荧为我们留下了多少文字？2021年安徽教育出版社出版的《吕荧全集》共五卷，足足160万字！而在安徽教育出版社的支持与帮助下，我们正在进行的一项工作是搜集、整理未被收入全集的吕荧著述，也已经有近30万字的规模，所以，在那般艰难的生活境遇下，吕荧先生为我们留下来近200万字的文艺财富，多么令人惊叹！

吕荧先生的文艺成就可以从文学美学研究与评论、文学创作与文学翻译三个领域加以观照。

作为中国现代文艺美学的重要学者和批评家，吕荧的文学理论、美学与文学评论成就显著。首先吕荧对文艺基础理论进行了深入探讨，如《文学的倾向》中关于深广、"永恒的主题"、艺术与政治、（诗的）真实，现存吕荧在山东大学的授课课程文艺学的课堂笔记第五、六、七三章，内容分别是文学的特性、创作与风格；其次是对特定文学类型与流派研究，如对工人文艺、包括自然主义和新写实主义在内的现实主义的研究等，仅自然主义的话题，吕荧就写了四篇文章，另外还有为卢卡契《叙述与描写》写的"译者小引"也涉及自然主义问题；再次，吕荧的马克思主义文艺理论研究也有多篇著述，如《人的花朵》一书中的《普列汉诺夫的〈普希金为艺术而艺术论〉辩证》，《文学的倾向》中的《坚持"脚踏实地"的战斗》，《关于工人文艺》，《艺术的理解》（第一辑），以及译著《列宁论作家》"辑译后记"、译著《列宁与文学问题》"译者引言"等。单就《普列汉诺夫的〈普希金为艺术而艺术论〉辩证》一文来说，这其中呈现了吕荧文艺批评的重要范畴——人民；正是在此文中，吕荧提出文学是一种独特的战斗方式；也正是在此文中，吕荧提出了一个非常重要的理论问题：为什么"为艺术而艺术"在经济发达的资本主义社会是反动的，即革命的、批判的，如法国唯美主义，但是在经济落后的君主专制的社会里,就不是反动的?"一个反动的'为艺术而艺术'的作家如何在一个经济落后的国家不显得反动,那只是因为社会冲突不十分激烈的原故。"① 普希金为什么没有反动的气息?吕荧认为还是要到作家的本身去探寻。以此,吕荧批判了普列汉诺夫的机械论。从某种意义上说,吕荧马克思主义文艺理论研究的思想来源、观念形态与建构方式均反映了马克思主义文艺理论中国化的进程。

吕荧先生的美学成就主要集中在美学大讨论时期,即收入《美学书怀》的四篇文章,其中有两篇是与蔡仪客观论美学的正面交锋(《美学问题——兼评蔡仪教授的〈新美学〉》《再论美学问题——答蔡仪教授》),有一篇是对朱光潜关于其美学观念商榷的正面回应(《美学论原——答朱光潜教授》),另有作于1957年的《美是什么》,进一步阐释了"美是人的社会意识"这一美的本质观。除了《美学书怀》,另有《关于"美"与"好"》一文讨论了审美理论的基础问题——美善关系。吕荧的美学文章是从美的本质问题域的论辩中形成的,虽谈不上审美活动理论体系的整体思考,但是其对社会意识的强调、主体性的彰显和对"美是生活"观念的坚持与改造等特征,远大于"美是主观"的标签化处理,突破了美学大讨论的流派切割,具有更强的方法论意义。

作为战乱中成长起来的现代学人,吕荧先生虽学养深厚,但对中国古代学术并没有太多文字留下来。《吕荧全集》中收入了其少有的绘画批评《米芾的画》一文,其视角也多为现代的和外部的;另有未收入的一篇讨论阴阳五行之说《古原子能说》(《山东大学中文论丛》2020年第2辑)颇有文献价值。

作为一位文学批评家,吕荧先生的文学活动与时代紧紧合拍。如他对工人文艺这一文学题材的深度关注,对苏俄文学作品的批评以及对同

---

① 《吕荧全集》(著作卷上),安徽教育出版社2021年版,第215页。

时代文学（鲁迅、曹禺等）的评论等，以及关于台湾文学、国防文学的讨论。吕荧先生的这些批评实践与其理论建构又是紧密关联的，鲁迅与苏俄文学组成了其文学理论言说的例证。

吕荧先生著有诗集《火的云霞》，收入其诗作 24 篇。这些诗包含着对祖国和民族命运的深情关切与对革命未来的无限憧憬。五卷本《吕荧全集》有三卷是译文，可见吕荧作为翻译家的巨大成就。除莎士比亚的《仲夏夜之梦》外，吕荧的翻译均为俄苏文艺作品与理论著作，其中普希金相关文字占了很大比例，如《叶甫盖尼·奥涅金》、卢那卡尔斯基的《普希金论》、吉尔波丁的《普希金传》等，这些译本出版后产生了很大影响，为中国学界了解普希金起到了极为重要的作用。值得关注的是，吕荧翻译了马克思主义经典作家列宁文艺思想相关著作《列宁论作家》《列宁与文学问题》，以及普列汉诺夫的《论西欧文学》、卢卡契的《叙述与描写》等，这些足以证明吕荧的文艺活动是马克思主义文艺理论中国化的组成部分。

可见，吕荧的文艺活动涉及理论、批评、创作、翻译等许多领域，可谓文学领域的"多面手"，是一个十分厚重的研究对象。吕荧先生是在一个特殊的年代离开了我们，半个多世纪过去了，对吕荧先生的纪念与研究有哪些呢？这正是我们需要系统梳理与呈现的。

毫无疑问，对吕荧文艺思想的讨论应该从美学大讨论算起，虽然这些文章基本上是从论辩的角度臧否吕荧的美学观，俗话说"锣不敲不响，理不辨不明"，正是从这些论辩中，吕荧"美是一种社会意识""美是生活"的本质观得以体系化。这些否定性论辩中，蔡仪的《吕荧对〈新美学〉"美是典型"之说是怎样批评的？——我的美学思想和我的批评者之二》是最早的一篇，写于 1953 年，早于 1956 年发表的《论美学上的唯物主义与唯心主义的根本分歧——批判吕荧的美是观念之说的反动性和危害性》。朱光潜于 1958 年发表的《美就是美的观念吗？——评吕荧先生的美学观点》对吕荧的观点和逻辑进行了批判。这三篇文章在"美学大讨论"及蔡仪、朱光潜研究中反复被提及和引用；如今我们将其作为吕荧个案的研究性文字，从反面观照吕荧的美学观，则另有一番收获。新时期以来，准确地说从1979年公安部为吕荧平反以来，对吕荧先生的纪念与研究文章层出不穷。既然我们的工作是从纪念与研究"兵分两路"，在此也不妨"话说两头"。

自1980年碧野先生在《北京文艺》发表《忆吕荧》以来，我们先后搜集到纪念吕荧先生的文章近五十篇三十余万字。如果按照写作主体的身份进行分类的话，大致可以分为吕荧的朋友或同事（如碧野、姜葆琛、殷焕先、骆宾基、萧白、何满子、梅志、何兆武、聂绀弩、田钢、张琳等）、学生（如谢振东、张杰、王冰、李希凡、蓝翎、吕家乡、陆文采、赵洪太、张华等）、亲属（长女潘怡、侄女何炜等）和研究者（闻敏、吴腾凰、胡迟、王国杰、张洪刚等）。这些纪念文章或是回忆与吕荧先生共事与交往的时光，特别是还原吕荧在生命旅程后二十年的人生遭际，如山大教学事件、"不识时务"地为胡风申辩、北京胡同的艰难度日、清河农场最后的凄苦与萧瑟；或是礼赞吕荧先生至纯至真的高尚品格、对真理的不懈追求以及对文学艺术事业的孜孜不倦。纪念卷的内容具有重要的史料价值，一方面在于许多与吕荧交往过的文人所写的回忆文字借助很多线索查阅所得，如果不从纪念吕荧的角度来挖掘，可能永远尘封于历史的某个角落；另一方面在于这其中一些文章系首次发表，部分篇什专门为本文集所写，情感真挚，很有历史纪念意义。

再来看研究卷。除了上文谈到的美学大讨论期间的数篇论辩文章，本研究卷搜集到吕荧相关研究篇目四十余篇，包括学术期刊发表的学术论文、文艺学美学专业硕士学位论文、会议论文、专著中有关吕荧的章节等。其内容主要包括吕荧美学思想、文艺思想、文学评论、翻译成就、年谱等方面。这其中，美学领域的研究有27篇之多，占了近三分之二，这与吕荧学术的着力点并不相称。诚如上文所言，吕荧的美学著述集中于《美学书怀》中的几篇论文，且是美学大讨论中的论辩之文，在理论体系的周全性和言说方式上有其特殊性。而其文艺理论与文艺批评则体现了吕荧先生在文学领域的孜孜耕耘。如"真"的范畴、典型论、现实主义文艺观等问题已受到学界关注，但未被透彻探究的问题还很多。值得注意的是，有 5 篇文章谈吕荧的翻译成就，可见其作为翻译家的身份受到学界关注。

无论是纪念卷还是研究卷，都有"吕荧先生美学文艺学思想研讨会暨《吕荧全集》新书发布会"的内容体现：数篇致辞收入纪念卷中；部分会议论文收入研究卷中。既往的吕荧研究状态，我常把它形容为"不温不火"，虽新时期以来持续有研究成果产生，但始终没有成为一个广受关注的个案，与吕荧作为历史文化名人的学术地位和成就不相称。2021年，《吕荧全集》由安徽教育出版社出版。这是吕荧研究中的标志性事件，标志着吕荧研究进入一个新阶段。2021 年 11 月 27 日，由山东大学文学院、山东大学文艺美学研究中心、安徽教育出版社联合主办的"吕荧先生美学文艺学思想研讨会暨《吕荧全集》新书发布会"在济南举行。来自中国社科院、北京师范大学、山东大学、华东师范大学、苏州大学、首都师范大学、深圳大学、山东师范大学、安徽师范大学、滁州学院、安徽教育出版社、《东岳论丛》编辑部等多所高校和科研、出版机构的专家学者以及吕荧先生的亲属等 40 余人参加了此次会议。新书发布会上，中华美学学会会长高建平、山东大学校长助理邢占军、山东大学文艺美学研究中心名誉主任曾繁仁、山东大学文学院院长杜泽逊、安徽教育出版社副总编辑何客、吕荧先生长女潘怡先后致辞。与会学者从多重视角对吕荧及其美学思想进行了探讨，提出了一些很有见地的观点。更为重要的是，作为学界第一次召开的吕荧思想学术研讨会，本次会议具有重要的学术史意义，它与《吕荧全集》的出版一起，推动了学界对吕荧美学思想的研究，从而为中国现代美学的理论版图填补上非常重要的一部分。参会学者中，吕荧先生的学生——93岁的赵洪太先生和88岁的吕家乡先生在交谈中表示，此次会议具有历史意义！

也正是在此次会议中，山东大学文学院、文艺美学研究中心与安徽教育出版社商定，全面推进吕荧研究，并初步确立了以《吕荧全集》补遗与研究为核心的总体思路。如上文所言，自新时期以来，关于吕荧的研究几乎每年都有新成果问世，而我们的研究必须建立在这些研究的基础上。故而，呈现在同仁面前的纪念卷与研究卷，实际上是我们吕荧研究工程的准备工作。于我们而言，只能算是学术调查的结集；对学界来说，权且提供资料上的方便吧。文集所收文字跨越了近70年，加上其中作者的工作单位、联系方式的变化，虽然我们想方设法去寻找作者，至今仍有数位作者未能取得联系，在此说明并感谢。

在诸位师友的鼓励下，特别是山东大学文艺美学研究中心名誉主任曾繁仁教授、主任谭好哲教授，山东大学文学院院长杜泽逊教授，吕荧先生的长女潘怡女士，安徽教育出版社副总编何客先生的支持与帮助下，我们逐渐形成了系统性框架，除了即将付梓的《吕荧纪念文集》《吕荧研究文集》外，我们正在推进的《吕荧年谱长编》《〈吕荧全集〉补遗卷》《吕荧文艺美学思想研究》也"暴露出"我们在吕荧研究上的野心。山东大学文学院将"《吕荧全集》补遗与研究"工程列为重大项目，予以经费资助；安徽教育出版社为此项目的系列著作提供出版机会；自2022年春季学期开始，《吕荧全集》读书会成功举办，有20余名文艺美学、中国现当代文学硕士生、博士生参加研读与讨论，并有近十篇吕荧研究论文陆续完成。这些都可以视为《吕荧全集》出版的回响，也是我们立志吕荧系统研究的重要体现。

固然《吕荧纪念文集》《吕荧研究文集》的出版只能算作吕荧研究新征程的开始，但我们已经在路上了，——去缅怀那般纯真至刚的伟大灵魂,去思考他那些关于诗,关于社会人生的思索,甚至关于一朵花的喟叹。

韩清玉

2022年立秋于历城暄舍

目　录

忆吕荧　　　　　　　　　　　　　　碧　野/001

寒窗萤火　　　　　　　　　　　　　谢振东/007

冬天的回忆　　　　　　　　　　　　姜葆琛/013

回忆与悼念　　　　　　　　　　　　李希凡/017

满江红·怀吕荧学兄　　　　　　　　殷焕先/027

吕荧在北平　　　　　　　　　　　　闻　敏/028

美学家　　　　　　　　　　　　　　骆宾基/033

招魂曲　　　　　　　　　　　　　　吴腾凰/039

早谢的花朵　　　　　　　　　　　　张　杰/044

追记吕荧　　　　　　　　　　　　　萧　白/050

"真美呀，真美！"　　　　　　　　　胡天风/061

忆我的老师吕荧先生　　　　　　　　王　冰/063

忆吕荧先生　　　　　　　　　　　　蓝　翎/068

吕荧：这个阴谋，我要拆穿！　　　　万同林/076

《美学书怀》与吕荧　　　　　　　　　　胡　迟/079

吕荧先生琐忆　　　　　　　　　　　　　吕家乡/090

吕荧最后的人生之旅　　　　　　　　　　闻　敏/096

书生吕荧　　　　　　　　　　　　　　　许觉民/105

人的花朵　　　　　　　　　　　　　　　田　刚/108

预言家的悲剧　　　　　　　　　　　　　张　琳/113

华岗与吕荧　　　　　　　　　　　　　　王玉平/120

我的老师吕荧先生　　　　　　　　　　　陆文采/127

六亿一人　　　　　　　　　　　　　　　何满子/133

铁骨金声　巍巍其人　　　　　　　　　　赵淮青/136

洁白的羽毛　　　　　　　　　　　　　　桂向明/142

吕荧的历史悲剧　　　　　　　　　　　　闻　敏/145

吕荧　　　　　　　　　　　　　　　　　黄永玉/164

以心灵关怀心灵　　　　　　　　　　　　牛　汉/166

美学家吕荧小传　　　　　　　　　　　　吴腾凰/170

吕荧："胡风不是反革命"　　　　　　　　张　伟/173

人的花朵　　　　　　　　　　　　　　　梅　志/176

痛忆知友萧军和吕荧　　　　　　方未艾　方　朔/204

吕荧在文学翻译领域里的不朽业绩　　　　闻　敏/210

缅怀吕荧师　　　　　　　　　　　　　　张　华/218

吕荧：人的花朵　　　　　　　　　　　　杨洪勋/220

吕荧：美的殉道者	刘宜庆/224
忆美学家吕荧老师贵州执教	萧　荻/236
吕荧被揪下台	罗　孚/241
往事、传统和一个学院的成长	郑　春/243
寂寞的吕荧	林伟光/249
吕荧先生离开山东大学的前前后后	田　钢/251
吕荧：我思故我在	魏邦良/257
批评吕荧先生文艺学教学事件	李希凡/261
"科里红"何估（吕荧）	何兆武/264
无题柴韵诗八首（三）	聂绀弩/266
幽晦时代的一缕荧光	路云飞/267
我与吕荧先生的交往	赵洪太口述　张洪刚整理/270
赤子之歌	吕家乡/276
吕荧与山大的一段交集	卢　昱　张洪刚/278
70年后再归来	潘　怡/284
渗透灵魂的洗礼	吕家乡/286
吕荧美学研讨会致辞	高建平/289
吕荧美学研讨会致辞	邢占军/292
吕荧美学研讨会致辞	曾繁仁/294
吕荧美学研讨会致辞	杜泽逊/296
寻美与求真	凌晨光/298

《吕荧全集》出版琐谈 　　　　　　　　　　许振轩/301

关于《吕荧全集》补遗的一点思考 　　　　　张洪刚/304

从殷焕先先生的一首词说起 　　　　　　　何　娟/309

迟来的纪念 　　　　　　　　　　　　　　王国杰/312

怀念父亲吕荧 　　　　　　　　　　　　　潘　怡/314

深深怀念二叔父吕荧 　　　　　　　　　　何　炜/336

编后记 　　　　　　　　　　　　　　　　张洪刚/338

1980 年

忆吕荧

碧　野

秋夜，楼窗外传来风吹落叶的沙沙声，夜静中，有时风送来长江轮船的几声汽笛。那静夜中长江的流水，容易使人缅怀逝去的岁月；而这秋夜落叶轻微的声响，也容易使人怀念故人。

就在这秋夜冷风中，我想起了老友吕荧。

早些年，我模模糊糊听说吕荧已不在人世，但并未深信；是今年夏天，在北京，我才听到骆宾基同志证实吕荧在六十年代死于上海。①

吕荧生前坎坷，死后寂寞。

在往事中，我回忆起我和吕荧的一些接触。

一

吕荧生于长江下游的安徽天长县，原名何佶。我认识他是在三十年代浪花文艺社的一次集会上。那时，北方文艺运动正如烈火燃烧，文艺期刊像片片火焰腾空。吕荧，北京大学历史系的学生，年轻倜傥，是浪

---

* 出于保存历史文献考虑，文集对所收文章的语貌风格、译名、术语等，一般不予修改和统一。如确为错讹、笔误、外文拼写错误等，则予径改。底本原文后注者移作页下注，文献著录从旧。编者所出的注释，以"编者注"标明。

① 该表述不准确。——编者注

花社的主要成员之一。他学历史，写诗，又写文艺论文，是一个卓越多才的青年。

吕荧长得很清秀，身体瘦长，表面看来是个文弱书生，但他却是北京大学运动场上跳高的第一名。我们年轻好胜，有一次，我俩打赌攀登景山。我是从小在粤东爬惯大山的，很有腿劲，但我和吕荧一气从景山脚下越上中峰，几乎是同时到达万春亭的。

这近乎儿戏的年轻举动，至今还清晰地映现在我的眼前。这次爬山，预示着我们人生道路的困难，也预示着我们攀登事业高峰的艰苦。

吕荧追求学问严肃认真，孜孜不倦。他曾经跟白俄教授学过俄文，为他精通俄国文学打下基础。我曾经为他抄写过文学理论文章，从他的一笔一划和字里行间，可以看出他严谨的写作态度。

吕荧真诚、纯洁、肝胆照人。在互相切磋创作问题时，他会严肃地提出他的看法；在互相传阅作品时，他会毫无保留地提出他的意见。我的一些初期作品，就得到过他的不少帮助。

吕荧热情、慷慨、乐于助人。年轻时我过的是流浪汉生活，经常挨饿。我有时跑到沙滩北京大学东斋去找吕荧。他看出我的饥色，于是带我到小馆子里去先吃一顿饭，然后解囊相助。

二

抗战的激流冲击着祖国，也激起了每一个中华儿女的爱国心。一九三八年，我从抗战前线到武汉，和吕荧重逢。

那时吕荧寄住在罗烽、白朗的家里，位于黄鹤楼附近的陋巷里的一幢木结构的危楼上。舒群、杨朔也住在那里。罗、白的母亲既能干又善良，对待吕荧就像对待自己的儿子一样。有一天，我去找吕荧，他出去了，不在家。老太太用母亲谴责儿子的口气对我说："他只要口袋有几个钱，脚跟就硬了！"

烽烟弥漫，国破家亡，其实吕荧那时也是很穷的。记得那一天是中华全国文艺界抗敌协会在武汉召开成立大会，会后，吕荧把我拉到冷饮店，只要了两杯冰激凌，既当茶，又当饭，一坐就坐到店铺关门。那时，日本飞机有时夜袭武汉，没有什么"华灯初上"。

抗战初期，爱国青年都有一副侠义心肠，都有一副铮铮铁骨，相濡以沫，不为贫穷低头。吕荧更是富于这种情操。

武汉的夏夜闷热，我和吕荧乘凉长江边。江水在脚下奔流，江风送来了《松花江上》的女声独唱。那歌声悲凉凄恻，令人潸然泪下。我们正猜疑这歌喉曾经在哪里听见过，忽然一个年轻姑娘的身影飘过我们的身边，但她在月下突然停步。我们彼此相认，原来她是一二·九北平学生运动的一个出色的女战士，曾经在香山"民先队"露营时对着群山为我们歌唱过《五月的鲜花》。

青年男女谁不钟情？吕荧也有过这种幸福的追寻。

在武汉，我和吕荧重逢，只作了几个月的勾留。日本侵略军进攻武汉，风吹青萍，我们又长久地离散了。

三

抗战中期，吕荧在云南大学教书。那时，我已来到重庆，在外围偏僻的山乡教中学，云山重重，相隔万里。

在这期间，我们之间保持着通信的联系。

每次，我接到吕荧的信，都产生一种特殊的感情。这时，我们都踏上中年，人生的阅历多了，对年轻时的纯洁友情更为珍视。

吕荧的信多用墨笔写的，他细致而严谨，每一页都有好几处涂改，不但是涂改字眼、单词，甚至还连续涂改句子。他一字一推敲，连标点符号都不肯轻易放过。他治学的严肃态度，更可以想见。

从信中，我只知道他身体不如过去健好，但是他在教书之余，还写了许多文章，又从事翻译，并且跟文艺界的一些朋友进行书面争论。他为文学事业的发展费了多少心血。他的工作负担多么繁重！

有一年暑假，吕荧从云南来到重庆，相见之下，他消瘦多了。

生活给他磨炼，他变得成熟了。他的倜傥活泼一变而为沉着老练。

在离"文协"不远的山坡上，吕荧、骆宾基和我坐在"冷酒店"里聚会，喝酒聊天。不要看吕荧是个大学教授，学校欠薪，他也并不比我们富裕。三杯冷酒、一碟小豆腐干和一碟炸黄豆而已。

我受到吕荧的教益很多。酒醉心明，在半醉之中，他谈到文学作品应汲取生活的营养，谈到"根深叶茂""花大果甜"，同时也谈到"花早易凋""实多苦酸"……

吕荧不仅在谈话中，而且在实践中，都严于律己。

四

旧社会给吕荧深深地刻下了苦难的痕迹。

解放了，吕荧回到久别的北京。这是度过我们青年时期的胜地，是值得我们留恋的。吕荧就像是万里归来的游子，该结束苦难历程了吧？那时，我的军装上还带着太原火线上的硝烟刚进城，而魏伯却从东北戎装南下路过北京，我们见面后，就怀着祝福的心情来到前门的旅社，访问老友吕荧。

人生的道路是艰险而又曲折的，命运又往往捉弄人。吕荧已经成家，有一个幼儿。① 我眼前忽然浮现那长江边月下的人影，耳际仿佛还飘荡着那《松花江上》的歌声。也许那是一场梦吧？吕荧当年寻求的只是一个幻影？

一九四九年北京的冬天，旅社房间里生了炉子，一壶开水在火炉上吱

---

① 吕荧有两个女儿。——编者注

吱地响，轻轻地冒着白汽。这北京冬天的炉火，也许使我们围炉的三个人都想起了青年时代的往事。三十年代，在北平，那放在炉盘上烤化烤热的冰冻柿子，那洗得鲜红水亮的胡萝卜，那像火炉燃烧的青春热力，那像雪花一般晶莹纯洁的友情，怎能使我们忘记？

魏伯将万里长征南下，我跟随华北大学第三部进城不久，而吕荧则是刚刚回到北京来的。他穿着新发的黄卡叽干部服，这种服装在当时革命队伍里是最讲究的了，带着一种礼遇的性质。显然，吕荧在希望的喜悦中等待着分配工作。

我和魏伯走出旅社来，北京正阳门和箭楼正沐浴在冬日的阳光里。

五

五十年代，虽然我和吕荧同在北京工作，而且还是同在一条文化战线，但因不同单位，我又经常外出，时而河南，时而朝鲜，时而边疆，我们难得碰面。在这期间，我收到吕荧寄赠的不少译著，有普式庚的，有卢卡契的。足见吕荧在解放后，是为人民付出了艰巨的劳动的。

记得是一个春节，北京红梅迎春。吕荧忽然来到我的家中。

我吃惊他的疲乏和憔悴。他是那么怕冷，进屋不脱皮大衣，还紧挨着火炉坐下烤火，我连忙给他沏糖茶喝，使他稍感温暖。

没想到几年不见，吕荧变得这样拘谨持重、瘦弱无神，是夜以继日的工作使他竭尽心血和生命么？我难过地望着他瘦削苍白的脸孔，心想，这就是当年倜傥活泼的吕荧么？这就是当年北京大学跳高第一的吕荧么？这就是和我一起比赛攀登景山的吕荧么？

我担心吕荧工作过累压垮了身体。

我知道吕荧当时在人民文学出版社工作。听说他的房间里到处都堆满了书籍，只有中间一点地方摆着一个炉子，炉子上经常熬着中药。房子里是书香和药香。

吕荧早年主要是写诗，后来搞翻译，写论文，是个钻研学问的人。也许这就养成他比较孤僻的性格，但他的内心是火热的。这正如被火山灰盖住的火山一样，表面上冷静，而深层的熔岩却在翻滚。

后来我到新疆，听说吕荧为××[①]辩白上台讲了话，我深恐他那瘦弱的身体怎能抵御得住风暴的袭击？

后来又听说吕荧没有问题，我安心了。

后来又听说吕荧逝世了，我未深信。

最后，骆宾基告诉我吕荧已死于上海，我怆然而泪下！

在这怀人的秋夜，楼窗前落叶萧萧，长江轮船汽笛声声。从落叶声中，我好像听见大地在叹息；从汽笛声中，我好像看见吕荧在远行。

是的，吕荧所度过的是曲折的、颠簸的、风浪的一生。

吕荧本应为祖国做出更大的贡献。如果今天他还活着，在社会主义现代化建设的征途上，当会出现他迈进的脚印。

为什么吕荧天年不永呢？像这样一个勤奋的有才智的中国知识分子，我伤其早逝！

（原载《北京文艺》1980 年第 7 期）

[①] 此处"××"指胡风。——编者注

1981 年

寒窗萤火*
——忆吕荧老师

谢振东

偶阅 1944 年出版的《人的花朵》数页，记着一段话："作家的情感与理念的本质，常常隐在复合的艺术具象里面，常常像是一个霹雳中最强的声音、一道电光中强的光芒，有时也像隐藏在丛绿之后的一朵花。"使我遥遥想起了这位曾是"隐藏在丛绿之后的一朵花"的作者本人——35 年前我的大学老师吕荧先生。

抗战时期，在南京的一个被狂炸之夜，我随寡母被驱上国民党当时勒令紧急疏散的伤兵列车，凭命运而被拉到武汉、长沙、桂林、贵阳等地。我一路当报童，得空便钻进难民学校念书，一直流浪到贵阳。由于我不断地靠跳级、跳校一套本领，16 岁考取了贵州大学的冷门历史系当公费生。时为 1946 年。教授们纷纷来自昆明、重庆、南京、上海，都是 30 岁左右的人，他们都很有学问。其中有一位年轻副教授是教西洋通史、西洋文化史、从文艺复兴到法国革命的老师，他是个瘦高且略弓着背的人，一介布衣，戴着深度的眼镜，满头乱发。他名叫何佶。讲课他虽也有讲稿，但讲起来常常不受稿子的拘束，浩然流畅，视野广阔，真是学识渊博。他讲的是一般的普通话，音量不太大，自然而柔和，颇似白描。

---

*据潘怡提供的手稿本整理。——编者注

同学们（包括我）听别的老师讲课时，经常跳窗子；而每听他讲课时，自始至终无一人离席。大家对他讲课以四个字为评价："一清如水"，是学习上的一种享受。我略好文艺，故敏感到，他讲历史时总是较多地向我们介绍外国历代的文化和名著，以此吸引着不少同学。我虽进的历史系，但那时只要把中外断代史、国别史的学分修完之后，便可以学许多外院外系的课，如经济、逻辑、伦理、心理、社会、法律、地质、金石、中外名著等选修课。我的密友也多在中文外文系里，我与几个好友晚上常因电灯太暗不能看书，好干两桩事：一是夜游，月下星地，在大学附近有名的花溪公园漫步一匝，交谈中外名家名著，吟诗赋词；一是去饭店排戏唱戏。我们每天夜深回宿舍路过文史楼第一公共教室侧的一排房子，总见燃有一星灯光，犹如漆黑大楼中的一只萤火虫，扑飞在黑夜的一扇寒窗前，直到子夜才灭。后来我们才知道这就是何佶老师的寝间。起初有几次，我们悄悄走到这扇窗前，好奇地听上一听：鸦雀无声，只闻翻书声和笔在纸上划写的轻音。我们（包括中文系和外语系的两个同学）出于对他的学识和品格的崇敬，有一次晚上轻轻叩门而入，只见门开处，在微弱的烛光下所照映的一个瘦高弓背的身影走到门前，热情地把我们让进去，坐在他的床边上。因他只有一桌一凳、两个书架，别无坐处了。还没坐稳，性急的我立即好奇地冲到桌边去看他在写什么讲义。只见桌上一本俄文书籍下面压着一叠极粗糙的草粉稿纸——哦！明白了，他正在翻译书哩。再看看，靠窗放着一个打开的讲义夹，人字形地壁立着，中间夹着一支蜡烛，用它可以挡住那破玻璃窗外吹来的夜风。我像搜索儿童玩具似的，继续寻着书案上的别的什么东西，发现还有两本毛边纸的译书，厚的是普式庚的诗体小说《欧根·奥涅金》，薄的是《人的花朵》，两本书的署名是"吕荧"。我问何老师："这吕荧是您的朋友还是同学？"他现在已随我走回书案边，那两个同学也被吸引着走过来，围在桌旁。何老师微笑且腼腆地轻轻回答道："是我的笔名。"我吃了一惊，因在我们系里（和别的系）有专著者并不多。我们历史系的这位为人和善、沉默少语的青年副教授，不仅精通中外历史，而且正在从事外国名著的翻译，自己也在辛勤写作，使我更肃然起敬了。我打开了《人的花朵》随便翻了一下，其中有何老师对马列关于文艺论著的介绍；对鲁迅进行的评价——我大致记得他说鲁迅笔下，并不如巴尔扎克描写人物那样细腻，但一个个都是符合我国真实生活的典型；其中还对曹禺、艾青、田间等当代名作家进行介绍和评价。我又翻了几页《欧根·奥涅金》的诗。他喷喷嘴说："欧根，这个词还不是很准……"又似乎还说了几句什么话，我因不理解而遗忘了。同学们对他说，大家对他讲的西洋通史等课感到很满意，他笑笑说："其实我在课堂上只同你们讲了半部历史。""怎么是半部呢？不是全的吗？"另一个中文系同学问道。因为许多系的大一通史是上大课，中文系同学也与我们系一块上。何老师点点头，却又摇摇头。"是半部。后半部在现在的讲堂上是不能公开讲的——那属于另一世界，"他抬起头来忽然说，"我们的大学现在不是不准讲史观吗？一种史观就透视出一个世界。"他指着毛边纸的书说："就说文学艺术，马克思、高尔基、鲁迅的观点，现在已经公开禁言了。至于通史、文化史……我只能尽量地给你们点一点罢了，所以只能说是半部历史。"这第一晚的接触，我们是在好奇和朦胧中度过的。

新鲜好奇成为推动我第二次去那寒窗萤火之家的力量。弓着背的瘦高影儿如第一次一样开了门，高兴地让我进去，他还从事他的翻译哩。我不禁问道："您译的是什么书？"他说："外国的文艺批评。"他便问我除了历史外看过哪些外国小说。我说了几部。他笑笑："旧俄的《钦差大臣》看过吗？"我胆怯地点点头，因还没读完它，怕他提问结局。何老师又问我："我看你进校时唱过戏，还会打刀枪。你喜欢话剧吗？"我也胆怯地点点头，我没放开说我还演过。他突然问："你看过《雷雨》吗？"我高兴轻松起来了，我不久前正在市内看过一场，也读过半截剧本。他说："你觉得演的是些什么事情？"我略想了想，回答说："爱情，一家人死在爱情上，乱七八糟的。不过……"我想大胆地引申一下："死的都是一帮青年人，是那老头害的。""你看过或者听过别人对它的评论、研究吗？"我努力在思考，好像从谁家看到一本残破的也是毛边纸的桂林刊物上讲的，什么"作者是暴露大家庭的罪恶"之类的话。我问何老师是不是这样？何老师兴奋了，他把我按坐在他的凳子上，靠着桌子对我说："这牵涉到文学艺术的功能实质，学问大了，谁也没法（说）清楚。据作者自己讲，他写这部剧是因为想到几个情节使他冲动而下笔的，结果就滔滔如悬河。后来有人就传他先是具有那样一种动机。他自己说原先没有，大概后来也就追认了。""追认？"我很不理解，像回声似的问道。"追认。人生活在社会里，被周围环境所影响，通过观察又加上虚构，便写了下来。作者是出于主观的，但往往无意中它又符合了客观的现实，经过一些批评家——"他拍拍桌子上的那本俄国原著，"像别林斯基之类人的左分析，右批判，像法官样地审判他们的著作的功过。有些作者就会追认了。这也没什么稀奇。"……第二次见面还说什么，忘了。使我印象深的是第一次听见"追认"二字，后来还以此同外语系的一位好友咀嚼这两个字义，后来也曾当作时髦的文字语言在别人面前乱用起来。

  第三次去他家是1947年欢送四年级毕业生老大哥，在花溪镇"又一村"吃过晚饭后，我不知怎么又蹓到他那小屋去了，他正在烛光下收拾书箱行囊。我略为吃惊地问："何老师，您要走了？上哪去？"他正在捆书，手够不到地下的另一头绳子。我马上帮了他的忙。他喘了口气说："暑假，回家看看。"我眨眨眼睛，看他一下："听说您已接了下半年的应聘书了。您还要来教我们吧！""来。唉！"他叹了口气。"这儿倒是四季如春，环境优美。自然地理很适合我的身体，只是人文地理不济，太闭塞，太保守，也有点令人在精神上窒息。……"他不太愿意同我这十六七岁什么也不懂的青年多说什么，但他想到我曾经帮他捆书，也来到他斗室中做过几次客，他两手叉腰，往屋里四周看看，自语地说："反正也许要回来的，这些都先寄放这儿吧！"他转身从抽屉里拿出一本半旧的厚书递给我。"喏！这是新俄小说，不亚于屠格涅夫、罗曼·罗兰，我送给你吧！""您不是要回来吗？我看完还您吧！"因我看这只是"第一部"，我估计暑假结束，他回来，我再来换"第二部"。他笑说："慢慢看吧！最好别到处传。它的作者，还没把最后结局写完哩！"他回身又卷铺盖，理衣服，边说："我今晚也不留你了。小谢，后会有期吧！"我很想帮他的忙，但我没有得到他的要求，我也急于看这"第一部"的新俄小说，我就说了声："何老师，谢谢您了。回来时，到车站迎接您。"他只用一只手背着我向我招了一下。我便推门出去，一口气跑回宿舍。可是暑假结束了，我这"第一部"也看完了，又开学了。属于掌权的保守派的系主任因何老师并未回来上课，急得满头大汗。后来现在四川抓了两个早已离开教学从事买卖的人来顶他的课。相比之下，自然使我们大失所望，以至于谩骂一通。再以后，才知道何老师是进步知识分子，是被保守派的校长和系主任排挤走的，使我们失去了一位令人敬佩的好老师。后来，我每每走到了发出萤光的寒窗边，就想起了他，他译的《欧根·奥涅金》，他写的《人的花朵》，他对我说过的鲁迅、曹禺等名人、名著、名言，他真是一位渊博如海的青年有为的好老师。

直到解放后，我在东北工作，在报刊上常见到他关于美学的文论，知他先在山大，后到了中央。我联想到他在解放前，在漆黑的夜晚，在寒窗萤火下从事进步的译著工作，通过萤光去寻求更大的光明。解放，应该说使他的目的达到了，另一世界出现了，他的论著也泛及全国了。

然而1955年，我正在农村办初级合作社时，见到一本《贵州文艺》，上边有位作家"揭发"吕荧曾在1949年贵州大学阻止、破坏学生的"反饥饿，反内战"民主运动"罪行"。我不禁哑然。天啦！1947年吕荧早已离开贵州大学，此刊此人所言，岂不是颠倒黑白、罗织成罪的笑话奇谈吗？……

1957年，在《人民日报》上登载了吕荧先生的美学论文，党中央公开为他平反，恢复名誉……

不久，十年浩劫……

直到粉碎"四人帮"后，1979 年北京师范大学中文系钟敬文教授吸收我到该校，边进修民间文学课，边参加编写大学教材《民间文学概论》；1980 年又借调到中国戏剧出版社编辑部工作时，我才从钟先生和原人民文学出版社戏编室的同志那里得知，孤身一人的吕荧，在所谓"文化大革命"初期，终被迫害而亡！

吕荧在现代的文学评论和美学领域中，在译著工作中，不愧是一位难得的人才，真是可惜。

我总记得 35 年前——1946 年，在那一片漆黑的远方，那所大学里的一炷寒窗萤火下，在那里，他从事他正追求着的光明事业，而对青年时期的不值一顾的我，却起了某种启蒙之功。 我纪念他！ 怀念他！ 我，还欠他一本书未还哩！ 那"第一部"！

1981 年 9 月 25 日于北京东四八条

1983 年

冬天的回忆
——记美学家吕荧之死

姜葆琛

四月初的一场蒙蒙细雨，把柳梢催出了新绿，芳草青青，四野碧翠。春天，姗姗来迟了。

品味着春天的喜悦，又禁不住回忆起冬天的冷峭，也回忆起我的难友——美学家吕荧是怎样死于严冬的肃杀。

吕荧同志含冤去世，到今年三月已是十四周年了。在他那短促而又苦难的一生中，特别是最后十年，蒙受了残酷的折磨和迫害；一代蜚声文坛的诗人、学者、战士就这样默默无闻地离开了人世。直到今天，关于吕荧的死，也没有披露真相，还有不少误传，实在令人感到痛心。在吕荧最后那布满荆棘和血泪的三年里，我曾与他朝夕相处，也可说是患难与共、风雨同舟了。为了纪念已故的难友，我理应写下一点回忆的文字。

我们相遇相知是在令人齿冷的"文革"年代。一九六六年夏天，臭名昭著的社论《横扫一切牛鬼蛇神》发表不久，被罗织了"老牌反革命分子""胡风骨干分子"等罪名的吕荧，就在这时和我相遇于囹圄之中。

吕荧平素沉默寡言，根本不和"队长"说话，只有在领饭时对炊事员说声："谢谢！"对其他人的问话一律回答说："不晓得。"他既无《语录》，也不肯早请示晚汇报，为此，只能是小会斗大会批，当低头挨打的靶子而已。

不久，对我们进行了体检，凡合格者都要送到边远地方去改造，剩下不合格的人编成"老残队"。吕荧和我属于不合格的，我们被送到猪场同吃同住了。猪场远离"队部"，虽然只有我们两个人，他仍是极少讲话，却坐在圈口对猪叙谈，一坐就是一整天。有时戴上夹鼻眼镜，却又紧闭双目，用沉默来抗议。

吕荧只有一个箱子，虽不大，却很沉。有一次，他打开来，取出了一包包的蜡烛和一架旧的英文打字机，除此，箱内其他什么都没有了。后来我们相处日久，互相取得了信任，吕荧说："坐牢也要工作的，带点蜡烛准备夜间写文章……"他甚至还肯于告诉我，箱子夹层里藏着他的美学著作和尚未刊印的《莎士比亚十四行诗集》的译稿。

吕荧很少讲自己的过去，是谦逊也是为了避祸。然而，他是热爱中华人民共和国的，他只有回忆起一九四九年离开台湾经香港北上的情景时，才流露出少有的喜悦。他激动地说："我们大家不都是为中华人民共和国的胜利而奋斗吗？大家干革命嘛，是不应计较什么的，更不应该搞什么派别的，都是……"

吕荧在农场被宣布为"疯子"，从"队长"到歹徒都拿他寻开心：凌辱、谩骂，甚至殴打，几乎天天发生。有些小流氓听说他带来很多蜡烛，便别出心裁地硬与他交换。吕荧粮食定量最低，食堂又克扣少给，经常吃不饱，小流氓们便用一个馒头换他一支蜡烛，后来贬值到一个馒头换一包蜡烛。扒手又把他的夹鼻眼镜偷走。"队长"也打吕荧的算盘，居然把他的打字机"存"起来。吕荧失掉了写作工具，想要继续为人民写作的愿望终于成为泡影了。

后来，我和吕荧一同受到严加管制，再次相系于一室。他的身体更为虚弱，神色也更为凝重。记得我们的囚室门前是一片苗圃和稻田。田畦上有株盛开白花的茨菰，他的任务是看苗，他就绕着那株白花转，一转就是几小时，有时和花讲话，不断地称赞着："真美啊！真美！"傍晚时候，微风吹拂着他那零散的衣衫，他挂着一根柳条，远处逆光看去，俨然是一幅当代的"屈子行吟图"。实际上，吕荧没有疯，而且非常清醒。没人注意的时候，他用极低微的声音对我说："……要坚持信念，人民是必胜的！"匆匆说罢，又围绕白茨菰转圈去了。

吕荧虽然身陷囹圄之中，备尝非人的待遇，但他心地纯洁善良，关心同志朋友。庄子所谓："涸辙之鲋，相濡以沫，不若相忘于江湖。"他时时怀念着不能相忘于江湖的受难同志，雪峰、聂绀弩、楼适夷和骆宾基就是他经常念叨的几位。有一次我进城看病，他托我路过人民文学出版社看看大字报；当我给他买回几期"造反派小报"并向他讲述那铺天盖地的大字报和游街示众的场面时，吕荧以凄苦的声音，断续而又颤抖地说："就会过去的，就会过去的……"美学家吕荧与千古文人不约而同地预测着严冬即将过去，春天还会远吗？！

一九六八年秋天，戒备森严的囚车，又将我们分批地押解到滨海的某个劳改农场，仍被安置在"老残队"，相距不足一里的地方是埋死人的墓地。是命运支配，还是有意安排呢？日后吕荧就是葬身于此的。

那是当年的严冬，吕荧由于饥寒交迫，浑身又长满了虱子，健康状况日趋恶化。加上那里缺医少药，对"敌人"任其自生自灭，他的命运就更糟了。吕荧终于病危，我偷偷地跑去看望他。他躺在一个阴湿的炕角，身子缩成一小团，抱着破碎的棉絮，他的体重大约不超过五十斤，身躯也和棉絮差不多大小。问他要点什么，问了多次他都认不出我是谁。只在喉间发出微弱的声音，似乎是"水"或是"烟"。我只好猜谜般地试试，弄来几支劣质卷烟，用他那朝夕相伴的破钵盛点凉水，但这时已经太晚了。毕生探索美的美学家，死在如此丑恶的地方，来不及喝一口为他端来的凉水。一九六九年三月五日，吕荧就这样含冤死去。

同年清明前后的一个傍晚，我怀着悲愤的心情，偷偷去墓地凭吊。寻找很久，才看见一堆新土，旁边立着一块红砖，上面有粉笔写的"吕荧"两字。归途雨雪纷飞，日暮风号，大概是物伤其类吧，我想起了向子期的《思旧赋》，我虽才情具拙，文章憎命，也不顾文字之祸，遂作《悼吕荧》二首。今录其一：

> 凡鸟空书事莫论，
> 浅深残雪映孤坟。
> 三年道义同师友，
> 日暮风悲独吊君。

如今，十几个年头过去了。当这春光融融、东风送暖的时候，我想，他如果还活着，一定要对我发出会心的微笑说："我不是说过么？冬天很快就会过去的。"他一定会把那架尘封已久的打字机重新擦拭干净，从春日的长夜一直工作到天明，为我们撰写出更新更美的美学论著！

让我们更加倍地珍惜这来之不易的美好时代，更加勤奋地工作吧。为了纪念过早离开我们的难友，为了回忆已经成为过去的那满目疮痍的冬天，也更为了今朝的大好春光！

（原载《人民日报》1983 年 5 月 27 日）

1984年

回忆与悼念
——《吕荧文艺与美学论集》编后记

李希凡

一

吕荧先生的这本《文艺与美学论集》，本是去年的大暑季节就已编好的，出版社也是在去年十一月间就已发排了，但这"编后记"一直拖到今天才动笔，这当然可以工作忙为借口，其实更主要的还是感情上的缘由，因为这样的往事的回忆，对我来说，总是痛苦的。

前几天，北京社会科学研究所的韩文敏同志寄来了一个厚厚的邮包。韩文敏同志是研究吕荧思想的，正在写一本《吕荧评传》。她本来是从我这里借了一点零星的材料，可这个邮包中除那些材料，还附寄了一本厚厚的复印稿，装订得整整齐齐。其中有关于吕先生的复查平反决定，吕先生的简历，已查到的吕先生的著译书目详录，吕先生的女儿潘怡、潘悦的上诉书，给许觉民等同志的信件，以及潘怡、潘悦和吴腾凰同志合写的《吕荧年谱简编》，还附有吕先生生前挚友碧野同志的文章《忆吕荧》、我的同学（高我一班）吕家乡同志的纪念文章《吕荧先生琐忆》、姜葆琛同志记吕先生之死的《冬天的回忆》等。这厚厚的一本材料，有的是我初次读到的，有的过去已经读过，有的如《冬天的回忆》，还是我自己组织、编发在《人民日报·大地》副刊上的。但是，当它们作为一个整体出现在我面前的时候，依然使我激动、感慨，深深地沉浸在哀思里。

在我上大学期间，吕先生是使我对文艺理论产生浓烈兴趣的启蒙导师，他那深邃而优美的文论，他的知识广博、逻辑严谨的文艺理论教学，在解放初期偏处青岛的山东大学，曾经怎样吸引了我们这些求知如渴的青年呵！一想到这些，吕先生的音容笑貌又清晰地浮现在我的眼前。他高高瘦瘦的身材，脸庞白皙而清癯，戴着一副深度的近视镜。我记得，他开始给我们上课时，似是初春季节（可能是一九五一年的三四月间），学生们的春装已经上身，可吕先生仍然是全副冬装——大衣、绒线帽、棉鞋，外出时还要戴着口罩！那身体衰弱的情况，确如碧野同志在文章中所说，谁也难以想象，我们的吕先生，在当年北京大学的跳高比赛中曾获得过第一名！但在苦难旧中国的知识分子，由健壮的学生变成了"文弱书生"，可算个必然规律。当然，吕先生苦攻外语（他已熟练地掌握了英、俄两门外语），长期夜间从事著译，也该是损害他健康的原因之一吧！

不过，他身体虽然衰弱，讲课时声音不高，却沉稳有力，哪怕是坐在后面的同学也听得很清晰。他的讲课言简意赅、条理分明，正像他的论著一样，高度概括，很少水分，如浓缩的结晶品，但又绝不枯燥，让你明白地把握到原理，并能引起你举一反三的联想。他讲授的文艺学，在那时就已有了系统的理论体系，贯串着鲜明的马克思主义观点，例证、分析都出自他自己的研究心得和体会，这些都是我们从当时已有的一些文艺理论教材中难得见到的。

我是我们年级的文艺学的课代表，和吕先生的接触多一些。或者还可以说，我早就读过他的《人的花朵》和《文学的倾向》两本文艺论文集，是他的崇拜者。做了课代表，当然要经常反映同学们的意见，因此有时要在晚间去拜访吕先生。记得他当时是住在金口路十六号的二楼上。潘怡、潘悦和他生活在一起，有个保姆带她们。她们还很小，潘怡可能刚上托儿所，潘悦还坐在床上，团团的脸，圆圆的眼睛，活泼可爱。我经常是和同班同学郭宏业同志一起去访问吕先生，如果遇到先生房间有客，就去和潘悦玩一会儿。潘怡给我的印象是老实而拘谨，晚间还经常伏在桌上写字，可能是父亲对她要求很严格。吕先生平素也是严肃寡言的，但对学生提出的问题，他的回答却都是和颜悦色、深思而耐心的。

二

无论是从教学中，还是从先生的著作中，我们都能看出，先生是一个热忱的马克思主义者，他早年在国民党统治区写的成名之作《人的花朵》，就是以评论和歌赞中国当代革命文学为中心。他在美学与文艺理论上有很高的素养，可惜的是，先生教授的文艺学，我们并未学完。一九五一年十一月的《文艺报》（第五卷第二期）以"关于高等学校文艺教学中的偏向问题"开辟专栏，发表了山东大学中文系干事张祺同志的来信《离开毛主席的文艺思想是无法进行文艺教学的》。这封信的内容，是揭发和批评所谓吕荧先生在文艺学教学中严重脱离实际和教条主义的倾向的。自然，在当时凡是这类"文艺批判"，总是和"运动"联系在一起的。这封批评来信，不仅在山大中文系引起了思想震动（不如说是引起混乱），而且造成了一种"运动"的声势。用《文艺报》（一九五二年第二期）的"编辑部的话"说，就是"在该校的行政领导下，该系同志经过了热烈的学习和讨论之后，大都明确地认识了吕荧同志教学中脱离实际、脱离毛泽东文艺思想的教条主义的错误，并迫切要求改进"。实际上学生只是被动员起来给先生提意见，批评先生的"教条主义"。事情过了三十二年，这场我们所独有的"运动"似也可以看清楚了，即它显然也反映了"十七年文艺思潮"中的"左"的倾向，或者也可以叫作"左"的倾向的萌芽。

我无意越俎代庖，只想说一说自己今天的感受和认识，引以为训。

首先，根据我的体会，那时在文艺教学中普遍存在的问题，并不是什么对马克思主义的"教条主义的态度"（当时整个学术界学习马克思主义的风气还刚刚开始），而是形形色色资产阶级唯心主义的文艺观还在占据讲台，继续传播。恰恰相反的是，能系统地学习运用马克思主义进行教学，在当时的教师中还是很少见的。因而，即使这样的教学，有一些脱离实际的缺点，它都应该得到鼓励、扶植、支持与帮助，而不该是被批判的对象。

其次，文艺学，现在叫作文艺理论或文学基础知识，总之，它该是一门系统地讲授文艺理论知识的课程。作为理论体系和思想体系，毫无疑问，它都必须贯串着马列主义、毛泽东思想的立场、观点和方法，但却不能要求它在每章每节的基础知识课中都只讲方向、政策，或只分析当代作品。这本来是常识性的问题，但当时我们对吕先生的批评，却正是从这种形而上学的观点出发，攻其一点，不及其余，提出了很多幼稚可笑的要求。

第三，在张祺同志的批评"来信"中，确有很不实事求是之处。正像吕先生在他的那封"来信"（见《文艺报》一九五二年二月号）中所指出的："张祺同志没有去听过文艺学的课，可是他引了我在课堂上讲的话。这些话经他一写之后，和原意正正相反。还有一些话我根本就没有讲过……"当然，这并不是张祺同志一人的过错，这种"左"的不实事求是的学风，在我们这些学生身上也是存在的。

以吕先生的倔强的性格，自是很难接受这样的"批判"的。当时主持山大校务的，还是我们的老校长华岗同志，他曾几次劝说吕先生，只要做一点自我批评就可以了。但先生坚决不肯做违背自己心愿的事，终于不辞而别，拂袖离去了。这次"批判"，深深地伤害了先生作为师长的心，从此，先生终生再未去大学执教。而我们却很快懂得了，这样的"左"倾幼稚病，使我们失去了一位多么好的师长，也给我们那未完的文艺学学习造成了怎样的损失！

三

青岛一别，虽然不时地从刊物上看到过先生的几篇文章，也买到过一本先生翻译的《列宁论作家》，但初时还不知道他已来到了北京，是同班同学孔庆珊同志把他的行踪告诉了我们，并约我和蓝翎同志去看望吕先生。我们，至少是我很有些不好意思，后来孔庆珊同志又转达了吕先生殷殷邀请之意。记得是在一九五四年十二月的一天，孔庆珊同志领我们去看吕先生，他当时是住在人民文学出版社的楼上。先生热情地接待了我们，谈笑风生，似已忘却了我们在三年前对他做的"左"倾幼稚病的批评。年底，我又自己去看望他，先生也仍像原先对我那样，同我谈学习马列要精读原著，也谈文学，谈治学方法，并把他刚刚出版的两本新译著——莎士比亚的《仲夏夜之梦》（作家出版社出版）和普希金的《叶甫盖尼·奥涅金》（人民文学出版社出版）赠送给我，扉页上都题有"希凡同志诗正，吕荧，五四年十二月"的字样，这两本书我珍藏至今，但书在人亡，先生却早已离开人世了……

最使我难忘的，是先生对我始终没下功夫去掌握一门外国语，深表遗憾；而且对我读了两年半俄文，居然会一无所获，更是感到奇怪。可能是为了增强我学俄文的信心，他把自己用了多年的《俄文读本》（刘泽荣著）送给了我，并告诉我，他就是靠自学这个"读本"掌握了俄文的。当时，我虽对学俄文并没有增加什么兴趣，却也为先生热诚的关怀所感动，很想再捡起来拼它两三年，但哪知从先生那里回来，我调动工作的事出了小小的曲折，中国人民大学校领导不大肯放我到《人民日报》来工作，研究班催我回去参加年终考试，而我们的老校长吴玉章同志，又有意把我送到俄文先修班补习两年俄文，然后到苏联留学。为了家庭的负累（我的大女儿已出世了），也因为对学好俄文缺乏足够的信心，我终于婉谢了校领导的盛情美意，离开了研究班，到《人民日报》来做编辑了。

当然，也就因此而没有再学俄文……记得为了这件事，也曾好久没去看吕先生，生怕他问起学俄文的事，自己无言以对。

一九五五年春天，根据中央领导同志指示，《人民日报》文艺组聘请了两位社外顾问，两位都是深通外语又博学多闻的专家学者。一位是萧乾同志，一位就是吕荧先生。吕先生不常来报社，只记得在开始时他曾来和组里同志见面并开过一个小会，我陪他去看过一次北京人民艺术剧院演出的曹禺同志的话剧《明朗的天》，文集中的这篇剧评，就是那时写出并发表在《人民日报》上的。到了夏季，发生了众所周知的"胡风事件"，吕先生受牵连而被隔离审查。这一年他究竟是怎样度过的，他从来没有谈起过。我想，当时这类的政治运动，也还不至于使人受到"文化大革命"时那样的人身侮辱。但是，像吕先生这样倔强的性格和孤独的境遇，身心所受到的摧残，也是可以想见的。

一九五七年十一月，文艺部突然收到吕先生一篇美学稿件（即文集中的《美是什么》），此文很快就发排送审了。一天，林淡秋同志（当时的文艺部主任）找我去，告诉我说吕先生这篇文章要发表，要我陪同去看望一下他。那时吕先生住在交道口附近的土儿胡同一个大院的后院正房。房子很破旧，室内陈设也显出单身汉生活的那种不整洁。桌上、床上以至沙发上，到处堆着书，放着香肠、面包、罐头，一个大烟灰缸里灭掉的烟蒂已叠成塔形……或许因为这院落太空旷了，每当我晚上去时，总感到有点进入古城堡的味道，特别是由于先生健康情况的恶化，他诉说着"离奇的想象"，更给人增加了一种孤寂的感受。这当然是由于他被隔离时大脑神经受到严重摧残所致。但我总在想，先生如果能改变一下生活方式和生活环境，对治疗他的病是有好处的。我劝先生仍可像在青岛那样，把孩子接来一起过，或许可破除一下生活的枯寂。当时在我的脑子里特别闪现了先生小女儿坐在床上那团团小脸的笑模样。先生告诉我，孩子们夏天来过，不愿留在这里，受妈妈影响……这是先生的家事，我只能避而不谈了。

一九五七年十二月三日，先生的《美是什么》在《人民日报》发表了，还加有"编者按语"。在今天看来，那按语的措辞用语，都还有不够实事求是之处，但在当时，这却是一个在政治上平反的表示呵！当然，先生大脑神经受到的重创，也并未因此而恢复。我为先生庆幸的是，他虽在谈话中说些"离奇的想象"，可写起美学文章来，仍然说理周全，逻辑严谨，不减当年。所以，当一九五九年初冬，我收到先生新出版的《美学书怀》时，还以为先生健康已完全恢复，高兴地给他写了一封信，祝贺他新作的出版，并说明我要到南方去出差，回来后再去看他。没想到回京后却吃了闭门羹。有人说先生易地去疗养了，也有的说被人送进精神病院了，打听几次，不得要领。我再看到先生，已经是一九六二年的秋天了，还是先收到了他的文章（《关于"美"与"好"》，发表在一九六二年九月十六日《人民日报》上，这大概也是先生生前发表的最后一篇文章了），随后我带了排出的文章小样去看他，这时先生已被迫迁到北小街的一个小胡同里。那次虽然不是我们最后一次见面，但不知为什么，它留在我记忆里的印象最深刻。记得先生是住在这所平房院落的两间东厢房里。我去时，他恰好不在，我站在北小街马路边等他。他远远走来，上身着白衬衣，下身是灰裤子，一件灰上装搭在臂弯里。走路时步履也矫健，心情似是很好。见面后，没再谈起那些"离奇的想象"，只是非常有兴味地谈论他购来的一批古画，特别是其中的一幅吴道子的马群，先生十分称赏。我虽不懂画，却听说过吴道子从无"一匹马"留传下来，因而不得不给先生泄点气，说了我怀疑这些画都是明清时人的赝品。先生也不否认这是事实，但又说这张画本身画得好，和它的价值相称，这幅马是三百元，其他几幅不过一二百元。聆听着先生兴奋地谈论，我不禁愁苦地望着他，真想说出既然是些假古董，再去卖，恐怕连四十元一幅也没人要，但我终于忍住没有说出。看情况先生的稿费已用光，生活较窘迫。问起来才知道先生并没有正式工资。冯雪峰同志任人民文学出版社社长时，先生被聘为特约翻译员，每月有二百元酬金，现在则只给一百元了。土儿胡同的房子又因是借支稿费购买，也被收回了。我感到这种做法很不利于党的统一战线的工作，回来后就给林默涵同志写了一封信，反映了吕先生的情况，直率地提出了我的意见。默涵同志也很重视这件事，批了个解决办法，可能是由文联再补助一百元。不久，吕先生迁回了土儿胡同。我后来又去看过他，谁知他的病情又严重起来，有时神智也不清，以至只能默默相对了。

四

我虽然和吕先生有过较深的师生之谊，以至相知之情，但却对先生的身世很不了解。譬如先生的真姓名——何佶，先生原籍是安徽天长县，就都是在最近几年才知道的。先生的著作和译作，我基本上都是读过的、熟悉的，但是，即使如此，我也不是先生遗著的最适合的编选人，因为先生一生致力研究的课题主要是美学，而我对美学的知识甚少。只是由于这项工作还没有人做，又恰巧在一九八二年，我看到了上海文艺出版社有一个系统出版当代美学家著作的计划，其中列有朱光潜美学文集与蔡仪美学论著的选题，这未免使我心中一动——吕先生不也是五十年代美学讨论中的一家么？正好先生长女潘怡夫妇又来访，我得知当时尚无任何出版社再版和出版先生著作的计划。我想，既然与先生论争的对手朱、蔡二位的美学著作已将出版，那么，岂可缺少一个对方？于是，我写信给当时尚在上海文艺出版社工作的王一纲同志并余仁凯同志，建议出版社也出版一本吕荧先生有关文艺与美学论著的文集。很快就接到了一纲同志的复信，说他已和余仁凯同志商谈过，同意我的建议，并欢迎我来编选这本文集。后来一纲同志虽离开了出版社，但担负此书责任编辑的高国平同志，多次来信热情地鼓励和支持，终于促使此书的编选和出版工作顺利实现，这是我首先要衷心表示感谢的，同时，也要感谢吕先生的同乡吴腾凰同志为本书写了《作者小传》，感谢吕先生的难友姜葆琛同志愿把他的《冬天的回忆》作为附录，用以表示我们对吕荧先生惨遭不幸的深切的悼念和哀思。

关于文集的编选工作，我想做以下几点说明：

（一）文集基本上是从吕荧先生的五部论著编选出来的。这五部论著（按时间先后顺序）是《人的花朵》（泥土出版社，一九四五年出版）、《文学的倾向》（上海书报杂志联合发行所，一九五○年出版）、《关于工人文艺》（上海新文艺出版社，一九五二年出版）、《艺术的理解》（作家出版社，一九五八年出版）、《美学书怀》（作家出版社，一九五九年出版），其中《艺术的理解》，又可看作先生文艺论著的自选集。《人的花朵》和《文学的倾向》的主要论著，都选编在《艺术的理解》里，有些篇目在选编时，先生还做了很大的修改。这在《艺术的理解》的"后记"里有过较详细的说明。因而，这次编选时，我们尊重先生的意见，凡《人的花朵》《文学的倾向》与《艺术的理解》相重复的文章，都采自《艺术的理解》以作定稿。

（二）无论是在先生的文艺论著还是美学论著中，都涉及译名和译文的问题，这是很难处理的。现在采取了一个折中的办法。对于译名，因为与文章内容关系不大，也为了方便读者，我们采用当前统一的译名。至于译文，因为有些关涉到对内容的理解，而先生自己又是翻译家，他引用的译文，有一部分还是自己直接译的。我们以为，译文还是保留原译为好。

（三）文集编选的文章共分四辑：

第一辑八篇文章，都是先生解放后写的学习经典著作的心得体会和关于革命新文艺问题的探讨和评论。

第二辑十三篇文章，是有关现实主义艺术问题的探讨和论辩，用先生自己的话说，即"比较着重创作方面的问题"，"直接关联着创作的实践"。

第三辑十篇文章，是关于中外几位大作家及其作品的评论或专论。

第四辑五篇文章，是先生的美学专著。

据韩文敏同志介绍，她曾看到一九四八年的《时代日报》上有吕先生的一篇《论单纯》，也是很有艺术见地的好文章，可惜这一天的《时代日报》，直到现在还没有查到，很可能这次只得暂付阙如了！

当然，先生对一些文艺问题的看法，包括美学问题的见解，不一定是今天的人们所能完全同意的，而且先生也是生活在一定的时代潮流中间，也必然会留下时代思潮的烙印。我是同意《朱光潜美学文集》"出版说明"中这样几句话的："这些著作既是历史上的足迹，就应保持历史的原貌，供研究者去分析鉴定。"但我又相信，先生有很多关于文艺创作与理论问题的卓识，特别是他较早地对革命新文艺的公式主义、概念化的有害倾向的关注，都可以给我们以有益的启示。如果这本文集，能使今天的读者较清晰地了解吕荧先生一生的文艺论著的概貌，吸取有益的营养，编者的微小的愿望也就能得到满足了。

(原载《吕荧文艺与美学论集》，上海文艺出版社1984年版)

1985年

满江红·怀吕荧学兄[*]

殷焕先

紫万红千,真明媚,又逢春色。
空叩问,斯人何在,九天岑寂。
八府塘前同笑语,门帘桥畔怀踪迹。
记萤窗忧愤论危亡,心丹赤。

书生梦,原清白。 朋友道,由忠直。
怅深山幽径,大都华宅。
文笔自能传世代,性情尤足光篇策。
正枝头悠越到莺声,思畴昔。

1985年于山东大学
1985年11月22日写
1985年12月9日再抄

---

[*] 据潘怡提供的手稿本整理。——编者注

1988 年

吕荧在北平

闻　敏

1935年，吕荧20岁。这一年，他考取了北京大学史学系。

一二·九学生爱国运动中，吕荧加入了中国共产党领导的"民族解放先锋队"（简称"民先"），并且，与魏东明、杨益民、魏伯、天兰、亚苏、耶非、柳林、碧野、司徒裕等人一样，是当时北平进步文艺团体浪花社的骨干。据当年与吕荧有过交往的孙思白、碧野、钱新强等人的回忆，他那时是一个倜傥、多才、充满活力的青年，还曾是北大运动场上跳高（比赛）第一名。集会时，他常即席发表讲话，语言清晰，思维敏捷，是置身于进步行列的活跃青年。吕荧学历史，却更喜爱文学，孜孜不倦地撰写文学论文，做学问严谨、踏实。同期，他曾跟一白俄教授学过俄文，为日后的阅读和笔译打下了基础。当时，吕荧住北大东斋，一二·一六运动，北平学生南下请愿，北大总罢课，学校当局贴布告要求学生复课，学生纠察队则阻止复课，一个清晨，北大校长蒋梦麟、文学院院长胡适、法学院院长周炳麟站在马神庙北大西斋门口动员学生上课去，无人响应。正在这时，吕荧缓步走过来，蒋梦麟赶紧迎上去，想让他当"带头羊"，可吕荧却慢条斯理、一字一句地说："我哪里是来上课的？我去洗澡。"立刻，在蒋梦麟四周响起了一阵哄笑声。

那期间，吕荧曾参与"民先"在香山的露营。浪花社成员间相互传阅作品，吕荧能毫无保留地提出自己的看法。对同是浪花社成员而在校外过着流浪生活的年轻的碧野，吕荧常常解囊相助。

1954年，当回顾这段往事时，吕荧说：在政治运动的洪流中，他读了许多马克思、恩格斯、列宁的著作，开始形成了马克思主义的世界观和人生观，同时也发展了他的文学观点，使他确立了这样的信念——"做一个革命文艺战线上的兵士"。

这一时期，吕荧完成了《人的花朵》《鲁迅的艺术方法》这两篇文艺论文的初稿。据胡风回忆，这时期，他本人在上海编辑《工作与学习丛刊》，曾收到吕荧自北平寄出的信和一篇关于田间诗歌创作的论稿。胡风说：是吕荧，最先指出了田间作为一个诗人的特点。从这篇论稿不难看出他对艺术相当敏感，很善于理解、把握一个作家的创作特色。吕荧给胡风的信上说，从《工作与学习丛刊》的编辑风格即可推测这刊物是胡风编的。所以，胡风说，别看他俩年龄有差距，但从那时起，就彼此引为知己了。

今天，跑遍北京的几所大图书馆，所能找到的《浪花》不过两本：1936年6月中旬出版的1卷1期和同年8月1日出版的1卷2期。这两本《浪花》，都以相当显要的位置介绍"左联"内部有关"两个口号"的论争，并以相当篇幅介绍、评论苏联著名的作家、作品。所刊载的小型文学与美术作品都力求传达时代的呼声和人民苦痛的呻吟，格调朴素、健康、清新，鲜明地体现出浪花社进步的思想倾向和艺术趣味。《浪花》2卷2期以一半以上篇幅刊载了纪念高尔基专辑。其中有一篇，是吕荧所写的长篇论文《高尔基与现实主义》，署名"倪平"——这是吕荧40年代中期前常用的笔名。在这篇论文中，吕荧肯定了：19世纪90年代，当俄罗斯文坛正笼罩着一种昏暗悲郁气氛的时候，高尔基"用他那走进生活内部去的强固的步调走进文学世界里面来了"。吕荧指出，高尔基早期虽然倾向于浪漫主义，但其作品里没有一点朦胧、神秘的气氛，有的只是对暴风雨的渴望、愤怒的力量、热情的火焰、胜利的确切。即使在寓言或传奇作品里，高尔基也能"脚踏实地地把握住现实生活的典型"。吕荧认为，高尔基的浪漫主义从一开始就与雪莱、雨果以及那些象征派的浪漫主义者有严格区别。这区别就在于，"他的浪漫主义在本质上是积极的，肯定的，富有现实性的"，是革命的浪漫主义。吕荧文章指出，高尔基以他的《福玛·高尔杰耶夫》奠定了他的现实主义创作的基础。吕荧还认为，在革命时期，高尔基不仅写出了表现1905年革命潮流的《母亲》《夏天》《奸细》，而且完成了两部划时代的现实主义巨著：《奥尔塔摩诺夫家的事业》与《克里木·萨木金的一生》。吕荧说，高尔基首先是位伟大的现实主义者，他的全部作品构筑了从废除农奴制到十月革命之间俄罗斯的一部史诗；他的艺术的成就达到了过去"和平时代"最伟大的作家的艺术少能达到的高度，因而我们应该学习和继承高尔基的艺术遗产，他无论思想上和艺术上"都是我们的最优秀的、崇高的范例和教师"。

这些分析和论断足以使我们看清青年时期吕荧思想发展的轨迹。

在吕荧仅有的一本诗集里收集了他写于这一时期的四首诗。北国严冬荒漠、萧瑟的原野，在他南方游子的心灵里唤起了什么？诗中写道：当黎明还没有醒来的时候，一个背着孩子的农民，隐忍着饥寒的折磨，走过田野的路。

> 广大赤裸的雪的田野上，
> 刺骨的北风吹起来了；
> 他停住脚步，
> 伸出瘦棱棱的抖颤的手，
> 摸着背上的孩子，
> 两颗泪珠从他眼睛里流淌出来……
>
> 　　　　　　　　　《冬天的田野》

当寒风"像一个黑色羽翼的巨人"般地奔驰在北方广袤的田野上时,诗人知道:老爷们收租的驼铃响了,一车车、一驼驼载去了小米、高粱、玉蜀黍……他仿佛看见:

> 一个乡下的粗野的母亲,
> 她不懂得温柔的语言,
> 她只默默地用粗暴的大手,
> 抚爱着农人的愁苦的脸,
> 抚爱着低矮的土屋,
> 抚爱着萧萧的白杨。

《北风》

诗人的心是沉重而悲怆的,因为包容着人民的苦难,但它有时却又那般明朗、欢快,就像是"从冬的世界走进中国田野"的"五月的花";就像是"黎明的海上的行人",面对着"天边升起的火的云霞",于是,他禁不住由衷地赞美了:

> 火的云霞,
> 火的云霞呵,
> 太阳在升起的时候,
> 燃烧着它,
> 开始新的世界的历程。

《火的云霞》

这毕竟是一颗跃动在大时代洪流里的年轻的心!

吕荧早年在北平所写的诗是稚气的,也不免失于空泛,但那些成功的诗句却使人感到清新而且热诚。

透过上述一切，可以约略地看见浪花社时期吕荧的风姿和他心灵的搏动。

（原载"北京地区文学历史及现状"课题组编《北京文学研究史料》，北京燕山出版社1988年版）

1988 年

美学家
——吕荧之死

骆宾基

一

一个人的时间和精力是有限的,尤其是到了力渐竭、气渐衰的晚年,更何况是在病中。很多该写的东西还未及写,很多该整理出来的文字还未整理完,不想,又突然接到了吕荧两个女儿的来信,告知我,她们的父亲不是病逝于上海,而是在 1969 年 3 月 5 日病死于北京清河农场,并附录了中央有关审理部门 1979 年为吕荧平反昭雪的结论,说明 1966 年 6 月间把吕荧作为"影响治安"的"胡风分子"再次隔离,给以"强制劳动"的处理是错误的。

因之,我原来听到的"吕荧 60 年代死于上海"是"传闻"之误了。

我读过潘怡、潘悦两姐妹的来信,默然久之。显然,过去的"传闻"掩盖了事实真相。这样,笔者就不能不做以上的订正,而对吕荧其人及其死说几句话了!

二

吕荧,本名何佶,安徽省天长县人。据碧野的《忆吕荧》(见《北京文艺》7月号）所记，吕荧在 30 年代是北平浪花文艺社的主要成员之一，还是北京大学的运动健将。但我认识他的时候——在 40 年代中期——他却已经是个面目清癯如瞿秋白式的"文弱书生"了。当时，他已离开云南大学的教职，住在新婚的夫人潘俊德在涪陵的家宅里，正在翻译普希金（他译作"普式庚"，很接近俄语语音）的《欧根·奥涅金》，而笔者在涪陵邻县的丰都教书，刚回重庆来看看形势，不知"迁都"之后怎么办，因之在冯雪峰的住处相遇，自然大家都是很高兴的。只见他，两眉细瘦，面目苍白，穿着半旧的灰色西装，结的领带也不显眼，在屋里还罩着旅行式夹大衣。主人呢？尽管纸烟的雾气弥漫整个房间，却不开窗，怕他背后经不得西风吹来而受凉。可见客人体质是多么弱，而主人对他又是多么爱护，多么亲切和器重了。当然，吕荧也是很自尊而持重的。

第二年，我们再次在重庆相遇，是日本投降以后了。他以"泥土社"的名义，私费出版了《人的花朵》——一本论诗人艾青与田间的新诗评论集，40 年代吕荧据此作为左翼的文学评论家，在中国新文学界像新星一般惹人注目地出现了。他同时仍在译著普希金的长诗《欧根·奥涅金》，而面色也仍那样苍白，进屋仍然不敢摘帽，怕风、怕受凉。

三

但当 1949 年初夏，我们两人结伴，一起离开香港，满怀着对于中华人民共和国、对于未来的充满光辉的希望和信心，乘船北上时，他却和我同样只穿了一件衬衣，衣着懒散地在甲板上散步，瞭望海阔云低，而又一片渺茫无际的景色了。一位从英国留学回国的女导演为我们俩人拍了唯一的一张"合影"。在我的印象中，这仿佛是他生活中最轻松的一段旅程了。仿佛一切都是重新开始，中华人民共和国的未来，就是自己的未来，幸福的未来，和无产阶级的共产主义事业紧紧结合在一起的未来。当时，笔者是刚刚离开南京特刑厅的监狱，绕道香港北上，而吕荧原在台湾一所大学里教书，是从台湾归来的。

"台湾当地人都说汉语么？"

"不，"他思索着，显然是思考着我的提问，然后回答，"都说日语。"

"讲课呢？"

"我用英语。"

他如哲学家般不断地思考着什么。读者从这简短口气里也会知道，吕荧谈话是多么严肃、认真，尽管在航行中他也脱了外套，显得很"随俗"，和我的情调很协和，但仍然结着领带，谈吐也仍然是冷静的、理性的，一点儿也不随便。这就充分说明，这位诗人的知己，普希金诗作的译者，艾青和田间的欣赏者和歌颂者，是一个多么慎言谨行的人物了。

他一支接着一支地吸着烟，显然是在思考着过多的与谈话无关的问题，在酝酿未来的写作。体质虽还那么文弱，但精神却又那么健旺，仿佛一个孤傲的骑士一般，他的那么单薄的体质能负担得了他所思考的一些关于文学艺术、新诗与诗人之类问题所积压起来的重量么？

四

但美学家吕荧，却不是一个谨小慎微的人。

当胡风的理论及私人通信方面的问题，作为"反革命"的罪证公布出来之后，这个即便闲谈中，每一句话也都加以慎重思考的美学家，《列宁论作家》的译者，在中国作家协会召开的有一二百人参加的批判会上，却当众提出了与当时党报的"编者按语"以及在会上发言的人全然相反的论点，认为思想意识领域里的问题不等于政治问题。自然，吕荧在不少的嘘声中被赶下讲台了。

他当时只知道列宁在批判俄国的民主派作家时一贯采取的"两点论"。例如，列宁指责《钟》的编者赫尔岑为一些革命派知识分子所不齿，说"车尔尼雪夫斯基、杜布罗柳波夫、谢尔诺-梭罗维约维奇，新的一代平民知识分子革命家的代表人物,他们责备赫尔岑这种从民主主义向自由主义的退却,是一百二十分正确的。不过,公平讲来,赫尔岑虽然这样在民主主义与自由主义之间动摇不定,但是他终究是多半趋向民主主义的",并称赞赫尔岑曾经"挽救了俄国民主派的名誉"(指赫尔岑《为波兰而辩护》,见吕荧译《列宁论作家》第35、37页)。而且他仅考虑了赫尔岑的是非又完全不同于胡风的功过,却完全忽略了当时绝大多数中国的诗人与作家——连笔者也包括在内——对党是怀着一种多么虔诚的信赖。

自然,当时《列宁论作家》的译者吕荧,作为"胡风分子"被隔离审查了,而一年之后的审查结果"吕荧没有参加胡风反革命集团阴谋活动",终于经"中央十人小组"批准,于1956年5月23日解除了审查。以后,在胡乔木的关心下,吕荧关于美学的专论在《人民日报》上发表了,1959年又由作家出版社出版了《美学书怀》,据此,奠定了这位诗人在中国当代文学史上的美学论者的理论基础。

用他自己曾经阐述过的一句话说,"实践是检验理论正确性的标准"(见《美学书怀》第7页),今天应该说,在胡风问题上,他是正确的。因之,可以说,美学家吕荧是我们50年代的知识分子的荣誉,而60年代开始却成了严重的精神分裂症患者,他的薄弱的体质终于负担不了脑子思考的重荷,脑神经爆裂式地病变了。于是在上海进了精神病患者的疗养院。他的有数的几个好友之一——聂绀弩,曾在上海的这所疗养院里探视过他。

如今,美学家吕荧已病逝于北京清河农场整整十一年零六个月了。坟墓自然是没有的,而骨灰在哪里,恐怕也很难查找了。但吕荧有他的几本译著在,这将永远流传于后世。在社会风气中,将起着洁化的作用。它们将永远散布着芬芳,因为译作者吕荧本人就是我们民族的花朵。

今天,当他逝世十一周年零六个月的时候,我仅献上这一束文字,算是墓前的致哀!

我们永远怀念你!

1980 年 9 月 5 日

  这《美的殉道者——吕荧》一书,是作者吴腾凰同志公余之暇与乘之同志两人合作完成的,是一部现代文学评论家、翻译家的传记文学。该传曾在南京的《青春》上连载过,为吕荧兄的两个女儿潘怡和潘悦姊妹俩所赞赏,因而趁作者来京开会之际,偕同到我住所过访,索取书序。遗憾的是恰逢笔者不适,精力不济,很难提笔再作伏案工夫,且又病于目,也很难在限期内通读十二万字之多的原稿。由于潘怡之赞,又由于作者吴腾凰谈及走访吕荧生前同道以及患难之时的知情者,更谈及搜集素材的经历,看出作者确实是付出了许多辛勤的劳动和宝贵的时间,因之笔者深信这本书会是符合于史实的传记作品。由于笔者与逝者生前友谊之笃,为了庆幸这本传记的出版,愿以一篇曾刊载于香港《文汇报》上的《美学家——吕荧之死》权作代序。这是笔者为这本书所奉赠的礼仪式冠带,意在装饰它的形态。至于悦人心魂之美的眉目,还在于本书所呈现的品貌与情态!希望本书不但得到有党性而无派性的我国现代文学史家的赏识,更希望它会得到广大青年读者的欣赏而能对人生旅途中"美"的探索者有所启迪。

  美在险崖之巅,
  真理之花散发芳香之处。
  它属于
  崇高理想的山峰,
  距离凡俗安逸之界

远如
蓝天!
而与众多的
为之献身的追求者
为伴,
与众多
为之牺牲的开拓者
为邻。
攀登吧,前进吧,
美与理想与你们同在,
青春就与你们同在!

是为笔者"代序"之附语。

1985年11月18日

(原载骆宾基《瞭望时代的窗口》,人民日报出版社1988年版)

1990 年

招魂曲
——悼念美学家吕荧

吴腾凰

"吕荧？是的，就是皖东人民的乳汁养育的吕荧，他在什么地方？就是我国当代难得的一位文艺理论家、美学家、翻译家吕荧，他活着，还是死了？"雪片般的信件飞向滁州，飞向淮河，飞向北京、四川、山东……飞向每一个留有吕荧足迹的地方，人们在查问，人民终不会忘记他的优秀儿女的。

呼吁有了回声：党的十一届三中全会后的第一个春天，两个坚强的女性潘怡和潘悦用颤抖的双手捧回了中华人民共和国公安部 1979 年 5 月 31 日作出的《关于吕荧同志被收容强制劳动问题的复查结论》。她们似乎没有力气去读那几行铅字，她们不敢哭出声来，仿佛父亲就在那几个字迹的背后注视着她们，父亲不喜欢女儿用眼泪来领走他的复查结论：……吕荧同志是在林彪、"四人帮"的干扰和破坏下，于 1969 年 3 月 5 日清河农场含冤病亡。现撤销原收容吕荧同志强制劳动的决定，推倒一切不实之词，予以平反，恢复政治名誉。

寻找有了下落：那是北国海滨上一个无名的墓地，墓地里一方新土旁一块红砖上面用粉笔写的"吕荧"两个字，居然经受了十年之久的风吹雨打而历历在目！那是一个不屈的灵魂在翘首昭示着后人，在执着地盼望着冬天过后的春天！

春风又度的季节里，一位理论工作者在倾听，在记录一位德高望重、历尽坎坷的老人、文坛老前辈的和泪倾诉：关于吕荧，关于时代，关于命运，说到伤心处，缀满老人斑的脸颊上肌肉颤抖，喉结哽咽，老人完全沉浸到痛苦的缅怀与追忆中去了，一双睿智的眼睛，透过岁月的屏障，在扫瞄着那些不堪回首、铭心刻骨的悲哀和磨难。晚饭凉了，视而不见；家人敦促，充耳不闻。在身后那个深不见底的感情湖泊里，老人无法自拔，无法把自己和吕荧这个真理的卫士、美的殉道者分开。

这位老人就是劫后余生的胡风先生。

在胡风逝世后的日子里，笔者来到北京胡风同志的家里，可惜，先人已去，来不及舒散一下满胸的积愤，来不及抖落干净一生的屈辱，就在重新赢得的爱的霞光中坦荡荡地远去了。胡风先生的遗孀，我们尊敬的梅志大姐沉痛地对笔者说：胡风在被押送去四川之前，被打成"胡风分子"的吕荧，不避嫌疑，还经常来看望胡风。胡风当年曾一再嘱咐我，把家里一幅绘有小鱼儿在水中快乐地嬉戏的竹篾画儿送给吕荧，因为吕荧几乎每次登门都要对这幅画的意境、主题和情趣欣赏一番，赞不绝口。遗憾的是，未能如愿……吕荧最终没有追求到那鱼儿一样的自由，却追求到死亡！

是的，他死了，死了……

不对，他活着，活着……

躯体葬在坟墓里，灵魂活在人心里。人们把老诗人臧克家的著名诗句献给他：有的人死了，他还活着。

不是吗？看，吕荧的遗像前，有了平反昭雪的重祭，有了时代补偿给他的花环：

——"《吕荧文艺与美学论集》出版问世，总算了却我心头的一桩大事！"吕荧《论集》的编者，与他有着深厚的师生之谊、相知之情，李希凡同志感慨地对编者说。

——"吕荧在《人的花朵》中是有真创见的，这是我钦佩处。"这是人民诗人田间同志在1985年2月给笔者来信中的由衷的颂词。

——"吕荧有他的几本译著在，这将永远流传于世。在社会风气中，将起着洁化的作用。它们将永远散播着芬芳，因为译作者吕荧本人就是我们民族的花朵。"这是吕荧的至交、老作家骆宾基在洒泪奠一颗流星的早逝。

——"吕荧是一位正直的知识分子，中国真正的美学家，一位终生追求美——美的心灵、美的信念、美的情操、美的探险的学者，他对无产阶级文艺理论和美学等方面都有着自己的贡献，可惜命运太悲惨了！"这是曾给吕荧以友情和温暖的学者何满子先生在仰天长啸！

——"如今，十几个年头过去了。当这春光融融、东风送暖的时候，我想，他如果还活着，一定要对我发出会心的微笑说：'我不是说过么？冬天很快就会过去的。'他一定会把那架尘封已久的打字机重新擦拭干净，从春日的长夜一直工作到天明，为我们撰写出更新更美的美学论著！"吕荧的同窗难友姜葆琛的伤情别恨化作动人悲歌，在录音机的磁带盘上震响着。

——"吕荧同志人品、文品为我素所敬仰，惜英华早逝，托睹遗篇，为之怆然。"这是中国作协书记处书记鲍昌同志1985年7月30日写给吕荧遗孤的沉痛的悼念词。

——"吕荧同志在理论研究和翻译工作上，我认为是有成就的，他是被极'左'路线迫害成疯子的。他在世时，雪峰同志和乔木同志都很重视他，曾交代我要很好地照顾他，我也力所能及地为他做了一些工作，但未能有所帮助，吕荧的才华未能得到充分发挥，这是很可惜的。"人民文学出版社老社长楼适夷为失去这样一个社会科学研究者而惋惜不已。

——"吕荧老师，愿你的灵魂得到安息！愿中国多几个像你这样'不通世故人情'的文艺批评家和教师！愿他们不再有像你这样坎坷的命运！"这是学生吕家乡在遥祝老师的在天之灵。

——"吕荧给我的印象是工作严肃认真，一丝不苟，坚持真理，十分自信，学问很深，不为任何人所动摇。对于他的死及他生前所受的磨难……

是应该在文学史上给记一笔的！"这是吕荧的同事、作家张琳对笔者写作这本小书的鼓励。

——"我不是作家，无法把父亲的一生用笔墨描绘出来，但是，我们是多么想向人们诉说这一切啊！从哪儿开头，又怎样去写，实在无从下笔。"他的玲玲，在爸爸灵前哭成泪人！

——"吕荧同志用自己的行动，实践了'有一分热，发一分光'。这是'荧'字笔名的本意，他一生愤世嫉俗，热爱无产阶级文学事业，身无媚骨，忠正不阿……"故乡的人们真正认识了皖东热土养育的儿子，把最公允、最昂贵的颂词献给了他。

…………

那些更多的善良人们啊，他们是否存得那么一段历史，那么一个吕荧呢？知其大名，慕其才华，研读其译著者又有几个知道吕先生已故去和怎样故去的吗？未必。1983年9月，《外国文学手册》编委会居然给已属于另一个世界的吕荧发出一封重要信件，要翻译家吕荧写好译者的自传和详细译著目录，尽快完成寄回，务必！信辗转了三个月，没有进入天曹地府而到了吕荧的女儿手中，一切只好由死难者的女儿奉命代笔，连夜挥泪而成，黎明发出！吕荧地下有知，会感到欣慰吗？

《庄子》曰："苌弘死于蜀，藏其血，三年化而为碧。"吕荧，你的血没有白流，你的心还在庄严的史册里跳动；你走过的道路上已经阳光明媚，人才济济，你生活、战斗过的土地上已经是春天，美丽、永恒的春天，这里有改革的热流，这里有滚动的春雷，这里有80年代中华儿女乐观、自豪、幸福的天地！

吕荧，你回来吧。如果世界上真有招魂一说，那么，请允许——

  我招你于黄河之滨，
  我招你于长城之上，
  我招你于轩辕黄帝陵。

这儿有你出生的产房,

这儿有你学步的草坪,

这儿有母亲的摇篮曲,

黄河、长江轻轻的拍岸声。

吕荧啊,吕荧,

只要太阳还会升起,

只要地球还在运行,

只要山还青青,草还青青,

那就是你啊——

一个美的探索者高洁的魂灵!

(原载《上海艺术家》1990 年第 4 期)

1991 年

早谢的花朵
——忆吕荧先生

张 杰

吕荧先生在抗战时期曾写文章,高度评价革命诗人艾青与田间,称赞他们为"人的花朵"。

我想,作为文艺理论家、翻译家、美学家的吕荧先生难道不也是"人的花朵"吗?

然而,这枝盛开的花朵,却过早地凋谢了,飘零了,这是令人感到十分惋惜的!

一

我喜爱普希金的《叶甫盖尼·奥涅金》。我特别喜爱吕荧先生的译本,那美丽而隽永的诗行,曾经激动过我年轻的心灵。我敬仰吕荧先生!

我从朋友那里知道,吕荧先生不仅是位翻译家,还是一位文艺理论家、文艺批评家,是位学识渊博的教授,我希望能目睹一下他的风采。

1951 年 3 月,我终于跨进了山东大学的门槛,有机会见到了吕荧先生。

当时,吕荧先生是我们的系主任,他还给我们讲授文艺学。我首次见到他是在文艺学的课堂上。

上课铃一响，吕荧先生缓缓地走上讲坛。他，消瘦的面容，戴一副深度近视眼镜。当时已是初春的天气了，他仍然是全副冬装。从那装束看，从那舒缓的动作看，他颇像位老者，但那时他实际上不过30多岁。他走上讲坛，不作自我介绍，也不说与讲课内容无关的话，打开讲稿，便开始讲课。

当时，我们这些青年人有一种偏见，总觉得凡是从延安来的，从老解放区来的老干部，经过锻炼的知识分子，他们的马列主义水平，总比国统区的知识分子高一些。

吕荧先生长期生活在国统区，然而他上课时开宗明义第一章却说了这样的话：文艺是战斗的！文艺是阶级斗争的武器和工具！这使我们十分震惊，也十分佩服。

他又说，革命不仅需要飞机大炮，也需要步枪手榴弹。就文艺来说，革命不仅需要长篇巨著，也需要犀利的杂文和短小优秀的诗歌。

这些观点，今天看来确是一些平凡的真理，然而，在当时，对初学文艺的青年来说却是何等新鲜啊！

吕荧先生的课，很像他的文章，观点新颖而深刻，逻辑严密，例证精当，具有无可辩驳的说服力量。他一上讲坛就一直讲下去，课堂上静得只听到唰、唰、唰记笔记的声音。大家不愿漏下一句话、一个字。下课铃一响，他拿起备课本就走。这时，同学们才活动一下身体，因为一个小时的紧张记录也够疲劳了。

吕荧先生表情严肃，不苟言笑，和同学们也很少接触，他虽然身负系主任的重任，却似乎很少过问系行政的工作，或者他不热心于此道。在我的记忆里，他似乎很少或者没有以系主任的身份给我们讲过话。系里大量的思想政治与行政事务工作多由系里的其他领导和行政秘书去完成的。他是一位典型的教授、学者。

二

1951年秋天,《文艺报》上发表了批评吕荧先生的文艺学教学脱离实际教条主义倾向的文章。这篇文章引起了同学们很大的思想震动。但文艺学这门课到底应该怎么教,怎么学,大家都很惘然。

当时,山大的校长是华岗同志。华校长在山大的教职员工及广大学生中享有很高的威信。他一向尊重爱护知识分子。我们听说,华校长曾劝吕荧先生作点自我批评就行了。但吕荧先生执意不肯,最后竟拂袖而去。好在当时"左"得还不够厉害,还没有对吕荧先生进行"声讨"与"清算"。这件事,就这样不了了之,从此,我再也没有见到吕荧先生。

我的同班同学李希凡在谈到这段令人难忘的往事时说:"……那时在文艺教学中普遍存在的问题,并不是什么对马克思主义的'教条主义的态度'(当时整个学术界学习马克思主义的风气还刚刚开始),而是形形色色资产阶级唯心主义的文艺观还在占据讲台,继续传播。恰恰相反的是,能系统地学习运用马克思主义进行教学,在当时的教师中还是很少见的。因而,即使这样的教学,有一些脱离实际的缺点,它都应该得到鼓励、扶植、支持与帮助,而不该是被批判的对象。""事情过了三十二年,这场我们所独有的'运动'似也可以看清楚了,即它显然也反映了'十七年文艺思潮'中的'左'的倾向,或者也可以叫作'左'的倾向的萌芽。"

我觉得希凡的这个分析是客观的、公允的,因而是令人信服的。

我还觉得,50年代初期,我们的党风、社会风气都是好的,整个国家朝气蓬勃、蒸蒸日上,这是令人鼓舞和向往的。然而,也不可否认,在某些方面、某些部门,甚至某些政策有"左"的倾向,对待知识分子政策上就是这样,这是应该永远引以为戒的。党的十一届三中全会以来,严肃认真地纠正了过去的许多错误,总结了经验教训,特别是对待知识分子的政策方面的一些失误和教训,这是令人感奋的事。

三

那么，吕荧先生从山大出走以后究竟到哪里去了呢？同学们以一种失落感议论他，记挂他。后来听说，他到了北京，到北京干什么，仍然不清楚。有时看到报刊上发表他的文章。后来又听说，1955年在席卷全国的"反胡风运动"中，他受了牵连。在全国文联主席团和作协主席团举行的联席扩大会议上，他在发言时提出一个常识性的问题是：思想意识领域的问题不等于政治问题。这个观点今天看来是个平凡的真理，然而，他却被当场赶下台，继而被隔离审查了一年之久。1957年《人民日报》上发表了吕荧先生的《美是什么》的论文，并加了"编者按"，大意是说吕荧只是受了胡风思想的影响，但不是"胡风分子"，欢迎他参加美学的讨论等等，这是为他公开平反的信号。

但是，吕荧先生到底在北京哪个单位工作？后来情况怎么样？同学们见面谈起来，谁也说不清。粉碎"四人帮"以后，报刊上披露了他晚年的信息——然而，是个悲惨的信息……

原来，吕荧先生离开山大到北京以后，一直没有正式工作，只是由冯雪峰同志主持的人民文学出版社聘请他为特约翻译员，每月酬金二百元，后来又减为一百元，有段时间，《人民日报》文艺部还聘请他为社外顾问。

吕荧先生的晚年十分凄凉，他不仅生活孤寂，而且在政治上十分坎坷。在十年浩劫期间，他被发配到农场进行监督劳动，去农场时还背着打字机和蜡烛，准备在那里写作。他也实在太天真了。在农场里，他受着人间难以容忍的屈辱，挨着饥饿，1969年3月5日，戴着老牌"反革命分子"和"胡风骨干分子"两顶帽子，屈死在农场里的一间阴湿的炕头上。当时，年仅54岁！

四

关于吕荧先生的生平，我知道得很少，最近翻阅了有限的几份资料，仅知道：他原名何佶，吕荧是他的笔名，意思是像萤火虫一样，有一分热，发一分光。他是安徽省天长县人，1915年生。他从中学时代起就爱好文学，开始散文与诗歌的写作。1935年入北京大学历史系读书，参加中国共产党的外围组织"民族解放先锋队"，参加进步文艺团体浪花社，创办文艺刊物《浪花》，积极从事抗日救亡宣传活动。七七事变后，去武汉参加中华全国文艺界抗敌协会。1939年到昆明的西南联大复学，1941年大学毕业后在四川任中学教师并从事写作。1944年出版了论文集《人的花朵》。1946年任贵州大学历史系副教授，与友人创办《时代周报》，宣传民主，抨击独裁。1947年到台湾师范学院任教。1949年4月到北京，同年7月出席全国第一次文代会，会后到大连了解工人文艺运动情况，写成《关于工人文艺》一书。他对方兴未艾的工人文艺给予热情的支持和积极的肯定。1950年到青岛山东大学中文系任教授、主任等职。

从1958年冬天起任人民文学出版社特约翻译员；从"反胡风"到"文革"都受到审查和迫害。1979年5月公安部为他平反，恢复政治名誉。

他的著译有《人的花朵》《关于工人文艺》《艺术的理解》《美学书怀》，普希金的《叶甫盖尼·奥涅金》《列宁论作家》，莎士比亚的《仲夏夜之梦》，普列汉诺夫的《论西欧文学》等数百万字。

吕荧先生是位才华横溢的文艺理论家、评论家，有突出成就的翻译家，著名的美学家。

他一生坎坷，两袖清风。他怀着满腔的悲愤，带着遍体鳞伤，默默地离开了人间！

吕荧先生是朵正在盛开的花,那罪恶的寒风却使他过早地凋谢了,飘零了,这是令人感到十分惋惜、十分悲哀的!

1990 年 4 月 11 日

[原载山东大学青岛校友会编《山东大学(青岛)人物志》,海洋出版社 1991 年版]

1992 年

追记吕荧

萧　白

在我的友人中,我对于吕荧的友情是很珍贵的。这不仅因为他的博学精深,我们在文学爱好与文学观点上有许多相同之处,还在于他的文质彬彬,在于他的为人:他不是懦弱的人,而是一个很倔强的人,对于真理,对于艺术的真与美,对于现实主义,对于是与非,那种真挚与顽强的追求,我是常常拿他与瞿秋白,与别林斯基相比照的。而他在人生道路上的曲折与苦难,又往往是胜过于后两者。

虽然他是那么的不幸,在政治上,在文学艺术上,不是铺满了鲜花和桂冠,而是荆棘,与硬戴上这样那样不应有的帽子,在54岁就被折磨夭折了(因为现在平均寿命已经大大提高),然而他留给我们的著作,永远是不能被磨灭的。虽然那些企图磨灭他的人,有的已经从人民的记忆中被遗弃,但他的杰出的《人的花朵》论文集,他对普希金,对莎士比亚,对托尔斯泰,对鲁迅、艾青、田间、曹禺的评论,对现实主义,对自然主义,对美学的论述与批评,如果说在40年代、50年代曾经起过很重要的影响,那么在今后,我相信,它还要发生影响,肯定要发生影响。吕荧本人是人的花朵,他献给人类的也是瑰丽的花朵,永不凋零的花朵。

第一次会见

吕荧之在我面前出现,给我极深刻的印象,乃因他是非常的瞿秋白式的，从《海上述林》，从译著和照片，我很懂得瞿秋白的作为文化人那一面的气质与修养。吕荧给我的印象同瞿秋白留给我的几乎一样。他身材修长，面容清癯、白皙，戴着一副细圆框的眼镜，似乎是文质彬彬，一股文弱书生的模样，然而他的眼神（虽然有时因体弱而显得疲惫），当他雄辩地健谈与争论的时候，却是目光有神、光彩熠熠，并有咄咄逼人之势。而在思索着的时候，它又是那样的深邃，那样闪射出智慧与聪明的光气。说话听起来虽然有点慢条斯理，然而却是坚决果断，总是有独到与惊人之处。这从第一次见面中，乃至今后多次见面中，他的这种形象已经牢固地树立在我的记忆之中。

我与他的第一次会面，乃是在1944年"老舍创作四十五周年祝贺大会"的会场上。这是一次盛会，文艺界的著名人士无不参加。最后老舍与侯宝林合说一段相声，他们俩纯真的京撇子、动听的语音语调、雅而不俗的幽默与风趣，比任何人的讲话都要获得更多的掌声与哄动，因为这是一次极为阳春白雪式的艺术享受。

在会场中，由骆宾基的介绍，我与吕荧相识。如果说有"一见如故"，那么我和吕荧，确实如同我与骆宾基一样地一见如故。第一眼给我的印象，通过交谈而逐渐加深。我们三人由于冀望痛谈，所以坐在会场的角落，海阔天空地大谈其文艺问题。

交谈中，似乎忘掉了在开会，有人在祝贺，在讲话。只有最后的相声才把我们紧紧地吸引住，那不时的笑声，那滚熟纯真动听的京撇子，那使人心领神会的幽默与微笑，实在如同磁铁一样地巨大地吸引人。然而那只是短暂的。大会结束，人散场空，我们仍在那里驰天地而横贯日月，谈个没完，直到深夜始恍然而悟地散去。我记得几次喝茶也是如此，非谈到老板前来下驱逐令，我们才依依不舍而离去。骆宾基只得随聂绀弩爬越大门回进张家花园的"文协"宿舍。

这一次会见与交谈，我们双方均发现了彼此何其相似。俄国文学，我们均喜爱普希金与托尔斯泰，当然还有果戈理和契诃夫。法国文学，我们都赞赏巴尔扎克，还有罗曼·罗兰。英国文学，我们涉猎了莎士比亚以及狄更斯。荷马、但丁、卜伽丘、塞万提斯，我们无不评价。鲁迅与高尔基也谈论得极多。别林斯基、车尔尼雪夫斯基、杜勃罗留波夫，全成为我们所向往的真正的文艺批评家。他们对作家的创作实践，在理论上作出了杰出的总结和阐述，俄罗斯文学之所以巨星一颗接着一颗，或者是群星接连不断地涌现，他们的功绩是完全应当肯定的。我与吕荧几乎同声而语，中国需要真正的文艺批评家。除了冯雪峰、胡风，还需要与他们并驾齐驱，甚至超越他们的文艺批评家。

文艺批评家之路

吕荧几乎同马克思、瞿秋白等一样，年轻时都想当一位诗人。即使后来成了文艺批评家、文艺理论家和美学家，然而他的诗人气质仍旧没有从他的身上消失。在重庆的时候，有时候他向我诵读自己的诗篇，热情而充满着激动，从他的眼神里我发现了他的诗人的气质。可惜我没有能读到他的《火的云霞》，否则我会更加理解他在这方面的气质的。但是从他的译著《叶甫盖尼·奥涅金》中，我仍旧可以看到它。他曾经赠给我一本，我珍惜地保存它，直至"无产阶级文化大革命"。没有诗人的气质，没有诗的修养（并且能够驾驭它），没有对俄罗斯文学的深刻的理解，他不可能译出与瞿秋白的《茨冈》相媲美的普希金的史诗《奥涅金》。从他对艾青、田间的诗的评价，他对莎士比亚的诗的评价，从他的美学的理论中，我都明朗地看到了他的诗人的气质。然而他没有走诗人的道路，他走的是文艺批评之路。

其实早在1949年给我的信之前，他就不仅自己，而且也寄希望于我作这样的努力，已经跟我说了中国需要真正的文艺批评家。1944年上半年，我与竹可羽，还有育才学校与复旦大学的一些文学青年，组成了新年代文艺社时，他与骆宾基也热情地参加，还有王鸿与漠青，都希望有一个自己的阵地，为中国的文坛闯出一个新的天地来。然而我们当时太穷困了，无法实现那个愿望，只出了几期油印的刊物，我写了一篇关于现实主义文学的专论。1944年下半年，我、竹可羽、骆宾基和丰村在丰都适存中学相叙，我们又决心组织同代人文艺社，吕荧也是我们名单中人，无非是希望有朝一日出版《同代人》文艺刊物，他能成为这个刊物坚强有力的文艺批评家。当然我们这些穷光蛋也没有把它办成。抗日战争胜利后，我与骆宾基、丰村、吕荧、竹可羽等都在上海相聚过，可惜为生活奔波，骆宾基去了东北，吕荧去了台湾，我也到了无锡，只留下丰村，他在上海坚持着，出了几期《同代人丛刊》，我写了两篇文艺批评，吕荧大概远在台湾，生活又不安定而未寄稿子来。

但是从《人的花朵》开始，吕荧终于坚定地走了文艺批评家之路。40年代，是他文艺批评最最辉煌的时期，最为有成就的时期，也是最有影响的时期。他对鲁迅的评价，对曹禺的评价，对艾青、田间的评价，对莎士比亚的评价，对托尔斯泰的评价，使文艺界不得不承认他是一位很了不起的文艺批评家。当时我已经将他与冯雪峰、胡风相并列。他的文艺批评，每篇总是抓住对象的特征，而且借助于不同的观点、不同的评价，从理论上加以总结和阐述，有独到的见解，有深度，有雄辩的说服力和严密的逻辑力量。现在中国文坛多的是泛泛而谈、表象化的文艺批评，缺少的便是这种有深度，有独到见解，而不是一叶障目，具有雄辩的威力的真正的文艺批评。

吕荧的文艺批评，得力自对于马克思主义哲学和文艺理论的深刻的修养，我们在这方面交谈得比较广泛的，是马克思、恩格斯、列宁的那些对文艺的独到和精辟的见解，对巴尔扎克，对托尔斯泰，对莎士比亚等作家十分宏观、杰出和毫无偏见的评价，对种种创作倾向的批评，还有就是他所欣赏的几位俄罗斯文艺批评家巨人，还有普列哈诺夫、卢那卡尔斯基。还有就是得力自对于中外文艺的广博的知识与深刻的修养。还有就是他对作品、作家的深刻的分析，放到历史与社会环境中的精辟的分析，以及在论述中的雄辩能力。没有这一切，便不能成为一个真正的文艺批评家。

现实主义与自然主义

我与吕荧在重庆茶肆、上海书铺之中，谈论最多的乃是现实主义。在文学创作上，我们都笃信现实主义，而他对现实主义犹有极为完整与深刻的理解。对待现实主义，当时在重庆文坛有不同的理解，尤其是将自然主义与现实主义相等同。他对某一重要作家的代表作，便严厉指出它的自然主义之倾向，对另一知名作家的一部长篇小说也作过精辟的评价。然而考虑到抗日统一战线的利益，没有加以公开地从理论上作总结与批评，以后我也没有见到过他这方面的评论文章，而且在论述中也没有采用过这样的例子。这并不是说他放弃了自己的观点，而是多从正面论述，多为现实主义正名，并且通过对自然主义的深层次的剖析，似乎此法更为有利一些。

1950年初，他给我的信中提及《论现实主义》那篇文章，作为那两年和他们争论的总结，并且要我"看后请给我意见"，可惜我当时没有看到这篇文章，以后我们也隔绝了音息。直到吕荧的女儿潘怡、潘悦送了我一本《吕荧文艺与美学论集》，我才认真地读了《论现实主义》与《释"自然主义"》这两篇力作。这是他离台前的重要之作。欲了解吕荧的文艺思想，对现实主义的深刻论述，没有比这两篇文章更为重要的了。反对"席勒化"，即反对浅薄的浪漫主义，笔锋一转便深入地论述现实主义。吕荧采用他所喜爱与擅长的争论的方法，用巴尔扎克同左拉和福楼拜作比较，强调现实主义之真髓，而反对表象的自然主义。

"把社会的人还原成自然的人"，"像观察自然现象一样地观察社会现象，用旁观者的态度把这些事实记录下来，描写一下就算了"，"只要求作家观察、收集、记录事物，只要写下人和社会外表上细节的真实，就完成了作品"，"把社会的性格和斗争，还原成自然的欲望和冲突"，"用表面的现象的观察来代替内部的本质的探求"，"拿生活和人的枝叶来当作它们的本体，把表象当作真实"，这是他对左拉的自然主义的总结。吕荧在总结巴尔扎克作品的现实主义和剖析批判了左拉的自然主义之后，提出了新的现实主义，以及和革命的浪漫主义相结合的问题。在1949年初，他就大胆地提出了这样的创作路子和创作设想，并且对新现实主义与旧现实主义之不同，作了极为深切与独到的论述。这不能不说吕荧文艺批评家之路又向前迈进了一大步，越过了他的先人别林斯基、车尔尼雪夫斯基文艺理论与批评之巨子。

然而吕荧的这些文艺思想与文艺批评，还没有引起整个文坛的重视，它还没有发挥出它应有的作用和力量。当时文学创作上的自然主义倾向没有得到消除，即使在其后的三四十年中，写自然的人、动物的本性、猎奇性的原始与野蛮，只是写些表象和细节的真实，将社会的性格和斗争，还原成自然的欲望和冲突，有一个时期甚至是风流一时。现实主义，只是理论上的几条原则，而不能产生有卓越见识的真正的文艺批评家，这不能不是现实主义文学在我们文学肥沃的土壤上，不能产生群星与巨人的一个重要的原因。

有诗人气质的文艺批评家吕荧，并不是有人所说的一个怪人。他是一个重感情、重友谊、重知识的人。也许骆宾基也并不知道这样一个重要的细节。当骆宾基在丰都被捕，并遭受迫害之时，吕荧获知这个消息后，急匆匆地前来找我，商量如何为营救骆宾基出一些力，哪怕是很微薄的力。至今我还能呈现他那焦虑的眼色，局促不安的举止，如同热锅蚂蚁地来回走动。他十分看重骆宾基的才气与两人间的友情。我们终于去找寻了郭沫若，请他出力并施加影响。他后来又单独去寻找了郭沫若一次。郭沫若对骆宾基的获释是否发挥了作用，我当然不得而知，但郭沫若在当时是一个很有影响的人物。

重书籍、重知识，吕荧在这方面的细节是很多的，给我印象最深的那是1947年在上海淮海路上，我们两人跑书店，有几家旧书店均有原版英文、俄文的著作，他一本一本地选取，最后满意地选了一大捆。一个文弱书生，要掮那么重的一捆洋装书，实在是够狼狈的，然而从他的眼神中，我获取到了一种满足，他一定选到了几本他所最需要的书籍。可惜我的俄文与英文同他的水平相距很远，至今仍记不起那些书的名称，只是隐约地记得有莎士比亚的诗集。我知道，吕荧是很喜欢这位有"真正的人"的觉醒意识的戏剧家、伟大的诗人的。

总之，吕荧在40年代所走的文艺批评家之路，应当越走越广宽，才华更加洋溢，有更多的桂冠与鲜花铺在那条广阔的大道上才是。

美的"普罗米修斯"

然而在50年代，吕荧所走的文艺批评家之路，似乎越走越艰难，似乎有一副沉重的担子压住了他那文弱多病的身躯。

北斗星虽然光亮，但怎及群星灿烂；一叶障目，何知天地之广宽。纵游于历史之长河，驰骋于马克思主义哲学、文艺理论，以及古今中外之名著大作的吕荧，岂能习惯于一星与一叶？从50年代前后五年中他所发表的文艺批评，可知他的探索前进，步履是何等的艰巨。可是他仍然运用着马克思、恩格斯、列宁的文艺理论，仍然坚持着鲁迅眼中和笔下的文学，呼唤着脚踏实地努力创造社会主义共产主义的文学艺术，作家要真实地表现生活，不能只是空洞地宣讲政治概念。吕荧在坚持社会主义现实主义的时候，提出了新的课题，克服公式教条主义的倾向和烦琐表象的自然主义倾向。一个文艺批评家，而不是重大的政治家，想作这样的努力，当然有点像顶着石臼做戏而已。

在困难的时候，郭沫若不是避入《青铜时代》？鲁迅不是抄写古小说？其后的骆宾基不是放下了《姜步畏家史》去弄金文？聂绀弩不也是去弄古小说了？吕荧在文艺批评与文学理论步履艰难的情况下，投入了美学的怀抱。美学始终还是一块未被开垦的处女地，虽然它没有青铜时代、金文、古小说领域有那么多的安全感，他还是一头扎进去了。这就是1953年7月吕荧之所以发表了《美学问题》的前因。一上来他就与《新美学》的权威相论争了，注定了他是敢于冒风险、敢于直言的一介文弱书生。

其后吕荧接连发表了几篇美学论文。如同《论现实主义》是现实主义与自然主义争论的总结，《美是什么》也是吕荧在美学问题上同蔡仪、朱光潜争论的总结，它是一篇美学问题上的力作。如果在现实主义与自然主义问题以巴尔扎克和福楼拜、左拉作为争论的例子，从而阐述他对现实主义的观点以及在巴尔扎克的基础上向前发展，又阐述了新现实主义的观点，那么在美学则以朱光潜和蔡仪作为竞争的对手，在车尔尼雪夫斯基的唯物论美学基础上建立了他的马克思主义的美学理论。实践是检验理论的正确性的标准，在1953年，吕荧就已经将这个原理应用到美学的理论上。在他尸腐骨寒之后，才有人将它应用到政治问题上，以此否定了"文化大革命"以及它的基础，无产阶级专政下继续革命的理论、实践证明了美是人的社会意识，它是社会存在的反映。那些美学理论的错误，已经告诉我们，按照他们那一套套理论，此路不通了。在这基础上，吕荧批评了有的美学家认为美是典型，有的美学家认为美是物的属性，有的美学家认为美是主观与客观的统一；同时还批评了那种资产阶级唯心主义的美学，超社会超现实的纯艺术，为艺术而艺术，艺术的本质和内容就是美的主张。

作为诗人和文艺批评家，吕荧特别指出了文学艺术与美有不可分的关系，文学艺术作品中包含着人类生活和文化的结晶、美的结晶。学好文学艺术，可以说美就在这里了。无怪乎恩格斯把诗列为美学教育的必修课程。

如果说普罗米修斯把火偷给了人类，那么吕荧是把美交给了人民。

吕荧只活了54岁。如果我们的社会能够完善一些，制度化一些，那么吕荧的文艺批评的才华，定能得到更加充分的发挥，他的美学理论将更加完整、丰富和辉煌。

当我获知吕荧在临死之前，绕着茨菰的小白花转动，嘴里不断地称赞着"真美啊！真美！"的时候，当我获知毕生探索美的诗人、文艺批评家、美学家，死在那种丑恶的地方的时候，我仰天长叹，仰天长叫，仰天长号。"沃土之芽，可以参天；沃土之芽，可以夭折"，夭折者我友吕荧也。

吕荧是人的花朵，他奉献给人类的文艺批评、美学，均是灿烂的花朵。我们应当从中汲取花粉、花汁，以繁荣我们的文艺批评、我们的文学理论。一叶障目者已经可悲，何必还要继续可悲下去！

我对吕荧别无其他，只有借他的形象，借他的苦难，塑造进我的长篇小说之中。最后我在小说中为他立了一块巨碑：美的"普罗米修斯"吕荧之墓！还有一句评语：他将美给了人民，而他死在丑恶之中！

1990年9月22日于无锡

附：吕荧信二封

其栋兄：

很久很久就打算给你写信了，可是总没有写成。在北平的时候，因为没有住定，带着两个孩子，身体又坏，所以忙乱之至。想等工作确定后再给你写信罢。初到这里，许多事要安排，又忙乱了一阵，现在安定下来了。

近来生活怎样，工作怎样，写作怎样？念念。我想一定是极紧张、极快乐的，同时怕也够忙的。现在要找一个不忙的人，怕不是件容易的事情。我在这里很好，读了些工人写的剧，想提起笔来写篇东西。这几天忙着译一本苏联青年在战斗和工作中英勇的故事，想拿来献给在战斗中的青年朋友们。

普君在北平曾在一起,现听说他已回到山东乡下写作去了。他结了婚,你想知道了。

有功夫写点什么罢。以你对文学深刻的素养,不写是可惜的。我看索性写点批评的东西,弄弄理论罢。中国现在需要真正的批评家。

有功夫盼来信,寄"大连松山街28号文协"。祝好。

荧　十二月四日(1949年)

萧白兄:

读到信,那么长的信,十分地高兴。可是当时很忙,乱七八糟的事一大堆,到今天算告了一个段落,才能给你写信。同时也因为想时间空一点,好好地写一封信的原故。

你的工作和生活,那样密切地和战斗结合在一起,也和人民结合在一起,是可贵的,也是重要的,请抓住它并且深入它吧。伟大的作品将从这里生根成长起来。解放前写的那篇小说,看情节的内容是有意义的,不过结尾的自杀,是不是太重了一点、灰暗了一点?让他因为痛恨现实而走向革命的集体,起来反抗,会不会使画面明亮起来?因为中国的革命,广泛的、全面性的、新民主主义的革命,对那样的人不能不有影响的。那样现实意义和典型的意义,是不是更大一点呢?我还没有读到小说,只是这样大概地乱说一些,不知能供修改时的参考不能?很希望能早点读到。

前些天魏金枝来信,他在编上海文协的会刊,要我代找一些稿。有功夫写一点罢,小说、批评都可以,请寄给我,本来直接寄去也可以的,不过我望能够先读为快。编报如果人手再少是够忙的,身体也望多加注意,你的身体也不算顶好。

我在这里工作不太忙,还有写作的时间,不过时时要给报刊上写应时的文章,把时间全零割掉了。前些天小说上登的一篇《论现实主义》是在离台前写的,作为那两年和他们争论的总结,所以并没有什么新意见,不过举了几个具体的例子而已。看后请给我意见。最近打算写一篇关于鲁迅先生的文章和一篇读工人作品的东西。不过我的身体总妨碍我,做不了多少事情。十几年来都在南方生活,并且都在病中,今年一下子遇到北方的寒冬,真受不了。幸好这里御寒的设备还好,很早我就生炉子,不然什么都不做。身体坏到这样,是我自己都未想到的。

王士菁见面想认识,名字记不起了。因为当时我就在病中挣扎,很少和同学往来。冯励青是认识的,我和他一起在四川涪陵教过书,是趋向进步方面的。

近来想把解放前几年写的东西,集成一本书,名字叫"文学的倾向"。将来一定要请你给我意见。本来还想译一点普式庚的诗。这里是弄俄文的好地方。可惜的就是没有时间,真是没有法子。盼来信,盼寄稿来。祝好。

吕荧　一月廿七日（1950年）

（原载萧白《五色贝壳集》,百花文艺出版社1992年版）

1992 年

"真美呀,真美!"
——读关于吕荧临终前的报道

胡天风

    "真美呀,真美!"
    美学家对茨菰花这样说。
    茨菰花是洁白的,
    美学家也是洁白的。
    从茨菰花身上,美学家
    想是又有了新发现

    就是这位美学家,
    曾经陶醉于《人的花朵》,
    曾经憔悴于《美是什么》,
    曾经勇敢地一个人站在一边
    对"舆论一律"不表同意。
    今宵,西风正摇落一天星斗,
    他却绕着半亩野塘,
    把满腔的爱,喃喃地
    捧给茨菰花:

"真美呀,真美!"

有人说美学家疯了,
但谁相信呢?
茨菰花是洁白的,
美学家也是洁白的。
听到美学家的赞美,
茨菰花感动得
流淌了一串珠泪。

1988年5月

(原载胡天风《天风诗草》,长江文艺出版社1992年版)

1993 年

忆我的老师吕荧先生

王　冰

吕荧先生是当代颇有名气的美学家。我曾在他的亲身指导下，整整度过了一年半的学习生活，我感到非常荣幸，同时也觉得这段时光是多么值得珍惜。

1950 年的秋天，我正是山东大学中文系刚刚升入二年级的学生。听说吕先生不久要来校任教，这消息使中文系的学生沸腾了，因为大家都曾读过吕先生的文学评论集《人的花朵》《论文学的倾向》……特别是他翻译的俄国伟大诗人普希金的诗体小说《叶甫盖尼·奥涅金》，都深深地为之倾倒。

到了 10 月份，记得窗外的梧桐树仍枝繁叶茂，扇子仍离不开手。这时中文系全体师生为迎接吕先生，特举行了比较隆重的欢迎会。当时好多外系的师生听到这消息后，也前来参加，一个挺大的会议室挤得满满当当的。

不大一会儿，系主任王统照陪着吕先生来到了会场。吕先生身体很瘦弱，戴着一副深度的黑框近视眼镜，穿着一套深灰色的中山装，两只脚却过早地穿上了黑布棉鞋。

这一次见面给我的印象很深，直到现在一提起吕先生，瘦弱、黑框眼镜、黑布鞋立刻就浮现在我的眼前。

吕先生给我们开两门学科：文艺学和苏联文学史。这两门课在解放初期还没有完善的教材，更没有统一的教学大纲，处于无章可循的情况。吕先生经常跑图书馆查资料，自编讲稿，有时还深入学生中征求意见。由于吕先生知识渊博，又充分地备课，所以他的课讲得深入浅出，深受学生们的欢迎。每上他的课，教室里非常拥挤，稍微晚到一会儿，只好搬把椅子在门外听。经过学生们的要求，后来挪到"化学馆"里做实验的一间大教室上课，尽管这样，也须课前提早半个小时去占座儿。

吕先生讲课的声音不高，但沉稳有力。对有些不容易理解的文艺原理，他就列举出一些形象、具体而又浅显的事例来阐明。他讲课极有条理，语言也很精炼。整个一节课的讲稿，贯串着鲜明的马克思主义观点，所以很多学生课后说："听吕先生的课是一种艺术享受，就是属于理论性的问题，经过他的嘴，也变得极有风趣，真是句句送到耳朵里……"

吕先生住在学校的教工宿舍二楼上，他的身体很衰弱，除了夏季，睡觉时他都要盖两条厚厚的被子。房间一年四季都不开窗子，怕受风。他长年服药，每次我去他家，都会看到窗台上有新倒的药渣。吕先生烟抽得很厉害，几乎是一支接一支地吸着，他的书房里总是烟雾缭绕。他平时说话不多，给人的感觉他像时刻在思考着什么似的。

1950年的寒假中，中文系的一、二年级学生参加了青岛市组织的郊区农村土改宣传队。有一天，开斗争地主、恶霸大会。记得那天天气很冷，滴水成冰，还纷纷扬扬地飘着雪花。那时吕先生正患重感冒，但他披着一件厚厚的棉大衣，冒着严寒，同系里的几位教授先生准时来到会场。我问吕先生："您身体不好，现在又得感冒，冻病了怎么办？"吕先生很认真地说："土地改革，这是我国农村彻底消灭封建土地所有制，解放农村生产力的一件翻天覆地的大事，现在能有机会，我得争取补上这一课。"

1951年5月，批判武训和电影《武训传》的运动在全国展开。有人写了一篇《不足为训的武训》批判文章发表在《人民日报》上。这文章顿时轰动了全国，各地方报纸纷纷转载，并印成学习材料，人手一册。

其作者来到青岛市，山东大学首先邀请他向全校师生作批判武训的报告，报告完组织讨论，每个人在小组会上要谈感想、体会。就在当天晚上，我们几个学生又来到吕先生的家。吕先生对当时批判武训这股风很有看法。他认为对待历史人物与历史事件，应该以历史唯物主义的观点来看问题，这样才是实事求是的科学态度。武训能在一百多年前的清代，靠乞讨来办义学，不管从哪方面说这种精神是高尚的，有什么错？他说："我有个老乡就学习武训办义学么！我这个老乡就是冯玉祥。"

当时全国正掀起了批判武训的高潮，吕先生竟毫无顾忌地谈出自己的心里话，连我们这几个青年学生也感到吃惊。吕先生这样大胆直言，现在回忆起来，不由得不使我对吕先生肃然起敬。

吕先生告诫我们：要抓紧上大学的这几年多学些知识，一定要有个具体的、明确的学习计划，在完成各门学业的同时，还要确立个主攻目标。他谈到他在西南联大是学历史专业的，后来却对外语和文学产生了浓厚的兴趣，一度想从历史系转到中文系，但又考虑历史和文学并不矛盾，搞文学的人也应该有丰富的历史知识，因而他在完成历史系学科学习的同时，挤时间有计划地攻读了外语和文学。

正当广大的学生热爱、推崇吕荧先生的时候，1951年11月的《文艺报》上，突然发表了张×的一封"读者来信"，标题是"离开毛主席的文艺思想是无法进行文艺教学的"。当时中文系的学生看到《文艺报》上的这篇文章后，都非常气愤，有的学生当场把这期的《文艺报》撕得粉碎，因为这文章完全是捕风捉影，或者是断章取义、歪曲片面。我们都愿意替吕先生澄清事实，我们每个人的听课笔记都可以作证。我们立刻推举了几个同学拟稿，摆事实、讲道理，逐条作了严肃的订正，最后大家签名，用双挂号寄给文艺报社，但一直没有回音。

我们都为吕先生难过，我们多么想给吕先生送去一些"温暖"！

记得在一次全系的批判会上，点名要吕先生表态、接受"帮助"，却遭到吕先生的坚决拒绝。从此，批判的攻势一浪高过一浪。这时周围舆论的压力,不仅对吕先生,就连对同情吕先生的学生也越来越大。《文艺报》连篇累牍地刊登了全国各地围攻吕先生的批判文章。

我们几个"初生牛犊不怕虎"的学生,晚上偷偷地来看望吕先生。他的两个小女儿已经睡觉了,只有吕先生一个人出神地在抽闷烟。这些日子他的面色更加苍白了,神情似乎有些恍惚。见到我们只是点点头,摆摆手让我们坐下。我们几个憋了半天才吞吞吐吐地劝吕先生别再坚持了:"您就按人家说的,做一些自我批评吧!"吕先生斩钉截铁地说:"你们是让我做违心的事?——我没有错儿,怎么能随便承认错误!"

山东大学校长兼校党委书记华岗,也让别人给吕先生带过话,劝他作一点儿自我批评的表态,哪怕是象征性的就可以过关。吕先生却直言不讳:"在原则问题上,我要对自己负责,对历史负责,委曲求全、苟且偷安那不是我的性格。大是大非面前,我永远也不会忍让!"

这时期,吕先生烟抽得更勤了,更沉默寡言了,但仍按时给学生上课,仍像以前那样讲得认真,那样一丝不苟。

1952年1月放寒假了,我们几个学生凑了钱买了点儿礼品去拜访吕先生,门上却挂上了锁。邻居说:吕先生放寒假的当天晚上就带着两个女儿走了,没向任何人告别,谁也不知道他到什么地方去了!

从此,我再没有见到我最崇敬的吕荧先生。

后来听说他来到北京,在一个出版社搞翻译工作。

1955年5月,一场席卷全国的"反胡风反革命集团"的大规模的政治风暴开始了。听说在一次全国文联召开的声讨"胡风反革命集团"的大会上,在大家的一片批判声中,吕荧先生竟登上了主席台,一字一板极其严肃地说:"我对胡风的文艺观并不完全赞同,我曾多次用书信的形式与胡风论战,但我不赞成把思想意识领域里的问题等同于政治问题。今天这样大张旗鼓地来批判胡风,我认为是错误的⋯⋯"

据说当时主持会场的人顿时呆若木鸡,不知如何处置。

"吕荧,你应该揭发胡风的反动言行!"

"吕荧，你与胡风是什么关系？"

"吕荧，你居心何在？"

"……"

"……"

在一片喧闹混乱中，吕先生被连推带搡地弄下了主席台，并驱逐出会场。第二天（6月10日），《人民日报》上点了吕先生的名，说他是暗藏的"反动分子"，是"胡风反革命集团"里的人。

"文化大革命"中，吕先生被关押进了劳改农场，罪名是"胡风集团的反革命分子"。1969年3月5日，在冻饿中吕先生含冤与世长辞了。据说吕先生去世的时候，体重不超过50斤。一领破芦席裹身，埋葬在劳改农场的一个角落，而这个角落直到如今也不知道在什么地方。

吕先生，您是一颗熠熠闪光的星星，本来您在人间可以放出更多的光辉，但坎坷的遭遇使您中途猝然地陨落了。我和山东大学的校友都为之感到无限悲痛。

1979年5月31日，公安部为您平反昭雪，推倒了一切不实之词，恢复了您的政治名誉。

敬爱的吕先生，您在九泉之下，可以含笑瞑目了！

（原载《传记文学》1993年第1期）

1995 年

忆吕荧先生*

蓝 翎

一九四九年五月，我还不满十八周岁，就从一所中学的高中一年级，凭着一股热情，考进在山东省济南市的华东大学，分配到社会科学院三部十一班当学员。享受供给制待遇，算是参加工作。三部共五个班，我在最后一个班，部主任是蒋梯云，班主任是马融（女）。这所学校原是中共中央山东局于解放战争期间在沂蒙山区创办的干部学校，一九四七年潍县解放后进城，不久又迁到济南，属中共中央山东分局（后改为山东省委）领导。校长彭康，副校长张勃川，教务长余修。三部以前的两个部几个班的学员，绝大部分都在老师的带领下于四五月间渡长江南下，参加开辟新区的工作。老师中有著名的文学家刘雪苇、黄源等。七月间，社会科学院又成立了四部，共三个班。李希凡是四部十四班的学员。部主任是董一博。华大的学员来自五湖四海，为了一个共同的目标聚集在泉城。

若干年后，一些不了解具体情况且存有政治偏见的人，总把我和从旧社会来的知识分子同等看待，未免有点高抬。"十七八岁的娃娃"能算得上旧知识分子么？其实，我们正是接受共产党教育的马克思主义科班出

---

*本文摘自蓝翎《龙卷风》中《四十年间半部书》一文，题目是编者根据文章内容添加。——编者注

身。我入学后，上级领导组织学习的第一篇文章是《论忠诚老实》，让学员"抖包袱"，写自传，把在旧社会的经历毫无隐瞒地向组织上交代，以便轻装前进，接受新事物。在这个基础上，我写了自己的思想总结《地主阶级的清高名士思想》，在全校的思想改造成果会上公开展览过。其实，我的家庭成分在土改时三榜定案为中农，同地主不沾边。我也说不上有什么"名士思想"，之所以那样总结，无非表明自己受的是旧社会的教育，梦想着出人头地，现在要同它彻底决裂，树立新人生观和世界观。为了表现自己的进步要求，自我拔高，"上纲上线"，也是一种"幼稚病"，但也的确表现了自己的赤心忠诚，同以后几十年"上纲上线"的假检讨绝不一样。

根据我几十年的观察比较，华东大学学习马克思列宁主义理论著作的方法，与现在"辅导材料"满天飞的方法大异其趣，后者乃偷懒的办法，历史的大倒退。那时，老师先指定学员预习原著的某一部分，读不懂没关系，把遇到的问题提出来，供老师上大课时参考。老师讲课后，再结合原著讨论，提问题，请老师解答。预习、上课、复习，循环前进，一部著作学完了，基本内容也牢牢记住了，以至几十年后还未忘掉。记得教哲学的老师是车载，满头黑卷发，大胡子，身体很胖，胸前挂着怀表链，站在齐鲁大学附近教堂里耶稣受难像前的讲坛上讲历史唯物主义，语言简练，逻辑清晰，记下来就是很好的文章。猛一看，他的形象与马克思的挂像太像了。教政治经济学的老师是陶大镛。近年来，每当我从电视上看到他的镜头，便联想到他讲课时的风范。政治经济学里有很多抽象的公式和原理，凭直觉很难懂，但他能用方言味很重的不大好懂的话讲得明明白白。后来有人讥笑我们只不过学了点马克思主义的"常识"，哪知道这点"常识"也来之不易，老师们花了不知多少心血，才一点一滴地灌输到"十七八岁的娃娃"心中。

在华东大学社会科学院学了整整一年马列主义。我的思想改造属后进者，到临近结业时，才由班干事徐经泽和同学赵宏介绍加入新民主主义青年团（现共青团前身），因为思想不专一，又旁涉文学也。也正因此，我才由组织上决定转入文学系，进行长期专业学习。一九五〇年五月，华东大学短期培养干部的任务结束，奉命改为设立专业系的正轨大学，三、四部的学员一部分分配到社会上工作，选留下一部分转到各系继续学习。此前已有了一个专门培养师资的教育系（后扩展为山东教育学院，现为山东师范大学），随后又成立了俄语系、政治系、中文系、历史系和体育科，山东各地的文工团撤销，在此基础上建立艺术系。艺术系系主任为诗人臧云远。当今著名电影导演赵焕章即出自该系。

华东大学中文系系主任为吴富恒，河北省人，早年留学美国，哈佛大学毕业。抗战期间在云南省昆明西南联大任教，加入民盟，从事民主运动，是进入解放区较早的高级知识分子。他主中文系，近百名学员无不尊敬钦佩。教师中有新从华北革命大学分配来的著名朗诵诗人高兰教授和李曼茵教授，有教育系来兼课讲语言学的严薇青教授。学校号称新型大学，尝试用新的教学方式教课，重视马列主义理论，文学史先讲现代后讲古代，与旧大学确有不同之处。

同我一样，李希凡是从四部分配到中文系的。我是系里年龄较小、个子不高、学历又浅的小萝卜头，很少引人注意，与李希凡虽同系而很少交往。在革命集体里，按"团结、紧张、严肃、活泼"的校训要求自己，同学之间的关系较融洽，不大闹矛盾，都感到机会难得，努力学习怕落后。

一九五〇年初秋，华东大学拟迁南京，打前站的已把临时校址选定，学员们也准备打起背包就出发。突然接到上级命令，决定停止南迁，改为东下，同在青岛的山东大学合并。当年冬天，华东大学东迁完毕，中文系和俄语系临时住在风景幽静的太平角私人别墅里，还经常同苏联海军的官兵打排球、篮球，中苏友好正热也。一九五一年三月十五日，隆重地举行了两校正式合并的典礼，名曰"新山大"。历史学家老干部华岗任校长，生物学家童第周教授和古典文学专家陆侃如教授任副校长，历史学家杨向奎教授和吴富恒分别任文学院正副院长，文艺理论家吕荧和高兰分别任中文系正副主任。具有悠久历史传统的山东大学以新的面貌进入二十世纪的五十年代，开始了新的行程。

山东大学中文系的老师是名教授云集，有陆侃如、冯沅君、萧涤非、吕荧、高兰、黄公渚、谭正璧、殷焕先、孙昌熙、刘泮溪等。中文系的学生由三部分合并而成。一部分是原山大中文系解放前后招考进来的三个年级，约二十人；另一部分是原华东大学中文系享受供给制的学员；再一部分是已撤销的原济南齐鲁大学中文系的学生，人数很少。一个系三个年级百多人，在当时全国高等学校的中文系中是空前的，但在朝气蓬勃、蒸蒸日上的新政治气氛中，团结起来共同提高并不难。然而也潜藏着不谐调的暗流。在一部分原山东大学的同学看来，原华东大学的学员有年龄不齐、学历不齐、文化水平不齐的"三不齐"的弱点，不是凭真本事考进来的，是穿制服的"土包子"，未免有点看不起。原华东大学的一部分学员，自以为参加革命早，政治思想觉悟高，有马列主义的理论基础，不仅看不起原山东大学的学生，甚至对一些老师也欠尊重，认为他们是旧社会来的知识分子，思想观点和作风陈旧。原齐鲁大学的人数少，不显眼，也不够活跃，默默地随大流，心中仍怀念着他们原母校的田仲济教授。这种潜在的思想矛盾，平时起不了什么大作用，但一到关键时候，便不自觉地表现出来。

一九五一年春，抗美援朝热火朝天。青岛地处沿海，防空警报常鸣。警报解除，同学们便同全市群众一起，去捉美国飞机撒下来的带有细菌的苍蝇、蚯蚓等。上级号召青年学生踊跃报名参军，保家卫国。我那个年级一次参军几十名，减少了一个班，全是原华东大学的。那时参军面临着生死考验，没有点热情和决心是不敢报名的。我也报了名，但没有被录取，大概是管人事那位老领导，看出了我近一时期的思想变化，有埋头读书的倾向，所以没有批准。我怀着极复杂的心情，在写作实习课上写了一篇送别同学参军的短文。不料发作业时，高兰老师把我的稿子留下，以他朗诵诗人的热情和技巧，在课堂上朗诵一遍，并给予了很高的评价，认为是这次送别文写得最好的。我在系里崭露头角，当然很得意。但我没有能参军，实际上是落后了。然而，我那次如果参军走了，以后的历史将是另外样子。有失亦有得，纯属历史的偶然。

偶然又加偶然，一年级三个班调整为两个班，我和李希凡调到一个学习小组，他是学习小组长。过去我们两个很少来往，他比我大三岁，常同年龄大的同学在一起。这时却突然开始近乎起来，彼此似乎发现没有什么不可接近的隔膜，但旁观者看得清，被讥为"臭味相投"。李希凡曾反讥说："教条主义也比饭桶强！"瞧不起那些不认真读书的。

解放前，李希凡的学历并不高，只在河北省通县的潞河中学读过很短时间的初中，后来便到处谋职业找饭碗，生活中经历过不少艰辛酸苦。青岛未解放时，他姐夫历史学家赵纪彬教授任山东大学文学院院长，李希凡住在他家，一方面协助赵教授笔录，料理家务，一方面抽空旁听历史系和中文系的课程。青岛解放后，李希凡进了华东大学，赵教授奉命调到新设立的平原省（原河南省黄河北地区和山东省西部的一些地区，一九五四年后撤销，又各划归原省），任平原大学校长。两校合并后，一年级的基础课李希凡过去大都听过，对他已没有吸引力，他的兴趣是钻研文艺理论，这与吕荧先生的影响有关。

吕荧先生给我们讲的是文艺学课程，李希凡当课代表。吕荧先生在文艺界成名早，二十几岁就写出了评论集《人的花朵》，以优美的诗的语言纵论曹禺的戏剧和艾青等的诗，在抗日的大后方引人注目，被认为接近"胡风派"。吕荧先生进入东北解放区后，在大连写了《论工人文艺》的专著，表现了对解放区文艺运动的热爱之情。吕荧先生既是文艺理论家，又是翻译家，懂几种外语。他讲的文艺理论课，是根据马列主义的基本原理结合世界文学史的实践，以自己的独特见解编著的，自成体系，在当时的教师中是少有的。吕荧先生讲课认真，知识渊博，见解深刻独到，很受同学们的欢迎。在他的影响下，李希凡专心研究俄国作家冈察洛夫的小说《奥勃洛莫夫》，写出文章发表在山大学报《文史哲》上。我对俄国文学和苏联也有兴趣，按照文学史的顺序读名著。但我们并不轻视新的人民文艺，还经常阅读新出版的作品。有一部小说《人民的儿子》，我们读了不满意，认为太平淡，语言也贫乏，应该批评，于是研究写一篇评论文章。初稿是我起草的，李希凡在此基础上修改补充，然后由我再修改定稿誊清。稿子投寄一家刊物，但没有发表。都写了些什么内容，现在已想不起来，只记得一点，书中形容一位战士的脸，有九次用了"紫得像牛肝花"，作者过分偏爱此比喻，实在单调贫乏。

　　稿子虽没发表，但这却是我们相处以来第一次的合作，也是愉快的合作，无私的合作，共同提高的合作，增进友谊的合作。如果没有这次合作，恐怕也不会有以后的合作。此后，我又调到另一个学习小组，但彼此的关系仍和一般同学不同。

　　一九五一年末和一九五二年初，《文艺报》发起了关于高等学校文艺学教学问题的讨论，认为教学中有严重的资产阶级观点。此讨论涉及吕荧先生的教学，使我们从不同的侧面留下了不愉快的印象。此前，《文艺报》就发表过姚文元批判林焕平教授的文章，其中有很伤人的刺激语言，说什么教授写出这样的文章也不怕脸红，已开批判文艺学教学的先声。山东大学中文系有一位来自原华东大学的干事张祺，看出了《文艺报》的动向，根据部分同学反映的不太全面的情况，写信给《文艺报》揭发吕荧先生教学中的"资产阶级观点"。其中最重要的一条说，吕荧用"取法乎上，仅得其中；取法乎中，仅得其下"，来贬低革命文艺作品。信发表后，在学校引起震动，以为出现了大问题，值得重视。吕荧先生不服，写信给《文艺报》提出反驳。

　　山东大学中文系在礼堂召开全系大会，名为帮助吕荧先生认识错误，改进教学，实则是两校合并后第一次批判系主任的大会。华岗校长也参加了会。但会议一开始，上台发言的同学都一反常态，激昂慷慨，言辞尖锐，明确地站在《文艺报》和张祺一边，显然是事先作了充分准备的。

在这样的气氛下，李希凡作为吕荧先生的课代表，来往较多，且受其影响，自然被认为"中毒"较深者，只有检讨的份儿。华岗校长最后发言，态度平和，没有直接批评吕荧先生，只是说《文艺报》提出的问题很重要，带有普遍性，老教师要很好地改造思想、改进教学。希望吕荧先生考虑大家的意见，不要背包袱。吕荧先生认为自己受到屈辱，从此拂袖而去，到北京应人民文学出版社社长冯雪峰之约，担任了该社的特约编辑，以译著为生。

在批评吕荧先生的事件中，我的思想态度是矛盾的。从听他的课开始，我就非常崇敬他。但此事一出，关系重大，我也不自觉地站在《文艺报》和张祺以及学校的态度一边，把这视为立场问题。在会上争先递条子，要求发言，以表明自己的态度。然而，会议的主持人没让我发言，使我有点愤愤然。我觉得这是一些积极分子瞧不起我，甚至把我视为"中毒"者。牛脾气来了，给他们使使气。我点蜡烛开夜车，把自己准备的发言要点改写成稿子，投寄给《文艺报》，被登在该刊一九五二年第四号，标题为"对吕荧先生教学及其来信的意见"，署名杨建中。我当时很得意，觉得出了一口闷气，让你们看看我也非草包。与此稿同时发表的还有比我高一级的吕家乡的文章，他也是吕荧先生的课代表，检查了受吕荧教学思想的影响。吕家乡是全省新冒出的知名的青年小说作者之一，笔名吕山查，影响当然比我大。

万万没想到，从此以后再也听不到吕荧先生的课了。我开始感到懊悔内疚，反复认真地思考问题。不错，吕荧先生在课堂上的确说过那句话，并且用粉笔写在黑板上。但他是从理论的高度来说明作家和作品是有高下之分的，以启发同学们放开眼界，用有高度成就的作家和作品来印证文艺理论问题，他所说的"中"和"下"并非特指新的人民文艺。在我的听课笔记中，从未发现吕荧先生讲重要理论问题时，举过一般作家和作品当例子，都是举中外的名作家和作品。别人的反映和揭发是把这句话引申了曲解了。而我为了表现自己，也如此曲解和引申，是愧对老师的，在自己的写作历程上留下了极不光彩的痕迹。毕业以后，我为了弥补自己的过失，减少内心的不安，也是怀念吕荧先生的教诲，又在紧张的教课之余暇，重新把听课笔记加以整理，清抄在我解放前保留下来一直没舍得用的蓝布硬封面的精装笔记本上。遗憾的是四年之后遭劫时，忍心地把它付之丙丁了。

在吕荧先生挨批判的事件上，李希凡、吕家乡的检讨是被迫的、违心的，而我也从另一个侧面表现出了自己的假，真是"假作真时真亦假"。当然，其间有性质和程度的不同，我是属于假"左"，李希凡则近于假"右"。如果有一个是真，怕从此真要生分了，闹翻了，彼此不相往来了。正因为彼此都有假，不当真，不较真，不生分，未闹翻，并一如既往，所以才有了后来的合作，一度成为战友。

历史经验证明，对吕荧先生的批判只有消极影响，没有积极作用，相反地却显示了他教学的劳绩。如果没有他给我们打下的文艺理论的牢固根基，没有其他老师们倾心以授的各种专业理论和知识，怎么会两年以后从同一年级毕业的同学中，像雨后蘑菇一样蹦出几个人物来？如后来成为美学家的周来祥，古典文学专家袁世硕、刘乃昌，现代文学专家张华、徐文斗，诗人山青（孔庆珊），记者赵淮青（修身），民间文学专家陶阳，等等。抛开教师的功劳，抽象地、笼统地说都是党培养的，不是实事求是的态度，说那个年级只出了"两个小人物"李希凡和蓝翎，也不符合事实。大家彼此彼此，谁也高不到哪里去。如果连这点自知之明也没有，那就是愣充大头鹅！

（原载蓝翎《龙卷风》，上海远东出版社1995年版）

1998 年

吕荧：这个阴谋，我要拆穿！

万同林

1955年5月25日，全国文联主席团和作协主席团举行扩大会议，进行轰轰烈烈的整肃"胡风反革命集团"斗争。会议通过决议：开除胡风的中国作家协会会籍，撤销胡风在文艺界担任的职务。

正当700多名与会者沉浸在群情激奋之中，一致要求将胡风从革命队伍中"清洗"出去的时候，一个人竟冒天下之大不韪，走上主席台，为胡风辩护："胡风不是政治问题，是认识问题……"他就是美学家、翻译家吕荧。

主席按响了终止他发言的铃声……整个会场沸腾了，嘘声、斥骂声此起彼伏。某位作家气势汹汹地走到台前，一边高喊"不许为反革命分子胡风辩护"，一边把吕荧从台上拽下，口中夹带着严厉的申斥。

执拗、率真的吕荧，在"为胡风一辩"中扮演完孤胆英雄之后，彻底"暴露"了自己"执迷不悟"的"本性"。6月10日《人民日报》公布《关于胡风反革命集团的第三批材料》，"编者按"中开始"揭发"他"就是胡风集团里面的人"。从6月19日起，他被隔离审查。一年后，查明他"没有参与胡风反革命集团的活动，经中央十人小组研究批准，解除审查"。但是，他的神经系统已受到严重摧残，健康状况开始恶化。

1959年，吕荧流落到上海，上海作协等人竟把他当成一个"疯子"送进精神病院，以致弄假成真，使他愈发偏离常人心态，走向歇斯底里。

1961年，精神尚未彻底崩溃的吕荧，见到刚刚出狱的胡风夫人梅志后，诉说自己的悲惨遭遇："我一看，这情况可不对呀。我就提抗议，同他们闹，后来就把我绑了起来……我想，这可不行，我得设法出去。就不闹了，安静地坐着看他们下棋打麻将，后来我也和他们一道玩。可是外面不知道我被关在这里呀！我告诉他们我是作家，是作协的会员，他们都不理我，不相信我，把我当疯子、当神经病。这个阴谋我要拆穿。我就偷偷地托要出院的病人帮我寄封信到北京，要文联派人来救我。不久就得到回信说要来接我。可医院却向我要这一年的住院费，要我付一千来元钱，才准我出去。我没有钱，就不能自由。最后还是文联付了钱，接我回北京。你说说看，好端端地，怎么会遭到绑架？好好地就被关了快一年，这到底是怎么一回事呀！"（梅志《人的花朵——记吕荧与胡风》）

吕荧介于正常人和"疯子"之间的悲切倾诉，加上似哭似笑的声音，使梅志感到毛骨悚然。

终于，吕荧真的疯了。他除了偶尔去冯雪峰那里吃一两顿饭外，常徘徊街头，不然就把自己关在屋里，用恐怖撕裂着、噬食着自己的心。萧军去看他，他躲在黑暗中不予开门。聂绀弩去看他，他却声言有人要带特务来抓自己。就这样，嘴里还时常高声叫喊："我要翻译普列汉诺夫，我要翻译莎士比亚……"

"文革"开始后，他竟被以"反革命分子影响社会治安"的罪名，押送至劳改农场收容强制劳动，备尝凌辱、批斗，受尽非人待遇。冻馁瘐死时，一位美学家、翻译家的身边，只有一个破网篮，里面装着一床破棉絮，连一本自己心爱的书也没有。

这就是那个不违心教书、辞去山东大学中文系教授和系主任职务，不违心批判胡风、"自投罗网"的一代英才吕荧！

一个以其真诚换回屈辱、被时代抛弃的人，他的冤魂永远发出着控诉："这个阴谋，我要拆穿！"

"人民的作家，必先作为战士而生活，才能作为诗人而深广。"

"诗，人的生活与情感的融合的交流，人的理知与想象的凝结的晶体；人的真挚，人的单纯。在这一意义上，诗人是人的花朵。"

"真实，只有通过真实，血肉的真实，艺术家才能表现人物、社会、历史、时代，表现思想、精神、力、真理。艺术也才能获得生命。"

这就是美学家吕荧的美学观点。

…………

这就是美学家吕荧的命运。取他评价古希腊伟大诗人荷马的话，为他自己的人生作注："在这样的真实背后站立着的，是一个和这真实同样巨大的，山一样的人。这个人把真实提高到诗。"

吕荧，一首诗，一枝人的花朵！

转用鲁藜的一首诗《红的雪花》，以示对这位美学家的纪念：

> 冬天，在战斗里
> 我们暂时用雪掩埋一个战死的同志
>
> 雪堆成一座坟
> 血液渲染着它的周围
>
> 血和雪相抱
> 辉照成虹彩的花朵
>
> 太阳光里，花朵消溶了
> 有种子掉在大地里

（节选，原载万同林《殉道者——胡风及其同仁们》，山东画报出版社1998年版）

1999 年

《美学书怀》与吕荧

胡　迟

　　1953 年，一场从未有过的美学论争震动了我国文坛，它的前奏是批判朱光潜过去的唯心主义美学思想。《文艺报》《人民日报》《哲学研究》等报刊，先后发表了蔡仪、黄药眠、贺麟、敏泽、曹景元、王子野等人的批判文章，从各种角度对朱光潜的"唯心主义美学观"进行"旗帜鲜明"的质疑。在这片围攻的硝烟中，却突然跳出来一个不合时宜的人物。1953 年《文艺报》16、17 期上，出现了一篇署名"吕荧"的文章，题目是《美学问题——兼评蔡仪教授的新美学》，矛头直指当时批判朱光潜的主力——蔡仪。当时，"新美学"理论是作为"唯心主义美学观"的对立面存在的，蔡仪的名声地位在当时的美学界正如日中天，令许多持不同美学观的学者、教授们都望而生畏。而吕荧——这个 39 岁的年轻教授、美学界的小字辈，竟在这样一个时刻出来公开向蔡仪挑战，这令美学界大为震惊。他针对蔡仪"美在客观"的观点，大胆地提出了"美是物在人的主观中的反映，是一种观念"的观点，树起了"美在主观"的旗帜。

　　20 世纪 50 年代，中国人民对马克思主义的忠诚选择这一既定历史事实在美学理论上打上了深深的烙印，因此，许多人在批判朱光潜的"唯心主义"时，不惜陷入机械唯物论的泥淖，也要绕开"唯心主义"这顶脏帽子；而吕荧的"美在主观"却敢于冒着被推入"唯心主义"阵营的危险，坚决反对美学界一些人以错纠错，从一个极端滑向另一个极端的做法，以一个知识分子的学术勇气和良知喊出自己的声音。

1953年,中国美学界开始注意到了这个具有鲜明个性的美学新星——吕荧。

"孤傲的骑士"

"哇——"一声嘹亮的哭声划破了岑寂,安徽天长县仁和镇的新何庄里,顿时喜气洋洋,一片沸腾。新何庄的主人,文武双全的安徽自治报社主编何锡麟迎来了他的第二个儿子——何佶。他当时怎么也没有想到,这个哭声嘹亮的小家伙日后会成为一个精通俄、英数种语言,熟读古今中外诗书的知名教授、学者;当然他也没有想到,55年后,他的这样一个优秀的儿子会在中国历史的一个特别的时期,死得那样喑哑无声……

1928年,14岁的何佶在南京实验小学的一张小报上抄下了梁启超的格言:"男儿志兮天下事,但有进兮不有止。"并在自己的笔记本上写下了"……把生活上一切脏污的东西打扫干净,让春天光明起来"的诗行。20世纪的二三十年代,中国的多事之秋,这个14岁的少年已经锋芒毕露地显示出了他的使命感。

1932年,何佶和南京中学高中部的进步学生全身心地投入了抗日爱国宣传和地下革命活动,在南京一家有影响的小报上包下了副刊版《路》,与校内"国家主义派"的反动刊物《醒狮》相抗衡。

1935年,北大一年级学生何佶活跃在学生游行队伍里,在集会上发表演讲,并以他的"年轻倜傥,卓才多识,真诚纯洁"成为文艺团体"浪花社"的主要成员。

抗战时期,何佶创办过《流亡学生报》,参与过"民族先锋队"的工作,并于1938年3月27日列席中华全国文艺界抗敌协会,以笔为矛,为抗战服务。1939年,他前往西南联大复学。在白色恐怖笼罩的大西南,他参加进步学生的核心组织"群社"。1940年,抗战进步刊物《七月》第

6集1、2期（合刊）发表了他翻译的G.卢卡契的《叙述和描写》，署名"吕荧"。他用这个笔名，意思是"有一分热，发一分光"。接着，《七月》频频出现"吕荧"这个名字：《人的花朵》、《普式庚论草稿》（译作）、《鲁迅的艺术方法》……27岁的吕荧如宝剑出鞘，锋芒四射。

1941年，吕荧于西南联大毕业，历史系主任赏识他的才华，鼎力推荐他去昆明联大附中任教；他却急人之难，将这一宝贵的就职机会让给了一个同学，自己则辗转到昆明车家壁中学任教，并开始翻译普希金的诗体小说《叶甫盖尼·奥涅金》。

1943年，《普希金论》（译作）由远方书店出版。

1944年，《叶甫盖尼·奥涅金》（译作）由重庆云圃书屋出版发行。

1945年2月，吕荧在《希望》杂志上发表《内容的了解与形式的了解》，评述杨晦的《论曹禺》；同年，他与何其芳的《关于"客观主义"的通讯》在《萌芽》上发表；论文集《人的花朵》也筹资出版。在《人的花朵》中，吕荧对鲁迅、曹禺、艾青、田间等当时作家的作品进行评价，以此，他登上了左翼文学论坛。

于是，1946年，吕荧以他的丰硕的学术成果从一个中学教师一下子荣升为贵州大学历史系副教授。

第一堂课是给历史系的学生上西洋通史。吕荧走进教室时，狂妄倨傲的大学生们懒散地坐在座位上，压根没把讲台上那位一身布衣，满头乱发，戴着深度近视眼镜的"豆芽菜"副教授放在眼里。"一个中学老师……""他叫胡佶还是何佶？""管他呢，听不下去就走……"同学们窃窃私语。

抗战时期的往返奔波拖垮了吕荧的身体，他虽然只有32岁，却显得未老先衰，全然没有那些从重庆、南京、上海等地来执教的年轻教授的翩翩风度。

只见吕荧不慌不忙，略微扫视了一下学生，便丢开了讲稿，滔滔不绝地从历史源头讲起，旁征博引，神采飞扬。此时，他宛若脱胎换骨，充满灵动之气……自命不凡的年轻人们诧异了、震惊了。他们悄悄端正了坐姿，忙乱地打开笔记，捕捉着那飞珠溅玉的话语……45分钟转瞬即过，学生们从原先的"轻视"转为"崇拜"，他们形容吕荧的授课是"一如清水，妙趣无穷"。从此后，吕荧所授的"西洋通史""西洋文化史""从文艺复兴到法国革命"等课程，课堂上总是座无虚席。

然而吕荧自有吕荧的苦闷。一次，他对深夜造访的学生说："其实我在课堂上只同你们讲了半部历史……另半部，现在的讲堂上是不能讲的，那属于另一个世界……"

一年后，吕荧受贵州大学保守势力攻击，愤然离校。学生们这才悟到吕荧讲授"半部历史"的那种无奈。

吕荧离开贵州后，由友人介绍到台湾师范大学教英语。台湾当地人在殖民统治下，普遍说日语。吕荧向学生们讲自己国家的历史、民族的文化，则用英语。用外国语言工具向同胞介绍中国的历史文化，这种荒诞的情境使吕荧不堪忍受。1949年4月，他提着一箱论文手稿与简单行装离开台湾，经香港北上。同船北上的还有吕荧的朋友——作家骆宾基。在船上的偶遇让两位多年失去联系的挚友兴奋不已。两个人来到甲板上，远眺大海。吕荧羡慕地望着骆宾基壮实敦厚的体格说："你就像海，有海一样的勇猛，有海一样的体魄！"

骆宾基仔细打量一下瘦弱苍白的吕荧，不无深意地说："你这个孤傲的骑士，更需要大海的熏陶。"

吕荧知道，与骆宾基相比，他的世界太小了，"三尺讲台论春秋"，而与如火如荼的社会斗争脱节了，就像一滴水，不融入大海的波涛，永远不能绽开美丽的浪花。

1949年10月1日，举国欢腾的开国大典后，在大连市一幢日本式建筑的花园别墅里，住着两个投身于轰轰烈烈的群众运动的知识分子，一个是画家朱鸣岗，另一个就是学者吕荧。吕荧白天组织工人文艺创作小组活动，晚上观看工人演戏，耐心修改工人创作的小说、鼓词、快板、戏剧、诗歌、报告通讯等各种通俗题材的创作。

当吕荧热情地做着这些烦琐的工作时，他的心被一种憧憬充实着，那就是"真正的平民文学时代"。他的真诚和纯洁的个性在这场群众创作运动中尽情倾泄着，他不愿意是"孤傲的骑士"，他希望单薄的自己融入群众的海洋，汲取那份生命的磅礴的力量。

1950年，他应山东大学王统照先生的邀请，离开大连奔赴青岛任教，他希望，一切都有一个新的开始……

胡风分子——吕荧?

像在贵州大学一样，吕荧在山东大学也赢得了一批崇拜者，李希凡就是其中的一个。他在30多年后仍对吕荧的授课记忆犹新："他身体虽然衰弱，讲课时声音不高，却沉稳有力，哪怕是坐在后面的同学也听得很清晰。他的讲课言简意赅、条理分明，正像他的论著一样，高度概括，很少水分，如浓缩的结晶品，但又绝不枯燥，让你明白地把握到原理，并能引起你举一反三……"

学生们频繁地出入他的住处，他们常常天南地北地"海聊"。在学生的印象里，吕荧面对任何问题，意见都是明确而坦率的，从不掩藏自己的观点。有一次，他谈到"业务与政治的关系"时，朗声说："前一阵子有报纸批判清代那个武训，有的同学跟着起哄，武训有什么错？他给穷人办学有什么错？……你们在政治上有特殊的敏感，对于学术反而迟钝，大学又不是政治训练班，你们应当在专业上多下功夫。"

他的"多嘴"惹来了麻烦，1951年11月份的《文艺报》发表了署名张祺的一封"读者来信"，火辣辣地指责吕荧"脱离政治"，并把"资产阶级教学观点和立场""欧美资产阶级思想的残余"等帽子扣向吕荧。

吕荧一气呵成地写了一篇反驳的文章。在原则上，吕荧寸步不让。这种强硬态度，在当时的知识分子中显得十分独特。

1952年1月28日的《文艺报》全文刊登了吕荧的反驳文章，但在"编辑部的话"中指出，他的这篇文章"表明了少数教师在思想改造运动中的不正确的态度"。紧接着，2月28日出版的《文艺报》又发表山东大学学生批判吕荧的文章。这一时期山东大学召开批判吕荧资产阶级教学观点大会数次，华岗等校领导暗暗示意吕荧作一点自我批评，以便过"关"。不料，倔犟自信的吕荧竟不辞而别，于1952年春末，来到上海新文艺出版社开始从事翻译工作。在这里，他翻译了《列宁论作家》，并写出了《关于工人文艺》的著述。

1953年夏，山东大学意识到他们失去了一位不可多得的优秀教师，于是再次邀请吕荧任教。但吕荧心灰意冷，执意不就，而是应人民文学出版社社长冯雪峰的邀请，到北京的人民文学出版社担任了特约翻译员。与此同时，他以那篇《美学问题——兼评蔡仪教授的新美学》加入了20世纪50年代著名的美学大论争，成为美学界四大派之一——"美在主观"派的代表人物。

1954年是吕荧的幸运年。这一年，他加入了中国作家协会；这一年，他的译作《仲夏夜之梦》由作家出版社出版；这一年，他的论文《人民诗人普希金》发表在《文史哲》第4期上，"编者的话"指出，"吕荧先生的论文对于普希金及其作品有着深入的分析"；这一年，他的论文《苏联文学的奠基者——高尔基》发表在《文史哲》第12期上；这一年，他的译作《叶甫盖尼·奥涅金》（校改本）由人民文学出版社出版；这一年让吕荧最感荣光的是，胡乔木建议人民日报社聘请吕荧和萧乾为文艺部顾问。

可是吕荧并没有随着地位的演变学得稍微世故些，吕荧那不识时务的"学术的真诚"注定他无法逃过厄运。

1955年5月13日至6月10日，《人民日报》连续发表了3批"关于胡风反革命集团的材料"。

第一批"材料"见报后，吕荧就颇有腹议，他不相信他一直尊敬的胡风先生竟是"反革命"。于是，就有了戏剧性的场面。

1955 年 5 月 25 日，在一片肃杀之气的东总布胡同的会场里，吕荧一身棉装，出席了全国文联主席团和作协主席团联席扩大会议——"讨论胡风集团问题"。

会议按照既定程序进行，通过决议撤销胡风一切职务，开除胡风作家协会会籍。台上批判者气势逼人，台下坐着许多胡风的老朋友，他们即使心有不忍，也是一脸漠然。被点名发言的敷衍几句批判词，没被要求发言的，心中暗自庆幸。

在一个权威理论家批判一通之后，会场鸦雀无声。这时突然响起了一个沉重的声音："我来说几句。"

吕荧从容地走上主席台："我们不能把思想意识领域里的问题等同于政治问题，我认为批判胡风是错误的……"

全场所有的人呆若木鸡。

而当吕荧被几个人连推带搡地弄下主席台，驱逐出会场时，他仍然不明白自己那"中肯的意见"错在哪里，他的思想和他的那身棉装一样不合时宜。

6 月 19 日，吕荧被隔离审查，因为他有"胡风分子"的嫌疑。吕荧的身体状况严重恶化，大脑神经遭受严重摧残。当他神系统稍微恢复正常时，他向看守讨了一张信纸、一支笔和一个信封，给远在安徽读中学的侄子何天宇写了一封简信——"侄儿：从本月起叔父不能再给你寄伙食费了，希望你克服万难，努力学习，做一个追求美的好后生。请勿将这些转告别人，切切。"

身陷囹圄，还不忘教导侄儿"做一个追求美的好后生"，吕荧天真得可爱。

《美学书怀》：吕荧在美学界崛起

经过长达一年的隔离审查，吕荧被证明"没有参与胡风反革命集团的活动，经中央 10 人小组研究批准，解除审查"。

带着一身病残的吕荧出来了。而与此同时，1953 年发端的美学论争进入了高潮，首先是朱光潜本人在 1956 年 6 月号的《文艺报》上发表了《我的文艺思想的反动性》，接着黄药眠在《文艺报》14、15 号上，发表了批判朱光潜的《论食利者的美学》，而这篇文章却引来了蔡仪的宣战：《评〈论食利者的美学〉》，指出黄药眠是以唯心主义批判唯心主义。12 月 25 日，朱光潜又在《人民日报》上发表了批判蔡仪的文章《美学怎样才能既是唯物的又是辩证的》。1957 年 1 月 9 日，李泽厚发表《美的客观性与社会性》，"炮打双灯"，既批评蔡仪的观点，又批评朱光潜的观点……一场美学大辩论拉开了帷幕，形形色色的美学思想，各树一帜，互不相容，各种流派缤纷杂陈。本为"冷门"的美学空前繁荣起来。吕荧在学术上是不甘寂寞的，他抖擞了一下精神，就加入了这场论战。1957 年 12 月 3 日，沉寂了 1 年的吕荧亮相了，他的文章出现在《人民日报》的显要位置上，在这篇《美是什么》中，吕荧以其一贯的坦率与真诚，从美学的发展、从美学理论的探讨、从历史上美的意识的起源三方面详尽地阐述了自己的观点——美是一种社会意识，属于第二性。

这篇文章很快从朱光潜那儿得到回馈，1958 年 1 月 16 日的《人民日报》刊登了朱光潜的《美就是美的观念吗？》批评吕荧的观点。吕荧在学术上一向当仁不让，愈战愈勇。3 个月后，他写出《美学论原——答朱光潜教授》，在这篇文章中，他抓住朱光潜的两个论点"美是艺术的一种属性"和"美学是客观与主观的统一"进行反驳。说实话，这篇文章他写得不够好，虽然他抓住了朱光潜最新学说中有"新瓶装旧酒"之嫌的部分弱点，但对朱光潜关于美的定义却反驳得不是底气十足。有些地方，例如对于"物甲与物乙的不可分割"，吕荧就阐述得相当武断、含糊。而他于 1958 年 11 月写的批驳蔡仪的文章《再论美学问题——答蔡仪教授》，却是洋洋洒洒，蔚为壮观。反驳朱光潜时显得不够有力的逻辑用来反驳蔡仪时却显出了一种自信从容的风度。蔡仪的某些表述，例如"……承认美是客观的,承认客观事物本身的美,承认美的观念是客观事物的美的反映,就是和唯物主义一致,而这种论点就是唯物主义美学的根本论点……"就有欠客观冷静的探讨姿态。其中"承认美的观念是客观事物的美的反映"这一句,蔡仪故意绕开了"主观"两个字,即"美的观念是客观事物的美在主观世界里的反映",而按照马克思主义的"反映论",是不能完全摒弃主观的因素的。正因为蔡仪的理论中有许多类似的不能圆合的地方,而吕荧则在文章中频频指出他的逻辑错误与概念的偷换,所以吕荧的这篇文章可谓是从容地化解了蔡仪的论点,并以此重申了自己的与之针锋相对的结论。一时间,吕荧成为蔡仪的主要论敌之一。

1959年,吕荧的美学论文集《美学书怀》由作家出版社出版,这本论文集奠定了吕荧在美学界的一家之言的地位。

翻阅《美学书怀》,我们可以发现,吕荧在论述中既努力和康德、贝克莱、克罗齐的唯心主义美学划清界限,也坚决和蔡仪的形而上学区别开来。他是力求用马克思主义存在决定意识、社会存在第一性、社会意识第二性的基本观点来看待和解决美的问题的。由于种种原因,他的理论远远没有达到完善,但如果因为他主张"美在观念"就一口咬定他是主观唯心主义者,则未免太冤枉吕荧。

吕荧关于美,有三个论点:第一,人们的现实生活与历史条件使人们产生各种意识、各种观念,这里就包括美的观念。事物的美与不美,主要是看它符合不符合审美者的美的观念。第二,美的观念是随着历史和社会生活的变化发展而变化发展的,因此美不可能是物的固定属性。第三,美的观念既有差异性,也有连续性和共同性,因此人们对具体事物也就既有不同的美感,也有共同的美感。

蔡仪当时批评吕荧是典型的主观唯心主义,但在1985年出版的蔡仪主编的《美学原理》中,他却说:"在美感与美的客观事物之间有一个美的观念作为中介,人们在日常的生活与斗争中,逐渐形成一种美的观念。美的观念经常渴求满足。当一定的客观事物同人们美的观念相符合时,人们就产生一种理智的满足和心灵的愉悦。这种满足与愉悦就是美感。"蔡仪甚至更明确地说："美感的发生是由于事物的美与美的观念相符合、相一致所引起的。"其观点与吕荧30年前的观点竟如此接近，可见蔡仪已有意无意地吸纳了他的对手的论点，倘若吕荧仍在世，他是不是也会吸取一些诸家之长，进一步完善自己的学说呢？

可惜的是，作为美学家的吕荧，却仅有一部薄薄的《美学书怀》，命运没有赐给他更多的机会让他的学说走向博大精深。

吕荧的最后十年

吕荧的最后10年，情景十分凄凉：

1959—1965年，在北京养病，精神时常恍惚。

1966年6月，因其精神分裂症的反常行为，被冠以"反革命分子"影响治安的罪名，经公安部批准，押送至北京某收容所。临行前，随身带英文打字机1台，蜡烛1箱，初步译好的《莎士比亚十四行诗集》全部手稿，10月，押送北京天堂河农场。

1967年，被押送至北京清河劳改农场，被宣布为"疯子"，遭到凌辱、谩骂、殴打。

1968年，身体状况恶化，仍被强制劳动，直至不能起床。

1969年，于冻饿中死去。体重不足50斤，埋于清河农场。

在陆续问世的一些回忆文章中，我们读到了这样一些片段。

片段一：下午收工已1个多小时了，劳改农场"老残队"里负责看秧苗的吕荧衣衫褴褛，挂着一根柳树棍，围着田埂一遍又一遍地转。

"真美呵，真美……"吕荧炯炯双目凝视着田埂上一朵素白的小花，那是一朵茨菰花，他弯下腰来嗅它的芬芳，吻它的花蕊，满脸的沉醉……天色渐渐暗下来，吕荧——这个被宣布为"疯子"，与人群久不亲近的人仍然对着那一朵平凡的小花如痴如醉，喃喃自语："真美呵，真美！"

片段二：朔风呼号，一辆囚车停在一片墓地附近。不省人事的吕荧被拖进四面漏风的农场草棚。他的身边一无长物，而在他贴胸的上衣口袋里，人们发现了一朵揉皱的茨菰花……这朵茨菰花，成为他唯一的殉葬品。

片段三：1969年的清明，一个名叫姜葆琛的难友偷偷去墓地凭吊吕荧。他在墓地转了很久，才看见一堆新土，旁边立着一块红砖，上有用粉笔写的"吕荧"两个字。

…………

1979年5月31日，中华人民共和国公安部作了《关于吕荧同志被收容强制劳动问题的复查结论》，明确指出："吕荧同志是在林彪、'四人帮'的干扰破坏下，于1969年3月5日在清河农场含冤病亡。现撤销原收容吕荧同志强制劳动的决定，推倒一切不实之词，予以平反，恢复政治名誉。"

这一纸公文，对于一个活着的人来说，不亚于一次重生；而对于一个已死去10年的逝者来说，它似乎不足以平衡生命的分量。但是，这一纸公文，却让埋没多年的"吕荧"这个名字重见天日了。

（原载郭因等主编《学术百家》，安徽人民出版社1999年版）

2000 年

吕荧先生琐忆

吕家乡

　　三十年前，即 20 世纪 50 年代初，在青岛的山东大学中文系，我跟吕荧先生上学一年多。1955 年，他一度被划为"胡风分子"，我也在反胡风运动中受到批判，原因之一就是"和'胡风分子'吕荧关系密切"。1957 年，我又成了"右派分子"。三十年来，我很少听到吕荧先生的消息，可是一些大大小小的生活际遇，常使我不由得联想到和他相处时的情景。

　　吕先生是于 1950 年 5 月由大连来青岛，接替王统照先生担任中文系主任的，那时我在大学一年级。王统照先生预先曾多次向我们介绍：吕荧先生是"新"的文艺批评家，俄罗斯和苏联文学的研究者和翻译家。我到图书馆去，果然查到了他的好几本译著：文学评论集《人的花朵》《论文学的倾向》；他翻译的普希金的诗体小说《欧根·奥涅金》……我是不爱读论文的，可是翻开他写于抗战期间的长篇论文《人的花朵——艾青与田间合论》，却被那精辟的艺术分析和深刻的理论概括吸引住了。又听说他是从国民党统治区主动地奔赴解放区的，于是我天天盼他来。可是，欢迎会上，他给我留下的印象却不佳：面黄肌瘦，一眼看出是个肺病患者；时已初夏，却穿得相当厚；虽不过三十来岁，却显得暮气沉沉。

　　想不到他工作起来竟那样精力饱满，担任系主任之外，同时主讲两门课：文艺学和俄罗斯—苏联文学史。这两门课在当时都无章可循，要现编讲义，够忙活的。另外他还不断有论文在报刊发表。到任不久，还指导同学们成立了一个"新文学研究会"，以便推动课外的文艺习作和研究。

我是文艺学的课代表，又是"新文学研究会"的召集人，和他的接触就逐渐多起来了。参照当年的日记，忆起和他在课外的接触近百次。现在看来，一位大学教授、系主任在一两年内能够对某一学生辅导交谈近百次，确实非比寻常；不过在当时，我和同学们都没感到这有什么出奇。我并不是特别受宠的一个，他的家门是随时向每一个同学敞开的。记得有一天夜里，我睡了一觉醒来入厕，在走廊里遇见一个同学兴冲冲而来，我问他怎么这样高兴？他说："刚从吕荧先生那里回来，谈得很痛快！"

向吕老师请教的内容是很广泛的，他的意见总是明确、坦率，从不含含糊糊。现在我的脑海中还能清晰地浮现出一些片断：

我请他推荐几本中国的新诗，他说：先读一读艾青和田间吧！

我问及当前我国较有成就的文艺批评家，他想了想，说：冯雪峰，胡风，这两个人有见地；当然他们的议论也不全正确，读书要注意独立思考。

谈到鲁迅，他总是由衷地赞佩，多次说：应该好好地读一读鲁迅的著作！

他不止一次地提到古希腊的两则神话，一是大力神安泰的故事，一是魔床的故事。他说：搞创作的人要记住安泰的教训。安泰离了土地就失去了力量的源泉；对于一个作家来说，生活就是他创作的源泉，创作只能从生活出发，不能从理论出发。搞文艺批评的人要以"魔床"为戒，千万不能把批评搞成死框框，到处硬套，不能像"魔床"那样，把人家按到床上，如果短了就硬把他拉长，如果长了就把他砍短。

他发觉我在政治活动上花费了太多的时间，就提醒我："要好好抓紧上大学这几年，多学些东西，要有个学习计划。大学生当然要学政治，但大学毕竟不同于政治训练班！"那时我只知道要批判"重业务、轻政治"的偏向，听了他这些话不禁惊奇地瞪大了眼睛。他却全不理会，又给我讲了他自己上大学的情况：他原来进的是西南联大历史系，后来对外语和文学发生了浓厚兴趣，他没有要求转系，觉得搞文学的人还是知识广泛些好。他认真学习历史系的课程之外，就靠挤时间攻读外语和文学……在他的启发下，我也拟订了一个大体的学习计划，其中包括要系统地阅读俄罗斯的代表作品。

有一天晚上，我准备了一大堆话题去向吕老师请教，只见正有一位二三十岁的女同志在座。我默默地坐着，希望她快点告辞，谁知她老是不走。我只好简单地问了一两个问题就回去了。过了两天再去，又遇上这位女客人。我默默地等了一会儿，她还是那样"不知趣"，我就按预先准备的话题打开了话匣子。吕老师和我谈了两个多小时，那位女客人似乎不耐烦了，但直到我告辞了她还不走。事后我向同学们讲了这件事，有个同学捶了我一拳说："你这个小傻瓜，怎么这样没有眼色？"原来吕老师早已和夫人分手，自己带着两个小女孩；那位客人是正在"谈着"的女友呵！我听了很觉抱歉，也更为吕老师诲人不倦的态度所感动。

吕老师的宿舍在海滨。他爱海，也爱描写大海的诗文，曾在晚会上用俄语朗诵过普希金的《致大海》和高尔基的《海燕》。可是，他不常到海边散步，更很少洗海水浴。据他自己说，因为体质太差，怕受风寒。我看主要是因为忙。到他家去，很少见他在读书或写作，通常总是在和客人（多数是同学）交谈。有一次我纳闷地问他："你哪有时间编讲义、写文章呢？"他笑了笑："夜深人静，头脑分外清醒。"我说："你的身体怎么受得了？""习惯了，没有什么。早晨还可以睡懒觉嘛，我比你们学生自由。"

呵，在吕老师的时间表上，接待学生竟放在第一位！

解放之初，山东大学中文系的学生不多，每个年级不过二十人。1951年初院系调整后，人数陡增。人多议论多，对吕荧先生的言行也出现了非议。比如他在不同场合发表的"大学毕竟不是政治训练班"之说，一部分师生就不以为然。1951年秋，《文艺报》发表了一封"读者来信"，对吕荧先生的"文艺教学中的偏向"开始了批判。这封"来信"主要指责他在"文艺学"教学中脱离政治，脱离实际，轻视工农兵文艺而崇拜中外古典。吕老师看了很生气。全系同学开展了激烈的争论。我起先站在吕老师一边，后在党团组织教育下有所转变。我劝吕老师放下面子，虚心听取意见，最好给《文艺报》去信做一些自我批评……他却非常激动地说："我怎么能随便检讨？这不是爱面子！我有读者呀，我得对读者负责！"批判的温度愈来愈升高，他的态度也愈来愈抵触，最后竟辞职而去了。我去给他送行，他也不理我。我们的师生之谊就这样中断了。那大约是1952年3月。

不管人们怎样评论这件事的是非曲直，实际生活不久就做出了善后处理：山大中文系感到不该让吕老师离去，恳请他回来；他很快接受了邀请，又回到中文系工作了一段时间。那是在1954年，我已经毕业离校了。

1955年春天，在轰轰烈烈的反胡风运动中，他被党报的"编者按"点名挞伐。听一位同学说：在北京文化界声讨胡风的大会上，吕荧先生被指定发言，本来是要他揭发、批判胡风罪行，他却说胡风并不反对革命，而有些对胡风的批判文章也不无可议。这还了得，当时他就被轰了下去。我乍听感到惊奇；继而一想，觉得很符合他一贯的"不通世故人情"的性格。后来，听说他没有被定为"胡风反革命集团成员"，但也没有正式的工作单位，不过，他致力于美学研究，已成一家之言。再后来，听说他得了轻度的精神分裂症。1964年春，我以摘帽"右派"的身份在一所中学教书，忽然接到他的一封挂号信，是用毛笔写的，信封的下端写着"北京吕荧"四个杏子般大小的字。我拆开信封，有一本我当年听他讲文艺学的课堂笔记，他当年要了去，一是要为我订正，二是要作为参考，准备把他的讲稿加以整理，正式出版。这计划已成泡影了。他信中的"您的笔记奉还"几个字，该有多少话外音！信中还说他这些年"乏善足陈"，估计我"在思想和学业上定有长进"……他只字未提我们那次不愉快的分别，却开了详细的地址，希望我给他去信。我沉思良久：他怎么打听到我的地址的呢？为什么不避嫌疑地主动给我这个摘帽"右派分子"来信呢？我隐隐地感到一丝温暖。我给吕老师写了回信，付邮之前，一位好心的同志建议我给领导汇报一下。结果，回信没有寄出，吕老师的来信和我的那本听课笔记也交给了领导，从此再也没有收回。

去年，我好不容易打听到他的女儿潘怡、潘悦的地址，并且忽然想起了吕老师教育孩子的一件小事。

1950年冬季一天，狂吼的北风旋卷着片片的雪花漫天飞舞，这是青岛罕见的天气。早饭后我向教学楼走去，经过幼儿园时，只见一个小孩像雪人一样站在幼儿园门前发呆。仔细一看，原来是吕老师的大女孩、四五岁的玲玲（即潘怡）。我问她干吗站在这儿？她说来上学。我看到幼儿园的门锁着，就说："这么大的雪，不用上学了！"她说："不，爸爸叫我来的。爸爸说，好孩子不怕冷，下雪也不旷课。"我找到幼儿园的老师，他写了个因雪放假的证明，才把玲玲送回家去。我和那位老师对这位严父的做法都表示摇头。

我在给潘怡写信时提到这件事。她回信说：这事一点也记不得了。但记得爸爸对我们小时候要求很严，饮食、起卧、学习、游戏都很有规律。后来姊妹俩身处困境而都能成为大学毕业生，并且都做了助理工程师，和爸爸从小的管教不无关系。

我觉得这事颇有点象征意味。当年人们的摇头、孩子的不快，日后人们的首肯、孩子的感念，也许早在吕老师意料之中吧？

从潘怡的来信中，我还知道了：吕荧老师是1969年在劳改农场告别人间的，那时他的年纪才五十出头；1979年5月，组织上为他正式做出了平反结论；他的遗著《美学书怀》正由某出版社准备出版……

吕荧老师，愿你痛苦的灵魂得到安息！愿中国多有几个像你这样"不通世故人情"的文艺批评家和教师！愿他们不再有像你这样坎坷的命运！

1982年秋

（原载孟嘉编《一朵喇叭花》，中国戏剧出版社2000年版）

2002 年

吕荧最后的人生之旅

闻 敏

　　1955年6月19日吕荧开始接受隔离审查的当天的情景，恰好被萧军给撞上了。吕荧与萧军是老朋友了。他们是1938年下半年在成都相识的。大约是1954年，吕荧用稿费在北京交道口附近土儿胡同买了一处房子。萧军陪他上街选购了几样家具。那时，吕荧家中只有他一个人，他与妻子潘俊德已经于1953年正式分手。潘在天津一所中学教书，把他们的两个女儿——玲玲和美美都带走了。萧军常来看望吕荧，有时，作为一种消遣，他们一同去琉璃厂逛逛，看看古董、古书、古画什么的。

　　有一天，萧军照例又来到土儿胡同。敲敲门，开门的是位陌生人，进屋一看，吕荧坐在沙发上，身旁有人，不像是客人。吕荧的神色似乎很紧张，冲着萧军说："你可以给我作证明，我是拥护毛主席、共产党的……"这时，那陌生人走了过来，对萧军说："你知道不知道？他已经失去自由了！"萧军回说不知道。那人又问萧军的姓名、和吕荧的关系、找他干什么。萧军通报了姓名，说是朋友关系，找他一同上街逛小市儿。那人听后走出去了。过了一会儿，开来两部汽车。一位年龄稍大的人进屋，又把萧军盘问了一遍，然后说："你可以走了，不要再来了！"萧军答道："我不会再来了。"出门之前，萧军回头看了看吕荧，说："好咧，有机会我会把你的情况告诉给朋友们的。"出了屋门，萧军看到院子有人把守，还在往进搬铺盖之类，看样子是想长期住下去。

过了一年多，1956年5月25日，吕荧恢复了人身自由。结论是：

经审查证明，吕荧没有参与胡风反革命集团阴谋活动。经中央十人小组批准，于1956年5月25日，解除审查。①

这一年吕荧四十一岁。

萧军曾回忆说：

总是在他失去自由的一年之后了，一天，他忽然到我家来了，说已经解除了看管，还说第一个就来看我。说起这一年多的日子，他告诉我：那些看守的人倒没怎么为难他，只是在屋里总有人看着，外出总有人跟着。

萧军感到此时吕荧的精神状态与以往有些不同。②

自从吕荧被隔离，他就不再是《人民日报》的顾问了，审查解除后也未恢复。他仍旧还算是人民文学出版社编外高级翻译人员，按月领取生活补贴。他又开始伏案工作了。到1957年2月，他写完了美学论文《美是什么》，给了《人民日报》。十个月之后，1957年12月3日《人民日报》发表他的这篇论文时，加上了一篇简短的"编者按"，胡乔木撰写的。这则按语的全文是：

本文作者在解放前和胡风有较密切的来往。当1955年胡风反革命集团揭露、引起全国人民声讨的时候，他对胡风的反革命面目依然没有认识，反而为胡风辩解，这是严重的错误。后来查明，作者

---

① 见1979年5月31日公安部《关于吕荧同志被收容强制劳动问题的复查结论》。
② 以上引述的萧军的见闻与原话，均见本文作者1984年访问萧军时的谈话记录。——原文注

和胡风反革命集团并无政治上的联系。他对自己过去历史上和思想上的错误，已经有所认识。我们欢迎他参加关于美学问题的讨论。

这一年，吕荧译的普列汉诺夫著《论西欧文学》一书由人民文学出版社出版。

美学论文得以在《人民日报》上刊行，译著能在人民文学出版社出版，还有那段"编者按"，尽管其中仍旧充斥着不实之词，但在那样的年月里，大家都明白这种种迹象都意味着一种公开平反。在京的和外地的吕荧的故友们都松了口气：这个太傻气、太不懂如何保护自己的人总算渡过了一道险关！既然头顶的乌云已经消散，但愿从今以后他能平平安安地干自己的本行业务就好了！

吕荧在人民文学出版社的境遇每况愈下，按月领取生活补贴时难免不遭到人们的冷眼，更有甚者，他还一度被逐出了土儿胡同的宅院……

在"大跃进"的1958年，2月里，吕荧的文艺论文集《艺术的理解》由作家出版社出版。

1959年8月，作家出版社出版了吕荧一生中最后的一本论文集《美学书怀》。这年冬天，他带着翻译与写作的计划赴上海，不料，到达上海后却因精神病的加剧被送进了广慈医院。

待到吕荧出院后返回北京、搬回土儿胡同旧宅时，已是1962年了。大概就是这段时间里，一天，吕荧到街角一家小铺买了点烙饼之类，双手捧着，正准备往回走，却遇见了出狱不久的梅志。梅志回忆说，那时，为了避免麻烦，路遇熟人她一般是不打招呼的，但吕荧当然例外。他们站在路边谈了几句。吕荧说起1955年5月25日那次会上的情形，说他当时"想纠正他们"，但是"他们"没让他把话讲完。梅志领他回到家中，对他说："我看你的日子过得挺狼狈的呀！"吕荧笑笑，说："是呵，狼狈，狼狈……"但他告诉梅志，他正准备再写一篇美学论文。梅志听了很高兴，鼓励他："安安心心地写吧！"梅志留他吃晚饭，吕荧谢绝了，

说:"等胡风兄回来再吃吧! 到那时候,咱们一定要干杯、庆祝!"……①

吕荧依旧在辛勤地耕耘,持续着对美学问题的思考。 这一年的9月16日,《人民日报》发表了他的美学论文《关于"美"与"好"》。 这是吕荧生前完成的最后一篇论文。

回到北京后,吕荧精神病的症状有增无减,体质也日渐衰弱。 他素来不善于照料自己,到这时,他的生活变得更加杂乱无章了。 听到这方面的传闻或目睹他这种现状的他往昔的友人和学生们,都不禁黯然神伤,因为活跃在他们记忆里的,完全是另外一个充满着活力和魅力的吕荧呵!

在20世纪60年代初,吕荧已经变成了一个精神恍惚和充满病态的人。 有一段时间,他对发现和收藏中外古代名画家手迹产生了浓厚兴趣。 可是,他那时的经济收入已经微乎其微了,加上这种要命的癖好,他几乎陷入了赤贫的境地。 萧军说:"那时候,吕荧真像是生活在坟墓里似的。"一天,萧军去看他,见院子里的蒿草长得一人来高,屋子里的墙壁塌了一大块,椅子芯不翼而飞了,光剩下空空的椅圈儿,没有炉灶,就地用几块砖拢着火,把屋子熏得黑黑的,床上只有一袭破旧的棉絮……②

据牛汉回忆,有一次,已经是6月了,在人民文学出版社的资料室,冯雪峰告诉他:"今天在街上见到吕荧了! ……天这么热,他还是一身冬天的打扮,是不是缺钱换季了?"当天下午下了班,牛汉受冯雪峰之托,来到土儿胡同,见吕荧果然穿得厚厚的。 牛汉转达了冯雪峰的问询,吕荧木然地嗫嚅着:"我……有钱用……我不热呵! ……"牛汉进屋一看,简直破烂不堪,到处都被烟熏得乌黑,书架上的书所剩无几了,棕绷子上铺着薄薄的褥子,上面是个破棉花套……牛汉把冯雪峰家的地址告诉给吕荧,嘱他去看看冯雪峰。 后来听冯雪峰说,吕荧真的去了,而且,从

---

① 2001年5月笔者访问梅志谈话记录。——原文注
② 1984年笔者访问萧军时的谈话记录。——原文注

那次以后还常常去。①

大致也是那段时间，吕荧有时也去看骆宾基和罗烽。在老朋友那里他打破了平日的沉默，但是，所说的也多半都是些逻辑紊乱的话。②

据吕家乡的回忆，1964年春，他曾收到吕荧老师的一封挂号信。信是用毛笔写的，信封的下端写着"北京吕荧"四个杏子般的字。信中说，这些年来"乏善足陈"，想必吕家乡"在思想和学业上定有长进"……还开了详细的地址，希望吕家乡给他去信。③

看来精神恍惚的吕荧在那孤寂、潦倒中还时而记起往昔的友人和学生。尽管像是生活在坟墓里，他的那颗心却仍旧渴望着人间的友谊和温情……

1966年6月，在吕荧遭到拘捕的次日，牛汉等二人受命去土儿胡同收拾吕荧的东西。牛汉进屋后，眼前的景象比几年前更加凄凉、更加凌乱了。架上只剩下寥寥几本谁都不会要的书，几幅假画，其中一幅是吕荧当作"伦勃朗手迹"买来的圣像。几件破旧的衣物。床上是破棉花套，薄褥子下压着几张写满了字的稿纸，看样子像是一篇美学论文的开头……牛汉他们把这全部的家当装进一只旧网篮里，拎到人民文学出版社的"专政办公室"。

吕荧被押送到距北京不很远的良乡，一个代号"北京市公安局268"的地方。

从这时起，吕荧的身边有了一位年轻的、心地善良的难友。他的名字叫姜葆琛，之前是清华大学建筑系的学生。20世纪70年代末，姜葆琛出狱，得到了彻底平反后，从事建筑设计，80年代末因心脏病逝世。

---

① 1984年笔者访问牛汉时的谈话记录。——原文注
② 20世纪80年代笔者访问骆宾基、罗烽时的谈话记录。——原文注
③ 吕家乡：《吕荧先生琐记》，《海鸥》1983年第2期。

幸亏有姜葆琛的回忆,否则,对吕荧最后的遭遇我们将一无所知。①

据姜葆琛的回忆,吕荧被送去劳改时行装极为简单:上身穿着一件女式背心、一件藏青色哗叽中山装,下身是一条土黄色长裤。还有件已经脏得发黑了的风雨衣。赤脚,穿着一双矮靿胶皮套鞋。三年,他没换洗过衣裳、没洗过澡。吕荧的铺盖只有一袭破烂的棉花被,到后来变成一团烂棉花,夜里拥着它聊以御寒。

据姜葆琛回忆,刚到良乡"268"不久,一天,吕荧曾把他带去的那只不大的手提箱打开,取出一包又一包的蜡烛和一架旧的英文打字机。吕荧私下对姜葆琛透露:那手提箱夹层还藏有他尚未完成的美学论文和莎士比亚十四行诗的译稿呢!他告诉姜葆琛:之所以带这些东西来,是想继续工作的,"时间不能浪费"……

1966年秋,良乡"268"中大部分囚犯都被解往新疆了。吕荧、姜葆琛等人编入"老残队",被送到天堂河农场。

据姜葆琛说,吕荧平日沉默寡言,从来不和"队长"对话。除了领饭时说声"谢谢"之外,对别人的问话一律回答"不晓得"。

在"268",吕荧常常充当小会揪、大会批、低头挨斗的靶子;到天堂河农场后,他被宣布为"疯子"。从"队长"到一般歹徒,无不拿他寻开心。对于吕荧来说,任意的谩骂、凌辱、殴打,已经成了家常便饭。

有些小流氓听说吕荧带来不少蜡烛,就恶作剧地提出用馒头跟他换。吕荧的粮食定量最低,食堂又故意克扣少给,他吃不饱,所以同意交换。小流氓们故意欺侮他,开头用一个馒头换一支蜡烛,到后来,蜡烛贬值了,用一个馒头换一包蜡烛。吕荧的蜡烛很快就没有了。扒手偷走了吕荧的眼镜。"队长"也打吕荧的主意,借故把那架英文打字机拿走,说是替他"存"了起来……就这样,吕荧临来时特地为自己打点的、可以用来

---

① 以下有关吕荧在劳改期间的诸多情况,均引自1984年笔者访问姜葆琛时的谈话记录和姜葆琛的《冬天的回忆》,《人民日报》1983年5月27日。——原文注

继续工作的所有的一切,都被夺走了,只剩下一个"我要工作"的念头,还在苦苦地折磨着他……

又过了一段时间,吕荧、姜葆琛,还有一位年纪比吕荧还大的难友,被分派去看管猪仔。他们住在关猪用的低矮的棚子里。泥土地上垫上些谷草就是铺位了。一到秋雨连绵的时节,积水倒灌,他们就只能睡在泥泞里。那位年纪大的难友没多久就病死了。在那种环境里,死人是司空见惯的,拖出去,埋掉了事。

吕荧人在劳改农场,却关注着外面的形势。每天早上他都仔细收听"新闻和首都报纸摘要节目"。常见到他捧着一碗热开水,焐着手,站在广播喇叭下面听着。

相处久了,吕荧有时也和姜葆琛说几句心里话。他绝少说到自己,常念叨一些友人,关心他们在"文革"中的遭际。一次,姜葆琛获准进城看病,吕荧托他顺便到人民文学出版社看看那里贴了什么大字报。姜葆琛带回来的小报,他总是等身边没别人时才取出来仔细地看。

有一回,吕荧说起1949年夏天离台湾、经香港北上的情况,流露出少有的兴奋,他对姜葆琛说:"大家不都是为中华人民共和国的胜利而奋斗的吗?……干革命,是不该计较什么的,更不能搞什么派别……"还有一次,说起20世纪50年代初他在大连从事工人文艺运动的事,姜葆琛随口问到当时的待遇,吕荧严肃地瞥了他一眼,说:"讲什么'待遇',从来没考虑过!"……

有些时候,吕荧像孩子一般纯真。他很喜欢那群小猪,跟它们说话,跟它们玩。猪圈外面是苗圃,毗连着稻田,有一阵子,田畔上的茨菰盛开着白色的花。吕荧被那片白花深深地打动了。他常拄着一根柳条棍走到花的跟前,久久地在那里徘徊,围着那片花转过来转过去,跟那花说着什么,一面转圈一面不住地喃喃着:"真美!真美呀!……"微风吹拂着他那身单薄的、烂成了条条缕缕的衣衫,他全然不觉。仿佛那洁白的生命给了他某种启示和力量似的。有一次,也是在他欣赏茨菰花的时候,姜葆琛走到他的身边,他压低了嗓音,在姜葆琛耳边说:"一定要坚信:人民必胜!……"说完,又继续围着那片白花去转圈圈了。

姜葆琛记得吕荧还曾悄悄地对他说过这样两句话:

你年轻,一定要活着出去!……

想写,就要写自己最想写的!……

姜葆琛说,吕荧能说出这样一些话,都是在他少有的神志最清朗、最流动的时刻,更多的时候他是木讷的、恍惚的。

1968年10月,天堂河农场的囚犯们被分批地用戒备森严的囚车转移到位于渤海之滨的北京市公安局清河农场。这是一处更加正规的劳改场所。到了那里之后,吕荧、姜葆琛被编入该场"585"分场的"老残队"。姜葆琛说,凡编到这个队里的,都是经过公安局的医生检查过、断定活不了多久的人。事实上也正是这样,"老残队"里经常有人突然一下就倒毙了。

日子变得加倍难熬了:没有开水供应;一日三餐总共只有九个像热水瓶塞子那么大的硬邦邦的窝头,还是用玉米叶和玉米秆磨成粉制作的。

1968年的冬天到了。想想看,那滨海的盐碱地河滩上的严冬,对一向病弱、畏寒的吕荧意味着什么?他身上那仅有的单薄的衣裤早已破损得难于蔽体了。还有那一团他拥着御寒的烂棉絮,姜葆琛告诉我们说,那里面藏着无以数计的虱子。它们无餍地吮吸着吕荧那几近枯竭的血液,搅得他整夜不得安宁……

然而,吕荧竟奇迹般地迎来了1969年的春天——他生命中最后的春天。

一天,姜葆琛听说吕荧快不行了,偷偷地跑去看他。他躺在阴湿的炕角,看样子,体重已不足50斤。

北国早春,冰雪尚未消融。

五十四岁的吕荧，终于走完了他最后的、艰苦卓绝的人生之旅……

2001.9.北京

［节选，原载林贤治、章德宁主编《记忆（第4辑）》，中国工人出版社2002年版］

2002年

书生吕荧

许觉民

一派文质彬彬的可掬模样,说话文绉绉,慢条斯理,斟字酌句,他只是个知识分子,除了这以外,加给他一个什么别的"分子"的罪名,都实在是安不上的。然而这位吕荧,在胡风问题中,硬是吃了一年多的官司。

吕荧无非乃一介书生,他处事审慎,严于律己。他只会照着书本编织话语、讲解问题,这是他的本色。要他说个笑话,参与一点街谈巷议,他断然不会,只能瞠目以对,听着别人说,直到大家走散,他依然坐着。我听过他讲的课,不是在学校里,是在一次新年联欢会上。那一次是我劝他到联欢会上去松散一下,他不去,再三劝说,他跟我去了。联欢会上不少人轮流表演着节目,唱歌、说笑话、弹琴之类,中间我提议让吕荧也表演一个,大家笑着拍手,他并不推辞,站起来说话了。听着听着,原来他在讲高尔基关于青年的文学修养问题,一点、两点、好几点,不知讲了几点,条理分明,有分析,有例子,有结语,好一篇文学讲稿。联欢会顿时成了课堂,大家拍手称好。他在讲话中,许多话用了高尔基的原作,他背得出,如数家珍。我记得有一篇文章写胡风谈及吕荧时,戏称吕荧是位"艺术牧师",他以牧师诵讲经文般的严肃态度去诵讲艺术理论,虽是戏称,却并无贬义,倒是描绘出了一位不苟言笑的学人那种认真的情态。

我怎么也不信吕荧会是个什么"分子",可是在1955年发生了所谓

"胡风反革命集团"问题时,他竟被卷了进去。

那时,文化部门纷纷开会批判声讨,全国文联开了大会,不少作家、艺术家上台发言批判,认定胡风是"反革命"。这次吕荧也参加了会,他有些按捺不住,写了张条子递上主席台要求发言。轮到他发言了,他声称胡风不是反革命,说胡风的文艺思想与别人不同,学术思想不同不等于是政治问题,更不能说是反革命。他未及说完,就被台下众人大声发言打断,立即有人上台驳斥他,此时主席趋前,说他居然为反革命张目,不能允许为反革命辩护者在台上猖狂。说着立即把吕荧从台上轰下去。到第二天,《人民日报》的头版消息中,把吕荧为胡风辩护的消息登了出来。就在那天,他就被当作"分子"拘留了起来。到以后,我回想起他那一次在台上的天真的直言,是多么清醒,又是多么可敬可爱!

他被审查足足有一年多,审查结果认为他曾与胡风相识,并在胡风编的刊物上发过文章,但往来不多,仅为一般关系,不属于"胡风分子"。自此他得以解脱。经过一年多的整肃,他的脑神经受到了损伤,样子比先前更为木讷,越发沉默寡言了。不过他终于在悲怆中逐渐平静了下来,开始致力于美学研究,他陆续写了有关美学问题的文章多篇。他认为美是观念,美只是人加之于物的一种观念形态,因此他不赞成美是客观存在的说法,认为美不是物质,不能把物质的客观存在套在美学上。他也不同意美是主客观的统一,认为人的美的观念不同,审美感受与审美判断也因人而有差异,所以有各种各样的美学观点与美学思想。

我倒是很赞同他的观点的,可是,我发现支持他的论点的人很少。

吕荧在文艺理论上有较高的造诣。在 1947 年因现实主义与客观主义(自然主义)的分野问题,在上海大公报《星期文艺》上我和他有过一场论争,论争的结果,我以为各有是非,可能他正确的地方多一些。我那时并不认识他,因有这件笔墨官司,彼此还记得。1952 年他从青岛山东大学来北京,据说在学校里受到一点不公正的批判,因不由分说,他一怒之下拂袖而去。他和冯雪峰是至交,雪峰当时是人民文学出版社社长,吕荧来找他要求找个地方整理旧作,并拟重译普希金的《叶甫盖尼·奥涅金》。雪峰同意他住在社内。我当时也在社内工作,见到他后谈起当年的论争事,彼此大笑。我说不打不相识,他说相识了难道就不会打吗?

自此我和吕荧就交往起来。我逐渐发现他寡言,常在沉思之中,也许是长期书斋生活的缘故罢,整日埋首于书本或写作中,此外并无什么别的活动。经过胡风问题的审查,他恢复自由后,搬了住处,这期间他出版了好多本书。他平素爱好书画,在琉璃厂书店里买了不少山水画和人物画的立轴,所费不赀。有人说他买了不少赝品,我不懂得真伪,去他家时他拿出来让我看,他总连声说秀色可餐。看来他也许是凭此寄沉痛于悠闲罢,为消除烦恼,整日价对之观赏不已。

1966年"文革"起,我在单位被指为"走资派"而隔离入牛棚,曾风闻吕荧为不肖之徒告发,指控他为漏网"胡风分子",为街道红卫兵所辱,他自然要与之辩,结果却不由分说,被拘留了起来,以后不知由哪里判定,被解送清河农场劳动改造。他离家去农场时,行箧中只带了一架打字机和几筒蜡烛,准备在劳改期间秉烛写作。不消说,这些物件都被没收了。他的体质素来虚弱,过多的劳力操作竟致染病在身,既无治疗,又乏照料,最后在呻吟床褥间瘐死于农场。

我至今还不时地想念他,我只能面对他的著译,致以无限的哀意。愿世人看到他的书时,能感念他在文学上付出的那份劳苦。

(节选,原载许觉民《风雨故旧录》,上海教育出版社2002年版)

2002 年

人的花朵
——记美学家吕荧先生

田　刚

　　吕荧（1915—1969），现代文艺理论家、美学家、翻译家。原名何佶，曾用名吕云圕，笔名倪平、吕荧等。1950—1952年任山东大学中文系教授、系主任。主要著作有：《人的花朵》（1944，重庆）、《火的云霞》（1949，上海书报联合发行所）、《关于工人文艺》（1952，新文艺出版社）、《艺术的理解》（1958，作家出版社）、《美学书怀》（1959，作家出版社）。另有译著多部。

　　吕荧1915年出生于安徽省天长县。他五岁丧母，七岁在家读私塾，1928年去南京读小学，第二年进南京中学。中学期间，爱好文学，开始学习写作诗歌和散文，同时阅读鲁迅的作品和苏联的小说。1935年中学毕业，考取北京大学历史系。一二·九学生运动中，他置身于抗日救亡运动的洪流中，发表爱国演说，参加中国共产党外围组织"民族解放先锋队"。在革命运动中，他研读马克思、恩格斯、列宁的著作，开始形成马克思主义的世界观和人生观。此间，吕荧参加了进步文艺团体"浪花社"，创办《浪花》文艺期刊。1937年七七事变后，去武汉参加中华全国文艺抗敌协会，又与罗烽结伴赴延安，因道路阻隔，遂去山西临汾"民先"工作。1938年因病到四川休养。1939年去昆明西南联大复学，成绩优秀。1941年毕业，选择了教员的职业走向社会，同时想利用业余时间开展自己的文学创作。 1942—1945年间在四川各地教中学,与重庆文化界进步人士胡风、邵荃麟、冯雪峰、骆宾基等联系甚多。 同时他与夫人潘俊德自筹资金,以"泥土社"名义出版论文集《人的花朵》,高度评价鲁迅、曹禺、艾青、田间等革命作家的作品。 1946年春吕荧到贵州大学历史系任副教授,与方敬等进步教授创办《时代周报》,宣传争民主、争和平、反内战、反独裁的革命思想。 因受校方保守势力攻击,于1947年夏愤然离校,后辗转到台湾师范学院任教。 1949年4月,经香港到北京,迎接中华人民共和国的诞生。 同年7月,出席全国第一次文代会并加入中国作家协会。

任教山东大学

1950年,吕荧应邀到青岛山东大学任中文系主任、教授,主讲文艺理论课程。 当时还是山大中文系学生的李希凡先生回忆道:

> 他高高瘦瘦的身材,脸庞白皙而清癯,戴着一副深度的近视镜。我记得,他开始给我们上课时,似是初春季节(可能是1951年的3、4月间),学生们的春装已经上身,可吕先生仍然是全副冬装——大衣、绒线帽、棉鞋,外出时还要戴着口罩。那身体衰弱的情况,确如碧野同志在文章中所说,谁也难以想象,我们的吕先生,在当年的北京大学的跳高比赛中曾获得过第一名!……
>
> 不过,他身体虽然衰弱,讲课时声音不高,却沉稳有力,哪怕是坐在后面的同学也听得很清晰。他的讲课言简意赅、条理分明,正像他的论著一样,高度概括,很少水分,如浓缩的结晶品,但又绝不枯燥,让你明白地把握到原理,并能引起你举一反三的联想。他讲授的文艺学,在那时就已有了系统的理论体系,贯串着鲜明的马克思主义观点,例证、分析,都出自他自己的研究心得和体会,

这些都是我们从当时已有的一些文艺理论教材中难得见到的（李希凡：《吕荧文艺与美学论集·编后记》，上海文艺出版社 1984 年版）。

　　可是，1951 年 11 月的《文艺报》（第 5 卷第 2 期）发表了山东大学中文系某干事（后调离）的来信《离开毛主席的文艺思想是无法进行文艺教学的》。这封信指责和批评吕荧在文艺学教学中所谓的严重脱离实际和教条主义的倾向。这封信在文坛引起了轩然大波，由此引发了"关于高等学校文艺教学中的偏向问题"的大讨论。在当时的政治情势下，这类的"文艺批判"总是和"运动"联系在一起的。因此，这封来信"不仅在山大中文系引起了思想震动（不如说是引起混乱），而且造成了一种'运动'的声势"（李希凡语）。尽管吕荧先生在《文艺报》上极力为自己辩护，指出："××同志没有去听过文艺学的课，可是他引了我在课堂上讲的话。这些话经他一写之后，和原意正正相反。还有一些话我根本就没有讲过"，表明自己的文艺理论教学不但不是对马克思主义采取"教条主义态度"，而且尽力运用马克思主义的立场和方法来解释文艺现象。尽管在运用过程中不是那么纯熟和全面，但当时"宁左勿右"的思想大势，却使吕荧先生不得不接受《文艺报》（1952 年第 2 期）上"编辑部的话"里概括的定论："在该校的行政领导下，该系同学经过了热烈的学习和讨论之后，大都明确地认识了吕荧同志教学中脱离实际、脱离毛泽东文艺思想的教条主义的错误，并迫切要求改进。"

　　吕荧的性格倔强执拗，他自是很难接受这样的"批判"。但是，山东大学校长华岗很爱吕荧的才华，他为了保护吕荧，曾几次劝说他，只要做一点自我批评就可以了。但以吕荧的个性，是不肯做这样违背自己心愿的事的。这样，他终于不辞而别，拂袖而去了。

　　事过三十年后，当时参加这次批判"运动"的学生李希凡先生曾怀着深深的自责和忏悔谈到这次批判运动，他认为："实际上学生只是被动员起来给先生提意见，批评先生的'教条主义'。事情过了三十二年，这场我们所独有的'运动'，似也可以看清楚了，即它显然也反映了十七年文艺思潮中'左'的倾向，或者也可以叫作'左'的倾向的萌芽……并不是××同志一人的过错，这种'左'的不实事求是的学风，在我们这些学生身上也是存在的……而我们却很快懂得了，这样的'左倾'幼稚病，使我们失去了一位多么好的师长，也给我们那未完的文艺学学习造成了怎样的损失！"

美学讨论中的"主观派"

离开山东大学后，吕荧来到北京。在冯雪峰任社长的人民文学出版社任高级翻译员。在此期间，他参加了文艺界正在进行的美学大讨论，并卓然成为"主观派"的代表人物。

探讨美的本质问题，也就是回答什么是美的问题。在当时的美学界主要有四种不同的看法：第一种看法认为美是主观的，"美是观念"，持这种看法的主要代表人物是吕荧和高尔泰；第二种看法以蔡仪为代表，认为美是客观的，"美在物本身"；第三种看法认为美是主观与客观的统一，其代表人物是朱光潜；第四种看法主张美是客观性和社会性的统一，这种看法的代表是李泽厚。他们当时就美的属性问题，进行了激烈的争辩。吕荧早在《美学问题》（1953年《文艺报》第16期）一文中提出："美是人的一种观念。"他说："美，这是人人都知道的，但是对于美的看法，并不是所有的人都相同的。同是一个东西，有的人会认为美，有的人却认为不美，甚至于同一个人，他对美的看法在生活过程中也会发生变化，原先认为美的，后来会认为不美；原先认为不美的，后来会认为美。所以美是物在人的主观中的反映，是一种观念。""自然界的事物或现象本身无所谓美丑，它们美或不美，是人给它们的评价。"1957年，吕荧在《人民日报》上发表的《美是什么》一文，又进一步提出："美是人的社会意识。"他说："我仍然认为：美是人的社会意识，它是社会存在的反映，第二性的现象。"他在《美学书怀》中对车尔尼雪夫斯基的"美是生活"这一定义作了这样的解释:"美是通过生活概念被人认识的""美和善一样,是社会的观念"。 他认为自己的美学观是依据马克思主义哲学的。 他认为"宣称'美的观念'是客观事物的美的映像,用以肯定美是物的属性时……美学就必然离开社会生活的基础,只能限于物本身立论,在物本身寻找美的规律(即种类典型),走生物学的美学道路了",因此,"辩证唯物论者认为美不是物的属性或者物的种类典型,它是人对事物的判断或评价"。

吕荧"美是观念"的主张,在当时许多"唯物论"者看来,颇有些"唯心论"的嫌疑,这当然得不到多少人的赞同。 但吕荧并没有因此而放弃自己对真理的探求,反而极力为自己的主张辩护。 这种"独战众数"的精神,凸现出吕荧的崇高人格,这也为他后来在胡风落难时敢于力排众议为朋友辩护埋下了伏笔。 而在另一方面,吕荧先生的美学研究,也奠定了山东大学美学研究的精神传统。 吕荧先生在山大教书时的学生,后来在美学研究上卓有成绩的山东大学文学院教授周来祥曾深情地回忆起吕荧先生给他授课时的情景。 周来祥承认,他对于美学的兴趣和爱好,正得之于吕荧的启蒙和指导。 周来祥认为,吕荧对于真理的探求精神,治学的严格与严谨态度,尤其是对于马克思主义美学思想的介绍,都对自己后来的治学产生了深刻的影响。 可以说,山东大学的美学研究之所以在全国举足轻重,吕荧有开启之功。

(节选,原载 2002 年 5 月 1 日《山东大学报》)

2003年

预言家的悲剧
——记美学家、翻译家吕荧

张　琳

头几年在报纸上看到一篇报道，说是青岛市建了一座文化公园，里边有不少曾在青岛工作过的文化人的雕塑。我数了一下，光点名的就有二十多位：华岗、陆侃如、冯沅君、王统照、萧红……但是没有曾在大连工作过一年，接着就在青岛山东大学任中文系主任的著名的学者、文艺理论家、美学家、翻译家吕荧先生。心里不免有些遗憾，是真的把他遗漏了呢？还是报道中没有提他？因为在我看来，从吕荧在学术上的成就和资历，尤其是作为知识分子的良心的正直的表率，其在青岛以至在全国的影响，都很值得人们永远地纪念他。

吕荧是1949年9月，开过全国文代会后，应当时大连文联（当时叫旅大文协）主席罗烽之邀，与美术家朱鸣岗一起搭伴儿来大连的。那年他34岁。个子不矮，但弱不禁风的样子，天刚上秋儿便穿上皮袍，用一蓝粗布大褂罩在外面，倒很像我想象中学者的形象。

据介绍，他是一位大后方的进步学者，曾就读于北大历史系，抗战后去武汉参加中华全国文艺抗敌协会，与罗烽结伴儿去延安未果，参加过党的外围组织的进步活动。1939年去昆明西南联大复学，后在四川教中学，在贵州教大学，出版了诗集和文集《人的花朵》《火的云霞》《论文学的倾向》以及译作普希金的《叶甫盖尼·奥涅金》等书。当时还不知他的处女作是由胡风主编的《七月》发表的。

与众不同的是他没有妻子，只有两个差不多一般高的四五岁的小女儿。后来我们看到秘书处同志去邮局为他取来的两双布鞋，一打听才得知这是孩子妈妈从外地寄给女儿的。据说孩子妈妈是他当年的同学，后因性格不合而离异。

吕荧在大连的一年，虽然身体羸弱，但工作是十分积极勤奋的。他是专业作家，初来时没日没夜地写作。我曾去过他住处，正赶上他在写关于苏联作家法捷耶夫的《青年近卫军》的长篇评论。书桌上摆着一摞摞儿表格、卡片，密密麻麻的蝇头小楷镶嵌其中，那是书中主人公的简历、性格、细节，是供作者写作随时参考用的。我没上过大学，因而对学者治学的情景状态一无所知，这一次可真是开了眼！

吕荧的俄文很棒，当时正是中苏友好的高潮，学俄文时髦，也是工作需要，他来不久还为我们举办了一期俄语学习班，从字母教起，不厌其烦，不怕误了他的宝贵时间。当时市委有一个翻译小组，组长钱新哲（后任辽师大外语系主任），经常拿来一些译作向他求教，他总是热心地给予校订。有时校订完还叫我看看行文是否通畅。有一次我在遣词调句上提了点儿看法，他当场就修改更正，真使我受宠若惊。我这才发觉这位学者一点架子也没有。

转过年春天，因文联主办的《旅大人民文艺》旬刊的主编钱醉竹先生年老多病，吕荧便接替他担任了主编，我成了他唯一的助手。每当我按期把稿件集齐编好交他审阅时，他都是一篇一句地仔细斟酌阅改，并作出具体评价，使我增长了学识，也提高了刊物质量。有时他还亲自写"编辑部"文章，指导业余作者创作，尤其是对工人作者的作品，特别注重关怀，往往是在发表前他对文章认真修改，有时发表后还加以推介与评论。① 当

---

① 远在外地的工人作家周恩惠，在30年后寄发在《大连日报》上的一篇文章《初涉文坛》里曾这样写道：作家吕荧同志，抱病为我改《"小钢炮"与"老粘儿"》，停电后又点上蜡烛，直至深夜。后来又写了评介文章，把这篇小说推荐给上海《大公报》，转载在1951年3月13日《文艺周刊》上。后来又被上海劳动出版社收进了《劳动文艺丛书》。我写这篇小说只花了一周时间，只不过是个粗胚。而吕荧先生看了几遍，从头至尾，简直是给我上生动的创作指导课。

时的群众戏剧汇演有一出码头工人自编自演的话剧《装卸》，他看后非常振奋，不仅在报上大加赞扬，而且把剧本推荐给《人民日报》，使这部真正的工人创作全文发表在中央党报上。这在当时是很罕见的，立即引起了全国文艺界的瞩目，后来他把这一阶段的观感、思考写成评论文章，加上收集到的工人的作品一起，由上海文艺出版社出版了一本厚厚书——《关于工人文艺》。

在这本书的序言中他概括了工人文艺的伟大意义：

> 人类社会的建设者和文化的创造者，终于做了社会和文化的主人。单是这一件事，就有空前伟大的意义。这是社会和文化的大革命。这是人民革命的一个伟大的胜利。

吕荧先生平日不苟言笑，一切都很低调。但是《旅大日报》请他写文章，文化单位请他作有关苏俄文学的报告，他总是不好意思推脱。报上文章，我不记得他曾写了多少，只知道当时的副刊编辑鲁民因为向他约稿有了来往，到反胡风运动时即受到牵连，少不得反省交代。至于作报告，我记得的就有两次，一次关于普希金，一次关于高尔基。高尔基这次，他坚持要在报告前朗诵一下高尔基的散文《海燕》。本想找话剧团演员来，但时间太紧，最后只好撵鸭子上架，由我来献了一回丑，好在我当过教员，平日也愿意模仿说普通话，总算是没出什么大错。

吕荧的报告，虽然声音不大，但因有麦克风在前，大家听得还是鸦雀无声、聚精会神。最近还有一位年长的业余作者向我提起吕荧当年在青泥洼桥"艺术剧场"（现已改为商场）作报告时的情景。印象是：他的报告材料翔实，论点精深，灼见卓识，鞭辟入里，不愧是著名的翻译家。

1950年9月，他在大连整整住了一年之后，青岛山东大学聘请他去当教授、中文系主任。也许这个研究苏俄文学的学者意识到可能再也没机会来旅大，再也没机会看看旅顺口日俄战争的遗迹，临别的这一天，一早就带我去"爱斯林"(当时大连唯一的西餐店)吃了一顿西餐(那是我第一次吃"苏布"汤、牛排、鱼排),然后向旅顺进发。在旅顺,那时尚无"的士",只雇了一辆马车,看了鸡冠山北堡垒、康特勒勤柯的纪念碑,还有老铁山灯塔等处。虽然我不记得他是不是向我说过他对旅居大连一年的收获和观感,但是我敢说他是怀着无限眷恋的心情离开大连,走向新的征途的。走后他还惦记着《旅大人民文艺》旬刊,也曾给它写来稿件,他后来自己出版的书也曾寄给我留念,在扉页题签"张琳同志教正"。我至今出版的书籍在送人时扉页上的"教正"这种写法也是跟他学的。

吕荧走了两年,正赶上全国在知识界开展思想改造运动。山东大学首先向吕荧开了火,说什么吕荧教学脱离实际,轻视毛泽东文艺方向云云,提出14条意见在《文艺报》发表。觉得十分委屈的高傲的吕荧对这14条意见一一加以反驳后,拒绝作"哪怕象征性的检讨"(华岗校长向他提出的要求),竟然不辞而别,拂袖而去。在上海做了一年自由职业者,出了几本书后,当年他在重庆结识的冯雪峰,当时任人民文学出版社社长,请他去北京做特约翻译,每月津贴200元。《人民日报》文艺部还聘他为顾问,再加上稿费,生活可以无虞,后来他还买了一座四合院,18间房。哪知道1955年平地一声雷响,吕荧成了"胡风分子"。

吕荧怎么成了"胡风分子"?唯一的罪证就是他在全国文联、作协声讨"反革命分子"胡风的几百人的大会上替胡风辩护,说什么文艺思想问题不是政治问题,胡风不是反革命……

真是"不识时务"啊!

根据包庇反革命就是反革命的逻辑,他顺理成章地成了"胡风分子"。吕荧成了"胡风分子",我也因与他共过事、通过信,遭到好一顿审查,整了不少材料,差点儿被定为"胡风同情分子"。只是据说中央不同意这种自造的罪名,才算拉倒。

这里顺便说一句，吕荧是一个耿直公正的学者，绝对不会因迁就或感情用事而改变自己的学术观点（不论这观点如何评价）。如我因《一个女报务员的日记》受到攻击时，曾给他去信讨教过，他回信说他很不喜欢《日记》这篇小说，我的推崇至少是偏颇的，那小说流露了太多的小资产阶级的不健康情调……这意见与批判者差不多是异口同声的。所以我相信他在全国文联、作协扩大会议上"胡风不是反革命"的发言，完全出于他的真知和他的良心，而成为中华人民共和国历史上的伟大的了不起的预言。

新时期以后，我去看来大连的舒芜（他在"反胡"中有立功表现因而免冠，但到了"反右派"中换了一顶"右帽"），他说那次大会上，吕荧中规中矩地说了那些话，就像学术研讨会上发言一样，不慌不忙，话还没说完就被台下的嘘声给打断了。

于是经过最高检察院批准，吕荧被隔离审查了。据说思想越纯洁的人神经越脆弱，在这一隔离审查中，吕荧的大脑受到了太大的打击和重创。

…………

吕荧自由了，在他精神状态好转的 1957 年 2 月，他写了《美是什么》的万字美学论文，投送给《人民日报》。12 月（正是"反右派运动"中）发表时，前面有一段"编者按"：

> 本文作者在解放前和胡风有较密切的来往。当 1955 年胡风反革命集团被揭露、引起全国人民声讨的时候，他对胡风的反革命面目依然没有认识，反而为胡风辩解，这是严重的错误。后来查明，作者和胡风反革命集团并无政治上的联系。他对自己过去历史上和思想上的错误，已经有所认识。我们欢迎他参加关于美学问题的讨论。

这很明显是一个平反告示。吕荧感觉到了，虽然其中有些话他未必同意，但不管怎样，他知道自己不是"反革命胡风分子"了。

他痛快地高兴了一阵子。但他的精神分裂症并未痊愈，再加上人民文学出版社社长冯雪峰被打成"右派"，原来的 200 元津贴被砍去了 100 元，有一段时间他买的四合院还被收回，一双可爱的女儿也已改名换姓离他而去。剩他一人，孤苦伶仃地住在古堡一样的深宅大院，屋里一片狼藉。原本自理能力就很差的书生，如今就更难堪了。偶而有朋友去看他，都不忍一睹。记得"文革"前有一回，（刚刚逝世的老友）于植元兄跟我说，听说吕荧在北京每天拎个包到垃圾箱里捡垃圾……我听了心中不免一阵酸楚，但愿这只是谣传。

1962 年 9 月《人民日报》刊发的美学论文《关于"美"与"好"》，是他生前发表的最后一篇文章，从此以后，"文革"风暴刮起，人人自身难保，再也不知吕荧的消息了。

吕荧已不在人间！还是 1980 年，写过《大墙下的红玉兰》的作家从维熙来大连时对我讲的。他说"文革"中他被发配到茶淀北京清河农场劳改时，看见一个小土堆前有一块竖立着的砖头，上边用粉笔写着"吕荧"两个字。后来我看了《人民日报》刊载的姜葆琛文章《冬天的回忆》，才知道吕荧在 1966 年"文革"刚刚兴起，臭名昭著的社论《横扫一切牛鬼蛇神》发表不久，就被派出所以"反革命胡风骨干分子""影响社会治安"为名押送北京良乡收容所，然后送农场劳改。你想一个夏天尚须穿皮袄的手无缚鸡之力的文弱书生，在强劳、凌辱、冻饿、病患中如何能够活命？结果不到三年，便含冤逝世。当时他的体重不超过 50 斤。

骆宾基在他为纪念吕荧逝世 11 周年而写的文章里说：

> 坟墓自然是没有的。而骨灰在哪里，恐怕也很难查找了。但吕荧有他的几本译著在，这将永远流传于后世。在社会风气中，将起着洁化的作用。它们将永远散布着芬芳，因为译作者吕荧本人就是

我们民族的花朵。

诚哉！斯言。

1986 年作
2003 年改

（节选，原载张琳《大连文学五十年》，大连出版社 2003 年版）

2003 年

华岗与吕荧

王玉平

华岗是一位识才、爱才、懂政策、有能力、会办学的好校长。他把建设一支高水平教师队伍和学术研究工作放在重要地位,他爱惜人才,团结人才,模范地执行党的知识分子政策。透过20世纪50年代初华岗校长与中文系主任吕荧教授的关系,可以看到华岗校长是怎样苦心孤诣地延揽人才、造就高水平的教师队伍的。

华岗是中华人民共和国成立后山东大学的第一任校长。中华人民共和国成立之初华岗出任山大校长时,正值山东大学、华东大学和齐鲁大学中文系、历史系合并的复杂时期,面对百废待兴、几所不同性质的大学融合在一起的困难局面,华岗校长坚决执行党的教育政策,提出"互相学习,取长补短,事理兼顾,舍异求同"的治校方针,很快使新山大呈现出团结稳定、蓬勃向上的新气象,成为国内外瞩目的全国重点综合大学。

华岗校长尊重人才,尊重真理。他认为:"著名的大学关键是靠有一批学识深厚的著名教授。"华岗校长说:山大的一大批老教授是"旧中国留给我们的财富",我们要爱护他们,充分发挥他们的才干。华校长把专家、教授当成朋友、同志。是他给了老知识分子做人的尊严和自信,是华校长以博大的胸襟和人格的魅力凝聚和吸引了一大批杰出的人才,而吕荧就是其中之一。

尽管吕荧当时已是卓有成就的知名教授,但因中华人民共和国成立前华岗与吕荧在不同战线工作,华岗对吕荧并不熟悉,甚至在这之前尚未谋面。当华岗正式走上大学校长岗位上后,延揽人才的强烈使命感,使他很快知道了吕荧,了解了吕荧在文艺理论、文艺美学等方面的深厚造诣和在学术界的影响。华岗校长在1950年亲自写信邀请吕荧来山大任教,并任命吕荧在人才济济的中文系担任系主任。这一方面说明了吕荧确实具有精深学识,堪负重任;另一方面也体现了华岗校长识才、爱才,为人才提供充分展示其才华场所的博大胸怀。

初来山大的吕荧,在系主任岗位上,工作是勤奋的、心情是愉快的。中华人民共和国成立初,知识分子急于建功立业的壮志鼓舞着他,新山大一派蓬勃向上的气象激励着他,同时,华岗校长的知遇之情也使他深感温暖、心存感激。因此,吕荧无论在教学上,还是在系行政管理上,都尽心尽力,恪尽职守。他以精湛的学识在教学、科研方面发挥了重要作用。他的课讲得很有深度,丰富而精彩,正如当年中文系的学生李希凡回忆所说:"我上大学期间,吕先生是使我对文艺理论产生浓烈兴趣的启蒙导师。他那深邃而优美的文论,他的知识广博、逻辑严谨的文艺理论教学,在解放初期偏处青岛的山东大学,曾经怎样吸引了我们这些求知如渴的青年呵!一想到这些,吕先生的音容笑貌又清晰地浮现在我的眼前……他身体虽然衰弱,讲课时声音不高,却沉稳有力,哪怕是坐在后面的同学也听得很清晰。他的讲课言简意赅,条理分明,正像他的论著一样,高度概括,很少水分,如浓缩的结晶品,但又绝不枯燥,让你明白地把握到原理,并能引起你举一反三的联想。他讲授的文艺学,在那时就已有了系统的理论体系,贯串着鲜明的马克思主义观点,例证、分析,都出自他自己的研究心得和体会,这些都是我们从当时已有的一些文艺理论教材中难得见到的……吕先生平素也是严肃寡言的,但对学生提出的问题,他的回答却都是和颜悦色、深思而耐心的。"

华岗校长贯彻党的教育方针,坚持马列主义,理论联系实际,开拓创新,研故出新,有敢为天下先的学术追求精神。他认为,一个学校的综合实力和规模固然重要，而更重要的是从实际出发，办出自己的风格和特色。华岗校长与两位副校长等一起构建山大发展的蓝图。他发出"向科学进军"的号召，提出"文史见长，加强理科，发展生物，开拓海洋"，奠定了山东大学的学科基础。更为可贵和重要的是，他倡导和推动学术论争、百家争鸣，开风气之先。从《文史哲》杂志的创办和教学、科研等方面都呈现出改革创新的新气象，充分体现了华岗校长的办学思路和理念。

中文系主任吕荧听从华岗校长的领导，积极组织本系的教师从实际出发制订教学工作计划。当年中国语文系"1951年的教学工作概要"这样写着：关于教学的方针与任务，是依据中央人民政策教育部所颁布的高等教育方针进行教学。本系的任务是培养学生树立为人民服务的文艺思想，批判地学习文学遗产，锻炼文字创作的能力，养成研究的兴趣，结合现实的需要，成为人民的文艺工作者和文教工作干部。例如在一年级开设的文艺学课程，就改变了过去的那种为文艺而文艺的纯文艺学的观点，讲究结合现实的文艺方针和政策。其要求是：结合文艺政策讲授文艺理论，替同学打好文艺理论的基础。这与国家的教育方针及山东大学的办学目标是一致的，体现出了中华人民共和国大学与旧中国大学的本质区别。这一思想贯穿到了中文系教学工作的各个环节，为培养新一代文艺工作者和文教干部打下了基础。对每个年级、每门课程都有类似的规定和要求。为了全面贯彻落实教学大纲和任务，吕荧先生主动承担了文艺学和苏联文学史课程的讲授。这两门课程都是新开课程，要求和难度相对较大。下面是当时中文系任课教师情况：①文艺学——吕荧；②中国新文学史——高兰；③中国文学史——陆侃如；④历史散文选——冯沅君；⑤楚辞——黄孝纾；⑥语言学——殷焕先；⑦国文及写作实习——王锡昌、刘泮溪、孙昌熙、李曼菌、黄云眉；⑧苏联文学史——吕荧。我们不难看出，系主任吕荧讲的课是较多的，确实是中文系的主将。

华岗和吕荧在工作上是校长和系主任的上下级关系，而在学术探讨与生活上，他们又是相知的朋友。华岗校长对吕荧在生活上予以关心，工作中给予支持。作为知识分子的吕荧也深深地尊重和信赖华岗校长，他写的文章，往往先让华岗校长提出意见，即使在他离开山大后寄给《文史哲》的稿件，也是直接寄华岗校长，对华岗校长表现了很大的信任和尊重。华岗校长也很赞赏吕荧渊博的学识，常说吕荧是很好的人才，并称赞吕荧写的《苏联文学的奠基者——高尔基》和《人民诗人普希金》等论著都是第一流的文章，并把《苏联文学的奠基者——高尔基》放在《文史哲》的首篇。吕荧也堪称人才，如1957年12月3日《人民日报》发表了他的著名美学论文《美是什么》，毛泽东同志亲自校阅了"编者按"，为其恢复声誉。1951年在《文史哲》上发表的《列宁论托尔斯泰》《柏林斯基的美学》以及他写的《关于工人文艺》（1952年，新文艺出版社）、《艺术的理解》（1958年，作家出版社）、《美学书怀》（1959年，作家出版社）、《列宁论作家》（1952年，上海新文艺出版社）、《列宁与文学问题》（1953年，上海国际文化服务社），译著莎士比亚的《仲夏夜之梦》（1954年，作家出版社）、普列汉诺夫的《论西欧文学》（1957年，人民文学出版社）等都是具有较大影响的论著，很受人们的喜爱。他的为人正如他的老友、著名作家骆宾基所说："吕荧有他的几本译著在，这将永远流传于后世，在社会风气中，将起着洁化的作用。它们将永远散播着芬芳。因为译作者吕荧本人就是我们民族的花朵。"

吕荧也通过自己的才能和学识为山东大学赢得荣誉。山东大学中国语文系1951年工作总结充分体现了华岗校长的办学思路和理念。当时的工作总结这样写着："1.政治教学方面。本系政治教学方面，有'社会发展史''新民主主义论'课，并另有政治讲座一课，配合政治运动，进行思想教育。2.教学方面。本系的课程，完全依据中央教育部的'课程改革决定'和'课程草案'开设的。现在没有不符合中华人民共和国建设需要的、脱离实际的课程，也没有因人而设的课程。各年级的课程都不超过五十一个学时，以维护学生的身体健康。各课教师在学期开始的时候，都拟定了本课的教学计划进行授课。不过，三四年级的同学，在上学期参加土地改革工作，将近大半学期没有上课，他们的课程的教学计划，就不得不有变更，不得不实行精简，略去细目，照大纲重点的讲授。如'中国文学史'、'历代散文选'（冯沅君授）、'苏联文学史'（吕荧授）等课，都是这样的情形。本系课程大体可以分做'旧文学''新文学''语言'三种。本系各课，无论旧文学或新文学乃至'大一国文'，都结合着教学内容进行爱国主义、国际主义、马列主义的政治思想教育，教师们克服了内容纷繁芜杂的毛病，并且改正了其中一些不正确的论点，使学生对马列主义的文艺学有一个清晰的、系统的基本认识。旧文学方面，如'中国文学史乙'（冯沅君授），力求把文学史的发展和中国社会的发展结合起来讲授；新文学方面，如'文艺学'（吕荧授），一方面克服《新文学教程》（斯诺格拉多夫）过分原则化、理论化的偏向，一方面对《文学初步》（巴人）全课的内容进行了矫正，使学生树立马列主义的文艺理论观点，明确为人民服务的方向和道路。通过讲授'苏联文学史'（吕荧授）使学生学习俄国人民作家的伟大作品和苏联社会主义文学的光辉成就，进一步认识现实主义创作道路的正确性，无产阶级革命胜利的必然性，社会主义社会文学的伟大性。"20世纪50年代的山大以文史见长，与华岗校长及其他领导下的教授们的严谨治学态度，开拓创新、研故出新、有敢为天下先的学术追求是分不开的。

但是天有不测风云，1951年11月的《文艺报》（第五卷第二期）开辟"关于高等学校文艺教学中偏向问题"专栏，发表了山东大学中文系某个同志的来信——《离开毛主席的文艺思想是无法进行文艺教学的》。这封信的内容，揭发和批评所谓吕荧在教学中严重脱离实际和教条主义的倾向，当时凡是这类的"文艺批判"，总是和"运动"联系在一起的。这封批判信不仅在山大中文系引起了思想震动，而且造成了一种"运动"的声势。当时整个学术界学习马克思主义的风气刚开始，在文艺教学中普遍存在的问题并不是对马克思主义的"教条主义的态度，而是形形色色资产阶级唯心主义的文艺观，还在占据讲台，继续传播"。因此，这封信对吕荧的批评有点牵强。当时华校长与吕荧进行过多次谈话，曾几次劝他有则改之，无则加勉，只要做一点自我批评就可以了。但是吕荧认为自己没有问题，坚决不肯做自我批评，不愿做违背自己心愿的事。于是在1952年不辞而别。这也反映出了吕荧作为知识分子的傲气和倔强的性格。

吕荧走后，华岗校长面对中文系在教学和科研上受到的较大影响，非常着急，他认为学校对"吕荧做法有些粗暴，批评他的错误是应该的，但方式上有缺点"。后来华岗校长看到人民文学出版社等争聘吕荧，更觉得在执行党的对知识分子团结改造政策方面有缺点。于是他顶住"左"的压力，在1952年亲笔致函吕荧，再次劝说他回山大任教。因为当时吕荧已被人民文学出版社聘去，所以未来山大。

华岗校长使用人才无门户之见，并未因为吕荧的固执和拒绝而放弃对引用吕荧的希望。1953年华岗趁着吕荧暑假来青岛休假之时，亲自做吕荧的思想工作，检讨了学校在学术管理工作上的欠妥，同时也指出吕荧存在的缺点，批评吕荧逃避思想改造的错误。其实，吕荧虽然离开了山大，但他对山大、对有知遇之恩的华校长仍然怀着很深的感情，他对在山大工作的那段美好岁月还是颇为留念的。因此，吕荧在华岗校长的开导下同意留下来教俄罗斯文学和苏联文学。吕荧留下教书后，华岗校长亲自给他解决住房问题，使他能够安下心来投入教学工作中去。此时正值学校里整顿劳动纪律，吕荧不愿受劳动纪律的束缚，曾要求加以照顾。问题反映到华校长那里，华岗校长说"全校教职员工都应遵守劳动纪律，你也不能例外"。华校长对知识分子在生活方面十分关心、爱护，但在政治思想方面要求却是严格的。

华岗能够恰当地把握政治尺度，讲求实事求是，最大限度地保护专家、教授、群众，即使吕荧离开了山大，他对吕荧的看法仍坚持实事求是。1955年5月25日，全国文联主席团和作协主席团举行联席扩大会议，讨论"胡风集团"问题，吕荧在会上发言，认为思想意识领域内的问题不等于政治问题，当场被赶下台，被隔离审查。在同年的6月，山大开会研究怎样开展反胡风斗争的问题时，把吕荧作为"胡风集团主要分子"批斗，华岗校长认为"要实事求是，受到多少影响，就批判多少，我们事先不能划下一个批判程度的标准"。华岗同志爱护知识分子，办事讲究实事求是，是值得人们尊敬的。后来，在政治运动中，由于吕荧与华岗的这段交往，华岗校长也受到了牵连。

通过了解华岗校长与吕荧教授他们两人的关系，我们看到了华岗在"左"的倾向盛行的年代里是如何正确执行党的知识分子政策，如何充分发挥知识分子的作用，如何尊重、保护和爱护知识分子的。他顶住"左"的压力，努力为知识分子创造发挥才干的良好环境。华岗校长就是执行党的知识分子政策、团结知识分子的典范。

华校长的尊重人才、爱护人才、培养人才、使用人才，不仅使中华人民共和国成立前在山大工作的老专家、教授自觉地留下来，而且还吸引来了一大批新的高级知识分子。他们在华岗校长的团结领导下，成为山大的中坚，为我们今天山大的发展奠定了基础。正是有了华岗校长所代表的一代教育家和杰出学者的贡献，才有了山东大学的今天。

（原载刘培平主编《战士·学者·校长：华岗同志百年诞辰纪念文集》，山东大学出版社2003年版）

2003 年

我的老师吕荧先生
——为一颗净化了的灵魂的泯灭而留下的诗话

陆文采

三、1953 年秋,再度聆听先生的教学

1953 年暑假以后,当我从南方回到学校时,第一个令人高兴的事是吕荧先生来青岛避暑,他应学校及系里的邀请,来给我们年级讲"苏联文学史"课。这个消息使我们年级的每一个同学都乐坏了。我在 1953 年 9 月 15 日的日记中这样写道:"吕荧老师这次终于回来了,这使我们系里每个同学都兴奋。昨天(9 月 14 日)我们以愉快的心情去上了'苏联文学史'。一年半没有见面的吕老师,仍是那么和蔼可亲,不过他比走时显得更消瘦了。"

我一生最喜爱的是书籍和平时学习时写下的笔记。可是在"文革"期间,我爱人却认为我一生最大的不幸是学了文学,于是在 1968 年我被关进牛棚的日子里,她把我读大学四年的听课笔记本与我用助学金买下的《人民文学》和《文艺报》等珍贵的资料,统统当破烂卖掉了,当我从牛棚归来时,看到她总算手下留情,没有将我在大学的部分日记本卖掉,我感到何其幸运。在日记本中间留下了我唯一的大学听课笔记,那就是吕荧先生讲的"苏联文学史"。大概由于这本笔记本是以"日记本"的样子出现的。

今天我重又翻开这有着将近 50 年历史的笔记本时，看到上面写着：

1953 年 9 月 14 日　　星期一　　主讲老师　　吕荧教授

于 1953 年的 9 月 14 日，吕荧先生给我们讲《苏联文学史·序论》，先生第一句话，就以清晰而平静的音调说："我们知道苏联文学是社会主义的文学，在整个世界文学发展史上，也是一种新的文学。"然后他就开始深入浅出地讲课。

吕荧先生这次回校讲课的时间从我的笔记本上看，前后只有两个多月的时间，从 1953 年 9 月 14 日讲"序论"，到 11 月 30 日给我们扼要介绍了莱蒙托夫、果戈里、赫尔岑、奥斯特罗夫斯基、车尔尼雪夫斯基、杜布罗夫、涅克来索夫、托尔斯泰等作家的著作以及有关这些作家的"评传"，讲完课之后，吕荧先生再也没有给我们讲课，也是他最后一次在山大中文系课堂上讲课。后来他回到了北京，致力于美学的研究。从 1953 年 11 月 30 日给我们上的最后一节课后，我再也没有见到吕先生。吕荧先生这次回来讲课，给我印象最深的是介绍诗人普希金及他的诗体小说《叶甫盖尼·奥涅金》。吕老师是普希金的研究专家，也是诗体小说《叶甫盖尼·奥涅金》的最早译者。因而他在讲解普希金时，不论是对作家的生平介绍，还是对诗人抒情诗的评价以至对诗体小说中的主人公达吉雅娜与奥涅金的分析，他几乎都是用诗的语言来讲解的。他告诉我们"诗体小说"是诗和小说艺术的综合。普希金诗体小说"是以社会的史画，以完美的诗，击倒了俄国古典主义者。在这里，小说和诗得到了最高的艺术定义，同时《奥涅金》开辟了一条广阔的道路，将俄国文学引入伟大、丰富、壮丽的现实主义世界"。谈到普希金如何塑造人物时，先生说："普希金将奥涅金和达吉雅娜牵引在一起，借着他们的结合，普希金用真挚对照自私，用一个世界中的人性的完美对照另一个世界中的人性的残伤。"并说，"'多余人'奥涅金也曾有过对生活热烈追求的日子,他那冷淡、忧郁、苦闷、愤世、自私的个性,并不是天生的,是资本主义社会残伤了他的人性,是霉烂的上流社会腐蚀了他的身心"。可一讲到小说的主人公达吉雅娜时,先生深沉的目光里发出了激情的称颂,他以抑扬顿挫的音调说:"达吉雅娜则来自另一个世界,尽管她出身于贵族,可是乡村的生活,纯朴的民风,老乳母的故事和爱护里,使她的身上闪烁着乡村姑娘的朴实无华的灵性。李卡德森和卢骚的幻想只茂发了她的枝叶,她的真挚、忠诚、坚强是人民纯朴的根上萌发出来的性格和灵魂。"吕先生认为普希金在诗里称达吉雅娜是"我的理想""俄国的灵魂",并认为"她的可爱可超过荷马的海伦和拜伦《唐璜》中的尤丽亚"。进而又说:"普希金对于达吉雅娜的性格的长成的世界与土壤的肯定态度,正映照着他的社会思想以及他憧憬的方向。"还说:"只有憧憬着人民方向的诗人,他才能够不把达吉雅娜和奥涅金的故事写成一部恋爱小说,而是写成一部社会史诗,并且在这诗史里,奥涅金也能够不是一个多情的公子,爱情小说的主角,而是一个遭受了社会生活的残伤、不满现实而又找不到出路的人,创造了那个社会的'多余人'的典型形象。"

吕荧先生精辟而生动的讲解把我们每一个同学都带到诗体小说《奥涅金》中去。当时我们寝室的同学几乎每个人都能背诵达吉雅娜给奥涅金的信和奥涅金给达吉雅娜的信。同时对于普希金的抒情诗《致卡达雅夫》和《假如生活欺骗了你》等诗,同学们几乎人人都能背诵。记得1955年大学毕业后,我被分配到大连外专俄语系教文选课时,就将普希金的达吉雅娜致奥涅金的信作为教材给学生讲解。1983年,我要出版有关萧红的学术专著时,出版社让我先出版一本畅销书,然后用畅销书挣到的钱再给我出版学术著作。我在无奈中答应了这个要求。当时我很快想到了吕荧先生给我讲《奥涅金》时达吉雅娜用诗的语言写的激动人们心弦的情书,于是很快地编写了一本《中外文学名著情书选》,并在一家出版社出版。

…………

五、吕荧先生的学术成就

吕荧先生是位在文学评论和美学研究及翻译上都卓有成就的学者与教授。

先生读大学期间，1941年在《七月》上发表了《人的花朵》的论文后，就震惊文坛。先生是继闻一多和胡风之后，全面肯定艾青和田间是新的时代的诗人，说："他们的诗的风格的发展，正与中国新诗的发展密切地相联系着。"并指出："艾青的诗在民族灾难里所以能成为一曲高歌，具有诗的异彩，是由于诗人'在诗的世界'里，诗人以忧伤的灵魂找到了安慰与温暖，在'人的世界'里受的创伤也得到了医治，所以诗人的生命时时如火焰。"进而先生认为艾青由于他的"灵魂深藏着对土地与人民的热爱"，使他的"诗中的形象呼吸着伟大的人的爱与人的温暖。他不仅完成了感情形象的彩色的画面，而且结合着他的完整的章法与深沉的格律，获得了诗章的典雅性与音乐性，组成了淳朴的素美的诗篇"。

谈到田间的诗时，先生指出："田间是站在时代风暴的前面，他以他年轻的战斗的感情波涛一般的激动，火焰一般的燃烧，配合着他的急旋的内心情绪，配合着搏击的时代的脉搏，他创造了新的诗的形式（即马雅可夫斯基式的形式）。"这使田间的诗"凝成诗的晶体"，"本能的"走进了"诗的大路"。结论是"艾青的诗是旧风格的结合，是一朵苍劲素美的盛开的季节的花朵"，"诗人田间是新风格的创始，是一朵野生的火一般鲜红的，蓓蕾的季节的花朵"。

先生的评论，离今已有62年，可今天看来，仍令人感到恰如其分。没有任何言过其实之词，这也因先生是以两个诗人创作诗的不同的风格及其独特个性的创作成就，放在中国新诗发展的过程进行了实事求是的评论，从而使今天的艾青和田间的研究者，仍认为先生的评论是杰出的美文。继这之后，先生在解放前对鲁迅、曹禺等创作高度评价，以此来肯定新文学在中国文学史的发展中不可磨灭的地位。这在当时是除鲁迅、茅盾、冯雪峰、胡风之外，可与任何其他评论家媲美的。

在美学研究中，先生在1950年代中期参与了全国性的美学研究的争论。吕荧先生精通英文和俄文，博览古今中外有关美学方面的丛书，他根据车尔尼雪夫斯基的美学著作《生活与美学》里把美定义为"美是生活"的理论、列宁的反映论、马克思的意识论以及恩格斯的"并不是人们的社会意识决定人们的存在，恰好相反，正是人们的社会存在决定人们的意识"等原理，而得出了"美是人的社会意识，它是社会存在的反映，第二性的现象"。同时，他还认为"美是物在人的主观中的反映，是一种观念"。这也因美是生活本身的产物，美的决定者、美的标准就是生活。用通俗一点的话来说："美是主观的。"美是人们在现实生活实际中产生的，"美是人们对事物的判断与评价"。

先生就是用他以上的美学观，来和蔡仪先生的"美是典型""美是物的属性"以及朱光潜教授的"美是艺术的一种属性""美是客观与主观统一"等美学观，展开了激烈的论争，从而形成了美学界三种不同的学术观点，鼎立于美学研究的领域，推动了中国美学研究的发展。先生的"美是一种观念"的美学观，成为独树一帜的流派，流行于美学研究的学术园地里。

在翻译上的成就。先生于1944年由重庆云圃书屋出版了译作普希金的诗体小说《叶甫盖尼·奥涅金》，这是先生花了4年时间用诗的语言译成的诗体小说。一直到1996年刘湛秋先生主编"俄罗斯文学名著金库"丛书时，编者从已出版的5个不同版本的译著中挑选了先生1954年再版的《叶甫盖尼·奥涅金》。对于先生在翻译上的成就，他的挚友骆宾基曾说："吕荧有他的几本译著在，这将永远流传于后世。在社会风气中，将起着洁化的作用。它们将永远散布着芬芳。因为译作者吕荧本人就是我们民族的花朵。"

综上所述，我们可以说吕荧先生是位在学术上卓有成就的学者与教授,是位为中华人民共和国的文学事业作出多方面贡献的文艺战士,人民是不会忘记他的。

2002 年 7 月 15 日初稿于大连

9 月 10 日定稿于大连*

(节选)

---

* 据潘怡提供整理。——编者注

2004年

六亿一人
——吕荧九十岁冥诞作

何满子

我和他初识于抗战前一年的暑期里，我在上海亲戚家做客。那时他还未曾有吕荧的笔名，叫何佶，和我的一个表兄同在一位德国侨民处补习德文。那德侨就住在我亲戚家附近，因此何佶几乎每天到我亲戚家来。那时他在北大肄业，暑假中陪侍他的养母也是他的乳娘从安徽家乡到上海来住医院动手术。我亲戚家的大人都夸赞他对乳母这样尽孝道而很礼待他。有一次他来时，我正在读黎烈文翻译的法国剧本《妒误》，于是谈起了文学。我这才发现他文学修养的不凡。承他不弃，不以我这个17岁的少年为无知，彼此成了相互有吸引力的朋友，很快就熟稔了。

暑期过后他回北大读书，给我寄来了几期大学同学自办的同人小型刊物《铜驼》，里面有他的文章和他翻译的英国诗人叶芝的诗，封面上都题着"赠给小弟"，这是他学着我表哥对我的称呼。我们的通信一直继续到次年抗战开始才中断。

一九四〇年我在成都一家日报编副刊，从一位作者处得知何佶曾在成都逗留过，现已去昆明西南联大复学。我曾去信向他约稿，他没有给。我便将他描述校园生活的一封来信摘登在副刊上，把报纸寄去。他来信调侃，说我编辑没当上几天，逼稿的花样倒不少。这封信上画有一幅他拟想中的我的画像，原来他还会画几笔，我很喜欢，一直珍藏着，直到一九五五年我被逮捕时才被搜查去。

一九四四年春，我从湘桂回成都的重庆旅行，又和他重逢。我到重庆张家花园抗敌文协去找任秘书的梅林，正好他也在那。这时，我才知道在《七月》写评论艾青和田间的诗的《人的花朵》一文和翻译卢卡契的论文《叙述与描写》的吕荧就是他。吕荧是第一个将现代马克思主义的现实主义卓越的理论家卢卡契介绍给中国读者的人，这标志着他的美学、文艺学的成熟。他当时在他夫人的家乡涪陵教中学，正在翻译普希金的长诗《欧根·奥尼金》，经常到重庆活动，我直到抗战结束后才得到他寄赠的译本。抗战胜利后我正准备复员东下时，接到他的信，说将去贵州大学任教，我写信为他介绍时在贵阳任省艺术馆馆长的马思聪相识，后来他回信说，马思聪见了，可是见面就成了送行，马回广东去了。

解放后的最后一次相逢也很突兀。一九五二年春天的一个晚上，夜已很深，快十一点了，我寓所的花园栅门外忽然有人大喊我的名字，我赶下来一看，竟是吕荧。原来他在青岛山东大学任中文系主任，为几个刺儿头学生所纠缠，一气就到了上海。经过梅林找到我，梅林已将他安顿下来。吕荧这人的"不识时务"在那次表现得十分突出，因为贾植芳和我都在震旦大学教书，他竟也想到震旦来任教，完全不懂得解放后人事任职制度，哪有这么随便！结果还是新文艺出版社任副总编的梅林安排，让他翻译了几本苏联文艺理论的册子，混了几个月，秋后便被冯雪峰约到北京的人民文学出版社去了。那短暂的一段会晤是我和他最后的来往。

从俞鸿模那里得知吕荧在大会上为胡风申辩的事后，我毫不怀疑地认定吕荧已被打入此案，估计关在狱中。哪知大谬不然，一九五八年我被发配在宁夏时，一天惊喜地在《人民日报》上发现了吕荧和朱光潜、蔡仪等人争论美学问题的论文。刊登他文章的同时，报上有一则"编者按"，大意是吕荧曾受胡风思想影响（想必是暗指他为胡辩白之举），但经查没有反革命联系，现在欢迎他参加讨论，云云。分明是为他平了反。

此后就不再有吕荧的消息，直到一九八〇年我在安徽全椒吴敬梓的家乡参加《儒林外史》讨论会,才从吕荧家乡天长县的一个文学青年那里得知吕荧在"文革"中被造反派打成"现行反革命",在劳改农场被摧残而死了。这位青年没有诉说详情,其实也无须问,一切都可以想见,像他这样在大会上敢于当众唱反调的人,也决不会在"文革"造反派面前低头,于是玉碎。

同年我在北京有心寻访了几位一九五五年五月二十五日参加那次大会的熟人,探得了当时吕荧发难的具体情况。我认为很有必要将所听到的那一幕记录下来。参加过那个会的人如今还有健在的,希望能作为目击者进行补充或修正。

当大会主席控诉了胡风"反革命"的"滔天罪行",要求大会通过决议,把胡风驱逐出文联和作协队伍,并要求政府对胡风严厉惩办时,台下全体鼓掌,怒斥之声不绝。吕荧急匆匆地跑上主席台,对主席台上的几位主持者轻轻说了句什么话,走到台前,拿起话筒,文文静静地说:"我说两句,胡风的错误,是不该发表舒芜的错误文章。这是理论问题,思想问题,胡风不是反革命……"

全场都愣了。有几秒钟死一般的沉寂。突然,一个人奋步上台,说时迟,那时快,赶过去夺下了吕荧手中的话筒,把吕荧揪住,连拖带搡地拉下了主席台。会场一片鼓噪,为那人助威,喊叫"轰下去!"也有嘘声。好几分钟后会场才归于正常。

那么,吕荧的发言刚开了一个头就给扼杀了,但主题已经亮出。

…………

吕荧真命苦,少年丧母,中年颠沛,临了惨死。但不仅有著译使他不朽,一九五五年那次石破天惊的大会上的抗辩将更使他不朽!

六亿一人!

2004年8月挥汗写下

(节选,原载《文学自由谈》2004年第5期)

2004 年

铁骨金声　巍巍其人
——吕荧先生逝世三十五周年祭

赵淮青

青岛岁月

吕荧先生是中国近代文坛上一位享有很高声誉的文艺理论家、美学家、翻译家。1950年初秋，著名作家王统照先生奉调辞别位于青岛的山东大学，前往济南出任山东省文联主席。接替他担任文史系主任的是刚从大连来的吕荧先生，当王先生在他主持的欢迎大会上，热情地向大家介绍吕荧教授时，同学们都非常兴奋，半是对王先生的惜别，半是对吕先生的敬仰，有的同学开玩笑说："真是鱼与熊掌不可得兼也！"

我与吕荧先生真正近距离地接触，是次年春天，文史系分成中文、历史两系，他为中文系讲授"文艺学"。记得那天，吕先生穿了一身深灰色凡尔丁中山装，面庞清癯、白皙，戴一副深褐色近视眼镜，让人一看就想起瞿秋白的容貌来。他显得有点羸弱，春暖时节，那双黑色高筒布棉鞋还未能脱下来。他微微颔首向大家致意，并不开口，转身在黑板上写下"文艺学"三个大字，苍劲有力。第一节课似乎讲了一些学习注意事项之类，诸如要记好课堂笔记等，别的内容我就记不得了。

然而几堂课下来，同学们发现，吕先生讲课实在非同寻常，内容丰富，条理井然，分析透彻，见解精辟，他有自己的理论系统，有扎实的文史哲功底，且能深入浅出地表达，教学水平堪称一流。同学们还发现，这位先生讲课不苟言笑，庄重沉稳，自有一种风度翩翩的动人处。

消息很快传开了。文学院的历史系、外文系的学生也来听课，教室内外人挤得满满当当，只好迁到理学院一个大教室去上课。

课外的吕先生也显露出自己与众不同的性格特征。记得他刚到山大的那年冬天，我与几位同学到青岛郊区的李村参加土地改革。吕先生在课余也偶尔参加一些土改活动。看来面对这样大的历史变革，他是欢迎的、兴奋的；但对斗争地主一些过火的行为，情绪似乎又有点抵牾。一天，空中飘着雪花，吕先生披一件棉布大衣，来参加批斗大会。当他看到几个中年妇女扑向跪在地上的地主，用脱下的鞋底劈头盖脸地打，嘴里还骂着不堪入耳的粗野的话时，他便退到围观群众的后头，较早地离开了会场。

1951年，批判电影《武训传》的运动，在全国轰轰烈烈地展开。吕先生对此也有自己的看法。曾对去看望他的同学们说，武训也是你们山东的一个圣人，他办义学错在哪里？没有钱，到处募捐甚至乞讨，正表现了他对办学的坚韧执着，怎么成了罪人呢？我的老乡冯玉祥就崇拜武训，步他的后尘办义学……而吕荧先生当时所持的态度，正表现了他的特立独行的性格。

那年盛夏，青年团山东省委在青岛举办海滨夏令营，参加者为全省大中学生代表，我也有幸忝列其内。一天傍晚，吕先生托人把我找去。当我走进地处海滨金口二路他的家，推开门，浓浓的烟草味混合着中药味扑面而来，桌上摆着凌乱的报章杂志，还有一大摞文章底稿，壁下全是书，多是外文版。另一间房子有两个小女孩，大的七八岁，小的四五岁，由阿姨看着。吕先生几年前已与妻子分居，过着单身生活。

吕先生让我来，是征求我的意见。他告诉我，海滨夏令营要请他去讲现代文学。他不太知道听讲人的具体情况，应该讲些什么呢？我根据自己了解的情况对他说：这些学生大多来自农村和小城市，文化程度参差不齐；大学生中也有不少是学理、工科或农、医科的，讲的内容不宜太深太专……他凝神听我说，不时点头。

先生喜怒不形于色，威仪俨然，使我觉得有些拘束，正准备告辞时，他的话头突然转了。他大概知道我是系学生会的一名"干部"，问起了同学们参加土地改革、抗美援朝（报名参加军干校）、思想改造、下乡进厂等活动的情况，然后对有关问题发表了意见。他说："学校组织你们参加一些政治活动和社会活动，要你们向社会学习，这是好的，但是，你们好不容易踏进大学这个门槛，主要任务应该是读书。要珍惜时间啊！我曾对系党支部的同志说过，我们是正规大学，不是政治训练班，学生参加社会活动固然重要，但不要影响更不能代替本科功课的学习。"记得他还向我解释，感性知识毕竟有它的个别性，历史上流传下来的书本知识才是人类智慧的结晶，比起实际来，是一种更全面、更普遍、更深刻的知识……

第一次听到有人对我说这样一些话，我感到很新鲜，觉得持之有故，言之有理。那时高等学校院系已调整过，位于济南的华东革命大学和齐鲁大学文学院合并到山东大学来。从吕先生的话里我听出，他对华大有些领导的"左"的做法是有看法的，据说他对来自华大的系领导还说过："我们可不能误人子弟啊！"

我与吕先生的接触不多，但已经觉察到，他虽话少，却很精辟，很尖锐，才情学识不同一般。我还感到，先生待人处事耿介不屈，爱憎分明。乍一接近，似乎内向深沉，实际上热情诚恳，率真坦荡，不论怎么忙碌劳累，他从不拒绝学生前往讨教，可谓诲人不倦，慷慨无私。

独一无二的运动

也就在那年冬天，山东大学爆发了一场全国独一无二的运动。1951年11月出版的中国作家协会主办的刊物《文艺报》，刊登了一篇"读者来信"，署名张祺，题目是《离开毛主席的文艺思想是无法进行文艺教学的》。文章内容主要是"揭露"吕荧在文艺学教学中，不重视《在延安文艺座谈会上的讲话》的指导作用，看不起来自解放区的新文学作品，盲目崇拜西欧和俄罗斯名著，等等。

张祺是一名资料员，他并没有听过吕先生的课。这封"读者来信"刊载于中共权威刊物，在山东大学自然引起了轩然大波。系党支部书记积极到各班进行动员，要求同学们写小字报，开小组讨论会，为召开全系批判大会作准备。他甚至在一个班上说：谁不参加批判吕荧，是对党的号召的态度问题，党团员是要受到批评甚至受到严厉处分的。但是系里绝大多数同学对此却有不同看法，有的同学出于气愤，将那期《文艺报》撕得粉碎，有些同学联名写信给《文艺报》，指出张祺的信纯属道听途说，捕风捉影，断章取义，片面歪曲，要求澄清事实。那些日子，整个系里的空气相当紧张，但吕先生拒绝作出任何检讨，他说，他无错可认，他要对自己负责，也要对学生和读者负责。

在学校大礼堂召开的批判吕荧的大会上，尽管华岗校长不赞成在会场的横标上出现"批判"二字，最后写成了"文艺学教学思想讨论会"，但这个会的发言人言辞相当尖锐激烈。我坐在会场的后几排，思绪纷纭，想起吕先生几次讲的"取法乎上，仅得乎中；取法乎中，仅得乎下"，这难道也错了吗？看看坐在左前方的吕荧先生，却挺直腰板，岿然不动。他曾想登台驳斥，被人挡住。

几天后，吕荧把两个孩子交给保姆照看，自己去了上海，住在朋友何满子家。在此期间，他曾接到华岗校长来信，殷切希望他返回山大继续做教学和研究工作，吕荧复信婉言拒绝。不久，他应北京的人民文学出版社之聘，到出版社担任特约翻译去了。吕荧先生这种宁折不弯的性格，是我平生所仅见。

如今，时间过去了50多年，当我再来回顾山大中文系那场独有的"左"式运动时，心情依然沉重。吕荧先生讲授文艺学，即文艺理论和文学创作的基本知识，时当解放初期，绝大多数大学的文学教坛都还刚刚开始接触马克思主义，而吕先生对马克思主义文艺学已经有了相当深入系统的研究。在教学中，他用新的文艺观点来分析讲解他自己对中外文学精品的研究成果，这在当时应该说是难能可贵的。然而世事不公，回报他的竟是一场大批判。这真让人啼笑皆非，不可理喻。而更让人遗憾可惜的是，我们的"文艺学"课程由此夭折，并永远失去了一位多才多艺、学识渊博的好老师。

吕荧在从上海前往北京赴任的路上，绕道青岛探望两个孩子。有一天，我在系图书馆门前与他相遇，虽匆匆一晤，却留下深刻的印象。记得他穿一件白衬衫，没有寒暄，也没有笑容，劈头就问我："听说你们参加了市里工商界的五反运动，去了多长时间？"我说："一个半月吧。"他立时表现出惊讶，说道："那不打乱了学习计划吗？"看来，"大学不是政治训练班"的想法仍在他心中盘旋。他还说："这几年，你们哪门功课从头到尾地学完了？系里这么多有名望的先生，却不能好好向他们学习，多可惜呀！"看来他虽已离任，还在关怀着同学们的学习。听着他的这些议论，我心中隐隐感受到，先生似乎在为现实社会中存在的某些问题忧虑。随着时间的推移，特别是"文革"之后，我更加意识到，在那个时候，"读书无用论"已经初露端倪，文化园地已经开始沙化，而吕先生，凭着他超人的敏感与远见，不是开了批判"读书无用论""知识越多越反动"这些谬论的先河吗！

这是我见到吕荧先生的最后一面，一年多之后，我便到了大西北，从此云泥相隔，音问断绝。而他那时而深思时而激动的声音容貌，却永远铭刻在我的心中，定格在我的眼前。

当年在山东大学，吕荧先生的为人和治学精神，都曾为广大师生所称道。他是安徽天长县人，原名何佶，1935年考入北京大学历史系。在校时积极参加一二·九学生运动，加入"民族解放先锋队"，曾创办进步期刊《浪花》，开始接触马克思主义，同时受到北大"自由的思想，独立的人格"的校风的熏陶。抗日战争爆发,当他正要与作家罗烽结伴去延安时,途中忽然患病,改去四川疗养。1939年在昆明西南联大复学,兼攻历史、文学、哲学和外文。1941年毕业后,到四川涪陵等地教中学,经常往来重庆,与进步作家、文艺理论家冯雪峰、胡风、聂绀弩、邵荃麟、骆宾基等交往甚密。同时埋头读书,刻苦著述,出版文学论文集《人的花朵》(评论鲁迅、曹禺、艾青、田间等人的作品)、《文学的倾向》,翻译了普希金的诗体小说《叶甫盖尼·奥涅金》,奠定了左翼文学评论家、翻译家的地位。吕荧知识广博,文章有创见,意境涵泳,有文采,学识与品才俱备,在抗日大后方的文艺界颇有名望,嗣后他去贵州大学、台湾师范大学任教。为迎接全国解放,1949年4月,经香港去北平,出席第一次全国文代会。那年10月,他到大连去开展工人文艺运动,辅导工人文学创作,出版《关于工人文艺》论文集。

吕荧先生离开这个世界已经35年了,他一生正直,光明磊落,侠气贯胸,而又历尽劫波,命运多蹇。他没有坟墓,更没有碑碣,但他的浩然正气,他的辉煌事业,他的光风霁月的人格魅力,将永留在天地之间。

(节选,原载《炎黄春秋》2004年第6期)

2005 年

洁白的羽毛

桂向明

一

有一个人我至今不敢面对！

他就是从你我记忆里开始淡出的美学家吕荧。

二

我特别钦佩吕荧无与伦比的道德勇气，那是"梦幻的波荡和意识的惊跳"（波特莱尔），一种义薄云天的惊世之举。

三

1955 年 5 月 25 日，在声讨胡风罪行的大会上，已经有不少代表发言，他们异口同声地重复着报上的语言，要求严惩"反革命分子"胡风。这时吕荧走上台去，对着话筒平静地说："胡风不是政治问题，是认识问题，不能说他是反……"话未说完，会场一阵喧哗，人们轰他下台。

四

而在类似场合，我曾经是一名喧哗者。是的，我可以用虔诚掩饰软弱，用孔夫子的"吾从众"为自己辩解……

但我无法对视吕荧，一个俯仰无愧的汉子。

五

吕荧并不觉得自己的举动有什么异常，相反，他像做了错事的孩子，急于向胡风夫人梅志表白："我只是说明胡先生不该发表舒芜的错误文章，但这不是政治问题，是认识问题，不能说他是反……我还没有说完，周围就有一群人喊起了口号，嘘我下台。我还想申辩几句，这时候跳上一个人，是我认识的一位诗人和理论家。他一把抓住我就往下拽，我真怕他会一口吞了我呢！我今天来看你，是想向你说明白，你千万不要误解，我没有说胡先生的坏话，我是被强力赶下台的。"

在特殊年代，没有说胡先生坏话的人太少太少。

六

原来一个人能够活得如此高贵、硬气和有斤两。

七

然而，这样一个手无缚鸡之力的文弱书生竟被说成"持刀杀人"，影响社会治安，押去强制劳改。

事实是，在和人争吵时，他拿着削水果的小刀比划了一下。

八

去劳改了，他还带上英文版的《莎士比亚十四行诗》、一台打字机和几包蜡烛（他的执着和天真同样令人感动）。

后来他惨死在劳改队，时间是1969年3月5日。

友人清理遗物，只有一只破网篮和一床旧棉絮。

九

一位诗人坦言："我不需要什么旗帜，我只要这一根洁白的羽毛就够了。"

吕荧拥有一根洁白的羽毛。

[原载《美文（上半月）》2005年第1期]

2005年

吕荧的历史悲剧
—— 众说吕荧

闻 敏

胡风(1983年12月18日,北京,因病口齿不清,在梅志的协助下):吕荧的一生是诗人的一生,与现实隔离,他非常之善良。 没有"文革",他也已经神经错乱了。 我与吕荧初次相见是抗战爆发后,在武汉。 最早是在抗战前,我在上海编《工作与学习丛刊》,他是北大学生。 他作为一个评论家,有相当的敏感,对艺术特点是能理解的。 吕荧看出《工作与学习丛刊》是我编的……可以算是知己。 我们之间的友谊从那时就开始了。 他的诗没发表过,他的诗写得并不成功。 吕荧在西南联大读书的时候,继续学俄文,与汝龙同学。 他开始翻译《欧根·奥涅金》。 1942年,我回到桂林,我们曾通信,他自己出钱,在重庆出版了评论集《人的花朵》,把我所写的对于他的文章的评论也放了进去。 1943年我从桂林回到重庆,不久,他又自费出版了他的译著《欧根·奥涅金》。 1945年2月,他的第一本论文集《人的花朵》作为"七月文丛"之四,由重庆大星出版社再版,那是由我主编的。 在这本文集里,他把田间和艾青并列,对此艾青有些不高兴,似乎降低了艾青。 实际上,他是从他们的艺术的发展前景着眼的。 从当时的情况看,艾青在形式上是完成了的,田间是没有完成的。 他在文章里,是就他们之间的相同之处来写的。 他后来写的评论,经我介绍,发表在《抗战文艺》上。 他在文章中批评了杨晦,引起了杨晦的反感,杨晦把这种反感转移到我头上来了。我们的评论家很少啊! 有几个人过去曾写过评论,写了少数几篇就改行不写了,有的死去了。 吕荧很努力,有理解,有追求,又懂外语,很早就译了卢卡契的《叙述与描写》……吕荧不自私,不骗人,总是按着自己的认识去做、去写……

解放后,他到大连去了。 这时,我们曾帮他在上海又再版了他的译著《欧根·奥涅金》,并且将书给他寄到大连去了。 希望他在生活上能够得到一点补充吧! 他到青岛教书后,《文艺报》上批评他,其实他不是那个样子,他是真正要学马列主义的。 徐放到山东时,曾与他谈到马克思主义文艺学的问题,感到他在这方面很自信:觉得除了我与冯雪峰,就算他了……离开山东大学之后,他到上海,住在四川路孔令境家。 回到北京后,到人民文学出版社搞翻译……

罗烽(1983年3月,北京):1937年,我从哈尔滨日本宪兵队的魔掌里"假释"出狱后,逃亡上海,正赶上"八·一三"沪战爆发。 上海中共地下党有组织地撤退,我的去向是晋西北,奔朱老总领导的八路军办事处。 不料,在南京我失去了党的关系,就只好先去武汉了。 9月里的一天,在南京的一处南下流亡学生的集居点,从墙报上我读到了一首内容和格调上都很容易使人联想起艾青的《大堰河——我的保姆》的长诗,我很喜欢它,并由此结识了这诗的作者——何佶("何佶"是吕荧的原名)。他告诉我:南下后,回了趟老家安徽天长,筹措了一点儿路费。 接着,又悄悄地向我透露说:如果能去延安,就不准备再往南跑了……我答应带他同去。 几天后,我们先到武汉。 见他行李单薄、钱也不多,就邀他一同住在我的外祖母家里。 入冬以后,我们俩先去西安,找到八路军办事处,向李初梨提出了赴延安的要求,得到的答复是肯定的。 但是,临行前他不知怎么又得到通知说:"延安暂不进人。"我问何佶:愿不愿意同去晋西北八路军办事处再想想办法,他不假思索地答说愿意。 于是,我们又一同乘冰排过黄河。过了黄河，我们到临汾。城里仅有一条小街，那涌动着的人流中多半是"临大"（民族革命大学）的学生。他们从各地逃亡到这里，入了学，还没正式上课。我和何佶暂时住在李昌领导的"民先"总部。那是一座大庙，泥土地上垫了几把谷草，没有盖的，就那么囫囵身儿睡。李昌很希望我们能协助扩大文工队，对这项工作何佶相当热衷，并立即行动起来了。这期间，我一个人去了趟刘村，联系赴八路军办事处的事儿。不巧，在那里主持工作的李雪峰回总部了。我不能久等：临汾还有个何佶呢！一连两次碰钉子，我相当恼火，但不敢对何佶流露：他比我小不少，一心投奔革命，怕伤了他的心。待我回去一看，他正兴致勃勃地帮着干工作呢！很愿意为李昌他们写些东西。可是，我们到临汾不是目的，只是一种过渡。离开武汉快一个月了，盘费所剩无几，衣物也不够用，于是，我提议先回武汉再说，何佶赞成。就这样，他又随我返回武汉，住在我外祖母家里。印象里，当时的何佶一副大学生的样子，很能吃苦，受了挫折也不灰心，总相信还是能想出办法来的……

回武汉后，我、白朗、吕荧，还有聂绀弩、丽尼，稍后，舒群、杨朔也加入进来了，一道办起了一个小小的刊物，名曰《哨岗》。吕荧写了一首热情洋溢的长诗，准备给它发表。可惜，这刊物只出了两期，就被国民党新闻审查委员会封杀了。这个时期，我发现吕荧非常喜欢读鲁迅的书。

相隔十一年之久，我和吕荧在第一届全国文学艺术界代表大会上又重逢了。听说他的身体一直不大好，但看起来并不老，精神也很振奋……有一桩事弄得他很不愉快，那就是会议临近结束分配工作时，如何安排刚从海外归来的人士似乎成了难题。不记得是在怎样一种情况下我得知了吕荧的去向还没有着落，仿佛吕荧曾流露过如果分配不了，他宁愿做一名职业的文艺工作者：既不当官，也不上任……我听了心里很难过，我了解吕荧的为人和他内心的追求，我也知道他有时很孤僻，不善于人际交往，但以他那样的年纪在文艺上所显示的才华、所做出的业绩，是难能可贵的。这样的人才本该是大家抢着要的，可是……我不愿意让吕荧伤心，而且我也相信他除了迷恋写作和翻译外，还能做些其他的与文艺有关的工作，于是，我自愿地将他"认"了下来。1947年我患了严重的脑病，中宣部把我送到大连治疗。原来在西北局共过事的杨青此时正在大连主持工作，他让我一面治病，一面协助工作。这是一项难度很大的工作。我参加首届文代会就是从大连出发的。文代会结束后，吕荧跟我一起回到大连。我是旅大区党委和文委的负责人，吕荧是新成立起来的关东文艺家协会的负责人之一。他和同事们相处得很融洽，生活上不挑剔，从不发空论，是个实打实凿干工作的人。吕荧体弱畏寒，天都热了，还穿着一双老棉鞋呢！那时他身边还拖着两个小女儿……我常常看到他的书桌子上摊着大字典，知道他一有空就埋头搞翻译。我先前就知道吕荧对美学有兴趣，事实上他在这方面的思考和研究从未间断。大连海滨有许多好玩儿的地方，但我从未见他去过。有一件事印象很深。当时分派他去抓工人文艺运动，我他谈这事儿之前我是有顾虑的，因为他看起来完全是个"秀才"，半生中没有做过这方面的工作，更缺少从事群众运动的经验，可以说，他除了研究、翻译、写作之外，很少接触外界事物，恐怕对人们的思想感情也理解得不多……他会愿意承担这项工作吗？万一和工人们搞得不大团结，将来会很啰唆……出乎我意料的是，对于这种分派，吕荧竟欣然接受。没多久，为了筹备东北首届文代会，大区成立文化部，我又被调回沈阳了，听大连文协的人们说，自打接受了那项工作后，吕荧经常下厂，去观看工人们自编自演的节目，组织工人业余文艺创作组，开座谈会，写评论文章，还多方面考察工人群众的文娱生活。看来他还真是切切实实、诚心诚意地做了许多他所不熟悉的工作的。日后，文艺界的老朋友们看到吕荧出版了《关于工人文艺》，都不禁惊讶地说："像他那样的人，竟能搞出这么一本书，不可思议！"我也觉得很不简单，但又觉得这对吕荧来说并不奇怪。

孙思白（1983年12月，北京）：吕荧是1935年考入北大历史系的。我比他高一班。他在东斋，我在西斋（马神庙）。当时，认识是认识，但接触不多。印象中，他个儿高，风度翩翩。听过他在学生集会上的发言，语言很清晰，思想是倾向进步的。12月16日，学生代表南下请愿，北平各大学学生发动总罢课。北大贴出布告，限学生复课，并组织学生上课。校长蒋梦麟、文学院院长胡适、法学院院长周炳麟，在马神庙校门口让大家来上课。学生纠察队阻止人们去上课，有谁挎着包儿来上课了，就会对骂起来。这时，吕荧挎了个包儿走过来了。蒋梦麟以为是来上课的，便上前拉他（笑），他说："我哪儿是来上课的？是进去洗澡的！"这个小插曲给蒋梦麟一个难堪。七七事变以后，我不清楚吕荧是怎么逃亡的，我是去山东打游击了。1940年，我回到昆明西南联大复学读历史系，他也在那儿。这时我们俩同年级，又住一间宿舍，同年级的老同学一共四个。1940—1941年，联大学生运动中有一个中共外围组织，叫"群社"，它的秘密核心是"社会科学研究会"。支持"群社"的，全是北平时代的老"民先"队员。这个时期的"学运"和在北平时不一样了，因为已经抗战了，而且是与三青团对立着了。吕荧是否参加过以"群社"名义出现的活动，我记不太清了。总的印象是他这时是埋头读书了，但还是我们"左"派学生的一份力量。比如竞选中，与"三青团"斗争，作估计时，我们总是把他划在我们一边儿的。这时候，一般的群众性的活动他已经不参加了。在这个问题上，我过去的看法有错误，特别是后来他刚出问题的时候，认为他从联大时期起，革命热情衰退了，已经钻到书堆里去了。今天看，正确的说法应该是：他找到了另一条路了。我应该纠正自己原来的看法。当时，我还是继续轰轰烈烈地搞"学运"，他却一概不参加。竞选之后，活动分子们为了准备新年庆祝晚会忙得睡不成觉，他却一个人在灯下埋头读书。我曾说他这时"又回到书斋里去了"。但总的说，他这时并没有走到反面去。吕荧既聪明又刻苦，学业成绩优异，这是我到联大后才知道的。他写写文章，历史系的功课也是很好的。那时，联大免费为学生们开俄语课，每周 10—12 节，吕荧可没有放过这个学外语的好机会。埋头读书，走自己的路，这也未尝不是一条路，鲁迅一生中也有过这么一段。过去我的看法有些片面。

还要说说他的性格。有几个同学对他很不满意而且印象很深。联大宿舍是双层床，一个屋二三十个人，一张条桌四个人用。吕荧用一会儿功要活动活动，调剂一下精神，主动挑战，和别人掰腕子，玩儿够了，马上又回去用功了。谁再向他挑战，他就会一下子翻脸……

他的爱情生活，他与潘俊德的结合，一直到 1941 年毕业前不久才定下来。这以前吕荧曾有意去追另一位女同学。潘俊德与我是在北平读高中时的老同学。1941 年夏，毕业前的一两个月，我才发现吕与潘的关系，据潘说，曾一度中断，后来又接上了。毕业前面临着谋职，西南联大师范学院附中在昆明是"天字第一号"的中学，大家的眼睛都盯着这个地方，北大去的四个，老清华的一两个，还有其他的联大同学，有五六十人。北大来的系主任姚某把吕荧找去了，他对吕的印象很深。吕荧对他说："我不能去，因为我们的一位老同学很想去。"吕回来告诉我："老孙呀，那个位子空出来了，我已经表示不去了，你快去找他吧！"我当时生姚某的气了，所以回说："坚决不去！"姚某听说后，就把这事儿推给清华来的系主任雷某去办了。雷某不好意思推荐清华来的同学，就又把吕荧找去了，说："孙思白不去，何偌，那还是你去吧！"吕荧仍说不去。雷某找我，我去了，说："雷先生，谢谢您，既然姚先生推荐了何偌，我就不去了！"尽管如此，对吕荧，我至今还十分感念他的那份情谊。吕荧离开联大后，先是去了昆明的车家壁中学，在那里一面教书，一面翻译《欧根·奥涅金》。不久，他和潘俊德一同入川，先去丰都适存女中，后来又转到涪陵中学。涪陵是潘的故乡，在那里，他们就寄居在她的娘家，无论在哪儿，吕荧都是以教书为生，主要是从事他的文学事业。1944 年，我到重庆，受八路军办事处的委托，任人生出版社经理，出版邵荃麟主编的《文艺杂志》。这个出版社占一栋小洋楼。有时，吕荧到重庆，如果不去张家花园中华全国文艺界抗敌协会借宿，就住在我那儿。这时，吕荧和大后方抗战文艺界保持着密切联系，经胡风介绍，结识了冯雪峰和邵荃麟等人。他已经小有名气，《文艺杂志》上不断有他的文章发表。有人说，大后方文艺批评家有两人，一是胡风，一是吕荧，对这种说法我当时没有在意。抗战胜利后，1945年的夏秋之交，原来在北大时的老同学王德昭到重庆为贵州大学拉教员。吕荧接受了他的邀请，并决定立即动身。当时，潘俊德还在涪陵教书，正怀着孕。我陪王、吕二人到长江南岸的海棠溪，在一家简陋的旅店小楼上，三个老同学听着淅淅沥沥的雨声，谈了一整夜，第二天一早，我把他们送到车站后，过江回到出版社一看，潘俊德坐在我房里！她说昨晚就到了，在出版社住了一宿，又说想去追吕荧，不知道能不能赶得上。我说：交通车大概还走不了，因为昨晚下了一夜的雨……不过，要追就得马上动身。于是，我又陪她冒着大雨过江，潘摔了一跤，赶到那儿，果然他们还在等车呢！潘一见吕，就哭了起来，埋怨他怎么不回家一趟，当时，吕荧的态度不太好。我和王躲开了，吕也要走开，潘大哭，我们拉住吕，让他好好安慰安慰。吕说了几句安慰的话，就上车走了……潘俊德没有立刻返回涪陵，我和另一位老同学刘忠远（四川人，与潘很熟，都是"群社"的）陪她玩了两三天。提起家中事，潘流下了眼泪，可是说着说着又笑了。她对吕荧是又爱又怨，说他一心做学问，家庭要为他做牺牲；她要做家务，还要教书，他不体谅她……还说她佩服吕荧的学问、成就和为人的正直。刘忠远这人也很妙，他曾在中央大学研究哲学。潘回去后来了一信，刘写了封回信，拿给我看，我越看越憋不住笑，他说："哈，老孙，这样的信你是写不出来的！你看，怎么样？……'小潘，你与吕的结合，我们在背后是不赞同的，当时，我们没法阻止你。我们预见到你们的家庭生活不会太美满，吕在联大老同学中是可敬而不可爱的；孙（思白）是可爱而不可敬的；唯有小董（联大同学，负责联大壁报，有"革命才子"之称）这个人，才是可爱而又可敬的。'……"潘俊德后来说："吕荧是个可爱的同志，却不是个可爱的丈夫。"

关于吕荧在山东大学的那一段，情况是这样的：解放前王统照就在山大，后来离开了。一开始我们都属于中文系，历史系尚未独立出来。邀请吕荧，王统照和罗竹风、华岗的意见一致。我没有为此事去大连。大概王和吕曾在北京相遇，我给吕往大连去过信，起过一点儿"劝驾"的作用。那时我一面教书，一面兼任校长办公室副主任。吕荧在贵大时是副教授，"山大给我'教授'，我就去！"他说。我劝他："身外浮名，你何必在乎那个呢！"他带着两个小女儿到青岛来了，一开始就是教授，当系主任还晚一点儿。他身体很坏，青岛春寒秋热，大热天穿棉鞋，说怕寒气从脚底进来，一到树荫下就加上毛衣，一到太阳地儿又脱下……1950年冬，山东大学与华东大学合并。吕荧的文艺学课很受欢迎，人们对他很佩服。他口才好，讲得清楚，旁征博引……他对我说过："山大毕竟是一所正规大学。"没多久，运动来了，先是知识分子思想改造。华东大学的人对他看不惯，张祺是个助教，当时给《文艺报》写了篇文章，批判他脱离毛泽东思想轨道。吕荧不服。副教务长罗竹风这时已经走了，另一位副教务长希望吕荧承认错误，吕荧无论如何都不承认。我受学校委托，去做吕荧的工作，对他说："写点儿检查吧！"他坚决不肯，说："我没错啊！将来我把那本《文艺学》写出来，就明白了！"他很傲气的，华岗、余修都不在话下，谈了几次就是不写，不肯写就下不了台，后来总算答应给《新山大》（每周一期）写一两百字，表个态，送来了又拿回去改，就像他平时修改文章似的，最终没再送来……他害怕落下话柄，很谨慎的！记得有一天，我在他那儿，李希凡、蓝翎，还有几个女同学站在一旁，他们说："吕主任，听说您想走，无论如何不要走……"话还没说完呢，他站了起来，说："你们不懂，我教给你们的是真正的马列主义文艺学！……"他把那几个人轰走了。事情僵了，只好由华岗亲自出面。中文系在大教室里召开批评吕荧的会，请吕荧本人去听，最后由华岗唱压轴戏。华岗的威信高，又很会讲话。那次会我没在场，听人说，华岗的话还没讲完，吕荧就拂袖而去。事后他对我说："岂有此理！我要走，山大不能待！"有人告诉我，其实那华岗讲得很婉转、很客气，他说：苏联十月革命前，有些知识分子把共产主义想得很美好，等到真正的革命到来了，就觉得不那么美好了……吕荧听不进去。他说："老孙呀，我得走！"我说："干嘛走哇？这是很小的事儿，那些知名的教授不都在那写检查吗？"吕荧还在为自己的教学辩解，说："《李有才板话》……解放区文艺，我没看，中国只有一个典型，就是阿Q！"吕荧的看法是很偏颇的，他对中国的东西知道的不多，中国古典文学的功力不够，文言文的基础也不够，偏重西方。他后来又说："要不，这样，我干脆装病，躺到山大医院去，我本来就有肺病……"有一次，在他那儿，他拍桌子，说恨不得马上就走。他最后几乎是不辞而去了，两个孩子都没带，一个人到上海，成了无业游民。我那时经常往天津写信，把两个孩子的情况告诉潘俊德，有时借出差的机会去看她，当面说给她听。我劝过吕荧："还是和潘和好吧！"他坚决不同意，说他之所以把孩子放在身边，就是为了便于潘重新解决婚姻问题。两个孩子跟着他也没少受苦：常挨打，他脾气不好，不是不心疼她们。1954年暑假，他回山大来了，什么也没带，我有两个屋，他住在我那儿。他说："为什么必须参加工作呢？"华岗爱才，还挽留他，他先是答应了，华岗作报告，他也坐下来听了，可是，后来又不告而别了。

吕荧在文艺上有成就，马列的书也读了不少，自视比较高，一谈到文艺，华岗、余修都不如他懂。他对共产党对内对外的政策不理解，他的思想发展与新社会所要求的政治情调不协调。记得有一次我们俩在海边散步，那时正是抗美援朝初期，他说："咱们刚建国，怎么能跟美国打呢？"后来，在板门店谈判了，他很振奋，说："真不简单！"这都是他的书生之见。他究竟没在解放区工作过，对整风、批评与自我批评这套武器不熟不懂，却说："我是真正的马列主义者！"

1954年冬，我到北京，住在北京图书馆。参加对胡适的批判，曾去人民文学出版社旧楼看望吕荧，小屋里满地是书，我说："你的生活怎么搞成这样？"他说："你回去可别说啊！"正说着话，王士菁来找他，我看他对答还比较正常。

1955年反胡风运动中，山大所有与他有关的人都不同程度地受到了牵连。系里开会时，我说了自己对吕荧的了解和认识，从当年的北平到西南联大时期，结论是：他从投入熔炉又退回了书斋，总的说来是小资产阶级情调。这次发言后，我没看报，接着又去参加文理学院召开的大会。走进去，讲的还不外是这一套。结果，我一走，人们纷纷批判。原来，《人民日报》刚刚公布的《关于胡风反革命集团的第三批材料》里，已经点了吕荧的名，说他是该集团中的成员，一个反革命分子。一位朋友对我说："思白，你怎么搞的？"我赶紧找报纸看了，按报上的调子做了检查……后来，有人来调查吕荧的情况，因为牵扯到胡风了，大家都很害怕。那时，上面也曾经向潘俊德做过调查，她说吕荧这个人不是反革命，还说了不少好话。我自己近似同意潘的意见。1957年我来到北京，当年12月，看到《人民日报》上发表的吕荧的美学论文和编者按语，知道他的问题不大了，但我一直没有去看望他。1960年冬天，在东安市场，我偶然间碰见了吕荧。他正蹲着看柜台里的东西呢，见到我，惊异地说："哟！你什么时候来的？"我没敢说已经来了四年了，只是含糊地回答说："刚来，办点儿事儿……"我们走进和平餐厅，到楼上刚一坐下，他就开始胡说八道起来……出了那餐厅，我们一道走着，他越说越离奇了，简直不知所云，我想制止他，便问："胡风的问题算是过去了吧？""我有什么问题呀？你这混蛋！"我们转到王府井北口，"分手吧！"我说。"你不再来找我了吗？"他似乎有点儿恋恋不舍。"呵……我在这儿要办的事儿已经办完了！"我答道。他面有愠色，说："你是走到那一派了，你是个反革命！"回山大后，我一直没敢对任何人说起这次我与吕荧的邂逅。我们俩之间多年的友谊就这么完结了……

我1973年来北京，潘俊德也来了。一天晚上，我们整夜都在谈论吕荧。潘俊德说:"他这个人啊,老是叫我怀念……"说到吕荧的性情,她说:"他是一位令人尊敬的朋友,但是,得和他保持一定的距离,他永远不可能成为你的密友;他太正儿八经了,不可能和你相处得很融洽;他,人是好人,但要把他按照共产党员的模式加以改造,那恐怕还有一段相当的距离……"

骆宾基(1981年1月,北京):去年夏天我突然接到潘怡、潘悦的信,说她们的父亲吕荧并非60年代病逝在上海,而是在1969年3月5日死于北京清河劳改农场的,潘怡、潘悦还寄来了一份复写的中央公安部1979年为吕荧平反昭雪的批示,其中说:1966年6月间把吕荧作为"影响社会治安"的"胡风分子"加以拘捕和强制劳动的处理是错误的……这封意想不到的来信和那文件,让我想起许多往事……

最初见到吕荧是1944年,在重庆,冯雪峰的住处。那时候,我在丰都的一所中学一面教书,一面写作;吕荧在邻县的涪陵,一面教书,一面翻译。为了不和抗战文艺界脱节,我们都常常抽空去重庆看看朋友们。那一次,吕荧给我留下很深的印象:一张苍白、文秀的脸,半旧的灰色西装配着暗淡的领带,外面罩了一件同样是不显眼的风衣,很自尊,也很持重……大概雪峰看出了他体弱怕冷,所以,尽管室内烟雾弥漫,却始终没有将窗门打开。不久,战局紧张,周恩来同志在新华日报社作形势报告,我听完报告后,返回丰都途中去涪陵看望吕荧,顺便将报告的精神讲给他听。这时,他的大女儿刚出世不久,但夫妇间的情感似乎并不融洽。抗战胜利后,在重庆,我又见到吕荧。这时,他的第一本文学评论集——《人的花朵》,已经以"泥土社"的名义自费印行。在这件事情上,据我所知,他的妻子潘俊德给了他不小的支持。这一本书的问世,奠定了吕荧在我国20世纪40年代文艺批评史上的地位。对吕荧来说,这不过是个起点,他的抱负和实力都不寻常,胡风和雪峰之所以那么器重他,绝不是偶然的。

1949年4月，我和吕荧结伴同行，从香港乘海轮北上。记得那是个晴朗的日子，甲板上洒满阳光。我们时而散步，时而倚栏远眺。吕荧的神情还是那么沉静，那么充满自信。听说，他不久前才离开台湾，在那里曾任教于一所师范学院，由于长期殖民地化的结果，那里的居民一般都说日语，他在给外文系的学生讲授莎士比亚的作品时，不得不用英语……吕荧这时也不过三十四五岁，体质是那么弱，却能以坚强的毅力，在那动荡的年代，凭着自学，把英、俄两种语言掌握到能翻译普希金原作和讲授莎士比亚作品的程度。而且，我知道，他的志趣和造诣更在于文艺理论和美学方面。我毫不怀疑，我的这位友人将在中华人民共和国的文艺事业中大显身手。那一天，当我和吕荧迎着温润的海风，瞭望着一片浩渺无际的景色，满怀希望地憧憬着未来的时候，一位从英国留学归来的女导演为我们拍了唯一的一张合影。

吕荧在他50年代出版的《美学书怀》里说过："实践是检验理论正确性的标准。"今天我们应该说，在胡风问题上，他是对的，不愧为我们50年代知识分子的荣誉……

许觉民（2001年3月，北京）：1955年5月25号的那次中国文联和中国作协的主席团联席扩大会议开过之后，我记得，新华社在报道这次会议时，最后附上了这样一笔："会上，胡风分子吕荧在发言中为胡风辩护，遭到会议一致的驳斥。"当时是怎么样一种情况呢？在那天的会场上，我坐得比较靠前。大约有五六个人发过言后，见吕荧递了张条子上去。又有两个人发了言，这时，主持人宣布："现在，由吕荧先生发言。"吕荧上台后开头讲了："胡风人很直爽，但性格有些缺点，文章晦涩难懂，读者感到吃力，我也曾对他提出过批评意见。"接着，吕荧又说："我们批评、帮助胡风是应该的，但他不是反革命，他所写的都不过是文艺问题上的讨论……"这时，坐在台下的张光年站起来，冲着吕荧大声说："你不要讲了！"人们跟着哄闹了起来。吕荧面色灰白，嘟嘟嚷嚷地。没过几天,《人民日报》点了他的名。那天散了会,回到人民文学出版社,楼适夷和我私下里议论说:"吕荧真是书呆子,那种情况下还出来唱反调!"现在看,他不完全是出于呆,还出于主持公道的勇气和良知。

李希凡(2001年,北京):那天吕荧发言不是为胡风辩护。他是说自己早在40年代就对胡风的文艺观点提出过批评。吕荧在文艺论争中一向自信是马克思主义者。他当时还没说几句,就有人振臂高呼:"你现在不要讲这些东西了,要交代你和胡风的关系!"整个会场愕然了。我的脑子"轰"地一下。那次会后,胡乔木问:"吕荧先生是怎么回事?"聘吕荧为《人民日报》文艺部顾问是胡乔木的意见。

蓝翎(2001年3月,北京):那天我在会场,我看见吕荧手里拿着发言稿走上讲台。他给我们上课也都有讲稿,是个谨严的人。那天他的发言不能看作是为胡风辩护,他不是那样的人。严格地说,他是个书呆子,离现实太远。反胡风运动之前,他常约我们喝咖啡聊天,赠书给我们,所谈的都与文学相关。他注意的焦点是在现实主义问题上。他常说:现实主义问题相当复杂,不是哪一个人说了就算的,还大有争论的必要……那天,不等吕荧把准备好的发言稿讲完,张光年就激昂地大喊起来:"你还是交代你自己的问题吧!"吕荧讲不下去了,只好拿着讲稿离开了讲台。

杜高(2001年3月,北京):吕荧那天没为胡风辩护?这种说法不符合事实。他发言中明确地说了:"胡风不是反革命,他的问题是理论上的,不是政治上的。"这是我亲耳听见的。那天我完全想不到会出现这种事情。一个身体瘦弱的书生主动要求上台发言。在整个社会已经决定将胡风开除的时候,他居然还不识时务地为胡风辩护。他话音很低,结结巴巴地,但却毫不含糊地说了这句话:"胡风不是反革命……他是学术思想问题。"会场上几百人,没有第二个人敢站出来这么说。 看来他实在是克制不住了。 他的话还未说完,全场爆发出一片惊心动魄的吼声。我看到他不屈地站在讲台上,面色苍白,淌着汗,直到被一位大理论家揪了下去……

萧军(1983年12月11日,北京):要写吕荧?……死都死了,还写他干吗? 咳! ……(沉默良久)他是一个很认真的人,他是很凄惨的! ……最初相识是1938年在成都,抗敌文协开座谈会,何其芳当时在那儿,还没有去延安呢。 吕荧住在华西大学一位姓郭的老同学那儿养病,也来开会了。 那时,我和他没有太深的往来,只有一个印象:吕荧对市侩文学不感兴趣。 我不知道他译完《欧根·奥涅金》后到哪去了……

有一回在青岛,他在山大教书,我去看老朋友方未艾。 我们一同去他那儿,他有两个孩子,他夏天穿棉鞋,穿棉衣。 我和方未艾强迫地把他拉到海边儿,脱衣,洗澡,照相,还有我的儿子萧鸣。 吕荧瘦得像骷髅,皮肤白煞煞的。

后来,在北京,吕荧在土儿胡同买了所房子,跟出版社借了七八千块钱。 我陪他去买了几样家具。 有时候,我们一同吃吃小馆儿,逛逛小市儿,去琉璃厂,买古书,看古董、古画儿……他懂得不多,算是一种消遣吧! 吕荧人很有骨气,不去追求政治上的地位,他是个学者,他翻译东西是很认真的。 有一次,他提起自己的老婆,说:"我的小皮箱里放着普希金诗的译稿,还有我捡来的石头子儿,她把我的那些石子儿都拿去塞老鼠洞了! 问她干吗要这样,她说:'石头没有用,腾出地方好装点儿肥皂什么的'!"后来听说他俩分手了,他每月给孩子寄一百块钱,冯雪峰和胡乔木都很照顾他。 他与冯雪峰的私人感情也不错。

有一天,我又去找他,开门的不是他,进了屋,见他坐在破沙发上,旁边有人——不像是客人,我觉得情况有点儿不对头。"你可以给我做证明：我是拥护毛主席、共产党的！"他冲着我，说道。 面对这种不正常的现象，我若无其事地。 一个陌生的人过来了，对我说："你知不知道——他已经失去自由了？"我说不知道。 又问我的姓名、和他是什么关系、找他干什么……我通报了姓名，说："朋友关系，是想找他一同上街逛小市儿的，我的情况，你可以问彭真去。"那人听了，说："你等一等。"转身出去了，想必是去请示了吧！ 过了好一会儿，开来两部汽车，一个小个子，秃头，年纪稍大一点儿，走过来了，又盘问了一遍，然后说："你可以走了，以后你不要再来了！"我说："我不会再来了！"临走，我跟吕荧说："好咧，有机会我会把你的情况告诉给朋友们！"我出门的时候见有人守着，有人还在往院里搬铺盖什么的。

　　一年以后，一天，吕荧忽然到我家里来了，说解除看管之后马上就来看我了，还说那些看他的人倒没怎么为难他，反正是一出屋总有人跟着；在屋里老有人盯着……从那以后，吕荧的精神不正常了。 一次，他对我说："老萧，你应该买些金子，防原子弹啊！ 原子弹来了，用白被单儿一蒙……"土儿胡同那小院儿里蒿草一人来高，房户也不交租钱，卧室的后墙塌了一大块，椅子心儿不翼而飞了，只剩下没法坐的空椅子圈儿，屋地上用三块砖拢把火，整个屋子都熏得黑黢黢的，床上胡乱地摊着个破棉花套儿……吕荧有时候还来找我，总穿着那件旧风衣，脸色惨白，不像个正常人，黄包车也不肯拉他了。 我对他说："你过的不是人的生活！"的确，那时候，吕荧好像是生活在坟墓里似的……

　　我不知道后来吕荧到哪儿去了，没处打听去。 又过了几年，我的一个东北同乡，幸而从清河劳改农场出来了，说吕荧也在那儿，死了。 他还告诉我，吕荧精神不正常，人们老欺负他；给他碗不用，拿洗脸盆儿吃饭；死后，芦席一裹，两只脚露在外头，盐碱地河滩上挖个大坑，埋了！

　　吕荧的文学道路是对的，但是他不通人情，"情理"二字，"理"是占住了，却不通人情，不了解社会。 他是书呆子，他不顾客观现实，只知道这事儿应该怎么办。 对于当年吕荧的仗义执言，他们现在的人不能理解。 一个人有点儿傻气，才能干那种事儿……

其实，最早倒霉的是我，吕荧没有经过那些。 我不但那时候无所谓，我早就无所谓了！ 我的生活更复杂，江江海海我都经过了，但不论什么时候，我的精神始终不倒……

牛汉(1983年3月，北京)：有一回，好像已经是6月了，在人民文学出版社资料室里，冯雪峰私下对我说："刚才在街上看到吕荧了！ ……天这么热，还是一身冬天的打扮呢，会不会缺钱换季呀，你去看看他！"下了班我骑车来到土儿胡同，见面后，把雪峰的意思告诉他了。 他想了想，说："我……不热啊，我……有钱用……"我把雪峰的住址留给了他，后来听说他去了几回，但常常是沉默着，有时候说些逻辑混乱的话。

钱新哲(1984年9月，大连)：当时，我参与编辑《人民文艺》，跟吕荧接触较多。 记得他曾说过赵树理的作品有"才子佳人"的味道，沙鸥的诗歌庸俗，没什么意思。 他在大连艺术剧场作过关于普希金的报告，在中苏友协作过关于高尔基的报告，反响都不错。 当时，鲁民翻译江布尔的诗，请吕荧帮助修改，他答应了，并且很认真地作了修订。 就在这前后，我曾和吕荧一同游览旅顺，参观《旅顺口》中所写到的日俄战争时期的遗迹。

吕荧到大连来的时候雄心不小，想在大连做一番事业，编刊物，和青年作家交往……天天不闲着，房间里，稿子、书，摆得满满的，埋头研究，情绪挺好。 他也很想到基层走走看看，写点儿东西，还计划把《欧根·奥涅金》重译一下，因为具体的工作太忙了，都没能实现。 他为人刚直不阿，诚恳，率真，学者派头，不屑于搞吹吹拍拍那一套，表面挺沉静，事实上心里很热，不然的话，他就可以不到大连来了。 他说起话来一板一眼，慢腾腾地。 有水平，肯努力，看了不少东西，如果活着，还能做许许多多有益的事……

吕荧当年对发展旅大文艺做了不少贡献，也赢得了人们普遍的理解和尊重。他总共在那儿待了一年左右，到后期，情况有些变化，树大招风啊！当地文艺界有的领导人排挤他，总是格格棱棱的，他不太愉快，没能放开，没能充分施展自己的热情和才华。吕荧曾对我说："不行，在这儿不能待。"尽管这样，他读书、研究照旧，从不浪费有效的工作时间。如果罗烽、白朗不那么早地离开大连，可能吕荧的处境要好得多。我至今还记得一个细节：送吕荧离大连，是五六月份，那天，海边风不小，上船前，他穿着皮袄，上了船，把皮袄脱了。当时，方冰漏了一句："一走，病就没了，也不怕冷了！"言外之意，似乎吕荧平日是故意装病呢！这样的话叫人听了很不是滋味儿。

吕荧离开大连后，寄来了《关于工人文艺》，想在《人民文艺》上发表，但方冰不同意，说"太学院派了"，我只好把稿子又给他退了回去。我把自己写的中篇报告文学《女火车司机》寄给他看，回信说"比较一般"，让我再接再厉。我们的这种联系一直维持到"反胡风"，十来封信都交上去了。由于我跟吕荧熟悉，被隔离审查了一年半。那时《青岛日报》上一篇批吕荧的文章，说他在大连"追求女工、毒化工人阶级的意识"，简直是无稽之谈！1957年，由于受吕荧的牵连，我被打了"右派"；一位业余作者受我的牵连，也被打了"右派"……

陆俊（1985年10月，北京）：吕荧比我大一轮，要是还活着，今年快七十了！……我是1968年被送到清河劳改农场的。开始在"581"（分场），没多久，转到"585"（分场）。

吕荧和我都属于"老残队"，我开始是组长。他两个眼泡肿肿的，脸像是被扭歪了，平时谁跟他说话都不理，一面喝粥，一面全神贯注地听着新闻广播。我们的粮食定量名义上是一个月21斤，但实际上每顿三个硬窝头——大小和颜色就跟热水瓶塞儿似的，还是用苞米叶儿和苞米秆儿磨粉制作的。吕荧和我一样，一个月15块钱生活费，不交到我们手里。

我没见过有任何人来看过他,也没有任何信件。 吕荧上身是蓝呢子中山装,下面是土黄色布裤子,裤子破了,用手捂着。 他常常站在门口,望着天,喃喃自语:"……欠我十几万稿费呢,我的家是鸡飞蛋打了!"人们称他"疯子",分场的大夫,一个外地老头儿,认为他没疯。

我总想跟吕荧说说话儿,但要是让第三者听见,汇报上去,后果不堪设想。 有一次,黄昏的时候,身边儿没人,我说:"老吕,我早就听说过你,没想到,咱们在一块儿……"他没吭声儿,一个人缓缓地走过去了,那样子很惨。 过了些日子,在房后,吕荧绕过房角,走了过来,站在那儿,我走过去,小声说:"老吕,你身体不好,吃得不够,是否想点儿办法?"吕荧不理,仍旧站在那儿。 第三次,是晚上,有十点多了。 在屋外草地上,屋里蚊子太多,臭虫满墙爬,几个七十多的躺在炕上。 我走到吕荧身旁,说:"过来坐坐,挺热的。"他过来坐下了。"家没来信?"他脸上毫无表情,没说什么。 他注视我的脸,我那时候病得不像样子了。 半晌,他开口了,说:"你到这儿习惯吗?"我说:"这是头一回。"他又在注视我,眼睛里好像有一种光,说道:"老陆,你怎么也得挺过去!"我苦笑,说:"你知道,我病着,家没信,也没人来看我,怎么熬得过去呢?"他听了似乎不以为然,说:"病,饿,是一方面,主要是精神上的。"这时,王队长走过来了,叫道:"还没睡?早点儿休息吧!"幸而我们刚才声音很轻。 吕荧知道我是画画的,常被指定弄黑板报,记得有一回,他还说过这样的话:"作为一个搞文艺的,应该有自己的性格,不要随风儿,要把人间的薪火接过来,传下去!"……啊! 我们当时所面临的是如何活下来,而不是文艺。

那是三月初的一个早晨,天挺冷,我吃了饭,在门口蹲着。 屋里有个老头,叫张万有,原来是吃红白喜事、抗大杠的,三年困难时期吃不饱,因为一句话进来的,一辈子见的死人多了。 这时,他来喊我:"老陆,快进来!"我急忙进屋一看,吕荧快断气了。 找来一个大夫,是清河牛场职工,一连打了三针,据说是"强心剂",没顶用。

我听到不止一人说:"吕荧是怪人。"如果他不"怪",又怎么能有那一番壮举呢?吕荧有傲骨,不会拍马屁,不这样儿,他也不能成为"怪人"。

[原载王俊义、丁东主编《口述历史(第三辑)》,中国社会科学出版社2005年版]

2006 年

吕荧

黄永玉

漫长的黑夜
几十年枕上
睁大眼睛想念你
脸上刻下数不清想念的年轮。
伤痛像树
干越长越大,根越长越深……
活活的折磨
让你慢慢地死;
知识越多
让你死得越有嚼头。
让你死得孤独,死得遥远……

你研究美学,
却死在丑里。
孩子,你们知不知道,

谁是吕荧?

读历史去吧!

(原载黄永玉《一路唱回故乡》,作家出版社2006年版)

2007年

以心灵关怀心灵
——忆雪峰和吕荧的最后一段友情

牛 汉

　　雪峰同志的一生，有如山脉一般的起伏、山脉一般的壮丽，在他的生命的最后近20年中，他怀着对党的坚贞信念，对人生和历史的赤诚的忧患感，怀着难以摧毁的对共产主义事业的质朴心情，默默地献身于平凡而有意义的文学编辑工作。他除去对鲁迅著作的研究和注释工作倾注大量心血之外，还用了两三年的时间带病（1959年做过切胃手术）选编了近百万字的《郁达夫文集》和卷帙浩繁的《中国短篇小说选》多卷本。在他心情最为抑郁沉闷的那许多年中，他还默默地用心灵抚慰过许许多多需要温暖和激励的心灵。

　　雪峰同志对吕荧同志深挚的友情使我永远难以忘怀。1963初夏的一个上午，雪峰同志一走进人民文学出版社编译所办公室，就低声对我说："刚才我在公共汽车上看见了吕荧。他一个人走在人行横道上，真想喊他一声，可车一闪就过去了。我回头看他，他走得很慢，脸色苍白，我担心他在生病，天气已这么热，他还戴着皮帽子，风衣也很脏，大概没有人照管他的生活，衣裳都换不了季，你能不能替我到他的住处看望他一次，问问他有什么困难，需不需要点钱，过几天我可送一点给他，你最好能到他住房里面，瞧瞧他生活的实际状况。他的自尊心很强，绝不会向谁诉苦的……"雪峰同志讲得很慢很仔细，生怕我不能了解他的全部心情，雪峰说的这番话，如今大半我已淡忘了，但是大意是不会记错的。当时我从雪峰同志的语气里还隐隐觉出一些愧疚的心情，似乎吕荧的困境与他有着直接的关系似的。1953年初，当时任人民文学出版社社长的雪峰，为吕荧安排了一间住房，《欧根·奥涅金》就是在这里修订好的。后来他们两个的境遇都有了意想不到的可悲的改变，雪峰没有法子再对吕荧给予实际帮助。为此，雪峰一直很不安，他多次跟我谈到吕荧，说吕荧是个正直而纯洁的书生，国家应当为像他这样一些有才学的作家们提供安定的生活条件。

当天下班后，我就骑自行车到交道口附近的土儿胡同去看望吕荧，一进胡同，远远地望见吕荧迎面走过来，穿戴正如雪峰讲的那样，吕荧望见了我，没有主动打招呼，当我走到他身边，说了一句："雪峰同志让我来看望你。"我的声音很低，吕荧听到这句话便立即站定，眼睛闪出一束亮光，凝望着我，同时激动地说："谢谢他，十分感激！雪峰身体怎样，听说他切胃以后一直不大好。"我把雪峰关怀他的生活、身体等方面的话如实转达，吕荧默默地听着。当我说到"雪峰问你需不需要钱"时，吕荧打断我的话，矜持地说他生活并没有什么困难，一切正常，安安生生，正在写文章，只是有时有一些寂寞罢了。我跟吕荧也是熟人，直截了当地问他，戴着皮帽子不热吗，穿这样厚（风衣里穿的是呢制服）也该换换季了。他说一个人呆在家里并不感到热。他显然不愿说这个话题，我提出到他家里看看，他抱歉地说，他当时正有急事，改天再约我来。在他的腋下，的确夹着几本精装的外文书，他是不会说假话的。分手时我把写在一张纸上的雪峰的家址留给他（事先准备好的），我告诉他雪峰新搬到北新桥的住处，离土儿胡同不远，权当散步就到了。

几天之后，我见到雪峰，把我见吕荧的情形详细地描述了一番。雪峰听过之后，慨叹一声："他很寂寞，又不会料理生活，他很需要人关怀。他是那种忘我地追求人生和艺术理想境界的人，看重精神生活，尽管性格有点执拗，但绝不妨碍别人。"雪峰这段话我一直记得很牢。雪峰不是每天到出版社上班，有事他才来。那两年，经过作协和出版社同意，他在家里写关于太平天国的长篇小说《小天堂》。又过了十天半月，雪峰来社参加学习，很兴奋地对我说，吕荧已到过他家，接连来了几次，多半在黄昏之后。两位久别的朋友，每次都谈得很晚。吕荧的衣裳已换过，情绪看上去比那次一晃面的印象要好一些，但精神状态总有点恍惚，常常静坐而无言。雪峰还对我说起吕荧的一件听了令人心酸的趣事。吕荧说他只花了一百多块钱居然奇迹似的在北京城买到了一幅伦勃朗的画，而且是真迹，据说是一个外国传教士丢下来的，他做过认真的考证，从画的构图、人物的神情，特别是面孔受光部分微妙的笔意，他断定是真迹。雪峰说他不大相信会是伦勃朗真迹。雪峰说，心灵极度寂寞渴望得到美的享受的人，常常出现幻觉，他在上饶集中营就有过类似的幻觉：常常在天空看见一只又大又亮的美丽的眼睛。

"文化大革命"开始不久，有人在人民文学出版社贴出一张吓人的大字报，污蔑吕荧持刀行凶，随后手无缚鸡之力的吕荧就不明不白地被扭送到卫戍区，永远失去了自由。记得雪峰从文化部集训班回来后没几天，我把吕荧被陷害的事告诉他，雪峰直摇头，他绝不相信会有这等事情。就在这几天，"造反派"勒令我和几个所谓"牛鬼蛇神"去土儿胡同修缮房子，顺便把吕荧的东西捆扎一下带回出版社存起来。我看到吕荧的家和他的全部财产！靠里墙有一个铁炉子，没有烟囱，墙壁熏得乌黑乌黑，听说冬天他常常在炉子里烧报纸和书取暖。一张双人棕绷床上只有一床发黑的棉絮，晚上他就裹着这薄薄的棉絮和衣而睡。我在棉絮下面发现了一篇没有写完的关于美学的原稿，字迹苍劲有力。在灰尘很厚的地上，有个破破烂烂的大竹篮，堆满了杂物，里面真的有几卷画，我一一打开看看。其中有一幅想来就是吕荧说的伦勃朗的真迹，凭我有限的绘画常识，也能断定绝不是什么真品，它不过是一幅从教堂流落出来的宗教题材的油画。我把看到吕荧住房的情况告诉了雪峰，他难过极了，眼睛里噙满泪水，我还是第一次见到雪峰在不避人的情况下流泪。我只记得他说过一句话："又一个有才能的作家被毁灭了……"从那之后，雪峰和我就再没有见到过吕荧。

雪峰和吕荧的交往何时开始，我不清楚，估计40年代在重庆就已建立起诚挚的友谊。现在，这两位中国现代文学史上的杰出人物，都在后来那个可憎的时期先后郁郁而逝。一想到这里，心里就感到万分沉痛。他们那朴实而高洁、清癯而挺拔的身躯与神态至今还历历在目。这两颗在祖国心胸间搏动不息的美丽的心灵，永远地紧贴着我们的心灵，并给我们以前进的力量！

（原载牛汉《牛汉人生漫笔》，同心出版社2007年版）

2007 年

美学家吕荧小传

吴腾凰

吕荧（1915—1969），现代文艺理论家、美学家、翻译家。原名何佶，曾用名吕云圃，笔名倪平、吕荧等。1915 年 11 月 25 日生于安徽省天长县新何庄。5 岁丧母，7 岁在家读私塾，1928 年去南京读小学，第二年进南京中学。中学期间，爱好文学，开始学习写作诗歌和散文，同时阅读鲁迅的作品和苏联的小说，1935 年中学毕业，考取北京大学历史系。一二·九学生运动中，他置身于抗日救亡运动的洪流中，发表爱国演说，参加中国共产党外围组织"民族解放先锋队"。在革命运动中，他研读马克思、恩格斯、列宁的著作，开始形成马克思主义的世界观和人生观，决心做一名文艺战士。此间，参加了进步文艺团体"浪花社"，创办《浪花》文艺期刊。1937 年七七事变后，去武汉参加中华全国文艺界抗敌协会，又与罗烽结伴赴延安，因道路阻隔，遂去山西临汾民族解放先锋队工作。1938 年因病到四川休养。1939 年去昆明西南联大复学，成绩优秀。1941 年毕业，因为深恶反动政府的腐败，便选择了教员的职业，想利用业余时间创作。1942 年至 1945 年在四川教中学，与重庆文化界进步人士胡风、邵荃麟、冯雪峰、骆宾基等联系甚多。他与夫人潘俊德自筹资金，以"泥土社"名义出版论文集《人的花朵》，高度评价鲁迅、曹禺、艾青、田间等革命作家的作品。1946 年春去贵州大学历史系任副教授，与方敬等进步教授创办《时代周报》，宣传争民主、争和平、反内战、反独裁的革命思想。因受校方保守势力攻击，于1947年夏愤然离校，后辗转到台湾师范学院任教。1949年4月，经香港去北京，迎接中华人民共和国的诞生。7月，出席全国第一次文代会，后参加作协。1949年10月去大连了解工人文艺运动，1950年应邀去青岛山东大学担任中文系主任、教授，1952年因遭受不公正的批判，自己又不愿做违心的检查，气愤之下拂袖而去。1952年冬，经冯雪峰邀请到人民文学出版社任特约翻译，后担任《人民日报》文艺部顾问至1956年，并从事美学研究。1955年5月25日，全国文联主席团和作协主席团举行联席扩大会议，讨论"胡风集团"问题，吕荧在会上发言，认为思想意识领域内的问题不等于政治问题，当场被赶下台，隔离审查一年之久，大脑神经受到严重摧残。1957年12月3日，《人民日报》发表了他的著名美学论文《美是什么》，毛泽东亲自校阅了"编者按"，为其公开平反，恢复声誉。十年浩劫中，他重遭迫害，又被投进劳改农场。临行时，还带着外文打字机和一包包蜡烛，准备就地从事写作。由于受着非人的折磨，于1969年3月5日，于冻饿中含冤逝世于清河农场。1979年5月，公安部为其平反，恢复政治名誉。

他一生主要著作有：《人的花朵》（1944年，重庆）；《火的云霞》（1949年，上海书报联合发行所）；《关于工人文艺》（1952年，新文艺出版社）；《艺术的理解》（1958年，作家出版社）；《美学书怀》（1959年，作家出版社）。主要译文有：卢那卡尔斯基的《普式庚论》（1943年，远方书店）；普希金的《叶甫盖尼·奥涅金》（1944年，重庆云圃书屋）；卢卡契的《叙述与描写》（1946年，新新出版社）；《列宁论作家》（1952年，上海新文艺出版社）；莎士比亚的《仲夏夜之梦》（1954年，作家出版社）；普列汉诺夫的《论西欧文学》（1957年人民文学出版社）；等等。

吕荧用自己的行动实践了"有一分热、发一分光"这荧字笔名的本意。他一生愤世嫉俗，热爱无产阶级文学事业，身无媚骨，忠正不阿。正如他的老友、著名作家骆宾基所说："吕荧有他的几本译著在，这将永远流传于后世。在社会风气中,将起到洁化的作用。它们将永远散播着芬芳,因为译作者吕荧本人就是我们民族的花朵。"

[原载方兆本主编《安徽省文史资料全书》(滁州卷),安徽人民出版社2007年版]

2007 年

吕荧:"胡风不是反革命"

张 伟

吕荧(1915—1969),原名何佶,美学家,安徽天长人,曾任贵州大学、台湾师范学院教授,山东大学中文系主任。

这是吕荧一生中的经典时刻:这位瘦瘦高高、有些单薄的美学家,穿着件不合季节的棉布长袍站在台上,面对着台下700多人,说出自己的观点:"胡风……不能说是反革命。"

在1955年中国作协批判大会上,第一个为"反革命"胡风辩护时,吕荧有些结结巴巴,面色灰白,满脸淌着汗。当受到众人呵斥批评时,他只是小声嘟囔着。

单看外表的话,吕荧是孱弱的。因为身体差,他几乎永远穿着"不合时节"的衣服。刚进初秋,他会穿上臃肿的皮棉袄和肥大的皮棉鞋。有一年五月要过去了,他身上的棉袍和黑色高筒棉布鞋,还不敢脱掉。

吕荧对人的态度,也随和谦逊。他说话矜持、客气,和朋友在一起,也会"静坐无言"。给学生讲课前,他总是微微颔首,不太说话,而扎实的文史功底和细致的思路,使这位不苟言笑、庄重沉稳的老师,"自有一种风度翩翩的动人处"。

种种矛盾不时重叠在这个白面书生身上。作为著名学者,他发表美学批评,翻译《叶甫盖尼·奥涅金》,文章探讨的都是"美是什么"这种话题。然而他的住所,脏衣服和袜子塞满床角,茶杯里漂浮着隔日茶的油污，食物在橱柜里变味、发霉……一位老同学干脆建议这个"没有整洁，没有花鸟虫鱼"的美学家，改叫"丑学家"。

面对学生赶时髦参加政治活动，他有时也会提高声调，严厉地警告他们不要在上面花费太多时间，因为"大学毕竟不同于政治训练班"。但大多数时候，他却习惯在类似建议前加上一句"我说句不中听的话"。

对胡风，他有自己的批评，认为他"性格有些缺点，文章晦涩难懂，读者感到吃力"。即使是胡风的美学思想，他也曾经与之进行过激烈的争辩。但在所有人的公开发言都在顺应"批判"路线时，他却主动站了出来，为胡风说话。

因为这段辩护，他被轰下台去。他又马上找到胡风的妻子，"像做了错事一样的孩子"，向她解释："你千万不要误解，我没有说胡先生的坏话。"

后人感慨，在那个以"多数的拥护"淹没"少数先知先觉者反抗"的时刻，瘦弱的吕荧展示了一种"人格的伟力"。

如今，"胡风不是反革命"的官方评论早已做出，只是当年那"旁若无人"的姿态，却和吕荧这个名字一起，淹没在历史的箱子里。当有人想写点关于他的文章时，发现"有关他的材料竟然寥寥无几"。出版于十几年前的吕荧传记《美的殉道者》躺在北京大学图书馆里，借阅单上没有一次记录。

渐渐被遗忘的吕荧，仍旧继续着自己和"美"的卑微联系。他曾高兴地告诉朋友，自己花很便宜的价钱淘到了"伦勃朗的真迹"，而朋友发现，那不过是教堂流传出来的拙劣的仿制品，"他心灵极度寂寞，渴望得到美的享受"。

后来，他虽然有时还写一点文章，大多数时候，却只是"木呆呆的"。他被押送到农场劳教，临走仍旧不忘带上自己的手提箱，那里面装着他心爱的英文打字机，夜间写字用的蜡烛。手提箱的夹层还藏着未写完的美学著作，以及《莎士比亚十四行诗》的译文草稿。

然而，继续写作对这名昔日的大学者来说，只是奢望。人们常见到他身穿一件女式背心，一件藏青色哔叽中山装，一条土黄色裤子，赤着脚受批斗，他从没换过衣服，没洗过澡。

面对折磨，神智有些失常的吕荧麻木、缄默，任凭人们摆布。不过，每次打饭时，他都要点点头，说句"请"和"谢谢"。而当发给他生活费时，他一次不落地强调："我是文化部的，这是借，请给我记在账上，我以后要还的。"

"他总是一本正经地维护着难能可贵的自尊。"《美的殉道者》中写道。

孱弱的美学家最后一次作美学批评，是在劳教农场的田边。身边人回忆，当时骨瘦如柴的吕荧，对着角落里一朵白色的茨菰花出了神，喃喃自语道：真美呀，真美……

（原载《中国青年报》2007年8月29日）

2007 年

人的花朵
——记吕荧与胡风

梅 志

这篇文章本应由胡风来写的,因为胡风一直在怀念着他。记得1965年年底胡风监外执行住在自己家里时,我和他谈起吕荧,他不胜感叹地说:"现在请他来玩,来吃饭,还不是时候。"我们将离开北京去四川时,他望着墙上挂的他在四川土改时买的梁平竹编横幅,半天才说出:"这上面画的金鱼,吕荧曾一再赞美过它,应该留给他才好。"虽然那只是一般艺人画的,并非名画,但那栩栩如生的金鱼,自由自在地在水草中游着,还真是可爱,并使我十分羡慕它的自由。是应该送给他,让他高兴高兴。但是,他能挂在哪儿呢?他还能再欣赏它们吗?……我只得嘱咐女儿将这幅竹画好好保存着。

我们告别了北京,告别了北京的亲友们,祈望着不久会回到北京,与亲友们再相见。

直到1980年我们才回到北京,见到了亲友们。但是,这里面没有吕荧,他已在1969年被"四人帮"迫害致死了!

后来,我读到一篇文章,责怪说像吕荧这样的美学家,在"文化大革命"期间受到残酷的迫害,悲惨地瘐死于劳改农场,可没有见到几篇纪念他的文章!这是对吕荧生前好友们的责问。其实,吕荧是有人纪念他的,只是写得太少了。我曾在《北京文艺》上读到碧野同志充满深情的怀念文章，它使我们了解了吕荧学生时期的生活和抱负。后来又听说，骆宾基同志也写了文章纪念他，当然，能读到的人就不多了。

胡风和吕荧从1938年春认识，到1955年也有一二十年了，写篇悼念文章是完全应该的，也是义不容辞的。可惜，胡风的身体状况使他长期不能执笔，并且，我也不大敢对他提起这些悲惨死去了的朋友，怕他心里不好受。

一天，一位正准备写《吕荧评传》的女同志韩文敏来访问他，要他谈谈吕荧。那时正是寒冷的初冬，他的病刚好不久，但他不但没有拒绝，并且越谈越有精神，采访者也就抓住这机会不断地提问。我在一旁直着急，一次次地往厨房跑。因为他该吃晚饭了，谈多了话一定会影响他的食欲和睡眠。我几次都想设法制止，使谈话中断，但他不理我，反而一再地向我摆手。一直到七点多，这位同志才合起了她的笔记本，结束了谈话。说实在的，当时我对她很不满意，因为这一晚胡风肯定是睡不好的。

后来我怪胡风："为什么不可以约到下次再谈呢？一连说这么多话，你吃得消吗？"他说："唉！她来一次不容易，我能谈一次更不容易。我应将我对吕荧的理解和她所需要知道的都告诉她。真正能理解吕荧的人是不多的。我很希望她能写出一本好的《吕荧评传》来……"

这已经是三四年前的事了。之后，吕荧被他的家乡所重视，女儿们为他编了年表，也有人写了长篇传记，这使我们对吕荧的一生能有个初步的了解。

不管怎样，既然胡风再也不能说和写，我就有责任把他和吕荧的友谊以及我所知道的吕荧都写出来，以表达我们对他的怀念之情！

相识于未见面时

早在1937年年初胡风编《工作与学习丛刊》时，就曾收到署名"倪平"的一个青年从北平寄来的文稿。丛刊被国民党查禁了,胡风只得将稿退回并写了意见。倪平(吕荧)的原信被我找到了,这对读者了解胡风和吕荧最初的交往很有必要,所以我将原信摘录如下:

胡风先生:

当你接着这两篇东西的时候,因着这个陌生的名字和突兀的举动,你会感到惊讶吧?

你是不认识我的,也许还是第一次看见我的名字,不过你的论文对于我是十分熟悉的。你的深湛的文学修养使我感触到一种亲切的印象,并且使我决定了这个突兀的举动。

这两篇东西寄给你,希望你能给我一个无情的、严厉的批评,并且我相信,你是不至于使我失望的。

《论在艺术方法上的鲁迅》这篇,去年十一月便写好了,曾寄给《作家》,十二月退还了。孟十还先生说是因为篇幅不允许。今年一月寄给《文学》,最近因无消息,写信问了两次,于是也退还了。王统照先生也说篇幅长,不允许。看样子,这篇文章是很少有希望了;但是这在我这初学写作者,实在是一个不小的打击。在这个打击下,首先使我对于自己感到一种巨大的空虚,其次,对于这篇东西感到一种说不出的怅惘。

……所以我想寄给你看看,以求得到一个最后的判定。不过无论如何,一个文艺习作者是应该有力量充实自己,担负起自己的失败,改正他自己的错误的。因此,我希望你的批评是无情的,严肃的,乃至于苛责的。

《田间与抒情诗》三月里便写了,最近改了一遍。写这篇东西的动机一方面是因为杨骚先生的《感情的泛滥》里的有偏见的批评,另一方面是因为看到有许多诗人的作品完全是在理论的逻辑上构成了他们的艺术形象,而又有许多诗的习作者差不多是在下意识地模仿一些老诗人的格调。因此，我企图在这篇文章里指出来：一、田间的诗独创了新形式，不惟是独创了风格、语言，而且也独创了一种表现方法，虽然还远未到完成的境地。二、在现阶段中国诗歌的发展上，田间是一个最初跃过了旧形式的樊篱的诗人。

你写过《田间的诗》，在那篇论文里展开了对于田间先生的诗的正确的全面的评价。因此，这篇东西也要麻烦你看一下。

这两篇东西也许要花费你不少的时间，但是，假若你能替我设想一下，我是怎样的把现在文学理论作家思考过来的时候，你或许可以原谅我来麻烦你的原因吧。

············

信是1937年4月写的，信上所提到的两篇文章，胡风都提了意见。第一篇在1940年改写成《鲁迅的艺术方法》，后者即《人的花朵》中论及田间的诗的那部分的雏形。

七七事变后，有良心的知识分子都热情地加入了抗战工作。1938年2月，倪平从家乡写信给在武汉的胡风。不久，他离开家乡来到武汉加入了抗战文艺工作者的行列。

他们是什么时候第一次见面的，我没有确切的材料。只知道，1938年3月，他曾来武昌我们寄居的地方看望胡风，带来了两篇稿子。诗看后提了意见就还给他了。论文则留了下来，这就是发表在《七月》第十一期上的《向着伟大作品的进行》。这文章引用了高尔基的话，说明苏联的许多革命作家，都是作为一个战士从血的战斗和死亡中步行过来的，对于现实主义的文学工作者，学习生活虽然十分困难，然而却是最基本的必需的一课。他同时提出了反对单纯化——从概念化、烦琐化脱出。最后说，"现实主义的文学工作者必须要学习抓住生活的能力……我们现实主义的文学工作者，决不逃避生活，决不在现实面前，任何困难面前退缩。……"

我第一次见着他可能是他第二次来看胡风，当时胡风不在家。那时正是初夏，武汉忽然暴热了起来。记得他穿着一件深色的衬衫，见着我显得很腼腆，但还是坐下来等胡风。我们随便地谈着，他对我们住的房主人家花园的布置很感兴趣，还和我不到四岁的大儿子说笑。他给我的印象是一个很有礼貌，对人亲切的青年学生。他没有等到胡风，留下了一篇文章就走了。他对我说："希望胡风先生看看，不好就不要用。不必退还了，我就要离开武汉。"

这是一篇写北平郊区一个游击队和游击队员成长的小说。写得很生动细致，但看得出许多地方模仿了苏联小说《铁流》和《毁灭》。胡风将后面一大段删去了，后来发表在《七月》第三辑第六期上，这就是《北中国的炬火》。

武汉大撤退，我们到了重庆。胡风用尽了所有的气力，《七月》终于在1939年7月复刊了。9月25日收到了倪平从成都的来信，原来他因肺病已住院好几个月了。这时，病好了点，就写了这封信。信上谈到，看到小说发表了，对胡风给他删去了最后的一段战斗场面十分同意，本来他是想收回重写的。他说道："我并不是存心'轻视敌人'才把这一段写成这样的，事实上乃是因为我的病和战斗实践不够的缘故。"最后他写道："你对青年写作者之援助，使我十分感动……"

他努力忠实于战斗实践，忠实于生活，后来再也没有凭文字技巧来写小说了，这篇小说就成了他唯一的一篇。

不久，他就决定到昆明去，打算一面养病，一面翻译点东西，西南联大那里有他在北大的许多同学。临行前他来信说："由于身体不好和不断轰炸，没能到重庆城里去看你。"最有意思的是，最后他写道："我已经改换笔名'吕荧'。"

茁壮成长

他在昆明住下了，身体慢慢地好了起来，并且恢复了学业，但仍抽时间写作和翻译。这时，他和胡风通信不少，信中谈的最多的是诗。他写的《田间与抒情诗》原稿在武汉胡风住的小屋被轰炸时湮没了，他十分惋惜。但因此倒使他放开手，想重新再写一篇。他对《文艺战线》上张振亚评田间的文章有许多不同的看法，他的批评也很中肯。胡风鼓励他将这些看法都写出来。

胡风曾说过，吕荧自己写诗是成不了大诗人的，因为他要不就热情过火，要不又写得太冷。所以胡风把他的几篇诗都还给他了，他自己也承认不会控制感情。但他是懂诗的。

从他俩的通信中可以看出吕荧对做学问的认真态度，一个意见、一段话，都要来信商讨。最后，终于完成了《人的花朵》。至于翻译那篇卢卡契的《叙述与描写》，更是参考了许多书，胡风也托人给他找材料，最后还托人对照原文（英文）才定稿，发表在1940年的《七月》第六辑第一、二期合刊上。胡风在《校完小记》中曾经提道："半年以前就译出来了，在这半年当中为了一些问题，还来信讨论了好几次。在译者的意思是要我校对原文看一遍，但因为忙乱，也因为英语程度实在不高明，只好拜托了W君。他看了以后说对译文很佩服，虽然有几处觉得应加商酌，但也想不出更好的译法。译者的认真是可以看得出来的，单就那注释，也花了不少的工夫。"

就是这样，在付排了以后，吕荧还来信要作一些修改。因来不及了，胡风只好在"编校后记"中代他一一作了申明。用"吕荧"的笔名发表的这第一篇文章，体现了他是多么认真严肃地对待工作。

这篇四万多字的译文，因为躲轰炸，是在重庆郊区我家附近的印刷厂印的。校样送来时胡风不在家，由我代为校对。记得那原稿上就有许多修改之处，在桐油灯下校对还真吃力呢。

关于在《七月》第六辑第三期上发表的《人的花朵》，胡风这样写道："《人的花朵》，论及了两个诗人，艾青和田间。说到田间，我们总是动辄得咎的，那罪名是'乱吹'或者'瞎捧'，虽然批评家们总是吝啬地不肯说出他们自己的不'乱'不'瞎'的高见。但我们可以负责地说，这一篇，和目前的不'狂妄'的批评家们并没有一点关系。远在战争爆发的前一年，作者就写过一篇关于田间的评论。在武汉时又亲自交给了我，但在大轰炸时被土湮没了。后来作者几次想补写而未写，到前年看了张振亚先生的批评以后才来信表示了重写的决心。不管对于具体的论点怎样，但读者当可以看到，作者是在研究对象，是想说明对象的真实内容，至少也该没有'唬'人的存意。那辛劳，何尝是插科打诨者之流所能够想象的！"

到了1940年9月，在《七月》第七辑第一、二期合刊上又发表了吕荧早年写就后经过多次修改的《鲁迅的艺术方法》。这一期出得匆忙，胡风没有写"编校后记"，所以我们看不到他对这篇文章的介绍文字。但吕荧有了这三篇文章，在文艺理论方面、文艺翻译方面甚至在诗论方面，都崭露头角，奠定了他的文艺理论工作者的地位。虽然是经过了漫长的三年时间才得以发表出来，但我们从中可以看出他对自己作品的精益求精，以及他和胡风之间真诚坦率的交谊。

为了奥涅金

《七月》出到第七集，也可以说，胡风发表完了吕荧的作品。这时，我们为了抗议国民党背信弃义发动皖南事变，在党的安排下，去了香港。半年多后，香港沦陷，我们又从日本人眼皮底下脱险到了桂林。大批文化人云集桂林，桂林成了文化城。出版物如雨后春笋，出版社也不少，但多半是赶浪潮，唯名唯利的多，一般不出名的作家还是很难出书。有几个小青年集了一点钱想办出版社，找到胡风。于是，他为他们编了一套"七月诗丛"，销路尤其是影响都不小。吕荧在昆明接到胡风寄给他的书，十分高兴，对出书也感到了兴趣。胡风提出要为他出一本论文集，书名就叫"人的花朵"，准备编在"七月文丛"内，就是一时筹不来钱。倒是他寄来的翻译卢那察尔斯基的《普希金论》，胡风将它编在译文丛书内，由远方书店出了。

还在我们没离开重庆时，就得知他想师从刘泽荣先生学俄文。他信上说，早在北平时就学过俄文，现在还能勉强用。后来，他就一面学（读的是刘编的《俄文文法》），一面向刘先生请教普希金诗体小说《欧根·奥涅金》内的一些文法上的问题，再将它用诗的语言译出。这当然是一件相当艰巨的工作。从来信中知道，他还因译书的工作紧张，身体搞得很坏，常常生病，似乎有一个女友在照顾他。这时，他要胡风帮忙找书店出版《奥涅金》。

我们于1942年初春回到了重庆。不久，他也从昆明来此。这时，他已从西南联大毕业，并且教了半年的书。在抗敌文协我见到他，已经不是1938年时的青年学生了，眼镜的镜片更厚了，身体也瘦弱得很。

胡风告诉他，问过几家大出版社，都不愿出这种诗体小说，小出版社想出又没有力量，所以一时恐怕很难出版。他和胡风谈起为什么急于要出的原因。原来，他在向刘先生学俄文的时候，一个同学表示有兴趣，也去听了。这人本是学英文的，他背着吕荧想用英文将《奥涅金》译出，并在与吕荧和刘先生讨论原文时得到点材料，算是参照了原文，想抢在吕荧前面出版。

说这些的时候，吕荧真是又气愤又伤心。胡风只好安慰他说："这类事算不得什么，无行文人多着呢！只要你译得好，他先出也没关系，读者会比较的。不过，这样要出版就更困难了。"

他显得很焦急，不停地推着眼镜。后来说："无论如何，我要将它出版。没办法，就自费出吧。"

他又告诉我们，他要结婚了，对方就是帮他抄稿子的潘俊德。我"哟"地叫了起来："我还以为潘俊德是你的男同学呢！字都像是男的写的。"

"是这样吗？她是学生物的，四川人，家就在涪陵。什么时结婚还没有决定,暂时不要告诉别人啊!"

几天后,他又来看我们了,不巧,胡风不在家。他手里拿着两盒罐头,十分高兴地对我说:"我在委托行买到了两盒黄油罐头。这东西很好,我们用脑的人就需要这种高蛋白高脂肪。在昆明很不好买,一出来就给人买走了。留一盒给胡先生吧!"我拒绝了。我说:"你看他,一身的脂肪够多的,再不能发胖了。""那你呢?"我哈哈一笑:"我不用脑,我是体力劳动者。"结果硬是没有收他的,他很失望。

这年的秋天,收到了他从涪陵寄来的结婚喜帖,是很漂亮大方的绸面喜帖。胡风带回家给我看,问我能有什么东西可以送礼。我实在想不出合适的礼物。后来胡风说:"我还是到城里去找几本书吧!"他送了书没有,我可就不知道了。我俩在闲聊时谈到,吕荧这婚事可说是很美满的。他文人气质太重,可能不会生活,找一个学理科的,生活就可以得到照应了。他身体那么坏,胃病、肺病、神经衰弱都有,才刚三十岁不到呢!我们衷心祝愿他们能幸福!

一天,我们进城去,在抗敌文协见到了他。果然,身体比以前健壮,脸色已不是苍白而稍见红润了。他很诚恳地邀胡风去涪陵玩,他说:"那里的风景很美,可以到山上去打猎。你来了,我约潘俊德的亲戚们陪你一起上山去打野兔。"

胡风耸耸肩,两手一摊:"我哪来这福分去打猎啊!你看,光南天出版社出书的事就走不开,又想再出刊物,还得做很多准备工作呢!以后再说吧。"

花儿带刺了

美满的生活像花儿似的盛开。他们夫妇俩在丰都教书,同时忙着自己出《奥涅金》。吕荧对于这本诗体小说,付出了辛勤的劳动。他经常寄稿来给胡风看,随后又来信说明,这句要不得,得改,那个注释不对要改。后来还请胡风根据日译文校对一遍。日译文有个地方多了几章，胡风告诉了吕荧，他一定要请胡风译出，后来就将译文附在后面了。他本来是要请胡风写序的，被胡风推辞了。

他自己早就买好了纸，后来又请朋友帮忙，终于在1944年出书了。不过推销方面还是很困难，后来留下有一千来册，他就交给了胡风负责主办的南天出版社代为销售。当时，他还说，这纸型就送给出版社吧。

住得离重庆近，又是教书的，所以寒暑假他常常到重庆来。一次，他到我们住的乡下来看胡风。早晨，我给他们摊糖面饼当早点。他一边吃着一边说："我在家，早晨也吃这个。我自己做呢。"我好奇地望着他。他话里带点酸溜溜的牢骚："我们是各人做各人吃，人家说不侍候我。"我听后很不以为然，就说："她可能是忙着看孩子。再说，她和你一样是大学生，中学教师嘛。"

我没有责备他的意思，他却很认真地说："可能是这样。人家也是大学生嘛！这已经够委屈她的了。"

这以后，他的来信中就常带有"工作忙，孩子吵，不能写文章"等怨言。

他在1945年写了《论曹禺的道路》，胡风将它介绍给冯雪峰当时主编的《抗战文艺》发表了。同时，杨晦在《青年文艺》上发表了《曹禺论》，这引起了吕荧对其中一些要点的不同看法，又写了《内容的了解和形式的了解》，算是对杨文的商讨。他还在《萌芽》上发表了《关于"客观主义"的通讯》，和何其芳展开了笔战。

这时的吕荧已经是带刺的荆条，不再是芳香的花朵了。

大胆签字

抗战胜利了，我们准备回上海，因此搬进了重庆城里，住在张家花园抗敌文协内。不久，吕荧来到重庆，也寄住在文协内。这样，我们就有了更多的接触机会。我发现他的交游很广,并不是一个孤傲狷介的书生。他和当时文艺界的许多人都有来往,不是通信,就是亲去拜访。他和雪峰、邵荃麟很谈得来,倒很少去接近那些名气大的文化人。他同在《七月》上发表过诗、出过诗集的朋友们都很友好,尤其是和诗人阿垅,每次他到重庆都要去看阿垅的。

涪陵离重庆不远,交通又很方便,但我一直没见潘俊德和他一起来。我想象她是一个高个子,很好强,很能干的人。但是胡风告诉我,早先她曾和吕荧一道来过,他见过的,个子不高,看去似很温顺。

吕荧在重庆住了不久,发作了急性阑尾炎,痛得不得了。胡风把他送进了宽仁医院。医生检查后说,已经溃烂了,要立即动手术。吕荧本人还在犹豫,下不了决心,管事务的文协职员就慌忙跑回文协,又把胡风叫了去。医生告诉胡风,如果一穿孔就会大出血,那时再动手术就麻烦了。胡风又去劝说吕荧动手术,还是割了的好。

吕荧答应了,可是动手术需要家属签字。胡风为了不使他病情恶化,也就顾不得那么多了,立即在手术单上签了字。他回来告诉我,我很怪他,说应该先打电报给潘俊德,由她来办手续才是。但胡风说:"奇怪的是,我签了字就要动手术了,吕荧也没叫我打电报给他妻子。我只好自作主张发去了一个电报。"

手术当天就做了,情况良好。胡风到傍晚才抽出时间去看他。他已经醒了,很安静地躺着。一见到胡风,就从枕头底下的纸包里抓了许多药片塞给胡风。他说:"这是盘尼西林片(即青霉素,当时是进口货,很不容易买到)。我特意要医生多开点,你拿些去吧。"

胡风却不过他的情意,只好包了几片。回家后交给我说:"吕荧,可真是一个古板的读书人。好像我帮了他,他非对我表示一下感激之意不可。要是我不拿这几片药,他心里还不知怎样不安呢。"

很晚了,医院来人带来他的字条,说是感到身上冷得很,要文协送床被子去。梅林(文协的秘书)说,文协没有被子。胡风就将我们床上的一条毛毯取出来交给来人,并且附了一张字条,告诉吕荧我们很快就要去上海了,如果抽不出时间,就不去看他了。

前途渺茫

我们回到上海,前途如何,一无所知。没有人可以投靠,也就没有现成的工作。只好到了以后再说,最好的结果是能和过去一样卖文为生。

吕荧也离开了重庆,到贵州大学教书去了。他来过一两封信,还问起胡风工作的情况。1947年的一个炎热的夏天中午,他突然来到上海我们的家中。穿着整齐的西装,打上了领带,只是上衣搭在手臂上,完全像个小绅士。可能由于热吧,他满脸红光,一头大汗。我倒水要他洗脸宽衣,他只擦把脸,松了下领带。我不由得说了一句:"这大热天,何必要西装革履地受罪呢!"他不好意思地说:"这是存在家里的旧衣服,已被虫蛀了,织补一下穿了它算了。"他将这套灰派力司的西服织补的地方指给我看,这才安下心来喝我给他倒的茶水。

他告诉胡风,他已辞去了贵州大学的教职,想另找工作。他说,那里太闭塞,外面的消息不容易知道,连新书报都看不到。学生们倒不错,很知道用功上进,但这个学校办得不好。又说,回安徽老家去了一趟,谁知弟弟受弟媳的影响,不读书,只想做生意赚钱,居然还想买田收地租!"我气得要命,狠狠骂了他一顿,提出了分家。这么多年我在外面,没用过家里一分钱,都是他一人独占的。我不能让他,我不靠剥削吃饭。卖田的钱拿来出书也好嘛!"他像这样生气,我们还是第一次见到。他问胡风是否能在上海或别的大城市给他找个工作,胡风只能摇头。但是,胡风告诉他,《叙述与描写》和《人的花朵》已经介绍给贺尚华的新新出版社,他们答应出版。并且还对他说,这次决定将《人的花朵》列入"七月文丛"。他听了很高兴。

后来，他到台湾师范学院教书去了。他给胡风的信中说，那里的日文书很多也很便宜，问胡风想要什么书。胡风开了一张购书单给他。中间，他回来过一次，来看我们，给胡风买了一套精美的日文的《文艺大辞典》和一些别的书。他告诉我们，他在那里开了莎士比亚课。因为台湾学生大多听不懂大陆话，他只好用英语讲，虽很吃力，但受到学生们的欢迎。他还将译好的《仲夏夜之梦》带来了，要胡风帮他找地方出版。

他对台湾的风景赞不绝口，那里的气候很适合他，他几乎没生什么病。的确，他显得很健康，情绪也好。但是，他一直不提他的妻子和孩子，我们也不好问，后来才知道，她们都留在四川了。

他回台湾后仍给胡风来信，一直问要买什么书。

开始新的生活

1948年年底，胡风离开上海绕道香港到了东北解放区。解放军取得了辉煌的胜利，蒋介石最后挣扎带领残部逃到了台湾。我真为远在台湾的朋友们担心，同时也好久没收到吕荧的信。

北平解放后，我从胡风给我的信中才得知，吕荧冒着生命的风险，在最危险的时候秘密逃出了台湾，先到香港，后到了北京。大约在开过第一次文代会后，我忽然收到吕荧从大连给我寄来的信，说是这里有一些解放区来的朋友很想读到《奥涅金》，要我寄几本去。又说身体很不好，在这里养病。看来经济似乎也很拮据。

我去信告诉他，在纪念普希金逝世一百周年时，希望社曾重印《欧根·奥涅金》。印得很考究，可惜只印了一千五百本，早已卖完了。胡风去香港后，我用留下的纸又印了三千册。这次封面是我决定的，只在淡青色的封面纸上印了酱红色的书名，钱花得不多，倒也别致好看。我将这两种版本都寄了数册给他，并告诉他我即将寄版税给他。

他立即回信，对重印的书十分欣赏，并夸我们改正了一些错字。但无论如何不让我寄版税,说是早就和胡先生说过,纸型奉送给希望社,所以不能再要版税。他只提到,这书在东北地区可买不着。

这样,我就向他提出,寄一半书给他,由他交大连新华书店公开发售,书款由他取来用。他总算同意了。结果,书很好卖,简直一抢而空。他很高兴,一再说我帮了他的大忙,使他能好好地养病。

家庭变故

胡风从北京回到上海。我们谈到吕荧时,他告诉了我一个很不好的消息,说是他们两口子不和,吕荧提出离婚,现在基本上是分居了。吕荧一个人离开北京,去了大连。潘俊德赶到北京,找到胡风,希望能帮忙劝劝吕荧,她说着说着还哭了出来。胡风很愿意去劝说,并且也觉得应该这样做,他觉得潘俊德是很敬重吕荧、很爱吕荧的。他找了一个机会去同吕荧谈,谁知吕荧就是一个不开口,也不反驳。半天,吕荧才轻声地、沉着地说:"还是分开的好。这样,我可以得到安静,我也不愿意妨碍她的进步。"他的这种回答是没有可商量的余地的。这算什么理由?

胡风告诉我时都还有气,他说:"我还没见过这样固执,这样一意孤行的人!没办法,只好让他们去了。不过,看来他们也很难生活在一起。记得还在重庆时,他在一封信中抱怨女人产后,种种四川小市民性质就暴露了,她自以为是大学毕业生,聪明有学问,却不得不为这个家忙碌,使他得不到安静……当时,我为此感到不安,恐怕他们终将分离。我也曾暗示地劝过他,但不管用,这么多年来矛盾反倒越来越尖锐了。潘俊德是一个能干的有个性的女人,不会完全听吕荧指挥,尤其是生活上的一些小事都能够积累成大问题。你别看吕荧外表很斯文,很讲道理,实际上他的脾气不但倔,还很暴躁。两个人为点小事闹得不可开交,生活怎能安静呢?"

后来听说他一个人带着两个孩子到山东大学教书去了。

第一次考验

在山东教书,他也没能得到他想要的安静。暑假,他"逃"到了上海。原因是,有人对他所教的文艺学有意见,写信给《文艺报》,被登出来,他就成了误人子弟的教师(详情我就不必说了)。要他做自我批评,写检讨,他感到十分震惊和委屈,不但不写检讨,反倒悄悄地离开了青岛。

到上海后他来看过我,那时胡风正在北京接受"帮助"。等胡风回来时,吕荧已做好在上海长住的打算。他租了孔另境家的三楼住,孔家还帮他料理生活方面的杂事,所以他很满意。他说:"这样,我能安心工作了。"于是,开始着手编译《列宁论作家》。

他对工作仍和过去一样地严肃认真,有时,为了一个短句、一个词汇,就跑来和胡风商讨,由胡风从《露和词典》(俄日词典)中找出来译给他听。有时,他感到那里面的解释或形容对他很有启发,就非常满意地回去了。

编译《列宁论作家》的同时,他还编了一本《关于工人文艺》,这是他在大连参加工人文艺工作时对一些工人作品的评论和介绍。可能是为了证明自己是全心全意向工农兵学习,为工农兵服务的吧!不过,他是通过实践来证明,而不是唱高调的。他在序里写道:"这正是中国文学史上前所未见的作品原型——从这里可以看出前进的里程方向来,这也就是人民的文化和人民的文艺前进的里程和方向。"

这时,他内心平静,工作顺利。他的书,新文艺出版社要了,可能还预支了稿费。他连外表都与过去不同了,经常是容光焕发,穿着整齐。冬天,他穿一件很漂亮、很合体的马裤呢面料的狐皮大衣,头戴大连买的珍贵的獭皮帽,加上金边眼镜和白皙的面容,不知道的人还会以为他是社会名流呢!其实,他仅仅是一个孤傲的学者!

他很少在我们家吃饭，却老说要请我们上饭馆去吃。看来他对饮食方面很讲究，上海的名餐馆他都要尝尝，有时还为我们作介绍。

山东大学不断地来信催他回去教课。校长华岗还亲自给胡风来信，希望胡风能说服吕荧回山大，并且说，回去后绝不会难为他，他在山大本来就一直是受欢迎的教师等。

胡风只好找一个机会同他谈山大的事。他坚决地一口回绝了："不教书了，再不教书了！教书花时间，弄不好学生还提你意见，还要你认错检讨。何苦来！为了工作，更好地工作，我绝不再教书了。看来我也不适合教书。"

胡风开玩笑似的说："我倒想教书。不过不教文学，我想教日语。你就教英语吧！"

结果是，他们两人都没有再教书。

当了特约翻译员

这时，上海新文艺出版社准备请他当编辑；同时，雪峰被任命为北京人民文学出版社社长，也邀请他去。他决定去北京。听说路过天津时还特意去找潘俊德办了离婚手续。我们只收到他从青岛的来信，说是租了一处好房子，想在那里休息一下。但不久还是去了北京。

胡风每次去北京接受批评时，他都会去看胡风，并且一定要请胡风吃饭，表示深切的关注，意思是他绝不是趋炎附势的小人。但胡风不愿他卷进这是非窝里，早就不同他谈自己的情况，尤其是不谈文艺思想。他也不问。彼此心照不宣。更多的时间是在老周（周颖）那里相见，因为老聂（聂绀弩）的亲戚三妹会做菜，他们在那里能吃到食堂或饭馆吃不到的家常味的饭菜。星期六或星期日，那里总会有几个朋友相聚在一起，饭后就打"百分"或下棋。吕荧和胡风都是那里的常客。

1953年后，我们全家都搬到北京来了。他仍像过去一样，常来我家，但好像从来没留下来吃过饭，总是在来了别的朋友时或快吃饭时，就站起来要走，怎么留也留不住。我感到他比过去显得更为古板了，学究气更重了。他在我们家聊天，很少有开怀畅笑的时候，只是文文静静地说点什么。他年纪并不大，但看上去已没有了青年人的朝气，成了一个老成持重的学者。

如果在我们家遇见了在《七月》上写诗的诗人，他就特别高兴，留下来一起打扑克，还说要教他们打桥牌。这时他显得很健谈、很活泼。他和阿垅一直通着信，只要阿垅到了北京，他一定会约请阿垅吃饭。

他告诉我们，出版社已答应重新出他修改过的《欧根·奥涅金》。我们当然为他高兴。有人就在背后猜测，这次他一定会把胡风译的那几节删去的。不久，书出来了，他亲自送来一本签名本，说对修改仍不满意，不过总算又出版了，就以后再说吧。

我从头至尾翻阅了一下，不但那几节还在，并且在"后记"上还写着："……仍然保存，这使我的拙劣的译文添了光彩。"在当时的情况下，他如果删去那几节，是完全可以谅解的。而他敢于留下它，敢于写上这几句话，倒使我们吃惊和感动了。胡风看后，手里捧着书，轻声地叹气："唉！这个吕荧，真是……"后面没说出的话一定是"真傻，真太认真，真太重情义……"

当时的吕荧，从表面看境况是非常令人羡慕的，年龄刚过四十，已经是国家出版社的高级翻译员了，工资不少，译出的书又都能出版。他虽不是粗制滥造的"多产"作家，但也写了不少，稿费当然也不少。并且，听说他已买下了一处房子。唯一的不足，可能就是精神方面的孤独和寂寞了。他常用一种欣赏和慈爱的目光看我们的孩子，有时也对我们教育孩子提出意见。看得出，他是在想自己的孩子。

有一次，我忍不住试探地向他提道："你看来一切都很顺利，一切都具备了，就是孤人一个……"最后，我大胆地说出："我说，你是不是考虑一下复婚？何必使孩子们心灵上受到影响呢！按说，你们过去不是也很相爱吗？她对你不能说不好，替你抄稿子，支持你自费出书……听说，她现在还在等着你，希望同你复婚呢。 并且，你一个人住一所大房子，还有房客，你也应付不了呀。 还是有一个家庭才好。"

他低下头沉着脸，好像在思索着一个难以解答的问题。 最后，他很有礼貌地回答我："不，我还是不复婚好。 孩子我按月寄钱去，迟一天她都会来责问我。 再者，我不愿妨碍她的政治生活。 她是党员，在她眼里我大约是个落后分子，我不能影响她的前程。 这样，她好，我也得到了安静！"

这简直和过去回答胡风的话没多大出入！

其实，他也并没有做到六根清净，还是想填补这空虚的孤寂生活的。一次，周颖告诉我，他曾向她邻居的十六七岁的小姑娘求婚。 那姑娘是很不错的，常常不声不响地坐在一旁做功课。 一天，吕荧亲吻了一下她的手，就向她母亲提出了求婚，她母亲吓了一大跳，当然一口回绝了。说到这里，我和周颖不由得大笑了起来。

我们知道他不是恶意的，只是太天真了，才会做出这种不合时宜的事来。 我说，他可能是受了19世纪俄国小说的影响吧。

华岗有一次来北京开会，特地请我们到颐和园听鹂馆去吃饭。 在餐桌上，他向胡风解释了吕荧的情况，说明山大实在没有难为他，是真的希望他回去。

后来说到，他曾回到青岛，还租了一处好房子，如果那件事成了，他可能会留下的。 因为他当时看上了一个女学生，向她表示爱情，但那女学生不同意，所以他又匆匆离开，到北京了。

我和周颖都很为他着急，合乎他的理想的女性在现实生活里恐怕很难找到。 后来我才知道，在他幼年时母亲就死去了，他是由乳母带大的。 他很爱他的乳母，但总不是自己的亲生母亲，所以，在他的心灵上和生活上缺少母亲的关怀和爱抚。 这样，造成了他对女性的不理解，孤傲甚至苛求，在家庭生活中以自己为主，女性应为他做出牺牲。 因此，未婚妻吹了，妻子离婚了。但他是全心全意地爱过的，不过他的爱建立在理想的幻境中，因此才一再地幻灭。

相对无言

在胡风开始受到公开批判时，我家的客人们来得很少了，但吕荧仍常来看我们。不过来了总是很少说话，就是说话也是极简单的短句。多半是和胡风两人对坐着抽烟，他一定要胡风抽他的好烟。我给他泡上一杯热茶，他对我只是笑笑，我也实在无闲情来问他什么。这样默默地相对而坐不到一个小时，他就会站起来很有礼貌地说："我走了，改日再来看你……"胡风送他到门口，回来时总深深地叹口气。情义是感人的，但这场面也真使我们难受！

他心里一定有话要说。他考虑了又考虑，犹豫了又犹豫，见了面终于一句话也说不出，就走了。

胡风也不愿意对他说什么，也没有和他讨论过文艺思想问题。主要是怕牵连他。在那个树倒众人推、不落井下石就算是最大的好人的时候，他居然还敢来看我们，说实话，当时真使我们很受感动。

最后一次见面是1954年的深冬。记得他穿着上海买的狐皮大衣，戴着皮帽子，还在脖子上围了条厚围巾。我关心地问他："最近身体可好，还是那么怕冷吗？"他说，比过去好多了，不过怕受了风回去咳嗽。他见胡风在炉子边烤脚，又换上烤热了的棉鞋，很羡慕地说："还是自己家做的棉鞋穿起来舒服方便。像你这样，两双棉鞋轮流烤热了穿，是真舒服！"

之后，又是沉默，相对无言。最后，他将手中的纸包打开，里面是一条中华牌香烟。他取出一半放在桌上，没说什么。天很快地黑下来了，他站起身准备走，我们请他留下吃了晚饭再走。他不肯，说，下次吧，就穿好衣服走了。胡风要送他，他坚决制止了，只让胡风送到屋外院子里。我们望着他走出院门,听到关门声。谁知道,这竟是他和胡风的最后一面啊!

如同隔世

1955年5月起,我失去了自由,对他的情况,当然是一无所知了。两年后,我被准许看报纸。一次,忽然在《人民日报》上看到他的谈美学的文章,还加了"编者按",说明他没有政治问题,不是"胡风分子"。他可以公开发表文章了,党实事求是地为他恢复了名誉,我为此感到高兴。

1961年年初,我因老母病逝,才被释放出来料理后事,照料子女。我们原来的小院被拆,我家迁住在一处大杂院中,住处离文化部和人民文学出版社都很近。当时正值自然灾害之年,我虽深居简出,但也不得不为了买上几斤不写本的蔬菜和几块不要粮票的点心,到街上去奔波排队。朝内菜市场是我常去的地方,我也常去它对面的一家小饭馆排队买火烧。

就在一次排队买火烧时,我发现吕荧也在前面排队。他没有多大变化,只是不再衣冠楚楚,而是有点邋遢了。我奇怪,他怎么也会来买几个火烧和一碟炒素菜呢?按我过去的印象,他应该是大饭馆的客人。我引我女儿走开,离他远些,但看得见他吃得很香,很满意的样儿。并且,吃完后将剩下的两个火烧用纸包起来,和书放在一起,慢悠悠地站了起来,目不斜视地走出去。

我心里一阵酸楚,感到应该上前去和他打个招呼。我恢复自由后,从孩子口中得知他在文联作协的扩大会议上,曾公开站出来替胡风辩护,遭到强烈的哄赶,被嘘下台。现在,我去和他打招呼,他不会不理我的,而我躲开不去和他见面那是有负于他的。

等我们吃好走出来时,看到他还在不远处的人行道上,一个人徘徊着。我赶上去叫了他,他一回头认出我时,显得是那么的吃惊和高兴。

没寒暄几句，他就急不可待地问我："胡先生也出来了吗？"我默默地摇摇头。 我想到在这大街上，谈话太不方便了，就将我的住址告诉了他，他很认真地记了下来。 我们就赶快抢在他前面走了。

这次见到他，虽然他的身体看上去比过去健康了些，但那一副落拓的孤寂样儿，那一身皱巴巴的灰布制服，哪里还有半点吕荧过去的那种整洁潇洒的风度！

出乎意外的，一天下午，他居然找我来了，并且一进门就一再申明说，他这一向忙于改他的有关美学方面的稿子，今天人民文学出版社才去人和他商谈出版事宜。 这才抽空来看我。

他夹着一个大皮包，仍旧穿着那套灰制服，里面的毛衣袖口已经磨破挂了出来，脚上倒是一双时髦的小方头捷克进口皮鞋，但一只鞋的鞋带断了，是勉强系上的。 他说的话很多，不像从前那样少了，似乎有许多话想对我说。

他首先向我解释他在文联作协扩大会议上的发言。

他说："我只是说明胡先生不该发表舒芜的错误文章，但这不是政治问题，是认识问题，不能说他是反……我还没有说完，周围就有一群人喊起了口号，嘘我下台。 我还想申辩几句，这时跳上一个人，是我认识的一位诗人和理论家。 他一把抓住我就往下拽，我真怕他会一口吞了我呢！ 我今天来看你，是想向你说明白，你千万不要误解，我没有说胡先生的坏话，我是被强力赶下台的。"

他说话时的态度是那么的认真，我真不知怎样安慰他才好，只是说："我们怎么会误解呢？只是你不应该在那时上台去说这种话。"我心想：当时别人都说你是怪人。 你在初夏衣服比别人穿得多，怪。 你敢冒天下之大不韪上台去为胡风辩护，当然更怪。 其实，怪就怪在你缺少一股整人的狂热，你太怪了。

"是呀，马上家里就来人了，不让我出门了，就只叫我写交代。 就这么，软禁了我一年，才恢复了我的自由。 我可没说胡先生的坏话呀！……我写了关于美学的文章，要求发表，可是谁也不理我。后来我要求见周扬，他接见了，说文章可以发表……"

我赶快说："我看见《人民日报》上发表的文章了，说你没有政治问题，不是胡风分子，当时真为你高兴呢！"

"噢，是这样……"他对我苦笑笑。

我说："你的孩子该上大学了吧？"

"倒都上了大学，可是我要她们学文科，却都不听我的，学理科，还不姓我的姓，不用我起的名字，姓她妈的姓了……"

我为了冲淡他的痛苦和抱怨，就说："这办法对呀，要不她们是上不成大学的。我的女儿考了两次大学，分数都够，就是政审没通过。你不能怪她们！"

"咳！我倒不怪她们，只是每月要我寄钱却一分也不能少的……"

我觉得再这样谈下去太不好了，就转过话题问他："你现在在哪儿工作？"

他嘿嘿冷笑了一声："我工作？我失业了。每月由文联给我一百元救济金，这点钱我怎么够用，光女儿那里就要寄六十元去。所以我才去交涉出版我的书。"

"那你现在住在哪儿？"

"就住在离你不远的胡同里，出版社的宿舍。"

"你不是花了一大笔钱买了一处房子吗？"

"房子？是买了房子，可是被房客霸占着，要他们搬，不搬，反倒骂我是'反革命'。我就和他们对骂，我说，'你们才是反革命！你们读过多少马列主义的书，你们懂得什么是革命？'他们骂我是胡风分子，我就骂他们是国民党分子。总之，他们骂我，我就骂他们，常常闹到派出所去。我不怕！我买房子是为了工作，我要安静，我要写文章……"

他越讲越激动，气得满脸通红。我简直无法相信这就是过去那个温文尔雅的吕荧了。但他这种战斗方式我可不敢赞同，只好说："你斗不过他们的。把房子交给文联吧！要他们给你换一处安静的地方，你还可以好好地写文章的。"

"我也是这样想，所以才搬到了出版社的宿舍来。"

他忽然很神秘地对我说："你知道，最近周扬和林默涵同志到古巴去了吧。那地方可是去得的？是美国的后院呀！回来的已经不是他们了，早已被换掉，是假的了。"

他的表情和想法都使我大吃一惊。他怎么会这样想呢？我不好反驳他，只好说："不至于吧！古巴现在已是革命政权了。"

他"噢"了一声，没有表示反对。

我接着说："我在《人民日报》上看到周扬最近的照片，不是假的嘛。"

他又"噢"了一声，但说："我不看《人民日报》，我看外文报纸。你知道，苏联对普列汉诺夫还是很推崇的，不但出他的书，还有他的纪念馆呢。研究马克思主义的，能全部否定普列汉诺夫吗？我要写文章介绍他有关美学方面的功绩……"

他又激动了，话也就越说越快，里面又夹杂着许多专用名词和外国人名，我既听不清，也听不懂。他忽然转换了话题，用一个胜利者的姿态告诉我，他前年去过上海。

可能他还梦想着仍能像过去一样在上海安静地住下来，写写文章编编书吧。他没告诉单位，就上了火车。一下火车就去找在重庆时文协的秘书张梅林，希望能住到他那里。他忘了文协早撤销了，梅林的住处当然不是文协的驻地了。

吕荧糊里糊涂地被关进了精神病院，他本来还真以为人家是按对他说的那样接他去招待所呢。他向医院里提抗议，以致大吵大闹，真正成了精神病院的"病人"了。如果当时有人负责做他的思想工作，多开导他，帮助他，就是送进精神病院，情况也会不同的。本来送他住医院治病是好事，送去了就没人再过问，他怎能不认为自己是被坏人绑架了呢？

他对我说:"我一看,这情况可不对呀。我就提抗议,同他们闹,后来就把我绑了起来,把我弄得四肢无力,昏沉沉的。我想,这可不行,我得设法出去。就不闹了,安静地坐着看他们下棋打麻将,后来我也和他们一道玩。可是外面不知道我被关在这里呀!我告诉他们我是作家,是作协的会员,他们都不理我,不相信我,把我当疯子,当神经病。这个阴谋我要拆穿。我就偷偷地托要出院的病人帮我寄封信到北京,要文联派人来救我。不久就得到回信说要来接我。可医院却向我要这近一年的住院费,要我付一千来元钱,才准我出去。我没有钱,就不能自由。最后还是文联付了钱,接我回到北京。你说说看,好端端的,怎么会遭到绑架?好好的就被关了快一年,这到底是怎么一回事呀!……"

说着说着他发出了又似哭又似笑的声音,真使我感到毛骨悚然。这时,我才从他的言谈和表现中,感到了一个可怕的事实:他真的有点精神不正常了!

我留他吃了晚饭再走,我说:"何必一个人去排队买饭吃呢?我这里自己做很方便的。"他不肯,又像过去那样的拘泥。留不住,就只好送他走了。

他的宿舍离我住处很近,我几次经过那儿,可下不了决心去看他。但是,常常在中午或傍晚我去东四一带时,看见他一个人孤独地在街头踯躅,或者夹着大皮包匆匆地赶路。他那近视眼直视着前方,从来不看迎面来的人或者左顾右盼,因此我如果不去招呼他,他是看不见我的。一般我总是远远地望着他,然后走开。

已经是冬天了,我很少出门。一天中午,天气还好,太阳透过廊檐照进了我的阴暗的房里,使我感到了一点暖和。这时,吕荧推门进来了。他穿着一件瘦小、破旧的呢大衣,脸色倒很红润,可能是因为走得急,也可能是病态的红。他一进来就要脱大衣,我劝阻他说:"这屋里冷。虽然生了火,但是你看顶棚破了,四壁又透风,温度还不到十摄氏度呢。"但是来不及了,他已经脱下了大衣。我一看,里面还有一件当时只有老年人才穿的灰布长皮袍,又脏又旧,颈子上围着的大围巾也看不清是什么颜色了。他将围巾向后一甩,那姿势那形象仍是二十年前北京大学生的时髦派头。

他坐下后就匆匆地问我:"胡先生有消息吗?快出来了吧!"

我说:"不知道呀,毫无消息!"

"奇怪呀!不会的。我有个学生,你知道,他在《人民日报》工作。有一天他来看我,我就对他说,胡风不是'反革命',你们应该为他说话呀。他告诉我说,中央会考虑的。我还以为胡先生已经出来了呢!"

我只能摇摇头,同时感谢他的关心。

他仍带着那大皮包,很气愤地对我说:"我的书到今天还没有印出来。我去催了,和他们吵了起来,他们骂我,我也骂他们,最后总算是答应了快点出版。一定要争,不争不行!他们太欺负人了!书出来了我一定送你们一本,要请你,尤其是胡先生看看,有什么意见告诉我,再版时我好修改。"

他突然很关心地问我:"你的生活怎么样?"

我说,还过得去。顺便就问他:"你的生活似乎很狼狈。你的狐皮大衣呢?"他冷淡地说:"卖掉了。要吃饭呀,嘿,嘿!你说我很狼狈,狼狈……"他自我解嘲地笑着,接着就很认真严肃地劝告我:"你太善良太幼稚了,我真为你担心。你不知道,今天的社会有多复杂啊!街上走着的,穿着笔挺的制服的干部,对他们你可得小心,他们可能是美蒋特务。你见到这种人千万不要理他们,他们会害你的。"

我想劝说他别这样胡思乱想,就说:"不至于吧,目前国内外形势都很好呀……"

他立即制止了我:"我知道你太幼稚,没有社会经验。如今呀,你什么都别轻信,你……"

这样,我就不好再说什么了。

我看到他的毛衣袖口破得更厉害了,都快磨没了。皮袍的纽袢也断了好几个，他就用别针别着。脚上仍穿着那双皮鞋，一只没了鞋带，另一只用的是断鞋带。

我说："看来你的身体比过去好多了，连冬天都可以不穿棉鞋了。你过去不是顶怕冷的吗？"

他自豪地说："现在我的身体很好，什么我也不在乎。"同时又"嘿嘿"地笑了起来。

听着他的笑声，看他两眼发直地望着我，我不由得打了一个寒噤，感到他的病是更厉害了。我真想叫他脱下那皮袍来给他缝上纽袢，再给他接上毛衣袖口，但我知道他不会同意的，只好痛心地望着他。一个过去那么聪明、那么整洁的人，现在连照料自己的衣着都不会了。他正值才华旺盛之时，却被怀疑、恐惧、思虑等侵蚀，吞噬成了……我真不敢再想了。

我又诚恳地请他留下来吃了晚饭再走，我真想给他做点可口的南方菜，好让他不去啃那干火烧。但他还是客气地拒绝了，不过这次倒说："等胡先生回来，我一定在你们家吃饭。我们要好好地痛饮几杯！"

我们双方都带着这美好的愿望道了"再见"。

不幸的变化

我搬到朝阳门外的郊区去住了，很少进城到东四这边来，也就没有什么机会再见到他了。

三年后，1965 年的秋季，萧军找到了我的住处，我从他那里知道了一些朋友们的近况。问起吕荧时，萧军说，他的病越来越严重了。不知什么缘故，他又搬回他买的房子里去住了。在那里和一群与他为敌的陌生人一道住，对他的病当然只有更坏不会更好。萧军去看他时，他已经不敢出门了。一个人躲在屋里，门窗都用东西遮住，连烟囱孔都用报纸堵塞上，简直是生活在不通空气、不见阳光的洞窟里。房里什么家具都没有了，唯一的一张凳子还是破烂不堪、无法坐人的。萧军一坐下去，裤子就被钉子挂住了。

萧军再同聂绀弩去看他时，好容易才叫开了门，但只开了一条缝，他看到后面还跟着一个人，就"嘭"的一声将门严严地关上了。告诉他后面的是老聂，特意来看望他，他说什么也不相信，也不开门，还说萧军带特务抓他来了。这使得萧军和老聂哭笑不得，只好带着爱莫能助的沉痛心情怏怏而去！

虽然《人民日报》上为吕荧正了名，但他仍是一个打了"烙印"的人，在上海遭到"绑架"，在北京又得和房客及同事斗争，有谁来真心实意地照顾他呢？这时，能给他帮助的大树，如冯雪峰和邵荃麟，自身都在风雨飘摇中，别的朋友想帮忙也是无能为力。他除了有时去雪峰那里吃一两顿饭外，更多是徘徊在街头，要不就将自己关在屋里，用恐怖撕裂着他的心！

我每次都听他说道："我要修改我的文章"，"我要写美学方面的文章"，"我要翻译普列汉诺夫"，"我要翻译莎士比亚"……但是，结果什么也无法完成，连他一再争取想再版的书也没有出版，而他的病却越来越厉害了。这时可没有人想到和医生配合好，送他进医院治疗了！让他一个人生活在敌视他的人群中，让他被恐怖所击倒。他没有亲人，没有人照顾他，没有人为他做主，朋友们顾不了他，茫茫人海只他一人苦斗着！

美与丑的斗争

"文化大革命"前夕，我们离开了北京，在四川过着岌岌可危的日子。每当想到他时，总认为他不会有事的。他从来不争名夺利，又是个病人，谁会忍心拿他开刀呢？

但是，他身旁却有邪恶的眼睛正在虎视眈眈地伺机而动呢。他既无亲人，又无朋友，既失去了组织的关怀，自己又不会保护自己，岂不是最易被吞吃的猎物吗？偏偏是他这不识时务的病人，还要为他的房产权，为他住处的安静斗争，结果是，又和房客吵了起来。最可怕的是一张大字报，揭发了"反革命分子"吕荧"持刀杀人"（当然是"阶级报复"了），以这罪名告到派出所，吕荧真是有口难辩。其实，当时他手里拿的是一把削水果的刀，因为正在水龙头下洗什么，和他们吵起来时可能用手里握的小刀比划了一下，这样一个手无缚鸡之力的瘦弱病人就成了持刀杀人的罪犯！他成了妨碍治安的罪人，被押去强制劳改了！

当时的吕荧，刚过五十岁，仍幻想着做自己心爱的工作，在被送去劳改时仍带了英文的《莎士比亚十四行诗》、一台打字机和许多包蜡烛。可是在那里，他又遭到了百般的凌辱，连唯一的度命的窝窝头都被骗走甚至抢走。他没有保护自己的能力，而当时"四人帮"的"法律"也不保护弱者。最后，他因冻饿而死在劳改大队。

他热爱祖国，热爱共产党，热爱自己的专业。对人世所企求的只是愿有几架书和一处安静的住所，能让他专心写作和翻译。这能说是反动吗？这能说是奢望吗？何况他的工作还是有成绩的……

为他清理遗物的朋友告诉我，他的身后十分萧条，只有一个破网篮，里面装着一床破棉絮，连他心爱的书都一本也没有了！

我和他算不上什么至交，只是在他与胡风交往时有机会和他接触，对他有了些了解。至于对他的学术理论，我不敢妄加评论。但我可知道他是一个好人，一个一生追求真善美的真诚正直的人，人的花朵。

（原载晓风编《梅志文集·散文小说卷》，宁夏人民出版社2007年版）

2008 年

痛忆知友萧军和吕荧

方未艾　方　朔

1951 年，我在青岛的山东大学外文系任副主任，萧军在北京市文物组任研究员，吕荧在山东大学任中文系主任。这年暑假，萧军携儿子萧鸣来青岛相会。我和萧军自 1933 年在哈尔滨分别，那次是 18 年后的重逢。当时都已年近半百。久经风雨，两鬓如霜，畅谈一些往事，不禁无限感慨。

吕荧是中国近代文坛上一位享有很高声誉的文艺理论家、美学家、翻译家，1938 年在山西临汾民族解放先锋队与萧军初次相识后离开，这次青岛重逢，也是阔别 13 载。我们在青岛海滨结伴游泳，吕荧提议拍张照片留作纪念，于是在第一海水浴场留下了一生中三人唯一的合影，这是一张很值得我回忆的照片。

萧军故地重游

青岛是世界上有名的旅游名城。萧军和儿子当年 7 月 7 日从北京来，就住在我家，那时他正在写作《五月的矿山》和修改长篇小说《过去的年代》，我正在编译俄文文法讲义。我们每天午前在家中分别写作、编译，午后就一起外出，或到海滨观潮、游泳，或到景点漫步观光。山东大学教授、诗人高兰，文学家萧涤非也与萧军相识，虽不常往来，也曾备餐邀请，旧情未忘。

萧军这次来青岛是故地重游，1934年初萧军与萧红在哈尔滨因出版《跋涉》上了日本人的"黑名单"，被迫逃出哈尔滨，从大连乘船到青岛，投奔好友舒群，与舒群一家共同居住在观海一路1号的庭院里。萧红主持家务，萧军在《青岛晨报》编副刊。在这段时间里，萧红创作完成了长篇小说《生死场》，萧军完成了长篇小说《八月的乡村》。在青岛，萧军第一次以"萧军"的名字，给仰慕已久的鲁迅先生写了一封信。不久，萧军、萧红就接到鲁迅先生回信。随之，萧军、萧红便将《生死场》的抄稿以及二人合作出版的《跋涉》寄给鲁迅先生看。1934年仲秋，舒群因叛徒出卖而被捕，萧军与萧红在孙乐文的通知和资助下，躲开家门前警察和特务的监视，搭乘一艘日本轮船离开青岛逃往上海，见到鲁迅先生。在鲁迅先生帮助下，萧军出版了我国第一部反映抗日斗争的长篇小说《八月的乡村》，萧红出版了《生死场》……

青岛对于萧军的一生而言，有着难忘的感情和记忆。萧军和他的儿子萧鸣在青岛住了四十多日。1951年8月2日，在去山大学校的路上，萧军和我谈了"主动与被动"的问题。他劝我今后必须在一切问题上和工作上争取主动。在此前一天，他在我的一本笔记册子前面题词留念：

方未艾兄正：

  勿以其小而不为，勿以其大而畏为。契而莫舍，日积月将，执其真，倾厥诚。力注石开，功至山辟。青春永在，四时花开。愿其共勉。

  风霜历尽说松柏，碧海青天日夜心。

一别十八年逢于青岛书为志
萧军
1951年8月1日

我在他的日记册首页，也写了两句话：保持鲁迅先生的"深"与

"严",更好地学习毛主席的"宽"与"和"。

这是我们别后18年重逢经20天的朝夕晤谈,彼此总结过去的互相期许的话。我晓得自己在新疆被逮捕8年出狱以后,与哈尔滨年轻时期相比,在思想和性格上都有许多的变化,主要是"虚无""缺乏热力""说得多做得少""计划得好做得不够"。

8月25日,萧军临行前,在一张宣纸上给我题了四句诗:

青春期远路,相见鬓如霜。
留得丹心在,山高水自长。
来青岛四十日,今当别,书数字为方未艾兄留念。
所谓"三十年故人情"也。

萧军

一九五一年八月二十五日晨

这首题诗的墨迹,经过多次抄家,幸好没有遗失,至今还保存下来,成为我和萧军挚友情深的一份珍贵纪念!

吕荧命运多舛

在青岛,萧军和山东大学中文系主任吕荧教授,也是故友重逢。吕荧教授是安徽天长人,毕业于北京大学史学系,读书时参加过一二·九学生运动。后来,在武汉《七月》丛书开始了他最早的文学生涯。1950年,应山大校长华岗邀请任中文系教授,1951年初,接任王统照任文史系主任,文史系分开后任中文系主任,他和我几乎是一前一后来到山东大学。

吕荧平日习惯穿一身深灰色的中山装,面庞清癯、白皙,戴一副近视镜,不苟言笑,庄重沉稳,气质和容貌颇似瞿秋白。他爱好文学,精通英语、俄语，写过一本《人的花朵》，歌颂鲁迅先生，译过一部《叶甫盖尼·奥涅金》。他为人倔强耿直，热心教育，崇尚正义，坚持真理。我和吕荧在校内平素交情深厚，很谈得来。吕荧对萧军很敬重，这次青岛重逢便常同萧军会晤，有时在海滨一起游泳，有时在我家的庭院一起练拳。吕荧与萧军和我在海边留下的这张唯一的合影，令我对吕荧这位才学过人、命运多舛的知友，感到格外怀念和悲痛！

吕荧的课讲得好，校长华岗对吕荧的教学、研究都满意，给予很高的评价和热情的支持。吕荧的个性非常强，工作上敢说敢干，勇于负责，特别是他对美学有独自的见识，难免为一些人所不悦。当时还是山大学生的李希凡写的《典型人物的创造》论文，就是他的授课老师吕荧推荐发表于1951年第4期《文史哲》上的。这是《文史哲》校刊最早发表的一篇学生论文，也是李希凡第一篇公开发表的学术论文。

1951年11月，《文艺报》第5卷第2期在"关于高等学校文艺教学中偏向问题"的专栏中，发表署名"张祺"的文章，题目是《离开毛主席的文艺思想是无法进行文艺教学的》。内容主要是批评吕荧在文艺学教学中，存在严重脱离实际和教条主义的倾向，不重视毛主席《在延安文艺座谈会上的讲话》的指导作用，看不起来自解放区的新文学作品，盲目崇拜欧洲尤其是苏联名著。张祺是山大中文系的一名干事，并没有听过吕荧的课。所谓批评，不过是被校内某些人当作"枪"来用而已，其实枪口对准的正是吕荧背后的华岗校长。吕荧在《文艺报》上发表文章，为自己作了认真的辩护，但是仍然未能免受无理的批判。

在山大学校大礼堂召开的批判会上，华岗看见会场横标上有"批判"二字，便当场责令去掉，改成"文艺学教学思想讨论会"。所谓的讨论会就是批判会，吕荧坐在前排，没有反驳。临近结束时，有一个发言人几句过头的话激怒了吕荧，只见他站了起来，怒血沸腾，双眼直视，几乎把全身的劲都要发出来。坐在他身边的一位中文系副主任，用两手紧紧地把吕荧拉住，才算避免了一场难以想象的冲突。

一向刚直不阿的吕荧,对山东大学这样对待自己的教学思想和教学,感到难以忍受下去。虽然华岗多次找吕荧谈话,劝他不必固执己见,只要做一点自我批评就可以了,但是吕荧始终认为自己没有任何错误,坚决不肯做任何自我批评,更不愿做违背自己心愿的检讨。

1952 年春,他把家里的两个孩子托付给保姆看护,没有向学校领导告辞,就只身离开山东大学,去了上海,住进他的朋友何满子家中。据何满子回忆:"1952 年春天的一个晚上,夜已很深,快 11 点了吧,我寓所的花园栅门外忽然有人大喊我的名字,我赶下来一看,竟是吕荧……吕荧这人的不识时务在那次表现得十分突出,因为贾植芳和我都在震旦大学教书,他竟也想到震旦来任教,完全不懂得解放后人事任用制度,哪有这么随便!结果还是在新文艺出版社任副总编的梅林安排,让他翻译了几本苏联文艺理论的小册子混了几个月,秋后便被冯雪峰约到北京人民出版社去了。"

…………

1969 年冬春交替的一天,55 岁的吕荧走完自己人生最后的路程,离开这令他多年痛苦不堪的人世。也不知是谁在芦苇塘的一片乱坟中,把吕荧瘦弱的躯体埋在了那里。在坟前的一块红砖上,只是用粉笔写着两个白字:"吕荧"。

1980 年复出文坛,被戏称为"出土文物"

"文革"之后,萧军已是古稀之年的老人了。1979 年 4 月 28 日,接到北京市文联的通知,萧军的档案由西城区新街口办事处转到北京市作协。当年,出席全国第四届文代会,被选为大会主席团成员、中国文联委员、中国作协理事。会上,作了题为"春天里的冬天"发言。

在批判"四人帮"中,由于张春桥当年攻击鲁迅称赞《八月的乡村》是无原则的吹捧,被鲁迅以《三月的租界》一文予以坚决回击,因此萧军和

《八月的乡村》一时间重新复生。随之，萧军出任北京市作协副主席，出版作品，出席种种活动……从1980年在政治上得到平反，到1988年6月22日不幸患病辞世，萧军仅享有不到9年应有的荣誉和人身权利。

萧军和吕荧在中国文坛上，是两种不同性格的人，但都有一颗追求真理、热爱真理、坚持真理的赤诚之心。在大是大非面前，都不畏权势，挺身而出，公磊坦荡。我的两位知友都先后相继离我而去，作为饱经风霜和痛苦磨难的老人，每当忆起这些往事，无不悲戚万分！

（节选，原载《各界》2008年第4期）

2008 年

吕荧在文学翻译领域里的不朽业绩

闻　敏

吕荧（1915—1969），原名何佶，字云圃，诗人、作家、文学批评家、文艺理论家、美学家和文学翻译家，安徽天长县人，1935年开始就读于北京大学历史系，1941年于西南联大毕业。他在战乱频仍的岁月里成长成熟，在与疾病与逆境的挣扎中坚忍不拔，在文学的著述和译介方面孜孜不倦，以辛勤的耕耘获得了丰硕成果。他的那些以心血凝铸的作品和著译就是一座无字的丰碑——它通往世世代代读者心灵的路径将永不荒芜。本文所涉及的他在文学译介方面的卓越贡献即是那丰碑的一角。

在动荡的、硝烟弥漫的年代里，作为一名历史系学生，吕荧硬是凭着艰苦的自学掌握了俄、英两种外语。1940年，吕荧26岁，尚未毕业，他的第一篇译作——卢卡契的《叙述与描写》就以"吕荧"的笔名发表在《七月》第六辑第一、二期合刊上了。这是他的文学翻译生涯的开始。之所以选择卢卡契的这篇论文来译，1944年他在《〈叙述与描写〉译者小引》里曾作如下说明："……其中虽有可以商讨之处，却有很多地方让我们深思。至少我们也该回顾一下自己的足迹：到底是在真实地创作现实主义的作品呢，还是一向走的是自然主义和形式主义的创作路线、仅仅打着现实主义的大旗而已？"这部译著1947年由上海新新出版公司出版。

从1940年开始，直到1944年，吕荧为翻译普希金的代表作《欧根·奥涅金》投入了巨大精力。这部译著于抗战胜利前夕在重庆以"云圃书屋"的名义自费印行，1947年由上海希望社正式出版并再版，1954年经吕荧亲自修订后由人民文学出版社出版，更名为《叶甫盖尼·奥涅金》。

吕荧是向我国读者介绍普希金和普希金研究的第一人。为了翻译这部作品，他不仅系统地重温了普希金的原著，而且披阅了大量有关论著，以期"对这位'世界诗人'的气质、艺术、风格，能有一个比较深切的体认"。作为这项工程的"副产品"，吕荧先后写出和发表了如下的论文和译著：高尔基的《〈普式庚论〉草稿》《普列哈诺夫的普式庚"为艺术而艺术论"的辩证》《论〈奥涅金〉》和卢那察尔斯基的《普式庚论》。

因为吕荧在这一领域里作了扎扎实实的探索，所以他才敢于向权威质疑。普列哈诺夫在《艺术与社会生活》中根据普希金的两首短诗《贱民》与《给诗人》得出结论说：到尼古拉时代，普希金已经意气消沉，不再希望俄国社会发生重大变动了，思想、见地都具有了悲观色彩，由此而降低了作品的质量。吕荧对这一论断不以为然，指出：1825—1856年间普希金的主要作品，如《叶甫盖尼·奥涅金》《上尉的女儿》《普加乔夫暴动始末》和在写作《贱民》之前的一年与之后的一年所写的《致西伯利亚的囚徒》和《当我沿着喧嚣的街道徘徊》等，都表明普希金并没有对俄罗斯的前途失去信心，虽然他有过矛盾和失望的时刻，但他始终倾向民主、倾向人民，坚持他那一时代最激进的思想。吕荧认为在《贱民》与《给诗人》里，普希金所采取的是反讽手法，如据此而认为普希金"为艺术而艺术"，那就误解了它们"核心的真谛"，"掩蔽了诗人的特质和光芒"。

吕荧当时为什么选择这部作品来译呢？他在《论〈奥涅金〉》一文里作了回答。文章引述别林斯基的话说，普希金的这部诗体小说，"可以称之为俄罗斯生活的百科全书"。吕荧指出：这部作品的问世开辟了俄罗斯文学的现实主义之路，在此以前，古典主义、消极浪漫主义、感伤主义、神秘主义……的作品充斥诗坛，文学不能以强大的光和热照耀俄罗斯原野，感动人民的心。吕荧说，在这部作品中，普希金以19世纪20年代彼得堡青年社交界的一连串画面展开了一部交织着社会、人生、历史的巨作。它的内容丰富而广泛，具有很强的概括性：从厌倦一切的奥涅金，到自由主义浪漫诗人连斯基，到质朴、真挚的达吉雅娜……从奥涅金的苦闷，到达吉雅娜的悲哀，到连斯基的死……从都市、乡村的日常生活，到战争和革命风暴……从人的故事、人的典型、人的灵魂，到整个俄罗斯社会的生活、风俗和历史。它全面、深刻地揭示了沙皇政府统治下的贵族社会的真面目，使人看到腐败、堕落的风气怎样窒息了聪明有为的奥涅金，怎样戕害了纯真善良的达吉亚娜，让人醒悟和憎恶那罪恶的社会及其统治者。

吕荧认为，普希金属于那种能在昏乱中灼见文学艺术的方向和使命、能从现实中发掘典型人物的"根"、能预示社会历史的前进方向的作家，他笔下的奥涅金不是一般的爱情小说的主角，而是一个深刻的社会典型：他对现实不满、不安，但除自己外对一切都冷而淡之，无所作为，是个"痛苦的自私者"，是自普希金之后多次出现在俄罗斯文学名著中的"多余的人"，这样一种人，在当时的社会生活中可以千万次碰见。另一位主人公达吉亚娜，是普希金的"理想的灵魂"，而在现实生活里也确有原型作为依据。吕荧还说，普希金是以严肃、真挚的态度从事这部史诗的创作的，在反复的修改中力求使其中每个场面、人物，乃至细微末节都最大限度地合乎生活与人物性格内在的逻辑；他用真挚对照自私，用一个世界里的人性的完美对照另一世界里人性的残缺，从而显示出他对奥涅金的性格及其所根生的社会关系的否定和他对达吉亚娜的性格及其所根生的生活土壤的肯定。吕荧进而指出这部作品是当时俄罗斯社会的缩影，是"在世界的喧哗里、也在寂静里惊扰诗人心灵的幻梦"，其中有深藏的暗示、明晰的思想、真挚的感情、巧妙的讽刺、睿智的格言、诗的哲学……这一切种种有机地联结、融合在一个和谐的艺术整体里，完成了一种纯朴的美。

吕荧在这篇文章的最后说：《叶甫盖尼·奥涅金》的成功，根本上在于它的高度的真实，首先是人物的真实。他说："只有真实，才能感人至深;而只有感人至深的,才是最诗的。"

1947年8月,吕荧在有关普希金的专论《诗的气质》里,着重谈到普希金所处的时代以及他的思想与创作的倾向。他说,普希金生活和写作的时代正值1789年法国大革命风暴过去不久,欧洲古老的专制秩序被摧毁了,地处边缘的俄罗斯也开始动荡;普希金参加了十二月党人的活动,激烈地抨击农奴制,他的诗以成百上千的手抄本形式传播开去,不久他遭到放逐;在南俄,在人民中间,诗人的歌喉变得粗犷了。他被放逐到米哈伊洛夫斯克村之后,从老保姆和农民那里重温了儿时听过的神话和传说,人民的思想和意象启发了他,拓展了他的思路,他在《郭柳西诺村的历史》里借人物之口说:

> 丢掉细小的、靠不住的轶事,叙述真实的、伟大的事情,这种思想早就扰乱着我的想象。做时代和人民的审判者,在我看来,这是一个作家所能达到的最高的境界。

普希金在《〈叶甫盖尼·奥涅金〉草稿》里曾说,他的作品是要给门房里的读者去评判的。吕荧认为,诗人的道路和倾向决定了诗的气质,决定了作品的真实的深度与广度。文章里引用了普希金的诗句:

> 在光荣与至善的希望中,
> 我无畏地向前眺望。

在这篇文章最后,吕荧说:诗人所憧憬和追求的是自由的胜利和人民的解放,正因此他的诗里闪耀着庄严而瑰丽的光芒。《诗的气质》一文是吕荧"从生活论证创作"的代表作之一。

1940年,吕荧在英文版《国际文学》上读到《列宁论作家》后就将它译成了中文。1952年10月,吕荧编译的《列宁论作家》由上海新文艺出版社出版。他在"后记"里说，虽然这本书中所收集的列宁有关作家的论述有些不过是片言只语，但它们和列宁论托尔斯泰的著名论文一样，都体现着列宁的文艺思想，为无产阶级的革命文艺理论和美学观点奠定了基础，吕荧说，"如果在这方面能起一点初步的草图的作用，译者的微末的劳动就算没有白费了"。

1953年1月，吕荧编译的《列宁与文学问题》由上海国际文化服务社出版，他在"引言"里说，列宁主义的文艺理论既深且广，而这本书中只包括《列宁与苏联艺术》《列宁与文学问题》《列宁论托尔斯泰》等三篇文章，接下去他又说：

> 不过，对于完全不了解列宁的文学思想的读者，以至对列宁的思想原则作粗鲁的解释或公式教条的理解的读者，都是有一定的帮助和启发的。如果拿这三篇文章和列宁论文学艺术与列宁论作家的文字参照起来看，当可以得到更多的益处。

1954年1月，为纪念列宁逝世二十周年，吕荧撰写了《列宁的文学思想》一文。值得注意的是，吕荧的论述始终贯注着对极"左"的文艺思潮的批判与否定。如在谈及列宁的把文学事业视为整个无产阶级革命事业有机组成部分这一基本观点之后，着重谈到列宁关于文学继承性的见解，引述了列宁《关于无产阶级的文化》中所说的："马克思主义作为革命的无产阶级的意识形态，具有全世界的历史意义，因为马克思主义决不抛弃资产阶级时代最有价值的各种成就，而是相反地，继承并改造人类思想文化在两千多年来的发展中一切有价值的东西。只有在这个基础上和在这个方向上继续努力……才有可能被认为真正是无产阶级文化的发展。"再如，吕荧在文章里还引述了列宁在《共青团的任务》里关于这一问题的两段论述："……只有确切通晓人类全部发展过程所造成的文化，只有改造这种以往的文化，才能建设无产阶级的文化——若不了解这点，我们便不能解决这个任务。""无产阶级文化并不是从空中掉下来的,也不是那些自命为无产阶级文化专家的人所臆想出来的。如果认为这样,那就是胡说八道了。无产阶级文化应当是人类在资本主义社会、地主社会、官僚社会压迫下所创造出来的知识总汇发展的必然结果。"吕荧进而指出,对于作为文化形态之一的文学,列宁的上述论点也完全适用。他还认为,根据列宁关于"一个民族中有两种文化"的论点,我们首先应该批判地继承过去的民主主义的文学遗产。在这篇文章里,吕荧还着重论及列宁是如何对待作家和知识分子的。他谈到列宁在《俄国工人过去的出版事业》一书中关于俄国解放运动所经历的三个主要发展阶段的论述,特别是对每一阶段的代表人物——贵族时期的十二月党人与赫尔岑,资产阶级民主主义时期的平民知识分子,如别林斯基,以及此后出现的更为彻底的民主主义者车尔尼雪夫斯基所给予的评价。吕荧认为,列宁的这些充满辩证法和历史唯物主义的论述"打倒了公式主义和教条主义的理论批评"。此外,吕荧在文章里还引述了列宁在《伟大的创举》中所倡导的"少发些政治喧声,多注意那些极其平凡然而却是生动的,从生活中取得又为生活所检证的事实",认为应该少唱政治高调,多多观察和认真表现人民群众的生活。文章最后,吕荧还谈及列宁在与克拉拉·蔡特金的谈话中曾说过的——为什么我们要避开真正的美的东西——仅仅因为它是"旧的",就拒绝拿它当作进一步发展的出发点呢?为什么我们要把不论什么都拿来当作神明一样顶礼膜拜——仅仅因为它是"新的"呢?对此列宁斥道:"胡闹,完全是胡闹!"并说:"许许多多这种东西都是虚伪的。"吕荧认为,列宁的这番精彩的言谈无疑告诉我们:如果机械地、形式主义地去看待所谓"新的"与"旧的",就会丧失对是非美丑最起码的辨别力。

  吕荧认为,列宁的这一系列朴素而深刻的见解里都充满着至为宝贵的实事求是的科学精神。显然,吕荧当年那样迫不及待地翻译和阐述列宁的上述有关文学和文化发展的论述,具有着强烈的现实针对性。

吕荧还是莎士比亚作品的研究者和翻译者。早在1944年底他就在一篇题为《莎士比亚的诗》的文章里说：莎氏的作品既是"诗化"的，又具备着哲理的深度，这是与诗人长期艰苦的磨炼和积累分不开的。吕荧说："在现实的世界里，没有一桩伟大是偶然的。"接着他反问道："可曾有过任何一个平庸的经验主义者，以偶然的感想，以幽默或呓语的梦话，达到哲学的深思，达到《汉姆莱特》或《仲夏夜之梦》的诗境而成为艺术大师的么？"他指出，莎氏笔下的那些"净化了的纯诗的意象"，就其社会历史意义来说，是代表人的觉醒的人道主义者的形象。这样的形象贯穿在莎氏的全部作品中——初期较为朦胧，愈到后来愈加明晰，正如普希金所概括的那样，莎氏的目的就在于表现人和人民，表现人的命运和人民的命运。吕荧认为这是莎氏的思想与艺术的"本质的核心"。这篇文章的最后吕荧说：16世纪的英国社会就像波涛汹涌的海洋，充满着新兴的资产阶级与没落的封建贵族之间的矛盾和斗争。在这样的大背景下，莎氏戏剧的主人公们，被激荡的思想洗洁了生命，带着黎明期天宇的色泽和暴风雨的清新从海上升起……吕荧说莎氏是个伟大的战士——唯其战斗，才会深广。

吕荧20世纪40年代末在台湾师范学院教授莎氏作品时就已开笔翻译的莎氏剧作《仲夏夜之梦》，于1954年由作家出版社出版。在"译序"里吕荧说，莎氏剧作的思想意旨总是含蓄而隐晦地交织在人生的画面里，只是偶尔像一道火光似的闪烁一下；由于时代和社会的原因，连莎氏最强烈的思想也总是以温和的方式表达出来，而且多半是借了丑角的口。这样一种暗示的写法构成了莎氏剧作的特点之一。从本质上看，莎氏是现实主义诗人，他的作品的主题永远是人与人生。吕荧说，《仲夏夜之梦》里的"梦"和这"梦"里的仙灵实质上都是人生的诗的升华，通过这戏中的爱情故事，莎氏把人民的幻想提到了人文主义的高度，写成了文艺复兴时代的人的神话，反映着这人类历史上前所未有的最伟大的进步和革命。吕荧指出，由于《仲夏夜之梦》是莎氏的早期作品，所以充满着美丽的人生憧憬和轻松愉悦的色调，后来，随着他不断地向现实的深处开掘，产生了他的一系列的悲剧，他的对戏剧艺术的理解也在不断深化——从《仲夏夜之梦》中的"最好的戏都不过是些人生的影子"，发展到《汉姆莱特》中的"自有戏剧以来，它的目的始终是作为一面镜子反映自然"。吕荧认为，莎氏后期伟大的艺术和深刻的思想不是突如其来的，在他初期的喜剧里就已经有了萌芽。结合着对莎士比亚创作的概述，吕荧在这篇序言里，进一步阐发了他于十年前在《莎士比亚的诗》中所提出的论点："作家，必须先作为战士而生活，才能作为诗人而深广。"吕荧认为莎氏的不朽还在于他的乐观和坚韧。他说，莎士比亚，这个憧憬人类真正的自由和幸福的诗人，虽然看清了世界是一座牢狱，看清了世间的魔鬼多得连庞大的地域都容纳不下，但是他却始终满怀着希望，面对现实人生勇敢地进取，无论在诗里还是"梦"里。正因此他才能给悲剧以典型的内涵，给喜剧以思想的光辉；正因此他才能够向诗的境界持续飞升，而没有落入虚无主义的陷阱和庸俗的泥坑。

吕荧在译介外国文学的理论和著作方面，除上面所涉及的几个方面之外，还翻译了普列哈诺夫的《论西欧文学》，该书于1957年由人民文学出版社出版。20世纪60年代中叶，吕荧还想翻译莎士比亚的十四行诗，但那时他的脑神经系统的症状有增无已，而且不久就失去了人身自由，以致这一心愿终于未能实现。

仅从以上粗略涉及的吕荧在文学译介中所取得的丰硕成果中，我们已不难看到他那高深的文学造诣、他那谨严的学风、他那对我国文学乃至整个文化史事业的高度责任感和对于后继者的殷切期望。

2008年3月

北京

（原载《新文学史料》2008年第4期）

2009 年

缅怀吕荧师

张 华

我在山东大学读书的时候，校址还在青岛，那是上世纪 50 年代初。吕荧是我的业师，教文艺学引论课。我们都称呼吕先生，他同时还兼中文系主任，但从来没听见有人叫他吕主任，那时学校还没有官场化。

吕先生其实并不姓吕，他原姓何，名佶，安徽天长县人。"佶"是健壮的意思，可吕先生体格实在谈不上健壮。据说吕先生在北大历史系求学时，跳远得过第一，可我们见到吕先生时，却已显得很羸弱，青岛四月末，虽阴湿已不寒冷，吕先生脚下却还套着臃肿的棉鞋，他才三十几岁。记得 1951 年夏，老友萧军特地从北京来看他，为了陪萧军，吕先生难得地出现在喧闹的汇泉浴场的海滩上。两人形成强烈的对比：萧军个头矮、敦实、黝黑、健壮，虎虎有生气；吕先生修长、白皙、瘦骨嶙峋，有点茫然、弱不禁风。见到吕先生来游泳，觉得很稀奇，同学们跑上来搭讪，吕先生说只是陪着到海水中泡泡，并不敢游，到海水淹没肚脐处就止住了，觉得水太凉。

因为体弱，又惯于夜晚用功，吕先生早起是个难题，上午第一节课常迟到。那时大学没有紧靠着校园的家属院，吕先生住的金口路离学校有一段路，山大校园狭而深长，延伸到半山上，所以从校门到化学馆楼上教室，还得一段时间。同学们等得焦急万分时，吕先生匆匆赶到了，立即引经据典，侃侃而谈。他思维清晰，逻辑谨严，语言准确简练，没有

"这个这个""那么那么"的衬字,也没有"我们可以这样说"之类的废话。 这可忙坏了学生,句句都重要,句句都要记,而又来不及记。 当时没有教科书,全靠笔记。 我至今还保留一本吕先生的笔记,是讲堂上速记下来又整理的。

吕先生讲课非常专注,现在叫投入。 专注就忘了时间,下课铃和第二堂上课铃都没听见。 第二堂课的时间过了一半,吕先生累了,才休息一会,接着又讲,到第三堂课铃又响了,吕先生还正讲在兴头上。 这教室第三节是另外的班级上课的,师生早已猬集于门外,不耐烦的学生起哄了,吕先生这才下课,昂然而出,对起哄者投以不屑的目光。

十五年前,我曾写一短文,纪念吕先生,把他与法国德雷福斯案中的左拉相比。 在吕先生为真理而殉难四十周年即将到来之际,我又勉力写成此文。 最后,我引用涅克拉索夫回忆杜勃罗留波夫一诗中的几句,来表达我对吕荧师的无限崇敬和怀念之情:

怎样一盏理智的明灯熄灭了,
怎样的一颗心脏停止了跳动!

大地的母亲呵! 这样的人
你倘不时而差遣到世上
生活的田野就荒凉……

[节选,原载《美文(上半月)》2009年第8期]

2010 年

吕荧：人的花朵

杨洪勋

1950 年初秋，一位身材高高、脸庞白皙而清癯、戴着一副深度的近视镜的中年男子走近了海大园，接替奉调赴任山东省文联主席的作家王统照先生，出任山大中文系主任。王统照在其主持的欢迎会上，热情地向同学们介绍这位新来的系主任。他，就是现代文艺理论家、美学家、翻译家吕荧。对于王统照的走和吕荧的来，同学们的感触是："鱼和熊掌不可兼得。"

吕荧 1915 年出生于安徽省天长县。中学期间，爱好文学，开始学习写作诗歌和散文，同时阅读鲁迅的作品和苏联的小说。1935 年考取北京大学历史系。一二·九学生运动中，他置身于抗日救亡运动的洪流中，发表爱国演说，参加中国共产党外围组织"民族解放先锋队"。在革命运动中，吕荧研读了马克思、恩格斯、列宁的著作，开始形成马克思主义的世界观和人生观。

1944 年，吕荧自筹资金，以"泥土社"的名义出版了他第一本文艺评论的论文集《人的花朵》。1944 年至 1949 年间，吕荧撰写的作品有《人的花朵》《火的云霞》《文学的倾向》；翻译的作品有《普式庚论》《叶甫盖尼·奥涅金》《叙述与描写》等。其中《人的花朵》，收录从 1940 年至 1943 年间写的五篇论文，高度评价鲁迅、曹禺、艾青、田间等革命作家的作品；《文学的倾向》辑录了吕荧从 1944 年至 1949 年的文章，是他的一本重要的论文集，在这本论文集里，他的文艺理论发生了变化，已从对个别作家进行评论上升到对创作倾向的研究。

鉴于吕荧在文艺理论、文艺美学等方面的深厚造诣和在学术界的影响，求贤若渴的山东大学华岗校长，于1950年亲笔写信邀请吕荧来山大任教，并在人才济济的中文系任命他为系主任。于是，吕荧从大连来到了青岛。

初来山大的吕荧，在系主任的岗位上，心情舒畅、工作勤奋。中华人民共和国成立之初，知识分子急于为建设中华人民共和国建功立业的壮志鼓舞着他，新山大一派蓬勃向上的气象激励着他。因此，吕荧无论在教学上，还是系行政管理上，都尽心尽力，恪尽职守。

他精湛的学识在教学、科研方面发挥了重要作用。为全面落实教学大纲和教学任务，吕荧主动承担了文艺学和前苏联文学史课程的授课，是中文系开课较多的教师之一。

吕荧认真贯彻华岗校长的办学方针，积极组织本系的教师从实际出发制订教学工作计划。当年中国文学系"1951年的教学工作概要"这样写着：关于教学的方针与任务，是依据中央人民政府教育部所颁布的高等教育方针进行教学。本系的任务是培养学生树立为人民服务的文艺思想，批判地学习文学遗产，锻炼文字创作能力，养成研究的兴趣，结合现实需要，成为人民的文艺工作者和文教工作干部。例如，在一年级开设的文艺学教程，就改变了过去的那种为文艺而文艺的纯文艺学观点，讲究结合现实的文艺方针和政策。其要求是：结合文艺政策讲授文艺理论，替同学们打好文艺理论的基础。这与国家的教育方针及山东大学的办学目标是一致的，体现出中华人民共和国大学与旧中国大学的本质区别。这一思想贯彻到中文系教学工作的各个环节中去，为培养新一代文艺工作者和文教干部打下了基础。

吕荧任系主任期间，培养出一大批文艺人才。文艺理论家李希凡、美学家周来祥等是他们中的佼佼者。

李希凡对吕荧先生讲课的深度、丰富和精彩深有感触。他饱含深情地回忆道："我上大学期间，吕先生是使我对文艺理论产生浓烈兴趣的启蒙老师。他那深邃而优美的文论，他的知识广博、逻辑严谨的文艺理论教学，在解放初期偏处青岛的山东大学，曾经怎样吸引了我们这些求知若渴的青年呵！一想到这些，吕先生的音容笑貌又清晰地浮现在我的面前。他身体虽然衰弱，讲课时声音不高，却沉稳有力，哪怕是坐在后面的同学也听得很清晰。他的讲课言简意赅，条理分明，正像他的论著一样，高度概括，很少水分，如浓缩的结晶品，但又决不枯燥，让你明白地把握到原理，并能引起你举一反三的联想。他讲授的文艺学，在那时就已有了系统的理论体系，贯串着鲜明的马克思主义观点，例证、分析，都出自他自己的研究心得和体会，这些都是我们从当时已有的一些文艺理论教材中难得见到的。吕先生平素也是严肃寡言的，但对学生提出的问题，他的回答却都是和颜悦色，深思而耐心的"。李希凡的一篇习作《典型人物的创造》，得到了吕荧的赏识，推荐到《文史哲》上发表，这是《文史哲》发表的第一篇学生的文章。

周来祥是我国著名的美学家，他的美学研究启蒙于吕荧先生。周来祥说，他对于美学的兴趣和爱好，正得之于吕先生的启蒙和指导。吕先生对于真理的探求精神，治学的严格与严谨态度，尤其是对于马克思主义美学思想的介绍，都对自己后来的治学产生了深刻的影响。可以说，山东大学的美学研究之所以在全国举足轻重，吕荧先生有开启之功。

....

一位终生追求美的文艺理论家、美学家走完了人生最后路途。但他的浩然正气，他的辉煌事业，他的光风霁月的人格魅力，将永留在天地之间。

吕荧从 1950 年执教于山东大学起，一直笔耕不辍，写下大量的文艺评论文章。如 1951 年在《文史哲》上发表的《列宁论托尔斯泰》《伯林斯基的美学》，以及结集出版的专著《关于工人文艺》《美学书怀》《列宁与文学问题》《艺术的理解》等;另有译著多部。吕荧是我国较早运用马克思主义研究文艺理论的学者,他的著作很受人们的喜爱,产生了深远的影响。

著名作家骆宾基说过:"吕荧有他的几本译著在,这将永远流传于后世。在社会风气中,将起着洁化的作用。它们将永远散播着芬芳,因为译作者吕荧本人就是我们民族的花朵。"

(节选,原载杨洪勋《文学家与海大园》,中国国际广播出版社2010年版)

2010 年

吕荧：美的殉道者

刘宜庆

吕荧，一介毕业于西南联大的柔弱书生，身体单薄，体弱畏寒，经常穿着不合季节的衣服。坚持独立之精神的吕荧，成为中华人民共和国成立后首位被学生批判的中文系主任。随后，他又在中国文联、中国作协决议开除胡风的大会上，公然为胡风辩护，被后人称为"敢为胡风辩护第一人"。

被批判的中文系主任

1950年，青岛的春天乍暖还寒。山东大学来了一位文质彬彬的学者，他身穿冬衣，带着两个小女儿，到文史系报到。他就是王统照、罗竹风、华岗一致邀请而来的吕荧。

吕荧从大连到青岛，赴山东大学中文系任教，他北大历史系时期的同学、时任山大校长办公室副主任的孙思白也起到了"劝驾"作用。吕荧接到孙思白的信，在回信中说："山大给我'教授'，我就去。"吕荧直接提出要被聘请为教授，是有底气的。1946年春，吕荧到贵州大学历史系任副教授，与方敬等进步教授创办《时代周报》，宣传争民主、争和平、反内战、反独裁的革命思想。因受校方保守势力攻击，于1947年夏愤然离校，后辗转到台湾师范学院任教。1949年4月，经香港到北京，迎接中华人民共和国的诞生。同年7月，出席全国第一次文代会，并加入中国作家协会。吕荧来山大任教之前，就已经以"马列主义的文艺美学家"而闻名。

1950年初秋，著名作家、山大文史系主任王统照先生奉调辞别位于青岛的山东大学，前往济南任山东省文联主席。吕荧接替王统照任文史系主任。就在山东大学校园的法国梧桐簌簌地在秋风中飘落的时候，传来一个消息，这应看作吕荧作为山大中文系主任被批判埋下的伏笔。1950年10月28日，中央教育部决定将山东大学和华东大学合并。

在孙思白的印象中，吕荧的文艺学课很受同学欢迎，人们对他很佩服。他口才好，讲得清楚，旁征博引。他的学生，曾任新华社记者的赵淮青回忆说："记得那天，吕先生穿了一身深灰色凡尔丁中山装，面庞清癯、白皙，戴一副深褐色近视眼镜，让人一看就想起瞿秋白的容貌来。他显得有点羸弱，春暖时节，那双黑色高筒布棉鞋还未能脱下来。他微微颔首向大家致意，并不开口，转身在黑板上写下'文艺学'三个大字，苍劲有力……几堂课下来，同学们发现，吕先生讲课实在非同寻常，内容丰富，条理井然，分析透彻，见解精辟，他有自己的理论系统，有扎实的文史哲功底，且能深入浅出地表达，教学水平堪称一流。同学们还发现，这位先生讲课不苟言笑，庄重沉稳，自有一种风度翩翩的动人处。消息很快传开了。文学院的历史系、外文系的学生也来听课，教室内外人挤得满满当当，只好迁到理学院一个大教室去上课。"

1951年3月15日，山东大学和华东大学合并完成，并举行隆重的典礼。新山大由华岗任校长，童第周、陆侃如任副校长。历史学家杨向奎教授和原华东大学中文系主任吴富恒教授分别任文学院正副院长。两校合并后，文史系独立为中文系和历史系。吕荧和高兰分别为中文系正副主任。

吕荧的课也受到原华东大学学生的欢迎。李希凡对吕荧先生讲课的深度、丰富和精彩深有感触。他饱含深情地回忆说："我上大学期间，吕先生是使我对文艺理论产生兴趣的启蒙老师。他那深邃而优美的文论，他的知识广博、逻辑严谨的文艺理论教学，在解放初期偏处青岛的山东大学，曾经怎样吸引了我们这些求知若渴的青年呵！一想到这些，吕先生的音容笑貌又清晰地浮现在我的面前。他身体虽然衰弱，讲课时声音不高，却沉稳有力，哪怕是坐在后面的同学也听得很清楚。他的讲课言简意赅，条理分明，正像他的论著一样，高度概括，很少水分，如浓缩的结晶品，但又决不枯燥，让你明白地把握到原理，并能引起你举一反三的联想。他讲授的文艺学，在那时就已有了系统的理论体系，贯穿着鲜明的马克思主义观点，例证、分析，都出自他自己的研究心得和体会，这些都是我们从当时已有的一些文艺理论教材中难得见到的。吕先生平素也是严肃寡言的，但对学生提出的问题，他的回答都是和颜悦色，深思而耐心的。"李希凡的一篇习作《典型人物的创造》，得到了吕荧的赏识，被推荐到《文史哲》上发表，这是《文史哲》发表的第一篇学生的文章。

两校合并（齐鲁大学的文史两系也并入山大）后，在蒸蒸日上的 20 世纪 50 年代，山大呈现崭新的精神面貌，然而也潜藏着不和谐的暗流。蓝翎在《龙卷风——"小人物"沉浮自述》中这样分析：

> 在一部分原山大大学的同学看来，原华东大学的学员有年龄不齐、学历不齐、文化水平不齐的"三不齐"弱点，不是凭真本事考进来的，是穿制服的"土包子"，未免有点看不起，好像"文革"后的本科生看不起"工农兵学员"那样。原华东大学的一部分学员，自以为参加革命早，政治思想觉悟高，有马列主义的理论基础，不仅看不起原山东大学的学生，甚至对一些老师也欠尊重，认为他们是旧社会来的知识分子，思想观点和作风陈旧。

事实上，不仅学生之间存在这样的矛盾，教授之间也有嫌隙。原山东大学的教授多是留学欧美归来的知识分子，崇尚自由主义，山东大学在

1949年之前是教授治校的管理模式。而合并之后，山东大学和华东大学在精神气质上很难做到求同存异、和而不同。华东大学是华东分局在沂蒙山区创办的干部学校，1947年潍县解放后进城，不久又迁往济南，属中共中央山东分局（后改为山东省委）领导。这所大学采取马列主义教学法，培养了大批南下干部。两所大学在教学方法和精神气质上的矛盾，通过一个出口爆发出来，演变为"批判中文系主任吕荧"事件。

1951年11月的《文艺报》（第5卷第2期）发表了山东大学中文系张祺的来信《离开毛主席的文艺思想是无法进行文艺教学的》。这封"读者来信"的内容主要是揭露吕荧在文艺学的教学中，存在严重脱离实际和教条主义的倾向，不重视毛主席《在延安文艺座谈会上的讲话》的指导作用，看不起来自解放区的新文学作品，盲目崇拜欧洲尤其是俄罗斯名著。

这封来信不仅在山大中文系引起了思想震动，而且"造成了一种'运动'的声势"（李希凡语），吕荧对这种批评当然不服气，他投书《文艺报》为自己辩护："××同志没有去听过文艺学的课，可是他引了我在课堂上讲的话。这些话经他一写之后，和原意正正相反。还有一些话我根本就没有讲过。"表明自己的文艺理论教学不但不是对马克思主义采取"教条主义态度"，而且尽力运用马克思主义的立场和方法来解释文艺现象，尽管在运用过程中不是那么纯熟和全面。吕荧的辩解在"左"倾的语境下，显得有点苍白和无力。他的辩解引来山大更大的批判。

中文系党支部书记曾在一个班上动员："谁不批吕荧，是党员的开除党籍，是团员的开除团籍。"

山大中文系在礼堂召开全系大会时，华岗坚持不在横幅上标出"批判"两字，只写了"文艺学教学思想讨论会"。蓝翎当年参加了这次会议，他在《龙卷风》中写道：但会议一开始，上台发言的同学一反常态，慷慨激昂，言辞尖锐，明确地站在《文艺报》和张祺的一边，显然是事先作了充分准备的。在这样的气氛下，李希凡作为吕荧先生的课代表，来往较多，且受其影响，自然被认为是"中毒"较深者，只有检讨的份儿。

吕荧就坐在前排，挺直了腰板，逐字逐句地"聆听"着，丝毫没有反驳的意思。临近结束时，有一个发言者的话激怒了吕荧，只见他猛地站了起来，两眼怒睁，把全身的力气都鼓起来了……坐在他身边的中文系副主任，赶紧两手把吕荧拉住，按在凳子上。

华岗在一片声讨声中，作了实事求是的讲话。他说，不同的思想辩论是好的，最后应由事实和实践做结论。华岗发言态度平和，没有直接批评吕荧，只是说《文艺报》提出的问题很重要，带有普遍性，老教师要改造思想，改进教学。希望吕荧先生考虑大家的意见，不要背包袱。性格倔强的吕荧自然不会接受大会对他的批判。

华岗校长很爱惜吕荧的才华，为了保护吕荧，曾几次劝说他，有则改之，无则加勉，只要做一点自我批评、表个态就可以了。但是吕荧认为自己没有问题，坚决不肯做自我批评，不愿做违心的事。于是吕荧在1952年春不辞而别，拂袖而去，出走上海，住到朋友何满子家中。

批判吕荧，不是以理服人，给山大师生带来了后遗症。赵淮青在《忆念冯沅君先生》文中透露：

> 硬逼着师生对立，伤了感情。但华岗校长的讲话是实事求是的，并诚恳挽留要求调北京的吕荧先生继续留任。可是"尊者师也"，"师者表也"，在这种气氛下，吕先生怎能留任呢？上述几件事，都在沅君先生心上蒙上一层阴影，表示不能理解。

公开反对"左倾"幼稚病的华岗校长，坚持真理，尊重科学，爱护人才，关心师生，平易近人。

吕荧的精神渊源和生活细节

吕荧原名何佶，1915年出生于安徽天长，吕荧、倪平是其笔名。吕荧五岁丧母，七岁在家读私塾，1928年去南京读小学，第二年进南京中学。中学期间，爱好文学，开始学习写作诗歌和散文，同时阅读鲁迅的作品和苏联的小说。1935年中学毕业，考取北京大学历史系。

吕荧就读北大历史系期间，日本帝国主义步步紧逼，一二·九学生运动中，他置身于抗日救亡运动的洪流中，发表爱国演说，参加中国共产党外围组织"民族解放先锋队"（简称"民先"）。在革命运动中，他研读马克思、恩格斯、列宁的著作，开始形成马克思主义的世界观和人生观。此间，吕荧参加了进步文艺团体"浪花社"，创办《浪花》文艺期刊。

碧野回忆说，他和吕荧相识就在一二·九运动时期"浪花社"的一次集会上。"当年的吕荧既写诗，又写文艺评论，年轻倜傥，卓越多才。他身材瘦长，眉宇清秀，像个文弱书生，却爱好运动，是校运动会上的跳高第一名。"

在抗战爆发之前，吕荧向在上海编《工作与学习丛刊》的胡风邮寄了两篇论文：《论在艺术方法上的鲁迅》和《田间与抒情诗》。吕荧在邮寄论文的同时写了一封信：

> 你的深湛的文学修养使我感触到一种亲切的印象，并且使我决定了这个突兀的举动。这两篇东西寄给你，希望你能给我一个无情的、严厉的批评，并且我相信，你是不至于使我失望的……

从吕荧给胡风的信中，我们能感受到吕荧的锐气和坦率，当时的胡风已经是闻名全国的文艺家，这封信却写得一点都不客气，没有客套话，一点寒暄的意味都没有，直切主题，并向胡风提出要求。如果说性格决定命运，吕荧性格中的直来直去、坦荡真诚、高傲不羁、毫不妥协，就决定了他多舛的命运、起伏的人生。

胡风热情地为这个北大的年轻人提出了修改意见，但吕荧的论文没有发表出来。这是胡风和吕荧诚挚友情的开始。抗战爆发之后，吕荧的文章不少发表在胡风主编的刊物上。1945年，吕荧的第一本论文集《人的花朵》，作为由胡风主编的"七月文丛"之四，由重庆大星出版社再版。这本书奠定了他在文艺批评界的地位。

1937年七七事变后，吕荧去武汉参加中华全国文艺界抗敌协会，又与罗烽结伴赴延安，因道路阻隔，遂去山西临汾"民先"工作。1938年因病到四川休养。1939年在昆明西南联大复学，兼攻历史、文学、哲学和外文。在西南联大，吕荧和原北大历史系同学孙思白同年级、同一个宿舍。1940年至1941年间，联大学生运动中有一个中共的外围组织——群社，它的秘密核心是"社会科学研究会"。支持"群社"的，全是北平时代的老"民先"队员，与联大的"三青团"是对立的。在孙思白的印象中，吕荧在联大时期，参与政治运动的热情衰退了，反而钻进书堆里，潜心治学。那时，联大为学生开俄语课，每周10—12节，吕荧抓住一切学习俄语的机会。后来吕荧翻译了普希金的诗歌和一些苏联的文艺学著作。

在西南联大，吕荧收获了爱情。1939年，吕荧与同是联大"群社"成员的生物系地下共产党员潘俊德恋爱。1941年，吕荧联大毕业后，在昆明的车家壁中学教书，翻译《欧根·奥涅金》。不久，他和潘俊德一同入川，先去丰都适存女中，后又来到涪陵中学。涪陵是潘俊德的故乡。1943年元月25日，吕荧与潘俊德结婚。然而，他们的婚姻生活并不和谐。1944年9月，长女潘怡（玲玲）出生。1946年3月，次女潘悦（美美）出生。1946年，吕荧奔赴贵州大学任教，潘俊德冒雨连夜去赶，想把吕荧追回。为了谋生和更大的发展空间，吕荧还是去了贵州。

潘俊德对吕荧又爱又怨，说他一心做学问，家庭要为他做牺牲；她要做家务，还要教书，吕荧不体谅她。在孙思白等"群社"成员的劝说下，潘俊德深深佩服吕荧的学问、成就和为人的正直，说着说着破涕为笑。后来潘俊德说："吕荧是个可爱的同志，却不是个可爱的丈夫。"

吕荧一心做学问，不顾家庭，忽视了潘俊德的内心感受，导致两人矛盾不断。传记作家吴腾凰、杨连成著《美的殉道者——吕荧》一书中引用了潘俊德20世纪40年代的日记片段，潘俊德一则日记中这样分析他和吕荧的关系："何佶不是一个普通的个性，他固执倔强，他不会回心转意的，而且事情到了今天，决裂到现在这样的程度，回转又有什么意义呢？何况与他生活也从未有过幸福。""我原谅一个天才的冷酷、自私与残酷……"他们的朋友认为，"潘俊德是吕荧的牺牲品"。吕荧是不是断送了"一个贤惠女性的自由和幸福"，不好妄下结论，但毫无疑问，吕荧在家庭生活中呈现的另一面，让我们看到这位天才被忽略的真相。是否可以这样理解，一个在家庭生活中都丝毫不肯妥协的学者，他怎么可能屈服外界的压力呢？当吕荧以柔弱的身躯，对抗一个时代的浪潮时，正显示出他的孤高和决绝。

1953年3月，长期分居的吕荧与潘俊德在天津正式办理了离婚手续。离婚后，吕荧每月给孩子寄一百元钱，还有一些衣物。后来，潘俊德于"十年浩劫"中"悄无声息"地去世了。

在山大教书时期，吕荧留给人们的印象是，他体弱畏寒。青岛春寒秋热，大热天穿棉鞋，说怕寒气从脚底进来，一到树荫下就加毛衣，一到太阳地儿又脱下。在学生的记忆中，吕荧的住所的书桌上，是一堆打开的书，他废寝忘食地做学问，还带着两个女儿，生活很不容易。

吕荧是典型的知识分子的思维方式，从不会搞人际关系。山大和华东大学合并后，中文系党总支书记，总使人感到有一种"唯我独'左'，唯我独'革'"的气势，看原山大的教授和同学，都是有待于改造的。在这种处境下，吕荧更难和"左"倾气味浓厚的人打交道了。

20世纪40年代，吕荧认为自己从事的就是马列主义文艺学，胡风回忆说："感到他在这方面很自信，觉得除了我（胡风）与冯雪峰，就算他了。"从山大出走时，面对挽留他的学生，他非常自负地说，我的马列主义文艺学，他们不懂。

就吕荧的学术来说，他信奉北大的学术自由学统。就吕荧在政治运动中的言行来看，他深得西南联大人格独立的精神风骨。

敢为胡风辩护第一人

吕荧拂袖而去，离开山大后，去了上海，住在好友何满子家中。吕荧在上海待了一段时间，埋头写书、翻译。随后，吕荧去了北京。他和时任人民文学出版社社长的冯雪峰是至交，因此得以在人民文学出版社供职，整理旧作，并打算重译《欧根·奥涅金》。在北京期间，山大校长华岗曾邀请他回山大执教，吕荧只答应兼职，在山大授课。就在吕荧的生活进入平静期时，谁知平地陡起高峰，他一个不同寻常的举动、一通不合时宜的言行，又将自己的人生推向一个高度。

1955年，"胡风反革命集团"案发，胡风和夫人梅志被捕入狱，胡风案牵连到他的战友们，如路翎、鲁藜、阿垅、绿原、曾卓、牛汉、贾植芳、彭柏山、王元化、冀汸、张中晓等受株连而失去人身自由。全国范围内掀起了一场声势浩大的愤怒声讨和深入揭批"胡风反革命集团"的群众运动。吕荧与胡风是朋友，关系亲密，没有被列入被捕的名单，实属漏网之鱼。在这种情况下，一般人早就和胡风撇清关系了，因为作为"胡风分子"就意味着牢狱之灾。但吕荧没有这样做，他以一种令人震惊的方式，为胡风公开辩护。历史将吕荧——一个柔弱的书生，推到了前台。

吕荧上台为胡风辩护，具体的细节在众多回忆者的口述中，有矛盾之处。但由于多为当事人的亲历亲忆，这就为那天吕荧的辩护，还原了一张历史的拼图。在与会者涂光群记忆中，那天吕荧穿得很厚，和五月底的天气很不协调，张光年很凶的，高呼口号："不许为胡风反革命分子辩护！"会场乱哄哄的，吕荧被拉下台了。

2001年6月，张光年在接受闻敏的采访时，谈及当年的场景：

> 事隔多年，具体情况记不太清了，不过，确有这件事：一次反

胡风的会上，我突然站了起来，向正在发言的吕荧同志提出质疑。那时候，整个是个人迷信，执行上面的决策，开始也吞不下，然后就紧跟，犯错误，经过"文革"才认识了。吕荧同志我不熟，很对不起他……不要再说这件事了！你们搞历史，根据当时的情况，该怎么写就怎么写，我一点意见都没有。

当时的气候已经相当严峻，尤其是在那天的会场上，连沉默都是不被允许的，谁还敢去辩护？更多的当年与会者，在多年之后回望吕荧不同寻常的举动，佩服他的无畏勇气和独立精神。吕荧此举，是他忠实于内心的声音和判断，是西南联大知识分子群体独立于时代潮流之外的一种延续。有人认为吕荧是不懂政治的书生，冒傻气，迂腐，天真，有这方面的性格因素，但更多的是超然物外的清醒的人格力量。古人云："要有英雄气象，人不敢道，我则道之；人不肯为，我则为之。厉鬼不能夺其志，利剑不能折其刚。"以这段话来观吕荧之举，庶几近之。但吕荧并非顶天立地的英雄，只是一个手无缚鸡之力的书生，他所做的，恪守了一个知识分子的良知与使命，如洪堡《德意志道路》中所说，"敢做国家和社会的'校正力量'"。

吕荧在发言时，也许想到了后果，也许没有想到。暂时未上逮捕名单的吕荧，随即被带回家中，从此不让他出门，软禁一年后，才恢复行动自由。

美的殉道者

时间的指针指向1966年，吕荧仿佛是一片羽毛，不知被时代的大风暴吹向哪里。吹向吕荧的罡风首先来自人民文学出版社的一位编辑，他在机关大楼贴了一张大字报，揭发"胡风反革命分子吕荧持刀行凶"。这张大字报别有用心，这位编辑觊觎吕荧的那间向阳房，吕荧在井台上洗苹果，手里拿着削水果的小刀，与此人发生争吵。 6 月初，吕荧"以'反革命分子'影响社会治安的罪名，经公安部批准，收容强制劳动，押送北京良乡收容所（代号 268）"。 1967 年 10 月，被押送至北京清河劳改农场。

吕荧被捕时，随身之物是一床破烂棉花套，一个箱子，箱子里装着他未完成的文稿、一台打字机、许多蜡烛。 如此拙劣的条件下，吕荧心中仍然想着秉烛完成他的美学论文。 吕荧被押送到清河劳改农场时，已经是衣衫褴褛，身上穿一件藏青色的中山装，一条土黄色裤子，外面罩一件脏得发黑的旧风衣，赤脚穿一双胶鞋。 清河劳改农场，清河，这名字的背后是对吕荧的非人待遇。 粗糙又不足量的饭食，力不胜任的劳动，折磨着本来就体弱畏寒的吕荧，憔悴不胜衣，而辱骂和殴打又是常有的事。他的蜡烛被人骗走，打字机被大队长"借"走。 一无所有的吕荧，仍关注高墙外的形势，一早一晚注意听从高音喇叭里传出的新闻报道。

据和吕荧同在清河农场改造的难友姜葆琛回忆："猪圈外有一片稻田和苗圃，田畦上的茨菰盛开着洁白的花儿，吕荧常常走到那里，绕着那花儿转圈子。 他挂着一个木棍儿，野地的风拂着他那褴褛的衣衫。 他一面走着，一面喃喃地赞美那些花儿：'真美啊，真美！'"吕荧一直有想活着出去的信念，他认定自己无罪……然而，他没有机会。

1968 年的冬天，对吕荧来说是一个异常寒冷的季节。 他能看到太阳，可是，感受不到丝毫的温暖。"吕荧心身交瘁，如风前残烛。 加上饥饿，有病无医无药，那床长满虱子的破棉絮早已难遮风寒，人变成皮包骨头，命如游丝。"只剩一口气支撑着这位美的殉道者。

漫长的冬季过去了，1969 年的春天来了，绿草悄悄地萌芽，燕子快飞回来了，瘦得皮包骨头的吕荧，体重才 50 斤，这身躯再也无法承受风吹草动，他注定无缘这个春天。 1969 年 3 月 5 日，一领苇席，卷起瘦骨嶙峋的吕荧，两只脚还露在外头，被人在盐碱地的河滩上挖了坑，草草埋了。

1979年5月31日，公安部在《关于吕荧同志被收容强制劳动问题的复查结论》中指出："吕荧同志是在林彪、'四人帮'的干扰和破坏下，于1969年3月5日清河农场含冤病亡。现撤销原收容吕荧同志强制劳动的决定，推倒一切不实之词，予以平反，恢复政治名誉。"

（节选，原载刘宜庆《浪淘尽：百年中国的名师高徒》，华文出版社2010年版）

2010年

忆美学家吕荧老师贵州执教

萧　荻

吕荧是位撰著丰巨的学者。他出版有《人的花朵》《火的云霞》《文学的倾向》《艺术的理解》《普希金传》等十多部书，并翻译出版了《欧根·奥涅金》《仲夏夜之梦》等外国名著。他思想先进，学识渊博，正值他盛壮之年（1946—1947年，时33—34岁），曾在原国立贵州大学文理学院历史系任教。在他短短的讲学期间，给我们全班、全系及至全校同学留下了美好、深刻的印象。为怀念他，我应约曾于1983年在安徽《清流》文学杂志发表过一篇《寒窗荧火》的文章。以后，他的同乡安徽滁州的吴腾凰先生，为纪念他，专门出版了《美的殉道者——吕荧》一书，把吕荧先生一生坎坷经历中在贵州大学执教的这段生活，列入第11章，而专门用拙文《寒窗荧火》为题，书中详细记录了他1946至1947年在贵州大学的那段经历。

吕荧是一位公认的好老师，在培育青年学生和传播进步思想方面，对贵州教育事业是有贡献的。以后，又成为国内有名的美学家。我很想介绍他、纪念他。

1946年，抗日胜利的第二年，我考入国立贵州大学文理学院历史系。当时学校教师的阵容是很好的，就教过历史系的老师而论，有本省的教育家如刘方岳、杨文山、朱厚锟、丁道衡等，有从四方八面请来的教师，如姚公书、王德昭、何佶（吕荧）、邝炯新、刁鸿翔、张宗和、汤炳正等。吕荧老师给我们开西洋通史。他个子瘦高，戴深度眼镜，一头乱发，灰布长衫，背略伛。讲课时轻言细语，说的是安徽的普通话，悦耳易懂。章节板书，条理清楚。同学们很喜欢他，对他讲课的评价是四个字："一清如水"。在他讲课中，特别对上古史的希腊悲剧、中古黑暗时代的文艺复兴、近代的法国革命、俄国新旧文豪，尤多着墨，我印象很深。他的为人很和蔼、诚实，因此同学们很愿接近他。

记得我和几个密友，本系的龚谆、郭必勖、冉崇实、王荣凡，中文系的康宏俊，外语系的纪运卓等人，相约去过他家好几次。第一次是我们本系几个同学路过第一教学楼时，见到底下一层的一扇窗子，在四面黝黑的秋夜，显得格外明亮，像茫茫大地上的一只萤火虫在发光。这好像就是何佶先生的宿舍。我们一块冒昧地来到那间小屋子，叩门求见。何佶先生正坐在窗子边，就着微弱的灯光，伏案写东西哩！原来那盏灯也并不怎么明亮，只是由于秋天月仄，到处一片漆黑，在山群围抱的荒野中，从外面看来显得明亮而已。他见到本系的不少学生，客气站起身来，笑着招呼我们坐。坐哪儿呢？就是挂着帐子的一张单人床，一把椅子，两个凳子，大家便挤坐下来。我年纪最小（那时才16周岁），我自觉地就靠窗桌子边站着。何佶先生反靠在桌边也弓背站着。郭必勖等同学就表达了大家来的心情：因为先生讲课很好，容易懂，很清晰，记笔记也省力得多，大家很喜爱您，早就想到您这儿拜访。今天虽然夜深了，看见了灯光，便冒昧来了。他很谦逊，微笑一下说："我总觉得该给同学们多讲一些东西，但是'通史'只是条脉络、基础，上课时间每周也只几小时，对大家心里总是欠欠的。"随后，他详细地回答了同学们提出的关于考古学方面的问题。同学们认真地听着，有的还悄悄摸出纸笔记下，而大家都钦羡地直点头，他很渊博。

我哩，因为站在靠墙窗边上，边听边低下头看何先生的桌上放有几本书，一叠稿纸，一支打开的钢笔。我俯身在桌上随意翻翻，第一本是抗日时期草粉纸印的厚书，打开看，是行诗，封面上印着：《叶甫盖尼·奥涅金》,"俄　普希金著,吕荧译"。我颇喜爱中外文学名著,旧俄的作品在我头脑里已构成一种银灰的色彩。我不禁默读了几句。后来我又翻了本小册子,书名是《人的花朵》,也是署名"吕荧"。在同学们与何先生谈话时,我低吟了几句(据回忆):

> 作家的情感与理念的本质,常常隐在复合的艺术具象里面;常常像是一个霹雳中最强的声音,一道电光中强的光芒;有的也像隐藏在丛绿之后的花朵……

我虽然轻轻念着,却远远不能理解其中的含义。但词语新颖,吸引着我想去理解它……我不由冲口而出地问先生一句:"老师,这吕荧写的书还不少哩!是您的好朋友吧!"何先生笑笑,转过身对我腼腆地轻声说道:"这是我的笔名。瞧,这种纸也太糟糕了。"

顿时,使我对弯身站在我面前,戴着深度眼镜,穿着普通长衫的先生,更增了敬意。我对有著作问世的作家、学者是常有一种神秘的尊敬心理的。原来这些书都是老师写的,都出版了。"这还是未来前,在昆明、重庆写的。译得也不怎么好。比如'叶甫盖尼'这四个字也可译为'欧根',我觉得后者不理想,我不十分满意,所以用了前边这四个字。"何先生这样说着,全屋的同学都走到桌子边,翻阅起书来,一边啧啧羡赞:"老师真是学识渊博,布衣文秀。……"

这以后,我约了几个同学又去过一两次。后来就看不见那"寒窗荧火"了。我打听,他搬到女生园附近的教职工宿舍去了。我个人又到过他家几回。虽然木板房间似乎大了一些,但他翻出了一箱箱的书,安了几个书架,甚至不少书还捆着搁在地上,并不见得住处很宽裕。使我印象颇深的一次是,我到他家去,他正在收拾一些报刊,其中有一种叫《时代周报》,也有他写的文章,仍署名叫吕荧。我略看看,刊物中都是些呼吁和平、争取民主、反对独裁的杂感。吕荧侧重写的是进步文艺和历史研究方面题材。他这一回,用深度的眼镜,对我不住地作打量。他笑说:"你是班上最小的一个吧!我看你演过平(京)戏,还戴着旗子打两下。""老师笑话,我从小就喜欢戏剧。您这书架上不也是有不少戏剧书吗!"我说着颇好动,也没经主人允许,抽出了一本《雷雨》。我说:"这个话剧贵阳也演过,我们学校同学也正在排演。"先生便问我:"这戏说了些什么?"我说:"就是一家人,你爱我,我爱她。老头子挺坏的。乱七八糟,哭哭啼啼。一家人给弄死了好多口子。""哈,这是剧情。实际作者写了我们国家未曾消失的封建家长制,那老头是代表;但又当上了资产者。他压迫着里里外外的人,导致了像霹雷暴雨似的一场灾祸。这是一出反封建反压迫的戏。"何先生又说:"曹禺在写剧本时,也并非先想好这两句话才下笔的。他只是把万家宝大家族的那些生活纠葛,有组织地搬上舞台。但演出后,这些年,不少人在分析评论它。是别人说的这两句话,曹禺后来'追认'了。"

我记得,他还翻开薄薄的草粉纸印的《人的花朵》中一些对鲁迅、曹禺、艾青等作家的评价文章,但我当时只会看作品,对文艺评论不懂,尤其文中提到的许多诗歌、小说、戏剧,我还没有看过,也就很不容易留下更多印象。我只懂了一条,作家的作品,要经过评论家的分析品评,才更能引起人的瞩目,体现出价值。

何佶老师一直教完了我们这一班的西洋通史。他讲课的笔记,可以说是一部现成的书稿。我们班上同学喜欢听他的课,就是迟到了,都会感到遗憾,马上借别人的笔记补上。

1947年上半年课讲完了。一天我又到他那儿去玩,看见外语系的一位助教在他那里,帮着捆书。我知道何先生要离黔回乡去看看时,希望他能再来给我们上课。但是,先生此去就再也没有回来了。

原来,他抗战前在北京大学历史系念书,参加过进步的"浪花社"文艺月刊活动,早就爱写诗歌、文论。又从学于白俄籍教授习俄语,专注于俄国文学。又从德国侨民学德文。抗战后随流亡学生南下,经南京、武汉，拜识了胡风。他在《七月》期刊中发表了小说，后因去延安未成，到了成都，因病留滞。1939年始入昆明，在联大历史系复学，参加进步的"群社"活动，与同学潘俊德恋爱后结婚。在《七月》上发表《人的花朵》，翻译《普式庚论草稿》（高尔基著）。1941年毕业，在联大附中任教，即着手译《叶甫盖尼·奥涅金》诗体小说。出版后，又翻译出版卢堪察尔斯基著《论普式庚》。1943年到四川任教于各中学，常去重庆，经胡风介绍，认识邵荃麟、冯雪峰及骆宾基等人。又在胡风主办的《希望》上发表对杨晦《论曹禺》的论文，第二次出版了《叶甫盖尼·奥涅金》。1946年，应他的学友王德昭（也是我们历史系老师，教史学史）邀约来到贵州大学历史系任副教授，时方32岁。但他在贵州大学，与王德昭老师，均郁郁然，很不得志。另外，他们这一批年岁的人，史学观、治史法，也与学校当局所要求的，甚有不适，也就被某种保守势力所排挤，离开后就不回来了。

1947年暑期与王德昭老师一块离开贵大后，何老师先到台湾师院任教，以后又与王德昭老师同在香港。王老师在中文大学执教，何老师便在1949年离港赴北京，应邀去参加全国第一次文代会。后又在山东大学任教（在山东大学任中文系主任）。再以后就听说他调到北京任《人民日报》文艺部顾问。我又看到了他的第三次由人民文学出版社出版的《叶甫盖尼·奥涅金》问世，和《美学问题——兼评蔡仪教授的新美学》等论文发表，十分高兴。

对何佶（吕荧）老师，凡在贵大受过他教益的人，凡是听过他的课的学生，可以说，没有不对他深表钦佩和怀念的。

［节选，原载姚钟伍主编《贵州文史资料选辑（第30辑）》，贵州人民出版社2010年版］

2011 年

吕荧被揪下台

罗 孚

吕荧,是另一个背过"胡风分子"的骂名而受到侮辱和损害以致发疯的人。

他是有名的文艺理论家,出版过有名的《人的花朵》。他在台湾师范学院教过书,一九四九年逃出台湾经香港回到北京。做过山东大学的中文系主任,因为"文艺教学中的偏向问题"被赶下台。

胡风问题一出来,全国文联主席团和作协主席团开扩大会议,吕荧上台为胡风辩护,话未说完就被揪下台来,受到"隔离审查"。一年后,审查解除,说他"没有参加胡风反革命集团活动"。

但他从此精神上有了毛病。"文革"开始后,又以"反革命分子影响社会治安"的罪名被押送劳改农场,一九六九年因冻饿而死。

当解除审查后,一天他去找梅志,解释那一次登台为胡风辩护的事。"我只是说明胡先生不该发表舒芜的错误文章,但这不是政治问题,是认识问题,不能说他是反……我还没有说完,周围就有一群人喊起了口号,嘘我下台。我还想申辩几句,这时跳上一个人,是我认识的一位诗人和理论家,他一把抓住我就往下拽,我害怕他一口会吞了我呢……马上家里就来了人,不让我出门了,就只叫我写交代。就这么软禁了我一年,才恢复了我的自由。"

梅志问他住在哪里,他说是出版社宿舍。梅志问他:"你不是花了一大笔钱，买了一处房子吗？"他说："房子？是买了房子，可是被人霸占着，要他们搬，不搬，反骂我是反革命。我就和他们对骂，你们才是反革命，你们读过多少马列主义的书？你们懂什么是革命？他们骂我是胡风分子，我就骂他们是国民党分子。他们骂我，我就骂他们，常常闹到派出所去。我不怕！"他越说越激动，满脸通红了。

他忽然很神秘地对梅志说："你知道，最近周扬和林默涵同志到古巴去了吧。那地方可是去得的？是美国的后院呀！回来的已经不是他们了，早已被换掉，是假的了。"这一下，梅志有些吃惊了。说："不至于吧，古巴现在是革命政权了呢。我在《人民日报》上看到周扬最近的照片，不是假的嘛。"再谈下去，才知道他其实已经有了精神病。

他去过上海，被送进精神病院住了一年才回北京。"文革"一起，又因为手持一把削水果的刀被揭发为要"持刀杀人"，实行阶级报复，于是成了妨碍治安的罪人，押去强迫劳改，受到百般凌辱，窝窝头常常被骗走、抢走，终于冻饿而死。

（原载罗孚《北京十年》，中央编译出版社 2011 年版）

2011 年

往事、传统和一个学院的成长

郑　春

如果用两个词汇来概括我自己心目中的学院，我愿意选择"厚重"和"影响"两词。首先说厚重。我最早知道自己所在的山东大学文学与新闻传播学院和她的前身山大中文系，是因为一本字典。那是"文革"后期，我还在读小学，在那个特殊的年代，在那种知识特别贫乏的时刻，我惊奇地听说，在当时的中国，除了那本妇孺皆知的《新华字典》之外，还有一本小字典是我们山东人自己编的，叫《学习字典》（山东人民出版社1974版），它的编写者有一个集体的名字，叫作"山东大学中文系"。当时负责此事的人便是语言文字学家、书法篆刻家，后来大名鼎鼎的蒋维崧先生，曾任我们中文系的副主任。我不知道这个世界上有多少大学和院系能够独立编写自己的字典，但我相信能够有信心和胆量去做，并且有力量完成这样一件事情的院系，一定是一个厚重的集体。1980年我考入山大中文系读书，后来一直在这里工作，当长时间地面对一代代的先贤名师及其学术成就时，我更加深深地体会到"厚重"二字的丰富内涵。

再说影响。来到这里，你会有一种感觉，你始终生活在鲜活的历史及其浓郁的影响中。在这里，只要你清醒而认真地生活着，你多多少少都会感到，仿佛有一个巨大的存在始终伴随和影响着你，让你轻飘不得，张狂不得，也懈怠不得。工作以后，我走过许多地方，无论是在国内，还是在海外，每当人们话题转向各自的学校，便常常听到学界同人亲切地谈起我们。他们往往知道齐鲁大地上的这个学校及其中文系，而且津津乐道她的历史并高度认可她的成就，最让我们自豪、温暖同时也是压力重重的一句话，就是那句"山大文史见长"或者"山大中文很好"。我们深切地感到，无论你意识与否，无论你承认与否，有一种无形的力量竟是如此的巨大而深远……

那么，是什么促成这种厚重的积淀并产生如此广泛的影响呢？这就进入我们想说的第二句话：为什么能够成为这样一个学院？可以总结的因素很多，我们认为其中最重要的原因或许有三个方面，我把它概括为：重情义，尚风骨，尊学术。

先说情义。好的大学是由无数美妙的故事组成的，当我们用心去梳理我们自己学院的美妙故事时，发现其中最精彩、最吸引人也最具生命力的往往都是情义之歌。说起母校，我们的校友臧克家老人用了"一往情深"这个词。他说："山大对我一往情深，我对她也是一往情深呢！"是的，尽管漫长的历史中也有种种不同的杂音，但重情，重义，一往情深，确实是我们学院最为重要的传统。去年闻一多先生的长孙、中国社科院闻黎明研究员来山大，专门访问了我们的学院，他对我说，来到这里有一种回家的感觉，因为他的爷爷是我们学院的第一任院长。在山大校园散步的时候，我们谈了许多当年闻先生留在这里的故事，讲到那份著名的试卷"人生永远追逐着幻光，但谁把幻光看作幻光，谁便沉入了无底的苦海"以及由此产生的系列故事；讲到诗情画意的"闻门二家"（陈梦家、臧克家）以及伴随他们的诸多悲欢离合；特别讲到了闻一多离开山大的原因以及在学潮风云中他黯然离别时的伤感。由此引来另外一段往事：在那种特殊的时刻，学生臧克家对校内的问题持有不同的看法，对老师闻一多的处境则很同情，因而"孤雁出群，没有参加这次学生闹的风潮"。大概是想到这段难得的"忘年交"以及学生"孤雁出群"的悲凉，闻一多在愤而辞职离开青岛时，给自己喜欢的弟子臧克家写了一封信，说："人生得一知己可以无憾，我在山大交了你这样一个朋友，也就很满意了。"古人说得好："问渠那得清如许，为有源头活水来"，我常想，我们学院之所以拥有这样的凝聚力和感召力，山大中文之所以享有海内外的良好声誉，很关键的一点是因为有一股情感的活水，滋润了我们一百年。

再说风骨。何谓风骨，词典的解释是：骨气，刚正坚强的品格。我们所说的尚风骨，不仅是指崇尚这样一种品格，更是指愿为这种品格付出代价，以及付出代价时所表现出来的那种大气、坦然和义无反顾。这一传统的突出代表是吕荧先生，中华人民共和国成立后我们的第一任系主任。这是一位深受学生喜爱的老师，听过课的学生这样回忆他："理论功底特别深厚，戴着高度近视的眼镜，他的形象就像瞿秋白，很俊秀。"本来在那次的著名的批判大会上并没有吕荧先生的事，也没有安排他发言，甚至有好心的领导事先已经给他交过底了，然而在那种一边倒的氛围中，强烈的正义感还是促使他站了出来，顶着强大的压力，力排众议，喊出了直到今天依然令人震撼的声音。随后的事态发展众所周知，吕荧先生为此付出了惨痛的代价。他后来一再说，自己不后悔，既然选择了站起来，就愿意为此承担苦难。只是遗憾一点，作为学界"美在主观"派的代表人物，自己再也不能安心地遨游学术世界，再也不能静下心来研究自己钟爱的美学了。吕荧先生最后在即将告别人间的时候，除了长时间的沉默，他常常凝视着囚室外的几株白色茨菰花，自言自语："真美呀，真美！"他是那样地热爱美和美的研究，那些美丽的白花无疑承载着他的寄托、期待和不死的梦想。不知道在那个告别的时刻，吕荧先生是否想到与他同样境遇的一位朋友的诗："要开做一枝白色花——因为我要这样宣告，我们无罪，然后我们凋谢。"后来在埋葬他时，有心的同志将一朵被他揉皱了的小花放在他的胸前，伴他长眠。抗战年间，在极端艰苦的日子里，吕荧先生节衣缩食自费出版过一本书，他给它起了个好听的名字叫《人的花朵》，用它来称赞鲁迅、曹禺等他喜欢的作家作品，我们以为吕荧先生也是当之无愧的"人的花朵"。

尊学术，其实远远不止于尊重，更深处是一种敬畏，以及由敬畏所升华出的境界。昔为书生，今为书死，薪尽火传，视学术为生命。自从进入山大文学院，这样的故事听到的多了。但我没有想到的是，几个月前我竟然亲眼目睹了这样一幕。周来祥先生去世后，学校以最隆重的礼节为他送行，文学院师生深为感动。我最后一次见到周先生是在他做完大手术后不久，那天我和学院的书记到病房中看望他，我们曾经设想过可能出现的各种场景，但无论如何没有想到的是，大病之中的周先生竟然在给一位博士生上课。病床上摆着论文，上面还有密密麻麻的修改文字，因为是喉咙手术，他的声音非常的低沉和沙哑，但他的神态却是那样的认真和投入。那一天，见到我们，周先生用低低的嗓音断断续续地谈了许多，谈到文学院的学科建设、人才引进以及抓住机遇、再创辉煌等。他还特别告诉我，院里要的校庆110周年纪念文章他已经修改完毕，题目就叫《我的大学》，很快他会让女儿周文君发给我。也就是在这篇文章中，周先生深情地寄语百年母校："我们的山大是一个美丽的山大，人文的山大，是一个具有很深文化底蕴的山大，我们历来是'文史见长'。"想起这难忘的一幕，我有一种深深的感慨，周先生也给我们上了最后的一课，这一课让我们明白了什么是真正的学术尊严，什么是真正的精神魅力。梁启超先生有一句名言"战士死在战场，学者死在讲座"，周来祥先生重病之中的这一幕最真切地诠释着这种情怀，它将永远留在我院师生的集体记忆中。

　　我常常沉浸于这些往事，感慨于这些故事，并把它们视为我们学院得天独厚的宝贵财富。因为故事的力量是巨大的，它不是教科书，但胜似教科书，它以一种学生愿意接受的方式滋润、营养着他们，像知时节的好雨，润物细无声，并最终赋予我们的学生一种独特的精神气质和生命底色。有同事曾经略带自得地说过：同样的孩子，也许入校时分数还不如别的学院高，但经过几年的熏陶，咱们学院的学生就是不一样了。我清醒地知道，这话当然带有自夸和自我鼓励的成分，是否做到很难说，能否做到也难说。但说心里话，这确实是长久以来一代代学院师生内心深处最为热切的期待。然而期待的同时也伴随着沉甸甸的压力，那就是：当时代发展到今天，当百年文院的接力棒交到新一代人手上，我们应该怎样去办好这个有着如此历史和如此传统的学院呢？

想做的事情很多很多，我们也有各种的计划和规划。但最为渴望和迫切的目标有两个：一是聚天下名师；二是筑精神家园。大家都知道，山大历史上的两次辉煌都是以师资"集一时之盛"为突出标志的，是所谓"人才荟萃，大师云集"。我们认为，这也应是我们学校走向第三次辉煌的鲜明标志。什么是大学？教授就是大学，所以凝聚和造就一批具有标志意义的一流学者是重中之重。近几年来，我们下大功夫努力引进国内学术领军人物和潜力巨大的中青年学术骨干，一批享誉学术界的教授陆续从北京、上海、南京和深圳来到山大荣任我们的一级教授和齐鲁学者。这些学者的到来意义重大，他们的选择不仅大大地提升了我院的声誉，更为重要的是，先生们以其厚实的学术功底有效地强化着学院的学术实力。

再说精神家园的建设。自从大学诞生在这个世界上，她就成为人们寄托着诸多期望的精神家园，所以著名的哈佛校训谆谆告诫人们：人无法选择自然的故乡，但可以选择心灵的故乡。也正是这个意义上，曾经写下不朽名篇《再别康桥》的诗人徐志摩用诗一般的语言对剑桥大学说：汝永为我精神依恋之乡！我们另外一个目标，就是竭尽全力把我们的学院建设成一个真正的精神家园，用我们的教学、科研以及全部工作，建设一个让学生们感到亲切，愿意记住并且深深依恋的精神家园。德国哲学家雅斯贝尔斯有一本令人一读难忘的书，题目叫《什么是教育》，他用极具情感的词汇描绘说，好的教育"就是一朵云推动另一朵云，一棵树摇动另一棵树，一个灵魂唤醒另一个灵魂"。我们就是想努力建设这样一个地方，她具有强大的"推动和摇动"的力量，她能够不断地"唤醒"来到这里的有志青年，努力上进，艰苦奋斗，去成就自己的人生理想和事业之梦。在送别今年毕业生的时候，我曾经对他们说：感谢命运，让我们来到这个学院，让我们共同拥有这样一个精神之家。在你最好的岁月里，天南地北的我们聚集在这里，因为一门课程或专业，为了一段历史和人物，一同聆听，一同追寻，一同欢笑乃至一同落泪，这是多么美好的人生际遇啊。多少年后，沧海桑田，可能许多东西都变了，但这样的家园无疑会支撑我们一生、温暖我们一生！我们就是想建设这样一个精神家园。

（原载《中华读书报》2011 年 11 月 9 日）

2012 年

寂寞的吕荧

林伟光

吕荧真的不应该如此寂寞,但浮尘的这个世界就这么残酷。好在也还有人记得他,最近,我读到他的学生的一篇文章《缅怀吕荧师》,其中记载的虽不过碎影,斑驳间却也摇曳出修竹似的节操。而最感人的,还是这文章最后的几句引用涅克拉索夫回忆杜勃罗留波夫的诗句:

怎样一盏理智的明灯熄灭了,
怎样的一颗心脏停止了跳动……!
大地的母亲呵!
这样的人/你倘不时而差遣到世上/生活的田野就荒凉……

那么,这位吕荧先生究竟是怎样一个人呢?好像不是很有大名气者。他搞翻译也搞文学批评,在大学教过书,一部《中国现当代文学史》,即使再宽容,留给他的也不会有更多的篇幅,更多的或者会省略了他。可是,这却是绝对不能淡忘的人物。据学生回忆,他的学问很好,学生李希凡曾为其编过一本《吕荧文艺与美学论集》;不过,他留给人们的,相信不仅此也,更有他那闪光的人格魅力。

尘封的历史,有时也还不会因种种的原因而沉埋,偶尔间会因现在或未来的某一个有心人的掀动而触目惊心,会让我们一瞥之下,再也难以忘怀。吕荧，就是在某次的回眸中，那么鲜明地跳进我的眼帘，以一种个性的特别强烈地撞击我的心扉，震颤——我不讳言自己当时的震颤。

（节选，原载《羊城晚报》2012 年 3 月 4 日）

2012年

吕荧先生离开山东大学的前前后后

田 钢

山东大学素以文史见长,梳理其文学源流,老舍、闻一多、梁实秋、沈从文等一批大家的名字,耳熟能详。但有一个名字也是绕不过去的,那就是文艺评论家、美学家、翻译家吕荧先生。他于1950—1952年任山东大学中文系主任并主讲文艺学。由他引发的那场文学与政治交织的争论,成为20世纪50年代初期文艺界、学术界颇引人关注的一朵浪花。60年过去了,根据当事人回忆以及不断公布的相关资料,就吕荧先生因受"批判"而离开山东大学的前前后后及1955年的再次"缺席审判"进行反思,应该是很有意义的。

吕荧(1915—1969),于1950年10月应聘到山东大学任职。作为一位进步的学术权威者受到重用,主政中文系。翻开他的历史,可以清楚地看到他的进步足迹,吕荧1935年考入北京大学历史系,读书期间即参加一二·九爱国运动,为北平革命文艺团体浪花社的主要成员,抗战爆发后,参加中华全国文艺界抗敌协会。1939年到昆明,在西南联大复校,参加党的外围组织"群社",并开始翻译普希金的长诗《欧根·奥涅金》。联大毕业后一直在大、中学执教。其间与冯雪峰、邵荃麟、胡风、骆宾基等进步人士过从甚密,积极从事大后方的革命文艺活动。为迎接中华人民共和国成立,1949年4月,经由香港去北京参加了首届全国文代会,之后到大连作协从事工人文艺活动。他精通俄、英、德文,对普希金、高尔基、苏联文学史、文艺理论和美学均有很深的研究，先后出版专著、译作多部。因此，在山东大学欢迎大会上，原中文系主任王统照热情地介绍了吕荧教授之后，学生掌声雷动。既有不舍王统照先生的离任，也不乏对新到来的吕荧教授充满敬仰之意。他不负众望讲授文艺学，几堂课下来，同学们发现，吕荧讲课实在非同寻常，内容丰富，分析透彻，见解精辟，有一套自己的理论系统，且能深入浅出地表达，教学水平受到称道。在当时，大学的文艺教坛还刚刚开始接触马克思主义，吕荧在教学中试用新的文艺观点来分析讲解中外文学作品，应该说是难能可贵的。

但这种努力并不能满足一些学生的要求，特别是1951年3月山东大学与华东大学合校后，原华大中文系的同学合并进来，他们过去较多的学习了马列主义基本知识，有强烈的理论联系实际的冲动。时任山大中文系党组织负责人邵平回忆说：

> 文艺学这门课由吕荧主任开设，当时，吕荧教授的文艺学，有的同学认为理论教学中有唯心论的观点，有教条主义、脱离实际倾向，要求联系社会生活与文艺思潮，理论研究中要求老师评论一些著名作者的资产阶级唯心论倾向。要求重视毛主席文艺理论学习，如何以《在延安文艺座谈会上的讲话》为指导教好文艺学这门课。

课代表李希凡回忆："一九五一年党领导了中华人民共和国成立以后第一次教学改革，同学们本着改进教学的热情，向某些课程提出过意见，我们也这样做了。曾写过一纸可以叫作'小字报'的意见书。"这时《文艺报》以显著版面发起了关于高等学校文艺学教学问题的讨论，思想倾向非常明显，认为教学中有严重的资产阶级观点。

中文系办公室资料员张祺根据学生反映的不太全面的情况向《文艺报》投书，直指吕荧与他所讲授的文艺学课，事情被推到风口浪尖上。

张祺的文章以读者来信刊载于《文艺报》第五卷第二期（1951年11月10日），另加有"编辑部的话"，并冠以通栏标题。文章指出吕荧在文艺学教学中，不把《在延安文艺座谈会上的讲话》和解放区新文学作品放在眼里，而是大肆宣扬资产阶级唯心论，盲目崇拜西欧和苏联名著，还讲到吕荧用"取法乎上，仅得其中，取法乎中，仅得其下"，来贬低革命文艺作品。这篇上纲上线的文章发表后，在学校内引起了震动⋯⋯

在中文系学生中对张祺文章有着针锋相对的看法，有人认为："同一个讲坛，马克思列宁主义、毛泽东思想要占领，非无产阶级思想也要占领。前一堂课刚讲完辩证唯物论或政治经济学，下一堂课就可以出现关于文学艺术现象的历史唯心主义的说教。讲的人换了班子，听的人却还原地坐在课堂上。"这种观点代表了相当一部分人的态度。但也有支持吕荧的同学出于气愤，将那期《文艺报》撕得粉碎；有的同学联名写信给《文艺报》，指出张祺的信纯属道听途说，捕风捉影，断章取义，片面歪曲，要求澄清事实。吕荧面对各方面的压力，虽然有些紧张，但依然拒绝做任何检讨，他认为讲课既要对自己负责，更要对学生负责。他在与系党支部书记邵平的一次交谈中解释说："文艺学是一门常识性的文艺理论课，不能过分强调理论联系实际，介入全国文艺理论思潮，文艺理论界的研究倾向问题，由我们老一辈负责，青年人不必操心。"显然，吕荧的任何解释都难以平息这场争论。经过协商并经学校领导同意，决定召开座谈会扩大讨论，广泛听取同学们的意见。原本要在大礼堂开批判吕荧的大会，而华岗校长不赞成开成"批判"会，最后，大会的横幅上写的是"文艺学理论教学讨论会"，邵平回忆组织会议的情景："我将中文系的教学情况向余修教务长、吴富恒院长做了口头汇报。经过讨论决定，在大众礼堂召开文学院师生大会，广泛听取群众意见，沟通师生思想，改进文艺理论教学，并向华岗校长汇报筹备经过。华校长指出三点：其一，会场布置要表明为'文艺理论教学讨论会'。其二，会议由吴富恒院长主持。其三，发言时防止乱戴政治帽子"。

座谈会开始后,文学院吴富恒院长宣布文艺理论教学讨论会的意义:发扬民主,集思广益,教学相长,改进教学。接着吕荧介绍了文艺学这门课的计划要求,让大家发言。首先由中文系三位教授发言,历史系的教授也踊跃参加讨论。学生发言的有张华、吕家乡、李希凡等四人。集中讨论了如何以延安文艺座谈会的思想为指导讲好文艺学这门课程。座谈涉及关于反对教条主义、理论联系实际问题,对胡适、俞平伯、朱光潜为代表的资产阶级文艺学方向能否开展批评问题,对解放区人民文艺的评价,等等。最后吕荧作了总结性的发言,表示感谢大家所提的意见,对一些问题作了解释,情绪也比较激动,与会的蓝翎回忆现场情景:"上台的学生一反常态,激昂慷慨,言辞尖锐,明确地站在《文艺报》和张祺一边,显然事先做了充分的准备。在这样的气氛下,李希凡作为吕荧先生的课代表,来往较多,自然被认为'中毒'较深者,只有检讨的份儿。华岗校长最后发言,态度平和,没有直接批评吕荧先生,只是说《文艺报》提出的问题很重要,带有普遍性,老教师要很好地改造思想,改进教学。希望吕荧听取大家的意见,不要背包袱。"《文艺报》密切关注着山大中文系的这场"批判",据邵平回忆:"这次讨论会的情况反映到《文艺报》后,该报几次来信约稿,学生写了4篇,我整理了一篇综合报道,有个别老师通过陆侃如向华岗校长提出抽阅我的稿件,华岗校长来电话叫我送稿给他看。华校长意见,我的一篇分量过重,不要发出,建议做内部参考,结果在某期《文艺报》上发表了李希凡、吕家乡两篇文章,《文艺报》根据张祺几次通讯整理的一篇短文,吴富恒院长的一篇讨论稿等"。两位文艺学课代表李希凡、吕家乡在压力下写的这两篇检讨文章,还发表在1952年《文史哲》第八期上,题目分别为《批判我的教条主义脱离实际文艺学习》《我在文艺学习中走了弯路》,同期,还发表了《逃兵赶快归队》的短文(指吕荧去上海为逃兵),可视为山大对这次"批判"活动的一个交代。

吕荧觉得自己的权威受到了很大影响,宁折不弯,开过座谈会几天后，径自去了上海。他临行前没有办理请辞，被视为"逃跑"。其实，吕荧这一抉择是既痛苦又无奈，因为家中的两个孩子只有托保姆照顾。在此期间，华岗校长曾去信劝他返回山大继续做教学与研究工作，吕荧复信婉拒了，不久，他应北京人民文学出版社之聘担任特约翻译，后又担任《人民日报》文艺副刊顾问。

山东大学这次对吕荧文艺思想的批判，打着深深的时代烙印。时任山大副教务长的罗竹风回忆说："中华人民共和国成立初期，我们是抄苏联的一套，即所谓'苏联模式'……一时掉不过向来的教授们，就莫名其妙地统统被当作为资产阶级服务的知识分子。因为他们是英美的一套。这样一来，凡是中国过去所有的，几乎都变成反动，至少也是落后的了。"就在《文艺报》开展这一讨论的同时，《人民日报》在11月14日的《文艺生活简评》中也明确指出了要"对错误的教学思想和方法，加以分析和批判"。

1951年11月中共中央发出《关于在学校进行思想改造和组织清理工作的指示》之前，山东大学的思想改造运动已初步开展起来，学生在校刊上公开点名批评老师，从历史系学生王荣先开了先例。校刊《新山大》于1951年11月11日（第23期）以一个整版的篇幅发表了王荣先对丁山教授的批评稿、历史系工会小组《对丁山同志自我检讨的意见》以及丁山的《答王荣先同学的意见兼作自我检讨》。这个专版的"编者按"强调指出："丁山教授在课堂上所发表的一些谈话以及他的教学态度都是不对的，而且犯了原则性的错误。"之后，校刊又刊发了其他院系的批评丁山的读者来信。"山雨欲来风满楼"，全国范围批评武训及电影《武训传》的活动也如火如荼。看来，张祺写信批判吕荧文艺思想不是一时心血来潮，而是在内部、外部的舆论氛围中形成的。

对于这次"批判"的是与非，因认识与所处角度的不同而各异。邵平认为，积极方面是推动了中文系师生对马列主义文艺理论的学习，消极方面是老师对"讨论"的思想准备不足，吕荧拂袖而去，谭正璧老先生不久也退职去了上海。邵平还说："对参与其事的一些人，在人事上也作了一些调整。余修同志调去济南山东师范学院任院长，我也调去附设工农速中任党总支书记兼负教学行政工作……王荣先、张祺等则转送北京人民大学进修学习。这种人事上的调整稳定了文学院老教授们的思想，表明领导上团结知识分子的初衷。"这种重要的人事调动是否因为批判吕荧引起有待讨论，而蓝翎则认为："历史经验证明，对吕荧先生的批判只有消极影响，没有积极作用，相反的却显示了他（吕荧）教学的劳绩。"作为山东大学校长兼党委书记的华岗，用他的权力和影响力，始终力求把这一"批判"置于"内部讨论"的框架内，对吕荧一直关心和保护，但碍于当时的政治大气候和校内的人事环境，他也只能止于无奈。

吕荧这位"正直而纯洁的书生""忘我地追求人生和艺术理想境界的人"（冯雪峰语），历经坎坷，1969年3月5日，病逝于劳改农场，那年他只有55岁。

（节选，原载《山东大学报》2012年4月24日）

2012 年

吕荧：我思故我在

魏邦良

"我思故我在"，在很多人眼中，这是一句老掉牙的话了。然而，在现实生活中，又有多少人愿意去"思"呢？

在我看来，著名美学家吕荧就是一个习惯独立思考、勇于独立思考的人，他的魅力来自于他的"思"，而他的人生悲剧也源自于他的"思"。

早在大学期间，吕荧就不盲从权威，不迷信书本，无论对何人何事，他都习惯运用自己的头脑，放出自己的眼光，加以审视，最终得出自己的结论。

一次和同学谈历史，吕荧对康熙下了这样的断语：

> 康熙是一位了不起的君主，在位六十一年，三次亲征，四处征战，收回沙俄侵占的领土，清除结党营私的鳌拜集团，平定三藩，统一台湾，有条不紊地推行经济改革政策，废止"圈田令"，承认农民原有的土地并让开垦的荒地归农民所有，大力赈济饥民，实行"盛世滋丁，永不加赋"的开明政策，自觉奉行"满招损，谦受益"的古训。每次取得重大胜利，他都拒绝群臣为自己加尊号。他顺应历史潮流，发挥个人才能，符合人民意愿，完成时代使命，非一般封建统治者可与之同日而语！
>
> 朱元璋是我的老乡，我佩服他治国有方，敢作敢为，大刀阔斧

地改革官僚机构的开拓精神，但他为人太狠毒，取得政权后翻脸不认人，大肆镇压农民革命，一生征战之功葬送于专制独裁的封建统治，实在是罪孽、罪孽……

同学听了这番话，问："历史书上是这么写的吗？"

吕荧答："不是。这是我读史书后的思考与总结。同是君主可以有天壤之别，同一个君主也会有昏庸腐朽与伟大开明的两重性，而那些被看作乱臣贼子的谋反者大多是起义的仁人志士、历史的有功之臣，这是人类历史的辩证法。"

同学："你敢在考试卷上这样写吗？"

吕荧回答："当然，尽管老师可以给我判个不及格，也可以批个'异端邪说'，但是，我不会违心地对待历史，何况历史之是非从来就是不以某个权威的意志为转移的。"

吕荧的话掷地有声，但那时的他恐怕还没料到，独立思考是要付出代价的，有时甚至要付出生命这样昂贵的代价。

20 世纪 50 年代初，吕荧在山东大学任教，主讲文艺学，当时的吕荧非常佩服两位文艺批评家：胡风、冯雪峰，他曾在上课时对学生说："我个人认为，当前最有成就的文艺批评家是胡风和冯雪峰，这两个人的文艺批评比较深刻，也是比较有见解的。当然他们的议论也不是完全正确，关键是我们读书要注意独立思考。"

从这番话可看出，吕荧对独立思考十分看重。事实上，我们知道，如果没有独立思考，就不可能有深刻的见解。

正因为能独立思考，吕荧在任何时候对任何事都能做到不为他人所左右，总能发出自己独特的声音。在山东大学任教期间，很多学生"重政治，轻业务"，作为教师的吕荧对这些学生委婉地提出批评：

我说句不中听的话供你们思考，我觉得你们对一些政治活动有着特殊的敏感，在这上面花费了太多的时间和精力，可是对一些重要的学术理论问题则相应地变得迟钝起来了，当然，不是所有同学都是这样。大学生当然要学政治，但我要告诉你们，大学毕竟不同于政治训练班，它有更多的专业学科，它需要培养多种专门人才，这些道理你们不会不明白的，可往往行动起来就不是那么回事了。前一阵子有报上批判清代那个武训，有的同学也跟着起哄，我告诉你们，你们不要赶时髦，武训有什么错？他给穷人办学有什么错？我有个老乡就学习武训办义学嘛！我这个老乡就是冯玉祥！

思考让吕荧变得冷静、清醒，使他说出这番虽与时代不合拍却极有见地的话。而拒绝思考，放弃思考只能让人变得盲从、轻信、愚蒙。一个人如此，一个民族也如此。

在正常情况下，独立思考并不是多么难的事，而在重压下，坚持独立思考，就必须具备一种罕见的人格力量了。身体柔弱的吕荧就具备这种强悍的人格力量。

1955 年 5 月 25 日，在文联召开的有七百多人参加的批判胡风的大会上，虽然当时的胡风已被官方定性为"反革命"，但吕荧却站起来为胡风辩护，他说："胡风人很直爽，但性格有些缺点，文章晦涩难懂，读者感到吃力。但他不是反革命，他所写的不过是文艺问题上的讨论。"

文弱的吕荧，其嗓音也许不高亢、不洪亮，但在很多人听来，吕荧冒生命危险为"反革命分子"胡风的辩护声一定如同炸雷，若干年后，透过历史的重重帷幕，我们仍能听到这隐隐的雷声。

不过，直到今天，也有不少人对吕荧的行为表示不解，认为是其书呆子气发作。是啊，在一个众人皆"醉"的情况下，唯一的清醒者往往被目为不正常的"疯子"。

不过吕荧并未因苦难的到来放弃思考。思考者的智慧来自思考，思考者的力量也来自思考。"文革"爆发后，吕荧被关进农场，但思考的火焰在他心中并未熄灭，对美仍那么迷恋，对未来仍充满希望。

吕荧当时的任务是喂猪，猪圈外有一片稻田和苗圃，田埂上开着洁白的茨菰花。吕荧常走到那里，围着花转圈子。他拄着棍子，野地的风吹拂着他那褴褛的衣衫。他一面走着，一面喃喃地赞美那花儿："真美啊，真美！"一次，他看四下无人，就对旁边的一位难友说："生活是美好的，一定要活着出去！要有坚定的信念，人民必胜！"

这样一幅画面应该永远地定格在我们记忆深处，它说明了，美是不可战胜的，思考是不可钳制的。是啊，人是脆弱的芦苇，然而，思考，又使这芦苇变得坚韧无比。

为什么在那样灰暗的日子里，吕荧没有绝望，因为他热爱美，相信正义，忠实于自己的思考，思考产生的力量却使他一直未屈服于残酷的命运。他是以战士的姿态倒下的，并未像懦夫那样选择可耻的投降。

诗人顾城说，黑夜给了我黑色的眼睛，我却用它来寻找光明。而我想说的是：思考给了我们睿智的目光，我们要用它追寻真理。

著名历史学家吴晗在名文《谈骨气》中写道："战国时代的孟子，有几句很好的话：'富贵不能淫，贫贱不能移，威武不能屈，此之谓大丈夫。'意思是说，高官厚禄收买不了，贫穷困苦折磨不了，强暴武力威胁不了，这就是所谓大丈夫。大丈夫的这种种行为，表现出了英雄气概，我们今天就叫做有骨气。"

吕荧是弱书生，也是大丈夫，因为他"种种行为，表现出了英雄气概"——也就是骨气。

茅盾曾说："如果广博的知识是孕育独立思考的，那么哺养独立思考的便应是民主的精神。"在那个时代，吕荧这种独立思考者少，正说明了那个时代没有"哺养独立思考"的"民主的精神"。

（节选，原载魏邦良《民国风骨：时代激流中的文化人》，江苏文艺出版社2012年版）

2013 年

批评吕荧先生文艺学教学事件

李希凡

"三反五反"归来,我们误了不少课程,吕荧先生是系主任,可能校党委和他也沟通不够。我这课代表向他报到,他很不高兴,认为学生停课去参加这类社会活动,误了学习,得不偿失。就我来说,这次"三反五反",确实是浪费了时间,而且干的事也十分可笑。但别的同学却是真正打到了"老虎"(即奸商)。所以,我只能解释说,我们是干部学员,在国家需要时,还是应当做点牺牲的,这也是社会实践,对我们了解现实阶级斗争的现状,也是有好处的。我从吕先生的脸色也看得出,他并不满意我的解释,只是不便于同一个学生多说而已。

我在前面曾讲到,中华人民共和国成立前就读过吕先生的《人的花朵》;在华大初上文学系时,又读过了他和何其芳同志关于现实主义问题的论争,我都是倾向于吕先生的论点的,也特别欣赏他评论的美文。在我的心目中,吕先生的文艺学讲课,应是坚持了马克思主义理论体系的,他又是美学家、翻译家,知识广博,学过英文,又自学了俄文。既翻译过莎士比亚的《仲夏夜之梦》,后来又翻译了普希金的《欧根·奥涅金》。他的文章引用的外国作品或文论,多数不用别人译著,而是自己重译,特别是马克思主义导师们的经典,后来他还自己编译过《列宁论作家》。因而,他的文艺学讲授的各种文艺概念、范畴、风格、流派、规律、思潮,都是运用马克思主义立场、观点来进行分析和阐释的。

1951年的9月间，吕先生赴京参加文代会的活动，他的课没有人能代。那时正讲到文学典型问题。他临行时，在课堂上布置了一个就典型问题写学习报告的任务："可选择名著中的典型人物进行分析，加以论述。"但他没有硬性规定，同学们可以自己决定。我觉得，我是课代表，又刚刚读过《杜勃罗留波夫选集》，特别欣赏他那篇论《奥勃罗摩夫》对典型人物的精辟见解，也知道小说作者冈察洛夫看了他的文章，竟敬佩地说：奥勃罗摩夫这个文学典型，是他（作家）和杜勃罗留波夫共同创造的。可以说，在马克思、恩格斯以前，除黑格尔外，真正见解透彻地论述文学典型的，是别林斯基和杜勃罗留波夫。我在这篇学习报告中虽然没有引用他们的观点，却是运用了他们的见解。不过，这只是一个学习报告，我虽然写得很认真，却没想到它可以发表。等吕先生开会回来，我从同学们那里收来了四五份学习报告，一起递交吕先生。文艺学继续上课。一天，吕先生叫我到系办公室去，说你这篇学习报告写得不错，有自己掌握的资料，敢于发表不同意见。升曙梦是日本的大批评家，你对他关于典型问题的错误看法，抓住了要害。做学问就要广纳深收。这篇报告我想在《文史哲》上发表一下，也给华校长看了，他也很称赞（后来知道，当时《文史哲》的主编，是杨向奎先生）。我听了自然很高兴。因为《文史哲》是中华人民共和国成立后最早出版的学术刊物之一，发行十几万册，是老师们和学术界专家学者们发表学术论著的园地。这是第一次发表学生的文章，在当时自然是件新鲜事。那反应也并不一样，在教学改革中，我也爱提点意见，这也并非老师们所喜。比如在文学史教学中，我就提过，应排除胡适《白话文学史》的影响，该著总是局限于形式演变史，应密切联系作品反映的社会现实，阐释它的时代意义和对文学史的贡献，即使形式的变化，也应探索出促成它变化的社会文化的根源，何况胡适的《白话文学史》，像他的《中国哲学史》一样，都只写了半本，算不上学术样板。我记得，当时系党支部书记邵平同志告诉我，有些老师很不高兴，一再追问这个意见是谁提的。其实，我并不是针对哪位老师的课程提的意见，不必讳言，在中华人民共和国成立初期的文教领域胡适的影响还是普遍存在的。

　　1953年以后，我逐渐听到了一些内部情况。吕先生是才子型的学者，心高气傲，身为系主任，说话做事，不留情面，对张祺他是很看不上眼的。中文系的老师们也未必对他的领导作风没有意见，其中还混杂着原来华大的干部和山大的干部中间也有不和谐的因素，总之，促成这场莫须有"批评"的原因是多方面的。只不过，对马克思主义的"教条主义"的批评，却是虚构的。那时在高校的文科教学中，旧的意识形态的遗存还相当严重，老师们的马克思主义的学习，也刚刚在起步；如果真有点教条主义的缺点，倒还是正常现象。

　　据后来所知，老校长华岗同志曾几次劝说吕先生，只要做一点自我批评，就可以继续上课了。但吕先生坚持自己没有错误，决不能做违心的检查，严词拒绝，终于不辞而别，带着两个小女儿，离开了山东大学。这次批评，深深伤害了吕先生作为师长的心，终其一生，再也未去大学执教。

　　吕先生去后，那场批评也匆匆收场，文艺学的课程，也没有另外的老师再来继续。"世界文学"的课也上得稀松，因为多数同学并没有读过多少外国作品，那时翻译作品也出版得不多。现在回忆起来，连罗马史诗《伊利亚特》和《奥德赛》，我看到的都是长篇故事介绍，而非原作。后来我又借来雨果的《悲惨世界》和《巴黎圣母院》，却又受到小组一位同学的批评，说我还不接受教训，整天啃大本本，教条主义。

　　仿佛看书就是教条主义，这是批评文艺学教学给某些同学思想上留下的"遗产"。这时，我本来心情就很郁闷，过去还能及时"逃到书里去"，现在因为"吕先生事件"，连读书都变成了啃大本本，教条主义了。我一赌气，索性就看《水浒传》《三国演义》《西游记》《红楼梦》《窦娥冤》《西厢记》《牡丹亭》《桃花扇》之类，反正这些小说、戏曲剧本，都是冯先生的课程在讲的，看你还能说什么！

（原载李希凡编《李希凡自述：往事回眸》，东方出版中心2013年1月版）

2016 年

"科里红"何佶（吕荧）

何兆武

抗战一开始，很多青年就满怀热情直接去参战了。北大、清华、南开三个学校在长沙组成临时大学，按说三个学校满员的话差不多应该两千人左右，可是到长沙报到的只有八百，连原来的一半都不到。我想那多一半里有一部分是回老家了，但大部分人是参战去了。其中我想到一个人——何佶，抗战爆发时读北大历史系二年级，他直接参加了抗日战争。几年后，到了抗战中期，整个国家的气氛和刚开始不一样了，一来仗也打疲杳了，二来战局发生了变化。国民党主要靠美国训练的现代化军队，不需要"前现代化"小米加步枪的那种作战方式，不再需要那么多人了，他们就回来复学。1942 年，我见到了何佶，这回他只比我高一班。

何佶非常有才华，又喜欢文艺，经常写文章，发表在胡风主编的《七月》上，笔名"吕荧"。《七月》当时是很有权威的文艺杂志，胡风喜欢提拔青年人。过去有这个风气，一个人成名了以后总要带一批青年，胡风就是鲁迅带出来的，他和冯雪峰都是鲁迅的入室弟子，鲁迅非常欣赏他们。后来胡风办《七月》，也提拔了一大批很有才华的青年作家，何佶就是其中之一，是左派积极分子。比如我们选修第二、第三外语，文科的一般都学德文，或者法文，唯独何佶不是这样，他学了俄文。那时候学俄文就带点政治色彩了，表示自己的革命倾向。我曾听到姚从吾先生（北大历史系主任）称赞何佶的俄文好，他翻译了普希金的长诗《欧根·奥涅金》，所以还没毕业就很有名气了，相当于京戏行里的"科里红"。

虽然何佶只比我高一班，不过我从没和他接触过。他们那批同学抗战前就入学了，学号和我们的都不一样，是Ｐ字号（北大）、Ｔ字号（清华）或者Ｎ字号（南开），而我们则是Ａ字号（联大）。所以我们叫他们"老北大""老清华"，虽然在一起上学，但年龄上差了好几岁，社会经验比我们丰富，知识也比我们多。他们自视高一等，我们也自视低一等，相互之间交流很少。何况何佶又是有名的才子，我觉得自己差得太多，自惭形秽，不敢高攀。所以我虽认得他，但他不认得我。

50年代初期，有一次我在山东大学的学报上看到关于他的事情。那时何佶是山东大学中文系主任，思想改造的时候批判过他，他不服气，卷铺盖就走了，这在旧社会是常有的事，但新社会不行。新社会里人是属于组织的，组织让你走才能走，否则等于潜逃。我看那篇批何佶的文章语气非常严重，说："如果你是反革命，我们就追到天涯海角；如果你不是反革命，希望你不要做革命队伍的逃兵！"由此可见，何佶为人的独立性非常强。我有一个外文系的同学叫王仲英，在人民文学出版社工作。他跟我讲，何佶后来就在他们那里，但不是正式编制，属于编外人员，每个月给一定的生活费，随便他写点什么东西。

1955年，全国性批判胡风。5月25日，中国文联、中国作协主席团在北京召开七百人大会。我在《人民日报》上看到报道，说："会上，胡风分子吕荧企图为胡风辩护，受到了与会者的一致驳斥。"在那种场合，他居然敢于一个人站出来为胡风辩护，其人风格可以想见。两年之后，我在《人民日报》上又看到一篇他写的文艺理论的文章，几乎是整版刊登，前边还有一个"编者按"，欢迎加入学术讨论，这就表示对他已经平反了。

［节选，原载何兆武口述，文靖执笔《上学记》（增订版），人民文学出版社2016年版］

2017年

无题柴韵诗八首（三）*

聂绀弩

不管何时解放台，王公且喜不重来。
我除龙井谁耽茗，君入虎林自打柴。
已省明时无弊政，愿为真理一奴才。
吕翁遭捆还挨揍，腹有诗书窍有埃。

---

* 原载聂绀弩著、方瞳编《聂绀弩旧体诗新编》，花城出版社2017年版，此诗写作时间暂无从考，出版于1990年的《聂绀弩旧体诗全编》并未收入。聂绀弩先生1986年去世，现根据出版时间编排。——编者注

2018 年

幽晦时代的一缕荧光
——天长籍著名美学家吕荧逝世五十周年祭

路云飞

一

吕荧，安徽省天长仁和集新何庄人，原名何佶，"美在主观"流派的主要代表人物。

岁月纷飞，山河未老；斯人长眠他乡，已半个世纪。

也许是巧合，他那年死，我那年生；或许是缘分，我现在生活在生养他的天长。

秋收时节的仁和镇，田野空旷，秋风中有扑面而来的新稻飘香。我们循着些微的线索，找到新何庄。何家单门独院，环庄一水壕沟，一架吊桥是进入庄子的唯一通道，在当地甚是闻名；主人何锡麟是安徽自治报社总编，家中叠书满架。1915年11月25日，何锡麟的二公子何佶出生了。

七岁起，何佶便在家中接受私塾教育。他在故乡13年，有着良好教育的童年和少年时光；此后，他到南京求学，进北大读书，先后在云南、山东、台湾任教，在重庆幽居写诗译著，在北京工作，一路风雨颠簸。

从天长新何庄到北京清河农场，他走完55年的生命历程。

因为战乱、土改、分田到户，当年的何家宅院早已不在，只一湾壕沟还隐约可辨。站在鱼米之乡这一片平旷的沃土上，在丰收的秋风中回望前人，我总觉得这里少了点什么。

二

捧读完薄薄的《美学家吕荧》《美的殉道者》，总觉得意犹未尽。为了追寻他的痕迹，我借阅了他翻译的《欧根·奥涅金》，感受满卷流溢着俄罗斯旷远的风情和浓烈而浪漫的普希金的诗意气息；我细细翻看有关他的作品、回忆录，了解他五十多年薄薄生命厚重的遗存，感喟他的丰富、多舛和凋零。

从他的诗歌与论著中，从写他的书卷中，从他人的口中，我渐渐了解他——一位倔强的诗人，一位勤恳的翻译家，一位身体羸弱却铁骨金声的教授，一位敏锐的思考者，一位世人眼里的疯子，一位脊梁挺直的勇士，一位在时代浪潮冲卷之下饱受磨难的美学家。

他有着宁可拂袖而去也不改本色、拒绝苟从世俗、迎合流俗的硬气。

他敢于逆着时代潮流、提出"美是主观"的大胆认知。

他衣衫褴褛，拄着拐杖，面对着洁白的茨菰花，一遍一遍喃喃"真美呀真美"——他至死都没有停止对美的追寻，却死在肮脏与饥寒交迫中，没有尊严。

三

我想起屈原披发行吟泽畔时，与渔夫的对话——

渔夫问："举世混浊，何不随其流而扬其波？众人皆醉，何不铺其糟而啜其醨？"

屈子答："谁能以身之察察，受物之汶汶者乎？又安能以皓皓之白而蒙世之温蠖乎?"

  吕荧的老友骆宾基先生回忆说,吕荧是个爱思考、喜酝酿的人,也是"很自尊而持重的"人。他以一身耿介的书生气,与沉重的世俗较真,与冰冷的晦暗较量:说真话,行真事,做真人——黑白之间,他没想过去取中间的灰;美丑之际,他毫不犹豫地为美执言——他真是蚍蜉撼树,是"疯子"吧。

  但,又有哪个疯子能在疯癫中仍思索着"美"与"好"的论题?——他是浊流滔滔中的一缕清流,虽细,却始终不竭;他是幽暗昏惑里的一缕荧光,虽弱,但一直都在闪亮!

  清冷的月光照着小白花,我想到那把早已不知湮埋何处荒草中的枯骸。五十年了,愿你安息!

(节选,原载《今日天长》2018年12月24日)

2019 年

我与吕荧先生的交往*

赵洪太口述　张洪刚整理

吕荧（1915—1969），原名何佶，安徽天长人。吕荧是进步教授，翻开他的历史，可以清楚地看到他的进步足迹。吕荧于1935年考入北京大学历史系，读书期间即参加一二·九爱国运动；抗战爆发后，参加中华全国文艺界抗敌协会。1939年到昆明西南联大复读，参加党的外围组织"群社"，并开始翻译普希金的长诗《奥根·奥涅金》。1949年4月，经由香港去北京参加了首届全国文代会，之后到大连作协从事工人文艺活动。他精通俄、英、德文，对普希金、高尔基等作家及苏联文学史、文艺理论和美学等学科均有很深的研究。

吕荧是由孙思白引荐到山东大学的。当时山东大学中文系主任王统照奉调赴任山东省文联主席，吕荧便接替担任中文系主任。孙思白比吕荧大两岁，他们有同学之谊，曾同在西南联大读书。孙思白于1934年夏考入北京大学史学系，翌年因参加一二·九运动而休学，后被派回鲁西北

---

*2019年3月5日是当代文艺理论家、美学家、翻译家吕荧先生逝世50周年纪念日。为了深切缅怀吕荧先生，近日笔者采访了吕荧先生在山东大学的学生赵洪太教授，听他讲述了他与吕荧先生的故事。1950年8月，吕荧先生应华岗校长的邀请到山东大学任中文系教授兼主任，主讲文艺学课程。赵洪太此时考入山东大学外文系俄文专修科，成为中华人民共和国成立后山大首批俄语专业学生。赵洪太入学后，成了吕荧先生的文艺学课代表，和吕荧先生多有接触，结下了深厚的师生之谊。本文是赵洪太先生的回忆。——编者注

聊城地区工作，任范筑先将军秘书，其间加入了中国共产党并长期参与党的地下工作。1940年他至昆明西南联大复学并加入"群社"。1946年，山东大学在青岛复校，孙思白应校长赵太侔邀请任山东大学中文系讲师，主讲中国通史。

孙思白与吕荧是西南联大的同学，曾一起参加校内进步社团"群社"活动，毕业后他们经常有书信来往。1950年孙思白向王统照推荐了吕荧，后吕荧经华岗校长邀请来山大任教，同年8月吕荧从大连来到了青岛。我几乎和吕荧同时进入了山东大学。此前，我读了青岛图书馆和文化馆的一些哲学书籍，艾思奇的《大众哲学》是我的最爱。出于对马列哲学的浓厚兴趣，为了方便阅读俄语原著，我便报考了山东大学俄文专修科。我的数学考了零分，物理、化学分数是个位数，语文、政治、历史、地理考得很好，以不低的总分成绩，考入了山东大学。

吕荧身材细高，脸庞白皙而清癯，戴着一副深度近视镜。他给山大中文、外文、历史系学生上文艺学课。他上课是在一个大教室，听课的学生很多，走道上都站满了人。他身体虚弱，讲课声音很低，给他配备过扩音器，由于扩音器不稳定，效果不好，就不再用了。吕荧每堂课都准备讲稿，我是外文系文艺学的课代表，学生的作业由我收齐后送到他金口路的家中，等批完后我再取回发给同学。

吕荧先生批改作业非常认真。当时中文系文艺学的课代表是李希凡，他在吕荧的鼓励下写了一篇作业《典型人物的创造》，经吕荧修改推荐到1951年第4期《文史哲》发表。这是《文史哲》创刊后发表的第一篇学生论文，在学生中引起不小的轰动。

华东大学与山东大学合校后，原华大中文系的学生合进来，他们较多地学习了马列主义基本知识，革命性强，政治嗅觉敏锐。有人对文艺学讲授内容有意见，1951年11月的第5卷第2期《文艺报》发表了中文系资料员张祺的文章《离开毛主席的文艺思想是无法进行文艺教学的》一文；后又发表了李希凡、吕家乡等学生写的读者来信，分别见《文艺报》

第5卷第3、5期，批评吕荧在文艺理论教学中有脱离实际和教条主义倾向。此时全国正在进行高等学校教师思想改造运动，中文系要在学校大众礼堂召开文艺学课教学座谈会，对吕先生的教学提意见。

华岗校长听到汇报后，向当时中文系负责人邵平指出三点："第一，会场布置标明'文艺理论教学座谈会'为横批；第二，会议由文学院吴富恒院长主持；第三，发言时防止乱戴政治帽子。"

性格耿直倔强的吕荧，对《文艺报》1951年11月第5卷第2、3、5期以来以读者来信形式发表的批评难以接受，给《文艺报》发去一信，作了说明并列出了已向教育部上报的文艺学讲授大纲。发表在《文艺报》"读者来信"栏目：

> 第一章艺术的起源，第二章什么是文学，第三章文学的阶级性，第四章文学的特性，第五章文学作品的内容和形式，第六章文学作品的创作，第七章文学作品的种类，第八章文学的创作方法（此章现拟并入第六章），第九章社会主义的现实主义，第十章新中国的人民文学。
>
> 这个教学大纲是根据教育部的《课程草案》拟定的，它的目的是要经过本课的学习使学生对革命文艺理论有基本的认识，建立马列主义的文艺观点及理论体系，明确写作及文艺活动的方向和道路（此大纲已报教育部）。

吕荧的说明没有得到理解和认可。他很不满意，于1952年初不辞而别，离开了山大。

吕荧离开山大的时候，要我晚上帮忙送他去火车站。他要带一个很大的柳条编的箱子，里面装的全是书，非常重。我觉得挺奇怪，便说："吕先生，你休假带这么多书干嘛？"他说："我这些书从来随身不离。"他也没详细讲要到哪里去。我找了一辆人力车把行李送到火车站。到了火车站他去买了客运票,我去办理行李托运。一大箱子书太重了,我怕行李箱弄坏了,拿绳子把行李箱捆了又捆,办好了托运,把吕荧送走了。1952年2月开学后,吕荧没回学校,后来才知道他不回来了。

吕荧离开山东大学,可能是住在上海老朋友耿庸处,坚持不回山大任教。吕荧与冯雪峰早相识,后在冯雪峰任社长的人民文学出版社工作,任高级翻译员。在此期间,他参加了文艺界正在进行的美学大讨论,并卓然成为"主观派"美学代表人物。

1953年夏,吕荧到青岛避暑,学校给他在信号山路安排了一间房子。这一年我在山东大学毕业并留校任教,就住在文学馆二楼(与历史系办公室斜对门)。一天中午我外出了,下午回到学校,刚上楼,臧乐源(当时华大与山大合并后在历史系任辅导员)看见我说:"吕荧先生来找你,你不在,他在历史系办公室看报纸等你一个多小时,走了。"我随后去找吕荧,一起到东方菜市的小餐馆吃了饭。

这年夏天,萧军应山东大学外文系方未艾邀请来青岛休假。1928年方未艾和萧军同时考入东北陆军讲武堂,方未艾在骑兵队,萧军在炮兵队,后来又同在《国际协报》副刊任编辑,吕荧与萧军1938年在山西临汾"民族解放先锋队"中相识。吕荧和萧军、方未艾互有来往,这次在青岛故友重逢后便经常聚会,有时到海边散步或到海滨游泳。

一次,方未艾、萧军和我约吕荧先生到海水浴场散步,我到吕荧住处去请他。到了那里,发现他正在给自己针灸,全身扎了很多针,他说:"你等十分钟,我针灸完就走。"他针灸完收好针,换了衣服,还拿着件风衣,衣服兜里特意装了一个小寒暑表。吕荧身体很虚弱,需看着温度表穿衣服,温度低就赶紧披上风衣,温度高就把风衣脱下来搭在手臂上,我跟他开玩笑说他是俄国作家契诃夫笔下的"套中人"。海边散步后,我们几人一起到小餐馆吃了饭。

1952年到1956年连续几年,苏侨陆陆续续离开我国。有位住在栖霞路的苏侨叫彼得罗夫,他是建筑设计师,家里有一批书要处理。方未艾从青岛市政府外事处处长毕晴帆处知道了此事，吕荧喜欢书，听说后就想去看看，打算买一些回来。

毕晴帆、吕荧、方未艾和我一起到彼得罗夫家去选书。毕晴帆这个人讲中文口吃，讲俄文很流利。彼得罗夫的书房在二楼，书柜很高档，一间大屋三面墙都立着大书柜，大部分书都是皮装烫金封面，非常漂亮。吕荧俄文水平很高，他和方未艾负责选书，我负责登记书名。有一套《普希金全集》，我记错了一个字母，吕荧看见了，他提醒我一个字母写错了，我立即改正过来。

彼得罗夫看我们真想买书，把书价抬得很高，因此没有成交。吕荧说："青岛就山大有这么一个俄语专业，这些书都还是十月革命前出版的，很难买到，价值很高。"后来吕荧建议毕晴帆以文化遗产为由把书保护起来，整体由青岛市政府外事处买下来送给山大图书馆。这些书后来怎么处理的，我就不知道了。

1955年5月22日，中国文联、作协的联席扩大会议讨论开除胡风的问题时，吕荧竟在会上替胡风喊冤，当场遭到一致的驳斥，被赶下台，并受到隔离审查，长达一两年之久。

1957年12月3日，《人民日报》刊发了吕荧《美是什么》一文，并在文前加了"编者按"：

> 本文作者在解放前和胡风有较密切的来往，当1955年胡风反革命集团被揭露，引起全国人民声讨的时候，他对胡风的反革命面目依然没有认识，反而为胡风辩解，这是严重的错误。后来查明，作者和胡风反革命集团并无政治上的联系。他对自己过去历史上和思想的错误，已经有所认识。我们欢迎他参加关于美学问题的讨论。

我看到报纸非常高兴，吕荧终于没有问题了，他恢复了名誉。1966年"文化大革命"开始后，吕荧被投进劳改农场。1969年3月5日，他在劳改农场去世,那年他只有55岁!

吕荧为人正直,待人真诚,对工作认真负责,很有才华。他一介文弱书生,终生刚直不阿;他热爱中国共产党,坚持马列主义理论,明辨是非,不顾及对己身之利害;他热爱文艺,在美学与文艺理论上有较高素养,系中国当代文艺学建设和美学研究的先驱人物,领风气之先,对苏联文学亦有较深研究,可惜英年早逝,没能为国家做更多的工作。

(原载《山东大学报》2019年3月27日)

2019 年

赤子之歌
——献给恩师吕荧

吕家乡

在青史中，你是独立潮头、彪炳千秋的英烈。 在学术上，你是独树一帜、成就卓越的美学家。 在我的心目中，你却首先是天真无邪、不谙世故的赤子。

赤子知道，雪是白的，碳是黑的，却不知道颠倒黑白的色盲可以成为一种特权。

赤子知道，马就是马，鹿就是鹿，却不知道一代又一代的赵高们可以指鹿为马，说一不二。

赤子相信，做人必须心口如一，言行一致，却不知道口是心非是一门高深的学问。

赤子相信，有理走遍天下，无理寸步难行，于是唯真理是从，把一切场合都当做宣扬真理的讲坛。

赤子有赤子的理解：清河农场，那里定然有清清的河水，稻花飘香的农田。 白天劳动，晚上不是还可以读书写作吗？ 也许没电灯，我可以点起蜡烛呀。 于是，他带着正在翻译的《莎士比亚十四行诗集》，带着开了头的译稿和文稿，带着打字机，带着一包蜡烛，跟着押送的汽车去了。

奇怪呀，为什么这里没有清河只有浊流，没有稻花飘香只有满目荒凉呢？ 为什么这里难得听到歌声，难得听到人的正常言语，却那么多呵斥、吼叫呢？为什么这里难得友爱、信任、同情，却那么多告密，诬陷呢？

人间还有真善美吗？

批斗会场里没有。监督下劳作的工地也没有。没有，没有。

啊，终于找到了，这不是一株茨菰吗？你看它的花朵，那么洁白，清芬，多美呀，多美呀！

就这样，赤子怀着真善美的渴望和痴迷，告别了这时空。

赤子无声无息地消失了，连一抔黄土的标记也没有留下，更没有墓碑。

斗转星移，春秋代序，赤子终于被渐多渐多的人们记起，我这个不肖的学生也从噩梦中醒来。我懂得了，赤子需要关爱，赤子精神值得学习和弘扬。

让我们关爱赤子，不要嘲笑他们，更不可戕害他们。

让真善美在人间成长壮大！

2019 年 10 月 30 日

（原载《诗意人生》2021 年第 2 期）

2021 年

吕荧与山大的一段交集

卢　昱　张洪刚

作为著名美学家,吕荧在二十世纪五六十年代那场"美学大讨论"中,与蔡仪、朱光潜、李泽厚分持不同观点,各自"领衔主演"。他将对美的理性思考凝聚为美学的探讨,提出并论证了美是一种意识形态性的主观评价,是人的一种观念。相比其他三派的代表人物,吕荧先生的美学论文不多,但观点鲜明,逻辑自洽,独树一帜,无愧于"一派之代表"的学界评价。

吕荧与山东大学曾有短暂交集。在百廿山东大学人文学术的天幕上,闪耀着众多明亮的星辰,吕荧是其中令人仰望而又难以忘怀的一颗。

"听课的学生很多,过道上都站满了人"

吕荧原名何佶,老家安徽天长。之所以选"吕荧"之笔名,源于"有一分热,发一分光"的想法。回溯他的人生轨迹,可清楚地看到他追求进步的脚印。他1935年考入北京大学历史系后,在读书期间即参加一二·九爱国运动;抗战爆发后,参加中华全国文艺界抗敌协会。1939年到昆明西南联大复读,参加党的外围组织"群社",并开始翻译普希金的长诗《欧根·奥涅金》。1949年4月,经由香港去北京参加了首届全国文代会,之后到大连作协从事工人文艺活动。他精通俄、英、德文,对普希金、高尔基等作家及苏联文学史、文艺理论和美学等均有很深的研究。

吕荧到山大中文系之后，除了担任系主任之外，还主讲两门课：给一、二年级开文艺学，给三、四年级开俄苏文学史。这两门课当时都无章可循，要现编讲义，可够忙活的。另外，他还不断有论文在报刊发表。到任不久，他指导同学们成立了一个"新文学研究会"，以便推动课外的文艺习作和钻研。他讲授的文艺学不但具有马克思主义文艺理论的深度和系统性，又结合古今中外的文学名著给予评点阐发，启人思考又引人入胜，系内外的听讲者越来越多。

"吕荧先生身材细高，脸庞白皙而清癯，戴着一副近视镜。他给山大中文、外文、历史系学生上文艺学课。他上课是在一个大教室，听课的学生很多，过道上都站满了人。他身体虚弱，讲课声音很低，给他配备过扩音器。由于扩音器不稳定，效果不好，就不再用了。他每堂课都准备讲稿，我是外文系文艺学的课代表，同学们的作业由我收齐后送到他金口路的家中，等批完后我再取回发给同学们。"赵洪太回忆。

"文艺理论课上，吕荧先生常以俄罗斯文学作品为例，给大家讲马克思主义文艺思想。正是在吕先生的课上，我意识到，在对文学作品的解读中文学理论的重要性。"山东大学教授袁世硕曾回忆。

"他不止一次提到希腊的两则神话，一是大力神安泰的故事，一是魔床的故事。他说：搞创作的人要记住安泰的教训，安泰不能离了土地，作家不能离了生活；创作只能从生活出发，不能从理论出发。搞文艺批评的人要以魔床为戒，千万不能把批评弄成死框框，到处硬套，像魔床那样，把人家按到床上，短了硬拉长，长了就砍短。"曾担任文艺理论学课代表的吕家乡回忆道。

"他讲课言简意赅，条理分明，像他的论著，高度概括，很少水分，如浓缩的结晶品，但又绝不枯燥，让你明白地把握到原理，并能引起你举一反三去联想。他讲授的文艺学，在当时就已有系统的理论体系，贯穿着鲜明的马克思主义的观点，例证、分析都出自他自己的研究心得和体会。这些都是我们当时已有的文艺理论教材中难得见到的。"多年后，中文系文艺学课代表李希凡回忆道。

1951年9月，吕荧要赴京参加文代会，他的课没有人能代。那时正讲到文学典型问题，临行时，他在课堂上布置了就典型问题写学习报告的任务，"可选择名著中的典型人物进行分析，加以论述"。但他没有硬性规定，同学们可以自己决定。李希凡旁征博引，很用心地写了一篇学习报告。

"一天，吕先生叫我到系办公室去，说你这篇学习报告写得不错，有自己掌握的资料，敢于发表不同意见。升曙梦是日本的大批评家，你对他关于典型问题的错误看法，抓住了要害。做学问就要广纳深收。这篇报告我想在《文史哲》上发表一下，也给华校长看了，他也很称赞。我听了自然很高兴。因为《文史哲》是中华人民共和国成立后最早出版的学术刊物之一，发行十几万册，是老师们和学术界专家学者们发表学术论著的园地。这是第一次发表学生的文章，在当时自然是件新鲜事。"李希凡回忆道。

离开山大，再也未去大学执教

1951年3月，山东大学和华东大学合校，仍命名为山东大学。当时原华大中文系的学生较多地学习了马列主义基本知识，革命性强，政治嗅觉敏锐。有人对吕荧讲授的文艺学课程内容有意见。导火索是1951年11月的《文艺报》（第5卷第2期）发表了中文系资料员张祺的文章《离开毛主席的文艺思想是无法进行文艺教学的》一文。

"我看了张祺的文章，却很反感。第一个反应，是张祺所讲的'证据'，有好多是我笔记中都没有的。批评与实际不符。而文艺学是基础理论课程，不能按照张祺那种方案来讲课。可是，当时只要中央报刊一发出批评声音，在地方就会引起一场小运动。吕先生已经不上课了。"李希凡在回忆录中写道。

此后，文艺报发表了山大一些学生代表写的读者来信，批评吕荧在文艺理论教学中有脱离实际和教条主义倾向。此时，全国正在进行高等学校教师思想改造运动，中文系要在学校大众礼堂召开文艺学教学座谈会，对吕先生的教学提意见。"我写的意见书，是一篇最没意思的文章，虽然我尽量避免张祺那些不实之词，但仍是违心的，真正'教条主义'的，对吕先生是不公正的，很多年我都心有愧疚。如果说有'教条主义'，那不是吕先生，而是我们这些张祺的附和者。"对于历史，李希凡也曾自愧。

性格耿直倔强的吕荧，对《文艺报》的批评难以接受，给《文艺报》发去一信，作了说明并列出已向教育部上报的文艺学讲授大纲，发表在《文艺报》读者来信栏目。

"我受到团组织委托，曾劝说吕荧先生放下面子，作个自我批评，哪怕象征性的也好，他却非常激动地说：'我怎么能随便检讨？维护真理能含糊吗？这不是爱面子，我有读者呀，我得对读者负责！'"山东师范大学教授吕家乡回忆道。

吕荧于1952年初离开山大。其实当时学校对他还是多方挽留的。"我也隐隐感到华岗校长对批评吕荧有所保留，他在全系大会上的讲话，根本没提吕荧的错误，只是谈些'要跟上新时代''注意思想改造'等原则性意见。"吕家乡回忆。"据后来所知，老校长华岗同志曾几次劝说吕先生，只要作一点自我批评，就可以继续上课了。但吕先生坚持自己没有错误，决不能作违心的检查……这次批评，深深伤害了吕先生作为师长的心，终其一生，再也未去大学执教。"李希凡回忆道。

吕荧离开时，请赵洪太晚上帮忙送他去火车站。他要带一个很大的柳条编的箱子，里面装的全是书，非常重。赵洪太当时觉得挺奇怪，便说："吕先生，您休假带这么多书干吗？"

"我这些书从来随身不离。"吕荧回道，也没详细讲要到哪里去。

"一大箱子书太重了,我怕行李箱弄坏了,拿绳子把行李箱捆了又捆,办好了托运,把吕先生送走了。"赵洪太回忆道。

与山大依然保持联系

"1953年以后,我逐渐听到了一些内部情况。吕先生是才子型的学者,心高气傲,身为系主任,说话做事,不留情面,对张祺他是很看不上眼的。中文系的老师们也未必对他的领导作风没有意见,其中还混杂着原来华大和山大的干部中间也有不和谐的因素。总之,促成这场莫须有'批评'的原因是多方面的。只不过,对马克思主义的'教条主义'的批评,却是虚构的。"李希凡曾回忆道。

吕荧离职后寄居在上海的朋友家,以卖文为生。他曾一度回到山大,旋又离开。华岗校长只好帮他安排工作,让他去北京找冯雪峰,在冯雪峰任社长的人民文学出版社工作,任高级翻译员。在此期间,他参加了文艺界正在进行的美学大讨论,并卓然成为"主观派"美学代表人物。

此后,吕荧与山大学人依然保持联系。1953年夏,吕荧到青岛避暑,学校给他在信号山路安排了一间房子。这一年,赵洪太在山大毕业并留校任教,就住在文学馆二楼(与历史系办公室斜对门)。一天中午,赵洪太外出了,下午回到学校,刚上楼,臧乐源(当时华大与山大合并后在历史系任辅导员)看见赵洪太便说:"吕荧先生来找你,你不在,他在历史系办公室看报纸等你一个多小时,走了。"随后,赵洪太去找吕荧,两人一起到东方菜市的小餐馆吃了饭。

这年夏天,作家萧军应山东大学外文系方未艾邀请来青岛休假。有一次,方未艾、萧军和赵洪太约吕荧先生到海水浴场散步。赵洪太到吕荧住处去请他时,发现他正在给自己针灸,全身扎了很多针。"他针灸完收好针,换了衣服,还拿着件风衣,衣服兜里特意装了一个小寒暑表。

他身体很虚弱，需看着温度表穿衣服，温度低就赶紧披上风衣，温度高就把风衣脱下来搭在手臂上，我跟他开玩笑说他是俄国作家契诃夫笔下的'套中人'。海边散步后，我们几人一起到小餐馆吃了饭。"赵洪太说。

1964年春，吕家乡在济南市一所中学教书，忽然接到吕荧的一封挂号信，是用毛笔所写，信封的下端醒目地写着"北京吕荧"四个字。吕家乡拆开信封，里面有一本在山大听吕先生所讲文艺学的课堂笔记。当年，吕荧跟吕家乡要了去，一是想着订正，二是要作为参考，准备把讲稿加以整理，正式出版。当时，这计划已成泡影。吕荧在信中说自己这些年"乏善足陈"，估计吕家乡"在思想和学业上定有长进"……

（节选，原载《大众日报》2021年11月23日）

2021 年

70 年后再归来
—— 《吕荧全集》出版座谈会上的致辞

潘　怡

　　父亲在 1952 年春天到来之前，离开山大，离开他热爱的教书育人的讲台，至今近 70 年了，历经沧桑岁月，今天终于归来。《吕荧全集》出版了！

　　20 世纪 80 年代我曾三次拜访胡风伯伯和梅志阿姨，梅志阿姨曾经语重心长地对我说："对于一个作家恢复名誉最重要的是出书，不要联系单本出版，要把文集编起来，编好后出版"，骆宾基伯伯也曾经不止一次说过，"恢复名誉，公布于社会，首要的还是出书。" 1984 年父亲的学生李希凡老师编辑，上海文艺出版社出版了《吕荧文艺与美学论集》。 2020 年 3 月三联出版社再版了父亲的译著《叶甫盖尼·奥涅金》。

　　今天《吕荧全集》能得以出版，我们姐妹要特别感谢安徽教育出版社付出的努力，我们能想象到他们克服的困难，感谢姚莉团队的策划和坚持，感谢许振轩老人的奉献，他用近 20 年的时间收集整理父亲的著作及译著，这套精美的全集展示了父亲短短 54 年半生命的创作和学术成就。实际上父亲的学术生涯停止在 1960 年左右，那时他被驱赶到北京东直门内小街宝玉胡同的两间小平房，没有人照料日常生活，身体愈加衰弱，当年他才 45 岁。 按照父亲的学识和治学精神他一定能有更多的著作奉献，尤其是在美学领域。 父亲家乡文联的吴腾凰先生 1980 年代撰写的《吕荧年谱》也为此书增光添彩，一并感谢了。

我们也要向山大文学院和文艺美学研究中心表示衷心的感谢，感谢他们邀请全国美学及文艺学领域的专家聚集一堂参加今天的研讨会。刚刚从张洪刚老师那里得知学院已经初步制定了全集补遗的计划并开始行动，这些怎么能不让我们感动，感谢他们一直以来对父亲的尊重和怀念，很多往事细微末节让我切身感受到文学院领导的开明和宽容。

2019年10月31日，我和吕家乡先生到访山东大学，受到文艺美学研究中心谭好哲教授的热情接待，在这之前我已经拜读了谭教授发表在2013年第一期《文史哲》上的文章《吕荧先生的人格精神和学术思想》。2018年9月他给研究生做学术讲座，提到了中华人民共和国成立初期在华岗校长领导下山大进行的文科建设，给父亲以极高的评价，称他是"中国当代文艺学建设和美学研究的先驱人物，领风气之先……"如今，我们欣喜地看到，在他的领军之下，山大文艺美学研究中心的学术研究始终在全国高校中处于居前位置。

那次到访，我们也得以和父亲的学生吕家乡老师、赵洪太老师相见，他们都曾经撰文叙述与父亲的深厚的师生情谊。我们也幸运地见到了杜泽逊院长，郑训佐教授和山师大孙书文教授，我感觉那次难忘的午餐会就是一场吕荧先生追思会，吕家乡老师深情朗诵他的散文《赤子之歌》将午餐会推向高潮。

1980年代骆宾基老人写信对我说："吕荧有他的几本译著在，这将永远流芳于后世。在社会风气中，将起着洁化的作用。它们将永远流传于后世。它们将永远散播着芬芳，因为译作者吕荧本人就是我们民族的花朵。"我想用骆老的这句话结束我的致辞，祝愿研讨会圆满成功。

2021年11月25日

（节选，在"吕荧先生美学文艺学思想研讨会暨《吕荧全集》新书发布会"的讲话稿）

2021 年

渗透灵魂的洗礼

吕家乡

感谢安徽教育出版社克服重重困难出版了五卷本《吕荧全集》，为我们了解作为诗人、美学家、文艺评论家、翻译家的吕荧提供了可靠的依据。 感谢母校山东大学举办这个研讨会，让我们一同缅怀和继承吕荧先生高洁的人品和文品。 收到《吕荧全集》后，我即如饥似渴地阅读学习，同时和当年接触到的吕荧先生的音容笑貌相融合，相印证，受到了渗透灵魂的洗礼。

从 1950 年秋天到 1952 年春天，大约一年半，我在青岛山东大学中文系有幸和吕荧先生密切接触，感受他的关切教诲，除了做为课代表聆听他讲授的文艺学，并旁听他给高年级讲授的俄苏文学史，还担任在他的建议下成立的中文系学生"新文学研究会"会长，在校刊《山大生活》上负责编辑出版副刊《新文学》，课外到他家去拜访交谈过近百次，亲身体会到他的诲人不倦精神和他的文艺学造诣，也读过他的文学评论著作和翻译著作。 但那时他还没有发表美学著作，我也从来没有读过他的文学创作作品。《吕荧全集》让我对恩师有了更多了解。

1951 年冬季山东大学批判吕荧的时候，判词之一是把他说成一个脱离实际的教条主义者。《吕荧全集》是对这个说法的有力反驳。 从其中可见，他早在 1935 年就参加了一二·九运动，1937 年抗日战争全面爆发后他走上了抗日前线，并以切身经历为基础，创作了诗歌、小说、话剧作品。在抗日战争胜利后，他的全部身心和实践活动都投入了人民解放的事业。中华人民共和国成立后，他在旅顺、大连满腔热情地辅导工人的文艺活动，和工人之间结下了深厚的友谊。

《吕荧全集》中的诗歌是吕荧心灵的袒露。他在诗中说，面前有两条路，"一条，素白色的花和诗的路；/另外一条，火的云霞的路"（《紫色的十四行》），前者是文艺创作的路，后者是革命战斗的路。这想法太天真了，革命的路哪里像火的云霞那样美丽呢？鲁迅说得好，"革命是痛苦，其中也必然混有污秽和血"，有时还会误伤自己的儿女。诗人吕荧的人生理想是，为了春天，燃烧自己，"在这之后，/铁于是成钢，成剑"，"期待人的美和人的天真/和春天一起/重新降临到这世界。"（《祝福》）这想法同样太天真了，他哪里会想到，自己还没有充分燃烧，没有成钢成剑，就被严酷的寒冷吞噬呢？吕荧生前还围着一棵茨菰花盘桓，反复称赞"多美呀，多美呀"，可见他至死不改在世间追求美的初衷，这种执着和痴情不是令人肃然起敬吗？

《吕荧全集》中的第一篇美学论文《美学问题——评蔡仪教授的〈新美学〉》写于1953年7月，两万多字。那是他在山东大学受到批判，拒不检讨，不辞而别，失去了教职之后写的；他的第二篇美学论文《美是什么》写于1957年2月，7000多字，那是他在被当作胡风分子受到声讨，隔离反省处分刚刚撤销之后，已经患了精神分裂症（隔离反省后遗症），两篇文章却都充满马克思主义者的自信，从容不迫，侃侃而谈。看得出他虽遭泰山压顶的痛击而仍然毫不动摇对真理的坚持，虽身处逆境而仍然抓紧时间潜心治学，这种人格力量和学者风骨，不是值得继承发扬吗？记得在1951年冬天，我曾按照组织的要求劝吕荧先生写个检讨，哪怕简单表示一下接受批评的态度也可以过关，他却勃然大怒："我怎么能随便检讨？维护真理能含糊吗？这不是爱面子，我有读者呀，我得对读者负责！"当时觉得他太缺乏组织观念，现在看来，这正是"真理和原则高于一切"的硬骨头精神。还记得1964年春，我作为摘帽"右派"在一个中学教书，意外地收到他用挂号寄回的我听讲文艺学的课堂笔记（1951年，他要去我的听讲笔记，是为了打算整理出版他的文艺学讲稿），并附有短信，信封是用毛笔写的，地址栏赫然写着"北京吕荧"四个核桃般的大字，给人昂首挺胸的感觉。我立即回想到1952年3月他离开山东大学时我和同学们去给他送行，他对我拒不理睬（因为我从他的拥护者转而加入了批判者行列），我知道他的主动来信表示他重新认领我这个学生。信封上"北京吕荧"四个大字，和他文章里透出的凛然正气是一以贯之的。吕荧长期处于另册之中，却毫无卑怯畏缩的精神状态，一直以挺拔伟岸的形象出现，洋溢着堂堂正正的浩然之气。

吕荧的文艺评论著作，无论长短，不仅感情充沛，文采斐然，更难得的是，严格坚持历史的、美学的标准，抑扬有度，褒贬分明。1946年8月，贵阳《时代周刊》为了悼念闻一多牺牲，发表了闻一多的一组诗歌，吕荧为这些诗歌写了引言《诗与真》，对闻一多其人其诗由衷赞扬的同时，也指出了一些诗歌的局限和不足，宣示了不为贤者讳的科学铁律。1955年5月，他写了《评〈明朗的天〉》，对备受赞扬的曹禺的话剧《明朗的天》，既肯定了作者的严肃创作态度，又着重剖析了话剧在人物塑造和戏剧结构上的缺点，达到了当时文学评论的最高水平。

吕荧，最热爱学生、最愿意教书的老师，却不得不在30多岁时就永远离开讲台；杰出的翻译家，被押送劳改农场时还带着莎士比亚的原作和打字机准备翻译，却遭到没收；他的无比顽强的文学创作和学术生命力，不得不随着孱弱的躯体，55岁熄灭在不可抗拒的命运中。这留给后人怎样的教训呢？

敬爱的吕荧老师，我这个不成器的耄耋学生正在认真地向你学习，请相信我能够从你身上吸取精神钙质，克服软骨病，在晚年做一个忠于真理的硬骨头！

2021年11月24日

（节选，在"吕荧先生美学文艺学思想研讨会暨《吕荧全集》新书发布会"的讲话稿）

2021 年

吕荧美学研讨会致辞

高建平

今天,我们在线上线下,共同庆祝《吕荧全集》的出版,纪念这位才华横溢却命运多舛的诗人、文学家、翻译家和美学家。在我的印象中,这是美学界第一次为这位杰出的美学家开纪念会。谢谢山东大学,也谢谢安徽教育出版社。

吕荧先生是安徽天长人,我的家乡是在扬州,虽然属于不同省,实际上距离非常近,大约半个小时的汽车车程,方言也完全相同。读吕荧先生的年谱,提到他13至14岁时,曾在扬州读过一年小学。但是那个年谱上写的李富人巷,我没有印象。问了姚文放老师,他也不知道。希望能考证出来。他所翻译的普希金的长诗《叶甫盖尼·奥涅金》,是我读到的这首诗的第一个译本。他的文学评论写作,例如对列夫·托尔斯泰的论述,也使我读得津津有味。他关于"客观性"和"主观战斗精神"的论述,他与何其芳长篇通信中的理论探讨,使我窥见那个时代的理论思考的脉络,也可从中看出吕荧先生执着的个性。但是,我最关注的,当然还是他的美学论述。

他在20世纪50年代写了一系列的美学论文,在困难的条件下,时断时续地参加了当时的"美学大讨论"。过去,我们对吕荧美学思想的理解,有一种标签化的倾向,大多是从批判的文章中,看到只言片语。这对吕荧先生来说,是不公平的。《全集》的出版,方便了我们的阅读,也使我们能够对吕荧的美学有一个较全面的理解。

理解吕荧美学的第一要义，是要实现论争所属时代语境的还原。1949年以前，在中国美学界，还是以王国维和朱光潜所代表的康德体系的美学为主，主张审美无功利和艺术自律。在20世纪30年代，有一些左翼文学家引进和介绍了一些马克思主义的文学和美学思想，但还不成体系。蔡仪的"客观论"美学，是较早的对马克思主义美学的系统论述。吕荧在美学上的出发点，是既坚持马克思主义美学的立场，又批判蔡仪的客观论，努力形成对马克思主义美学的另一种理解。在这方面，吕荧作了有益的尝试。可惜的是，由于胡风事件的冲击，他遭遇各种不幸，使他在理论创造工作时断时续，失去了安定的外部环境。

从现有的论述看，吕荧在美学上坚持一种人性或人文的精神，或者用近年的一个最新的美学讨论时所习用的词说，是"有人"的精神。在吕荧与蔡仪之间，很难说谁是谁非。我认为，蔡仪所代表的，是一种科学的精神，而吕荧所代表的，是人文的精神。蔡仪讲"反映论"，还是一种哲学立场，而一些蔡仪的后学，则经由认识论走上生理—心理美学的道路，这是蔡仪美学在学术理路上的一种自然发展。吕荧的观点与当时其他一些美学家，例如与1950年代的朱光潜，有相似之处，强调实践，重视生活和社会，只是用词不同，研究的方向和学术背景不同。他继承马克思主义的实践观，强调美学的社会性与创造性，重视美中所包含的物我交融，坚持美与美感的统一，这些思想后来都被其他一些美学家以各种形式接过去，并加以发挥，成为美学上的一些核心概念。

在阅读和思考蔡仪和吕荧二人的美学观以后，我感到这两种美学观本来是可以并行不悖、各自探讨、各自发展的。可惜的是，在那个时代，一定要将之套在"唯物"与"唯心"的思维模式中，认定"客观"就是"唯物"，"主观"就是"唯心"。错误的研究框架，促使学术观点被扭曲，化身为政治隐喻，也造成灾难性后果。这是我们在学术研究中要引以为戒的。

吕荧认为，美是一种社会意识，人们只是根据这种观点说明，他认为美是主观的。其实，他是从与社会生活的联系来看待美的。美是一种人的现象。同时，他也指出，这种美是客观事物的反映。尽管他的一些论证还不周延，我们从他的文章中所看到的，是一些可贵的美学思想火花的闪现。在他那个时代，鉴于他的具体情况，能作出这些论述，是难能可贵的。

出版社在该套全集出版时，要求我为吕荧写一句话。我写道："吕荧先生的那种'虽千万人，吾往矣'的精神，永远值得我们学习"。我愿意在此重复这句话，学习吕荧严谨的学术态度，学习他咬定自己的学术观点不放松的精神。哲人其萎，思想永存。

（节选，在"吕荧先生美学文艺学思想研讨会暨《吕荧全集》新书发布会"的讲话稿）

2021 年

吕荧美学研讨会致辞

邢占军

非常高兴参加《吕荧全集》新书发布会。首先我代表山东大学向《吕荧全集》的出版表示热烈祝贺，对全国美学、文艺理论界同仁对山东大学文艺美学研究关心支持表示感谢，对安徽教育出版社编辑团队特别是年近九旬的主编许振轩先生表示崇高的敬意。多年来，安徽教育出版社对山东大学、特别是中文学科的学术成果出版给予很大支持，如《陆侃如冯沅君合集》、张可礼先生等的《曹操曹丕曹植集》等，马上要出版曾繁仁先生的学术自传。今天摆在我们面前的五卷本《吕荧全集》，是对山东大学关心支持的重要体现。

吕荧先生是我国现代著名文艺理论家、美学家和翻译家，在马克思主义文艺理论领域做出了重要贡献；是在 20 世纪五六十年代"美学大讨论"中的代表性学者；先生对俄罗斯文学的翻译产生了重要影响。作为中国现代历史文化名人，吕荧先生于 20 世纪 50 年代初在山东大学任教，曾担任中文系主任。1951 年山东大学和华东大学合校，迎来了人文学科发展的一次辉煌，吕荧先生是这一时期的代表人物之一。

吕荧先生执教山大期间，开设文艺学课程，从事文艺理论研究，是山东大学文艺学学科的奠基者之一。21 世纪初，山东大学文艺美学研究中心获评教育部人文社会科学重点研究基地，文艺学学科获批国家重点学科，这些发展都是与中华人民共和国成立之初包括吕荧先生在内的前辈学者的奠基之功密不可分。

吕荧先生学术视野广阔,学术研究领域全面。他从文学创作起步,逐渐走上文艺理论研究和文学评论与翻译之路。在他的著述中,体现了理论与实践的结合、中学与西学的交融,是新时代构建中国特色文艺理论和美学话语体系的一笔重要财富,也为我们今天构建山大学派提供了重要的精神动力。

(节选,在"吕荧先生美学文艺学思想研讨会暨《吕荧全集》新书发布会"的讲话稿)

2021 年

吕荧美学研讨会致辞

曾繁仁

　　首先要衷心地感谢安徽教育出版社的各位朋友，特别感谢本书主编许振轩先生历经各种困难终于将《吕荧全集》出版，给我们学术界特别是美学界提供特别珍贵的学术珍品。它的出版有利于我们继承弘扬吕荧先生的美学精神。吕荧先生不仅是我国现代著名美学家，主观派美学的代表，而且是不畏风险坚持真理的典范，具有极其难得的高尚的风骨精神。同时，全集的出版对于我们山大文艺美学研究中心具有不同寻常的意义。因为，吕先生于1950至1952年曾经是我们山大中文系主任，文艺学教授，他与华岗校长一起成为我们山大美学研究的开拓者，我们更加应该学习继承吕荧先生的美学精神，将我们的美学研究做得更好。

　　吕荧先生不仅以其不畏风险坚持真理的学术精神让我们震撼，而且他的独特"主观论"美学思想的时代超前性也让我们震撼。众所周知，吕荧所处的时代以联共布党史的唯物—唯心二元对立划分哲学与政治界线为其特点，在美学上就是所谓"客观的美先于主观的美感"，这是当时所谓"美学的铁律"。吕荧并不认同这一所谓"铁律"，他非常清醒地认识到"美的问题直到今天未能得到适当的解答"。他说，"我的研究结果为：美是人的观念，不是物的属性。人的观念是主观的，但是它是客观决定的主观，人的社会生活、社会存在决定社会意识。在这一点上它也有客观性"。这一段内容非常丰富：第一，美是观念，是主观的；第二，美不是物的属性（而是人的属性），由此，美即是美感；第三，作为美感的美是由客观存在的社会生活决定的。这一系列理论，观点比较完备，在一定程度上回答了上述所谓"铁律"，而且是符合马克思主义基本精神的，但一直处于被批判的地位。这一结论的超前性我们可以在1993年蒋孔阳先生《美学新论》中关于美与美感关系的论述加以印证。蒋先生指出在历史上与实际生活中很难确定有一个先于美感的美，而美与美感的关系则像"火与光一样，同时诞生，同时存在"。这也恰恰反映了20世纪50年代以降我们时代的学术倾向。大家知道早在19世纪中期马克思即以社会实践代替了客体的物，并以美的规律代替了美，而国际学术界则以意向性与分析对于所谓美的本质进行了"解构"。吕荧先生的"主观论美学"是具有时代超前性的。吕荧先生的美学思想内涵丰富，需要认真继续学习。

仅以以上发言表达对于吕荧先生的敬意。

(节选，在"吕荧先生美学文艺学思想研讨会暨《吕荧全集》新书发布会"的讲话稿)

2021 年

吕荧美学研讨会致辞

杜泽逊

今天由山东大学文学院、文艺美学中心、安徽教育出版社合办的"吕荧先生美学文艺学思想研讨会暨《吕荧全集》新书发布会"顺利召开，在此，我代表山大文学院向吕荧先生致以深深的敬意！

吕荧先生是著名美学家、文艺理论家、翻译家，为我国学术文化事业做出了卓越贡献，尤其是1950年秋至1952年冬在山东大学中文系担任教授并担任中文系主任，为20世纪50年代山东大学文史学科的辉煌做出了重要贡献。可以说，吕荧先生和华岗校长奠定了山东大学中华人民共和国成立以后在美学和文艺学领域的重要基础，今天我们讨论吕荧先生的美学文艺学成就，并举行安徽教育出版社出版的许振轩先生编辑整理的《吕荧全集》的新书发布会，是对吕荧先生历史贡献的最好纪念。

我的老师霍旭东先生，曾经回忆他在1952年考入山东大学中文系，开学已经是九十月份，中文系吕荧先生是担任文艺学课的老师，而霍旭东先生是课代表。霍老师说有两次单独拜见吕主任，反映同学们的意见，讲得太深了。大概一个多月，吕主任离开了。霍老师还说，吕荧先生欣赏三年级的学生李希凡，说他"不成龙就成虫"。最近山大文学院李振聚、张洪刚同志查阅学校档案，发现了霍旭东先生的学历表，制表时间是1952年10月。而吕荧先生自传说1952年冬离开山东大学，与霍旭东先生的回忆是一致的。

  吕荧先生在山大的时间不长，但留下了深远的影响。吕荧先生是安徽天长人，安徽是文化大省、文学大省，吕荧先生是安徽文化史、学术史上的骄傲，也是山东大学历史上的骄傲，是山大文学院历史上的名师，安徽教育出版社出版许振轩先生编辑整理的《吕荧全集》，是对文化学术界的一大贡献，也大大推动了吕荧先生学术思想研究向前发展，为今后的研究和学习提供了全面可靠的文本资料，也为山东大学文学院师生开展吕荧先生学术思想研究，继承吕荧先生勤奋治学、追求真理、实事求是的精神，提供了新的起点，在此向安徽教育出版社及许振轩先生表示敬意，也祝愿美学文艺学领域的专家学者、青年后辈深入开展吕荧研究，取得更加丰硕的成果。

2021 年 11 月 26 日夜起草

（节选，在"吕荧先生美学文艺学思想研讨会暨《吕荧全集》新书发布会"的讲话稿）

2021 年

寻美与求真

凌晨光

翻开安徽教育出版社出版的首部《吕荧全集》，首先看到的是先生的黑白照片。照片上的吕荧先生，典型的文弱书生，平静如水，与其孤高峻拔的人生境界似有较大反差。他在"美学大讨论"中的坚持主见，"独战众数"；为胡风辩护时的力排众议，独守真理，体现出狷介之士的独立人格。"狷者有所不为"，介者孤高、特出，他对于消极自由的执着与守卫，与他长期形成的思想意志、文化观念的关系是什么，这是我在阅读《吕荧全集》时试图寻找的答案。

在《人的花朵》一文中，吕荧先生谈到了他所深知的"诗底生命"，即"真"与"纯"，并通过对艾青和田间两位诗人的创作评论，深入阐发了他的这一诗歌观念，并因此总结说，作家诗人的创作就是战斗，是"在建设人类底真理与自由的王国"（《人的花朵·序》）。吕荧先生自己的诗歌创作，全如他的诗歌观念，执着而鲜明地讴歌火和光、温暖明净的太阳、自由的呼吸；鞭笞污泥浊流、"历史的血污和夜的黑暗"（《山中》）以及窒息的消沉。在诗中，他寻求"只有在火和光里再一度升华"（《生命之歌》），这也正是他以吕荧做笔名的缘由，取其"有一分热，发一分光"的意思。

吕荧先生精通俄语、英语，翻译了大量的俄苏的美学、文艺理论著作和文学作品，其文艺思想深受俄苏文学的影响，对文学的"纯"与"真"

的追求深入骨髓，也因此感人至深。

说到"真"很容易联想到"真理"一词，我在此想岔开一笔，谈一谈我对"真理"这个词的最初印象，我出生在"文革"之前，有一个小我两岁的弟弟，父母都是省委（当时叫省革委）的普通机关干部。印象里面，他们总是加班，而我和弟弟都被送到了全托幼儿园，只有周末一天回家，记得有一段时间母亲去"下放劳动"，家里只有父亲一人，带着我们兄弟两个。大概是我五六岁，弟弟三四岁的时候，有一天下半夜，弟弟发高烧，父亲抱着他、拖着我去附近的医院看急诊。现在脑子里，还留存着当时深夜昏暗的路灯下变短又变长的奇怪身影和秋风卷起落叶的模糊场景。根据大人的讲述和事后回忆所形成的印象，当时值班的大夫已经关门休息，等父亲敲开门后，一位面容白皙的年轻女医生带着睡意略有不快地问了句，"孩子的妈妈呢？"我忘记父亲是怎么回答的，却记住了医生没有扣上的白大褂领口闪出的一缕衬衣的湖蓝色。也是在那段时间，从幼儿园回家见到父亲，晚上睡觉前就缠着他，让他讲故事，我那老实巴交的父亲哪会讲小孩子爱听的故事，于是就找本当时的儿童读物念起来，记得书里有个小故事，说的是一对俄国的小兄弟（也是兄弟，应该比我们兄弟俩大几岁，大约10岁左右吧），离开家乡找真理。前因后果、故事情节现在都已经淡忘了，但有一个小细节至今记忆犹新。那就是两兄弟不知走了多少路，历经多少艰辛，当他们每到一处村庄，就会问当地人，"你们见到过真理吗？我们要找真理。"看到他们衣衫褴褛、疲惫不堪的样子，好心人这时会给两兄弟一些吃的，然而他们得到的回答几乎是一样的："孩子，你们去别处找吧，这么好的东西我们这里怎么可能有呢？"就像故事中的两兄弟，在那时，在我的心里，真理就是一种至纯至真的东西，是全世界最美好和值得珍重的东西。

我觉得吕荧先生，也是那历经磨难四处找真理的小兄弟之一，而当他一旦认为找到了真理，再去让他丢弃，那怎么可能呢？如果从这个意义上回顾吕荧先生在"美学大讨论"和后来的反"右"运动以及"文革"之中所体现出来的狷介之士的气节，似乎就容易理解一些了。

吕荧先生给我的教益是，不能把理论研究仅仅当成一种职业、一种工作、一种单纯的知识性的行为，而是将自己的追求、自己的信仰、自己的爱憎灌注在对艺术之真理的思考之中，不从众，不唯上，只听从自己内心真挚的声音，将知识化为信念，真正地用它来指引自己的理论研究和现实行动。这些话现在说起来轻松容易，但在吕荧先生那里，是用尊严、用生命为代价去证明和践行的。

在回忆吕荧先生的文章中，经常提到这样一个细节，先生去世前不久，在劳改农场的田埂上，他发现有几株开着的白茨菰花，于是围着小白花绕来绕去，口中喃喃自语，"美啊，真美啊！"

这是一个精神几近崩溃、生命将到尽头的苦难之人的由衷叹谓，我不敢设想，如果处在同样的情形之下，自己会发出何种声音？再者就是，随着阅历的增加，自己也拥有了更多的专业知识和能力，但我不能肯定，对我来说，还有没有一种东西值得用生命去付出和交换，不管我们如何称呼它，是尊严、自由抑或真理。

如此说来，那印在《吕荧全集》封面上的白色小花，恰是一种象征，代表了先生的审美追求与精神世界。在此我要向安徽教育出版社致敬，感谢他们适时地推出了《吕荧全集》，给了我们一个面向封面上的茨菰花表达我们由衷敬意的机会。

2021 年 11 月 23 日

（原载《〈吕荧全集〉会议论文集》）

2021 年

《吕荧全集》出版琐谈

许振轩

今天，吕荧美学思想研讨暨《吕荧全集》出版座谈会在此举行，感谢山东大学文学院，提供这样的机会，让专家们纵谈吕荧的著作与翻译，畅论吕荧的美学思想。我在这里介绍几件有关《吕荧全集》出版的琐事，为大家助兴——聊佐清欢吧！

吕荧先生是安徽天长人。邓以蛰先生与朱光潜先生都是安徽安庆人，宗白华先生原籍江苏常熟，生于安徽安庆，自称"半个安徽人"，他们都是美学家。安徽教育出版社曾先后出版了《邓以蛰全集》《朱光潜全集》《宗白华全集》。所以美学界流传着"美学在安徽"的赞誉。

我在职时一直想出版《吕荧全集》以圆"美学在安徽"之梦。然而，要出版《吕荧全集》谈何容易！首先是吕荧猝死于劳改农场，之前他没能整理自己书稿，死后未刊书稿荡然无存。再次是由于历史的原因，一段时间内出版社不再版吕荧的著作，书店也找不到吕荧的图书，图书馆都把吕荧著作封存起来或销毁。总之，没有出版的起码条件。我退休后，想用余年把《吕荧全集》出版出来。我上北京，去上海，到芜湖，收集资料，从旧书摊上找，通过关系从图书馆复印，最后是手抄。断断续续，时做时辍，我用了近二十年的时间，把书稿收集整理就绪。我的苦心得到好友的热情支持与帮助，有的把藏书无偿地赠给我，有的从图书馆为我复印书稿，一些佚稿都是好友从网上搜索到然后复印给我的。

对友人的支持，我心中感谢，没齿难忘！

《吕荧全集》的编辑体例遵循《鲁迅全集》的传统做法，首先是将著作与译作分为两部分；二是著作与译作按照时间顺序编排，而根据内容需要稍作调整；三是著作、译作都不做增删与移动，保持原始面貌；四是佚稿按当年编鲁迅《集外集》的思路，将著、译书稿编为两组"集外文存"，分别列在"著作卷/下"与"译作卷/上"之后。"附录"收吴腾凰先生和潘怡、潘悦女士合编的《吕荧年谱简编》和朱志荣教授撰写的《论吕荧美学思想的价值》，这对读者阅读吕荧著作、研究吕荧生平和学术思想有引导作用。这种体例，是对《邓以蛰全集》《朱光潜全集》《宗白华全集》编辑思想的继承与发展，相较之下，《吕荧全集》更为合理和完备。

我没有参与《吕荧全集》的装帧设计，但我在手捧新书之后对其装帧设计较为赞赏。吕荧美学思想中有个命题是"反对机械化"，主张"人性化"。该书设计摈弃了图案化的传统，进行了人性化的探索。吕荧先生面貌清秀，言行有诗人气质。《吕荧全集》设计版式略窄长，封面没有大红大绿，而是取像晨星初现的淡淡蓝空，淡雅，深沉，清气弥漫，一枝素雅洁白的茨菰花，斜插封面的上方，象征着吕荧先生的生命遭际和高洁品德，使人捧读全集时，产生书为其诗、书为其文、书为其人的遐想与美感。这一设计我认为是非常成功。

《吕荧全集》出版了，而且十分精美，"美学在安徽"的梦圆了吧，圆了，又没有圆。"全集不全"是规律，但编者总是希望它全些，更全些。所以《吕荧全集》出版之后，我还是期望着有佚稿出现。这并不是空想。比如，他和胡风之交在师友之间，来往甚密，从1938年到1954年的十多年间，吕荧给胡风的书信总有百十来封吧，材料公开的只是一星一点，但它说明这些书信没有毁掉，现在保存在哪里呢？可找找胡风的女儿张晓风，她不仅能够提供线索，而且可能给我们整理出一摞吕荧书信呢。又如，吕荧先生晚年一直怀着翻译《莎士比亚十四行诗集》的愿望，而且做好了充分准备的，他去劳改农场时，不仅带了莎士原书，而且带了打字机、蜡烛。我的猜想是翻译工作开了头，但不一定是完稿，这些译稿，从姜葆琛先生介绍的吕荧临死的情况看，农场管理人员是唯一线索……

我年老病多，力不从心，比如吕荧给胡风的信我也许可以找到，但也没能去找张晓风帮助，所以收集吕荧佚稿的工作，敬待来哲！

（原载《〈吕荧全集〉会议论文集》）

2021 年

关于《吕荧全集》补遗的一点思考

张洪刚

山东大学素以文史见长，梳理其文学源流，杨振声、闻一多、老舍、沈从文、王统照、冯沅君、陆侃如、高亨、萧涤非、黄孝纾等先生，大家耳熟能详。但同样有一个人的名字是绕不过去的，他就是美学家、翻译家、文学评论家吕荧先生。1950 年 8 月，吕荧先生应华岗校长邀请到山东大学中文系任教授兼系主任，主讲文艺学课程，直至 1952 年寒假不辞而别，离开了山大。吕荧先生是山东大学美学研究的拓荒者，奠定了山东大学美学研究的精神传统。著名美学家周来祥教授，当年便是他的高足，在美学思想上受过他的影响。著名红学家李希凡先生，当年也在其门下，在文艺理论上受到熏染。吕荧先生在山大的弟子还有袁世硕、赵洪太、吕家乡、王冰、张杰，等等。

我对吕荧先生的关注

2019 年寒假期间，我联系上了山东师范大学吕家乡教授，他是中华人民共和国成立后山大中文系的第一届学生，是我院的知名校友，想对他进行一次专访，请他讲述在山大求学时的经历以及与华岗、冯沅君、陆侃如、王统照、童书业等先生的交往。吕先生爽快答应了，我们约定 1 月 18 日上午 9 时在其家中访谈。吕先生结合求学经历谈到了他心目中的吕荧先生。

这是我研究院史以来，听到的关于吕荧先生在山大最详细的资料，我认真地做了采访记录。临近采访结束时，吕先生说："我和吕荧先生的长女潘怡女士有联系，有时互通邮件，她写了一篇《怀念父亲吕荧》，发给我好几年了，至今未能发表，不知山大文学院能否发表？"我说："回去后我向杜院长汇报，如果同意发表我再和您联系。"采访结束时已经12点了，在回校的路上，我越想越觉得此事至关重要。在公交车站牌下，我拨通了杜院长的电话，汇报了此事。杜院长表示文章宝贵，可以在《山东大学中文学报》全文发表。我边打电话边往吕先生家跑，再次叩开了他的家门，告知潘怡老师的文章，杜院长同意全文发表在《山东大学中文学报》。吕先生非常高兴，他说："太好了，容我两天，我最后再校对一遍，发到你的邮箱。"我留了联系方式和邮箱，匆匆离开了。

1月20日，我就收到了吕先生发来的潘怡女士所写的《怀念父亲吕荧》电子稿。我当即发给杜院长，请他审核。杜院长非常重视，嘱我认真审稿，尽快在《山东大学中文学报》上刊发。1月22日，吕家乡先生把潘怡女士的手机号及邮箱告知了我，我第一时间和她取得了联系。在多次征求潘怡女士和吕家乡先生的修改意见，多次修改后，此文最终刊发在《山东大学中文学报》第二期。

从此我开始关注吕荧先生在山大的事迹。2019年3月5日是吕荧先生逝世50周年纪念日。为了缅怀吕荧先生，在寒假期间我又采访了吕荧先生当年的课代表赵洪太先生，听他回忆了与吕荧先生的交往。采访文章以《我与吕荧先生的交往》为题刊发在2019年3月26日的《齐鲁晚报》。该文后来被《山东大学报》全文转载。潘怡女士也在网站分享了这篇文章，在文章开头她写下了这样一句话：这是山东大学文学院为纪念父亲逝世五十周年而发表的文章，感谢齐鲁晚报，感谢山大文学院领导，感谢口述者真实还原历史，感谢采访者山大文学院张洪刚老师的辛勤工作！

潘怡老师当时身在美国，一再表示感谢，她说回国后一定到山大来看看，拜访吕荧先生的好友及学生。这年秋天，潘怡女士夫妇回国，于 10 月 31 日到山东大学做客。我和初敏陪他们参观了山大校园、校史馆、文学院及文艺美学研究中心。在校史馆和文学院资料室看到吕荧先生的照片，潘怡女士非常感动。当天谭好哲教授安排潘怡女士夫妇在学人大厦与赵洪太、吕家乡、杜泽逊、郑训佐、孙书文等教授座谈，一起缅怀了吕荧先生。座谈会上，吕家乡教授哽咽着朗诵了他创作的诗《赤子之歌——献给恩师吕荧》，在场老师都非常动容，切实感受到了吕教授的尊师情。

2020 年 2 月 12 日，我收到了吕家乡先生的微信，其中写道："吕荧的女儿潘怡发给我一份吕荧先生遗稿，我看了，觉得他对易经等古籍的理解颇有新意。是否可以给《山东大学中文论丛》投稿？"吕荧先生的这份遗稿是先生的手稿，题目是《古原子能说》，共 18 页。经与潘怡老师电话联系，她同意将此文刊发在《山东大学中文论丛》，并将手稿捐赠给山东大学文学院。此手稿由初敏博士整理，并对部分内容加了注释，经吕家乡教授和潘怡老师审定。此文 2021 年 8 月发表在《山东大学中文论丛》第六辑。

10 月 21 日晚接到潘怡老师微信电话，得知安徽教育出版社出版了《吕荧全集》（五卷本），要与山东大学联合举办新书发布会。10 月 22 日早上我打电话向谭好哲教授汇报。谭老师得知了新书发布会的事宜，并让我邀请潘怡老师、赵洪太教授、吕家乡教授参会。11 月 17 日我将《吕荧全集》送到了赵洪太教授家中。赵教授非常感慨地说："不简单，不容易，非常好！真可谓传承文明，厚德载物。"感谢编者许振轩老师的辛勤劳动，感谢安徽教育出版社的大力支持。

关于吕荧先生离开山大的时间

吕荧在《我的小传》写道：1950 年去青岛山东大学任教，1952 年冬到北京人民文学出版社工作，一直到现在。

吴腾凰、潘怡、潘悦在《吕荧年谱简编》中写道：1952年春末，经上海震旦大学何满子介绍，去上海新文艺出版社从事翻译工作。

赵洪太教授回忆："（吕荧）于1952年初不辞而别，离开了山大。"

吕家乡教授在《萤火虫》一文中写到，吕荧先生出走的时间大约是1952年3月。他是只身离开的，两个小女儿仍然留在山大宿舍里，由原来的保姆照看。

王冰在《忆我的老师吕荧先生》一文写道："1952年1月放寒假了，我们几个学生凑了点钱买了点礼品去拜访吕先生，门上却挂上了锁。邻居说：吕先生放寒假的当天晚上就带着两个女儿走了，没向任何人告别，谁也不知道他到什么地方去了。"

纵观这些材料，基本可以断定，吕荧先生离开山大的时间是在1952年寒假期间。当年山东大学1月放寒假，2月即开学（据赵洪太教授回忆：1952年2月开学后，吕荧没回学校，后来才知道他不回来了），所以吕荧离开山东大学的时间应该是1952年1月。吕荧离开山大后，又来过山大两次，1953年夏天后没再回来。

关于《吕荧全集》补遗的一点思考

手捧煌煌五卷本《吕荧全集》，特别感动，心想我能做点什么呢？经与韩清玉老师商议决定为《吕荧全集》补遗。实际上《吕荧全集》包括著作卷二卷、译作卷三卷，内容非常全面了，补遗工作非常难做。我们经过认真研究梳理全集，认为可以从以下几个方面进行补遗。

一、图片资料补遗。全集共收录7幅珍贵照片，照片资料不够丰富，还需要进一步搜集挖掘。

二、手迹书信资料补遗。全集收录了吕荧致胡风、萧白、孔另境等先生的四封书信。吕荧先生交友广泛，尤其是与胡风、华岗、孙思白、萧军、耿庸、冯雪峰等先生应该都有书信来往。书信内容不够全面，需要到各大档案馆，以及吕荧先生的朋友的后人手中搜集。另一方面全集中涉及吕荧先生的手迹、手稿内容较少，也需要进一步补充完善。

三、关于吕荧先生在山东大学任教期间的档案文献资料需要补遗。1950年8月至1952年夏，吕荧先生在山大执教或到青岛避暑，这期间的学术创作、讲课手稿、书信等材料，需要进一步挖掘梳理。

四、译作佚文补遗。全集收录的译作佚文只有十余篇，还需要在旧报刊以及吕荧先生工作过的地方报刊进一步搜集，进一步补充完善。

以上是我对《吕荧全集》补遗的一点思考，敬请各位专家、老师批评指正，并提供宝贵资料。

（原载《〈吕荧全集〉会议论文集》）

2021 年

从殷焕先先生的一首词说起

何 娟

> 紫万红千，真明媚，又逢春色。空叩问，斯人何在，九天岑寂。八府塘前同笑语，门帘桥畔怀踪迹。记萤窗忧愤论危亡，心丹赤。
>
> 书生梦，原清白。朋友道，由忠直。怅深山幽径，大都华宅。文笔自能传世代，性情尤足光篇策。正枝头悠越到莺声，思畴昔。

这首词是原山东大学中文系教授，我国著名语言文字学家殷焕先先生（字孟非，江苏六合县人）所作。1985年11月21日，《美的殉道者——吕荧》一书作者之一的吴腾凰先生专程到山东大学搜寻吕荧先生的资料并走访吕先生曾经的同窗、同事殷焕先先生时，请殷先生写一点纪念吕荧先生的文字。在这年的5月份，殷先生收到了学生、红学家李希凡先生编订的《吕荧文艺与美学论集》（上海文艺出版社1984年版）一书，这书是为纪念吕荧先生诞辰70周年而出。72岁的殷先生不仅是吕先生山东中文系的老同事，两人更是中学时代的故知好友，在收到这本书后，老先生连夜阅读。恰逢半年后，吕先生的乡后学吴腾凰到访，殷先生在听到腾凰先生叙述吕先生逝世情况后，大大出乎所能想象，心情感慨万千，难以平复，随即写下了这首《满江红·怀吕荧学兄》。可以说这首词涵盖了殷先生与吕先生的半世情谊，也道出了这一朵"人的花朵"过早凋零的必然之由。1950年吕荧先生到青岛山东大学接替文学家王剑三先生担任文史系系主任一职，至 1952 年拂袖而去，在青岛山大共待两年半，住在金口二路，由于和自己的夫人潘氏分居，故自己独自抚养两个女儿，这两个孩子一个六七岁、一个四五岁，平常吕先生找了一个保姆帮其看护，殷先生与吕先生因有"旧谊"，时常过访，殷先生自然而然成了吕府的常客，两个孩子打小也就对"殷伯伯和殷伯母"格外亲切，可以说，吕先生在青岛的两年多中与殷家走动最多，殷先生也是最为了解吕家的人。吕先生在山大期间，主讲文艺学和俄国文学史——苏联文学，因课讲得好，深得学生之心，也常常在课堂上将心中的"真话""看法"统统无保留地讲给学生，这也就埋下了日后"祸患"的伏笔。殷先生曾说过，吕先生书生气十足，祸患之来袭，是难以避免的了。正是这一点殷先生曾在心底里表示由衷的钦佩，同时他觉得吕先生的人生遭际是由于他本人太过于忠直了，直道而行而不看当时的情况条件，这种秉性在当时、在时下都是极为难能可贵的。

现在我们来看殷先生的这首《满江红》。词的头尾"紫万红千""正枝头"与姜宝琛先生写的《冬天的回忆——记美学家吕荧之死》相一致。"文笔自能传世代，性情尤足光篇策。"这一句与吕先生的生前好友、著名作家骆宾基 1980 年 9 月 5 日写下的《美学家——吕荧之死》结尾处的"坟墓自然是没有的，而骨灰在哪里，恐怕也很难查找了。但是吕荧有他的几本译注在，这将永远流传于后世。在社会风气中，将起着净化的作用。它们将永远散播着芬芳，因为译作者吕荧本人就是我们民族的花朵。"所表达出的情思与评价是何等的相似。真的是"感时伤逝，人同此心"。"空叩问"是问天天不语，无可奈何！"八府塘"是殷、吕二先生同窗之时南京中学初中部所在，"门帘桥"是高中部所在。吕荧先生在上初中时就接触了共产党，心也是向着共产党的，"心丹赤"指的就是这个意思。"书生梦，原清白。朋友道，由忠直。"这是殷先生认为吕先生追求真理、追求全人类解放，为胡风讲公道话直道而行有感而发。

殷先生也说过，吕先生的脾气、性情，是不该住在大城市的，他该住在深山幽谷与白茨菰花谈话。所以,"怅深山幽径,大都华宅!"是晦涩的,说得更直白些:吕先生不该住到大都、华宅这个熙熙攘攘的世界来。

如今,吕先生和殷先生都已先后离开我们,他们的交谊之情只得通过一些只言片语和这首词来体悟,闻听今年11月27日由许振轩先生编纂的《吕荧全集》将在济南举行首发式,我将这首小词做一浅解,权作心香一瓣,献于先生灵前,望两位先生安息。

(原载《〈吕荧全集〉会议论文集》)

2022 年

迟来的纪念
——写在《吕荧全集》出版之际

王国杰

　　吕荧是天长市人,当代著名的美学家、翻译家、文艺理论家、诗人,他曾经参加20世纪50年代的"美学大讨论",提出"美是社会存在的反映"的观点,因而自成一派,与朱光潜、蔡仪、李泽厚三派鼎足而立。他翻译的《叶甫盖尼·奥涅金》是普希金这本小说最好的译本之一,并由此成为公认的译名。 他中学时期就参加了党领导的读书会,阅读马列著作,写作反抗阶级压迫的诗歌小说,就读北京大学期间参加北方左联工作,参与编辑左翼文学期刊,毕业后成为胡风《七月》杂志的主要撰稿人之一和重要的文艺理论家,为马克思主义文艺理论在中国的发展壮大贡献力量。 中华人民共和国成立后,他在山东大学任教,培养了几位著名的马克思主义文艺理论家和美学家。 然而很不幸,1969年就他就英年早逝,他生前曾把自己的文章汇总出版过几个文集,去世之后便被埋没了,20世纪80年代他的学生李希凡为他编辑出版过一本《吕荧文艺与美学论集》,滁州作家吴腾凰先生为他写过传记《美的殉道者:吕荧》,之后又是多年的沉寂,直到2020年生活·读书·新知三联书店才为他再版了《叶甫盖尼·奥涅金》,今年安徽教育出版社为他编辑出版了《吕荧全集》,山东大学文艺美学研究中心为他举办了学术研讨会。 光阴似箭,转眼已经半个世纪过去了,不得不说,这份纪念来得有点迟了,连吕荧的大女儿潘怡也已进入古稀之年，曾经和吕荧交往密切的好友大多已经故去，许多珍贵的史料和回忆也被带走了，为吕荧资料的整理增加了难度。

不过幸好还有许多人记得他。我去山东大学参加吕荧学术研讨会，见到他的学生吕家乡和赵洪太诉说他当年的风采，山东大学文艺美学研究中心也把搜集整理吕荧资料的工作提上了日程。还有咱们安徽的教育出版社原副总编许振轩，已经是八十高龄，不会用手机电脑，独自承担《吕荧全集》书稿的搜集、整理、编辑工作，耗时数年终于促成了全集的出版，其辛苦程度可想而知，这些完全是凭着他对吕荧的崇敬与热爱。还有安徽教育出版社的诸位同仁，在追名逐利的商品化大潮中，他们能够坚守理想与信念，坚持为社会和读者编辑出版有思想高度的优秀作品，也是吕荧作品之幸。这套《吕荧全集》分为著作卷和译作卷，著作卷收入吕荧的诗集《火的云霞》和评论集《人的花朵》《文学的倾向》《关于工人文艺》《艺术的理解》，以及美学论文集《美学书怀》，译作卷收入文论集《普希金论》《叙述与描写》《列宁论作家》《列宁与文学问题》《论西欧文学》，传记《普希金传》，小说《叶甫盖尼·奥涅金》和戏剧《仲夏夜之梦》，除此之外，全集还收录了几篇吕荧散佚的文章。可以说，吕荧生前结集出版的大部分作品都被收录进来了，有的文集和文章确实很难找到，这也可见许老先生的辛苦了。然而这总算是一个新的重大的开始，这表明吕荧已经被许多人重视起来，并传播给更多的人，纪念是来得有点迟了，但是吕荧永远不会被忘记。祝贺《吕荧全集》出版，是以为记！

（原载《滁州日报》2022 年 3 月 3 日）

怀念父亲吕荧

元旦过后罗飞老人给我寄来了胡风女儿晓风编著的《我与胡风——胡风事件三十七人回忆》一书。在冬日的阳光下捧着一本书阅读是何等惬意的事啊！但是当我读完书中收录的梅志写的《人的花朵——记吕荧与胡风》一文后，心头分外沉重。它触动了我深埋在心底的家事，一幕幕刻有时代烙印的往事是那样的刻骨铭心。想起我父母各自苦难的一生和他们本不该有的婚姻，心如刀绞般的难过。

从20世纪80年代中期就开始有人写我父亲，闻敏老师坚持了20多年，做了大量的调研和案头工作，写出了《无墓者的丰碑》等很好的文章。今天闻敏老师和罗飞老人鼓励我把我知道的写下来，我答应了下来。父母一生的经历是不应该被忘记的，是那个时代部分知识分子命运的缩影。

从头说起

梅志老人没有见过我妈妈，却猜测她"是一个能干的有个性的女人，不会完全听从吕荧的指挥"。的确，妈妈是一个能干的女子，从小就和命运抗争。她出生在四川涪陵的一个破落地主家庭，从小就追随下乡办平民学校的共产党员读书，初中时又是这位共产党员将她带到了宜昌，在宜昌女中读书。妈妈曾在写给我的信中说，"……后又经与家中无数次的斗争，方到北平上北平大学附属高级中学念书，这其中经受了无数的经济的和精神的磨折与痛苦。"1930 年代初一个弱女子如何走出难于上青天的蜀道来到北平，妈妈没有提起过，但是没有点抱负的女孩子很难做到这点。后来妈妈又到西南联大生物系读书并参加了党的外围组织"群社"。妈妈是一位渴望有所作为的知识女性。她和爸爸是在西南联大校园里相识相爱的，父亲当年是那样的一位潇洒而有才气的诗人。妈妈 1949 年 1 月 27 日的日记里写道："前天——二十五号是我们结婚六周年纪念日。"可见他们是 1943 年 1 月 25 日结婚的。

梅志说父亲当年译好《欧根·奥涅金》后，急于出版，胡风也帮他到处打听，"胡风告诉他，问过几大出版社都不愿意出这种诗体小说"。最后还是我外婆家出钱帮他出的。外公在妈妈幼年时就去世了，家里只有外婆和一个舅舅，家境并不富裕，但他们倾囊相助为父亲出版此书。

我在天津图书馆查到最早的版本是"云圃书屋印"（吕云圃是父亲曾经用过的笔名），"一九四四年二月出版"。而且 1944 年 5 月 8 日重庆《新华日报》上还有一篇文章《〈欧根·奥涅金〉新译本》（吴均）介绍此书。要点如下：现在，我们有了《欧根·奥涅金》的完整的新译本了。

> 吕荧先生的这一译本可算是郑重坚实的工作的成就。他不仅纠正了前出的一种译本的"文字枯涩而且粗率，并且很多地方和原诗出入很大，奥涅金和坦姬雅娜的形象，甚至于普式庚自己都受到了歪曲和损伤"。
>
> 首先值得提出的是题名为《天才与伟大》的译序。译者通过对于普式庚与《欧根·奥涅金》的精湛的研究，他明确地提出了，从这一作品"俄国的诗和俄国的小说开始现实主义的路程"，"从俄国的生活、历史、语言里面，俄国的巨人普式庚走出来了，他开创了一条完全不同的道路"；这"俄国人民和世界文化的果实"的辉煌，"不仅因它的艺术的高度和它的智慧的阔度，而且因为它是'诗的太

阳'的第一道光芒，突破俄罗斯文学的暗夜"。它的价值，并不曾为后来的《死魂灵》和《战争与和平》所压倒。对于欧根·奥涅金这一典型的分析，对于书中所表现的反地主贵族阶级的意识的分析，对于作者的艺术的分析，都有着卓越的见解。

在出版困难的情况中，这么一种郑重而坚实的译本的印行，确实是件高兴的事。

梅志在她的文章《人的花朵——记吕荧与胡风》中写道：在纪念普希金逝世百年时，希望社曾重印《欧根·奥涅金》，一千五百本早已卖完了，胡风去香港后我用留下的纸又印了三千册……。书很好卖，简直一抢而空。

1954年人民文学出版社再次出版此书时，父亲校改后将书名改为《叶甫盖尼·奥涅金》，并保留了初译本中胡风译的三节诗。

普希金研究专家陈训明先生在《坚持真理不随大流——吕荧与普希金》一文中说，"吕荧是我国直接从俄文翻译俄罗斯诗人普希金的诗体小说《叶甫盖尼·奥涅金》的第一人。""……吕荧的确将《叶甫盖尼·奥涅金》的翻译提高到了一个全新的高度。"

此书最初出版时父亲29岁，他写信对胡风说，早在北平时就学过俄文，后来，就一边学（读的是刘泽荣编的《俄文文法》），一面向刘先生请教《欧根·奥涅金》内的一些文法上的问题，再将它用诗的语言译出。

1995年诗人刘湛秋编纂了"俄罗斯文学名著金库"丛书，将爸爸翻译的《叶甫盖尼·奥涅金》收录了进去。他在给我的电话中说，五个版本中，他认为父亲的翻译最有诗人味道。

是啊！父亲还不到19岁就写出了《火的云霞》这样忧国忧民的诗篇。他骨子里是一个诗人。25岁（1940年）就完成了著名的诗歌评论集《人的花朵》。诗人的性格成就了他的事业，但是在现实生活面前，一个诗人无法应对日常生活中的琐事。浪漫和幸福都随着婚后流水般的日子流淌而去。随着我的出生，平静的日子被打破，婴儿的哭声中夹杂着的是父母的争吵。妈妈说过，父亲听见我哭，急了就会踢我的摇篮。他不是也在和胡风的通信中抱怨过吗，"孩子吵，不能写文章……"在妈妈怀妹妹不久后，他选择了逃避，于1946年去了贵州大学。

逃出围城

妈妈给我的信中说："抗战胜利后，他（指我父亲）即不安心工作，离职（当时在涪陵中学教书）去重庆，住邵荃麟家，后经友人介绍去贵州大学教书……"父亲西南联大历史系同学，也是母亲在北平大学附中高中时同学孙思白当时住在重庆，他见证了父亲逃离的一幕。

他说，那天是他把父亲和王德昭一起送过江，走上了去贵阳的路，等他回家却见到追赶而来的妈妈，于是又陪着妈妈去追父亲，自然是没有追回来。见到泪流满面的妈妈，他们都说父亲是可敬而不可爱的人。是啊！怎么能这样不辞而别呢？而且妈妈那时刚刚怀孕（我的妹妹），更加悲剧化的是，从此以后他们夫妻就再也没有团聚过。结婚不到三年，婚姻就走到了尽头。一直到1953年，两人在天津协议离婚。

父亲离家那年妈妈29岁，我们姐妹相差只有一岁半左右，母亲又当妈又作爹，教书挣钱养育我们姐妹。而父亲在贵州大学也找到了他要的生活。据父亲学生谢振东回忆，父亲当年在贵州大学任副教授，讲授西洋通史、西洋文化史，从文艺复兴到法国革命，向学生们灌输高尔基、鲁迅等进步作家的思想，是1946年至1947年贵州大学三杰之一。他讲课时，学生自始至终无一人离席，受到极大欢迎，他同时也进行翻译和写作，与一些进步教授创办《时代周报》，进行争取民主、和平反对内战的宣传，但是1947年，他还是选择了离开，他对谢振东说："这里倒是四季如春，环境优美，只是人文地理不济，太闭塞，太保守，也有点令人精神上窒息。"

离开贵大,父亲辗转到了台湾师范学院教书。远在四川的妈妈当时似乎并不知道父亲去意坚决,1947年暑假,带着我们姐妹东进去找父亲。妈妈在1948年7月15日的日记中这样写道:"今天就是一年前离开家乡的日子啊!一年前的今晚带着两个可爱的孩子,带着一颗希望的心,随着长江东下……"我们先到了安徽天长父亲的老家,把我们安顿好后,母亲于1947年11月到台湾去找父亲,同时在台北第二女中也找到了一份工作。但是爸爸拒绝和她团聚。妈妈一颗满怀希望的心受到了打击。

父亲1948年暑假回老家,看到我们姐妹在大家庭中过得并不好,就把我们接到他的身边,从此我们开始了跟随父亲三年半的生活。

在台湾跟随父亲生活的那段时间,我年纪太小,对那段日子,几乎没有什么印象。1949年父亲应邀到北京参加全国第一届文代会,他和彭燕郊(七月派诗人)一起是南方代表第一团的。会议之后应罗烽之邀到了大连,后又到青岛山东大学,这期间我们姐妹一直跟随着父亲。那是我刚刚有记忆的年岁,在我们那时的生活里,只有爸爸,完全没有妈妈这个概念。

女儿眼中的父亲

一、在大连

1949年10月到1950年9月,父亲在大连从事了近一年的工人文艺工作,他在《关于工人文艺》一书的"序"中写道:"这一年里面,因为病,没有能做什么,只读过几百篇工人的文艺作品(剧、诗、报告、通讯、小说、鼓词、快板都有),看过工人演出的节目,组织了工人的文艺创作小组。"

1952年3月,上海文艺出版社出版了父亲《关于工人文艺》一书,书中收录了父亲的五篇文章，它们是：

《劳动人民的诗》——1951 年 8 月

《关于〈装卸〉》——1950 年 4 月 10 日

《从〈后悔来不及〉谈起》——1950 年 12 月

《工人文艺的成就》——1950 年 12 月

《工人文艺创作的几个问题》——1950 年 12 月

除了观看工人演出几百场，他还辅导工人写作，工人作家周恩惠1997年给我来信说，"《小钢炮》和《老鸢儿》"（收录在《关于工人文艺》一书中），那是他（指父亲）因停电而点起蜡烛在松山街同我一起斟字酌句改写成篇的。屈指算来，47 年已过去，我当时是个 18 岁的文艺青年，而你们则是两个小女孩……"以此为契机，周恩惠走上了文学创作的道路，1993 年还加入了中国作协。父亲是真正身体力行地实践着毛主席《在延安文艺座谈会上的讲话》精神，全心全意为工农兵服务，可是后来在山东大学他还是遭到了那样的误解，引起一场风波。

二、在青岛

在大连时，我尚小，来到青岛后，我对这里的生活开始有记忆了。只有"威严"两个字能够最贴切地表达我那时对父亲的感受。爸爸永远是忙碌的，从来没有带我们出去玩过，几乎也不和我们说什么话，我们就跟着保姆，只有在吃饭的时候能够见到他。我从小性格比较懦弱，也比较顺从。妹妹会反抗，想出去玩，父亲不允许，她就会哭闹，我记忆中就过两次。妈妈说："何佶（父亲原名）说小美（妹妹乳名）身上有我的遗传。"倔强、不顺从或许是父亲不再喜欢妈妈的原因。我也有过两次偷着跑出去玩耍，闯祸，最后结局就是一顿揍。他的学生吕家乡在给我的信中说，"大约是 1950 年冬天或 1951 年初，一个风搅雪花的冬天，你冒着雪到附小上学，可是教室没有开门，于是瑟缩地站在教室门外的风雪之中。我的同学武作育在附小兼课，看到了这种情景，他给吕老师写了个字条，说明这天确实停课。"这样我才敢回家。

父亲一心扑在他的教学和写作上，加之他自己的身体也不好，没有精力照顾我们，更不懂得儿童心理，也不会表达他对我们的爱。记得在青岛我们姐妹同时得了麻疹，他把我们安置在他的房间里，亲自照料我们的起居，这是我唯一一次如此亲近地感受到父爱。

还有一次，他把我们叫到他的书房，要我们唱歌跳舞给他看，一向在父亲面前拘谨的我们就更加手足无措了，最后怎么收场我也忘记了。1951年的《文艺报》风波之后他就更顾不上我们了。

当年是王统照（通过孙思白）把父亲介绍到山东大学中文系任教授的，后接替他任中文系主任。父亲讲课受欢迎，培养学生认真。当时的学生、后来新华社著名记者赵淮青回忆说："他做学问刻苦不要命，思想有深度，观点新颖，他讲课有他的独立思考，所以他讲课时，外文系也来听，走道上都站满了人。"不料突然刮起了批判他的风暴。具体背景是：1951年春天，富有革命传统的华东大学合并到山东大学。一些来自华东大学的师生"革命"警觉性特强，觉得父亲的讲课内容"不符合"毛主席的文艺路线，于是就酝酿着大动干戈，署名中文系资料员张祺的批判文章在《文艺报》发表了。

20世纪80年代初，我在天津图书馆查到了当年的部分《文艺报》有关文章，并复印保留。

1951年11月10日出版的《文艺报》第5卷第2期刊登了"编辑部的话"，题目是《关于高等学校文艺教学中的偏向问题》，紧接着就是张祺的文章《离开毛主席的文艺思想是无法进行文艺教学的》，对时任山大中文系主任及文艺学教授的父亲发起挑战。其实，1950年6月父亲刚写了一篇文章《加强学习〈在延安文艺座谈会上的讲话〉》（收录在《艺术的理解》一书中）。父亲这样谈《讲话》："这本书给中国革命文艺运动指出了新方向，引导上新道路，从此，中国的新文艺开始了一个新阶段，一个新时代。"当时给他扣的帽子太大了，他当然无法接受。

1952年1月25日出版的《文艺报》第二期上，"编辑部的话"点名批评父亲同时也发表了父亲的来信。父亲说："张祺同志没有去听过文艺学的课，可是他引了许多我在课堂上讲的话。这些话经他一写之后，和原意正正相反。还有一些话我根本就没有讲过，现在一一订正于下。"父亲就14个问题逐一进行了说明和澄清。有的学生迫于强大的压力也写文章对父亲进行了批评。

据孙思白（时任山东大学校长办公室副主任）说，当年《文艺报》风波，恰逢知识分子思想改造运动高潮时期，校党委决定让父亲写个检查，登在山大校刊上，父亲写了三四百字，交上去后又被要求修改，最后就不肯交了，坚持认为自己没有错。后来中文系开会批评，华岗校长最后做了温和的总结发言，但就在华校长发言时父亲退出会场。

孙思白受学校委托，有一夜住到我家和父亲彻夜长谈，希望他做个检讨，但是他就是不肯说一句违心的话。

1952年春天，父亲只身离开山大。据妈妈后来说，父亲是借口祖父之死去了上海，把幼小的我们姐妹俩留给了保姆。

妈妈得知后把我们接到天津，当时她还住在集体宿舍里。她从华北大学（人民大学前身）教育系毕业后，被分配到天津女一中任教。我们来到妈妈身边，生活中渐渐有了欢声笑语。

1953年，父亲和母亲在天津协议离婚。父母离婚协议上写着：

（二）关于孩子的抚养教育问题：

　　1.文瑜（我）由何佶抚养教育，文瑞（妹妹）由潘俊德抚养教育。

　　2.目前文瑜暂由潘俊德代管教养，在此期间，教育经费由何佶负责，每月拿出薪金的六分之一按月寄付。文瑜小学毕业后，由何佶领去。

三、从上海到北京

爸爸离开山大后就去了上海，在朋友们的资助下生活、写作。那是他翻译写作的一个顶峰，《列宁论作家》（新文艺出版社，1952）、《列宁与文学问题》（国际文化服务社，1953）都是那时候完成翻译的。1952年冬，冯雪峰邀他来北京，在人民文学出版社任特约翻译，专门从事著译工作，直到1955年上台为胡风辩解而蒙冤。

1955年6月19日起，父亲被隔离审查，遭到一年软禁，精神上受到极大地摧残。

那时我上小学四年级，一个周日，我们姐妹俩和往常一样跟着妈妈去单位值班（平时我们住校）。妈妈手里拿着一张报纸，一脸严肃地把我们叫到跟前说："你们的父亲犯了政治错误，现在报纸上点他的名了，为了不影响你们的前程，你们得改名字，表示和他断绝关系，以后他寄来的钱，我们也不能接受了。"妈妈说的话我们当时并不太懂，只知道爸爸出了事情，从此不再用父亲给我们取的名字——吕文瑜、吕文瑞，改随母姓了。

我至今记得老师在班上宣布我改名字的情景，那一瞬间尴尬极了，恨不得找个地缝钻进去。当年的同桌说，她记得，我只是哭泣，她也不知该如何安慰我。老师并没有说明原因，但是在同学中也引起了不大不小的波澜。当时在小学住宿的多半是革命干部子女，和同学相比，我觉得自己是个另类，父母离婚，现在又姓了母亲的姓，心灵受到极大伤害。从此我对生我养我的父亲非常抵触，像避开炙热火焰一样躲着他，避开他。至于要和父亲划清界限则是长大以后的事了。不过，父亲在逆境中一直牵挂着我和妹妹。

我这里还保留有1957年6月5日和6月18日父亲分别写给妈妈和我们姐妹俩的几封信，他是那么急切地盼望着我能够到他的身边去。

俊德同志：

前寄二信，想都收到，现寄去本月用费四十元，请查收回信。玲玲什么时候考完来京，请告之，好进行具体准备，路费各项都要先期筹划才好。

此致

敬礼

吕 荧

（1957年）六月五日

同时写给我们：

玲玲、美美：

前些天寄去的信，想都收到了，望写信来。玲玲（我的乳名）毕业之后，就到北京来，好准备考中学，美美（妹妹的乳名）放假之后，也到北京来玩玩，好不好。

再见。

爸 爸

（1957年）六月五日

听妈妈说，父亲要接我到北京去上中学，他来教我俄文。自从父亲出事以后，我很是怨恨自己有这样一个父亲，又加上幼年时在一起生活产生的惧怕，我坚决不去。

母亲做不通我的思想工作，也就没有及时回信，于是父亲又来信催促。

俊德同志：

前寄四信并寄款五十元，想都收到，但至今未见回信，不知何故，甚属费解。玲玲不久毕业，即需投考学校，她的学习由我负责，故下月毕业后，我就去接她到北京来。请先准备为要。

即祝近好。

吕荧

（1957年）六月十八日

也同时写给我们：

玲玲、美美：

前些天寄去的信，想都收到了。玲玲不久毕业了，要好好地准备考试，考完之后，我就去接你到北京来考中学。小美放假，也到北京来玩，你看好不好？

玲玲什么时候考完？望就来信告诉我，好早作准备。

爸爸

（1957年）六月十八日

不知妈妈最后给回信没有，父亲是在我小学毕业前和翻译家刘辽逸到天津来做我们的工作的，刘是父亲当时在人民文学出版社的同事，又是妈妈高中的同学，他们住在利顺德酒店，离我们小白楼的家很近。大人们怎么说的我不知道，只记得在1957年小学毕业后妈妈送我和妹妹去北京过暑假。当时我已经被保送上中学了。

四、北京土儿胡同

那是我第一次来到爸爸在北京的家，父亲在这里度过了在北京的大部分时光。这里后来也成为他在"文革"中受难的祸根。

大概是为了追求创作上的安静，解放初期北京的作家兴起买房热，爸爸于1955年初向人民文学出版社预支了部分稿费也购置了一套房产，房子位于东城区交道口土儿胡同。这套四合院共18间房子，占地七分半。

我记得在1957年夏天时，爸爸的这所院子有一扇二道门将爸爸住的那部分院子和南房隔开，进门有个木制影壁，绕过影壁是一个很大的院子，中间有一个花坛，里面种满了色彩斑斓的"死不了"花，北面是一溜带廊的北房，北房是带厢房的，还有一个狭长的后院。当时父亲住北房，西厢房是厨房和保姆住房，东厢房则是爸爸的书库，里面书架上摆满了书籍。

1955年6月至1956年5月，父亲就是在这里被软禁了一年。

妈妈是和父母大学时的同学徐姨一起送我们去的，那天我们在北房父亲客厅落座，但是只要他一离开进到别的房间（后来知道那是父亲的书房），我就哭闹，不肯留下。现在想想父亲肯定听到了，或许这就是最后没有坚持让我留在他身边的原因。客厅的西边一间是父亲的卧室，我们住在他后面的厢房里。有一天我在他床头发现一个挂件，一个小娃娃固定在一个纸板子上，那个娃娃很好看，做工不甚精致，可能是妈妈亲手制作的，翻开背面有"给玲玲，妈妈"几个字。趁爸爸不在家，我玩过好几次，甚至萌生过拿回家的念头，但是出于对父亲的惧怕，终于使我放弃。妈妈是什么时候给我的？我想应该是在台湾，因为那时我有点懂事了。爸爸从台湾到北京，再到大连，青岛，北京，搬了这么多次家，都没有扔弃这个小挂件，为什么？是寄托着对孩子的思念，还是别的什么？一直是个谜，我回家以后也没有和妈妈提起过。

这是我懂事之后和父亲相处最长的一次，但是他很忙，依然是没有时间和我们说话。他的生活习惯是昼夜颠倒的，夜里写作，起码上午是睡觉时间，也不许我们出去，所以我们姐妹俩大部分时间就和阿姨在一起。我多想找几本书读读，但是不敢和爸爸提。平时百无聊赖，就和阿姨说说话或者看着花坛里的花发呆。我们很想念妈妈，想回到妈妈身边。

爸爸每顿不可无肉，每天不可无烟，保姆说每天要吸两包香烟，我记得他当时只吸牡丹牌。受妈妈之托，偶尔徐姨的儿子会来看望我们，因为他是男孩子，所以爸爸会拿出他收藏的古画展示给他看，我们是没有份的，后来才知道爸爸喜好收藏古玩、名画。但大部分人都说父亲买了很多假画。

父亲曾在《美学研究》1958年第4期发表文章《米芾的画》。不久前看到网上文章《米芾研究综述》说，专门研究米芾绘画的比较重要的论文有：吕荧的《米芾的画》……父亲的文章位列第一。父亲研究领域之广博令我叹服。至今也不知是父亲真的懂画还是他确实上当受骗，只是经历了浩劫后我们什么都没有见到。

有一天爸爸叫了辆出租汽车，在那个年代这是件稀罕事。他带我们姐妹俩去故宫参观，在小孩子眼中这些琳琅满目的古董都是见所未见的，多想仔细看看，更想有人讲讲。但是他不给我们讲解，只管自己在前面走，我们则一路小跑跟随着，很快参观就结束了。到家以后他要我们每人写一篇作文，这可难坏我们了，什么也没看懂啊！不过倒也是对付了过去。记得那次父亲和我们谈话时，踢我们的脚，告诫我们女孩子坐要有坐相，要两腿并着坐。还有一次出游也是乘了小汽车去动物园。现在想想百忙之中父亲也是尽了最大的力量满足我们孩童的好奇心。但是妹妹不满足，总是想出去玩，有一次竟然和父亲哭闹起来。

一个月的时光很快过去了，我们姐妹俩又回到了妈妈身边。"我的爸爸是个犯过错误的人"，这样的思想包袱还是一直压在我的心头。

1957年12月3日人民日报第七版登载了父亲的论文《美是什么》，并在文前加了"编者按"。

这个消息妈妈很快知道了，而且把这张报纸一直珍藏着，现在还在我身边。妈妈一再告诉我们父亲没有政治上的问题，但是我仍然不相信。要和父亲划清界限的想法渐渐萌生。每个月爸爸寄钱来，每到要写回信，我一定要妈妈口述，才肯写。

大约是1958年，爸爸来天津看过我们，那是冬天，我放学回家天已经黑了，进门就看见爸爸已经在家里了，桌子上堆了很多他买来的食品。很明显那时他的精神已经不正常了。然后说"买来的东西有毒"，又被他扔掉了许多。这是爸爸最后一次到天津来看我们。后来妈妈说，他是来告诉妈妈他要回南方去，希望把我们姐妹也带回南方。妈妈那时也觉得父亲说话有些不对头了，精神出问题了，没有同意他带我们姐妹俩去南方。父亲以这种精神状态去南方——上海，谋求像五十年代初那样的创作环境，自然不可能如愿。不久他被送进精神病医院。我记得有一阵子家里收到父亲的来信，是寄自"上海××医院"。1981年3月20日梅志阿姨对我说，那一次上海之行，你父亲以为遭到了绑架，更加剧了他病情的发展。她认为北京的那个大房子也害了他，一个人离群索居，又有房客欺负他。

大约是1960年的夏天，妈妈带我和妹妹，还有徐姨母子一起去北京看望爸爸。那时他住在宝玉胡同了。

我当然不会想到这是我最后一次见到父亲。妈妈告诉父亲我有近视眼了，他亲切地给我按摩头，我几乎要哭了，哪知道这是做父亲对女儿的疼爱啊！他还拿出收藏的画给大人们看。门口有辆人力车，听说那是专门等父亲的，父亲虽然经济拮据，但是从不要车夫找钱，给多少就是多少。

在我的记忆里，我们的爸爸在给我们寄抚养费上是一个负责任的爸爸。即使在因"胡风问题"遭到软禁，他也照样寄钱不误，但是妈妈这边不敢收了，直到1957年父亲的文章见报，妈妈在请示了学校党支部之后才重新接受。如果他因为什么事不能寄钱来，一定会有信来加以说明，以下是妈妈收藏的父亲的几封来信，现在阅读起来，短短的只言片语蕴含了多么伟大的父爱。但是那时我们只看到他那副严肃的面孔，而看不到他那颗火热的慈爱的心。我现在是流着眼泪重读这几封信的。因为后来我从堂姐那里知道，父亲还要经常接济他的弟弟，他弟弟在老家戴着"地主"的帽子，弟妹一人在镇江做零工养活四个儿子，生活很是艰辛。这些，父亲都一个人扛着。我还记得父亲曾给妈妈寄过国债券来充当我们的生活费，看来他那个时候已是很拮据了。可是我们全然不知，在他当年的信里也看不出这些。

你们寄来的信都收到了，因为忙，到今天才有功夫写信。

书虽然差得不多,仍然没有能够完成,加之这个月的意外用项太多,只好先寄十元给你们,不够的钱请妈妈设法吧。下个月起就可以像从前那样寄钱给你们了。

给我写信来。

父 笔
(1959年)八月二十四日①

这个月你们的叔父有急用,所以没有能寄钱给你们,下个月给你们补寄去,请妈妈暂时想个法子吧。

你们能到北京来,十分的高兴,可是我现在的住处过狭,很不适合你们来住,我想了一想,还是下个月我到天津去看你们吧。一定要去看看你们和妈妈的。

父 谕
(1960年)七月三十一日②

来信收到了,想来寒假过得很好,天气已渐转暖,望好好地保重身体。妈妈信上说玲玲有点浮肿,这是营养不良的结果。要多吃菜,不要不吃东西,只吃一点饭,饭的营养不能维持人体的许多需要。这是顶重要的事,不要忽视了它。

现在每月多寄十元,供你们生活上的需要。一月份的用费也补寄去,共汇一百元,收到后给我回信。

信寄宝玉胡同九号。

爸爸(1961年)
三月十一日

---

① 这是在1959年妹妹考中学之前父亲的来信。——原文注
② 但是我们还是去了,就是我前面叙述的1960年夏天的北京之行。——原文注

父亲的信都是竖着书写，简化字很少，工工整整。我这里还有人民文学出版社唯一退还给我们的遗物，是父亲1958年8月写的一份手稿，厚厚的一沓，一个涂抹的字都没有。父亲的治学精神由此可见一斑。

他曾经给我寄过《孟子》，希望我们姐妹阅读，我实在是辜负了他的期望，几乎没读过几个字。

后来我才知道父亲是编外翻译，除了100元的生活补助之外，其余全靠稿费收入，如果他长期停止工作了，就要断粮断炊。但父亲一直遵守着他在离婚协议上的承诺，每月给我们姐妹寄钱来。直到1963年我要考大学了，告诉他我准备报考理工类大学，从此就再也没有收到过他寄来的一分钱和只言片语。我们母女以为他为此而生气，不再认我这个女儿了呢！根本不知道他的生活已经陷入困境。

而我当时的心态是巴不得和父亲断绝来往，那时自以为是"追求上进"，实际是虚荣心作祟。在中学时就是因为有这样的"犯过错误"的父亲，虽然学习好，但一直到高中毕业都没有入团，上了大学就更加显眼，班上只有三位（包括我）不是团员，而且班上绝大多数都是"红五类"出身，我一直觉得自己是个另类，压力很大。所以即使在北京读书，我也从来没有过看望父亲的念头，一心要和父亲划清界限。在我的脑子里"胡风反革命集团"是比"右派分子"还危险的敌人，因为有"反革命"几个字。

我们姐妹俩都能够接受高等教育长大成人，爸爸妈妈都有功劳，正如王德昭伯伯给我的信中说的："……你们双亲始终不和，连累儿女吃了些苦。但你们都是好好长大成人了，可见他们对你们的爱心，各人都尽了力量保护了你们。"

1965年，良心未泯的我也开始对父亲有一丝丝担心，于是和同学一起去文化部看大字报，没有看到父亲的大字报，也不知道父亲到底怎么样。这一丝丝牵挂，也是深埋在心底，只和妈妈议论过。到了1968年我就要大学毕业了，本来我是被分配到七机部的，但是因为父亲的问题，被拒绝接收。当时对我的打击特别大，我简直看不到自己未来的前途在哪里，觉得天都塌了，好多天以泪洗面，抱怨更是从心底而起，羡慕那些根红苗正"红五类"出身的同学。后来我被改分配，分到了包钢。

但正是这次改变分配，使我在包头的那些日子里结识了很多思想上更加成熟的朋友，他们给了幼稚的我很多的帮助，开阔了我的视野，让我一天天成长起来，也有了独立思考。经过患难与共的日子，我们成为终身的好朋友。后来在给父亲申请平反的困难日子里，他们又给了我各种各样的帮助。1963年到1969年父亲发生了什么事我一无所知，是朋友们帮助我逐渐了解到确切具体的情况，手中握有了为父亲平反的证据。

艰难的平反之路

我是在1978年开始走上为父亲申请平反的艰难之路的。从1963年以来我们就失去了和父亲的联系，到1978年已经过去了十五六年，这期间发生了些什么，我们确实知之甚少。只知道我毕业分配遭七机部拒绝就是因为父亲的所谓"胡风问题"。而到了1973年，当我欲调到"天津市井冈山机械厂"（军工厂）工作时，仍因政审不合格被拒绝。妈妈的学校派人到人民文学出版社调查，说是此人早已被送到清河农场强制劳动去了。他们再到农场调查，才知道父亲早已于1969年3月病故了。

消息传来，我们难过悲哀，妈妈还不住地流泪，猜想终于变成了现实，让人心存的一点希望完全破灭了。从1978年8月开始，我们姐妹俩联名先后数次给人民文学出版社写信，给有关上级领导写信。在我们据理力争下，终于得到了符合实际的结论，父亲得以平反。

那一个多月之中我采访了父亲的很多老朋友，那时胡风问题还没有解决，但是大家都众口一词地给了父亲很高的评价。父亲的形象在我心目中渐渐地高大了起来.多年来蒙在父亲名字上的尘埃终于拂去，还其真面目，痛心的是父亲永远听不到人民的呼唤了。

出书恢复名誉

1982年3月我访问梅志老人时,她说,对于一个作家恢复名誉最重要的是出书,不要联系单本出版,要把文集编起来,编好后出版。她还把邵荃麟、冯雪峰的文集给我看。

骆宾基伯伯来信这样写道:"恢复名誉,公布于社会首要的还是出书。"时任社科院文学研究所副所长的许觉民同志在一封来信中说:"来信说到你父亲弥留时的一段情形,读之甚为悲痛,这也越发增加了我要着手编他集子的决心。这是一个正直的学者,为了追念他,为了这样的惨剧从此不再重演,也应该出他的书。现在我正在着手收集他的旧作,一有头绪即可告诉你。"他确实是做了很多努力,但终因事务繁忙,没有完成这个心愿。但是他把他搜集的资料交给了女作家闻敏老师,闻敏老师为父亲的文品、人品所感动,全身心投入到这项工作,坚持了20多年。她采访了数十人,陆续以短篇形式发表。

父亲家乡安徽滁县地区前文联主席吴腾凰同志帮我联系上了父亲的学生李希凡,李希凡承诺编纂吕荧文集,并联系了出版社。

吴腾凰到安徽天长县父亲老家及老宅采访,完成了《吕荧小传》的编写。李希凡同志出面联系了上海文艺出版社,并由他编纂了《吕荧文艺与美学论集》,从1983年1月开始动手,历时一年,一直到1984年3月27日他写信来说:"(三月)八日我收到了文集校样,这二十天我都在校书,今天已校完,挂号寄出,这件工作已完满结束。我们就等待书的出版了。让我们共同以吕先生为榜样,为社会主义多做贡献吧!"

父亲虽然去世,但他的著作,永远飘散着墨香陪伴着我们。正如作家骆宾基说的:"吕荧有他的几本译著在,这将永远流传于后世。在社会风气中,将起着洁化的作用。它们将永远散播着芬芳,因为译作者吕荧本人就是我们民族的花朵。"

我最近开始认真阅读父亲的书,并整理他的书目,越来越走近了他,并逐渐加深了对他的理解。 父亲多年来孤身一人,被赶到宝玉胡同之后,就没有请保姆的条件了,没有人照顾起居生活,又加之拼命三郎似的昼夜颠倒地工作,使得身体愈加羸弱。 接触过他的人都知道,夏天他也要穿很厚的衣服和棉鞋,靠服中药维持健康。 虽然经历了一系列的精神打击,但是我从父亲的书中看到父亲没有倒下,他在"胡风事件"中受审查被软禁期间仍在工作。 1957年5月人民文学出版社出版父亲翻译的普列汉诺夫的《论西欧文学》,应该是那个时候翻译的,附于书后的"注释"写于1956年10月。 紧接着在作家出版社1959年8月出版了《美学书怀》,其中收录的《美是什么》完成于1957年2月。 这之后就是《美学论原》完成于1958年2月至4月,《再论美学问题》完成于1958年11月。 回想当年我对他的误解和怨恨,实在痛悔不已!

众人心目中的父亲

父亲虽然只在人世间生活了短暂的54年,但他在诗歌、文学翻译、文艺理论、文学评论及美学等方面均有建树,他的朋友、学生,甚至网友都谈到这一点。

1980年9月28日,我去看望聂绀弩伯伯和他的夫人周阿姨时,周阿姨对我说:"你父亲为人正直,我们很熟,他聪明好学,用功,很有学问,英文很好。 你父亲居然在那种情况下敢于站出来为胡风辩解,真是不简单,偌大中国只此一人。"

1980年10月1日,中国社科院文学所副所长许觉民对我说:"我和你父亲解放前一起讨论过自然主义,彼此知道,直到解放后才见面。 他是认真思考做学问的人,理论造诣很深,书讲得很好,是个人才,做了很多工作。"

梅志说:"你父亲是心地非常纯洁、正直的人。 后来我们再见时,他还问,你们怎么样了?问题解决了吗?像你们这样早该解决了。我有个学生在《人民日报》工作(指李希凡),我叫他向上面反映……他总感到自己1955年那次做的还不够,话说出来才痛快。"

父亲的书一经寄出,立刻得到了热烈的回应,以下这些都是从父亲的友人收到他的文集后给我的来信中摘抄的。

许觉民说:"你父亲作为翻译家、文艺理论家、文学评论家及美学家是受之无愧的。"

杨犁说:"你父亲对于把马列主义文艺理论介绍到中国是有贡献的。二三十年代多是很教条的引用。而你父亲做了大量扎实的工作,他又搞过教学,所以比较透彻。而且五十年代搞的,是针对中国实际情况介绍的。"又说:"他的文艺理论思想与胡风并不完全一致。他的缺点是自负,但不是狂妄自大,他是有他的道理的。他不会随波逐流,正因此吃了许多苦头。五十年代初《文艺报》很'左',对他的批评过头了。"

鲍昌说:"吕荧同志人品,文品,为我素所敬仰,惜英年早逝,扶睹遗篇,为之怆然。"

张其栋说:"吕荧之人是有才华的,著作勤奋,为人正直而又热情,有许多独特的见解。为他的惨死,我一直很哀伤的。有这样的父亲是一种骄傲。"

鲁藜说:"我不会忘记我在四十年代就读到他的雄文《人的花朵》的吕荧同志,他是人的花朵,可惜不幸凋谢得太早。"

何养明说:"看到书,我心情实难平静。令尊的为人和为文,当代实少人可以比拟。"

他的中学同学殷焕先教授填词一首(《满江红——怀吕荧学兄》)以示对父亲的怀念与敬佩之情。殷老在信中写道:"我写这首《满江红》时,哀往思来,心绪很不平静的。'万紫千红''正枝头',开头收尾是同姜葆琛先生文一致的,'文笔'两句和骆先生的评一致的。这是偶然的巧合吗?是感时伤逝,人同此心。'空叩问'是问天天不语,无可奈何!

'八府塘'是南京中学初中部所在,'门帘桥'是高中部所在,我们那时没有您们幸福,谈起国事总是有个'勿为波兰、印度之续'(指做亡国奴)压在心上的。要特别向您们说明的,令尊在初中时就心向中国共产党的,'心丹赤'指此!……令尊的脾气、性情,是不该住在大城市的,他该住在深山幽径对白茨菰花谈话。"

父亲的老朋友碧野在《忆吕荧》一文中写道:"他追求学问严肃认真,为人真诚纯洁,热情慷慨,肝胆照人,对人对事都能严肃提出看法,无保留提出意见。"

骆宾基认为父亲是"五十年代知识分子的荣誉"。

萧军说:"你父亲是个文人,老实人,有话敢说,说老实话,不坑人,不害人,对工作认真。"

父亲的几位学生和我联系上以后,也都来信怀念父亲。

吕家乡来信:"我于1949年秋至1952年夏在青岛山东大学中文系读书,是吕荧老师的学生。是吕老师主讲的文艺学的课代表。1950年春,吕老师指导我们中文系学生成立了一个'新文学研究会',我又是召集人之一。因此那一年多,我和吕老师接触很多,你的家里我去过近百次。"

我为这"近百次"而震惊,真的有这样诲人不倦的老师吗?

但是父亲做到了。他的待人平等也由此可见一斑。吕家乡说:"我是一个穿着土布棉衣的学生。"堂姐说父亲从年轻时就信奉人"生来平等"的观念,他甚至和老家亲戚说,"耕者应有其田",要他们分田给农户。

吕家乡来信又说:"1951年冬天一个晚上,在吕老师家谈到了某某翻译的普希金的诗歌,我问:'某某翻译的怎样?'吕老师说:'还不错,他的俄语好,汉语修养也不错,就是诗歌修养差点,所以他的翻译把普希金诗歌的诗味减去了不少。'又说:'诗是讲究音乐性的,这音乐性就体现在它的原文上,译成别的文字就不行了。从这点说,诗是无法翻译的。可是能直接读原文的太少了。翻译诗还是广大读者需要的。'"

当年贵州大学学生谢振东给我的信（1986年1月15日）中说，父亲在贵州大学讲课虽也有讲稿，但讲起来常常不受稿子的约束，浩然流畅，视野广阔，真是学识渊博。同学们听别的老师课时，经常跳窗子；而每听他讲课时，自始至终无一人离席。大家对他讲课以四个字的评价："一清如水"，是学习上的一种享受……

父亲的年轻难友姜葆琛向我们讲述了父亲在人间的最后的悲惨岁月，每当读到这一段心里就充满了苦涩和悲哀。现在想想父亲一生有多么凄惨，在他生命的几个紧要关头没有人关怀他，无处倾诉心中的不解和郁闷，哪怕物质上的关怀也没有。在清河农场他过着饥寒交迫的生活，爸爸为什么总是喃喃自语，"我的家鸡飞蛋打了"。他是盼着我们去看望他呢！虽然送去一包香烟、一件寒衣，能不能帮他挺过那残酷的日子也未可知，但是那是来自亲人的温暖。现在我真的好后悔，悔自己受毒太深。虽然时间是医治心灵创伤的良药，然而有些伤口却永远无法愈合。

潘　怡

2008年初稿

2016年3月修改*

（原载《山东大学中文学报》2019年第2期）

---

* 此文完稿过程中，得到南开大学外语系谷羽教授文字上的修订及内容上的补充。山东大学吕家乡教授做了最后的修订。——作者注

深深怀念二叔父吕荧

提笔未书泪先流，岁月抹不了对亲人的思念！二叔父吕荧离开我们已53年了，他的音容笑貌永远活在我们心中。想起他苦难的一生，感到特别伤心，他年轻时即追随共产党，曾被国民党追捕。他好学上进、博学多才，人品文品高尚，坚持真理，是唯一敢为胡风辩解的人。他在《美学书怀》一书写到"实践是检验理论正确的标准"，在胡风问题上，他是正确的，也是用生命换来的。

吕荧是我父亲何俊的同父母二弟，原名何佶，还有两个弟弟何倬、何偁，弟兄四人童年丧母。我父亲三四岁时过继给膝下无子女的大伯父母。他们亲兄弟虽不能同家生活，血浓于水、手足情深，二叔父常来看望我父母，并向其宣传共产党的政策，什么"耕者有其田"啦！男女平等啦！教导我们要用功读书、懂礼貌、爱劳动、孝敬父母，做有用的好人。兄弟们谁家有困难都大力相助，我父母多病，常给我们家寄钱，他先后资助过六七个侄子、侄女求学。后来才知道，我二叔父当时没有固定工资，只有100元生活补贴，其余都靠稿费收入，如果停止工作就断炊了。在当时政治、精神、多病、经济四重压力下是多么的不容易，其艰难可想而知！我亲爱的二叔父是个多么重情重义的亲人呀！叩谢恩长，何家后人，永记不忘！

"文化大革命"期间，大家都失去了联系。我是医生，1982年初某个星期天，邻居找我给她丈夫去看病，在测体温等待五分钟时间，见桌上有张报纸，随手翻看，是人民日报。忽见有骆宾基先生《悼吕荧》的文章，我惊呆了，才知二叔父吕荧去世了，马上给骆宾基先生写信打听婶母和两个妹妹的情况，感谢他把信转给了二叔父的大女儿潘怡，不久即有了回信。我决定去天津看望两个小妹妹，给她们送上亲情和温暖，她们还有家人。百感交集，相见无言，离散几十年的亲人能相见，真是天意！过了几天我们去了北京，探访了土儿胡同二叔父的故居：拜访胡风先生，搬家了；拜访骆宾基先生，去庐山了。第二年春节他们全家回老家探亲，家人的团聚，告慰了二叔父的在天之灵。

我二叔父吕荧英年早逝，尸骨无存。"人生自古谁无死，留取丹心照汗青"，"计利当计天下利，求名应求万世名"。他一生光明磊落，忠正不阿，至诚报国，是民族的脊梁。正如他至交骆宾基作家所言："吕荧的坟墓自然没有，恐怕骨灰在哪里也难查找了。但是吕荧有他几本译著在，这将永远流传于后世。在社会风气中将起着净化的作用，它们将永远散播着芬芳。因为译作者的吕荧本人就是我们民族的花朵。"

亲爱的二叔父您安息吧！您的精神永恒，您与我们同在，我们永远怀念您！

吕荧侄女　何炜

2022年3月5日

编后记

吕荧先生在美学、文艺学、文学翻译等领域取得了很大成就,为中国当代美学和文艺学建设做出了重要贡献。吕荧于1950年8月应华岗校长邀请到山东大学任中文系教授,后兼主任,主讲文艺学课程,于1952年离开山东大学。吕荧是山东大学美学研究的拓荒者,他的"美是观念"的主张,将当时的学生周来祥、李希凡等引入美学殿堂,奠定了山东大学美学研究的基础。

2021年11月,"吕荧先生美学文艺学思想研讨会暨《吕荧全集》新书发布会"在济南召开,在研讨会筹备期间,我们深深为吕荧的学术思想和人格魅力所打动。会后,与韩清玉教授多次探讨,决定开展《吕荧全集》的补遗与研究工作,目的是通过展现吕荧的生活经历和学术成就,推动学界对吕荧的关注和研究,进而挖掘出吕荧美学思想的当代价值。

山东大学文学院院长杜泽逊教授对吕荧研究非常重视,决定将"《吕荧全集》补遗与研究"列为学院重大科研项目,并予以经费资助。山东大学文艺美学研究中心主任谭好哲教授对该项目给予了具体的指导和帮助。另外,吕荧大女儿潘怡女士积极提供了宝贵资料,并撰写了纪念文章。

按照"《吕荧全集》的补遗与研究"课题的工作安排,我们计划首先编辑出版《吕荧纪念文集》和《吕荧研究文集》。韩清玉教授负责《吕荧研究文集》的编辑工作,我负责《吕荧纪念文集》的编辑工作。研讨会结束后,我立即投入到《吕荧纪念文集》的整理编辑工作中。大量与其生平相关的文字于 20 世纪八九十年代涌现，内容包括研究、传记和纪念文章。我们从电子资源库及报刊书籍中搜集到吕荧纪念及研究的文章 100 余篇，将所有文章按照发表时间编目，逐一梳理研究，最终确定 62 篇文章收入《纪念文集》。其中有骆宾基、碧野、萧白、梅志、殷焕先、牛汉、姜葆琛、许觉民、张琳、何满子等吕荧生前好友同事的回忆文章；有谢振东、吕家乡、赵洪太、李希凡、蓝翎、张华、张杰、王冰、赵淮青、陆文采等吕荧在贵州大学、山东大学学生的追忆文章；有闻敏、吴腾凰、杨洪勋、刘宜庆、郑春等学者的纪念文章；有高建平、邢占军、曾繁仁、杜泽逊、凌晨光、许振轩等领导和学者在吕荧美学研讨会上的致辞发言稿；还有潘怡、何炜等吕荧家人的怀念文章。

《吕荧纪念文集》基本按照作者发表或创作的时间先后进行排序，统一了体例格式，并对文章内容进行了校对、删减。文学院博士研究生高雅在本书的编辑整理过程中不辞辛劳，出力最甚。另外硕士研究生鞠啸程、吴奇颖、张腾、丁雪媛、李朔、刘玉珊、刘强、刘泽昊、黄静、杨赛等同学，协助进行了文字录入及校对工作。均此申谢！

张洪刚

2022 年 8 月 25 日

杨旭辉 著

《江南文脉·清代文学与文献研究》丛书
徐雁平 主编

清代诗文探微

时代出版传媒股份有限公司
安徽教育出版社

图书在版编目（CIP）数据

清代诗文探微/杨旭辉著.—合肥:安徽教育出版社,2021.12
 ISBN 978-7-5336-9527-9

Ⅰ.①清… Ⅱ.①杨… Ⅲ.①古典诗歌—诗歌研究—中国—清代 ②古典散文—古典文学研究—中国—清代 Ⅳ.①Ⅰ206.49

中国版本图书馆CIP数据核字（2021）第211857号

清代诗文探微
QINGDAI SHIWEN TANWEI

出　版　人:费世平
策划编辑:江　舟
责任编辑:陶忠娣　付　静
装帧设计:张鑫坤
责任印制:陈善军

出版发行:安徽教育出版社
　地　　址:合肥市经开区繁华大道西路398号　邮编:230601
　网　　址:http://www.ahep.com.cn
　营销电话:(0551)63683012,63683013
　排　　版:安徽时代华印出版服务有限责任公司
　印　　刷:安徽新华印刷股份有限公司

开　　本:710 mm×1010 mm　1/16
印　　张:22
字　　数:300千字
版　　次:2021年12月第1版　2021年12月第1次印刷
定　　价:79.00元

（如发现印装质量问题,影响阅读,请与本社营销部联系调换）

《江南文脉·清代文学与文献研究》丛书缘起

江南地区为清代中国的人文渊薮。"江南"曾经是一个不断变动的区域和概念,目前学界的江南研究,常采用周振鹤提出的"中江南"概念,这一概念下的江南包括安徽、江苏两省的长江以南部分,以及浙江和上海的全部。鉴于清代江苏、浙江、安徽东南三省以及后来的上海在文化、经济上的紧密联系,本丛书既重视"八府一州"界定的"核心江南",又兼顾学界常用的长江、钱塘江、太湖以及大运河沟通的"中江南",同时也注重在文化层面上"从周边看江南",将清代东南三省视为"宽泛的江南",进而探求江浙皖文化多元一体的内涵。

江南的形成,有山水的赐予,也有人为的营造。山川江湖的位置与走向,皆有实实在在的呈现;而文化的脉络则如伏流和矿藏,要在开掘、梳理、缀合、疏通、烛照、叙说中揭示。依循形式多样、蕴涵丰富的文献,探求江南文化传衍的脉络与生成的肌理,应是稳妥的路径。脉络与肌理,是无数端点的延伸与端点间关联的交织。从清代文学与文献中再现江南的文脉,就是要在江南的山水中探寻文人的往来、书籍的流转、文风与学风的传播，考察文学家族姻亲网络的缔结、地域文化的形成、文学与学术流派的传衍、学术群落的生长。诸如此类，皆从人和物的流动、彼此之间的关联中展现"生成过程"中的律动文脉，从而揭示文脉的"江南性"。

江南是中国大版图中的江南，文献或文学中的江南是中国文化中的江南。"江南文脉"因为依循太湖、大运河、长江、钱塘江等大湖大河以及其他水网得以舒展，本丛书可顺势融入当下正在展开的大运河文化、长三角文化、长江文化研究，从而为理解近代中国乃至当下中国社会文化找寻路径。

目 录

清代诗歌研究

地域人文生态视野与明清诗文研究　003

由会心到胎骨
　　——试论王嗣奭的《杜臆》及其诗歌　010

冯舒《怀旧集》诗案考索　022

"细柳新蒲为谁绿"
　　——清初禅门诗界一桩公案的考索　034

蒋金式"少陵号知心"诗学研究的考察　049

清代常州诗群与尚杜风潮
　　——兼论杨伦《杜诗镜铨》及其诗歌创作　076

清代文章研究

唐顺之与明清常州古文发展的奠基　091

清代散文研究的构想　098

传统审美、思维视野下的清代骈文理论与骈文修辞美感特质　122

"性情独运"理论主张下的尤侗骈文创作　143

"苦忆毗陵秋雨夜，竹楼灯火对论文"
　　——魏禧与清初常州古文家的理论交流及其影响考论　162

清初传记散文中遗民形象书写的道德范式
　　——以清初遗民徐枋传记为例　178

晚清"危言体"散文的文学史审辨　207

清代文献研究

齐梁文化的基因特质与明清常州文化之繁荣　237

清代江南社区文化集群与文人的精神家园
　　——以常州白云渡为例　260

从朴趾源《热河日记》看清代经学思想之歧变　282

绍复汉儒兴熙乾嘉的吴中惠氏经学　301

苏昆生"困于吴"之考辨　314

附录　耗尽心力传诗魂
　　——读严迪昌教授《清诗史》　324

主要参考书目　329

后记　341

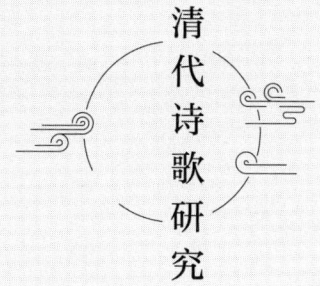

清代诗歌研究

地域人文生态视野与明清诗文研究

明清二代诗文之发展，流派、集群纷繁，且多由某一地域发轫肇端，而后经由重要作家的传扬或是自身的创作影响，遍及文坛诗界而形成流派。明清两代文学的发展进程，就往往是在这一个个流派与群体之间尖锐而激烈的文学论争中复杂而曲折地前行的。倘若真要做到对明清文学发展之大势了然于胸，则必须对这一个个地域性特点突出的文学集群逐一进行文献的搜集整理，分别作细致的个案分析和研究，在此基础上再作史之宏观整合，方不致过多的隔膜、误解，甚至是偏执。先师严迪昌教授生前曾不止一次地谈到这一问题，他在《审辨史实，全景式地探求流变：关于文学史研究的断想》一文中说："如果我们从'史'的视野上放展开去，又将会生动地发现此中（即'一时'）不仅是时间演进（历时性）过程上的差异，还同时表现在空间（共时性的历史切面）的变迁中，而且事实上是时空交纠汇合难分的。譬如这必定涉及文化族群（世族、家族、亲属）、地域性人文环境等方面的问题，而文学文化世族和文化地域性环境又是紧密关联的。""离开对史实的全面性的发掘、整理、把握、梳辨,换句话说,倘若对文学历史客观存在的真相未能充分认识,就绝不可能全景式地复活并再现中国文学的历史画卷。"①

余生也晚,从迪师治明清文学,以清代乾、嘉、道时期的常州文人之集群为研究对象,其中涉及清代常州府学术、文化以及各种文学体裁的承绪与丕变等诸多问题,以期最终抉示清代中、晚期(或谓近代)学术、文学转型之理路。这些重大的理论问题,首先是要以大量的地方文献为支撑,但又不能完全束缚于其中,因为完全拘囿于"乡曲之私"的狭窄视野,那些带有宏观意义的重大问题是断难有圆满的解决的。常州文人在纵向维度上承绪本土的东林学术传统,在横向维度上借鉴和吸收浙东史学精神以及其他各个文学流派的成就,逐渐形成自己独特的学术文化个性,如"常州学派""常州词派""毗陵诗派""阳湖文派""常州画派""常州派骈文",不仅在当时具有全国性影响和意义,而且在清代学术史和文学史的演进中极具开创之功。这批常州文人受到龚自珍的大力追捧,也正是他们的成就直接启迪并引导了以龚自珍为代表的近代启蒙思想家和文学家的学术路径。在对"来龙去脉"的梳理中,凸现了乾、嘉、道时期常州文人在中国学术文化、思想史中的卓特的开创之功,借此进一步推演出中国传统学术文化与文学的近代化进程,实现古代史与近代史、狭义之清代文学与近代文学之间学理上的衔接。在历时性的史程观照和共时性的区域文化比较中,笔者发现一时一地之学术文化风尚的形成、发展绝非是静止、孤闭的,除却文脉的历史承继和借鉴之外,更有不同文化区域间交通之后的碰撞和融合。是则,由时、空纵横两个维度交织而成的庞大的学术文化生态网络,既是明清学术、文学

---

① 严迪昌:《审辨史实,全景式地探求流变:关于文学史研究的断想》,《文学遗产》1990年第1期。

研究中绝不可轻忽的背景，更是其最大的难点和重点。近年来数量日渐增多的明清文学的论文和论著，关注区域文化者有之，然每多就事论事式的描述性叙写，对明清文学的区域文化生态的关注几成为学术研究的盲点。因而，确立宏通的地域人文生态视野也就成为明清文学研究谋求学术突破的当务之急。

地域文化研究，在现今学界似乎已渐成热点，已有多部区域文化研究丛书出版，大到一省、小至一县市的文学史论著亦屡见不鲜。溯其缘起，大半是由各地政府及地方史志机构组织学者完成的，其宗旨多以展示本地文化底蕴、文化内涵为己任。就学理层面而言，这些著述多将区域文化宏观、理性的思考让位于简单的史实排比胪举。特别应该指出的是，许多论著出于众人之手，因而对所研究区域的文化特质缺乏整体、宏通的思考。再加上严重的本位主义，因而这类著作中，画地为牢、故步自封的现象也就难免。

在确立宏通的地域性人文生态视野的过程中，应该特别注意到外来文化基因的"输入"以及它与本地文化特质之间的融合所产生的"杂交优势"。这样的提法，并没有丝毫否定本地文化传统研究重要性的意思，只是相对于对本地文化传统研究的高度关注，学术界对外来文化基因的"输入作用"的关注程度还远远不够，甚至还处在一种置若罔闻的状态中。其实，纵观任何一地文化的发展流变过程，可以发现其绝不仅仅是依赖于本地旧有之文化世族或是一二名人的。明代文学家归有光在《家谱记》一文中追溯自己家族的历史时，对"诗书之泽，三世而斩"这句俗语有最为切身的体会，文字之中饱含着无尽的怅惘之情，而他在《同州通判许半斋寿序》中也说道："予居乡无事，好从长老问邑中族姓。能世其家业，传子孙至六七世者，殆不能十数。世其家业传子孙绵延不绝,又能光大之者,十无三四焉。"① 而一些流寓、寄籍的外来文化代表人物或是族群往往会给当地文化带来一种意想不到的刺激和活力,对此,古人的理解和体会似乎要远胜于今人,所以古代大量的地方志中都专设有《流寓》部分,充分注意到流寓人士和流寓文化作为本地文化发展中的"异质"力量及其在本地文化发展过程中所发挥的巨大推动力。明清文学发展的大量史实无不昭示,"异质"的外来文化基因,实在是激活一地文化的"源头活水"。许多论述明清苏州文学发展的论文和论著,都会津津乐道于苏州文化、文学的繁荣以及文氏、彭氏两大文学家族在吴中文坛上的显赫和卓特成就。若将文彭二氏之来源作一简单的梳理,我们就会惊讶地发现,其实他们都不是吴中的本土文化家族,而是来自徽州。论述明清以来苏州文学的发展,其实绝不可轻忽徽人的重要作用,吴地文化本身强烈的包容性特质,使得徽州与苏州两种异质文化之间嫁接、杂交后的优势得到彰显,正是这一杂交优势,才使得苏州文化在明清时期具有不断向前发展的推动力。在明清时代,一直就流行着"无徽不成镇"的说法,这不仅仅体现了徽商对于江浙市镇经济的推动作用,而且也显示了其在文化上的推动作用。先师严迪昌教授曾撰《徽人与近四百年间吴地文化》一文,专门论述这一问题,其中说道:"徽籍人士在数百年间从各个领域、不同层面上所展开的文化建树诚可谓轰轰烈烈,气度格局均足称非凡。而苏州则与扬州、杭州先后成为徽人依托的三大基地,形成鼎足之势。"②

在此,试以清代扬州的学界、文坛为例,对此作进一步的论说。清代著名的文学家孔尚任到了扬州之后,对扬州的文化界产生了这样的印

---

① 归有光著、周本淳校点:《震川先生集》,上海古籍出版社,1981年,第311页。
② 严迪昌:《徽人与近四百年间吴地文化》,《苏州大学学报》1994年第4期。

象:"广陵为天下人士之大逆旅,凡怀才抱艺者,莫不寓居广陵,盖如百工之居肆焉。"① 在扬州这一"天下人士之大逆旅"中,先后出现王士禛、卢见曾、曾燠这样重量级的风雅领袖,再加上大量徽州籍盐商对文化事业的扶持和投入,于是便吸引了全国各地的文人到此风雅胜地寓居,使得扬州的学术研究、文艺创作盛极一时,甲于他郡,成为清代历史上的高标。于是,在中国文学史上就有了红桥唱和、红桥修禊、韩江雅集等文人聚会这样的文坛盛事。个中原委,扬州本地学者薛寿在《读〈画舫录〉书后》一文中曾有过极为精简扼要的概括:"吾乡素称沃壤。国朝以来,翠华六幸。江淮繁富,为天下冠。士有负宏才硕学者,不远千里百里,往来于其间。巨商大族,每以宾客争至为宠荣。兼有师儒之爱才,提倡风雅,以故人文汇萃,甲于他郡。"② 在如此兴盛的人文荟萃中,外来的优秀文化因子也得以源源不断地输入扬州,毫无疑问,这就为广陵一地的文化发展提供了博采众长、兼收并蓄的可能。无怪乎张舜徽以"能见其大,能观其通"八字作为对清代扬州学术文化特点的归纳和总结:"余尝考论清代学术,以为吴学最专,徽学最精,扬州之学最通。无吴、皖之专精,则清学不能盛;无扬州之通学,则清学不能大。"③ "扬州学派所以能极一时之盛,不是偶然的。他们治学的规模、次第和方法,集吴、皖二派之长,但是又有他们独具的特点和风格,远非吴、皖所能及。"④

相比较而言,对于某一区域性文学集群或流派影响力的对外"输出"研究,在明清诗文的研究中业已受到学界的重视,但在这一方面的

---

① 孔尚任:《孔尚任诗文集》卷七《与李畹佩》,中华书局,1962年,第540页。
② 薛寿:《学诂斋文集》卷下,广雅书局,光绪十五年刻本。
③ 张舜徽:《清儒学记》卷八,华中师范大学出版社,2005年,第255页。
④ 张舜徽:《清儒学记》卷八,华中师范大学出版社,2005年,第315页。

研究中,通常会出现两种截然不同的偏差:一是只关注以家族、友朋以及师承等关系而形成的直接辐射效应,缺乏广阔的文学史视角和深入的理性思考。二是盲目夸大某一区域群体、流派的影响和地位,而将其他区域的文化、文学成就一笔抹杀。限于篇幅,各举一例简单述之,前者如清初的虞山诗人冯班、冯舒兄弟,其文学史地位在许多人看来只是一个区域性诗歌群体中的重要成员而已。其实,名位卑微的兄弟二人,却为后来的赵执信终生瓣香,以至"终不肯背冯氏",并在其诗学观念的基础上,展开了对王士禛神韵学说的猛烈攻击,成为清代文学史上的一大公案。后者的代表例子则莫过于桐城文派的研究,有不少学者就因姚鼐《刘海峰先生八十寿序》中的一句"昔有方侍郎,今有刘先生,天下文章,其出于桐城乎",遂而论定有清一代散文的发展尽在桐城一家,而否认阳湖文派的存在,其中最具代表性的当数刘声木《桐城文学渊源考》一书,在刘著初刊以后的七十多年时间中,依然还有不少人带着强烈的宗派意识,始终坚持这样偏狭的观点,这实在是与学术研究前进的方向背道而驰。

不同区域之间文化"输入"和"输出"的双向互动,完全属于横向的融合与交流,若文学史的研究缺少了纵向时间维度的观照,则不免造成历史研究中流变脉络不清的弊端。因而,从这个意义上来看,区域人文生态视野应该是把不同文化区域之间"输入""输出"的互融、互摄的交互影响过程编织在纵向的历史时、空背景中,然后在这一庞大而繁复的学术文化网络中去审视文学的发展。

自拙著《清代经学与文学——以常州文人群体为典范的研究》付梓之后,笔者一直积极致力于研究明清区域文化生态的建构以及它与明清诗文发展演进的关系。在即将完成的江苏省教育厅重大课题《清代骈文的文化区域研究》中,笔者尝试以区域文化生态的视野来审视清代骈文的发展历程,确立了环太湖人文生态圈的核心地位以及江南运河文化带的纽带、传播作用,一方面揭示出清代骈文发展中文学活动的区域性流动状态,同时也在这一动态过程中表现出清代骈文在文体发展上的"集大成"这一显著特色。

由会心到胎骨

——试论王嗣奭的《杜臆》及其诗歌

王嗣奭的《杜臆》是一部颇有卓见的杜诗研究著作。这一切无不得益于王嗣奭数十年的孜孜勤勉，他倾心沉浸于杜诗的情感世界和艺术境界中，与老杜类比同道，应若同声。唯有如此，才能够做到"诵其诗，论其世，而逆以意，向来积疑，多所披豁，前人谬迷，多所驳正"[①]，因而在笺释杜诗中，精彩之见解迭现。清代学者仇兆鳌对《杜臆》一书推重备至，在其《杜诗详注》中援引颇多，并认为："宋元以来，注家不下数百……其最有发明者，莫如王嗣奭之《杜臆》。"[②] 亦唯如是，他的诗歌创作亦颇能得老杜之胎骨。本文所论唯侧重于王嗣奭的杜诗研究与其文学思想、诗歌创作的互动，至于王氏之生平与《杜臆》的相关情况，顾廷龙《影印本〈杜臆〉前言》、刘开扬《〈杜臆〉前言》、柴德赓《关于〈杜臆〉的作者王嗣奭》诸文叙之甚详，不赘。

[①] 王嗣奭：《杜臆》卷首《杜臆原始》，上海古籍出版社，1983年，第2页。
[②] 杜甫著、仇兆鳌注：《杜诗详注》卷首《杜诗凡例》，中华书局，1979年，第24页。

王嗣奭与杜诗结缘，始于万历三十六年（1608），这一情缘，随着时日的推移以及与杜诗的渐臻深契，竟为王氏终生不倦不弃。王嗣奭在《杜臆原始》中说："万历戊申，余生四十三年矣。居先子忧，始遍阅古人诗。阅及老杜，觉有心会；随覆阅之，光景又别。愈阅愈深愈远，若探渊海，汹然不得其涯，靓然不测其底也。然于诗之为道，似觉憬然自信，而泓然入有余地。……至己未，吏隐宣平，复阅杜集。妄欲精选一帙，附以笺语，业撰牟言，而竟不能就。乙亥承乏涪牧，以公事与上官左……偶得杜集，讽以遣日，间用笺语，忆旧笺茫如矣，而暗合尚多。归而友人杨南仲究心老杜，方著《水中盐》，又索观余笺本，而窜改混淆。欲手录畀之，而多所未安，且寥寥不成书也。偶有触发，遂逐章作解。易解者置之，不易解者姑置之。解及之章，十可七八，引申触长，往往得未曾有。盖精之所注，行住坐卧，无非是物，夜搜枯肠作真人想，朝拈枯管作蝇头书，八十老人不知倦也。"① 作为中国古典诗歌集大成的杜诗，王嗣奭借此而对诗之道"泓然入有余地"的感悟，绝非虚语，此诚足以说明王嗣奭对杜诗的体味是全身心投入的，故有"觉有心会"之叹。杜诗的沉郁与顿挫，都是人生阅历与生命感悟的结晶，在读者而言，自应在岁月的迁逝中逐渐提升对其内蕴的感悟，因而也就会有王嗣奭所说的"愈阅愈深愈远，若探渊海，汹然不得其涯，靓然不测其底"。王嗣奭以毕生的精力笺释杜诗，直至八十高龄尚不觉倦，而且他在完成《杜臆》之后尚有这样的言论："吾以此为薇，不畏饿也。"② 不禁令人惊赞称奇。

自从接触了杜诗之后，王嗣奭对老杜的喜好已到如醉如痴的地步，

---

① 王嗣奭：《杜臆》卷首《杜臆原始》，上海古籍出版社，1983年，第1页。
② 全祖望辑选、沈善洪等点校：《续甬上耆旧诗》（中），杭州出版社，2003年，第358页。

终日魂牵梦绕。李邺嗣说他"尤嗜杜少陵诗,尝梦与执手共赋诗,后以涪事至锦官城,过草堂,拜少陵祠下,仰瞻遗像,仿佛梦中"①。此事为后来很多文献(如《鄞县通志》等)所引称,实源于此,而征之以王嗣奭之诗,李杲堂之传确然。仇兆鳌《杜诗详注》末附王嗣奭四首诗歌,皆为梦中与杜甫谋面以及游览草堂而作,其《忆昔》一诗之序云:"余尝梦访少陵于浣花草堂,典衣沽酒,对酌谈诗,可三十年往矣。临老入蜀,实兹梦是践,而草堂在成都,距涪千里,以赴勘始至,数也奚尤。噫!神交诗圣,获登草堂,拜瞻遗像,虽罹辘轲,未为非幸也。"②《浣花草堂》则更将他游历草堂后的兴奋与激动溢于言表:"诗圣神交盖有年,到来追想一凄然。浮云转盼失苍狗,古帝游魂空杜鹃。背郭堂成辞郭去,惊人句好任人传。黄精未必生毛羽,名不刊时骨是仙。"③ 所以《杜诗》自是王嗣奭东西蓬转时的随身必备之物。这就是他自己在《杜臆原始》中所说的"精之所注,行住坐卧,无非是物,夜搜枯肠作真人想,朝拈枯管作蝇头书",至老而不倦。在数十年的时日中,只为笺安一诗乃至一字一句,往往是"三复始得其解",遂"颇觉会心",④"潜思累日,始得其解;而时事伤心,不觉堕泪"⑤。其中最为卓绝艰辛的则是对《新安吏》一诗的解说,前后竟长达一个甲子的周期,王嗣奭深有所触地说:"余年二十而读此诗,年八十而于枕上得此解,为之一快。"⑥因而这也成为他最满意的一则注解,其中饱含了他对人生、社会、历史的体会和深沉的感慨。

---

① 李邺嗣:《涪州王右仲先生嗣奭》,载胡文学编《甬上耆旧诗》卷二十七,见文渊阁《四库全书》第1474册,上海古籍出版社,1987年,第549页。
② 杜甫著、仇兆鳌注:《杜诗详注》,中华书局,1979年,第2295页。
③ 杜甫著、仇兆鳌注:《杜诗详注》,中华书局,1979年,第2295页。
④ 王嗣奭:《杜臆》卷三,上海古籍出版社,1983年,第95页。
⑤ 王嗣奭:《杜臆》卷三,上海古籍出版社,1983年,第105页。
⑥ 王嗣奭:《杜臆》卷三,上海古籍出版社,1983年,第81页。

王嗣奭曾与同乡友人杨南仲切磋，一起进行杜诗研究，杨南仲所著名曰《水中盐》①。全祖望曾对二人的注杜之异同有过一番精到的评骘，不妨引述如下："杨尚宝德周，字南仲，一字孚先，学者称为次庄先生……涪州注杜诗详其旨趣，先生注杜诗核其事迹，其著书同。"② 杨南仲之注杜实可视为《钱注杜诗》以史证诗之先声，而王嗣奭在注杜中亦未尝轻忽事迹，因为只有事迹明了，才能做到"详其旨趣"，这绝非笔者的臆断之论，只要看一看王氏的《杜臆原始》即可，所谓"臆者，意也。'以意逆志'，孟子读诗法也。诵其诗，论其世，而逆以意，向来积疑，多所披豁，前人谬迷，多所驳正，恨不起少陵于九京而问之"③。欲得其旨，必得先论其时与世，是则杨南仲于杜诗事迹之考索裨益王嗣奭者不在少也。有了这样的注杜状态，王嗣奭便尤能发抉杜诗中深郁的神髓及其顿挫之情致。所以，晚年的王嗣奭在《杜臆脱稿覆阅漫题》诗中有云："佳句死耽怜性僻，臆笺遥溯快情真。每诠苦境苦到骨，及疏愁肠愁杀人。论事迂疏史臣陋，逢时辖轲皇天仁。学诗闻道企游、夏，炼世得仙轻惠询。蒿里重来遗憾少，草堂一梦晤言亲。已招稷、契作前辈，应许偶翁为后身。"④ 研究杜诗并真正沉潜到诗人的情感世界之中，与其同呼吸共悲欢。"每诠苦境苦到骨，及疏愁肠愁杀人"，正是这种状态的形象而又最直接的描述。与那些不关痛痒看似四平八稳的注释比较而言，《杜臆》不知要高明几许。正是因为这样，研究者才会在与杜诗的心灵交会中，形成强烈的共鸣和自我情感的释放，这也是王嗣奭所谓的"臆笺遥溯快情真"。

---

① 笔者疑即为《四库全书》别集存目著录之《杜诗解》，待考。
② 全祖望辑选、沈善洪等点校：《续甬上耆旧诗》（上），杭州出版社，2003年，第437页。
③ 王嗣奭：《杜臆》卷首《杜臆原始》，上海古籍出版社，1983年，第1—2页。
④ 全祖望辑选、沈善洪等点校：《续甬上耆旧诗》（中），杭州出版社，2003年，第372页。

"已招稷、契作前辈，应许偶翁为后身"，这是王嗣奭的自我期许，观其一生之行事与诗学观念及诗歌创作，应该不愧为杜陵后身矣。王氏以为自古及今，犹未见有老杜之"真知己"："自宋迄今，诸名家尸祝老杜，字摹句剽，不遗余力矣。顾多遗貌而失神，又或弃瑜而收瑕。仪貌者如优孟之学叔敖，衣冠仅肖；而收瑕者，如爱其人，并其嚬呓而效之者也。"① 明代诗坛上前后七子的标举盛唐、效法杜诗，在王嗣奭看来，无非就是拘局于具体而微的小节里描眉画角，正如王嗣奭所谓："北地可称具体，而摹剽未离优孟；历下得其一节，而虚憍妄欲凭陵。"② 这样都不能得杜诗，再大而言之，更不能得诗歌之本义，因为"诗者抒写性情之物也。性情万变，诗亦如之"③。而后王嗣奭有一大段关于诗歌史的概述，将杜诗置于这一历史的进程中，准确地勾勒出杜诗的文学史地位：

> 试读《三百篇》，宁可持概而量哉？流而《离骚》，发自幽愤，已不免文胜于情。自汉而魏，日以渐离；沿至六朝，风云月露巧相取媚，以诗为诗，非以我为诗，而性情之道远矣。是何异饰木偶而与相揖让也！吾谓千余年来，以我为诗，独有陶、杜两君。陶冲夷旷达，自成一家，有其趣不患无其诗，盖发于性情而未极其变，故蹊径一而易工也。少陵起于诗体屡变之后，于书无所不读，于律无所不究，于古来名家无所不综，于得丧荣辱、流离险阻无所不历，而材力之雄大，又能无所不掣。故一有感会，于境无所不入，于情无所不出；而情境相傅，于才无所不伸，而于法又无所不合。当其搦管，境到、情到、兴

---

① 王嗣奭：《杜臆》卷首《杜诗笺选旧序》，上海古籍出版社，1983年，第1页。
② 王嗣奭：《杜臆》卷首《杜诗笺选旧序》，上海古籍出版社，1983年，第2页。
③ 王嗣奭：《杜臆》卷首《杜诗笺选旧序》，上海古籍出版社，1983年，第1页。

到、力到；而由后读之，境真、情真、神骨真而皮毛亦真。至于境逢险绝，情触缤纷，纬繣相纠，榛楚结塞，他人攫指告却，少陵盘礴解衣。凡人所不能道、不敢道、不经道、甚而不屑道者，矢口而出之，而必不道人所常道。故其绝尘而奔者以是，舞交逐曲者以是，间有堕坑落堑者亦以是。①

这段议论独具手眼，这才是杜诗的"真知己"。如此沉醉于杜诗，又以老杜后身期许，然当友人福建莆中名士黄光读其"诗一篇，击节，谓得少陵胎骨"时，王嗣奭却提出了不同的意见："私窃疑之，且余为诗时，未尝袭摹少陵，盖少陵诗不易学，亦不可学，何胎骨之能得也？"② 他所谓未尝袭摹，并非完全否认自己的诗歌创作与老杜的密切渊源，而是在强调自己并不如世人那般只注重于"具体"的"皮毛""小节"而已。用他自己的话说，他的诗歌得益于杜甫："一言以蔽之曰：以我为诗，得性情之真而已。情与境触，其变无穷，而诗之变亦无穷也。"③ 这是他数十年研究杜诗的心得和体会，也是他胎质于杜诗之所在，这一点在他的诗歌观念中尤为鲜明显著。

诗歌是不能摹袭的，这是王嗣奭对诗歌最重要的观点和认识，所以他一直坚持诗歌必须"发为声诗，内协于情性之所适，而外触于景物之所迎，法往禀古，不作古人之优孟，辞来切今，不堕今人之杜撰，清和隐豳"，这样方可"卓然成家"。④ 虽然杜甫是他最喜爱的诗人，甚至也自我期许为杜陵后身，但他却反复强调"禀刑古人而不优孟古人，取材

---

① 王嗣奭：《杜臆》卷首《杜诗笺选旧序》，上海古籍出版社，1983年，第1—2页。
② 王嗣奭：《杜臆》卷首《杜臆原始》，上海古籍出版社，1983年，第1页。
③ 王嗣奭：《杜臆》卷首《杜诗笺选旧序》，上海古籍出版社，1983年，第2页。
④ 王嗣奭：《夷困文编》卷五《幽贞庐诗集序》，载《四明丛书》，鄞县张氏约园1935年刻本。

于古而不饾饤古人,吐所欲言,抒所自得,而不效杜撰于今人",要得古人之神,唯求"境到、情到、心到、力到",而后自会"境真、情真、神骨真",不拘泥于形貌之类的皮毛相似,其最终便可臻至"不斫削而工,不粉泽而妍,如芙蓉之乍吐,如春柳之濯濯"的境界。①

王嗣奭的诗歌承继杜甫最深刻的是其现实关怀的精神与传统,以叙事之笔法直接表现社会的作品尤多。在晚明黑暗动荡的政局中,社情之实相正如王嗣奭《遣怀》诗中所说的"捐助开贪径,穷搜不说赃。几何充国计,什九在家囊。公帑都如洗,民脂大可伤"②。他的一首几近调侃却又令人心酸的小诗《小儿言》,通过小儿的视角,反映出晚明时期连小儿都尽知的普遍社情——吏治腐败之至,极具批判现实的力量。他在此诗作的序言中说道:"外孙鲤儿尚稚,见余衣敝,问何不新制,余戏曰:无钱。对云:翁曾做官,何云无钱?闻其言,不觉太息。设官为民,岂为钱耶?而今以后,钱为官业,习尚所渐,童心亦转,民乌得不穷,而世安得治也?因记以志慨。"故而他痛心疾首地写道:"羔羊违俗未称贤,硕鼠成风不觉愆。黄口小儿犹诧我,做官那得会无钱?"③《偪阳道中》是《明诗纪事》所收王嗣奭的唯一诗作,亦如杜诗般将自己沿途所见民生凋敝之情状作了详尽的描写,并以泣血悲歌的情怀形诸笔端:"去岁伤秋潦,洪波尚森然。翳桑栖水蛤,废里过江船。泽国人烟外,饥民驿路边。明霞餐不得,泪眼向高天。"④

面对国力的衰颓,王嗣奭也从没有放弃一切努力的机会和可能性,无论是在福建任地方官员,还是在四川为州牧。崇祯六年(1633),他

---

① 王嗣奭:《夷困文编》卷五《梅园集序》,载《四明丛书》,鄞县张氏约园1935年刻本。
② 全祖望辑选、沈善洪等点校:《续甬上耆旧诗》(中),杭州出版社,2003年,第360页。
③ 全祖望辑选、沈善洪等点校:《续甬上耆旧诗》(中),杭州出版社,2003年,第359页。
④ 王嗣奭:《偪阳道中》,载陈田《明诗纪事》(五)庚签卷十九,上海古籍出版社,1993年,第2589页。

就任"极冲疲、极废坠、极烦苦之地"的涪州,满怀"税驾之忧""更切伤生之惧",兢兢业业,虽然"饥不遑食,劳不暇身,丙夜而睡,见星而起,犹恐不洽"。然而身处末世的官场政途却是"吏习贪而不畏法,民习顽而不畏官,征输不前,盗贼多有",最终因为自己"赋性臃肿,不与世谐",① 在"颇称繁剧"的官场中落得个"遂至铩羽""可胜汗颜"的结局。② 考之《夷困文编》,则王氏罢职涪州一事甚明,由中亦可见吏治昏聩混乱之一斑。崇祯八年(1635),张献忠所率领的农民起义军破夔州、窥万州,距涪止三舍,时守道兼摄兵备奉命督军守城,却挈家远避,郡州民沸,涪城中奔逃者众,禁之不止。王嗣奭恐有奸民盗魁借生内变,遂集合城中勇士歃血定盟,誓死协力拒守,其誓词中有云:"某自揣谫庸无他伎俩,唯是洁己爱民……当其无事,所不一意为民,而为自润计者,明神殛之;兹当有警,所不效死以守,而为自全计者,明神殛之;生为涪官,死为涪鬼。五内铭镂,止此而已。"③ 此举竟遭道台忌恨,遂加"莫须有"之险陷,谓其"揭报款款虚捏,而勘官款款实填,有案不阅,有证不凭",遂有"白日丽霄,陡然深夜"般冤狱兴。④ 最终,王嗣奭被迫离职。在经历这件事后,王嗣奭把诗歌作为自己抒怀的唯一途径,他在《答闻长吉》一函中说道:"幸有微癖,一展卷百事俱遣,一哦诗百忧俱避,最失意中觉有最得意处,平生砥厉,耻借诗文为重,今无端横遭诬蔑,又不能不矜此敝帚。世有具眼,读余诗文,定当

---

① 王嗣奭:《夷困文编》卷二《侯川南巡道澹修朱尊笺》,载《四明丛书》,鄞县张氏约园1935年刻本。
② 王嗣奭:《夷困文编》卷三《寄新涪牧夏公云鼎》,载《四明丛书》,鄞县张氏约园1935年刻本。
③ 王嗣奭:《夷困文编》卷一《流贼告急谕众协力拒守歃血定盟》,载《四明丛书》,鄞县张氏约园1935年刻本。
④ 王嗣奭:《夷困文编》卷四《与陈宾日侍御》,载《四明丛书》,鄞县张氏约园1935年刻本。

知王生非窃铁者,此肝鬲中语,知己之前,偶一泄之,不敢与俗人道也。"①

自此之后,王嗣奭的诗歌和散文多"信心信手,情真事真",以"意期于邕悏"者,"故蠢腹中物,剖而出之",其中更多一种沧桑与沉厚之感。他在《管天笔记外编》中对"穷而后工"这一诗学传统命题作了更进一步的发挥:"冷曹之文胜于要津,失路之文胜于登第⋯⋯在杭(按:谢肇淛)所得益者,在于冷曹;至余之得益,又在失路。"② 王嗣奭的《檄使守催启行舟次书怀》一诗中,所谓"直到身尝意始倾",直是其人生阅历的概括:

> 富贵不如贫贱好,尚平岂独远人情?
> 也知世乱言当验,直到身尝意始倾。
> 何路还堪访岳去?此身那得朝王行!
> 钱塘江底寻胥老,才说分明死胜生!③

此诗是他在家乡鄞县失守沦陷后,郡县奉文催促乡人剪发并前往杭州参拜清廷贝勒及诸王,而他却坚拒不出,最后被迫前往杭州时所作。一路上,他都在考虑自沉钱塘江底觅忠魂,决不能赴此"朝王行",欲赴清流全节冀求英名。其实在赴杭之前,王嗣奭早就有诗明志云:"皮肉空悲衰朽人,愿将朽骨报君亲。儿曹勉奉周官法,老子甘为洛邑民。心血未枯凝作碧,鬓毛虽短保如珍。首阳倘许夷、齐卧,王翰堪教罢卜

---

① 王嗣奭:《夷困文编》卷四《答闻长吉》,载《四明丛书》,鄞县张氏约园 1935 年刻本。
② 王嗣奭:《管天笔记外编》卷下"文学",载《四明丛书》,鄞县张氏约园 1937 年刻本。
③ 柴德赓:《史学丛考》,中华书局,1982 年,第 239 页。

邻。"① 毛发虽为细物，然事关"衣冠文物"之礼，剃发绝非小事也，所以对毛发要保护如珍，全祖望《续甬上耆旧诗》中就收录了不少宁波籍士子所作的"哀发""发冢铭"之类的文字，因而"心血未枯凝作碧"的心志在当时应该是极为普遍的强烈情绪。至于王氏诗中所期待的能与夷齐共卧首阳，亦可以使我们更为清楚地理解他在顺治年间完成《杜臆》时所说的"吾以此为薇，不畏饿"的真正内涵了。这正是王嗣奭所理解的杜诗精髓之所在，他在《管天笔记外编》中就有云："思苟无邪，则子为真孝，臣为真忠，喜怒哀乐必无妄发，而发之于诗，理趣盎溢，即眼前山光水色，鸟韵花香，皆为理趣之助，而愈玩愈佳，故老杜诗极多忠君爱国语而人不厌，发自真心也。后人无其心而仿效其语，人遂厌之。而近有好新异者，以谈及君国为戒，犹之惩噎废食，可笑也。"②

所幸的是，王嗣奭此行非但没有死，且得侥幸从虎口逃遁。免去灾祸之后，他在《归》诗中说道："衰鬓蓬松大袖衣，旧君服是世情非。回舟见说人都返，私喜秦庭怀璧归。"③ 从秦这样的虎狼之穴得脱而归，尚得自全怀璧，毛发珍保，无异劫后余生，而诗人内心深处的欣悦之色亦仅是一种"窃喜"，因为他深知，身处这样的时世中，随时会有更危殆的局面出现。

读了这几首诗，我们也就能够更为深切地体会王嗣奭的同里旧友李邺嗣《散怀十首·序》的意蕴，其谓："诗心之妙在能变，日变斯日新。年少为诗，自当精思极藻，各尽其才。至齿学渐进，于是造而高淡，而奇老，其于风格日上矣。然使守而不变，以至于极，譬如数啖太羹，频击土缶，音味遂为索然，复何可喜！余谓此当以秀色润之，盖澹而能秀

---

① 全祖望辑选、沈善洪等点校：《续甬上耆旧诗》（中），杭州出版社，2003年，第361页。
② 王嗣奭：《管天笔记外编》卷下"文学"，载《四明丛书》，鄞县张氏约园1937年刻本。
③ 全祖望辑选、沈善洪等点校：《续甬上耆旧诗》（中），杭州出版社，2003年，第361页。

则益远,老而能秀则不枯,所谓朝华既谢,斯夕秀当餐,此诚诗家日新之妙也。"①

对此,我们还可以进一步将胡文学《甬上耆旧诗》卷二十七与全祖望《续甬上耆旧诗》卷四十四所收的作品作一比较,从而更好地体会王嗣奭前后诗风的成熟发展过程,因为胡书所收多为王氏前期之作,而全书所收更多的是亡国之后王氏的作品。早期的诗歌多模山范水而作,诸如"阳光归岛映,爨火破烟明"②,"只有松间古时月,曾照幽人据高梧"③,笔调空灵幽清有之,而绝少后期诗歌中深沉的感慨与遥深之旨。后期的诗作在时序的迁驶中日渐苍劲与沉厚,这自然与他长期沉浸杜诗之艺术境界有莫大的关系,更是他自己人生阅历丰富之后的必然结果。如组诗《遣怀》数绝,便写出自己在经历了国难之后内心深处环转百结的苦楚与悲慨,用他自己的诗《赠张笔生茂才》来说,正是"蜀魄口干分泪血,酰鸡瓮隐避心酸。从来甘苦如环转,写出衷肠佐胆丸"④。其初闻国变时痛云:"荒野报来骤,惊余老泪垂。风前都是草,日下更无葵。率土悲弓剑,神京据蒺藜。谁将阮生哭,移到贾生时。"⑤ 更有对南明王朝之忧心忡忡及抒发自己的矢志收复之愿,诗云:"江北有苻坚,江东无谢玄。围棋未暇赌,丝竹且须捐。鹤去重霄外,风虚窍穴边。休凭天堑险,不说好投鞭。"⑥ 其中一首中有云:"伤时自恨死不早,转念又祈

---

① 李邺嗣著、张道勤校点:《杲堂诗文集》,浙江古籍出版社,1988 年,第 136 页。
② 王嗣奭:《晚过钱清》,载胡文学编《甬上耆旧诗》卷二十七,见文渊阁《四库全书》第 1474 册,上海古籍出版社,1987 年,第 549 页。
③ 王嗣奭:《鉴湖松岛歌》,载胡文学编《甬上耆旧诗》卷二十七,见文渊阁《四库全书》第 1474 册,上海古籍出版社,1987 年,第 549 页。
④ 全祖望辑选、沈善洪等点校:《续甬上耆旧诗》(中),杭州出版社,2003 年,第 359 页。
⑤ 全祖望辑选、沈善洪等点校:《续甬上耆旧诗》(中),杭州出版社,2003 年,第 360 页。
⑥ 全祖望辑选、沈善洪等点校:《续甬上耆旧诗》(中),杭州出版社,2003 年,第 360—361 页。

增几年。万一真人来白水,尚堪含笑及黄泉。"[1] 柴德赓教授认为:"和陆放翁诗'王师北定中原日,家祭毋忘告乃翁',心情完全相同。不过放翁处南渡八十年后,纵有希望,难期生前。嗣奭当南明初覆之时,一心恢复,必欲亲见,有此不同而已。"[2] 这也就是王嗣奭从杜诗中胎骨、承继而得的真髓,所谓"真孝"与"真忠"之"真心"发之于诗的"忠君爱国语"也。

---

[1] 全祖望辑选、沈善洪等点校:《续甬上耆旧诗》(中),杭州出版社,2003年,第362页。
[2] 柴德赓:《史学丛考》,中华书局,1982年,第240页。

冯舒《怀旧集》诗案考索

一、"假诏书以祸天下"与文字狱的升级与扩大化

齐周华《名山藏副本》下卷中有一篇奇文《书范滂诣钩党狱后》,这是雍正九年(1731)作者身陷文祸,系狱时所作。文中在叙述汉代范滂及吴导、郭揖的旧事后,进而对人世百态作出鞭辟入里的议论:

> 古来正人君子遭时之害,必有大奸雄操生杀之权者,布腹心之爪牙,以网罗异己之士。即非其所素厚而位居其下,功名出其掌握,鲜不承顺以阿之。非爱杀人,爱己之功名也。故有明知其为正人君子,而命之辱则辱,命之锢则锢,命之鸩则鸩,彼且曰:"吾法有所受,吾过有所归,责不及我也。"……惜乎其假诏书以祸天下也。今之为滂者,寡矣。今之为吴导、郭揖者,谁乎?窃见罪非党人,捕非明旨,不但无欲泣欲解之诚,而且乘机酷虐,以邀奸雄之欢心,为功名地。吾知后之人亦必有纪其职,著其名者。呜呼,其真吴导、郭揖之罪人

也夫!①

"假诏书以祸天下",这实在是清代文字狱愈演愈烈的一个重要原因。过去更多的研究者只是简单地将问题归结为"公共罪行",在一场场的文祸中,杀人者只是执行皇令而已,个人只是参与其中罢了,这样也就豁免了个人的罪愆。确实,我们必须承认,一旦清帝国文字狱残暴的必要性得以确立,它也就成为这个政权的永恒。然而,综观一场场的劫数,被迫害者所遭受的痛苦和灾难是无法比拟和描摹的,也只有在其诗文中得以些许晦涩的存留;而参与其中的"公共罪行"者,是否就无罪了呢?当然,要个个狱卒、吏令都如吴导、郭揖般,自是不可能的事,齐氏说得再明白不过了,"功名出其掌握",出于爱己之故,"鲜不承顺以阿",这只能是一般人的选择。清初文字狱之兴的实相远甚于此,上海人曹一士(字谔廷)在清高宗乾隆御极之初,尝上疏请宽妖言、禁诬告之建议,在历数康熙、雍正两朝各大狱案时,就对齐周华所谓的奸佞操生杀予夺大权以"网罗异己之士"的真正动因有了深入透彻的揭示:"比年以来,小人不识两朝所以诛殛大憝之故,往往挟睚眦之怨,借影响之词,攻讦诗书,指摘字句。有司见事风生,多方穷鞫,或致波累师生,株连亲故,破家亡命,甚可悯也。"② 其实,述怀咏史,不过词人之习态;序跋偶遗纪年,抑或一时失检,非必果怀悖逆并且敢于明目张胆地示诸篇章之中,而一场场的文祸发起者每以之为"援古刺今""惓怀故国",必欲置之于死地而后快。究其因,在清廷国基未稳,亟欲整饬汉人心性之时,这些"影响之词"确实是最大的忌讳,无疑也就是报个人"睚眦之怨"的撒手锏。挟仇诬告而造成的文字之累,在曹氏看来,已是当时官场的一大

---

① 齐周华著,周采泉、金敏点校:《名山藏副本》,上海古籍出版社,1987年,第233—234页。
② 全祖望撰、朱铸禹汇校集注:《全祖望集汇校集注》(上)《鲒埼亭集内编》卷二十五,上海古籍出版社,2000年,第462—463页。

弊症，而士人群体也往往结舌钳口，那么，"古者太史采诗，以观民风，借以知列邦政治之得失，俗尚之美恶"① 这一君王的美政理想也就不复能够实现。问题的关键在于，虽然乾隆帝认可曹氏的上疏，而观乾隆一朝，这样的文字治罪案益见增多和密集了。

由于文字治罪之后，本人及其家属往往会将这一段伤心事沉埋于内心最深处，而要谈论这样的敏感话题又是何等危险的事，因而，留存至今的相关文献也就尤为稀缺，即使留存下来，也往往是隐秘晦涩者居多。本文通过文献的钩稽和排比，以清初冯舒因《怀旧集》被害为例，对清代历史上"假诏书以祸天下"的状态作一详尽的描述和探究，一则清晰地了解清初官场贪酷之实相，进而分析文祸对此际人心士风乃至诗风、文风的影响；二则为清代文学的生态、心态与形态研究提供一个典型的范例。

二、冯舒构衅于瞿四达的实情

邑志《文苑传》所载《冯己苍传》仅云："平生直肠快口，躯干伟然，遇事敢为，不避强势，小人嫉之如仇。顺治初相与构衅于县，指所选《怀旧集》为谤讪，曲杀之，士林咸痛焉。"② 纵览中国历代文祸，又有几桩不是"曲杀"，概其要，大凡皆借"谤讪"这类莫须有的罪名。可冯舒《怀旧集》一案问题的关键却在于，冯舒被"指摘""曲杀"是

---

① 全祖望撰、朱铸禹汇校集注：《全祖望集汇校集注》（上）《鲒埼亭集内编》卷二十五，上海古籍出版社，2000年，第462页。
② 冯舒：《默庵遗稿》卷首《冯己苍传》，康熙世彩堂刻本。

先有冯氏"构衅于县"这样的前提。那么,对于"构衅"之真相如何,实乃此桩文学史公案必须解决的重点。

核诸文献,冯舒构衅者为常熟县令瞿四达,瞿氏之为人,在常熟乡里早已恶名远播,臭名昭著,无名氏《研堂见闻杂记》说到地方官贪酷时有这样的记载:"又有常熟令瞿四达,由进士起家,贪酷倍甚。"后来常熟人戴束在《鹊南杂录》中历数常熟父母官时曾说道:"自康熙以来,县官纳贿,瞿四达、李璞之贪酷,余不及见之矣。余所目见最贪如高士䴉……小民安得不卖妻鬻子,大户安得不日渐消铄,以至贫困哉!"① 冯舒和瞿四达构衅,亦正缘于瞿氏的贪腐。

新朝鼎革,顺治皇帝恤念江南重赋,又历经兵燹残黎,便有恩赦钱粮之惠,然而,"虞山片壤祸遭贪酷",只因为"知县瞿四达禀性穷凶,天资惨刻。逢恶者为九卿四相,流毒者有七煞五瘟。额外加派,赦后诛求,夹桚鞭笞,竟无虚日"②。他们额外摊派,巧立名目,搜刮民脂民膏。对此,在县衙谋差的冯舒心知肚明,"直肠快口""遇事敢为"的他,便义无反顾地向瞿知县提出自己的反对意见,这就有了《常熟二冯先生集》中的数篇揭状。综观这几篇揭,冯舒完全是从民生着眼,对事不对人,所谓"揭为财尽民穷,万难加派。恳恩即赐转移,以清积弊,以利民生"③。冯舒认为若无节制地加派役银等各色赋役,必然加重百姓的负担,不足以体现当今圣上的恩泽,徒使万民谤议不绝,所以诸揭都是"为剖明役银不由官派",并希望知县"求勘公书,草自何人?上以

---

① 戴束:《鹊南杂录》,载丁祖荫编《虞山丛刻 虞阳说苑》第四册,广陵书社,2018年,第341—342页。
② 张鸿辑:《常熟二冯先生集》之《默庵遗稿》后附录《冯默庵遗文》中的《苏州府常熟县惨冤生员冯孝威孝庆泣具揭》,民国十四年铅印本。
③ 张鸿辑:《常熟二冯先生集》之《默庵遗稿》后附录《冯默庵遗文》中的《上瞿知县加派役银揭》,民国十四年铅印本。

白神君心迹,下以杜万民谤黩"。这样的问责,自然使贪酷的知县大人如坐针毡。

刚肠疾恶,快口直言,耿烈之性,虽见许于正人,但自古以来的常态却往往是"不平之鸣,每触鳞于积蠹"。冯舒在面临公义之时,毫无惧栗,敢作敢当,确是血性汉子,但自此也就与瞿知县结下了怨隙。而当生员黄启曜等条陈公举瞿四达的罪状之时,知县一面百计兔脱,一面访拏腹党。在诸奸人"加征诸项,惟有冯舒洞然明了,不杀冯舒必败乃公事"① 这样的怂恿下,加上冯舒先前义正词严的上揭,瞿四达亦深知"邑中各项钱粮惟舒独知其弊,诸生黄启耀等合词上瞿贪状,瞿以贿饰,疑词出舒手"②。于是朋谋合算,遂有祛障清异之计划。

顺治五年(1648),瞿四达在"官加""官耗"之外,别立贴役名色银七千两,而苏州抚台欲裁此项,所以发回让绅袍公议。而与知县有勾结的侵粮巨蠹邹志父子与其党徒薛维岩冒名手草八位绅袍的公书,使缴额反增至八千有奇,合邑沸腾,翁户部(讳长庸)即具辨揭,各乡绅也连名具呈。抚台再次发县重议,八月二十二日,约常熟绅袍至大察院,众绅皆缄默不语,独冯舒在大察院公开说:"役银原议止有每亩九厘七毫,今诸吏加外又加,断不可更剥百姓脂膏,以肥私囊。"③ 而且还要穷究手写公书之人。当时士人百姓无不击节称快,瞿四达知公论不容,必欲置冯舒于死地,于是便与众奸人捏造绝无风影之款,收买官吏,将冯舒及其子孝威、孝庆兄弟及家人计十四人,并禁黑狱。瞿四达更令腹党

---

① 张鸿辑:《常熟二冯先生集》之《默庵遗稿》后附录《冯默庵遗文》中的《苏州府常熟县惨冤生员冯孝威孝庆泣具揭》,民国十四年铅印本。
② 刘本沛:《后虞书》,载丁祖荫编《虞山丛刻 虞阳说苑》第四册,广陵书社,2018年,第249页。
③ 张鸿辑:《常熟二冯先生集》之《默庵遗稿》后附录《冯默庵遗文》中的《苏州府常熟县惨冤生员冯孝威孝庆泣具揭》,民国十四年铅印本。

陈元、李流长等毒殴冯舒，还亲自进监狱嘱牢头朱启贤、禁卒周三登，时拽死以图灭口。冯舒既死之后，恐伤痕在颈，延迟二十八日，直待腐烂，方许家属接尸出狱。

三、《怀旧集》与冯舒的诗歌

在抓冯舒入狱时，刑尊就曾问过知县："既无恶迹，又无被害，何以罪之？"瞿四达所用的理由无非就是历史上奸人惯用的"莫须有"，在清廷定鼎之初，文字之罪自然是最好的，也是最为致命的罪状。瞿氏的做法，也就是前引曹一士所说："挟睚眦之怨，借影响之词，攻讦诗书，指摘字句。有司见事风生，多方穷鞫，或致波累师生，株连亲故，破家亡命。"被瞿四达用以攻讦、指摘的就是冯舒所编的《怀旧集》，那此书到底是怎样的一部书，不妨作一详细的介绍。

冯舒是一位非常重情义的乡绅士子，在与同里书生的往还中，常常流露出对友朋的深情厚谊。崇祯三年（1630），他的五位旧友（怀安之、释大寂、张应遴、张叔维、王慎初）先后去世，对此他在诗中对好友钱谦贞①云："独坐空室中，汍澜涕无已。汍澜亦何为，念我故交子。"② 何以友朋之死竟致如此伤怀，他在诗序中已有明确的交代："故交零落，曷胜其悲，过此以往，将余之悲他人者，亦他人之悲余乎！五人死有余悲之，余而死，谁以余之悲五人者悲余乎？"这其中多有自我的哀伤在内。故而

---

① 谢国桢《江浙访书记》（生活·读书·新知三联书店，2007年，第44页）中误为钱谦益。
② 冯舒：《默庵遗稿》卷一《感旧诗一首赠钱大履之》，康熙世彩堂刻本。

一直以来他就有编纂故旧诗文的念头。冯舒曾说过:"追数昔年执友,或以富贫,或以贱贵,其登玉堂、参藩辅,听秋风而歌鹿鸣者,或至烟销宿草,酹奠无人,即其殚精竭血,应制科、取金紫,家弦户诵之业,亦无从于酱醢间索之。独其有韵片言,则颓垣败纸,斜行小字,犹得摩挲吟啸其间,则吾与子之可借以存者,其在兹乎,其在兹乎!"①《怀旧集》的编纂,正是这样一种眷怀思念和人生慨痛的结集,这一点在冯舒完成《怀旧集》一书时就有自序明言:"向秀追寻曩好,栋宇空存;陆机还计生平,凋零殆尽。乃知阅水成川,阅人成世,古今之通慨矣。……四十年来,盖显显无有忘弃者。岂生初盛世,老际横流,火焰昆山,嗟玉石之莫辨;桑生沧海,痛人琴之两非。虽鲁殿独存,亦尧年道改矣。循发自念,顾影空潜,回首残编,时留佳句,还抽腹笥,剩忆赠言。于是和泪舐墨,朝书暝写,凡得二十四人,诗词二百余首,分为上下两卷,名曰《怀旧集》,并各题小传,以见平生。……呜呼!人间何世,山阳之涕凄然,天道宁论,华表之归已矣!"②

《怀旧集》所录朋友故旧二十四人,皆是关系甚密者,其中也不乏对冯氏影响极大的人,如钱谦贞。钱谦贞与钱谦益是同族兄弟,"有俊才""能自镞砺",钱谦益叙其生平时曰:"帘户靓深,书签错列,所与游惟魏冲叔子、冯舒己苍,相与论诗度曲,移日永夕,下键谢客,意泊如也。中岁攻诗,不屑应酬俗调。"③这一点在冯舒《怀旧集》的钱谦贞小传中也可以得到印证。在"久而不衰"的往还中,钱、冯二人的交谊"弥见其笃",而钱谦贞的人品、诗歌对冯舒则有较大的影响。钱谦贞在

---

① 冯舒:《钱氏未学庵诗集序》,载钱谦贞撰、钱龙惕辑《未学庵诗稿十卷》(顺治二至四年海虞毛氏汲古阁刻本)卷首,见沈乃文主编《明别集丛刊》第 3 辑第 64 册,黄山书社,2015 年,第 243 页。
② 谢正光、佘汝丰编著:《清初人选清初诗汇考》,南京大学出版社,1998 年,第 1—2 页。
③ 钱谦益辑:《列朝诗集》,上海三联书店,1989 年,第 560 页。

甲申国变后的《甲申除夜》一诗中云："看到崇祯历日穷，三春愕梦一宵空。公然节物干戈外，多幸团圞里舍中。爆竹又催新岁月，桃符不换旧门风。萧萧夜色凉如水，惭愧烧盆烈焰红。"① 在冯舒的诗歌创作中，绝不乏这样的情思与风神，如冯氏的《丙戌岁朝二首》云："投老余生又到春，萧萧短发尚为人。世情已觉趋时便，天道难言与善亲。梦里山川存故国，劫余门巷失比邻。野人忆著前年事，洒泪临风问大均②。""喔喔荒鸡到枕边，魂清无梦未安眠。起看历本惊新号，忽睹衣冠换昨年。华岳空闻山鬼信，缇群谁上蹇人天。年来天意浑难会，剩有残生只惘然。"③ 钱氏的诗作于明亡后的第一个除夕，而冯舒所作为顺治三年（1646），面对"崇祯历日换新号，衣冠短发非旧年"这种时局和现实，二人魂牵梦绕的依然是山川故国，此时也更强化了他们不改旧时衣冠的心志，这也就是二人诗作中说到的"梦里山川存故国"和"桃符不换旧门风"。若真要治罪，瞿四达胪举此等诗作，则罹祸者亦无言可辩，断不会有"莫须有"之嫌疑，亦可以充分献呈其效忠清廷的"丹心赤诚"。然而，文字治罪只是一种手段而已，在顺治初年夷夏划然之际，任何的捕风捉影就足矣。所以，瞿氏也没有必要花大气力去寻探，因为这些诗作当时并没有刊刻，尚以手稿形态存于冯氏手中，瞿四达也无法读到。但问题却在于，前引钱谦贞诗作也见于《怀旧集》中，瞿氏完全可以借此将冯舒治罪，而此诗却似乎未被瞿氏发现并用作证据。由此，我们不难推断，此时《怀旧集》刚刚问世，瞿氏找来随手一翻，就在卷首和卷尾翻到了两条，对瞿四达来说，有这两个影子就足够了。但细细考绎，这两条根据从法理上来说，是有重大缺陷的，完全不能够被采信。

---

① 冯舒辑：《怀旧集》卷下，湧喜斋丛书，光绪三年刻本。
② 按：诗中的"大均"是指屈大均。
③ 冯舒：《默庵遗稿》卷六《丙戌岁朝二首》，康熙世彩堂刻本。

常熟人王应奎在《柳南随笔》卷一中记载了亲聆冯舒孙子冯修的叙述："会己苍集邑中亡友数十人诗为《怀旧集》，自序书太岁丁亥，不列本朝国号、年号；又压卷载顾云鸿《昭君怨》诗（有'胡儿尽向琵琶醉，不识弦中是汉音'之句）。卷末载徐凤《自题小像》诗（有'作得衣裳谁是主，空将歌舞受人怜'之句）。语涉讥谤，瞿用此下己苍于狱。未几死，盖属狱吏杀之也。"[①] 卷首顾云鸿的《昭君怨》诗，若作于清初，其"胡儿尽向琵琶醉，不识弦中是汉音"之句自然难免讥讪之嫌，受人指摘、攻评倒也是情理之中的事了。然考之史实，顾云鸿为冯舒的父执辈，明亡前早已故去，根本就无法预见清人入主中原，何来讥讪？咏明妃本是文学史上常见的一种题材，名作也很多，就这首诗而言，分明是脱胎于杜甫的"千载琵琶作胡语，分明怨恨曲中论"（《咏怀古迹》），并有所翻案和发展，在立意造句上有一定的新意；卷尾用徐凤的诗句抒写自己的人生际遇，只是在自悲身世，讥谤亦属空穴来风。只是自序书太岁丁亥，不书大清顺治国号，这几乎就是清初所有文字治罪深文周纳必用的伎俩。

四、《怀旧集》诗案的阴影

中国人的家训之中，常见父训其子曰："无介直以立仇敌。"兄教其弟曰："无方正以贾悔尤。"观冯舒之罹祸，实在是犯了这一条大忌。钱锺书在读了清人汪懋麟的《嵇阮优劣难》（《百尺梧桐阁集》卷六）后，在《管

---

① 王应奎著，王彬、严英俊点校：《柳南随笔　续笔》，中华书局，1983年，第4页。

锥编》中有这样一段妙论:"嵇则忤世之狂,故以招祸。……忤世之狂则狂狷、狂傲,称心而言,率性而行,如梵志之翻着袜然,宁刺人眼,且适己脚。既'直性狭中,多所不堪',而又'有好尽之累','不喜俗人','刚肠疾恶,轻肆直言,遇事便发',安望世之能见容而人之不相仇乎?"① 所以,在所有记载冯舒的史料中,都会讲到他的个性,有谓"刚肠疾恶",快口直言的耿烈之性,小人嫉之如仇也就是情理之中的事了。

冯舒祸案对其家人内心产生的撼动是极为巨大的,其弟冯班(字定远)就有诗《有感》云:"处世无机足自伤,每来闲处暗思量。豢龙驯虎犹常事,惟有人心不易防。"② 自此以后,曾被乡人目为迂怪的冯班,收敛起他率真的本性,逐渐变得内敛。

观冯氏昆仲的诗歌,宗法晚唐诗人李商隐,其本旨在于借比兴而寄感慨,这在前引冯舒的诗歌中表现得尤为明显。这一特点在冯班于鼎革之际所作的《游仙诗》后五十首、《临桂伯墓下》、《江南曲》、《兵后经郡齐门故人废园有感》等诗歌中也得到淋漓尽致的表现。在凭吊故国之中,苍凉哀感,使人深有触动,试以《兵后经郡齐门故人废园有感》为例观之:"雀乱鸦啼燕不回,曲池平后劫成灰。云离巫峡知无定,地失桃源莫再来。蔓草江淹何限恨,青枫宋玉有余哀。故人泉下如相念,白首全生赖不材。"③ 难怪钱谦益在《冯定远诗序》中对冯班的诗歌创作有这样的评价:"其为诗,沉酣六代,出入于义山、牧之、庭筠之间。其情深,其调苦,乐而哀,怨而思,信所谓穷而能工者也。"④

然而,奇怪的问题却出现了,冯氏兄弟的同乡好友陆贻典在《冯定

---

① 钱锺书:《管锥编》第三册,中华书局,1986年,第1088—1089页。
② 张鸿辑:《常熟二冯先生集》之《钝吟老人集外诗》,民国十四年铅印本。
③ 张鸿辑:《常熟二冯先生集》之《钝吟余集》,民国十四年铅印本。
④ 钱谦益著,钱曾笺注、钱仲联标校:《牧斋初学集》(中),上海古籍出版社,1985年,第939页。

远诗序》中的评说竟与钱谦益大相径庭,谓:"其为诗,敦厚温柔,秾丽深稳,乐不淫,哀不伤,美刺有体,比兴不坠……"① 对同一个人的诗作,评骘缘何会有如此大的差异?只要简单地梳理冯班诗集的刊刻过程及二序的写作年份,问题就迎刃而解。早在崇祯末年,常熟著名的藏书家、出版家毛晋就醵资为冯班刻印《冯氏小集》,并请其师钱谦益作序,前引的序言正是此时所作,其中不乏提携学生之意,所谓"定远之名从此远"是为明证也。由是而读冯班早期的诗作,确乎如钱谦益所评。而陆贻典之序作于康熙七年(1668),陆氏的评骘主要是针对冯班后期创作的诗歌而言,此时的冯班早已没有先前的那种情深调苦的哀乐之辞,而是竭力提倡善用"隐秀之词",即他在《钝吟杂录》卷五之所谓:"隐者,兴在象外,言尽而意不尽者也;秀者,章中迫出之词,意象生动者也。"② 这一切的根源就在于乃兄罹祸之阴霾在其内心的投罩,自此之后,冯班的诗歌就很难有鼎革之初的那种比兴感慨了。自乃兄去世后,冯班的内心情绪其实远未平静,正如晚清常熟诗人张鸿(燕谷老人)所说:"含忍者槁饿衡门,盱衡陈迹,可为悲悼。"③ 但是在他的诗歌中,意隐象外,情中见理,韵味不乏,却是变激楚之音而为韬晦清苍之质。如其《题友人〈听雨舟〉》云:"蓬窗偏称挂鱼蓑,荻叶声中爱雨过。莫道陆居原是屋,如今平地有风波。"④ 对此,邓之诚有敏锐的洞悉,他在《桑园读书记》中明确指出,冯班之诗才卓绝,然并未见入乃兄诗歌的激楚,究其原因也正在于受兄罹祸之自我规避:"其诗才富功深,不为讽刺,亦不为苍凉激楚之音。盖易代之际,且鉴于其兄已苍之

---

① 陆贻典:《冯定远诗序》,载《清代诗文集汇编》第20册,上海古籍出版社,2010年,第1页。
② 冯班:《钝吟杂录》,中华书局,2013年,第89页。
③ 张鸿辑:《常熟二冯先生集》卷末附录,民国十四年铅印本。
④ 张鸿辑:《常熟二冯先生集》之《钝吟集下》,民国十四年铅印本。

祸，务为韬晦苟全而已。"①

由一场场文字狱劫祸积聚所造成的阴影对士人的心灵戕害也就在这般"草色遥看近却无"的进程中得以累积沉淀，最终使得诗歌的情感抒发失却了鲜活明朗的状态，而一变为抑塞逼仄的态势，因为在这样的政治文化生态中，士人所能够选择的也就唯有康熙间汪懋麟《嵇阮优劣难》中所谓"大抵自全之术，晦其迹，秽其形"这一端了。诚如章太炎所论，在文祸劫杀比比的情况之下，士子们的文字只有选择"缠复缴绕，转笔引事"② 这样的方式，因为如此方"得善自隐讳，以为臧身之固"③ 也。这些惊悚未定的心魂和内隐的感情波澜，以"缠复缴绕"的"转笔""温辞"展现出逼仄文化生态中的实相，这正是清代诗歌有越来越多的裹饰，也越来越晦涩难读的重要原因。事实上，这正是清代历史和文学研究中弥足珍贵的史料，因为古人早就有这样的说法："视其温辞，可以知其塞怨。"④ 然而，由于历史研究中许久以来忽视文学文本的细读，更遑论对作家、诗人的心灵世界作深入缜密的剖析，于是对这样具体而微又无比鲜活的历史史料每每熟视无睹或置若罔闻；而文学研究则过多地注目于文学自身形态与风格等具象问题，对影响这些具象的历史文化生态、作家心态史程的流变等深层的原生态机理缺乏细致系统的考索，因而使得似乎日见热闹繁荣的清代文学研究显得较为浮薄，缺少史的厚重。

---

① 邓之诚著、邓瑞点校：《桑园读书记》，辽宁教育出版社，1998年，第19页。
② 章太炎：《菿汉三言》，辽宁教育出版社，2000年，第56页。
③ 章太炎：《訄书》卷五十八《哀焚书》，古典文学出版社，1958年，第156页。
④ 程郁导读注译：《春秋繁露》，岳麓书社，2019年，第9页。

"细柳新蒲为谁绿"

——清初禅门诗界一桩公案的考索

"少陵野老吞声哭,春日潜行曲江曲。江头宫殿锁千门,细柳新蒲为谁绿?"这是诗圣杜甫《哀江头》一诗的起首之句。① 在目睹长安焚劫易主后,虽然柳丝依旧袅袅,新蒲返青抽绿,但这样的乐景却更激起诗人内心深处的哀恸,"为谁绿"更可谓是使人肝肠寸断之笔。老杜的诗笔以及此般情思,渐积沉淀为亡国之悲慨,在明清之际的文人中也极具普遍影响,阳羡词派的代表作家陈维崧在其骈文名作《征万柳堂诗文启》中,则将"细柳新蒲"与"金谷铜驼"并举,② 借以抒泻内心无尽的亡国之痛和家国之思。这一旧典在陈维崧的诗词中亦数见,如"新蒲

---

① 杜甫著、仇兆鳌注:《杜诗详注》卷四,中华书局,1979 年,第 329 页。
② 陈维崧:《陈迦陵俪体文集》卷四,载《四部丛刊》缩印本第 360 册,上海书店,1986 年,第 129 页。

细柳吞声处"①,"怅一带新蒲,碧凄杜甫"②,而其《夏初临·癸丑三月十九日,用杨孟载韵》更是以遒绝之笔调写出了鹃啼泣血之吟:"蓦然却想,三十年前,铜驼恨积,金谷人稀。划残竹粉,旧愁写向阑西。惆怅移时,镇无聊、掐损蔷薇。许谁知,细柳新蒲,都付鹃啼。"③

顺治十年(1653),浙江天童寺木陈道忞集同人诗文,汇辑成书,就冠以《新蒲绿》名,其中的诗文多为时人传诵乃至纷纷和作,这在清初文学史上是名著一时之事。虽至今日,这部集子似乎已经很难见到了,然而核诸史籍典册,尚可得其详。《太仓十子诗选》中收录王揆的和作《读山翁大师〈新蒲绿〉依韵柬寄》:"江头父老话兴亡,蒲柳春光又十霜。徒有子规愁望帝,更无鹦鹉忆明皇。唐陵麦饭悲寒食,汉蜡桑门祝上方。指示旁人尽流涕,讲堂钟鼓暮云黄。"④ 味王揆诗作,《新蒲绿》一集中的诗歌主题多为"江头父老话兴亡"而发,蒲柳春光中,徒有子规啼血的悲鸣,让人读后颇有黍离麦秀之悲,甚至潸然流涕。征之木陈道忞所撰《〈新蒲绿〉序》则更为确切,兹引于下:

> 过殷墟而兴麦秀之歌,行周道而发黍离之叹。故国旧京,人非物异,一触目警心之间,所谓欲哭则不可,欲泣近妇人。因歌写怨,聊摅愤懑,抑岂知有百世下从而讽咏之哉?我毅宗烈皇帝,以英明之主,数直凶危,家亡国破,宗庙丘墟,此天地人神所痛心疾首于甲申三月

---

① 陈维崧:《湖海楼诗集》卷二《清明》,载《四部丛刊》缩印本第361册,上海书店,1986年,第253页。
② 陈维崧:《迦陵词全集》卷二十四,载《四部丛刊》缩印本第362册,上海书店,1986年,第511页。
③ 陈维崧:《迦陵词全集》卷一五,载《四部丛刊》缩印本第362册,上海书店,1986年,第449页。
④ 吴伟业:《太仓十子诗选》,载《四库全书存目丛书》集部第384册,齐鲁书社,1997年,第805页。

十九之变也。维今癸巳,去前莫春十阅星霜。当僧忞投老匡庐之日,虽倭迟远道,浪迹昆阴,而雨露之思,中怀怅恧,因鸠诸同人,共修荐,严佛事,亦已澄心涤虑,洁蠲为饩矣。其如隐痛填膺,驱除不去,乘间辄来,遂人各言所欲言,总诗文若干首,篇而什之曰《新蒲绿》。於乎!新蒲细柳年年绿,野老吞声哭,将何日而休哉?①

几乎是与木陈同时,其师侄弘储继起(木陈师兄汉月法藏之弟子)的诗文集《灵岩树泉集》亦在众弟子的资助下刊行问世。弘储继起主持苏州灵岩山最久,"其往还昕夕,率多遗民故老",他的诗歌文章亦以"老杜吞声"之情写尽亡国之恨,诚如他的追随者徐枋在《书先文靖公墨刻后赠灵岩老和尚》一文中所说:"所为流连风景,举目山河者,又多殷麦周禾之悲焉。此实唐宋以来诸大善知识中所绝无者也。"② 我们也不妨先看一看弘储继起《灵岩树泉集》中的一二篇诗作,可知徐枋之言非虚语矣。其《吊瞿稼轩先生》云:"死国寻常事,难于得所终。寸心依日月,片语落霜风。成败非由我,精诚独见公。世无良史在,谁为表孤忠?"《答叶星期居士兼致诸昆》云:"世事酸心不忍言,怕闻啼鸟和哀猿。风吹树杪山无色,月刺窗棂梦断魂。法海汪洋千古怨,儒冠冷落旧朝恩。君家兄弟多标致,烟雨苍茫道味存。"③ 诗中对瞿式耜之死国难大加褒奖,对叶燮诸昆仲之守节积极鼓励。佛门参禅者中,信奉"杜门息交,世事一切阔略"者甚众,而弘储继起始终坚持"一以忠孝作佛事,使天下后世洞然明白,不特知佛道之无碍于忠孝,且以知忠孝寔自

---

① 木陈道忞:《布水台集》卷八《〈新蒲绿〉序》,载《四库未收书辑刊》五辑 30 册,北京出版社,2000 年,第 69 页。
② 徐枋:《居易堂集》卷十《书先文靖公墨刻后赠灵岩老和尚》,载《四部丛刊三编》第 75 册,上海书店,1986 年,叶 11B。
③ 柴德赓:《史学丛考》,中华书局,1982 年,第 383 页。

佛性中出",自甲申"沧桑以来二十八年,心之精微,口不能言。每临是讳,必素服焚香,北面挥涕,二十八年直如一日",① 于家国忠义若此。正所谓"不以学佛心,糊涂了生死"②。所以,他主持的灵岩山寺成为江南义士聚集之要冲,全祖望《南岳和尚退翁第二碑》曰:"丙戌以后,东南之士,濡首没顶于焦原,相寻无已,而吴中为最冲,退翁皆相结纳,从之者如市。退翁才厚重不泄,其为人排大难最多,世不尽知也。"③ 后来黄宗羲上灵岩山,弘储继起"集徐昭法、周子洁、文孙符、邹文江、王双白于天山堂,纵谈者七昼夜",梨洲为诗有曰:"谁知此日军持下,尽是前朝党锢人。"④ 前朝党锢人,亦多为新朝所忌,汇集于斯,其间种种危难与险阻,弘储继起是再清楚不过的了,然而他却以为"使忧患得其宜,汤火亦乐国",如此凛然无犯!《灵岩树泉集》中的那首《院鞫被杖归寓示徒》更是以这般概节示徒:"啮雪饮冰无厌足,履汤蹈火又何妨。东西南北虽空阔,去就原凭自主张。"⑤

木陈道忞与弘储继起二人同属禅宗临济宗,乳法于密云圆悟,早年过从亦甚密,在国变后又皆有如此强烈的爱国诗情,自应是同声相应,同气相求,相濡以沫,然而历史的事实却完全出人意料,师叔侄二人不久后便发生了一场激烈的僧诤,其情陈垣的《清初僧诤记》论之甚详,不赘。兹引木陈于康熙元年(1662)攻击谩骂弘储继起及《灵岩树泉集》的一段文字,以见其诤之酷与烈也:

---

① 徐枋:《居易堂集》卷十九《退翁老人南岳和尚哀辞》,载《四部丛刊三编》第76册,上海书店,1986年,叶5B、6A。
② 全祖望辑选、沈善洪等点校:《续甬上耆旧诗》(上),杭州出版社,2003年,第771页。
③ 全祖望撰、朱铸禹汇校集注:《全祖望集汇校集注》(上)《鲒埼亭集内编》卷十四,上海古籍出版社,2000年,第276页。
④ 黄宗羲:《黄宗羲全集》(第19册)《南雷诗文集上》,浙江古籍出版社,2012年,第31页。
⑤ 柴德赓:《史学丛考》,中华书局,1982年,第380页。

最可恨者，本一南通小贩，专卖李四嚣虚。……何事毕之后，遂有如许夸张之书，见之《树泉集》哉？岂非尔生平之言，类皆妆点出来，以欺世盗名者乎？昔也按君参奏，劾为妖言弥勒下生，今则以弥勒后身自命矣，然则当日何不一款招承，必高叫宪天，以求哀赦，其故何也？昔也台邑图形，杭都画影，露布长书，会打继起贼秃，今则以天台古佛自居矣，然则当日何不临凡降世，化导众生，必通途畏过黄岩，偏僻远绕家子，又复何也？则是尔欲欺世，而世不尔欺，尔欲盗名，而名不尔盗，究竟一文偷不得，至今空作不良人，非尔之谓与？他若千笼百络，结势要权，谋径山，攘金粟，正昼攫金之态，蚖蛇恋窟之羞，魔梵修罗之大慢过慢增上慢，火刀血涂之苦因恶缘极障缘，皆尔一身占尽矣。①

以此文与木陈早年在天童寺致侄继起的诸书相较，直不可同日而语。其三就提及侄弘储为木陈送医疗疾，木陈甚为感激，覆书云："贱恙以脾弱血虚，不能将气，故致戾横下坠，庸医不详脉理……今抑祸烈至此。何幸老侄以痛痒关天下之心，命来禅人，无烦慎视，药到病除……谨谢弗备。"② 其一更对师侄嘉赞尤加："闻郡将归心，台人戴德，令行吴越，在贤侄一人，指南足矣。"③ 何以前后如此天壤之别？究其原因，这一切皆源于顺治十六年（1659），木陈被皇帝召见入京。接下来，

---

① 木陈道忞：《布水台集》卷二二，载《四库未收书辑刊》五辑30册，北京出版社，2000年，第198页。
② 木陈道忞：《布水台集》卷二八，载《四库未收书辑刊》五辑30册，北京出版社，2000年，第247页。
③ 木陈道忞：《布水台集》卷二八，载《四库未收书辑刊》五辑30册，北京出版社，2000年，第247页。

以顺治十六年为界，将木陈前后两期的活动与思想作一比照，以利更好地钩稽由《新蒲绿》与《灵岩树泉集》二集而滋的文学公案。

《天童弘觉忞禅师语录》卷一一中的前后两则史料就足证，顺治十六年（1659）木陈被召，封为弘觉禅师，实乃其一生思想之分界岭，绝非臆断。"烈皇帝十五周忌上堂拈香，此一瓣香至尊至贵，非正非偏……奉为毅宗皇帝增益天陛……当此三月十九，诘以龙去煤山之故，不曰过由明察，则曰昧于知人，此固谣俗拘儒之论也。"① 顺治十五年（1658）木陈尚且如此隆重举行国变忌日的祭吊，而次年接入京召后，手奉诏表，即刻祝祷顺治万寿无疆："乃捧敕黄诣法堂示众云：'一封丹诏下林泉，千载名蓝瑞色鲜。浩荡皇恩何以报，萝图愿祝万斯年。'……遂升座拈香云，此一瓣香，至尊无上，至贵难名，当阳拈出爇向炉中端，为祝延今上皇帝圣躬万岁万岁万万岁。"② 征召佛门高僧，一则缘于顺治好佛，更乃其"阴弱""阴销"的政治方略。而木陈态度转变之快，殆出乎清初政策设计者的预料！其实木陈早就有"日日与君对碧眸"的念头，顺治之召只是给他提供了这样的机会，他自然不会坐失良机，在《赴召上京不及应曹溪之命，寄复岭南二王诸宰辅》一诗中就直白地说："金地遥招已点头，天书旋忽降龙楼。神光幸是同今古，日日与君对碧眸。"③ 再稽以《布水台集》中的诗歌，更可突现征召前后木陈心态之激变。《布水台集》卷三有《癸巳三月十九之作》组诗，其二有云："独恨圣神婴巨祸，哭将沧海泪为枯。"而入京后所作诗则口口

---

① 木陈道忞：《天童弘觉忞禅师语录》卷一一，载《嘉兴藏》第26册，新文丰出版股份有限公司，1987年，第245页。
② 木陈道忞：《天童弘觉忞禅师语录》卷一一，载《嘉兴藏》第26册，新文丰出版股份有限公司，1987年，第248页。
③ 木陈道忞：《布水台集》卷四，载《四库未收书辑刊》五辑30册，北京出版社，2000年，第34页。

声声表达出对新朝的感恩戴德，临表涕下："草莽臣何德，皇情眷若琛。分携重握手，回策复言心。愁岂关山远，悲因愧感深。生平珠玉泪，一泻百壶斟。"① 前则为前明而泪哭沧海尽枯，而今则因皇恩优渥而"一泻百壶""珠玉泪"，所谓男儿有泪不轻弹，如此轻易改弦更张，泪流潸潸，不知其泪价值究竟几何？而顺治世祖皇帝驾崩后，木陈所作的《哀词》倒也看不出多少真正的哀痛欲绝，而是借这个机会在诗和诗注中大肆炫耀先皇帝对他如何如何的恩遇，赠了多少多少珍宝而已，这样的文字频频出现在他的《布水台集》和《北游集》中。木陈早年在为友人所作序中，尤不齿于"徒附利沽权"②的行径。此时自己却沦为他所谓"引首低眉，磬折公侯。胡甘而辱，爰丧所守。冒利沽名，德不增旧"③这般之劣品，实罹名、利与权之罗网。就在自己成为名利的"彀"中之人后，木陈却一反常态，竟然无耻肆口地发出这样的言论："髡徒岂足襄？"④ 由此掀起了临济宗内影响至巨的僧诤。当年曾和他一起受难的师侄弘储继起及所著的《灵岩树泉集》便成为其发难的首选对象。

木陈对于弘储继起及《灵岩树泉集》的攻击和诤评，可以说是无所不至，且到了无耻之尤的地步，在歪曲事实真相时，不惜出尔反尔，将自己先前的说法完全推翻，而后对师侄弘储继起进行类如泼妇式的责难和谩骂。如关于早年二人在宁波弘法婴难一事，原先他有诗歌《新卯九月予与灵岩储侄禅师，俱以弘法婴难，至明年春仲，质狱东瓯溪山，险

---

① 木陈道忞：《布水台集》卷四，载《四库未收书辑刊》五辑 30 册，北京出版社，2000 年，第 38 页。
② 木陈道忞：《布水台集》卷八，载《四库未收书辑刊》五辑 30 册，北京出版社，2000 年，第 70 页。
③ 木陈道忞：《布水台集》卷一七，载《四库未收书辑刊》五辑 30 册，北京出版社，2000 年，第 153 页。
④ 木陈道忞：《布水台集》卷四，载《四库未收书辑刊》五辑 30 册，北京出版社，2000 年，第 37 页。

远辛苦,归来即事赋感,漫成三十韵》二十首记之,其九有云:"为缘一字入公门,吃尽波查不用论。"其十四云:"公庭罗织焰如山,谁道人心只等闲。一自顽皮经烈火,丹砂信有九回还。"① 然而,后来他在康熙元年(1662)所作《复灵岩储侄禅师书》中,将自己婴难之原委全推在师侄一人身上,且污蔑说:"至明年质狱东瓯,尔则不胜怨天尤人。及乎杖决宪庭,尔之徒属,益怨山僧刚愎自用,轻出累尔,即尔亦谓'此行不是法叔老和尚,小侄不愿有生'。何事毕之后,遂有如许夸张之书,见之《树泉集》哉!"② 这便是木陈抨击《灵岩树泉集》之借口所在。而弘储继起对于自己东瓯罹难一事,在《灵岩树泉集》中表现得异乎寻常的达观和冷静,他在《命下着三院会问赴臬司投到示徒》中云:"舌翻佛祖苦心血,骨刺世人热眼眶。推向官衙牛马践,闲名从此不生香。""多生已拔梦中身,肯信虚空锁得人。娄至威音不挂眼,且教看遍铁围春。"其《院鞫被杖归寓示徒》亦曰:"啮雪饮冰无厌足,履汤蹈火又何妨。东西南北虽空阔,去就原凭自主张。"履汤蹈火亦在所不辞,这便是弘储继起的态度,他的《闲居拟古寄毗陵邹子》三首诗更将这一品性阐释发挥得淋漓尽致:"黄金无角,穿我层狱。腥雨无牙,啮我岩华。君子憔悴,屡以易黄。坎坎鼓缶,大吕将坠。""泺水离常,溃决正道。冬日弗郁,天半宅奥。下士之宁,惟禹之造。人秉其心,可以御暴。""巉巉子石,志洁逾玉。幽固清凉,温温自勖。励回铅椠,怒逢祖襮。灾干污田,白身可赎。"③

遥想木陈当年,也曾有过男儿之血性,试以木陈与黄毓祺的关系而

---

① 木陈道忞:《布水台集》卷三,载《四库未收书辑刊》五辑 30 册,北京出版社,2000 年,第 24、25 页。
② 木陈道忞:《布水台集》卷二二,载《四库未收书辑刊》五辑 30 册,北京出版社,2000 年,第 198 页。
③ 徐达源编:《国朝吴郡甫里诗编》卷八,苏州市图书馆藏稿本,叶 2A。

论之。江阴人黄毓祺（介子）是明清之际的抗清义士，尝起兵海上欲谋大事，其事详见陈寅恪《柳如是别传》第五章《复明运动》。介子居士因尝"久参天童先师，于禅学洞有所窥"，与木陈有同门之谊，介子作《同门疏》多叙二人师谊，并极力支援木陈继席天童住持。① 后介子因"恢复之举""事败见执，证狱石头城"，在临难前尚为木陈题像赞，称赏备至，其词曰：

> 忆自黄岩，嗣席天童。踞先觉堂，卓卓孤峰。楔以楔出，毒以攻毒。蛇吞鳖鼻，虎咬大虫。正令全提，孰敢婴锋。出语成咏，百折不穷。佛果衔官，大慧附庸。穗秕之导，往来愚衷。国难以来，踪迹西东。兄游天外，我戏圜中。世出世间，皆大英雄。不负先师，旧衲蒙茸。眉毛结共，鼻孔气通。曹溪正脉，临济真宗。是木上座，亦号山翁。②

根据木陈国变以后的表现③，黄介子临终前绝对相信他能成为如自己一样的"大英雄"，也坚信临济正脉唯有赖于木陈，所谓"不负先师"。对于同人的嘉赞，木陈亦很珍视，在同人慷慨就义后，木陈作挽诗，誓言自己要坚守先师之"正脉"："虞夏宁伤忽已过，首阳风范若为

---

① 事详见木陈道忞《布水台集》卷二，载《四库未收书辑刊》五辑 30 册，北京出版社，2000 年，第 22 页。
② 木陈道忞：《布水台集》卷二，载《四库未收书辑刊》五辑 30 册，北京出版社，2000 年，第 22 页。
③ 对于甲申国变，木陈道忞一直说"我心孔怀，是用作歌"（木陈道忞：《布水台集》卷一，载《四库未收书辑刊》五辑 30 册，北京出版社，2000 年，第 7 页），因而这样对前明的祭亡之作在《布水台集》中便比比也。甲申年仲夏，木陈作有《烈皇帝荐严疏》，见《布水台集》卷一七。到乙酉国变周年之祭时，更作有《烈皇帝天寿圣节疏》，亦见《布水台集》卷一七。他在听说处士孙开远举义嘉和，战没孤城后，作国风体诗《春葵风》谇祭之，见《布水台集》卷一。

摩。金尘在眼人迷佛，白日当天我辨魔。但信蜀魂原不死，肯怜楚魄已随波？驱车欲上西州路，肝胆为君痛裂何？"蜀魂不死，坚定之至，这便是其所谓："炎冈孰谓能焚玉，奈有丹心不朽何。"①

木陈亦尝有过与乃侄弘储继起一样的举动，即逢三月十九便北面祭奠，作诗云："苍梧望断翠舆尘，愁听子规十度频。草木争承新雨露，园陵谁吊故君臣？……""旧垒仅存空社燕，新魂无暇问湘流。河山破碎何人过，地老天荒恨未休。"眼见那些"争承新雨露"者，他们已"无暇"，更是无心"问湘流"，木陈对这些人和事不免大有讥讽之意，而面对"会见铜驼埋晋代，早惊玉阙毁长安"②这般"河山破碎"、"园陵"荒废的景象，不免深深慨叹，诗作中"苍梧望断翠舆尘，愁听子规十度频""旧垒仅存空社燕""地老天荒恨未休"直是血泪文字也。然而，又有谁曾想到，木陈应召北上，就沦为十足的"争承新雨露"者③，其得意扬扬之神情及在京的种种表现，前文已有援引，不赘。兹引王渔洋《居易录》卷二十四中的一则记载足矣：

康熙乙巳，予谒花山见月律师，师戚额语予云："渠胸中面上，只有'国师大和尚'五字。"顷栖霞楚云禅师亦云："今高僧名衲，所至招摇炫鬻，以要观听，有司关防，甚如巨滑。"谓忞也。④

---

① 木陈道忞：《布水台集》卷二，载《四库未收书辑刊》五辑30册，北京出版社，2000年，第22、23页。
② 木陈道忞：《布水台集》卷三，载《四库未收书辑刊》五辑30册，北京出版社，2000年，第27页。
③ 木陈道忞与天目山高僧玉琳国师之诤就更足见其"争"之烈与急切也，陈垣《清初僧诤记》中有详尽的论述，兹不赘述。
④ 王士禛：《居易录》卷二十四，载文渊阁《四库全书》第869册，上海古籍出版社，1987年，第614页。

见月读体，云南楚雄许氏子，后主宝华山。见月是木陈最尊崇的禅师，详见《宝华山志》卷八木陈撰《见翁法兄华山大和尚七十序》①。楚禅师，楚云兴源，清初曹洞宗觉浪道盛法孙，竺庵大成之法嗣。由此，则可见禅林佛门中，木陈之口碑极差，几不为所齿。是则一贯以"忠孝作佛事"的弘储继起与其木陈师叔之诤也就体现了当时佛门缁素者中普遍的呼声了。

其实，在木陈的弟子中，不以乃师为意者亦不乏其人。《续甬上耆旧诗》寒香道人戴苍翁传云："道人释名等慧，字炉雪，受法于木陈，初居太白山，已而居奉化之九峰，最后居宝岩。"② 其所作《宝岩梅花》及《宝岩梅花绝句》诸诗，全祖望认为"盖为木陈而作，以其应召入都也。师有惭德于弟矣"。作为木陈的弟子，寒香道人戴苍翁诗中所谓"此中应自晓，宁问毁和誉"，"相期崖壑里，莫与素心违"，"既矢冰霜节，应为邱壑情。若移东阁去，斯负北山盟"，③ 诚弟子诘责反讽之语矣！至于当年参加《新蒲绿》唱和的弟子中，亦不乏诘责乃师者，其中最为著名的当数太白山中数子，如西照、雪樨、可立等人。虽然他们曾随木陈师入都觐见，然实非其本志也。钱忠介公肃乐之从弟钱圣月光绣在《入太白山赠西照、雪樨两师》诗注中云："时两师随弘觉老人应召，归自都下，非其志也。"④ "幸得脱身还"而南归天童寺，归后"有泪已万斛"，这便是全祖望诗中所云：

---

① 释德基：《宝华山志》卷八，载《四库全书存目丛书》史部第236册，齐鲁书社，1996年，第516—518页。
② 全祖望辑选、沈善洪等点校：《续甬上耆旧诗》（中），杭州出版社，2003年，第503页。
③ 以上所引寒香道人戴苍翁诸诗，俱见于全祖望辑选、沈善洪等点校《续甬上耆旧诗》（中），杭州出版社，2003年，第511页。
④ 全祖望辑选、沈善洪等点校：《续甬上耆旧诗》（中），杭州出版社，2003年，第572页。

> 密公高弟子，少亦不碌碌。
> 所以兹山中，接踵来耆宿。
> 记得甲申年，曾赋《新蒲绿》。
> 一朝荷征书，夜猿厌空谷。
> 欲称大剃师，新著《朝天录》。
> 痛绝诸葛儿，随车遭迫促。
> 白圭险被污，素丝危见辱。
> 高厚所照临，誓难负幽独。
> 幸得脱身还，有泪已万斛。
> 终身向西戎，岂以长斋赎。
> 空门亦易腥，殆哉此孤躅。
> 方叹中司言，前知良以卓。
>
> 高公赠西照诗曰："应叹空门里，腥尘亦易干。"至是几为诗谶。①

当年参加《新蒲绿》的唱和，而随师入觐实乃"遭迫促"之为，然而乃师在"一朝荷征书"后，便失却了遂初之志，所谓"夜猿厌空谷"是也。在受宠之后，一改"新蒲绿"之情怀，甚至要更改衣冠，"欲称大剃师"，更欲著《朝天录》以邀功请赏，诸儿能不"痛绝"乎！而诸子能在"白圭险被污，素丝危见辱"的处境中真正做到了"磨而不磷""涅而不缁"，②是则真为以忠孝做佛事也。至于全祖望诗注中所说的高公是指高斗枢，据其《续甬上耆旧诗》高氏传云，高公"晤天童西照禅师，言词激昂，问其姓名，坚不肯答，既而知为郭公云门子也"。高氏

---

① 全祖望撰、朱铸禹汇校集注：《全祖望集汇校集注》（下）《鲒埼亭诗集》卷八，上海古籍出版社，2000年，第2255—2256页。
② 杨伯峻译注：《论语译注》，中华书局，2006年，第207页。

赠西照禅师的《感赋》一首亦是针对其师木陈所作："间关离虎穴，香界一枝安。圆面恒相对，丹心耿未寒。乾坤藏姓氏，海岳判衣冠。更叹空门里，腥尘也易干。"①

对于木陈这样的举动与表演，佛门尚有如此反应，士林自然更是不齿，于是木陈便成为士林讥讽的对象，这在清初诗界亦为一个尤为著名的公案。张立中作《浮屠道忞北上》诗云："北地恶风尘，如何上道频。非关追六祖，不亦笑三人。饶弄丰干舌，难藏罗什身。新蒲依旧绿，莫忘旧时因。"② 这仅是刚刚北上之时的事而已，后木陈南归浙中著《北游集》，夸尽其所受恩遇，更欲在会稽祁彪佳藏书别业旧址兴建平阳寺，并筑御书楼，以示其宠，此举为同受封于顺治的天目山玉琳国师嗤之，不以为然，又引发木陈与玉琳之诤。甬上董巽子道权在听说《北游集》与"御书楼"这一系列事后，作诗《客有谈天童近事者，戏作二绝》讽刺道："文字传灯记北游，锄山拟筑御书楼。从今不哭新蒲绿，一任煤山花鸟愁。""苕溪老衲旧知名，承恩亦向御街行。故山仍作诛茅计，可有楼台插汉旌？"③ 由当年的"痛心疾首于甲申三月十九之变"，至"从今不哭新蒲绿，一任煤山花鸟愁"，这样的讥讽直击要害，故而木陈对董氏之讽深感不安，随后便有"嗣法木陈者，持刀欲杀之，巽子跳而免"④。至于嗣法者之追杀是受木陈之指使，抑或个别与乃师一样名利心极重者出于维护师门尊严的自发行为，则不得而知，但确实足见高斗枢诗中所谓"更叹空门里，腥尘也易干"乃当时佛门中的真实写照。

---

① 全祖望辑选、沈善洪等点校：《续甬上耆旧诗》（上），杭州出版社，2003年，第192页。
② 全祖望辑选、沈善洪等点校：《续甬上耆旧诗》（中），杭州出版社，2003年，第939页。
③ 全祖望辑选、沈善洪等点校：《续甬上耆旧诗》（下），杭州出版社，2003年，第422页。黄宗羲《董巽子墓志铭》中载巽子诸之云："一自云飘去北游，归来便建御书楼。而今不作新蒲哭，一任煤山花鸟愁。"
④ 黄宗羲：《黄宗羲全集》（第20册）《南雷诗文集中》，浙江古籍出版社，2012年，第499页。

木陈南还后,在与以弘储师侄为代表的遗民诗僧的争辩中,于康熙九年(1670)恬不知耻地写出了《从周录》一书。陈垣以为此书之作,"则所以革洛邑顽民之心,而消其细柳新蒲之感者也"①。只要看其序即可明了陈垣所言极是。在《〈从周录〉序》中,木陈竟然说出这样无耻之尤的话语,其中有曰:

> 《鲁论》曰:"周监于二代,郁郁乎文哉,吾从周。"孔子之先,本殷人也,于殷周之际,独无间言,何哉?盖践周之土,食周之毛,不敢以商之支庶,自外周之臣民,而有越志也。伯夷惟不甘从周,故义不食周粟,饿死首阳山之下。乃司马子长著《伯夷传》,不知何据,述其作歌写怨之词。夫牧野师陈,前徙戈倒,殷之土宇,已入周之版章矣,西山之薇,非周之薇乎?采薇而食,苟延旦夕,与食周粟也奚辨?吾是以知此诗非伯夷之诗也。然武王伐纣,虽曰勘乱,犹是殷之侯伯,乃一旦举燮伐大商之师,以芟夷其宗庙,此大苏所以有武王非圣人之论也。向使殷之丧师,同于明之亡国,武王之王,同于世祖之兴,则伯夷将弹冠入周,安事首阳清饿哉?乃世固有非宗臣,非国士,往往托首阳以自高,则已昧乎周清从违之义矣。复有圆颅方服之辈,尤而效之,祈博誉名,不亦大惑也与!……且佛制,比丘不得为君父报仇,正以此念才兴,则怨害相寻,无有穷已,三聚净戒,岂不一时俱破。况承愿示生,奠安海宇,光显吾宗之佛心天子,奈何不怀德畏威,而贰尔心。此则非魔即魔所使,盖假我衣裳,阴以破坏我法者,吾滋惧矣。故反复论辨,直揭从周之义,即世流不敢问,将以晓吾徒,使泯

---

① 陈垣:《清初僧诤记》卷三《励耘书屋丛刻》,北京师范大学出版社,1982年,第2510页。

其越志云尔。①

文中不但曲解了孔子的"郁郁乎文哉，吾从周"之意，还对明清鼎革的合理性予以论证，甚至作出如此议论："向使殷之丧师，同于明之亡国，武王之王，同于世祖之兴，则伯夷将弹冠入周，安事首阳清饿哉？乃世固有非宗臣，非国士，往往托首阳以自高，则已昧乎周清从违之义矣。"即使是降清多年的洪承畴、吴三桂等也未能写得出这样的文字，此时之木陈已判若两人！而木陈"比丘不得为君父报仇"的告诫，则更是爱新觉罗王朝期待已久的，亦即今日常被学人所论述的"历史记忆"的集体性消解，或者叫"历史失忆"，即从过去的"江头父老话兴亡，蒲柳春光又十霜"演变成"从今不哭新蒲绿，一任煤山花鸟愁"。这就是历史的定律。时至今日，《新蒲绿》集之一段公案亦几成失忆的历史，而其中的人生世相及精神无不有裨于史鉴，故特拈出，不避琐屑之讥，考索如上。

---

① 木陈道忞：《百城集》卷一三《〈从周录〉序》，转引自陈垣《清初僧诤记》卷三，北京师范大学出版社，1982年，第2510—2512页。

蒋金式"少陵号知心"诗学研究的考察

杨伦《杜诗镜铨》集前贤之长,"注以明其义,解以通其旨,评以阐其志和论其艺"①,"庶足为学者度尽金针"②。它在问世之后,以精简著称,因"便学诗者之用"而广为流行③,成为"清代诸重要注杜本中流播最广"者④。

前人诸长,杨伦绝不掠美,在《杜诗镜铨凡例》中悉数胪举名氏曰:"近得王西樵、阮亭兄弟,李子德、邵子湘、蒋弱六、何义门、俞犀月、张惕庵诸公评本,未经刊布者,悉行载入。"⑤ 其中不乏著名的杜诗学者,也有如王士禛、邵长蘅等诗坛名家,相形之下,名不见经传的蒋金式,很少受到世人的关注。然而,《杜诗镜铨》中直接标明引蒋氏

---

① 郭绍虞:《前言》,载杜甫著、杨伦笺注《杜诗镜铨》,上海古籍出版社,1980年,第1页。
② 杨伦:《杜诗镜铨凡例》,载杜甫著、杨伦笺注《杜诗镜铨》,上海古籍出版社,1980年,第15页。
③ 洪业等编纂:《杜诗引得》,上海古籍出版社,1985年,第75页。
④ 张忠纲等编著:《杜集叙录》,齐鲁书社,2008年,第420页。
⑤ 杨伦:《杜诗镜铨凡例》,载杜甫著、杨伦笺注《杜诗镜铨》,上海古籍出版社,1980年,第14—15页。

的评注文字就有一百六十多条，实际引用而未标注者更多，其数量远超乎同时代的学者。这位陌生的杜诗学者及其对杜诗的批注，在清代杜诗学史上有特别的意义，兹据已有文献，撰此文推扬之。

一、蒋金式其人

蒋金式其人及生平，主要集中见于《武进阳湖县合志》（简称《县志》），其中有谓："蒋金式，字玉度，康熙二十三年举人，考授内阁中书。为怀宁教谕，年已六十余。诸生知其耆宿，讲业无虚日，县试初仅数百人，后乃逾倍。工诗古文辞。归田益事著述，无间寒暑。赵申乔与同学，临没，以身后必得金式文志墓为嘱。子鸿翿，字绍孟，康熙四十四年举人，博览典籍，下笔千言，与人言，议论风生。从子文元，淮安府教授；芳洲，礼部员外郎；敦淳，云南嶍峨知县。亲所指授，并有文名。"① 在《县志》卷二八《艺文》中介绍蒋氏著述情况有曰"蒋金式《菰米山房诗集》二卷，存"②，"蒋金式《翠缕居说骚》《杜诗编次》，并佚"③。

赵申乔是清初常州的一位名臣，屡受康熙帝褒奖。在其临终之际，竟然以"必得金式文志墓为嘱"，可见蒋金式之为人、为学深得旧日同窗赵申乔的欣赏。蒋金式为赵申乔所作墓志铭见收于《国朝耆献类征初编》。蒋金式所作墓志能准确把握好友赵申乔之"素心"，在生平仕历的

---

① 张球等纂修：《武进阳湖县合志》卷二三，光绪己卯重修本，叶 31B。
② 张球等纂修：《武进阳湖县合志》卷二八，光绪己卯重修本，叶 37B。
③ 张球等纂修：《武进阳湖县合志》卷二八，光绪己卯重修本，叶 46A。

叙次中不仅将传主"道在事中"之迹写出,更能传其"道心在事外"者。世人视赵公为名臣,蒋金式在《传》末一语中的,道尽其中原委:"况公固学问人也,虽簿书冗沓,而儒先精要不离心口。"① 这种以如椽巨笔写出的深刻厚重文字,绝非一般敷衍酬应的碑传文可比。蒋金式为清初常州文人所作的碑传还有不少,大多散见于传主别集卷首。如他为清初常州抗清义士管绍宁所作的传记②,不作过多生平仕历的排举,而是将笔墨集注于管绍宁坚拒"剃发令"时"神色自若,慷慨就缚"③ 的风义,文章议论风发,极现易代之际常州文人的精神风骨,属传记文之别调。

然而就是这样一位在清初常州文人圈中具有一定影响力的饱学之士,却"平生文字零落不自收"④。蒋金式生前似乎没有将文章汇编成集,诗集《菰米山房诗钞》则是在其去世后三十年(乾隆十六年,1751),由裔孙蒋惟梅(字羹树)、曾孙蒋崇烈谋之,方得刊刻,惜乎这部《菰米山房诗钞》传之不广,今上海图书馆有藏一部。随着时间的流逝,关于蒋金式其人也就只留下《县志》中只言词组的记载,后来包括张惟骧《清代毗陵名人小传稿》在内的诸多人物传记资料,也大多只是沿袭《县志》而已。兹据各种史籍,详考蒋氏其人情况如下。

蒋金式,字玉度,号弱六。《武进阳湖县合志》中只言及蒋氏字玉度,未及其号。周采泉《杜集书录》著录原杭州大学图书馆所藏蒋金式

---

① 李桓:《国朝耆献类征初编》卷五四,载周骏富辑《清代传记丛刊》第141册,明文书局,1986年,第819页。
② 蒋金式:《管宗伯传》,载管绍宁《赐诚堂文集》,见《四库未收书辑刊》六辑26册,北京出版社,2000年,第150页。
③ 潘震浦:《宗伯诚斋先生父子兄弟殉难传》,载管绍宁《赐诚堂文集》,见《四库未收书辑刊》六辑26册,北京出版社,2000年,第151页。
④ 蒋金式:《菰米山房诗钞》卷上《丁丑仲季春杂咏共四十二首》其十四诗末自注,乾隆十六年刻本,叶43A。

《批杜诗辑注》，其中有语云："蒋氏所批系据朱注，以墨笔细批，上题毗陵蒋弱六先生原本，名金式，字玉度。第二行题后学杨伦西河氏参定。"① 由是可确定，弱六为蒋氏之号。

至于蒋金式的生卒年，先前的许多文献都付之阙如。近年，蔡锦芳、张运平《蒋金式及其批〈杜工部诗集辑注〉研究》（以下简称"蔡文"）② 有极大的推进，然尚有精进空间，笔者据所见文献作进一步的考定。蒋金式生年，蔡文据蒋氏《菰米山房诗钞》卷上《六十自寿四章》上推其生年为崇祯十四年辛巳（1641），这一结论无疑是正确的。关于蒋金式生平，笔者再提供几则佐证，以为献芹。

蒋氏《六十自寿四章》（其三）的末句有云："三庚凭一榻，屡别只依依。"自注曰："庚申、庚午、庚辰，俱主杨宫谕处。"③ 杨宫谕，清初常州著名文人杨大鹤。大鹤，字九皋，明代状元杨廷鉴之子，康熙十八年（1679）进士，官至左春坊左谕德，故称谕德公。④ 蒋金式自二十余岁始，"即授徒于外"，其在杨氏"家塾最久"，杨大鹤之子杨椿言之甚详："先生年二十余，即授徒于外，其在先大夫家塾最久。康熙庚申岁，伯兄祖荣、仲兄栴同执经于先生。椿方五龄，时从旁窃听，先生以为可教。己巳、庚午间，椿与四弟祖楠、五弟祖粗，始受业焉……庚辰岁，先生课六弟松乔，从子绍曾复于此。将归有句云：'三庚凭一榻，临别只依依。'椿兄弟七人，七弟丰贻生最后，不及游先生之门，其六皆先

---

① 周采泉：《杜集书录》，上海古籍出版社，1986年，第541页。
② 蔡锦芳、张运平：《蒋金式及其批〈杜工部诗集辑注〉研究》，《杜甫研究学刊》2007年第3期。
③ 蒋金式：《菰米山房诗钞》，乾隆十六年刻本，叶70B。
④ 杨椿：《孟邻堂文钞》卷十五《杨氏内传》，载《续修四库全书》集部第1423册，上海古籍出版社，2002年，第198页。

生弟子也。"① 是则，蒋氏诗中所谓"三庚"之本事甚明。杨氏昆仲与蒋金式师生情深意笃，对其师生平知之甚详，杨椿在为乃师诗集作序时，记蒋金式生卒年甚明，可补蔡文对蒋氏卒年之不确："……越三年，壬寅，先生以老乞归。其冬先生亦捐馆舍矣。昨岁，惟梅以书来属先生诗序于椿。未几，惟梅殁，惟梅之子崇烈复以请。忆椿初受业时，年一十有四，先生以国士器之。今先生亡已三十年，先大夫殁三十有七年。椿兄弟及门者，皆后先即世。椿耄及，无知暮成何望，欲如曩昔父师兄弟同在一堂之上，邈不可得。……乾隆十六年，岁在辛未七月丙子。"② 是则，蒋金式卒于康熙六十一年壬寅（1722）。

蒋金式少时与里中前辈交游甚密。"少从外舅吴蓼堪先生治举子业，长从恽逊庵（按：恽日初）先师学"③，深得二师赏识。恽日初是清初著名的《易》学大家，"晚年注《易》仅得七卦"，临终前曾托付蒋金式曰："余注《易》未成，汝他日可续成之。"④ 其与毗陵六逸之杨宗发、恽寿平群居切磋，学问精进，名扬乡里，尤为常州杨氏所重，长期聘为西席。

里居教馆之外，蒋金式一生中最为重要的活动就是应科举试。满腹才华的蒋金式，一生困顿场屋，尝尽心酸。杨椿在《菰米山房诗钞序》中就提及老师康熙三十年（1691）、三十六年（1697）两次会试落第的经历。年近花甲的蒋金式在丁丑会试落第后，作组诗感喟人生曰："四

---

① 杨椿：《孟邻堂文钞》卷十三《菰米山房诗钞序》，载《续修四库全书》集部第1423册，上海古籍出版社，2002年，第169—170页。
② 杨椿：《孟邻堂文钞》卷十三《菰米山房诗钞序》，载《续修四库全书》集部第1423册，上海古籍出版社，2002年，第170页。
③ 蒋金式：《菰米山房诗钞》卷上《丁丑仲季春杂咏共四十二首》其十九自注，乾隆十六年刻本，叶44A。
④ 蒋金式：《菰米山房诗钞》卷上《丁丑仲季春杂咏共四十二首》其十七自注，乾隆十六年刻本，叶43B。

十四年仍失路，毵毵徒愧满头霜。""已拚头白一无成，何事年年逐队行……百千万劫铸来错，四十五场完此生。"在自注中，蒋氏历数科场失意的经历，曰"自甲午（按：顺治十一年，1654）至今，春秋共十六闱"，除却"癸卯以外艰不与"外，① 从乡试到会试，蒋金式先后十六次鏖战科场，都铩羽而还。一次次"依旧青衫出帝京"，蒋金式唯有作诗抒臆，直呼出"细忆念来歌哭处，秋风秋草总关情"② 这样的诗句。蒋金式的诗歌，无论其内容还是风格，多有杜甫之风神："凄致婉情，曲纡多变，则故风骚遗响也。"③ 这一风格的形成，与蒋金式长期浸淫、沉潜杜诗有莫大的关系。

二、蒋金式注杜诗的特点分析

蒋金式一生困顿塞蹐，始终以杜诗为伴，几乎用毕生心力去读杜、注杜、评杜。蒋金式所作组诗《书自评杜诗后十首》，便是其诗书一生的真实写照："南北东西了一生，老来尤觉此身轻。臣精亦既消亡尽，犹向残书费品评。""一身羁旅自萧然，几页残书拟判年。""杜诗评注十余种，尽付还家又八年。"④ 蒋金式研读杜诗，用力甚勤，由此可见一

---

① 蒋金式：《菰米山房诗钞》卷上《丁丑仲季春杂咏共四十二首》其一、其二，乾隆十六年刻本，叶40B。
② 蒋金式：《菰米山房诗钞》卷上《久淹都下近始赴幕浙东便道还里留别诸同学四首》其一，乾隆十六年刻本，叶20A—20B。
③ 蒋金式：《菰米山房诗钞》卷上《丁丑仲季春杂咏共四十二首》后附陶自悦跋，乾隆十六年刻本，叶48B。
④ 蒋金式：《菰米山房诗钞》卷下《书自评杜诗后十首》其一、其二、其六，乾隆十六年刻本，叶73B—74B。

斑。蒋金式终其一生，完成了一部重要的杜诗批注本《批杜诗辑注》，惜乎在杨伦《杜诗镜铨》之后，知者日鲜。根据周采泉《杜集书录》的著录，笔者赴今浙江大学古籍部查阅了蒋金式的《批杜诗辑注》，蒋氏批注的基本情况始较为明朗。蒋氏批注是以朱鹤龄《杜工部诗集辑注》为底本，直接在其上加以朱墨二色的圈点、品评和注释，卷末有宗舜年跋，卷一首页有墨笔题写"毗陵蒋弱六先生原本（名金式，字玉度），后学杨伦西河氏参定"，应系杨伦所题。今据笔者所阅，对蒋金式批注本之特色，略作探赜分析如下。

在杜诗研究中，历来的学者、注家都似乎很难逾越"诗史"这一概念，以致历史上有一大批杜诗学者胶柱于此，将大量的精力用于考史，甚至出现了毕沅所讽刺的那种"读杜之金针"，即公然宣称杜诗"能笺释新、旧《唐书》时事"。[①] 蒋金式对杜诗的把握和理解，并没有受到这一普遍做法的影响，他的批注本没有花费过多的笔墨文字去考索史籍以探求杜诗之本事，而是集注于老杜诗歌中的情感世界和精神世界。在其所作《书自评杜诗后十首》中，蒋金式非常清晰地表明自己注杜、学杜的动机、基本视角和立场："变化万形神物聚，精灵一片化工知。芝田艾圃皆长往，谁与同吟杜甫诗？"[②]

在蒋金式看来，杜诗以其歌哭啼笑，抒写其忠义孤愤，这些情绪的表达时时疗慰着自己的心魂。因而，研读、批注杜诗的过程，就成为蒋金式借以遣释内心孤独凄寂的主要方式，"杜陵一卷羁离泪，把盏沉吟又夜分"[③]，这些都是蒋金式非常清晰的自我陈述。蒋金式在诗中这样描

---

① 毕沅：《杜诗镜铨序》，载杜甫著、杨伦笺注《杜诗镜铨》，上海古籍出版社，1980年，第2页。
② 蒋金式：《菰米山房诗钞》卷下《书自评杜诗后十首》其九，上海古籍出版社，1980年，叶74B。
③ 蒋金式：《菰米山房诗钞》卷下《书自评杜诗后十首》其五，乾隆十六年刻本，叶74A。

写自己读杜诗时所产生的情感共鸣："咄嗟杜陵老，漫作解脱语。劝汝付忘言，但领杯中趣。"① 因而也就有了"少陵号知心，焉用伤短褐"②的自我抒怀和感喟。既然自称"少陵知心"，蒋金式就会比一般人更关注杜诗中的情感内蕴，也会学习老杜的诗法、诗风进行创作，实现自我的遣兴抒怀。

出于这样的学术动机和立场，性情、诗法并重，就成为蒋金式批注杜诗的最大特点。如果说蒋金式诗中所谓"变化万形""化工"主要是指诗歌创作的技法、体格的话，那么统摄并"聚"起"万形"的"神"和"精灵"，则更多是指诗歌的情性。这样的解读完全符合蒋金式的本意，绝非笔者的臆测，蒋金式就对他的弟子江琅反复申说这一重要观念："杜工部近体诗浑浩流转，顿挫沉郁，比兴俱备，而赠答怀思之篇，尤悲情喜态，淋漓生动，字外行间，老嫩雅俗，都须别论。"③ 传蒋氏之学最为著名的莫过于杨伦。杨伦注杜，在对杜诗学史反思之后，接受了蒋金式批注的这一特点。只是杨伦在蒋氏重视诗法的基础上，更明确地提出了"体格"这一概念，这就有了杨伦"体格""性情"兼重的笺注原则。④

杜甫之为"诗圣"，与他在诗艺上不懈的探究和精益求精是密不可分的，所谓"为人性僻耽佳句，语不惊人死不休""晚节渐于诗律细"，乃杜甫的自我写照。虽然宋代以来的诗话，也曾对杜诗的炼字、炼句有过评点，但这些吉光片羽式的散点品评，往往就一字一句而论，不能全

---

① 蒋金式：《菰米山房诗钞》卷上《遣兴八首》其七，乾隆十六年刻本，叶51A。
② 蒋金式：《菰米山房诗钞》卷上《遣兴八首》其八，乾隆十六年刻本，叶51A。
③ 蒋金式：《菰米山房诗钞》卷下《寿石村七十四首》后附江琅跋，乾隆十六年刻本，叶8A。
④ 杨伦：《杜诗镜铨凡例》，载杜甫著、杨伦笺注《杜诗镜铨》，上海古籍出版社，1980年，第14页。

面反映杜诗在诗法、体格上的整体风貌和成就。反观历来的杜诗研究者和注家,其中更少对杜诗在字法、句法、音律、章法、构思等诗法、诗艺方面的成就进行系统的评注或研究。

蒋金式认为,在涵泳吟哦中领悟字词、章法的阃奥,对诗艺和创作水平的提升有重要的意义。杨椿在回忆蒋金式对他的教诲时,就提及这一点:"往年十四,受业于弱六先生,先生训之曰:'五经、《左》、《史》,文章之祖。归震川跪诵《史记》,每篇必五百遍。'椿念跪诵可不必,遍数则不可不多。自是,午前读诸经,午后读《左》《史》,周而复始,积十余年,所读或数千遍、数万遍不止。"① 蒋金式长年沉潜杜诗,自能领会其中的妙处,因而在批注杜诗的时候,时有独得之见,其中有很多就被杨伦引用到《杜诗镜铨》中,试举几例略作说明。

对老杜诗歌中的遣词造句之妙,蒋金式信手拈来,评点简扼而入木三分。杜甫《晚晴》颔联描写雨后夕阳下的村景:"夕阳薰细草,江色映疏帘。"蒋金式特拈出"薰"字,以为此字写尽雨后村庄云烟缭绕的风姿,作评点语曰:"初晴,日射处湿气上腾,'薰'字如画。"至于对句中所写光影明灭的变化,蒋金式的评点谓:"江色以初见日而明。"② 杨伦在《杜诗镜铨》中评之曰"谓江色得返照而明也",实则承继了蒋金式的意见,只是移易文字而已。杜甫《江畔独步寻花七绝句》的第一首,以"江上被花恼不彻,无处告诉只颠狂"开篇,蒋金式注意到了"恼"字之妙,评析曰:"'恼'字娇甚,寻花痴景,不描自出。"③ 经此一点,老杜用词之妙及诗人性情风致顿现,更可以引发读者领会此一字、二句在组诗构思上的总

---

① 杨椿:《孟邻堂文钞》卷十三《与蒋东委书》,载《续修四库全书》集部第1423册,上海古籍出版社,2002年,第166页。
② 朱鹤龄注、蒋金式批:《杜工部诗集辑注》卷八,浙江大学图书馆藏本,叶12A。杜甫著、杨伦笺注:《杜诗镜铨》卷八,上海古籍出版社,1980年,第353页。
③ 朱鹤龄注、蒋金式批:《杜工部诗集辑注》卷八,浙江大学图书馆藏本,叶13A。

领作用。杨伦受此启发,在眉批中写下了这样的评骘语:"首二句绾下六章。止一酒伴,又寻不着,明所以独步寻花之故。"①

蒋金式对杜诗字法的评骘,不仅限于对字意本身的品鉴,也很注意炼字与诗歌结构、章法、篇法之间的关联,这样的评注、研究视野,使其批注避免了以前注家"知识迂缪,章句割裂"②,"章比句栉"③,深陷于字词琐屑冗赘的弊病。蒋氏点评《江畔独步寻花七绝句》是一例,在点评老杜《春日忆李白》的尾联"何时一尊酒,重与细论文"时,亦复如是:"'细'字对二、三、四句看,自有微旨。"④ 若非老杜与李白情深意笃,二人如何能够在一起"细论文"。端赖于此,杜甫才能对李白诗歌的风格和艺术渊源作出"清新庾开府,俊逸鲍参军"这样经典的评价,也有足够的底气在开篇即对好友的诗坛地位作出这样的评价:"白也诗无敌,飘然思不群。"这无不因为其曾与李白有过"细论文"的深入了解和交流。杜甫对李白的折服和敬重是发自肺腑的,与李白分别之后,时常会涌现出知音、同道难觅的孤独和苦闷。对于这层诗中的"微意",蒋金式就直接点破:"自是历尽甘苦,上下古今,甘心让一头地语。但所甘心让者,亦只如下三句云耳。此篇独因论诗怀白,盖因世无诗人,无可论文而思白,与前思白又微别,乃少陵甘苦自知语也。"⑤ 杨

---

① 杜甫著、杨伦笺注:《杜诗镜铨》卷八,上海古籍出版社,1980年,第354页。杨伦此评由蒋氏而来,蒋氏原评曰:"首二句绾下六章。是日独步寻花,若言江上爱花无人,止一酒伴,走觅空怅,正明独步之故也。"(见朱鹤龄注、蒋金式批:《杜工部诗集辑注》卷八,浙江大学图书馆藏本,叶13A。)
② 毕沅:《杜诗镜铨序》,载杜甫著、杨伦笺注《杜诗镜铨》,上海古籍出版社,1980年,第2页。
③ 朱珪:《杜诗镜铨序》,载杜甫著、杨伦笺注《杜诗镜铨》,上海古籍出版社,1980年,第4页。
④ 朱鹤龄注、蒋金式批:《杜工部诗集辑注》卷一,浙江大学图书馆藏本,叶34A。与《杜诗镜铨》卷一(第32页)所引文字略有不同。
⑤ 朱鹤龄注、蒋金式批:《杜工部诗集辑注》卷一,浙江大学图书馆藏本,叶34A。

伦在《杜诗镜铨》诗末的评语实乃化于此。①

　　蒋金式的评点单就杜诗句法、章法的分析也颇有见地。杜甫《巳上人茅斋》颈联"江莲摇白羽,天棘蔓青丝",初读之,只觉纯是写景之语,以往的注家因而也较少关注此联,然而蒋金式的评点却抓住了"白莲""羽扇""天棘"诸物象中所隐含的佛教意蕴,在批语中明确指出:"洒然而来","是诗意,亦是禅机,不徒琢句之工"。后来杨伦索性径改为"即用起下"之评。② 这一精彩的章法解读是建立在细致的文本笺注的基础上的。天棘,寺院多植之,又《华严会元记》云:"青松为麈尾,白莲为羽扇。"明此,则句中隐含的禅机不难见也。有了这一隐藏的伏笔深意,诗歌尾联用支遁、许询讲论佛法相契相得的典故,抒写诗人与巳上人的深厚情谊,在诗歌意脉上的转接、绾合,也就昭然若揭。又如,在点评《茅屋为秋风所破歌》时,蒋金式尤着力于对全诗整体构思的剖析,对于"南村群童欺我老无力……归来倚杖自叹息"一段在全诗章法结构上的作用,蒋氏分析道:"笔力老横,写当景情事,本□是空中楼阁,却十分活现,画工化工;又添出此一段波澜,文情恣肆,单句缩住黯然。"老杜在叙写自己屋敝漏雨的苦况后,荡开笔墨,翻出全诗的大旨"安得广厦千万间",对于老杜在诗篇构思和诗句转承上的技巧,蒋金式都有细腻的分析,最后出以一句总评:"一笔兜转本位,飘然如风。"③ 后来杨伦为了避免援引得琐碎,把蒋金式的诸多旁批旁注加以整合归纳,出以己语,但仍冠以蒋氏之名曰:"此处若再加叹息,不成文

---

① 《杜诗镜铨》卷一(第32页),杨伦评曰:"首句自是阅尽甘苦,上下古今,甘心让一头地语。窃谓古今诗人,举不能出杜之范围;惟太白天才超逸绝尘,杜所不能压倒,故尤心服,往往形之篇什也。"
② 朱鹤龄注、蒋金式批:《杜工部诗集辑注》卷一,浙江大学图书馆藏本,叶5A。杜甫著、杨伦笺注:《杜诗镜铨》卷一,上海古籍出版社,1980年,第5页。
③ 朱鹤龄注、蒋金式批:《杜工部诗集辑注》卷八,浙江大学图书馆藏本,叶18B。

矣，妙竟推开自家，向大处作结，于极潦倒中正有兴会。"① 他的这一意见对世人歌行体诗歌创作极具指导意义，特别是在诗歌意旨和思想境界的推拓方面。儒家士人心系天下家国的博大胸怀，是成就《茅屋为秋风所破歌》为伟大经典的重要思想内核，就诗艺的角度而言，诗人"推开自家，向大处作结"的构思、章法，确乎是成就其为经典的重要手段。

　　蒋金式在评点杜诗时，常常在世人不加注意的"闲字""闲文""衬字"中品读出独到的体会，发覆杜诗构思之精、章法之妙。杜甫《送李校书二十六韵》中"自恐二男儿，辛勤养无益"一语，看似平淡，实则在全诗结构中起着重要的转承作用，蒋金式拈出评价道："衬笔奇警。"② 在"看似闲文衬笔"处，蒋金式时常能品味出许多精彩来。如在评杜甫《夜宴左氏庄》时，他也和常州府前贤顾宸一样，注意到"重迭铺叙，却浑然不见痕迹"的妙处，概因顾氏评注早于蒋金式，杨伦在《杜诗镜铨》中只引了顾氏之语。其实，蒋金式的评骘有超越前辈者，他更注意到连续铺叙中，物象间的连接"衬字"，诸如"暗水流花径，春星带草堂"中的"流""带"等字眼，看似不经意、不起眼，实则使全诗"意思层出"，并形成珠走玉盘、"流走错落"的风格。兹引蒋氏评语如下："八句诗，须看他多少铺述变化之妙。张琴、检书、烧烛、看剑、引杯、吟诗，人事也；风林、纤月、衣露、暗水、花径、春星、草堂、吴咏，所遇也。扁舟意，虚情也。罗列许多，却自一串，又自流走错落，皆由衬字神到，意思层出故也。"③

---

① 杜甫著、杨伦笺注：《杜诗镜铨》卷八，上海古籍出版社，1980年，第364页。
② 朱鹤龄注、蒋金式批：《杜工部诗集辑注》卷四，浙江大学图书馆藏本，叶30B。《杜诗镜铨》卷四（第188页），杨伦在蒋金式的基础进一步评论道："自恐二句看似闲文衬笔，正其所以感激作诗处。"
③ 朱鹤龄注、蒋金式批：《杜工部诗集辑注》卷一，浙江大学图书馆藏本，叶7B。

这样的精彩评点还有很多，诸如蒋氏评杜甫《重经昭陵》有曰："首句有意，英雄并起，历数独归，此中便见神器有定，不可以智力争也。□语亦即王孙满'天命未改，鼎之轻重未可问也'之意。"① 在此就不再展开，读杜诗者及研究者自可细细体味蒋氏品鉴之妙。蒋金式在杜甫诗艺上的独到见解和体会，与其注重体格的诗学研究主张有着密切联系，他曾在诗中自陈曰："每论文章裁伪体，比于书法辨中锋。"②

蒋金式的诗歌研究，不仅关注诗艺、体格，还非常重视诗歌的社会内容和抒情特质。他在诗论中，时常将"风骚遗旨"作为评判诗歌的重要标准，所谓"且律诗不得风骚遗旨胡云工？微论工部，即义山七律中一二神句，直侵风骚化境"③。这一理念在他评注杜诗时得到了充分的展现，他评杜甫《过宋员外之问旧庄》时就说："俯仰古今，多少感慨，方是真诗。"④

蒋金式自称"少陵号知心"，在杜诗中寻找精神的慰藉，因而他在杜诗的阅读、评点中，时时与老杜产生情感上的共鸣，这些情感的共鸣时见诸蒋金式的杜诗批注中。蒋氏的批注文字中，既有通过文本采用"以意逆志"的方法揭橥老杜诗作本身的情绪表达，亦时有蒋金式自我的人生体悟，这在其他人的诗歌研究和评注中是很少见的。

面对杜甫的离乱伤怀之作，蒋金式笔下时时用"苦音急调，千古魂

---

① 朱鹤龄注、蒋金式批：《杜工部诗集辑注》卷四，浙江大学图书馆藏本，叶 11B—12A。《杜诗镜铨》卷四（第 172 页），杨伦改蒋金式评语，并系之于蒋氏名下曰："首二句见神器有定，不可以智力争也，与班彪《王命论》同旨。"
② 蒋金式：《菰米山房诗钞》卷上《丁丑仲季春杂咏共四十二首》其二十一，乾隆十六年刻本，叶 44B。
③ 蒋金式：《菰米山房诗钞》卷上《丁丑仲季春杂咏共四十二首》序，乾隆十六年刻本，叶 40A。
④ 朱鹤龄注、蒋金式批：《杜工部诗集辑注》卷一，浙江大学图书馆藏本，叶 7A。

消"①,"俯仰茫茫,怆然泣下","如感如泣,真如晤语"这一类语言来评价。② 这些文字在汗牛充栋的杜诗评语中,似乎属于最为平常的一种类型,但就在这看似平常之中,却有着蒋金式的独特之处。蒋金式是全情地投入到杜诗的文本中,真正做到了心接古人,因而才有"若感若悟"的情感体验。诗歌研究者以有我之眼光去品鉴先贤作品,将自我的感受直接形诸批注,这在传统考据式的笺注中是颇为罕见的,但蒋金式的批注中却经常有这样的批语:"一派自言自语,读之黯然魂消","将从前聚首之可乐,衬出今离别之可伤,倒煞作结,更觉含情无限,每读到此,为一怆然"。③

蒋注的这一特点,使得其批注杜诗时,每于世人轻忽的作品中时有独到的解读。《鸂鶒》是杜甫在蜀中作的一首咏物诗,注家瞩目者不多,而蒋氏在颈联"六翮曾经剪,孤飞卒未高"句下评曰:"此属慰劳之词,自有同病相怜之意","丰采消萎之余,虽豪杰亦不能振,语极沉痛"。④ 蒋金式在发掘咏物诗情感隐喻及其张力的同时,对物象"兴寄"中主客体情绪的关系表现出浓厚的兴趣,在批注中用"同病相怜"这一习见的俗语为结。蒋氏吟哦着这样"沉痛""激切"的咏物诗时,何尝就没有"同病相怜"的喟叹?科场的失意困顿,使蒋金式笔下不乏这类激切的咏物之作。他见友人斋中枯竹放青,非但无丝毫喜悦之情,反而写下了

---

① 朱鹤龄注、蒋金式批:《杜工部诗集辑注》卷三,浙江大学图书馆藏本,叶 24B。杜甫著、杨伦笺注:《杜诗镜铨》卷三,上海古籍出版社,1980 年,第 122 页。
② 朱鹤龄注、蒋金式批:《杜工部诗集辑注》卷十九,浙江大学图书馆藏本,叶 22A。《杜诗镜铨》卷十九(第 948 页),杨伦将这几段评点合为:"蒋云:乱离漂泊之余,若感若悟,真堪泣下。"
③ 朱鹤龄注、蒋金式批:《杜工部诗集辑注》卷十八,浙江大学图书馆藏本,叶 27A。与《杜诗镜铨》卷十八(第 897 页)引蒋氏文字略有不同。
④ 朱鹤龄注、蒋金式批:《杜工部诗集辑注》卷八,浙江大学图书馆藏本,叶 36A。《杜诗镜铨》卷九(第 387 页),杨伦括之曰:"此属同病相怜之词,故尤激切。"

这样的诗句:"我亦天涯惯憔悴,愧无生意答春晖。"①

蒋金式结合自我人生阅历和对生活的感悟去读诗、注诗,对深化诗歌文本的研究是相当有意义的。他读到杜甫《上水遣怀》中"穷迫挫囊怀,常如中风走。一纪出西蜀,于今向南斗"数语时,便激起了人生飘蓬转徙的自我记忆,对"中风走"给予了高度关注,不仅将其视为"客况隽语"②,更认为"又别有深意,正与吊屈、贾意义相类"③。蒋金式在杜甫的诗歌中找到了长歌当哭的契机,在屈原、贾谊等人的作品中也会产生强烈的共鸣。在蒋氏诗笔下,他是这样明确表达对庄子和屈原的理解的:"楚尾两文人,庄周与屈原。屈原呵天神,庄周诋圣贤。啼笑故歧趣,孤愤同缠绵。词赋予清谈,各复衍其澜。"④ 在对杜甫《五盘》诗的批注中,亦可见蒋金式长年蓬转徙倚人生感悟之影响。引于下,可作一参考:"是险极中略见可喜,反因此生出别感来,分明一路恐惧惊忧,万苦在心,俱记不起;至此心神略闲,不觉兜底触出,最为神到。"⑤

三、家族、地域文化视阈的观照

蒋金式在杜诗研究上的实绩,实乃明代后期以迄清代中叶常州府

---

① 蒋金式:《菰米山房诗钞》卷上《高西白斋中枯竹放青四首》其三,乾隆十六年刻本,叶18B。
② 朱鹤龄注、蒋金式批:《杜工部诗集辑注》卷十九,浙江大学图书馆藏本,叶27B。
③ 朱鹤龄注、蒋金式批:《杜工部诗集辑注》卷十九,浙江大学图书馆藏本,叶28A。《杜诗镜铨》卷十九(第958页),杨伦将其合并曰:"所谓如中风者,亦佯狂之意欤,正堪与屈、贾共一哭。"
④ 蒋金式:《菰米山房诗钞》卷上《遣兴八首》其四,乾隆十六年刻本,叶50B。
⑤ 杜甫著、杨伦笺注:《杜诗镜铨》卷七,上海古籍出版社,1980年,第305页。

（包括属县无锡、阳羡、江阴等地）杜诗研究、评注热潮中的一个阶段性成果和标志，关于这一时期常州文人中盛行的尚杜之风，笔者曾专文论述①，兹不赘。在此只想就蒋金式批注杜诗在常州文人研究进程中的承先启后地位，以及在家族、地域间流播影响诸端，进行必要的论述，以期较为全面地勾勒常州文人杜诗学研究的学术谱系。

明代后期，常州府就有包括唐顺之在内的文人学士开始系统地研究杜甫及其诗歌。唐顺之曾作《唐杜甫传》一篇，大赞杜诗曰"至甫，浑涵汪茫，千汇万状，兼古今而有之"，"沾丐后人多矣"。② 这一时期常州人注杜最有成就者，当推徐常吉。常吉，字士彰，嘉靖四十三年（1564）举人，万历十一年（1583）进士。其所著《杜诗注》（一作《杜七言律注》），"颇为盛行，当时各藏书家颇多著录"③。徐注对前代赵次公、虞集注本"涉于芜陋悠谬"者，"摒而黜之"，深得同时代杜诗注家谢杰称赞："自毗陵说行，世稍知其为赝。"④ 此后，常州文人读杜、注杜之风日盛，到了康熙年间，甚至出现了这样的说法："著意铸金摹老杜，瓣香舍此总非真。"⑤

顺康年间，常州地区产生了一部重要的杜诗注本，它对蒋金式批注杜诗影响明显，这就是寄居常州的蜀人李长祥和常州杨大鲲合作的《杜诗编年》十八卷。

李长祥（1612—1679），字子发，号研斋，四川井研人。崇祯十六年（1643）进士，与杨大鲲之父杨廷鉴同榜。杨大鲲，字九抟，一字陶云，别字秋屏，武进人，杨廷鉴长子。明亡之后，李氏寄寓常州。杨大

---

① 杨旭辉：《清代常州诗群与尚杜风潮——兼论杨伦〈杜诗镜铨〉及其诗歌创作》，《杜甫研究学刊》2004年第4期。
② 唐顺之：《历代史纂左编》卷一二九，载《四库全书存目丛书》史部第137册，齐鲁书社，1996年，第383页。
③ 周采泉：《杜集书录》，上海古籍出版社，1986年，第741页。
④ 周采泉：《杜集书录》，上海古籍出版社，1986年，第333页。
⑤ 邵燮：《与李芥轩论诗》，载顾光旭辑《梁溪诗钞》卷三十三，乾隆五十九年顾氏自刻本。

鲲对这位父执前辈尤为敬重，问学甚勤，李长祥在《杜诗编年序》中就说："陶云杨氏，好古方深，与余朝夕。"① 大鲲对李氏的敬佩之情也在书序中流露无遗："先生评论，皆少陵意中之所以然，先生在千百世下，一一道之以出，使少陵复生，不复赘一辞。"②

二人长时间的切磋探求，深得杜诗之精义，李长祥《杜诗编年序》中有曰："故他人之诗，其美或一有，子美之诗，固无不有，是谓之备美，而备美则其辞也。"③ 对于杜诗的研究，李、杨二人绝不满足于其辞"备美"，更将主要精力集中于杜诗历经国破家难之后的情感抒泄。他们批注杜甫《复愁》一诗时，在"胡虏何曾盛，干戈不肯休"句下，竟然出现这样极具个人情感色彩的评点之语："自古至今是如此，今人不平！"观其注杜文字，随处充盈着慷慨激昂的情绪，"郁郁不平之气，耀然纸上"④，大有驻足当下读古书的意思。究其原因，概与李长祥作为遗民，饱经明亡离乱之苦，又曾被清兵所执有一定的关系。周采泉在评价此注时说："全书着重在杜诗立意，而不斤斤于词章训诂，虽略有笺释，仅说明大意而止，与历代注杜风格截然不同。"⑤

前黄杨氏自杨廷鉴得中状元迁居府城后，文化上的建树不断累积，在常州府文化圈中声名鹊起，成为常州学术文化的风向标，一时涌现出包括杨大鲲、杨椿在内的学术名家，故而杨椿在其《杨氏家传》中不无自豪地宣称："故吾郡称门第之盛者，必归杨氏。"⑥ 兹据杨椿《孟邻堂

---

① 李长祥：《天问阁文集》卷四，载《四库禁毁书丛刊》集部第11册，北京出版社，1997年，第296页。
② 周采泉：《杜集书录》，上海古籍出版社，1986年，第173页。
③ 李长祥：《天问阁文集》卷四，载《四库禁毁书丛刊》集部第11册，北京出版社，1997年，第295页。
④ 周采泉：《杜集书录》，上海古籍出版社，1986年，第174页。
⑤ 周采泉：《杜集书录》，上海古籍出版社，1986年，第174页。
⑥ 杨椿：《孟邻堂文钞》卷十五《杨氏家传》，载《续修四库全书》集部第1423册，上海古籍出版社，2002年，第192页。

文钞》卷十五《杨氏家传》《杨氏内传》以及光绪二十一年（1895）《毗陵前黄杨氏族谱》等文献，作常州前黄杨氏世次简表如下：

```
杨守德—— 杨启谟 —— 杨廷鉴 ┬ 杨大鲲
                          └ 杨大鹤 —— 杨 椿
```

据前文所引杨椿《菰米山房诗钞序》等文献可知，蒋金式长年任常州前黄杨氏西席塾师，再加上杨氏"旧居去先生咫尺"①，与杨大鲲、杨大鹤昆仲过从甚密，时时切磋有论学。此种盛况，杨大鹤诗中屡屡提及，并极言这种群居切磋给自己带来的快乐："漫浪何须叹冷官，一时朋旧足清欢。李生名过黄江夏，蒋子人如管幼安（自注：'玉度'）。"②"曹子移家住白云，蒋生三径共论文。廿年旧事随流水，一日清尊又夕曛。"③ 杨大鹤的七子中有六人从其问学，杨椿在《仲兄古度先生墓志铭》《四弟乘万墓志铭》《五弟汝获墓志铭》诸文中多有记载，④ 文长不引。在蒋金式与杨氏父子、叔侄两辈人密切的学术往还中，相互间产生了切实而深刻的影响。蒋金式自谓"少陵号知心"，在杜诗笺释、评注中寻找自我精神慰藉的做法，与李长祥、杨大鹤《杜诗编年》之间的学理渊源是显而易见的。多年的塾师经历，使蒋金式在给杨氏昆仲讲授杜诗的过程中，会在字法、技法、章法等诗歌技艺方面有较为细致的分析，这也就是后来杨伦所谓的"于转接照应、脉络贯通处，一一指出，聊为学诗者示以绳墨彀率"⑤，这是作为塾师实现文学教育功能的必然手

---

① 蒋金式：《菰米山房诗钞》卷上《久淹都下近始赴幕浙东便道还里留别诸同学四首》后附杨乔年和诗（其三）之诗注，乾隆十六年刻本，叶25B。
② 杨大鹤：《赐研斋诗钞》卷二《午日漫兴》其三，常州图书馆藏清代钞本。
③ 杨大鹤：《赐研斋诗钞》卷二《初冬杂咏十首》其八，常州图书馆藏清代钞本。
④ 杨椿：《孟邻堂文钞》卷十六，载《续修四库全书》集部第1423册，上海古籍出版社，2002年，第205、207、209页。
⑤ 杨伦：《杜诗镜铨凡例》，载杜甫著、杨伦笺注《杜诗镜铨》，上海古籍出版社，1980年，第13页。

段和轨辙。

明乎此，则前述蒋金式注杜特点的形成原因已基本明朗。通过蒋金式的传承，杨伦《杜诗镜铨》对李、杨合注也多有称引，所谓"研斋"（李长祥号）者是也。然尚有一问题需略加论说，即蒋金式对杨伦的影响，亦是通过家族姻娅之学术授受而得以实现的。

明清时期的常州蒋氏在科举、学术、仕宦各方面，不仅在江南地区，乃至在全国范围内都可称独领风骚。仅以清初而言，蒋骥凭借其《山带阁注楚辞》而成为一代楚辞学大师，蒋汾功的经学、蒋和宁之诗学以及蒋金式的杜诗研究，都声名远播。更为重要的是，蒋氏的学术谱系绝不是家族内部封闭式的传承，而是通过姻亲血缘的关联，实现学统的扩展和张大。下图是根据同治十二年（1873）重修《安阳杨氏族谱》中蒋汾功《读孟居文集》的《先考事略》《表弟涑塍制举业序》以及洪亮吉《外家纪闻》等文献所作的蒋氏学术传授示意图，其中既有蒋氏家族内部的授受，又可以清晰地看出蒋氏作为外家在学术文化上的输出贡献。

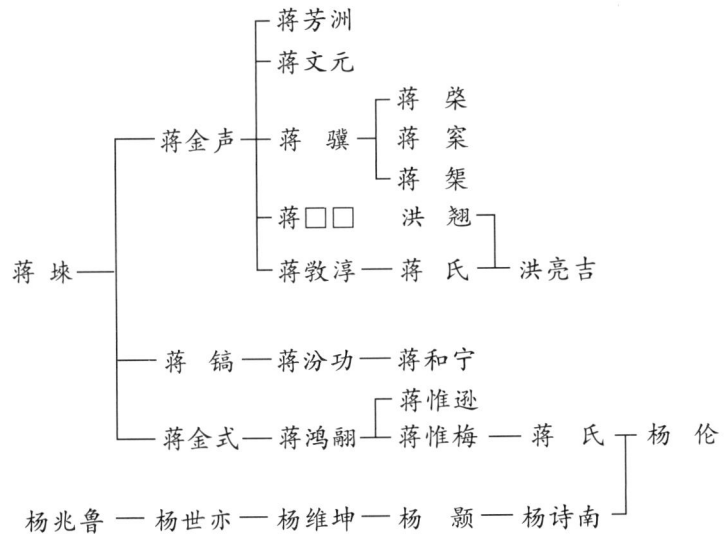

常州蒋氏对子弟的教育很严格，洪亮吉在《外家纪闻》中为世人留下了生动的记录："课子弟极严，自五经、四子书及制举业外，不令旁及，自成童入塾后，晓夕有程，寒暑不辍。夏月别置大瓮五六，令读书者足贯其中，以避蚊蚋。"① 家族中既然有着如此丰厚的学术积淀和学术资源，家中的长辈自然会对子孙竭尽全力地启迪、训导。秦靖然在为蒋金式之子蒋鸿翮所著《唐人五言排律诗论》作序时，生动地描绘了蒋氏子侄辈围绕在蒋金式身边问学的盛况，其中有曰："忆岁癸酉，余侍弱六夫子读书太山庵，始与蒋氏群从昆季游，于时鲲溟（按：蒋鸿翮）之兄魏瓠，弟席峨、东委（按：蒋汾功）、盘龙、涞塍（按：蒋骥）皆在焉，魏瓠年最长，而诸君甫弱冠。"②

蒋鸿翮《唐人五言排律诗论》也有承继蒋金式的杜诗研究，虽然不多，只有《重经昭陵》《弊庐遣兴奉寄严公》《春归》《王阆州筵奉酬十一舅惜别之作》《行次古城店泛江作不揆鄙拙奉呈江陵幕府诸公》《送魏二十四司直充岭南掌选崔郎中判官兼寄韦韶州》六首，但从中可以感受到父子相承的学统延续。对此，蒋鸿翮亦不讳言，他在书中明言："杜诗家大人有全部批本，未能付梓，因论排律，附录一二，即杜六韵排律，亦尚伙，不能尽登，聊录数篇以见梗概而已。"③

对蒋金式杜诗研究承继最多、取得成就最为突出的，莫过于外家子弟杨伦。安阳山杨氏与蒋氏的联姻，在同治十二年（1873）重修《安阳杨氏族谱》中清晰可见，核之诗文集，亦多有记载。杨伦虽没得到外高祖蒋金式之亲炙，但和洪亮吉一样，作为蒋氏的外家子弟，自幼就与蒋氏群从游，尤其是深得祖舅蒋和宁的点拨和器重，赵怀玉在杨伦墓志中

---

① 洪亮吉：《外家纪闻》，授经堂家刊本。
② 秦靖然：《唐人五言排律诗论序》，载蒋鸿翮《唐人五言排律诗论》卷首，寒三草堂刻本。
③ 蒋鸿翮：《唐人五言排律诗论》卷三，寒三草堂刻本。

就有谓:"(伦)九岁能诗文,为祖舅蒋君和宁所器。"① 蒋氏一门对常州当地诗风、文风以及学术发展的贡献卓著,"蒋汾功、蒋和宁父子是常州清代文学创作传承谱系中承上启下的重要一环,从毗陵七子到后世阳湖文派无不受其影响"②。清代常州文人学者对他们的尊崇也是溢于言表的,阳湖文派代表作家陆继辂曾在文中这样说道:"蓉庵蒋先生以辞章,一时后进之士翕然从之……蒋先生之学一传为洪稚存编修、黄仲则少尹、杨西河大令、赵味辛司马,继洪、黄、杨、赵而起者,至今遂不可胜数。……故其教泽之所被如是其深且久也。"③

蒋和宁去世后,杨伦悲痛欲绝,作《哭蒋定安舅氏》一诗,以抒发自己内心无尽的感念之情:"忆昨初见君,文章许阿士。下交折辈行,朋旧少与比。家居颇附近,相隔仅尺咫。踏月时叩门,闻我辄倒屣。新诗互评骘,丹黄杂几案。"④ 杨伦倘徉蒋氏楼馆,也会时时追念蒋金式、蒋鸿翮等外家先祖,在他们的读书旧地鹳宕,杨伦有诗感怀曰:"幽人读书处,遗迹未飘零。"句下有杨伦自注:"外氏祖蒋弱六、绍孟先生(按:蒋鸿翮)皆读书于此。"⑤ 在面对外家先祖批注《杜工部诗辑注》手泽的时候,杨伦自然也是怀揣着无比虔敬之心的。浙江大学图书馆藏蒋金式批注《杜工部诗辑注》系"据《朱注》""以墨笔细批"者,在是书的卷首题曰"毗陵蒋弱六先生原本",第二行则题"后学杨伦西河

---

① 赵怀玉:《亦有生斋集》文卷十八《广西荔浦县知县杨君墓志铭》,载《续修四库全书》集部第1470册,上海古籍出版社,2002年,第243页。
② 叶舟:《清代常州城市与文化:江南地方文献的发掘及其再阐释》,博士学位论文,复旦大学历史系,2007年,第281页。
③ 陆继辂:《思补斋诗集序》,载刘持原等纂修《武进西营刘氏家谱》卷五,民国十八年重修本。这样的记载还见于陆继辂《合肥学舍札记》卷三《苏幕遮词》条中。洪亮吉《外家纪闻》中亦有曰:"侍御舅氏生平奖假后进。壬午、癸未奉讳居里日,尤留意里中人才,时余甫成童,尚未为先生所知……后五六年中,先生始极赏余及黄二尹景仁、孙兵备星衍。"
④ 杨伦:《九柏山房诗集》卷一《哭蒋定安舅氏》,嘉庆十七年遂初堂刻本,叶11B。
⑤ 杨伦:《九柏山房诗集》卷一《鹳宕放舟》,嘉庆十七年遂初堂刻本,叶3A。

氏参定"。可知杨伦在蒋金式原稿上再加参定增益,其"所录诸家评语,旁午错综,细书弥满,复有损益,则黏纸以继之。先辈读书,用力深至,殆非后生所及"①。杨伦的参定,使外高祖之旧注更加邃密深沉,最终由此而另成新著《杜诗镜铨》,其名声更驾而上之,宗舜年跋语所谓"其辑《镜铨》,即以此为底本"者也。

需要略加说明的是,这种"青出胜蓝"的情形,在旧时家学的传承授受中实属常见。事实上,杨伦《杜诗镜铨》对外高祖著述的承续,也绝不是萧规曹随式的亦步亦趋,而是在兼收并蓄的基础上后出转精,自立门户,成为一代名著。它既不是宗舜年跋语中所说的"《镜铨》又后来之更名耳"②,也绝不是周采泉所谓"杨氏据此以为《镜铨》底稿","在《镜铨》成书时,既不交代清楚,又不将蒋氏始末略作简介",故意"以此为枕秘,故弄玄虚,不欲明告读者耳"。③ 对于杨伦的这一重大误会,笔者深感辩诬之必要,故作如上解说。杨伦"论诗一宗少陵"④,甚至公开倡言"有唐一代之诗,非杜不足学也"⑤,则很显然是深受外高祖蒋金式的影响。至于《杜诗镜铨》之取资、获益于外高祖弱六夫子者,杨伦亦从不讳言,他在《凡例》以及注文中都有明确的标识,抄袭剽窃者唯恐藏之不及,岂能有如是之举耶?

---

① 周采泉:《杜集书录》,上海古籍出版社,1986年,第541页。
② 周采泉:《杜集书录》,上海古籍出版社,1986年,第541页。
③ 周采泉:《杜集书录》,上海古籍出版社,1986年,第542页。
④ 赵怀玉:《亦有生斋集》文卷十八《广西荔浦县知县杨君墓志铭》,载《续修四库全书》集部第1470册,上海古籍出版社,2002年,第243页。
⑤ 张灼:《西河公九柏山房诗序》,载杨道徐等修纂《安阳杨氏族谱》卷十九,敦睦堂同治十二年重修本,叶39B。

四、蒋氏注杜的学术史视阈考察

在对前人杜诗研究成果兼收并蓄的基础上，特别是在蒋金式的深刻影响下，杨伦的《杜诗镜铨》"特别注意将考证本事与解释词句结合起来"，并"通过诗人的生存状态、文学活动背景以及文学表现形态两个角度作综合研究，力求能够做到'以意逆志'，将诗人的真实性情切实地勾勒出来"。因而《杜诗镜铨》一书，"无论是对杜诗语词的训释，对篇章句法的讲解，还是所引用的前人点评，都紧扣一个词：'真性情'"。① 从蒋注到杨注，"性情"是贯注始终的一个重要学术理念，杜甫诗歌中心灵世界的发掘和开拓，遂逐渐成为清代杜诗研究中的新动向。"新变"的早期发轫，主要集中在常州府为代表的一批吴地学者的著述中，杨伦更将这一诗学研究理念推演至高峰，与乾隆诗坛的"性灵"风潮相互应和，最终聚集成时代的风尚。在接下来的论述中，笔者将以清初吴地文人、学者的杜诗研究为主，力图在散点胪举式的扫描中，揭示出杜诗研究这一研究"新变"的发展轨迹，亦可从中感受到蒋金式注本的学术史意义。

论及杜诗，"诗史"是绝对绕不开的一个概念，自宋代以来，很多杜诗研究者往往因此而误将杜诗直当纪事，明代学者杨慎在《升庵诗话》中就曾表示了鄙夷不屑。到了清初，太仓人吴乔重提这一话题，他

---

① 杨旭辉：《清代常州诗群与尚杜风潮——兼论杨伦〈杜诗镜铨〉及其诗歌创作》，《杜甫研究学刊》2004 年第 4 期。

虽然不同意杨慎的意见，但是他在《围炉诗话》中还是直截了当地评说："杜诗是非不谬于圣人，故曰'诗史'，非直指纪事之谓也。"① 这一时期的吴地学者，对此话题开始了较为集中的讨论，叶燮的意见堪称其中的代表，他在《原诗》中说："千古诗人推杜甫，其诗随所遇之人、之境、之事、之物，无处不发其思君王、忧祸乱、悲时日、念友朋、吊古人、怀远道。凡欢愉、幽愁、离合、今昔之感，一一触类而起，因遇得题，因题达情，因情敷句，皆因甫有其胸襟以为基。"② 叶燮没有杜诗注本，具体而微的论述尚不得而知。作为清初杜诗研究的大家，吴江人朱鹤龄在关注杜诗"敦笃伦理""忧国爱君，悯时伤乱"的思想境界时，就注意到杜诗中"欢愉、幽愁、离合、今昔之感"以及"缠绵菀结之意"等丰富的情感外现，故而在注杜时首先强调杜诗"惟得性情之至正而出之"，其《辑注杜工部集序》中有语云："子美之诗，惟得性情之至正而出之。故其发于君父、友朋、家人、妇子之际者，莫不有敦笃伦理、缠绵菀结之意。极之，履荆棘，漂江湖，困顿颠踬，而拳拳忠爱不少衰。自古诗人，变不失贞，穷不陨节，未有如子美者。"③

蒋金式批注杜诗以朱注为蓝本，则朱鹤龄的这一重要学术观念自然会对他产生深远的影响。蒋金式论诗，以"情"为准的，他评杜诗时说："识得文章本忠孝，方知性命寓风骚。"④ 很显然，蒋金式是极其重视"风骚"中所蕴含的"性命"和"关情"处的⑤，这样的诗学观念恰恰是蒋金式杜诗注本"体格""性情"兼重原则的重要来源。值得注意

---

① 吴乔：《围炉诗话》卷四，载郭绍虞编选、富寿荪校点《清诗话续编》，上海古籍出版社，1983年，第584页。
② 叶燮：《原诗》，人民文学出版社，1979年，第17页。
③ 朱鹤龄辑注、韩成武等点校：《辑注杜工部集序》，载《杜工部诗集辑注》，河北大学出版社，2009年，第4页。
④ 蒋金式：《菰米山房诗钞》卷下《书自评杜诗后十首》其八，乾隆十六年刻本，叶74B。
⑤ 蒋金式：《菰米山房诗钞》卷上《题长庆集》，乾隆十六年刻本，叶50A。

的是,朱注的影响似乎很快在常州地区扩散开来,除了蒋金式之外,康熙初年间的董以宁、陈玉璂等,都在朱注的基础上,对这一学术观念进行了进一步的阐发。

董以宁在给友人的诗集作序时就明确提出,学习杜诗不能简单地"铺张粉饰,故为是而以夸于天下万世也",必须沉潜入心,"将以达乎心之所欲言"。① 为了能把这一问题说得更为透彻,他还将杜甫与王勃的诗歌进行比较论述:"两人之诗,皆适如其性情者。子安才高而器识稍浅,则性情稍薄,故骤视之若有余,而深味之则不足。少陵则才大而性情特至,故愈读之而愈觉其意旨之有余也。"②

董以宁的好友陈玉璂也借为人作序的机会鼓吹这一诗学观念,尤其是从杜甫偃蹇不遇的人生和情性的角度对"诗史"这一概念作出了自己的解读。在他看来,人生之感触发而为诗,这是世人称颂杜甫的原因所在:"杜少陵以老拾遗偃蹇无所与!于世以其忠义所感触为诗,能道时事,故以诗史称之。"③ 至于在中国文学史上,"言'诗史'者独推一少陵"的原因,陈玉璂也作出了自己的解释:"以达吾性情而无所矫饰,则诗必工……要得其真,则无不可传,否则,唐人且犹憾之,何况其他? 若谓唐人诗尽无憾,何以言'诗史'者独推一少陵? 夫史之可贵者,以其信也,惟真则可信,此昔人所为善论少陵诗也。"④

对杜诗内心世界的探寻,渐为常州文人学者所重视,唯杜诗"性情无所矫饰"之"真"才能"信",唯有其情之"信",方有"诗史"之谓

---

① 董以宁:《王北山集序》,载《正谊堂文集》,首都图书馆藏康熙七年刻本。
② 董以宁:《朱恪舒南游诗序》,载《正谊堂文集》,首都图书馆藏康熙七年刻本。
③ 陈玉璂:《学文堂集》,载《四库全书存目丛书补编》第 47 册,齐鲁书社,2001 年,第 107 页。
④ 陈玉璂:《学文堂集》,载《四库全书存目丛书补编》第 47 册,齐鲁书社,2001 年,第 143 页。

也，其实这才是诗歌可贵之真谛。董、陈诸子在研读杜诗的过程中，从诗歌的抒情本位出发，力图对"诗史"做出差近实相的解释，他们的努力，上承晚明公安三袁的创作理论，更导夫乾隆诗坛"性灵"之先路。

与此同时，当时的学界还有诸如黄生等，与常州文人学者同声相和、遥相呼应。黄生在其所著《杜诗说》中这样评点杜甫的名作《闻官军收河南河北》："杜诗强半言愁，其言喜者仅寄弟数作及此作而已。言愁者真使人对之欲哭，言喜者真使人读之欲笑，盖能以其性情达之纸墨，而后人之性情类为之感动故也。学杜者不此之求，而区区讨论其格调，剽拟其字句，以是为杜，抑末矣。喜极而哭，逼真人情。徒然说喜，犹非真喜也。三、四往日愁怀，忽然顿释，此情无可告诉，但目视其妻子而已；狂喜之至，则诗书无心复向，急急卷而收之。二语亦逼肖尔时情状。"① 值得注意的是，黄生的这些评点文字，几乎全部被杨伦的《杜诗镜铨》所采纳，至于对具体诗句的品评以及全诗的情感表达等方面的见解，常州学者与之尤为相近，邵长蘅评全诗云："一片真气流行，此为神来之作。"蒋金式评三、四句之语则与黄生如出一辙："寇乱削平，愁怀顿释，一时无可告诉，但目视其妻子，至书卷无心复向，且卷而收之。二语确肖当日情状。"② 此若非英雄所见略同，亦二人著述互有借鉴耶？

在这样的学术背景下，常州地区连续诞生了蒋金式批注《杜工部诗集辑注》、邵长蘅《批杜诗阐》，以及稍后的（常州府无锡县）浦起龙《读杜心解》这几部在杜诗研究史上都极有特色的注本。

雍正年间问世的《读杜心解》，可以说是对此前这一命题的讨论作

---

① 黄生：《黄生全集》（第二册），安徽大学出版社，2009年，第356页。
② 杜甫著、杨伦笺注：《杜诗镜铨》卷九，上海古籍出版社，1980年，第433页。

出了阶段性的总结。著者浦起龙认为，诗不可以格调拘，不可以时代限，而应本乎性情，这些观点在《读杜心解》的《少陵编年诗目谱附记》和《读杜提纲》中都有集中的表述，诸如："少陵之诗，一人之性情，而三朝之事会寄焉者也。"① 说到底，杜甫的诗歌，"慨世还是慨身"② 也。因此，浦注也是杨伦《杜诗镜铨》引用频次极高的一部注本。

乾隆时期诗坛性灵风潮大兴，常州因一时涌现出黄景仁、赵翼、洪亮吉等著名诗人，成为性灵诗学的重镇。杨伦与黄景仁等人并列"毗陵七子"，虽然诗歌创作的实绩不如洪、黄诸子，但以其《杜诗镜铨》与当时诗坛风尚相呼应，将性灵诗学理论深深地渗入杜诗研究中，乃至成为那个时代杜诗研究的核心理路。洪亮吉之子洪符孙在对杜诗研究的历史进行反思时，就认为"古今之学杜者"能够"旗鼓各建者"，其最核心的原因在于"能入彼堂奥而抉其心肝，非特得诸藩篱而谋厥面目也"③。在清代众多"旗鼓各建"的杜诗学者中，钱谦益、朱鹤龄、仇兆鳌、浦起龙、杨伦之外，自然不应该忘记蒋金式这样一位承先启后的学者，他自己所称说的"少陵号知心"式的研究，正是洪符孙所谓的既能对杜诗体格、面目作出准确评判，又能"抉其心肝"，得其性情而"入彼堂奥"者。

---

① 浦起龙：《读杜心解》，中华书局，1961年，第60页。
② 浦起龙：《读杜心解》，中华书局，1961年，第63页。
③ 洪符孙：《齐云山人文集》，载《丛书集成续编》第134册，上海书店出版社，1994年，第555页。

清代常州诗群与尚杜风潮

——兼论杨伦《杜诗镜铨》及其诗歌创作

自中唐以来,杜甫的诗歌声誉日隆,更经宋、元、明历代的推举,以至成为中国古典诗歌创作的理想境界,被尊为"诗圣"。而这种美誉更多地使老杜成为古典时期文人的精神化身和寄托所在,这一特点在清代前期得到了进一步的强化。

在清代初年,经历了明清易代的绝望之后,紧接着又面临康、雍、乾三朝那令人不寒而栗的文字狱,许多知识分子想要在诗文中直接吐露心声几乎是一种奢望,尤其是对于家国之痛和世事沧桑的抒泄,动辄被祸。于是他们便在历史的故籍中寻求精神的寄托和抚慰,在学术上便选择以儒家经典考释为主的朴学,在诗歌领域则形成了注释研究杜诗的风尚,激荡起一阵阵崇杜风潮。在杜诗的研究史上,无论是数量上,还是质量上,还没有一个时代能和清代相匹敌。

据黄裳《来燕榭读书记》中《杜诗论文》云:"清初说杜之作甚富,

余颇藏佳本。"① 周采泉《杜集书录》搜辑清人注杜、说杜和研究杜诗的学者和著作之富,足为来燕榭之注脚。面对汗牛充栋的著述,本文即以清代常州郡为典范,作一深入的叙述,因为清代最有代表性的杜诗注本《读杜心解》(浦起龙故里无锡,时属常州府)和《杜诗镜铨》都出自常州。在有了量化感受的基础上,还可关联当时常州人尊杜、尚杜的自我表露:"著意铸金摹老杜,瓣香舍此总非真"②,"少小慕公心欲狂,七千里外来草堂"③。常州诗人钱伯坰在《家居杂兴》组诗的第五首中,这样描绘堂弟钱钺痴迷杜诗的情状:"伯氏家马良,自号东湖子。最爱杜甫诗,日夕讽不已。"④ 正是有了"日夕讽不已"这般的痴迷和执着,才能够深入体会老杜的诗心情性。

也许是"诗史"的光环效应,历代研究杜诗的学者都把"诗史"作为一个无法回避纡绕的话题。自这一桂冠专属老杜以来,宋人就以之为直当纪事,对此,明代学者杨慎早在《升庵诗话》中就表示了鄙夷不屑。其实直到清初,这一观念还远未肃清。所以诗论家吴乔还得对这一概念重作甄别:"杜诗是非不谬于圣人,故曰'诗史',非直指纪事之谓也。"⑤ "诗史"若果成了"直指纪事之谓",就容易使作为抒情载体的诗歌完全沦落为历史的附庸,反不易见老杜的真性情。那么,对此又当作如何观照呢?其实,这在清人的论述中也每多涉及,几成为一种风习:

> 千古诗人推杜甫,其诗随所遇之人、之境、之事、之物,无处不

---

① 黄裳:《来燕榭读书记》(上),辽宁教育出版社,2001年,第281页。
② 邵燮:《与李芥轩论诗》,载顾光旭辑《梁溪诗钞》卷三十三,乾隆五十九年顾氏自刻本。
③ 顾翰:《杨蓉裳表丈招同汪写园明府、瞿寿伯、李仲卿两公子、杨湘槎上舍、伯夔、子山昆季游少陵草堂》,载侯学愈辑《续梁溪诗钞》卷六,锡成公司铅印本,1920年。
④ 钱伯坰:《仆射山房诗》,载余兆洛辑《旧言集》本,道光九年刻本。
⑤ 吴乔:《围炉诗话》卷四,载郭绍虞编选、富寿荪校点《清诗话续编》,上海古籍出版社,1983年,第584页。

发其思君王、忧祸乱、悲时日、念友朋、吊古人、怀远道。凡欢愉、幽愁、离合、今昔之感，一一触类而起，因遇得题，因题达情，因情敷句，皆因甫有其胸襟以为基。①

子美之诗，惟得性情之至正而出之。故其发于君父、友朋、家人、妇子之际者，莫不有敦笃伦理、缠绵菀结之意。极之，履荆棘，漂江湖，困顿颠踬，而拳拳忠爱不少衰。自古诗人，变不失贞，穷不陨节，未有如子美者。②

叶燮和朱鹤龄在谈论杜诗"敦笃伦理""忧国爱君，悯时伤乱"的思想境界时，无不注意到老杜个人的情感的抒写，所谓"触类而起，因遇得题，因题达情，因情敷句""抒愤陶情"是也。这些都是老杜在经历了"履荆棘，漂江湖，困顿颠踬"之后，"随所遇之人、之境、之事、之物"触境伤怀而作，当然就不乏诗人自己"欢愉、幽愁、离合、今昔之感"等丰富的情感外现，读之颇有"缠绵菀结之意"。

在杜诗中，我们确乎可以读到"男儿生不成名身已老，三年饥走荒山道。长安卿相多少年，富贵应须致身早。山中儒生旧相识，但话宿昔伤怀抱"（杜甫《乾元中寓居同谷县作歌七首》之七）这种悲士不遇的嗟叹；也可以完全真实地感觉到"饥卧动即向一旬，敝衣何啻联百结。君不见空墙日色晚，此老无声泪垂血"（《投简咸华两县诸子》）的悲慨；更可以体味到老杜在社会动荡不息中，经历妻离子散和百般磨难之后的感喟和惊惶："感时花溅泪，恨别鸟惊心。"（《春望》）"世乱遭飘荡，生还偶然遂。邻人满墙头，感叹亦唏嘘。"（《羌村》其一）杜诗中

---

① 叶燮：《原诗》，人民文学出版社，1979年，第17页。
② 朱鹤龄辑注、韩成武等点校：《辑注杜工部集序》，载《杜工部诗集辑注》，河北大学出版社，2009年，第4页。

所展现出的孤苦心魂，极具一种社会学的典型意义，鲜活地折射出一代人的生活、生存状态以及命运的沉浮。也许是这种社会学意义上的价值倍受世人关注，导致诗人所亲身承受的苦难，往往在历经时间的流驶之后，终于被人忽视了，也使在安全距离之外读史的我们很难有如此的直感和体会。那么，所谓的"诗史"，只是表明了老杜比他人更成功地承载起了诗歌的抒情功能，而透过诗人切实、具体的情感体验，最终形象鲜活地折射出来的、可以被感知的历史真实，也就极易在后来读者的心灵中时时引发强烈共鸣。

其实这样的"诗史"观并非笔者的独创发明，在常州诗人群中，这早已不是什么秘旨。从清初的董以宁、陈玉璂到乾隆时期的"毗陵七子"都在不断地使"诗史"这一概念渐复本位，最终以杨伦的一部《杜诗镜铨》作为对这一问题探讨的大成。

在情感的抒发上，毗陵诗人找到了与老杜的沟通、契合处。在理论上，早就有董以宁通过比较老杜与王子安而评论说："两人之诗，皆适如其性情者。子安才高而器识稍浅，则性情稍薄，故骤视之若有余，而深味之则不足。少陵则才大而性情特至，故愈读之而愈觉其意旨之有余也。"① 所以，他们学习老杜也就不是简单的"铺张粉饰，故为是而以夸于天下万世也"，而是"将以达乎心之所欲言"。②

另一位常州先贤，董以宁的好友陈玉璂也与之同声相应。玉璂居家抑郁多年，发愤著书，偶有所触，发之于诗，其《学文堂诗集》和《学文堂文集》便是这样的产物。他论杜诗也更多地注视老杜的偃蹇不遇和感触："杜少陵以老拾遗偃蹇无所与！于世以其忠义所感触为诗，能道

---

① 董以宁：《朱恪舒南游诗序》，载《正谊堂文集》，首都图书馆藏康熙七年刻本。
② 董以宁：《王北山集序》，载《正谊堂文集》，首都图书馆藏康熙七年刻本。

时事,故以诗史称之。"① 他又在《借竹轩诗序》中指出:"以达吾性情而无所矫饰,则诗必工……要得其真,则无不可传,否则,唐人且犹憾之,何况其他?若谓唐人诗尽无憾,何以言'诗史'者独推一少陵?夫史之可贵者,以其信也,惟真则可信,此昔人所为善论少陵诗也。"② 可见玉璂对少陵的尊尚实源于老杜发自内心的真实情感,唯有"性情无所矫饰"之"真"才能"信",有"信"乃"诗史"之谓也,亦乃诗歌可贵之真谛。所以,玉璂在品评他人的诗歌创作时,就以性情为准的,如他就是以这样的标准来品评常熟殷祁雷之诗的:"(公)摧挫不得志于时,因悉力为诗。其诗莫不各绳于法。……而其意之所发,则能悉达其胸中所欲言。……不得志而山林泉石,流连光景,以写其无聊,抑郁不平之气。有时忠义所感触,或及于时事得失,人物臧否,以迄废兴成败之故,未尝不动有心者之叹慕。"③ 毗陵诗派的先辈们都从诗歌的抒情本位出发,力图对"诗史"做出接近实相的解释,他们的努力,完全可视为乾隆诗坛"性灵"之先路。

在雍正年间,浦起龙以一部《读杜心解》对这一命题作了阶段性的总结。他以为,诗不可以格调拘,不可以时代限,而应本乎性情。这一点在其"心解"杜诗时就得到了淋漓尽致的体现:"少陵之诗,一人之性情,而三朝之事会寄焉者也。"④ 杜诗"慨世还是慨身"⑤。这也就在强调,杜诗在深刻反映现实的同时,其中又无不浸透着诗人的情感。这样的诗既是

---

① 陈玉璂:《学文堂集》,载《四库全书存目丛书补编》第47册,齐鲁书社,2001年,第107页。
② 陈玉璂:《学文堂集》,载《四库全书存目丛书补编》第47册,齐鲁书社,2001年,第143页。
③ 陈玉璂:《学文堂集》,载《四库全书存目丛书补编》第47册,齐鲁书社,2001年,第123页。
④ 浦起龙:《读杜心解》,中华书局,1961年,第60页。
⑤ 浦起龙:《读杜心解》,中华书局,1961年,第63页。

时代和社会的写真,又是诗人个人生活和内心世界的自述,个人命运和国家人民的命运息息相关,二者在艺术上达到了高度的融合。

时至乾隆时期,管干珍为钱维乔诗集作序时说:"论诗于今日,于唐曰杜,由是而精之,以至于极肖,则亦少陵氏之诗也;于宋曰苏,由是而精之,以至于极肖,则亦东坡氏之诗也。夫昔日之为少陵、为东坡者之诗,皆足以感人,而为今日少陵氏、东坡氏之诗,则何能以感人也?其故何也?少年而学为诗,犹有古人之躯壳存焉。中年以后阅世日多,劳心日甚","风雨山水花鸟之相遇","必有触于中而悄焉","乃于诗焉寄之","如是而为少陵,为东坡,可也,不为少陵、为东坡亦可也。其所以感人者,其真性灵也,真文章也"。① 在论述如何学古之机,管氏反对仅拘限于躯壳的模拟,而主张学杜诗和苏诗中的真性情,尤其是在阅世、劳心以及经历风雨之后有所触发的寄寓。在这一杜诗观引导之下,皖籍学者程晋芳在读了竹初诗之后云:"竹初之性情遭际,吾悉知之矣。以一部诗为平生一传可也。"② 那么,钱维乔的诗歌不仅可以作为其个人生平、心迹之史,亦直可视为一部知识分子的生态史和心灵史,称为"诗史"也未尝不可。

如果对杜诗中的情感因子熟视无睹或置若罔闻,就此学杜,不唯难得其真髓,更会出现"即之愈真,斯离之愈远"的尴尬情形。这便是洪亮吉之子洪符孙对当时学杜误区所作的评说:"窃惟今世操觚之儒,各挟纷藻;挥翰之士,群趋浣花。卒之优孟入坐,空留孙叔之衣;沐猴压冠,益重楚人之谤。何则即之愈真,斯离之愈远也?夫古今之学杜者多矣……旗鼓各

---

① 管干珍:《竹初诗钞序》,载《清代诗文集汇编》第396册,上海古籍出版社,2010年,第3页。
② 管干珍:《竹初诗钞序》,载《清代诗文集汇编》第396册,上海古籍出版社,2010年,第4页。

建者，何哉？盖能入彼堂奥而抉其心肝，非特得诸藩篱而谋厥面目也。"①而他的朋友郭羽可学杜，就做到了抉其心肝而遗其面目，堪为学杜者之楷范。洪符孙评郭羽可道："舍人少有大志，长具轶才。性情流于翰墨，忠孝溢于篇什。誓心之言，不专于文字，借手之报，思操乎斧柯。乃黄钟不鸣，转羡击缶；龙泉在握，见屈补履。遂并其抑塞磊落不可一世之气发而为诗。"② 故其诗与杜陵之诗"如符节之合"。

有了前贤如此丰厚的研究积淀，杨伦更将这一诗学理念推演至一个高峰，与随园老人的"性灵"大旗相为应和。

杨伦（1747—1803），字敦五，号西河、西禾、西和、罗峰、敷五等，阳湖人。尝从邵齐焘学，博览群书。乾隆四十六年（1781）中进士，历官广西苍梧、江西贵溪、广西荔浦等地知县。主讲湖北江汉书院长达七年之久，亦曾主讲江西白鹿洞书院。著有《九柏山房诗集》《杜诗镜铨》。

作为清代杜诗学专家的杨伦，在笺释老杜诗作时，在吸收前人研究成果的基础上，特别注意将考证本事与解释词句结合起来；他从诗人的生存状态、文学活动背景以及文学表现形态两个角度作综合研究，力求能够做到"以意逆志"，将诗人的真实性情切实地勾勒出来。这样的努力在其《杜诗镜铨》中比比皆是，因为他在注杜时有这么一条范例："（杜诗）正无一语不自真性情流出；无论义笃君臣，不忘忠爱，凡关及兄弟夫妇朋友诸作，无不切挚动人，所以能继迹《风雅》，知此方可与读杜诗。"③ 所以，通观《杜诗镜铨》一注，无论是其对杜诗语词的训

---

① 洪符孙：《齐云山人文集》，载《丛书集成续编》第 134 册，上海书店出版社，1994 年，第 555 页。
② 洪符孙：《齐云山人文集》，载《丛书集成续编》第 134 册，上海书店出版社，1994 年，第 555—556 页。
③ 杨伦：《杜诗镜铨凡例》，载杜甫著、杨伦笺注《杜诗镜铨》，上海古籍出版社，1980 年，第 14 页。

释，对篇章句法的讲解，还是所引用的前人点评，都紧扣一个词——真性情。下面，举一例略加说明。

老杜自二十四岁（开元二十三年，公元735年）举进士不第，在京城辗转十多年，处处碰壁，素志难伸，年轻时候的豪情早已化作一腔的激愤与牢骚，在《奉赠韦左丞丈二十二韵》一诗中，他把内心深处的郁结抒泄得如泣如诉，真切动人。可以说这是老杜诗歌"沉郁顿挫"风格的最早体现。杨伦对此也给予了足够的重视，他三番五次地提到其中的情感表现。在诗题之下的注解中他引用《杜臆》之语作为全诗的解题："此诗全属陈情。"在读完起首两句"纨绔不饿死，儒冠多误身"后，杨伦便有这样的点评："突兀二语，一肚皮牢骚愤激，信口冲出。"① 这在腐儒的注本中，是难觅其踪的。如此的品评在《杜诗镜铨》中数次出现。

杨伦在作注时，"惟设身处地，因诗以得其人，因人以论其世"，而后对诗歌文本作出全局的观照，正如他自己所说："计公生平，惟为拾遗侍从半载，安居草堂仅及年余，此外皆饥饿穷山，流离道路，乃短咏长吟，激昂顿挫，蒿目者民生，系怀者君国，所遇之困厄，曾不少芥蒂于其胸中。……今也年经月纬，句栉字比，以求合乎作者之意，殆尚所云镜象未离铨者。"② 这样的笺释比起寻章摘句以为工，"章掎句撅，俨然师资"者，不知要高出数倍，因而杨氏注本一出，就受到了学界的一致好评，毕沅在序中曰："杨君是书……俾杜老之真面目、真精神洗发呈露，如镜之不疲于照，而无丝毫之障翳也。……抉草堂之精髓，求神骨于语言文字之外。"③ 王昶《湖海诗传·蒲褐山房诗话》评曰："撰

---

① 杜甫著、杨伦笺注：《杜诗镜铨》卷一，上海古籍出版社，1980年，第24页。
② 杨伦：《杜诗镜铨自序》，载杜甫著、杨伦笺注《杜诗镜铨》，上海古籍出版社，1980年，第8—9页。
③ 毕沅：《杜诗镜铨序》，载杜甫著、杨伦笺注《杜诗镜铨》，上海古籍出版社，1980年，第3页。

《杜诗镜铨》，实能照见古人心髓。"① 潘清《挹翠楼诗话》更说："《杜诗镜铨》，向来注杜者皆不能如其精当。"②

浸淫杜诗既久，杨伦在《杜诗镜铨》中的诗歌创作亦带有老杜顿挫的风格，他的诗歌以平和质朴的语言，将其沉挚深厚的飘零之感一泻而出。其友张问陶就题之曰："文章飞动谈忠孝，风景流连写性情。学杜几人能得骨，羡君感慨亦和平。"③ 常州刘跃云在《西禾集》的题辞中亦曰："及观所自著，踔厉气益振。"④

"平生半于役，辛苦涉江湖"，"何况嗟嗟氓，真风久沦胥"，⑤ 杨伦把这样的辛苦遭际全寓于诗歌创作之中，这正如他自己所说的那样："身世犹然嗟瀌落，擘笺聊共赋新诗。"⑥ 对杨伦诗中的瀌落之嗟，其弟廷赞的内心更有着一种亟亟耿结的怆楚，每次展卷阅读，都是"点检平生诗，泪湿芸签透"，"欲诵每呜咽，气结安能排？"⑦ 那就让我们一起来读读杨伦让人泪湿衣襟的诗篇吧：

> 三载栖迟等系匏，筵簟何处索琼茅。
> 儒冠误我贪鸡肋，生计随人觅鸟巢。
> 几度月明闲短笛，无边山色上吟鞘。

---

① 王昶编纂：《湖海诗传》（第四册），凤凰出版社，2018年，第1714页。
② 潘清：《挹翠楼诗话》，载张寅彭选辑，吴忱、杨焄点校《清诗话三编》第九册，上海古籍出版社，2014年，第6002页。
③ 张问陶：《题辞》，载杨伦《九柏山房诗集》卷首，嘉庆十七年遂初堂刻本。
④ 刘跃云：《题辞》，载杨伦《九柏山房诗集》卷首，嘉庆十七年遂初堂刻本。
⑤ 杨伦：《九柏山房诗集》卷三《朱秋堂望云图》，嘉庆十七年遂初堂刻本。
⑥ 杨伦：《九柏山房诗集》卷十三《和刘芙初孝廉寒夜感兴韵》其三，嘉庆十七年遂初堂刻本。
⑦ 杨廷赞：《九柏山房同怀诗集》卷二《述怀十九首》其一，嘉庆十七年遂初堂刻本《九柏山房诗集》后附刻。

扬云拓落无官位，更代朋知作解嘲。①

登楼望远一沾巾，更忆诛茅卜宅新。
赋到兰成多纪恨，才如王粲尚依人。
烟寒陶牧风初劲，秋老江关雁欲宾。
词客有灵相识否，思乡怀古共伤神。②

杨伦的这些诗作，"造怀指事，不求纤密之巧；驱辞逐貌，唯取昭晰之能"③。诗人以比兴的手法历数自己的不幸身世，这一声声"典衣乞米住长安，冷暖人情可是难"④ 的喟叹，无不使读者"抚怀增叹息"⑤。这样的艺术境界一直是杨伦所追求的，他在《与兰雪论诗即题其集》一诗中就曾谈到过这一诗歌理念："自然高妙企古人，不在词章逞雕琢"，"情性必须归质悫"，"贵从绚烂造平淡，更喜滂沛含绵邈"。⑥ 所谓"悫"，要求诗歌中的情感诚善，而且还要含义深远，情深意长，与气势盛大绵邈相兼，正如陆机《文赋》所谓的"函绵邈于尺素，吐滂沛乎寸心"。

杨伦与兄弟在一起，"时或谈民生，补救穷利弊"⑦。他常常和老杜一样，在诗歌中把个人的不幸与民生的凋敝相联系，写下了不少反映现实的优秀诗篇。如《捉船行》《裕州吏》等诗，无论立意、布局，还是遣词、造句，都与老杜的《三吏》《三别》绝似。兹仅援引《关吏坐》

---

① 杨伦：《九柏山房诗集》卷二《和朱学曾秋晚感怀二首》其二，嘉庆十七年遂初堂刻本。
② 杨伦：《九柏山房诗集》卷八《荆州怀古四首》其四，嘉庆十七年遂初堂刻本。
③ 曾燠：《题辞》，载杨伦《九柏山房诗集》卷首，嘉庆十七年遂初堂刻本。
④ 杨伦：《九柏山房诗集》卷十五《岁暮怀人绝句五十首》其二十七，嘉庆十七年遂初堂刻本。
⑤ 杨伦：《九柏山房诗集》卷十四《到家》，嘉庆十七年遂初堂刻本。
⑥ 杨伦：《九柏山房诗集》卷十三，嘉庆十七年遂初堂刻本。
⑦ 杨廷赞：《九柏山房同怀诗集》卷二《述怀十九首》其九，嘉庆十七年遂初堂刻本《九柏山房诗集》后附刻。

一诗以为观味:"关吏如虎关上坐,抽税客从关下过。低言伛偻前致辞,颐指气使若不知。朱提罄后青蚨接,重见搜牢倒箱箧。峨舸大艑江头来,铁锁横江不得开。算缗那复据成例,口虽不语心中哀。索镪逡巡逢吏怒,小妇金钗典充赋。江湖贾客轻风波,其如饱汝囊橐何?"①官吏的颐指气使与百姓的逡巡不语,比照鲜明,封建吏治之状态已勿用多言了。

目睹现实中的一切不如意,儒士出身的杨伦就油然而生一种强烈的责任感——"男儿慷慨须报国""襟怀天下关忧乐"。②而在乾嘉吏治日益腐败的趋势下,留给诗人的只有"思功惟有泪纵横"③。所以,他在几登任城太白楼时作诗云:"蒯缑空抚向人间,未抱恩仇怀郁勃。楼下春风舣舟客,不辞典却鹔鹴裘。月中唤起锦袍客,一酹同消万古愁!"④如此激昂顿挫之语,岂非志士穷而不遇的胸中芥蒂?

杨伦之弟廷赞,也善诗,与乃兄同受益于杜诗。廷赞,字季思。武进诸生。少从兄伦学,笃志力行,潜研经术。通易学,好吟诗。曾主讲浙东龙山书院。著有《周易直讲》《九柏山房同怀诗集》。壮年南北十数试皆不售,足迹几遍及天下。用他自己的话说便是:"苦恨道路长","我若江上鸥",⑤"人如鸿失队,心如叶经霜"⑥。其所作诗文,"凡樽酒论文,诗筒酬答,以及风尘羁旅之况,一一托之吟咏"⑦。由此我们也就可以大致推断其基本的风貌也就如"读书击剑气纵横,揽镜愁予白发

---

① 杨伦:《九柏山房诗集》卷十二,嘉庆十七年遂初堂刻本。
② 杨伦:《九柏山房诗集》卷十四《题谭七子受英雄儿女图》,嘉庆十七年遂初堂刻本。
③ 杨伦:《九柏山房诗集》卷十四《谒范文正公祠》,嘉庆十七年遂初堂刻本。
④ 杨伦:《九柏山房诗集》卷五《任城太白酒楼歌》,嘉庆十七年遂初堂刻本。
⑤ 杨廷赞:《九柏山房同怀诗集》卷二《述怀十九首》其七,嘉庆十七年遂初堂刻本《九柏山房诗集》后附刻。
⑥ 杨廷赞:《九柏山房同怀诗集》卷一《将至章江寄星园家仲》,嘉庆十七年遂初堂刻本《九柏山房诗集》后附刻。
⑦ 杨廷赞:《九柏山房同怀诗集·序》,嘉庆十七年遂初堂刻本《九柏山房诗集》后附刻。

生。正是客窗悲永夜,又教腊壶听新声"① 这般:

> 几度凭崖论夙心,壮怀直欲吼霜镡。
> 子其未遇伯牙老,孰与吹箫上翠岑。②

在这样的际遇下,诗人的作品中就只能始终萦绕着"赍咨""惝恍"的忧思。这一情思在乾嘉时期常州诗人的创作中是较为普遍的,张惠言之弟张琦甚至以为这样才能够尽诗歌之能事:"忓愉悱恻、缠绵沉郁之情复经纬乎其间,随境而发,莫不动魄惊心,诗之能事毕矣。"③ 这样,对杜诗沉郁顿挫的理解就不限于注杜本身,而是在创作实践和诗学理论两端对杜诗作出了更为精彩的注脚。"典衣乞米住长安,冷暖人情可是难"④,"十载天涯半九州"⑤,"年年如客雁,去住白云边"⑥,"宿妆残粉飘零易,惆怅韶华付转蓬"⑦,"胶漆匪不固,会作秋蓬飞。男儿困贫贱,骨肉长远离。去年别我云溪渡,霜月微茫郁烟雾。留连无益姑徐徐,一恸栖乌起无数"⑧,这些都是负米涉远的真实写照,常州诗人大多有过这样的经历。对此,只能如扬州八怪之边寿民在词中所说的,"挥毫状物,

---

① 杨廷赞:《九柏山房同怀诗集》卷一《岁暮遣怀》,嘉庆十七年遂初堂刻本《九柏山房诗集》后附刻。
② 杨廷赞:《九柏山房同怀诗集》卷一《别髯道人汇澜》,嘉庆十七年遂初堂刻本《九柏山房诗集》后附刻。
③ 陆继辂:《合肥学舍札记》卷九引张琦语,光绪四年兴国州署重刻本。
④ 杨伦:《九柏山房诗集》卷十五《岁暮怀人绝句五十首》其二十七,嘉庆十七年遂初堂刻本。
⑤ 钱履坦:《清娱书屋删存》之《秋宵杂感》其一,载李兆洛辑《旧言集》本,道光九年刻本。
⑥ 张景超:《千丈松舍诗钞》之《壬申春二月渡江》,载李兆洛辑《旧言集》本,道光九年刻本。
⑦ 丁履恒:《思贤阁诗集》卷三《朔日过访赵味辛同守寓斋海棠花开正盛小饮花下却柬》其二,咸丰四年聚珍本。
⑧ 陆继辂:《崇百药斋文集》卷三《别从子耀通》,光绪四年兴国州署重刻本。

也只算、自抒心绪"①。

我们可以毫不夸张地说，这样的"自抒心绪"有着独特的、不可替代的认识价值。所谓"自抒心绪"，"不是无端悲怨深，直将阅历写成吟"（龚自珍《题红禅室诗尾》），这既是浦起龙所说的"慨世还是慨身"，也在强调陆机所讲的"杼轴予怀"（《文赋》）。所以，"作家诗人们笔底的任何哀乐悲欢，均导之于他们对现实人生的体察辨味，他们的心绪情思的涟漪波澜，实即生活于其间的社会众生相和人格化了的自然环境在心魂深处激起的回应"②。对于那些"视文学创作为自家心灵寄托的诗人作家们，他们'这一个'的生活体验、情感触发各有独异之处，有着固有的不可移易性"③。对诗歌的抒情功能作如此的理解，方能真正把握诗歌的本义，从而对清代诗歌做出差近实相的审视和判断。其实这样的观念，也正是当时诗坛的风会。

常州诗人群规模至巨，龚自珍早就说过："天下名士有部落，东南无与常匹俦。"（龚自珍《常州高才篇送丁若士履恒》）然而，除了"毗陵七子"中大名如雷贯耳的洪亮吉、孙星衍、黄景仁而外，还有不少人却久为各种文学史和精华录叙述所遗忘。本文无意对这些诗人作过多的评骘，只是想通过表隐发微式的叙述，对常州诗派尊尚杜诗以及渐兴的性灵诗风作史实的勘原，由此清晰地勾勒出一种文学风潮的盛行，以及此前经历的潜滋暗长或"草色遥看近却无"的迁衍渐变。这是文学史发展中带有普遍意义的规律，然而也是文学史研究中所稀缺的。

---

① 吴企明、杨旭辉注评：《历代题画绝句评鉴》（第四册），黄山书社，2018年，第247页。
② 严迪昌：《清诗的价值和认识的克服》，载《清诗史》（上），浙江古籍出版社，2002年，第3页。
③ 严迪昌：《清诗的价值和认识的克服》，载《清诗史》（上），浙江古籍出版社，2002年，第4页。

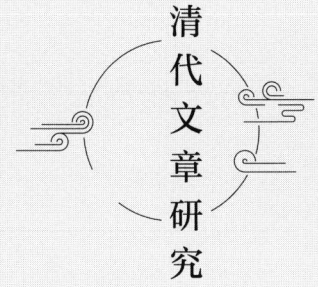

清代文章研究

唐顺之与明清常州古文发展的奠基

如果我们将东林党代表人物顾宪成、高攀龙的学说作一简单的梳理，就会发现，他们与常州前贤唐顺之有着非常密切的联系。唐顺之"学问渊博，留心经济"①，常对门生说："读书以治经明理为先，次之诸史，可以见古人经纶之迹；又次则载诸世务，可为应用资者。数者本末相辏，皆有意之书。余非所急也。"② 这样的学术精神在东林人身上得到了完整而集中的承续和释放，所以，美国学者艾尔曼曾这样明确描述唐顺之与东林党人的关系——"唐顺之和薛应旂对常州文士生活的各个方面影响深远"，并将唐、薛二人视为"无锡县东林领袖们的导师"。③ 其实，唐顺之在常州文人心目中的地位和影响力还远不止于此，在清代常州文学勃兴的巅峰时期，唐顺之甚至被尊为常州文学传统复兴的第一

---

① 永瑢、纪昀主编，周仁等整理：《四库全书总目提要》卷一七二，海南出版社，1999年，第905页。
② 焦竑：《澹园集》卷十四《荆川先生右编序》，中华书局，1999年，第141页。
③ 艾尔曼著、赵刚译：《经学、政治和宗族——中华帝国晚期常州今文学派研究》，江苏人民出版社，1998年，第29页。

人，而且这一影响和评价并不局限于常州本地，康熙年间的著名文学家王士禛在为其友、常州籍散文家邵长蘅的《青门集》作序时就有过这样的论述：

> 毗陵文派，始荆川方明。……吾友邵子湘氏，生荆川之乡，盖尝学荆川之学者。其为文远取法于唐宋诸大家，或时闻马、班二史之藩，而其于淘汰锻炼之工尤深。①

至于唐顺之是否在明清散文史上创立了"毗陵文派"，可以姑置不论，但唐氏在常州一地散文传统的发生、兴盛进程中，自是功不可没。乾隆时期，以"毗陵七子"为高标的常州文坛诗界处于鼎兴时期，"七子"之一的赵怀玉在历数常州散文渊源时，深有感触地说道："吾邑以文章名者，自唐襄文顺之倡于前，后百余年邵山人长蘅、杨学士椿、蒋教授汾功相继趾其盛，虽所得不同而挟持既深，信皆可垂于世。吾师毛先生实受其传于蒋先生者也，予从先生游，不以为不可教……"②

赵怀玉不仅是一位文学家，也是一位谙熟常州地方文献的学者，他所胪列的名单勾勒了明清时期常州散文发展的脉络、统系。在接下来的篇章中，我们就按照赵怀玉的这份名单，对阳湖文派兴起之前的常州散文发展作一次比较粗略的描述，借此看出阳湖文派的生成史，以及对本地古文传统的承继和弘扬。

唐顺之（1507—1560），字应德，一字义修，江南武进人。嘉靖八

---

① 王士禛：《王士禛全集》之《蚕尾续文集》卷二《邵子湘青门集序》，齐鲁书社，2007年，第2000页。
② 赵怀玉：《亦有生斋集》文卷十六《毛先生墓表》，载《续修四库全书》集部第1470册，上海古籍出版社，2002年，第216页。

年（1529）会试第一，赐进士出身。数年宦途之后，因病致仕，隐居荆溪（今江苏宜兴）十余年，因爱此间的山水，遂自号"荆川"。后因东南倭患，于嘉靖三十三年（1554）起为南京兵部主事，在东南沿海指挥抗倭而名声卓著。崇祯初，谥"襄文"。

在明代文坛上，唐顺之与茅坤、王慎中并称，都以崇尚唐宋古文而卓然为家，时号"唐宋派"。就其大的方向而言，唐顺之在散文方面的门庭路径，与茅坤、王慎中基本相契，将他们并列为唐宋派古文的代表人物，自非无稽之论。但是，在散文的具体观念和创作实践上，唐顺之与茅坤、王慎中之间的分歧并不小，《四库全书总目提要》在评价唐顺之的古文成就时，就有说他的散文"考索既深，议论具有根柢，终非井田、封建之游谈。其文章法度具见《文编》一书，所录上自秦汉以来，而大抵从唐、宋门庭沿溯以入。故于秦汉之文，不似李梦阳之割剥字句，描摹面貌；于唐宋之文，亦不似茅坤之比拟间架、掉弄机锋。在有明中叶，屹然为一大宗"①。

仔细辨味可得，《四库全书总目提要》之所谓"比拟间架、掉弄机锋"，是与"七子""割剥字句，描摹面貌"的复古、拟古之风对举的，其言外之意无非就是后来文论家所批判的只注重形式布局和文字技巧的"伪秦汉""伪唐宋"而已。其实，对于这一理论问题，唐顺之在《与茅鹿门主事书》中就曾有过极为明确、完整的阐述：

熟观鹿门之文及鹿门与人论文之书，门庭路径，与鄙意殊有契合。虽中间小小异同，异日当自融释，不待喋喋也。至如鹿门所疑于我本

---

① 永瑢、纪昀主编，周仁等整理：《四库全书总目提要》卷一七二，海南出版社，1999年，第905页。

是欲工文字之人而不语人以求工文字者，此则有说。……只就文章家论之，虽其绳墨、布置、奇正、转折自有专门师法，至于中间一段精神、命脉、骨髓，则非洗涤心源、独立物表、具今古只眼者，不足以与此。今有两人，其一人心地超然，所谓具千古只眼人也，即使未尝操纸笔呻吟学为文章，但直据胸臆，信手写出，如写家书，虽或疏卤，然绝无烟火酸馅习气，便是宇宙间一样绝好文字。其一人犹然尘中人也，虽其颛颛学为文章，其于所谓绳墨、布置则尽是矣，然翻来覆去不过是几句婆子舌头话，索其所谓真精神与千古不可磨灭之见，绝无有也。则文虽工而不免为下格，此文章本色也。即如以诗为喻，陶彭泽未尝较声律、雕句文，但信手写出，便是宇宙间第一样好诗，何则？其本色高也。自有诗以来，其较声律、雕文句，用心最苦而立说最严者无如沈约，苦却一生精力，使人读其诗，只见其捆缚龌龊，满卷累牍，竟不曾道出一两句好话，何则？本色卑也。本色卑，文不能工也，而况非其本色者哉？且夫两汉而下，文之不如古者，岂其所谓绳墨、转折之精之不尽如哉？秦汉以前儒家者，有儒家本色，至如老庄家有老庄家本色，纵横家有纵横家本色，名家、墨家、阴阳家皆有本色，虽其为术也驳，而莫不皆有一段千古不可磨灭之见，是以老家必不肯剿儒家之说，纵横必不肯借墨家之谈，各自其本色而鸣之为言，其所言者，其本色也。是以精光注焉，而其言遂不泯于世。唐宋而下文人，莫不语性命，谈治道，满纸炫然。一切自托于儒家，然非其涵养畜聚之素，非真有一段千古不可磨灭之见，而影响剿说，盖头窃尾，如贫人借富人之衣，庄农作大贾之饰，极力装做，丑态尽露，是以精光枵焉，而其言遂不久湮废。①

---

① 唐顺之：《荆川集》卷四《与茅鹿门主事书》，载文渊阁《四库全书》第1276册，上海古籍出版社，1987年，第273—274页。

唐顺之虽以散文而著称，但他自己却不欲以此自高。茅坤在书信中不止一次说他"本是欲工文字之人，而不语人以求工文字者"，对于这样的评价，唐顺之极为不乐接受，于是在书信中予以坚决的否定和回击。他认为：文章的写作，"其首尾节奏天然之度，自不可差"①，但若专意于"求工文字"，无非就是孜孜拘局在"绳墨、布置、奇正、转折"等形式方面的东西有所研习，缺乏"超然"之"心地"以及"真精神与千古不可磨灭之见"，即便使尽所有的"文法"解数，终不免枯枵肤廓，"文虽工而不免为下格"。想要改变这样的态势，唯有"涵养畜聚之素"，在兼采众家之长的基础上积聚起深厚的学问根柢，在这样的"精神、命脉、骨髓"的指引下，方能真正领悟散文中"千古不可磨灭之见"和"千古作家别自有正法眼藏"，那么自己在临池创作时，也就会"得乎心，应乎手，若轮扁之斫轮"，其文自然是"得意于笔墨蹊径之外"。②

在唐顺之看来，学问对古文写作的滋益，绝不是世俗所理解的那样，以"掉书袋"这一简单肤廓的途径来文饰其浅陋。关于这一问题，他在《与莫子良主事书》中明确而辩证地强调："大率读书以治经明理为先；次则诸史，可以备见古人经纶之迹与自来成败理乱之几；次则载诸世务可以应世之用者。此数者，其根本、枝叶相袭，皆为有益之书，若但可以资文词者，则其为说固已末矣！"读有益之书，自然是多多益善，但学问的增长与文章写作水平的提高，二者之间并不能简单地画上等号。因为学问的效能绝对不只是"资文词"，同样，学问也绝不是文词提升的唯一"之资"。"若但可以资文词者"，那只是皮相之见和末识

---

① 唐顺之：《荆川集》卷四《与陈两湖主事书》，载文渊阁《四库全书》第 1276 册，上海古籍出版社，1987 年，第 268 页。
② 唐顺之：《荆川集》卷四《与陈两湖主事书》，载文渊阁《四库全书》第 1276 册，上海古籍出版社，1987 年，第 268—269 页。

陋见,"则其为说固已末矣!"事实上,只有在学问"涵养畜聚"有素的基础上,情与思融会贯注于胸中,于是"好文字与好诗,亦正在胸中流出,有见者与人自别,正不资借此零星簿子也"。①

无论是在《与茅鹿门主事书》中,还是在《与莫子良主事书》中,唐顺之都始终强调"本色"这一重要的散文理念。唐顺之的"本色"论,非常强调"真精神"与"真性情",即便不"较声律、雕句文",但"直据胸臆,信手写出,如写家书,虽或疏卤,然绝无烟火酸馅习气",照样可成就"宇宙间一样绝好文字"。在唐顺之眼中,秦汉文与诸子百家、唐宋文中那些精妙的文字都是其"本色""精光注焉"的必然结果,这也正是这些文章能千古"不泯于世"的原因。经过唐顺之的这一番论述,长期以来横亘在秦汉与唐宋之间的森严壁垒和疆界也就豁然平荡了。

不立门户,兼收并取,务博务通,常州文化的这一基因特质肇轫于齐梁时期,在历经千年的传承之后,在唐顺之手中被发扬到了一个新的高度。这一优良的学术传统通过家族、师友之间的广泛传习,在常州一府形成了蔚为壮观的人文景观,后来的常州文人学子,不论在学术研究上,还是在文学创作中,都极大地受益于此。历数唐顺之、邵长蘅、蒋汾功、杨椿、"毗陵七子",直至后来的"阳湖文派",常州古文在其发生、发展的脉络和统序中,这一特点表现得尤为突出。

唐顺之的散文,无论是内容还是写作的手法,每多自得之趣,绝少对前人的步趋和模拟,因而也就很难用"唐宋"或是"秦汉"的某一种体式来衡束。就连朋友离开时赠送一双靴子这样的琐事,唐顺之都能因

---

① 唐顺之:《荆川集》卷四《与莫子良主事书》,载文渊阁《四库全书》第1276册,上海古籍出版社,1987年,第275页。

事生议,借题发挥,阐述儒者为人处世之大道,这就是其《与吕通竹屿书》的佳妙之处。在常人看来,这完全是一种类应酬性的书信,但他在文中却言之凿凿,议论风发:"执事佐郡六年,清苦直方之节,众共知之,而山人之知执事独深,执事亦谓山人臭味之相同也。日夕所以拳拳于山人者亦深且厚。今执事行有日矣,山人非仁人也,不能赠执事以言;山人贫也,不能赠执事以财;而缱绻之情不能自已,聊具鹿靴一双,奉将别意。靴者,履也。《易》不云乎:'素履之往,独行愿也。'伏望执事,率其素履,独行所愿,不以夷险二其心,不以终始渝其度。用于世则为羔羊素丝之风,不用于世则励蔬食饮水之志,履道坦坦,为天地间一完人。此其所得,较之坏名毁节,以苟一时之富贵者,虽在卿相,知执事必不以彼易此矣!"①

短短的一封书信,文字纵横驰骋,游移于儒家典籍和现实生活之间,情理兼胜,作者与吕氏"直方""素履"的人格魅力昭然纸上,而离别之际拳拳不能自已的缱绻之情亦溢笔墨之外。虽然作者一再谦逊地说,自己并非是有资格赠人以言的"仁人",但他"超然"的"心地"和"终始不渝其度"的人格力量,足以让他胸中的"真精神与千古不可磨灭之见"在赠物时自然流出,文中的哲理水到渠成,绝无宋儒般酸腐的头巾气和纱帽气。就凭这一句"不以夷险二其心,不以终始渝其度。用于世则为羔羊素丝之风,不用于世则励蔬食饮水之志,履道坦坦,为天地间一完人",不知胜却多少所谓贤人的"赠言"或警言警句也!

---

① 唐顺之:《荆川集》卷四《与吕通竹屿书》,载文渊阁《四库全书》第1276册,上海古籍出版社,1987年,第264—265页。

清代散文研究的构想

一、前言

在诗学、词学以及小说、戏曲研究隆盛的比衬下,中国古代文学传统中曾经最为核心的文类——古代文章的研究,则显得相当萧索冷寂。在传统文化复兴的背景下,若要对中国古代文学遗产作出较为全面的总结和评判,忽视古代文章自是断然不行的。然而,数以万计的古代文家,其作品更是汗牛充栋,余生也有涯,恐难竭泽研读而得其精髓。眼下较为现实的做法,便是选取历史发展长河中的某一片段,作麻雀式的样本解剖与研究。

张之洞在主张"宜多读古书"的同时,更强调系统阅读清人文集,在他看来,"读国朝人文集有实用,胜于古集"①。这一主张更随着他的《书目答问》问世而为世人所接受,张氏书目之后所附《国朝著述诸家姓名略》,对该主张作了更进一步的阐述:"读书欲知门径,必须有师,师不易得,莫如即以国朝著述诸名家为师。大抵征实之学,今胜于古,

---

① 张之洞:《輶轩语》,光绪二十一年陕西学署刻本。

即前代经、史、子、集，苟其书流传自古，确有实用者，国朝必为表章疏释，精校重刻。凡诸先正未言及者，百年来无校刊精本者，皆其书有可议者也。知国朝人学术之流别，便知历代学术之流别，胸有绳尺，自不为野言谬说所误，其为良师，不已多乎！"① 张文襄公所论诚是，清代文章自具中国古代文章的总结特征。基于中国古代学术史和文学史的观照，以清代散文作为观照、研究中国古代文章的着力点和结穴点，可以上溯中国文章渊源传承之迹，下探古今之流变与演进，甚或可为今日文章之资鉴。笔者长年浸淫于清人别集，所谓愚人千虑，偶有心得，遂不揣浅陋，希望通过对清代散文史的系统梳理，并以古代文章学理论传承、后继、发展的脉络为基石，尝试初步构建起清代散文研究的基本理路和学术体系，推进中国古代散文的研究。

二、古代文章学传统与清人的继承

论中国文章者，对"盖文章经国之大业，不朽之盛事"② 这句名言自不陌生，此一语道出了千古文章的价值和意义，也成为后世文章理论走向之圭臬。盛唐诗人杜甫在其《偶题》诗中，更以千古识力和笔墨，写下了"文章千古事，得失寸心知"③ 这样的名言。但是，除却这些脍炙人口的言辞之外，历史文献中还留下了其貌似与此完全相悖的论说：

---

① 范希曾编、方霁点校整理：《书目答问补正》，江苏古籍出版社，2000年，第302页。
② 曹丕：《典论·论文》，载萧统编、李善注《文选》卷五十二，上海古籍出版社，1986年，第2271页。
③ 杜甫著、仇兆鳌注：《杜诗详注》卷十八，中华书局，1979年，第1541页。

"文章一小技,于道未为尊。"①

老杜的这两段论说,初看上去是完全相悖的,深究之,实则牵涉到"文章"内涵在不同层面的界定。在明清时期的诸多注家中,似乎明代的王嗣奭已有察觉,他在《杜臆》卷八中评骘杜甫《偶题》诗有曰:

"文章千古事",便须有千古识力为之骨;而"得失寸心知",则寸心具有千古。此乃文章家秘密藏,而千古立言之标准。从此悟入,而后其言立,可与立德、立功称三不朽,初无轩轾者也。然何以云"文章小技于道未为尊"耶?此正须识其道之所尊者安在。得所尊,则文章千古;失所尊,则文章小技。必视文章为小技,而后能以文章成千古之业。②

王嗣奭把其中的道理讲得非常透彻,也完全符合老杜的文学思想。杜甫对"文章"的理解,是完全建立在儒家"三不朽"的基础之上的,他认为若"文章"能与"道之所尊者"合,"于道为尊",则自足称"文章千古";若文章不能施展作者道德、经济、功业之理想,一味讲求雕章琢句,铺采摛藻,与"道之所尊者"何干?如此作派,则只能视为"文章小技"。

近代以来,随着西方文学理论的东渐,文学的语言艺术形式美感逐渐受到国人的重视和追捧。在这一大潮下,中国传统的文章学理论逐渐式微,传统文章学关注的诸多范畴和许多文体受到严重的挤压,以致最终完全退出文学研究的视阈。尤其是"五四"以后,在西方"文学学"

---

① 杜甫著、仇兆鳌注:《杜诗详注》卷十五,中华书局,1979年,第1315页。
② 王嗣奭:《杜臆》卷八,上海古籍出版社,1983年,第262页。

研究理路的引领下，学界已然形成这样的共识，东汉末年到隋初的三百余年间，"文学"从广义的学术中分化独立出来，在文学创作主体意识和独立价值得到追捧的同时，诸如文学情采、声律、用典、对偶等修辞、技巧、审美方面特性的自觉追求则日益突显，这在文学史上产生了巨大的影响，被称为中国"文学的自觉"。这一观念在当下古代文学的研究中依然影响至巨，一直以来，学界热衷于古典文学作品中形式结构、修辞技巧等所谓"纯文学"的研究。但是，文学史的史实却并非如现代人所论的那么乐观，在初唐文坛、诗坛上，就有许多诗人、作家对我们今天津津乐道的"文学自觉"进程中隐藏的深重的危机，做出深刻的反思和严肃的警示。陈子昂在《修竹篇序》中就认为，五百年来"彩丽竞繁"之风盛行不衰，造成的严重后果便是"兴寄都绝""汉魏风骨，晋宋莫传"之类的弊症，并在文学发展中逐渐被放大，这就是陈子昂大呼"文章道弊五百年"[①]的理论依据。一直力挺陈子昂、初唐四杰的杜甫，对此自然也有着清醒的认识，故而他要不断地警醒世人，文学写作要真正兼具"事出于沉思，义归乎翰藻"[②]，绝不能满足于"辞章之学"的"小技""小道"层面。

老杜所提出的命题，到中唐时期，被古文运动的领袖韩愈、柳宗元再一次揭橥。柳宗元在自述其文章写作的经历和体会时，有过这样一段经典的论说：

> 始吾幼且少，为文章，以辞为工。及长，乃知文者以明道，是固不苟为炳炳烺烺，务采色、夸声音而以为能也。凡吾所陈，皆自谓近

---

① 陈子昂：《陈子昂集》卷一《修竹篇序》，中华书局，1960年，第15页。
② 萧统编、李善注：《文选》，上海古籍出版社，1986年，第3页。

道,而不知道之果近乎,远乎?吾子好道而可吾文,或者其于道不远矣。故吾每为文章,未尝敢以轻心掉之,惧其剽而不留也;未尝敢以怠心易之,惧其弛而不严也;未尝敢以昏气出之,惧其昧没而杂也;未尝敢以矜气作之,惧其偃蹇而骄也。抑之欲其奥,扬之欲其明,疏之欲其通,廉之欲其节,激而发之欲其清,固而存之欲其重,此吾所以羽翼夫道也。①

在深刻的自我反思中,柳子对少时作文章追求"炳炳烺烺""以辞为工""务采色、夸声音"这些小技进行了彻底的清算,最终提出"近道""羽翼夫道"的主张,认为这才是文章之大道和"千古事"。作为柳宗元的同盟,韩愈面对古文之凋敝,把批判的矛头直接指向了那些思想贫乏空洞、徒以藻丽称扬的风气,提出以道济文、文道合一的主张,并身体力行,写作了许多极富思想深度和哲学高度的古文作品。对此,文学史上早就有苏轼"道济天下之溺,文起八代之衰"的总结,可以略而不论。既然韩愈古文与其学术思想("道")有着如此重要的关联,是则,那些关乎韩愈文章思想内核的篇章,诸如"五原"(《原道》《原性》《原毁》《原人》《原鬼》)为代表的各类杂体文章,自应该在古代散文研究,特别是韩愈散文研究中给予足够的关注,但当下学界除却文论研究偶有关涉外,文学研究者几乎都会从"文学学"的理论立场出发,以其缺少"文学性"而弃置不论。殊不知,这样的做法,于中国古代文章传统和文章理论是极为隔膜的,完全偏离了唐代古文运动以来所奠定的中国古文"文统"。

韩愈、柳宗元以及欧阳修等北宋古文诸大家所苦心经营的"文统",

---

① 柳宗元:《柳宗元集》卷三十四《答韦中立论师道书》,中华书局,1979年,第873页。

正是力图在"文"和"道"二者的绾合点上,寻找到艺术和思想的结合和默契。明清以来,几乎所有的散文作家都会高举"文统"的大纛,并在这方面进行积极的探索和尝试,这已然是中国文学史的常识,可以不赘。明清时期的文章家,始终是沿循着这一文章学传统而展开文学史的发展历程的。晚明东林党领袖邹元标就在对"文统"的研修和参悟中,以杜甫的话头来引出自己的心得,其中有谓:

> 文章千古事,壮夫比雕虫。雕虫虽小技,斯文岂易工?今人竞词藻,古人性灵通。性灵既以通,源泉滋不穷。六经文章伯,无语不鸿蒙。笔可参造化,谁与领春风?①

在文坛风气的审辨中,邹元标对"今人竞词藻"的流行风予以直言不讳的批判。"言文章者以修饰辞语为能事"②,甚或"惟词藻是务"的追求,正是扬雄以来中国文学传统中一直被鄙弃、"壮夫不为"的"雕虫小技"。单一讲究文饰之华丽和技法之精致,充其量不过是"雾縠之组丽""女工之蠹矣"③。明代著名的文体学者徐师曾就曾以尖锐直截之语批评道:"世之人徒见其组织缋绣、怪奇瑰丽,以为无异于古文,而不知其背畔剽窃,古意澌以尽矣。"并明确地指出这一史实:"古今以文章名家者,其学术才能高出于世,世亦共推让焉。"④ 这样的话锋在中国文学史上一直没有断绝过,更有甚者若曹植,他在《与杨德祖书》中申

---

① 邹元标:《愿学集》卷一《杂兴简同志》其九,载文渊阁《四库全书》第1294册,上海古籍出版社,1987年,第7页。
② 王祎:《送胡先生序》,载黄宗羲编《明文海》卷二百八十六,中华书局,1987年,第2967页。
③ 扬雄著、汪荣宝撰:《法言义疏》卷三《吾子篇》,中华书局,1987年,第45页。
④ 徐师曾:《临川王氏文粹序》,载黄宗羲编《明文海》卷二百四十,中华书局,1987年,第2483页。

述人生"岂徒以翰墨为勋绩，辞赋为君子哉"①。曹子建这一番言论，迪引着几多古代士大夫立志身后入《儒林》而不屑进《文苑》的执念，实在是难以计数。

邹元标始终因承、坚守着这一文学思想的传统，坚持认为文章在辞章翰藻之外，更应有深厚的学术涵养和蕴蓄，他所谓"六经文章伯，无语不鸿蒙""性灵既以通，源泉滋不穷"，岂非韩愈"养其根而俟其实，加其膏而希其光，根之茂者其实遂，膏之沃者其光晔"②这一论说的通俗化表达？这一认识，在一定程度上也代表了晚明以来文章家的普遍观点。明末清初的方以智在说及韩愈的文学史贡献时，有曰："韩修武振起八代之衰，为其单行古文法也。"具体说来，韩愈在古文上的核心成就不在"曲折作态，尽乎技矣"，"不在钩章棘句以为工，不在鄙倍芜累，乃为笃论，为学道之亚也"③。这是传统士大夫对"文统"观念的坚持与执着。

文章写作是古代士大夫的一项基本技能，借文章"立言"是他们实现人生理想、抱负的重要方式之一。对封建王朝来说，文章还是取士的重要途径。那么，明清时期又是以何等标准来进行文学人才的选拔呢？清初学者徐乾学，官贵文名，也曾多次担任过各级考试的考官，于此自然深有体会，他在《翰林院题名碑记》中开宗明义曰："夫翰林为朝廷文学侍从之臣，居禁近，掌制诰，公辅之望由此，其选非可以雕虫篆刻之才当之也。""其选非可以雕虫篆刻之才当之"，这与古代文章家坚持

---

① 曹植：《与杨德祖书》，载萧统编、李善注《文选》卷四十二，上海古籍出版社，1986年，第1904页。
② 韩愈撰、马其昶校注、马茂元整理：《韩昌黎文集校注》卷三《答李翊书》，上海古籍出版社，1986年，第169页。
③ 方以智：《方以智全书》（第一册）《通雅》卷首三《文章薪火》，上海古籍出版社，1988年，第68页。

的"文统"何其吻合！在接下来的文字中，徐乾学更是现身说法，反复申论文章之大义："予自庚戌释褐，先后官翰林垂二十年，自信朴僿无他长，惟是一言一议，亦欲溯其原，究其用，本经术，以经世务，期不愧于自古在昔立言不朽之义，方力焉而未有逮也，其敢以虚名哗世乎？"① 在徐乾学看来，文章之能成就"立言不朽之义"，必在于"体用"之契合，即文章要源乎经术，明于世用。文章之于国事、世用，绝非小事。在之后的论述中，徐乾学就把明代国运之隆昌衰敝与文章之流风联系起来，认为隆庆、万历以后，"才隽辈出，竞以浮华相矜诩，枝叶愈緐，流趋愈下。言文章者，至以词林相訾謷，则政事可知已"②。徐乾学之所以形成这样的文章观念，既有儒家知识分子个人长期沉浸元典而习得者，也有自己科考成功之经验总结，更有朝廷重臣对家国、天下大计的考量。因而，这篇被收入《皇清文颖》中的碑记，既是对中国古代散文传统的承继，也在一定程度上反映了清王朝"皇谟载道""帝治同文"的官方文学思想。

通过以上简单的梳理，中国古代文章理论在历时性的纵向变迁中，无论在朝、在野，还是官学、私学的表述，词章都被视为文章精义的载体或外壳，文章的核心始终围绕着词章之内所蓄积的深厚学术渊源、内蕴以及经世致用的社会化功能。但是，"文学自觉"这一提法曾得到非常规的重视，其文学史价值被无限夸大，导致学界出现一种置古代文学发展中的"学""文"密切关系不顾，唯所谓"文学性""文学本体""个性"是举的研究。这样的研究，究其实，不过就是历代文家一直所

---

① 徐乾学：《翰林院题石碑记》，载《四库提要著录丛书》集部第 206 册，北京出版社，2010 年，第 151—152 页。
② 徐乾学：《翰林院题石碑记》，载《四库提要著录丛书》集部第 206 册，北京出版社，2010 年，第 152 页。

摒弃的"词章之学"。即便有一些想从词章层面突围、拓展的研究,也就是"泛文化"层面的浮光掠影之谈,基本不涉及文章与传统学术、思想之间的绾合。若按照学界流行的"文学本体"的纯粹词章审美标准这一学理去研究古代散文,特别是清代散文,唯恐有清近三百年的散文发展史上,符合这种评判标准的文章并不多见,并且古代散文研究领域是极难在学术深度上得以展开和推进的。但问题却在于,清代散文一直被认为是传统文化发展结穴期散文的集大成者,这在学界早已成为定论。是则,在清代散文的研究中,就有必要在研究思路和方法上有所突破,放弃学界流行已久的"纯文学"词章审美标准,回归到中国古代的"文章学"传统,在"学"与"文"、"体"与"用"之间的结合点上,积极建构起符合古代"文统"承继和文学史实相的散文研究学术体系。

三、清代学术、文章之盛与学术史视野中《儒林》《文苑》之争

在清代散文研究思路和体系的建构上,前辈学者曾有过积极有效的探索和努力,其中最为杰特者当数张舜徽。在对千余种清人文集梳理后,他指出,读清人文章不仅可以感受到近三百年文风之丕变,也可以通过各家"书中要旨","究其论证之得失,核其学识之浅深",进而"推见一代学术兴替",正所谓"三百年间《儒林》《文苑》之选,多在其中矣"。① 一代文章的发展,足以反映一代学术、思想之演进历程,亦可从中见出时代风会之"消息"。早在清初,理学家、古文家魏裔介就

---

① 张舜徽:《清人文集别录》,中华书局,1963年,自序第1页。

曾有过"文章者,随天地气运为消息者"①这一说法,只是比较含混而已。张舜徽的论说,便是对清人文章认识明晰而系统的理解,它不仅完全把握住了清代散文发展的基本规律,也指明了清代散文研究的基本方向。

无论是基于古代文章理论传统的考量,还是基于清代散文发展的实际情况,若要对清代散文作出较为全面深刻的审视和研判,势必就要突破学界惯常使用的单一"文学本体"视角。将古代散文单纯地视为"语言的艺术",不仅很难涵盖传统散文中诸如论、难、辨、考、说、原、解等在内的庞杂文体,而且更不能真正体现古代散文中丰富多彩的哲学睿智、思想锋芒和深厚的人文传统,也就是传统文论中广义的"道"。

在清代文学的发展史程中,纯粹以章法、辞藻等语言、修辞技巧为务的"华采散文"(亦可称为"艺术散文"),虽然在清代散文总量中的占比极低,但是我们也绝没有理由对其置若罔闻,作为文学史的研究,自然需要花费一定的精力去深入探讨。除此以外,占比更大的"学术散文"和"经世散文",这些文章在写作技法和词章之外,更纽结并熔铸了清代学术、政治、文化在内的宏阔社会历史内涵,需要耗费我们更多的精力,需要以更为宏阔的学术视野,突破一直以来"纯文学"研究的单一视阈以及由此带来的浮薄之气。若能坚持这样的思路,持之以恒,必然会对中国传统文化发展的最后一个时代的文学及学术文化思想有更为深透的认识。

清代学术繁荣,广涉经史子集各部类,创获颇丰,这是公认的事实,毋用赘言述之。清代文章家,多兼具学人之身份,这些双重身份的作家占据了清代散文史的半壁江山,因而他们在高举"文统"的道路上

---

① 魏裔介:《兼济堂文集》卷八《庚戌科会试录前序》,中华书局,2007年,第195页。

具有先天的便利，将学术与文章的结合、道德与文章的结合体现得更为紧密。这样的文坛格局，自然对清代学术的传布以及清代散文的发展极为有利，但它却给清代学术史研究带来了极大的困惑，在传统史学的分类归属中，这些多重身份的作家是归于《儒林》还是《文苑》，便成为一个棘手而重大的难题。

顾炎武作为有清一代学术、文章之开山祖，其一生论学、论文，不外乎二端——"博学于文""行己有耻"。这正是他在《与友人论学书》中所谓："自一身以至于天下国家，皆学之事也；自子臣弟友以至出入、往来、辞受、取与之间，皆有耻之事也。耻之于人大矣！……士而不先言耻，则为无本之人；非好古而多闻，则为空虚之学。以无本之人，而讲空虚之学，吾见其日从事于圣人而去之弥远也。"[①] 其文章为道德、学术张目之意图确矣。

在清初，顾炎武这样的学术、文章观念带有时代的普遍意义，绝非个别现象，与其并称的黄宗羲、王夫之莫不如是。黄宗羲的《留别海昌同学序》一文对正史传统中《儒林》与《文苑》分列二传的讨论，在有清一代极具普遍性，对这一问题的关注热度，一直维持到清季民初。其间，无数的文人学士纷纷表达出入《儒林传》的个人理想，而《文苑》则非其首选意愿。在黄宗羲看来，"三代以上，只有儒之名而已，司马子长因之而传《儒林》。汉之衰也，始有雕虫壮夫不为之技，于是分《文苑》于外，不以乱儒"。此后学术、文章的分离与析辙更是名目繁多，然而，在黄宗羲看来，"学问之事，析之者愈精，而逃之者愈巧"，境界亦随之以降，若再有一味"封己守残"之念，终难修成学术、文章

---

① 顾炎武：《顾亭林诗文集》之《亭林文集》卷三《与友人论学书》，中华书局，1983年，第41页。

之大道正途。在黄宗羲看来,"举实为秋,摘藻为春,将以抵夫文苑也"。他眼中真正的学术、文章之理想绝不仅限于此,而应该是在"钻研服、郑,函雅故,通古今,将以造夫儒林也"的基础上,"由是而敛于身心之际,不塞其自然流行之体,则发之为文章,皆载道也,垂之为传注,皆经术也"。① 其合文与学为一之用心昭然可见。此后经过戴震、姚鼐、阮元等大有力者之扬抱,此种观念几乎深植人心。戴震曾指出:

> 古今学问之途,其大致有三:或事于理义,或事于制数,或事于文章。事于文章者,等而末者也。然自子长、孟坚、退之、子厚诸君子之为之,曰:"是道也,非艺也。"以云道,道固有存焉者矣,如诸君子之文,亦恶睹其非艺欤?夫以艺为末,以道为本。诸君子不愿据其末,毕力以求据其本,本既得矣,然后曰是道也,非艺也。②

一方面,戴震也承认史汉、韩柳一路的文章之中自有"艺"之成分,所谓"恶睹其非艺欤"是也。但在他的学术观念中,始终将"道"视为文章之本,坚持"以艺为末,以道为本",故而会发出如此振聋发聩的声音:"是道也,非艺也。"

戴震的这一观念,得到了桐城派古文领袖姚鼐的呼应,姚鼐谓:"天下学问之事,有义理、文章、考证三者之分,异趋而同为不可废。"③三者之间的关系应该是"相济""兼长",文章并非只是文法技巧而已,其旨归在乎"明道"以"昭示"天下也。这就是他所谓:"夫古人之文,

---

① 黄宗羲:《南雷文定前集》卷一《留别海昌同学序》,载王云五主编《丛书集成初编》第2463册,商务印书馆,1936年,第16页。
② 戴震著、张岱年主编:《戴震全书》(六),黄山书社,1995年,第375页。
③ 姚鼐:《惜抱轩文集》卷六《复秦小岘书》,载《续修四库全书》集部第1453册,上海古籍出版社,2002年,第53页。

岂第文焉而已？明道义、维风俗以昭世者。君子之志，而辞足以尽其志者，君子之文也。达其辞则道以明，昧于文则志以晦。"① 这既是对戴震等学者的呼应，更是对方以智、钱澄之以来的桐城古文传统的继承和阐发。追溯历史，作为桐城先贤的钱澄之，早就明确提出了这样的主张："理者，气之源也，有真理而后有真气，而因之以有真词。舍理以为气，虚气也；舍理以为词，浮词也。"因而，他激烈地批评那些所谓"今之能文者"，"其读书徒以为词而已，以副墨雒诵为勤学，以掇拾饾饤为博雅"，那些完全失去自我思想的文字，只能"依经傍传"，"规模大家，取法先辈，一步一趋，尺寸不遗"，而绝"不能自出一语"，"其为论也"，"犹被木偶以衣冠"。② 是故，今人研究桐城派古文，几乎将所有精力专注于雅洁的"义法"与写作技巧，而置桐城作家的学术修养与造诣于不顾，岂能得其文章之鹄耶？

嘉庆四年（1799），阮元任会试总裁朱珪副手，拟定《己未会试策问》，其中就有"问正史二十有四……儒林、文苑、道学应分应合欤？"③ 将这一命题抛给所有的应试举子，这在士林引起的反响绝不小也。综观阮氏一生的诸多文字，诸如《拟国史儒林传序》④ 等，可见其崇《儒林》之意甚明。

嘉庆十五年（1810），阮元任国史馆总纂，着手撰写了国史《儒林》《文苑》二部，把顾炎武、黄宗羲、戴震等人悉数载入《儒林传》中，

---

① 姚鼐：《惜抱轩文集》卷六《复汪进士辉祖书》，载《续修四库全书》集部第1453册，上海古籍出版社，2002年，第45页。
② 钱澄之撰、彭君华校点：《田间文集》卷十三《问山堂文集序》，黄山书社，1998年，第249—250页。
③ 阮元：《揅经室集》之《揅经室二集》卷八《己未会试策问》，中华书局，1993年，第575页。
④ 阮元：《揅经室集》之《揅经室一集》卷二《拟国史儒林传序》，中华书局，1993年，第37页。

这些自无太多争议。但阮元将阳湖文派开创者张惠言归入《儒林传》就曾引起了一场不大不小的风波。阮元离开国史馆后,"某尚书以私憾"将张惠言从《儒林传》中"去之",但"某尚书"的做法立即招致很多人的非议,出现"士多有不平者,或至其门诟焉"①的情形。这一学术事件背后其实深蕴着一层重要的学术机理。

阮元欣赏张惠言的古文,以为其文"效韩愈、欧阳修",行之有法度,但他更注重的是张惠言在《易》学上"孤经绝学"之成就,②其又能将学与文紧密结合,"以经术为古文",使得文章"不溺于华藻",早已超越辞章的层面而上升到"发挥天人之际"这一"道"的至高境界。他在《茗柯文编序》中这样高度评价道:"武进张皋文编修,以经术为古文,于是求天地阴阳消息于《易》虞氏,求古先圣王礼乐制度于《礼》郑氏,岂托于古以自尊其文欤?……盖义之附于经者,内也;义之征于文者,外也。由内及外,而发挥天人之际,推阐制数之精,其所蕴更宏,其所就更大。……若其文之不遁于虚无,不溺于华藻,不伤于支离,则又知言者所共喻也。"③这段序言,也清楚地解释了阮元将张惠言列入《儒林传》中的真正原因。事实也确如阮元所说,虽然张惠言在清代散文史上足以称为一代名家,但他的文章主要不是想显示其藻耀高翔的一面。张惠言曾对好友恽敬说过:"文章,末也。为人非表里纯白,岂足为第一流哉?"④因而,他在诸多论学谈《易》的序跋、题记以及史

---

① 张琦:《宛邻集》卷三《上汤侍郎书》,《宛邻书屋丛书》本。阳湖文派作家陆继辂曾在《合肥学舍札记》卷一《宛邻语》条中亦有详述曰:"有某尚书者以皋文所著书显倍朱注去之。一时士论大为不平,争欲借皋文弟宛邻(琦)遍诣诸史官争之。宛邻不肯曰:'先兄宜入儒林与否,将来自有定论,若如此求入,即与奔竞何异?非先兄意也。'呜乎!此可谓能知其兄矣。"
② 阮元:《揅经室集》之《揅经室续集》卷二《集传录存》,中华书局,1993年,第1042页。
③ 阮元:《茗柯文编序》,载张惠言著、黄立新校点《茗柯文编》,上海古籍出版社,1984年,第262页。
④ 恽敬:《大云山房文稿初集》卷四《张皋文墓志铭》,《四部丛刊初编》本。

论、政论之文中熔铸了其独立的学术思考，亦时时闪现出其思想的光辉和道德的魅力，入《儒林传》也许才是他的真正意愿。

钱澄之、毛奇龄、桂馥、朱鹤龄、臧庸、金榜、王鸣盛、刘台拱、孔广森、孔继涵、颜光猷等二十四人都遭到与张惠言同样的待遇，汪中则由《儒林传》被移至《文苑传》。阮元之子阮常生为其父编纂《揅经室续集》时存录了这些被国史删除的"儒林"人物的传记，并通过按语的形式，让后人清晰地了解到曾经的学术公案。[①] 而就在这场公案之后，钱澄之、张惠言、汪中等学术研究大师及其学术文章逐渐被视为清人文章之大宗，在清代中叶的文坛上几乎很难见到高举"第文""第艺"，或是"规模"某朝、某家的文章理论，纯粹的"文学性"或是修辞艺术性的文章，在朴学大潮中大量的学术文章的冲击下，日渐显现出衰荼的态势。

在文字狱迭兴之后，以考据为主要特色的乾嘉朴学进入大盛期，很多文人学者"相率不复治近史，且不敢论涉政治以干时忌，然后举世之心思才力，乃一窜于穷经考礼，而乾嘉朴学以兴"[②]，其学术史地位已经受到了世人的瞩目。虽然在清代学术汉、宋对立的情形下，方东树将朴学家单纯地视为眷恋骸骨者，把他们所做的校勘、辑佚、辨伪、文字、音韵、训诂之类的研究称为"掇拾破碎"[③]，在门户之争中，这些看法自然失之偏颇，自可不必纠缠于此。

然而有一问题始终未被学界关注，那就是朴学家们围绕考据展开诸项工作而写成的各类题跋、序论之类的"学术散文"，单从文辞藻饰衡量，似乎与"文学性"基本无涉，故而学界通行的做法是将其排除在文

---

① 阮元：《揅经室集》之《揅经室续集》卷二《集传录存》，中华书局，1993年，第1025—1048页。
② 张舜徽：《清人文集别录》，中华书局，1963年，自序第3页。
③ 方东树：《考槃集文录》卷六《复罗月川太守书》，载《续修四库全书》集部第1497册，上海古籍出版社，2002年，第349页。

学史视野之外。但此类文章作为清代散文的重要组成部分，无论是文体学中的文体构成与特征，还是写作学视阈中包括谋篇布局、思维逻辑在内的诸多技法，其在中国散文传统中都具有不可轻忽的意义。这些传统，经由晚清以还直至民国时期许多旧时文人的承继，其"实事求是，无征不信"的为学态度与方法，还有冠之以"原始""古微""本义""正谊""正解"这样追本溯源的探索精神以及文章中严密的逻辑推论和朴实谨严的文风，无不成为清儒最为重要的学术遗产，并被吸纳到现代学术话语体系中，最终成为中国现代学术著述的重要渊源和精神内核。

细读深究乾嘉朴学家的经史考证文章，可知其并非如常人所看到的表象那样，只满足于古董与故实的稽考，诚如朱维铮所说："尽管十八世纪中国的政治环境不容思想自由，那时代的汉学家们仍不否定思辨，并坚持对历史与文献的实证研究，来抵制弥漫于意识形态领域的空疏独断的学风。倘说重视从历史本身说明历史的实证研究，应该替现代性的启蒙运动屡遭颠扑负责，那岂止是于史无知而已。"① 朱维铮的这段论述，完全可以从清代经学史的史实中得到充分的印证，因为期间不乏戴震、钱大昕、汪中、张惠言这样的"特立之士"，他们的学术散文，往往以文字、音韵、训诂和考据为"渡江河"之"舟楫"、"登高"之"阶梯"，最终"灼然知古今治乱之源"②。难怪戴震会在给段玉裁的信中自信满满地说到，《孟子字义疏证》乃其"生平论述最大者"，就因为他早已将此书视为"正人心之要"，③ 一如汪中因《墨子》"其救世，亦多术矣"，遂将《墨子》的考定与研究视为"救衰世之弊"的要津。④ 诸如此

---

① 朱维铮：《〈壶里春秋〉小引》，《文汇读书周报》2001年3月3日。
② 戴震著、张岱年主编：《戴震全书》（六），黄山书社，1995年，第541页。
③ 戴震著、张岱年主编：《戴震全书》（六），黄山书社，1995年，第543页。
④ 汪中著、田汉云点校：《新编汪中集》，广陵书社，2005年，第409、410页。

类，不一而足。这些学术文章写作者探索真理的勇气，以及在高明而巧妙的写作策略的掩盖下深隐逻辑思辨和推论及在字里行间迸发出的真知灼见，无不足以作为后世学人的楷范。观其文字，则时现"议论峻快，足以兴起人"，从中完全可以推明有清中叶学术"风气穷变之机"①。这又将是一个非常宏大的论题，笔者将另撰文专门论说。对此，笔者曾在拙著《清代经学与文学——以常州文人群体为典范的研究》中亦有过粗略的论说，认为这样的"学术散文"，实际上起到了思想解放、思想启蒙"别动队"的作用，兹引其中一段文字：

> 由清初顾、黄、王的"进"而至乾嘉之"退"，毋宁说是思想者在惨烈的社会生态中，由致用转向求是，由事功转向学理，由志士转向学者，由行动转向静观，由高亢激越转向平实，在暂时的沉默中继续探求真理的良知，此法也是这一生态下最好的选择。因为当历史的尘埃落定时，我们今天就完全可以体会到它们在"草色遥看近却无"的非主流文化演进过程中，蕴蓄着无声的生命力量，最终起到了学术别动队的作用。②

有清一代"学术散文"在古代散文研究中的缺位，理应引起学界的关注，这不仅关乎文章学研究的推进，更关乎独立尚实的朴学学风和科学精神以及学术经世传统的倡导，则事莫大焉。

---

① 张舜徽：《清人文集别录》，中华书局，1963年，自序第4页。
② 杨旭辉：《清代经学与文学——以常州文人群体为典范的研究》，凤凰出版社，2006年，第67—68页。

四、"学""文"、"体""用"绾合的清代经世散文

清代的"学术散文",与清代学术一样,内容包罗万象,它们在对经史子集各部类的学术义理的发明和论述中,通过严密的考据、推理、归纳、总结,推阐着自己的真知灼见,彰显了清人学术和文章中的逻辑思辨力量和科学精神。清代学术史上,从顾炎武、黄宗羲、王夫之,到龚自珍、魏源、林则徐,以迄晚清的康有为、梁启超、章太炎,各个时代的精英,都不乏思想火花的迸射。他们的思想光辉和振聋发聩的言论,无不是借由大量并不完全以藻饰见胜的"学术散文"或"经世散文"而承载,并得以广泛传播而深入人心的。要知道,清代的这些大师先哲,无不力主文章有为而发,为学术、社会以及世道人心,振衰起废,以实现引领时代潮头、转移时运风气的理想。

晚明以来渐兴思想解放运动,学者们一方面针对明人学问空疏之弊进行学理上的反思,追索学术之源;另一方面也通过独立的思考、学术著述和文章书写,系统地传达出自己的学术理念和表达路径。这一时期的顾、黄、王"三大家"堪称典范和时代的风向标。

王夫之的学术著述和散文写作,"所作类多扶世翼教之心"[①]。黄宗羲则认为"儒者之学,经纬天地",所以他极其轻鄙、反对"读书作文"

[①] 郭嵩焘:《答周昌辅》,载王夫之《船山全书》第16册附录《杂录之部》,岳麓书社,1996年,第609页。

"目为玩物丧志"的做法，更将其视为"厕儒者之列，假其名以欺世"。①"三大家"中，顾炎武发出的声音最为高亢，也最具批判精神。在与友人的论学中，顾炎武时常提出这样的观点："凡文之不关于六经之指、当世之务者，一切不为。"②"君子之为学，以明道也，以救世也。徒以诗文而已，所谓'雕虫篆刻'，亦何益哉？"③"无关于经术政理之大，则不作也。"④ 这正是顾炎武晚年倾力著述《日知录》的学理依据所在。在《日知录》中，顾炎武大张旗帜，表明自己的这一学术立场和文章理论，一方面以尖锐的笔触批判"不识经术，不通古今，而自命为文人"⑤，而以"巧言""文辞欺人"⑥ 这类现象的泛滥，同时高举"文须有益于天下"之帜："文之不可绝于天地间者，曰明道也，纪政事也，察民隐也，乐道人之善也。若此者有益于天下，有益于将来，多一篇，多一篇之益矣。"⑦

作为有清一代学术开山之祖，顾炎武的学术思想以及文章理论影响深远至巨，梁启超在《论中国学术思想变迁之大势》中，给予顾炎武很高的学术史地位，其中有曰：

> 亭林之《日知录》，为有清一代学术所从出，尚矣。其《天下郡国

---

① 黄宗羲：《南雷文定后集》卷三《赠编修弁玉吴君墓志铭》，载王云五主编《丛书集成初编》第 2465 册，商务印书馆，1936 年，第 31 页。
② 顾炎武：《顾亭林诗文集》之《亭林文集》卷四《与人书》三，中华书局，1983 年，第 91 页。
③ 顾炎武：《顾亭林诗文集》之《亭林文集》卷四《与人书》二十五，中华书局，1983 年，第 98 页。
④ 顾炎武：《顾亭林诗文集》之《亭林文集》卷四《与人书》十八，中华书局，1983 年，第 96 页。
⑤ 顾炎武著、黄汝成集释：《日知录集释》，岳麓书社，1994 年，第 681 页。
⑥ 顾炎武著、黄汝成集释：《日知录集释》，岳麓书社，1994 年，第 682、683 页。
⑦ 顾炎武著、黄汝成集释：《日知录集释》，岳麓书社，1994 年，第 674 页。

利病书》及《肇域志》,虽未成之本,然后世言人文地理者祖焉,至今日其供学者参考之用者益广也。亭林深知生计与政治为切密之关系者也,故言之尤斳斳也。其生计学皆应用的也,彼小试之于垦辟而大效,惜不能尽其用也;不然,亭林一越之范蠡也。声音训诂,为百余年间汉学之中坚,其星宿海则自《音学五书》也;金石学自乾、嘉以来,蔚为大国,则亦《金石文字记》为其先河也。故言清学之祖,必推亭林。诸先生之学统,不数十稔而俱绝,惟亭林岿然独存也。惜存者其琐节,而绝者其大纲;存者其形式,而绝者其精神也。①

梁启超所论顾炎武对清学的开创之功乃至在中国学术变迁大势中的历史地位,已然为学界所公认。在这段文字的最后,梁启超以高屋建瓴的眼光审视顾炎武学术后继者的得与失。在他看来,顾炎武之后的很多文士及其学问徒得浩繁的考据等"琐节"与"形式",并未真正把握其学术之"大纲""精神",因而也就很难有顾炎武、黄宗羲、王夫之等清初大儒那样体用兼该的博大气象。

至于顾炎武的学术"大纲""精神",梁启超在《清代学术概论》中概括为两条,一则表现为学术研究中的实证主义科学精神,二则表现为经术而影响于社会、政体的"经世"精神:

> 要之,其标"实用主义"以为鹄,务使学问与社会之关系增加密度,此实对于晚明之帖括派、清谈派施一大针砭。清代儒者以朴学自命以示别于文人,实炎武启之。最近数十年以经术而影响于政体,亦远绍炎武之精神也。②

---

① 梁启超:《论中国学术思想变迁之大势》,上海古籍出版社,2001年,第106—107页。
② 梁启超:《清代学术概论》,上海古籍出版社,1998年,第12页。

顾炎武身体力行,为清代学术思想导夫先路,其朴学之风和经世传统成为贯穿有清一代学术文化的两条主线,这两大风气深深地融摄于清代后来学术、文章的发展潮流之中。在文章领域,就有其弟子潘耒与之呼应,潘氏极力提倡"疏通而致用"的"条干之文"以及"羽翼经传,综贯百家"的"根柢之文",而将"徒以文字刻画"见胜的文章称为"花叶之文",认为这只不过"犹是裁花缕叶之能事而已",直视之为"小道"可也。这些精彩的论说,见于潘耒《毛氏家刻序》一文,其中有曰:

> 文章品格,万有不同。语其大凡,略有三种:有花叶之文,有条干之文,有根柢之文。竞华泽,尚藻采,纂组雕镂,标新领异,是谓花叶之文,辞工矣,而未深乎义也。考典制,论事理,辨博而不浮,疏通而致用,是谓条干之文,义畅矣,而未几乎道也。若夫穷天人之渊源,阐心性之闾奥,羽翼经传,综贯百家,此则根柢之文,道备而辞与义无不该焉。近代号为文人者,苟能为花叶之文,斯已哀然自命作者,其能通达条干者,十不得一;究极根柢者,百不得一也。岂非赋才有限,从入之路既殊,则终身画焉而无所变化欤!且夫载道之文,非可以缘饰而袭取也,必也学问真纯,识见坚定,蹦于中而暴于外,乃能左右逢原,苟徒以文字刻画,则虽高谈性命,亦犹是裁花缕叶之能事而已,于道何预焉?①

纵观清代散文的发展历程,无论是清初矢志恢复的遗民志士,还是晚清立志革新图强的有识之士,他们在文章中都表现出极强的经世精神,而这些无不是以坚实的学术作为后盾的。故而张舜徽在论说清代文

---

① 潘耒:《遂初堂文集》卷八《毛氏家刻序》,载《四库全书存目丛书》集部第250册,齐鲁书社,1997年,第23页。

章的发展时说:"若论儒效之弘纤,则清初与清末诸儒,规为浩大,识议明通。"① 这是完全合乎历史实相的论述。顾亭林的经世思想,在明清易代之际自然受到了诸多遗民志士的拥戴,诚如张舜徽所说:"开国之初,诸儒多明季遗民,操危虑深。艰贞自矢,大抵博学笃行,有志匡济,故其为学,原本经史,不忘经世。"②

至于"鸦片战后,外侮迭乘,志士扼腕,尤思以致用自见,于是依附公羊今文之学,盛张微言大义之绪,后之鼓吹变法维新者,卒托此以行其说,力辟墨守,广揽新知"③。晚清七十年,在外侮入侵的背景下,一批先觉的士人走上了民族救亡图存的自兴之路,在他们的引领下,文章的经世功能得到了前所未有的彰显和张扬。在龚自珍、魏源以及林则徐等人的文集中,关涉家国天下的"箸议"宏论,比比皆是。贺长龄与魏源,更是秉持"凡文字足备经济、有关治世者,无不搜录"的原则,编辑了《皇朝经世文编》,之后的续编、补编有二十余种之多,在清末同、光年间,还出现了数十种以"危言""卮言"命名的经世文章集和著作。在这一历史背景下,无论新派、旧派,还是政治家、学问家(诸如俞樾、曾国藩、盛康、左宗棠、张之洞),都不约而同地肯定了这一文章风潮,俞樾则在《皇朝经世文续编·例言》中明言:"凡讲求经济者,无不奉此书为矩蒦,几于家有其书。"张之洞在其论学的《輶轩语》中专列《讲求经济》一条,说道:"本朝书必宜读者甚多,但《皇朝三通》《大清会典》之类,寒士不易得见。若《圣武记》《满汉名臣传》《皇朝经世文编》《国朝先正事略》之类,坊间多有,必须寓目,有志经世者不厌求详。"他从此切入,指出文章家绝对不应满足于"能作文

---

① 张舜徽:《清人文集别录》,中华书局,1963年,自序第3页。
② 张舜徽:《清人文集别录》,中华书局,1963年,自序第3页。
③ 张舜徽:《清人文集别录》,中华书局,1963年,自序第3页。

字",而应以"通晓经术,明于大义""扶持世教"为旨归:

> 扶持世教,利国利民,正是士人分所应为。宋范文正、明孙文正,并皆身为诸生,志在天下。国家养士,岂仅望其能作文字乎?通晓经术,明于大义,博考史传,周悉利病,此为根柢。尤宜讨论本朝掌故,明悉当时事势,方为切实经济。盖不读书者为俗吏,见近不见远;不知时务者为陋儒,可言不可行。即有大言正论,皆蹈《唐史》所讥"高而不切"之病。①

系统爬梳史料,可以让后人对历史的研究更近乎历史本来的真实场域。有了对这些学术史、文学史的了解,那么,梁启超"新民体"的出现也就不难理解矣。

五、结语

《清史稿·文苑传序》中有语云:"清代学术,超汉越宋。论者至欲特立'清学'之名,而文学并重,亦足于汉、唐、宋、明以外别树一宗,呜呼盛已!"② 这样的判断是近乎学术史和文学史事实的。尤为引人注目的是,史官在此特别强调了有清一代文学与学术"并重"这一重要的学术文化传统。学、文互济,体、用结合,产生了大量的学术散文、经世散文,

---

① 张之洞:《輶轩语》,光绪二十一年陕西学署刻本。
② 赵尔巽等撰:《清史稿》(第44册),中华书局,1977年,第13314页。

俨然与华采散文鼎足而立，构成了清代散文的整体面貌。因而研究清代散文，绝不可以对此置若罔闻、熟视无睹。这类数量庞大的学术文、经世文，既是中国文章学传统中应有之义，更是清代实学思潮中结出的硕果。因而，笔者在对清代散文的长期研习中，尊重中国文章学的传统，在关注散文修辞、华采的文学性因素的同时，更力倡从哲学思想内蕴、逻辑思辨力量以及社会事功的关切等角度，深入剖析并继承清代散文中的"道统"及其学术思想养分，力避文章写作与研究中的一切"虚气"与"浮词"。

传统审美、思维视野下的清代骈文理论与骈文修辞美感特质

骈、散二体对峙,构成了中国古代文章的两大阵营。二马并驾,谓之骈;骈文者,简而言之,以字句两两相对而成篇章的文章,这是汉民族单音节语言文字独有的一种文学写作样式。优秀的骈文作品,以其精巧的骈对、华美的文辞以及和谐的音律,再加上设譬、比喻、对比、双关、象征等修辞手法的运用,尽显汉语言文字之美。艺术功力深湛的骈文作家可以纯熟地将上述这些文学写作技巧与文章本身所蕴含的深刻思想及真挚情感相结合、碰撞,从而创作出中国文学史上最为经典的骈体文佳构。

包括修辞在内的骈文的语言艺术、审美及其内在深蕴的哲学思维,本应是骈文研究中的重要理论问题,如果这一问题得到了较为圆满的解决,也就完全可以回答研究古代骈文的现实意义。但是,如此重要的学术问题,一直以来却难见集中的论述。就笔者所见,郭绍虞在《中国语词之弹性作用》《中国语言所受到的文字的牵制》《从文法语法之争谈到

文法语法之分》《骈文文法初探》诸文①中陆续的论说，涉及问题之深，见解之独到，尤为值得注意，特别是他对汉语言文字的特点与骈偶写作技巧之间关联的论述，精彩迭见。笔者在系统梳理清代骈文文献的过程中发现，在清代骈文创作取得突出成就的同时，很多作家和理论家对骈文这一文体的修辞美感特质有非常清晰的认识，虽然论述不算特别集中，但多以中国传统哲学和审美思维为视野，就骈文对偶、隐喻等修辞技巧及骈文修辞的美感特质、形成的学术机理进行了深入探讨，在骈文理论上取得了绝不逊色于创作的成绩。本文借由清人在骈文理论上的总结性论述入手，从传统的对称审美思维和"隐喻"、对偶等修辞手法的角度来论述骈文的审美价值和当代意义。

一、"奇偶适变"的对称之美及传统辩证思维

以骈偶为基本句式的外在形态，是论骈文文体特征不可逾越的一大论题，后世的很多论者都以此为骈文的一大束缚或弊症，故而对骈文多有诟病。然而，自古以来，有很多批评家对骈偶并不反感，尤其对"满招损，谦受益"这样"奇偶适变，不劳经营"且脍炙人口的经典骈词俪句，特别推重。刘勰在《文心雕龙·丽辞》中就曾说道：

> 造化赋形，支体必双。神理为用，事不孤立。夫心生文辞，运裁

---

① 郭绍虞：《照隅室语言文字论集》，上海古籍出版社，1985年，第73—114、353—367、388—419页。

百虑，高下相须，自然成对。唐虞之世，辞未极文，而皋陶赞云："罪疑惟轻，功疑惟重。"益陈谟云："满招损，谦受益。"岂营丽辞，率然对尔。《易》之《文》《系》，圣人之妙思也。序乾四德，则句句相衔；龙虎类感，则字字相俪；乾坤易简，则宛转相承；日月往来，则隔行悬合。虽句字或殊，而偶意一也。至于诗人偶章，大夫联辞，奇偶适变，不劳经营。①

刘勰的这段论述中，"自然成对""率然对尔"这类关键词特别值得注意。在刘勰的文学思想中，并不排斥骈偶，他甚至以《尚书》《周易》等经典中的骈偶之句为例证，说明上古"唐虞之世，辞未极文"，文学修饰之功尚未兴起之时，出语俪偶是再正常不过的文学现象；并且认为，经籍中的这些造语完全出于天理自然，或是圣人之"妙思"，并非人力刻意矫揉而为。所以，刘勰在对骈俪文章的评价中就非常反对苦心经营丽辞，拘滞于文句遣措的行为，极力主张"迭用奇偶，节以杂佩"（《文心雕龙·丽辞》）。文章之奇偶骈散，其实并无程式和定势，正如黄侃在《文心雕龙札记》中所说的那样："文之有骈俪，因于自然，不以一时一人之言而遂废。然奇偶之用，变化无方，文质之宜，所施各别。"②

刘勰的这段经典文论，蕴含一个非常重要的逻辑前提，那就是在中国历久不衰的对称审美心理和传统的辩证思维。对称审美源于古人对自然生物和人体结构的直观认识。这就是刘勰所说的"造化赋形，支体必双；神理为用，事不孤立"这一朴素的辩证思维方式。纵观中国文化艺术的发展，这一审美心理和思维方式，几乎熔铸、贯穿在各种传统艺术

---

① 刘勰著、杨明照校注拾遗：《文心雕龙校注》，古典文学出版社，1958 年，第 235 页。
② 黄侃：《文心雕龙札记》，华东师范大学出版社，1996 年，第 205 页。

门类中。古代中国在艺术领域对对称美的追求是极为普遍的,无论是音乐旋律和结构的安排、军队行伍的布阵,还是宫室建筑的规划布局,无不遵循着这一审美原则。嵇康在《琴赋》中,以"双美并进,骈驰翼驱"① 描述音乐结构的对称和谐之美。"车骑竞骛,骈武齐辙"② 则是张协《七命》一文对军队部曲行列的描述。在古代建筑艺术中,对对称美的追求可谓达到极致,这在汉代的许多都城赋中有很多例证:"炕浮柱之飞榱兮,神莫莫而扶倾。闶阆阆其寥廓兮,似紫宫之峥嵘。骈交错而曼衍兮,嵺嵂隗乎其相婴"③,"增宫嵾差,骈嵯峨兮"④,"清渊洋洋,神山峨峨。列瀛洲与方丈,夹蓬莱而骈罗。上林岑以垒嶵,下崭岩以嵩嵍"⑤。

在文学领域,骈文的产生也与此审美心理和哲学思辨有着莫大的关联。清代以前,似乎还很少有人关注,随着清代骈文创作的繁荣和理论研究的深入,就有作家在回顾、总结中国文章流变之时,关注到这一问题。清代常州古文家恽敬在幼时就受舅舅郑环教诲:"汝知纵横之道乎?言相并,必有左右;意相附,必有阴阳。错综用之,即纵横也。"⑥ 阴阳、左右、纵横、奇偶这些概念出现在文章理论中,是清代中叶非常普遍的现象。阮元在为孙梅的《四六丛话》作序,辨别训释"文""章"

---

① 嵇康:《琴赋》,载萧统编、李善注《文选》卷十八,上海古籍出版社,1986年,第843页。
② 张协:《七命》,载萧统编、李善注《文选》卷三十五,上海古籍出版社,1986年,第1603页。
③ 扬雄:《甘泉赋》,载萧统编、李善注《文选》卷七,上海古籍出版社,1986年,第327页。
④ 扬雄:《甘泉赋》,载萧统编、李善注《文选》卷七,上海古籍出版社,1986年,第332页。
⑤ 张衡:《西京赋》,载萧统编、李善注《文选》卷二,上海古籍出版社,1986年,第59—60页。
⑥ 恽敬:《大云山房文稿》卷二《孟子荀卿列传书后》,《四部丛刊初编》本。

时，对文章写作中"言"与"事"、"经"与"纬"、"阴偶"与"阳奇"的错综配合运用，有过这样精干的论述："昔《考工》有言：'青与白谓之文，赤与白谓之章。'良以言必齐偕，事归镂绘。天经错以地纬，阴偶继以阳奇。"① 有此理论基石，阮元便将宫商、声韵、翰藻、奇偶等视为文章的基本要素，所以他在考论历代文章的发展之后，得出这样的结论："综而论之，凡文者在声为宫商，在色为翰藻，即如孔子《文言》'云龙风虎'一节，乃千古宫商、翰藻、奇偶之祖；'非一朝一夕之故'一节，乃千古嗟叹成文之祖；子夏《诗序》'情文声音'一节，乃千古声韵性情排偶之祖。"②

几乎和阮元如出一辙，阳湖派文章大家李兆洛和他的好友吴育都将《易》视作"兆偶辞之端"③，而且他们在哲学上的出发点也完全一致，都受到《周易》"六位而成章，相杂而迭用"这一哲学命题的启示，用阴阳相生、相容相谐的理论来论说奇偶齐辙、互为辅翼的文学观点，此即吴育序文中所谓"文章之用，其尽于此"。李兆洛本人则更在自作的《骈体文钞序》中推本《周易》，对好友吴育的说法加以进一步的推演。他从《周易》哲学思想体系中"天地之道，阴阳而已""阴阳俱生，奇偶不离"等学说入手，调和奇偶，在二者的相融相摄中，积极为骈文争取文学史地位，其中有语云：

> 天地之道，阴阳而已，奇偶也，方圆也，皆是也。阴阳相并俱生，故奇偶不能相离，方圆必相为用。道奇而物偶，气奇而形偶，神奇而

---

① 阮元：《揅经室集》卷二《四六丛话序》，中华书局，1993年，第738页。
② 阮元：《揅经室集》之《揅经室续集》卷三《文韵说》，中华书局，1993年，第1066页。
③ 吴育：《骈体文钞序》，载李兆洛编，殷海国、殷海安校点《骈体文钞》，上海古籍出版社，2001年，第2页。

识偶。孔子曰："道有变动，故曰爻；爻有等，故曰物；物相杂，故曰文。"又曰："分阴分阳，迭用刚柔。"故《易》六位而成章，相杂而迭用，文章之用，其尽于此乎！《六经》之文，斑斑具存。自秦迄隋，其体递变，而文无异名。自唐以来，始有古文之目，而目六朝之文为骈俪。而为其学者，亦自以为与古文殊路。既歧奇与偶为二，而于偶之中，又歧六朝与唐与宋为三。夫苟第较其字句，猎其影响而已，则岂徒二焉三焉而已，以为万有不同可也。夫气有厚薄，天为之也；学有纯驳，人为之也；体格有变迁，人与天参焉者也；义理无殊途，天与人合焉者也。得其厚薄纯杂之故，则于其体格之变，可以知世焉；于其义理之无殊，可以知文焉。文之体，至六代而其变尽矣。沿其流，极而溯之，以至乎其源，则其所出者一也。吾甚惜夫歧奇偶而二之者之毗于阴阳也。毗阳则躁剽，毗阴则沉膇，理所必至也，于相杂迭用之旨均无当也。①

李兆洛在序言中所谓"毗阳"者，即或指古文家所作的散体文；所谓"毗阴"者，即指骈体文。对此，曾深受李兆洛文章理论影响的蒋湘南在其《唐十二家文选序》中曾有过非常明确的解释："三代以后之文，或毗于阳，或毗于阴，升降之枢，转自唐人。唐以后之文主奇，毗于阳而道歘，此欧、苏、曾、王之派所以久而愈漓。唐以前之文主偶，毗于阴而道怚，此潘、陆、徐、庾之派所以浮而难守。"② 李兆洛编纂《骈体文钞》的主要目的是积极消弭骈、散二体之间的隔阂与鸿沟，力主奇偶互用、骈散合一。所以，骈散"相杂而迭用，文章之用，其尽于此"，是李兆洛这篇序言及《骈体文钞》最为核心的思想。在李兆洛看来，主

---

① 李兆洛编，殷海国、殷海安校点：《骈体文钞》，上海古籍出版社，2001年，第1页。
② 蒋湘南：《七经楼文钞》卷六《唐十二家文选序》，中州古籍出版社，1991年，第188页。

奇者毗于阳，"毗阳则躁剽"；主偶者毗于阴，"毗阴则沉腿"，若歧奇偶而二之，则于文之"相杂迭用之旨均无当也"。所以，李兆洛极力主张打通现实中骈、散二体之间的森严壁垒，要求作文时能够做到骈散"相杂迭用"，追求既不毗于阴也不毗于阳的"称心而论，意尽辄止"的自然之文。

为了实现这一既定的理论目的，李兆洛在论说中甚至不惜拿出历代文学运动中最常用的托古还魂的套路，沿其流，溯乎源，追溯《周易》在内的六经为骈文始祖，其目的就是为了"欲人知骈之本出于古也"，"亦欲使人知古者之未离乎骈也"。① 李兆洛在对骈文文体源流的梳理中，无意间透露出骈偶这一修辞技巧及骈文这一文体，乃至古人对对称美的崇尚，皆孕育于《周易》阴阳辩证思维的这一事实。既然自然界中，"阴阳相并俱生，故奇偶不能相离"，那么，在文章的流变中，骈、散二体的关系也应该遵循"相杂迭用之旨"，则自不待辨矣。

不唯骈文滥觞时期的上古经典、六朝骈文兴盛时期的文人写作如此，在宋元以后的文学发展历程中，骈散"相杂迭用之旨"在民间通俗文学中迅速流行，这印证了中国人钟情于对称审美形式和修辞的传统，也印证了李兆洛的学说。随着操翰之士对骈偶技法的掌握愈益工熟，骈章俪句逐渐内化为他们文学书写的重要方式，骈偶也逐渐成为中国传统朴素辩证思维方式在文章写作领域开疆拓土的重要成果，不仅在文人的文学书写中，就连民间日渐兴盛的戏曲、说话艺术活动以及各种民间实用文体的写作之中，也时现其身影，且为百姓津津乐道。其中最为直接、显见的便是说话艺人在其脚本中大量使用骈偶化的俗语，随手翻检这一时期的话本小说，这样的情形俯拾皆是。如："屋漏更遭连夜雨，

---

① 李兆洛：《养一斋文集》卷十八《答庄卿珊》附《代作骈体文钞序》，光绪戊寅刻本。

行船又撞打头风"(《清平山堂话本·董永遇仙传》);"白酒红人面,黄金黑世心"(《初刻拍案惊奇》卷十四《酒谋对于郊肆恶,鬼对案杨化借尸》);"茶为花博士,酒是色媒人"(《初刻拍案惊奇》卷七《唐明皇好道集奇人,武惠妃崇禅斗异法》)。《警世通言》卷二十五《桂员外途穷忏悔》,就连续使用"慈不掌兵,义不主财""别人求我三春雨,我去求人六月霜""下水拖人他未溺,逆风点火自先烧""只要乌纱上顶,那顾白钮空囊""边蛇口中草,蝎子尾后针"等骈语并融织在故事情节的叙述之中。这些骈语,或采用正比反比的对照映衬,或采用喻义正义的比物连类,言简意赅,形象生动,语意精辟警策,非但不晦涩难懂,而且读来铿锵有力,朗朗上口,为老百姓所喜闻乐见,这多少与中国人重对称、求平衡的思维方式和审美情趣有着较为密切的关联。这些骈偶之句,"多为警句(佳句),亦近于格言、座右铭"①,所以,能够历经数百年依然鲜活地留存于现代汉语之中。至于其中的原因,张中行在《文言和白话》一书中,从修辞学的角度言之甚明:

> 意义方面,对偶的两部分互相衬托,互相照应,所表达的意思就会显得更加充沛,更加明朗,更加精确。声音方面,对偶的两部分此开彼合,此收彼放,韵律可以显得抑扬顿挫,节奏鲜明,和谐悦耳。表达方面的这种优点,可以从许多流传的名句中体察出来。②

骈文作为一种独立的文体,在传统时代曾有过它的辉煌,但要在不久的将来或者更长的一个历史阶段获得全面的新生和复兴,今天似乎还

---

① 顾随:《顾随全集》第三卷《讲录卷·驼庵文话》,河北教育出版社,2000年,第327页。
② 张中行:《张中行作品集》第一卷《文言和白话》,中国社会科学出版社,1995年,第89页。

看不出些许的迹象。但是，我们却完全有理由相信，中国文化中"阴阳相并俱生""奇偶不能相离"的哲学思辨传统和审美习惯，必将伴随着这些骈俪的警句格言、民谚俗语成为汉语言中最为重要也最有活力的组成部分而得以传承和发扬。笔者这一粗浅且不甚自信的理解和理论探索，在现代著名学者郭绍虞三十多年前所写的《骈文文法初探》一文中觅得了些许的勇气和信心。此文之中，郭绍虞专列一节"近于辩证的思想"，系统详尽地论述了"对偶之法是从辩证观点转化来的"[①]，并作出精彩的结论："这种汉语之特征，从思想上说是带有辩证的观点，从文学上说，又与文字单音有一定的关系，合此二者所以骈语可以演变为骈文。……骈俪思想既与辩证观点多少有些关系，而古人立言，又偏重修辞，强调运用语言文字的技巧，这两种思想两相汇合，加上中国的语言文字又多以单音为主，双音为辅，恰好容易促使骈语的形式，于是，骈语俳句的整齐形式相继发展，终于造成了此后骈文的发展，延续了相当长的一个历史阶段。"[②]

受郭绍虞的启发，笔者深感当下的骈文研究，除了要做文献的系统整理，对骈文发展的脉络做出清楚的梳理之外，更需要沉潜文本，以语言、辞藻、结构、修辞研究为基石，循着传统哲学的辩证思维方式，深入探索其中的"情感向度"及其思想深度和厚度。接下来要谈论的"隐喻"问题，就是笔者就"内外""表里"等传统辩证哲学命题和思维视角对骈文用典艺术的尝试性探索。

---

① 郭绍虞：《照隅室语言文字论集》，上海古籍出版社，1985年，第402页。
② 郭绍虞：《照隅室语言文字论集》，上海古籍出版社，1985年，第404—405页。

二、"托思言表,潜神旨里"的典故稠度与情感隐喻

李兆洛在对大量骈文作品进行品评、研究之后,便在《骈体文钞序》中将"指事曲以尽""述意深以婉""潜神于旨里,引情于趣外"厘定为骈文写作在抒情达意上的审美理想,正所谓:"盖指事欲其曲以尽,述意欲其深以婉;泽以比兴,则词不迫切;资以故籍,故言为典章也"①,"往往托思于言表,潜神于旨里;引情于趣外,是故小而能微,浅而能永,博而能检。就其褊者,亦润理内苞,秀采外溢,不徒以缕绘为工,遒峭取致而已"②。李兆洛的《骈体文钞》堪称嘉庆末年骈文理论的杰出代表,尤其是在书序中,他就骈文创作中用典的技法和修辞,全面系统地论述了骈文写作中"夸饰"和"隐秀"之间的关联,这是对刘勰《文心雕龙·隐秀》中"珠玉潜水""义生文外,秘响傍通,伏采潜发""心术之动远""文情之变深"等理论归纳的深化和推进。

李兆洛的论述,沿用了传统文论惯用的依借《周易》哲学体系中"内外""表里"等辩证思维,来论述骈文的"言意"关系,很好地揭示了骈文的言词用典与"指事""述意"的辩证关系,最终以"润理内苞,秀采外溢"一语作为骈文的定谳之论。李兆洛的推论,其实还涉及另一对重要的辩证关系,那就是骈文文本结构的横向曼衍敷陈和思想情感结构的纵向潜隐深晦的相互依存关系。对此,笔者曾在《清代骈文史》中

---

① 李兆洛编,殷海国、殷海安校点:《骈体文钞》,上海古籍出版社,2001年,第11页。
② 李兆洛编,殷海国、殷海安校点:《骈体文钞》,上海古籍出版社,2001年,第13—14页。

有过详尽的论述,在此不再赘述,兹引其中的一段结论:"从骈文的文体结构来看,文字辞藻横向的曼衍敷陈,在很大程度上使得纵向结构上所要表现的情感向度就较其他文体更为潜隐深晦。相较于传统诗文的言志抒怀,骈文中大量典故、意象语和象征语的运用,使得整个作品的意蕴远远超越了字面之所指。骈文中的典故、意象背后的'隐喻'既源自作家的艺术想象和象征联想,也与读者的这些艺术思维力有着密切的关联。"①

大量故籍、典章的运用,自然形成了骈文作品情感、神旨的"曲以尽"和"深以婉"。但并不是所有的骈文作家都能臻于这种境界,这首先需要作家有丰厚的学殖和写作素养,尤其是具有极高的文字驱遣和驾驭能力,否则就容易写出气靡辞冗、繁庸板滞,堪作"睡媒"的拙劣之作,这在文学史上并不鲜见。优秀的骈文作品,应该善于巧妙地选择各种历史、文学的典故,全文一气呵成,连续使用若干同类典故,在典故的横向连续、组接和文字的纵向流动中,写作者思想的锋芒和心灵深处的情感搏动若隐若现,却又真实而鲜活地在纸质的纤维中跳跃。这正是李兆洛所追求的审美理想——"指事曲以尽""述意深以婉""潜神于旨里,引情于趣外"。

在清代特殊的历史文化生态中,许多骈文作家喜欢在骈文作品中借典故所独具的"历史记忆",来实现骈文文本中的某种"历史暗示"或"情感隐喻"。他们充分利用骈文大量用典、铺锦列绣中"指事类情"②的修辞特点,在"缠复缴绕,转笔引事"③ 中,既达到"大抵自全之术,

---

① 杨旭辉:《清代骈文史》,人民出版社,2013年,第5—6页。
② 张惠言辑:《七十家赋钞目录序》,载《七十家赋钞》,道光四年宏达堂刊本。
③ 章太炎:《菿汉三言》,辽宁教育出版社,2000年,第56页。

晦其迹，秽其形"①的目的，又复开启了一个隐藏的历史视角和情感展示窗口；它将历史事件从其具体的背景中抽离而出，强化其内在的精神内蕴。这样对历史的建构和陈述的本身，往往也是对现时生存状况和情感状态的一种回身投射，因而这一时期的骈文名家涌现，佳作迭出。乾嘉时期的许多学者和骈文作家，借骈文"隐喻"的文学书写方式"呈现自我"，进而达到知识层集体记忆的共享，与天下更多的士子产生更多情感层面上的认同，正如吴兴华所说："中国古典作家征引六经、四史、诸子，不能说是搜奇猎异，因为那些都是现成的促成交流共鸣的素材。""善于用事的作家把每个字的负荷提到最高度，使读者脑中迸溅起无数火花，用一系列画面代替原来平板的叙述。"② 因而作家在写作时，也就要把这些潜在的内涵和力量发挥出来。这样看来，在清人的骈文创作中，每一位作家都提足了精、气、神，以隐秘而又独特的方式，把各自内心久已曲屈萦回的百千心结释卸一轻，而且是立体的、多层面的。"从此，骈俪之文又获得一次全面性的大解放，天壤间任何难言之理、难状之景、难写之事，已不愁无处发卖矣。"③ 这就有了乾嘉时期文网愈酷而江南骈文创作愈盛、成就愈高的局面。

在中国古典诗歌中，用典的"情感隐喻"，早已是人尽皆知。清初遗民诗人李邺嗣就曾对"取古人"为我立言的"潜发""旁通"的写作、修辞手法有过一番精彩的论述："逸心遥寄，长怀忽来，吾笔滞不能自写，偶取古人妙处为我写之，譬诸引彼丝竹入于吾声，则已合自然矣。"④ 清人诗歌中的典故稠度已属中国诗歌史之最，而清代骈文写作

---

① 汪懋麟：《百尺梧桐阁集》卷六《嵇阮优劣难》，上海古籍出版社，1980年，第449页。
② 吴兴华：《读〈国朝常州骈体文录〉》，《文学遗产》1988年第4期。
③ 张仁青：《中国骈文发展史》，浙江大学出版社，2009年，第476页。
④ 李邺嗣著、张道勤校点：《杲堂诗文集》，浙江古籍出版社，1988年，第325页。

中，以高密度的典故连缀这一潜隐的"情感隐喻"方式,更有甚于清诗,"托思言表,潜神旨里"的典故稠度与情感隐喻的深度、厚度,在清代骈文创作中得到了前所未有的彰显。在借"历史记忆"而建构带有强烈社会主体意识的文学风范和生命价值取向上,清代的骈文作家比清代及前代的诗人走得更远。历经国变的清初遗民,在历史悲剧的撞击下,遂在一连串历史典故的叠错组合中开启了一个隐藏的历史视角,尽情地抒写着他们的"哀江南情结";在所谓"康乾盛世"的光环下,文人的喜怒哀乐亦时时借典立意,他们往往抽去历史典故的具体背景,把某一点或某一个侧面浓缩、提炼为巨大的精神内蕴,将"古""今"串联成一个时空错置的历史场域,最终实现在精神、情感上的"今古合流"。这正如陈寅恪所说:

> 古今读《哀江南赋》者众矣,莫不为其所感,而所感之情,则有浅深之异焉。其所感较深者,其所通解亦必较多。兰成作赋,用古典以述今事。古事今情,虽不同物,若于异中求同,同中见异,融会异同,混合古今,别造一同异俱冥,今古合流之幻觉,斯实文章之绝诣,而作者之能事也。①

与寅老"兰成作赋,用古典以述今事"之论相比,张惠言所谓"指事类情"虽不及其精要明了,然究其意,实出于一辙也。张惠言之友康绍镛曾对"指事类情"的理论作出细致的解说,把张氏取前人辞赋为范的初衷淋漓尽致地展示出来。其间有云:"魏晋宋齐梁陈之士,祖述宪章,或托物以贡情,或隐忧而不去,引辞表旨,触类而发,咸无悖乎六

---

① 陈寅恪:《金明馆丛稿初编》,上海古籍出版社,1980年,第209页。

义之意。同年张编修皋文，少好《文选》辞赋，尝屏他务，穷日夜为之。卒乃归于治经，然辞赋亦不废。盖以为先士之盛藻，诗人之坠典，于是乎存焉。而后之作者，志益寡而辞益俳，逐物而不返，难可复理。乃录自屈原、荀卿至于庾信，发其奥趣，备辞赋一家之学。"[1] 看来，在乾嘉时期，骈文和辞赋的理论，并没有一味讲求辞益俳，忽略文章之"志"的追求，至于辞赋、骈文中要表现的"志"应该是一种"奥旨"，它在体制上必须有着层层的盛藻掩饰和托隐。在"指事"中"类情"，"指事"也就是我们常说的隶典用事，这样使得骈文在感情抒发上，就有了一层镂金错彩的豪华外衣，其结果往往是"为艰深之词，以文浅易之说"[2]。在文字狱的高压之下，"若正言之，则人人知之矣"[3]，而以艰深或盛藻来"文饰"之，当然也就增加了作者在现实社会中的安全系数。此中门道，对于身处高压下的士子来说，无不心有戚戚。作为乾嘉文坛上主要的骈文作家，杭世骏在为汪中的《哀盐船文》作序时就有过这样经典的内心叙怀："故指事类情，申其雅志，采遗制于《大招》，激哀音于变徵，可谓惊心动魄，一字千金者矣！或疑中方学古之道，其言必期于有用。若此文，将何用邪？答曰：中目击灾异，迫于其所不忍，而饰之以文藻。当人心肃然震动之时，为之发其哀矜痛苦，而不忘天之降罚，且闵死者之无辜，而呼嗟噫歆，散其冤抑之气，使人无逢其灾害，是《小雅》之旨也。君子故有取焉。若夫污为故楮，识李华之精思；传之都下，写左思之赋本。文章遇合之事，又末而无足数也。"[4] 因

---

[1] 康绍镛：《七十家赋钞序》，载张惠言《七十家赋钞》，道光四年宏达堂刊本。
[2] 苏轼：《东坡全集》卷七十五《与谢民师推官书》，载文渊阁《四库全书》第1108册，上海古籍出版社，1987年，第217页。
[3] 苏轼：《东坡全集》卷七十五《与谢民师推官书》，载文渊阁《四库全书》第1108册，上海古籍出版社，1987年，第217页。
[4] 杭世骏：《道古堂全集》之《道古堂集外文·哀盐船文序》，光绪十四年刻本，叶33A。

而，镂金错彩的骈文成为一个极好的情感避风港（一如词有"艳科"的保护色），在文辞藻丽的"文饰"之下，"指事类情"也好，"申其雅志"也好，这些惊心动魄的感情波澜在逼仄的文化生态中得到了一处舒展的心灵空间。

　　清代骈文家所擅长的，正是从历史的典籍中，分离、抽绎出若干情感元素。那些从历史背景和具体语境中剥离出来的情感因子，虽与现实有着一定的差距，但它们仍能被清人成功地转化为现实的情感符号。这样的抽取和占有，如果是建立在博学多才、"长袖善舞"的基础上的话，完全可以实现文化专制背景下现实情感抒泄的自由无拘，且不易被各级庸碌的文化检查官所察觉，最终借此实现同道、友朋之间在文学传情达意上的心照不宣和默契。因此，隐喻成为清代骈文作家躲避文网洗劫、戕害的最好掩体。隐喻在骈文中的普遍运用，连篇累牍典故裹饰之后的情感表达和抒写，使得作品文本自然会显现出前所未有的艰涩感，这是清代文人在文化专制的高压、重荷之下作出的集体性的艰难选择。因而从这个意义上来说，清代骈文的发展史程，是清代文人在严酷的专制生态中发展起来的一朵寒花奇葩。今天的学者若能对学界的喧嚣和躁动置若罔闻，长期愉快沉潜其中，透过清代骈文艰涩、坚硬的文字外壳，完全能在纵深的情感层面体味到它比清代诗歌更为隐秘而真实、丰富而透彻的思想情感的脉动。因而，笔者一直以为，对清代骈文史的梳理，除了艰辛的文献搜集之外，更主要的工作应该是从骈文这一长期以来备受诟病的文体来窥探清代文人在文献中潜滋暗现的情感向度，透过骈文文本的内外、纵横等辩证关系的剖析，为全方位再现清代知识分子的心灵轨迹，提供一个更为细致的文本依据。对此，笔者曾有专文①论述，此处不赘。孙康宜在其所著《陈子龙柳如是诗词情缘》中的一段论说，尤为耐人寻味，不妨援引如下，作为本节小结：

> 诗人的美感想象和个人象征联想力强，此乃赋中意象和象征的意义泉源。……陈子龙个人所用的象征系统诚然暗示性很强，然其一旦用来激发关键性的具体情况，却只能强化中国式诠释策略的一个基旨：诗赋的意义不是阅读一遍就会消耗殆尽；阅读的经验实则为不断的解码过程，把作品的象征意涵挖掘出来。诗赋的意象稠度，会不断激励我们去做抽丝剥茧的工作，以便为作品复杂的意义网路理出头绪。②

三、"上抗下坠，潜气内转"：密丽文辞中行文和声情的流动之美

骈文文本的强烈共性、大量的用典征实以及密丽的文辞，对写作者和阅读者都是一个巨大的挑战。作者和读者必须要在长期阅读、研究、创作的积累后，才能逐渐体味到骈文"意理自密，哀愤塞胸"③的情感内蕴，进而深切地体会到"迫切之情，出以微婉；呜咽之响，流为激亮"④的行文之美和声情之美。张惠言的弟弟张琦是清代骈文名家，他

---

① 杨旭辉：《清代骈文的情感向度与认识难度——以常州骈文作家群为中心的考察》，《西北师范大学学报》（社会科学版）2005 年第 4 期。
② 孙康宜著、李奭学译：《陈子龙柳如是诗词情缘》，陕西师范大学出版社，1998 年，第 66 页。
③ 李兆洛编，殷海国、殷海安校点：《骈体文钞》卷十六，上海古籍出版社，2001 年，第 226 页。
④ 李兆洛编，殷海国、殷海安校点：《骈体文钞》卷十六，上海古籍出版社，2001 年，第 220 页。

在研习、揣摩南朝骈文作家王褒《四子讲德论》一文的过程中，就有过两种截然不同的体会："往时读此文，病其气靡辞冗。今再读之，始知其气之淳厚，辞之腴畅，从容《雅》《颂》，令人渐渍其中，而不能自已。"①"令人渐渍其中，而不能自已"，足见优秀的骈文作品在繁密的修辞之中，不乏"腴畅""从容"的节奏和韵律，其中深蕴的感染力是感人至深的。

对于这种现象的体认，清代文学史上绝非张琦一人所独有，但凡在骈文研究、创作上成绩卓特者，莫不深有感悟。早在清初，倪璠在笺注庾信的骈文并总结庾信骈文的艺术成就时，就认为庾信独步一时，不仅因其"精敏，博极群书"，更为关键的是，他往往能在繁密的用典和修辞中做到"因事推详"，"随文称述"，"总以触物而兴，不必类集一处"②，最终形成疏宕摇曳的文风。

为了避免骈文密丽文辞和修饰带来的板滞感，为了给骈文带来清新灵动、流动潇洒的风神，清代许多骈文作家喜欢在骈体中融入散体文章的笔法。对于清代文坛上普遍流行的"兼融骈散"的做法，刘开曾有过一段精彩的总结性评述："骈中无散，则气壅而难疏；散中无骈，则辞孤而易瘠；两者但可相成，不可偏废。"与此同时，他也解释了文坛何以出现一些"袭末流者"和盲目"追古制者"的文章，以及"八珍列而味爽，五官具而神离"的现象，究其原委，实在是因为他们"多滞形貌"，"胎意尚薄，藻饰徒工，情旨未深，意兴不飞之所致也"③。深厚的"情旨"和遄飞的"意兴"是他对骈文审美的理想。

---

① 李兆洛编，殷海国、殷海安校点：《骈体文钞》卷三，上海古籍出版社，2001年，第50页。
② 庾信著，倪璠注：《庾子山集注》（上册），中华书局，1980年，第7页。
③ 刘开：《刘孟涂集》之《骈体文》卷二《与王子卿太守论骈体书》，道光六年姚氏檗山草堂刻本。

在清代骈文复兴的背景中，胡天游堪称兼融骈散最具代表性的例子。胡天游特别喜欢将中唐古文之浑灏流转的笔调和气势融入自己的骈文作品之中，其奥衍奇肆、矫健纵横的行文，以及遒劲的力度、雄奇强烈的气势，无不给人以"虽偶实奇"的强烈印象。如其《报友人书》一文，颇可见其风采。该文的前半部分追忆昔日深厚的情谊，多用节奏明快的短句，辞若贯珠，神思飞扬流宕，不禁令人无限神往，其文曰："于时扬壮色，飞琚谈；振摇步，畅崇观。丝竹旁罗，唱讴亚发。紫策未已，媵觥无算。然后征博进，咒明琼；召弈秋，要井公。钓探元州之去，射穷摩腹之妙。既而，飙翼翻反，阳榆远移。招清吹于霄度，弄素照于波下。秀果夏落，颐津瀹甘。朱华夕敷，芳寄荡思。"而后笔锋陡转，采用今昔比照的时空交错手法，连续以反问句式发出感喟："相谓是时宇合之内，膺斯欢者，凡有几人？凡得几事？俯仰之间，适数日耳！"话锋及情思顿时逆折，转入对人事沧桑更迭的感慨，文势跌宕纵横，摄人心魄。在随后的抒怀中，又以节奏明显较慢的长句对仗句式写出："司署出入，有关圉之限；整饰酬对，同桎拘之困。虽复散意游蚁，侧听鸣鸟。固以怒尔幽缄，无宣予怀。顾眷良游，弥益噫叹。知家赏之有属，何囊胜而云再也。廨后官种蔬地一区，久废不治。辙芟蒿榛，篑致陇阜，时用登望。此地有鲁仲连、汲长孺、崔元岳之遗风，动离释囚，并尔祠庙。向非数君子者相与盘桓，且以永日，安能少日复居此乎？"①

胡天游的这篇《报友人书》，被晚清学者朱一新津津乐道，被称为骈文佳作。朱氏在前人创作实践和理论阐述的基础上，明确将"潜气内

---

① 胡天游：《石笥山房文集》卷三《报友人书》，载《续修四库全书》集部第1425册，上海古籍出版社，2002年，第379页。

转,上抗下坠"视为骈文创作之要义。朱一新论文虽"以桐城为正宗"①,而于骈文亦颇多研究,其学术笔记《无邪堂答问》中有专论骈文者,其中对有清一代骈文名家的评骘,颇见功力,亦时见高论,特别是"以气骨为主""潜气内转,上抗下坠"诸说,影响深远,兹引如下:

> 骈文自当以气骨为主,其次则词旨渊雅,又当明于向背断续之法。向背之理易显,断续之理则微。语语续而不断,虽悦俗目,终非作家。惟其藕断丝连,乃能回肠荡气。骈文体格已卑,故其理与填词相通。潜气内转,上抗下坠,其中自有音节,多读六朝文则知之。②

"潜气内转"和"上抗下坠",是指歌唱时运气的技巧方法以及音调的高低清浊。前者语出三国繁钦《与魏文帝笺》一文,文中说薛访车子"能喉啭引声,与笳同音",演唱时"潜气内转,哀音外激,大不抗越,细不幽散,声悲旧笳,曲美常均"③。后者语出《礼记·乐记》:"故歌者上如抗,下如队(通"坠"),曲如折,止如槁木,倨中矩,句中钩,累累乎端如贯珠。"孙希旦《礼记集解》引方慤注曰:"抗,言声之发扬;队,言声之重浊。"④薛访车子这样优秀的古代歌者,凭借其深厚的演唱功力,能在"转喉"的过程中"潜气内转",实现气息和情绪的双重转换,也就是繁钦文中所说的"曲折沉浮,寻变入节",尤其可贵的是,在这"转喉"过程中能完全做到"大不抗越,细不幽散""曲美常均"。朱一新借古代音乐的术语来论说骈文创作中的音律节奏以及行文

---

① 朱一新:《拙庵丛稿》之《佩弦斋杂存·复傅敏生妹婿》,光绪二十二年龙氏葆真堂刻本。
② 朱一新:《无邪堂答问》卷二,中华书局,2000年,第91—92页。
③ 萧统编、李善注:《文选》卷四十,上海古籍出版社,1986年,第1821页。
④ 孙希旦:《礼记集解》卷三十八,中华书局,1989年,第1037—1038页。

的顿挫、转换等问题,是传统文论中惯常使用的类比、设譬的手法。在他看来,骈文作品如果只有华美的文辞,充其量也只能"悦俗目"而已,真正的骈文佳作,应该有"渊雅"的词旨以及深沉的情感内蕴,一切皆归之"以气骨为主"。要实现这样的审美理想,则必须掌握行文中的"向背""断续"之法。关于这一具体的技法问题,笔者将另文撰述,此处不赘。各种高妙、含蓄的"向背""断续"之法的运用,能把骈文在横向结构上铺张曼衍带来的行文板滞这一缺陷根本地解决,在前、后文的顿挫钩连、"向背断续",以及首尾的铺垫呼应中,使得文章在抒情写意的纵向结构上"上抗下坠",摇曳生姿,表现出一种"藕断丝连""回肠荡气"的情致,这岂非一如薛访车子驾驭纯熟的"潜气内转"之道乎?

朱一新认为,优秀的骈文作家借助"向背断续之法"的"潜气内转",不仅实现了骈文在情感内蕴上的蓄积,而且在辞情层面上加深了作品情感的厚度与张力,更由此使得作品声情起伏、顿挫,形成"上抗下坠"的"音节"之美。但凡熟悉骈文的学者和作家,往往能透过华美繁缛的文辞,感受到流逸在字里行间的韵律节奏和作者"渊雅"的词旨及无限情思,这也正是骈文所独具的韵律之美。此后,王先谦、李详、孙德谦等骈文家,在理论阐发和写作实践中将骈文的这一美学特色发挥到极致。

王先谦将密丽文辞中行文和声情的流动之美视为骈文的绝境,因而"气"就成为他评骘骈文的一个重要标准。他在《骈文类纂序目》中明确提出:"词气之兼资,乃骈俪之总辖。"汉魏间骈文之所以佳胜,实得益于"其词古茂,其气浑灏,纵笔驱染,文无滞机",至于清人骈文之再兴,亦端赖于此,所谓"行气之工,提枢机而内转,故能洸洋自适,清新不穷。俪体如斯，可云绝境"。① 王先谦之后的孙德谦则在其《六朝丽指》及一系列的文章中提出了"血脉"说以及"率情""开阖""气韵"等重要的美学概念，这是中国文学史上旧式文人对骈文修辞美学所作的总结性论述，尤其是他所说的骈文"其贵尤在于通体之气韵"，"不从气韵揣摩，非骈文之上者。皆发前人所未发"②。笔者曾在《清代骈文史》有专节论述，③ 在此不赘。

"五四"以后，旧体文学日渐衰歇，骈文衰落的命运自是历史之必然。但是，在我们的日常生活和文学思维中，以独体字为主的汉语言、辩证骈偶的思维习惯以及对称的审美观念还不可能完全消泯。顾随曾在其《驼庵文话》中论曰："为文不可不会用骈句，此乃中国文字特长。"④ 如果今人能真正深入掌握并活用骈文在修辞上的诸多优势和美学特长，对今天的文章写作，自然不无裨益。

---

① 王先谦编：《骈文类纂》，浙江古籍出版社，1998年，第26—27页。
② 王蘧常：《清故贞士元和孙隘堪先生行状》，载孙德谦《四益宧骈文稿》，瑞华印务局线装铅印本，1936年。
③ 杨旭辉：《清代骈文史》，人民出版社，2013年，第524—527页。
④ 顾随：《顾随全集》第三卷《讲录卷·驼庵文话》，河北教育出版社，2000年，第328页。

"性情独运"理论主张下的尤侗骈文创作

尤侗（1618—1704）是清初文坛为数不多的文学全才，在诗歌、古文、骈文、词、戏剧诸方面均有建树，一生著述丰富，"著书之多，同时毛奇龄外，甚罕其匹"①，被时人誉为"真才子""老名士"。其文学创作，在清初文坛上可谓独树一帜。"道达性情"是尤侗文学理论主张的核心，也是他的诗文词乃至戏剧创作的主旋律，② 而这一理论主张在其骈文创作中体现得更为集中，更为淋漓尽致。

---

① 邓之诚：《清诗纪事初编》卷三，上海古籍出版社，1984年，第317页。
② 尤侗曾在《西堂乐府自序》中明言，自己创作的每一个戏剧作品，都是"有深意在秦筝赵瑟之外"。王士禄在题尤侗的《读离骚》一剧时就有评曰："今读其词，磊块骚屑，如蜀鸟啼春，峡猿叫夜；有孤臣嫠妇，闻而拊心；逐客骚人，聆而陨涕者焉。至于推排烦懑，涤荡牢愁，达识旷抱，又有出于左徒之上者。"关于尤侗的戏剧创作及其抒情特质的研究，薛若邻的《尤侗论稿》（中国戏剧出版社，1989年）论述备矣，本文暂不作论述。

一、尤侗"性情独运"的文学观及其在创作中的表现

有明以来,文坛复古主义风潮盛行,各家流派之间围绕着宗唐、宗宋的争论久久不歇,直到尤侗生活的时代,文坛、诗界"忽祧唐南时祢宋,分而为二,隐若敌国,然聚讼纷纷,莫辨岐路矣"①。对于这种无谓的争执,尤侗没有身陷其中,而是保持着自我独到的见解。在他看来,若诗文创作被限于某一时或一地的风尚、作派,势必导致文学创作的衰敝,此即他在《牧靡集序》中所说的:"若既有一代之人,则自有一代之文……时既不一,体亦各殊。岂惟退之《上宰相之书》,永叔《奏司谏之记》乎?"② 在批判明代以来延续已久的复古论调盛行的同时,尤侗更为明确地提出了以性情为根本、以存真为务的理论主张,他在《吴虞升诗序》中有谓:

> 今之说诗者,古风必曰汉魏,近体必曰盛唐。以愚论之,与其为似汉魏,宁为真六朝;与其为似盛唐,宁为真中晚,且宁为真宋元。……欲使眉似尧,瞳似舜,乳似文王,项似皋陶,肩似子产,古则古矣,于我何有哉?……"诗无古今,惟其真尔。有真性情,然后有真格律;有真格律,然后有真风调。勿问其似何代之诗也,自成其本朝之诗而已;勿问其似何人之诗也,自成其本人之诗而已。"③

---

① 尤侗著、杨旭辉点校:《尤侗集》(下),上海古籍出版社,2015 年,第 1353 页。
② 尤侗著、杨旭辉点校:《尤侗集》(上),上海古籍出版社,2015 年,第 188 页。
③ 尤侗著、杨旭辉点校:《尤侗集》(上),上海古籍出版社,2015 年,第 179—180 页。

尤侗所追求的"自成本朝之诗""自成本人之诗"的境界，正是诗文创作唯真是务的必然结果，故而他在此序最后大声疾呼："灵心独运，妙句自来。"①

尤侗一生所作序跋、题词尤多，他借此集中地表达出自己的文学思想。其间出现频率最高的关键词正是"性情"二字。如《曹德培诗序》中有谓："诗之至者，在乎道性情。性情所至，风格立焉；华采见焉，声调出焉。无性情而矜风格，是鹜集翰苑也；无性情而炫华采，是雉窜文囿也；无性情而夸声调，亦鸦噪词坛而已。"②他在《历代诗发序》中又有谓："'诗本性情而已。'人生而静，天之性也；感于物而动，人之情也。……情动于中而形于言……然而发之有时，古今不相合也；发之有地，东西不相及也。"③到了晚年，尤侗更简洁明了地打出了"我用我法，我获我心"④的旗号。

基于这种"性情独运"的文学理论主张，尤侗在各体文学的创作中多表现出强烈的抒情特质。他的诗歌多以质朴真挚的笔调抒写其困顿失意的人生经历，王士禛在《西堂全集序》中评其诗云："如万斛泉，随地涌出，世出世间，辩才无碍，要为称其心之所欲言。"⑤此正是"我用我法，我获我心"这一理论主张淋漓尽致的展现。他所作的《生日偶成用星字韵》一诗，笔蘸酸辛之泪，写尽了早年屡困场屋的无限喟叹："天上疑生措大星，空囊秃笔写穷铭。十年不遇应头白，四海无交谁眼青?"⑥而之后飘蓬徙倚的羁旅苦况，亦时见于尤侗的诗集之中："举笔

---

① 尤侗著、杨旭辉点校：《尤侗集》（上），上海古籍出版社，2015年，第180页。
② 尤侗著、杨旭辉点校：《尤侗集》（上），上海古籍出版社，2015年，第338页。
③ 尤侗著、杨旭辉点校：《尤侗集》（下），上海古籍出版社，2015年，第1398页。
④ 尤侗著、杨旭辉点校：《尤侗集》（下），上海古籍出版社，2015年，第1153页。
⑤ 王士禛：《王士禛全集》之《蚕尾文集》卷一，齐鲁书社，2007年，第1779页。
⑥ 尤侗著、杨旭辉点校：《尤侗集》（中），上海古籍出版社，2015年，第466页。

将歌《今夕行》，才从驴背卸行囊。垂垂四野风霾暗，落落三家烟火荒。衣上白沙浓似雪，垆头黄酒薄如汤。人生何必遭迁谪？即此浔阳与夜郎。"① 这种漂泊无依的凄惶感，在其《于京集》中表现得尤为突出，如《秋意十首限韵》中的其五、其八则堪称典范。

而尤侗在文学理论上对词体的推尊，更是通过对诗、词、文、曲诸体在抒情特质这一美学层面的通融相摄的阐述来实现的，这便是他在为常州词人董元恺《苍梧词》作序时所说："文生于情，情生于境。哀乐者，情之至也。莫哀于湘累《九歌》《天问》，江潭之放为之也。莫乐于蒙庄《逍遥》《秋水》，濠上之游为之也。推而龙门之史，茂陵之赋，青莲、浣花之诗，右军、长史之书，虎头、龙眠之画，无不由哀乐而出者，何况于词？每念李后主'小楼昨夜又东风'，辄欲以眼泪洗面。及咏周美成'低鬟蝉影动，私语口脂香'，则泪痕犹在，笑靥自开矣。词之能感人如此。"② 他又在为无锡词人张夏《袖拂词》作序时说："陶咏性情，本归一致。苟通其故，则《花间》《草堂》，未始非《三百篇》之遗也，又何必以倚声为病乎？"③ 综观尤西堂《百末词》中的作品，可知"自然生新，情文颇能互称，秾丽处时有感慨，哀怨中不失流宕"④。其佳作《沁园春·和阮亭偶兴》（如"无可奈何，旧事南柯，新恨东流"）写尽了遭遇怀才不遇之冷落后的凄寒心境，其中更寓含了他对宦海、人生、世态的深切理解，写得清壮顿挫，感人肺腑。总之，尤侗在文学创作上兼擅各体，而独运于其中的都是他的性情，这在其骈文创作中表现得更为鲜明突出。

---

① 尤侗著、杨旭辉点校：《尤侗集》（中），上海古籍出版社，2015年，第527页。
② 尤侗著、杨旭辉点校：《尤侗集》（上），上海古籍出版社，2015年，第334页。
③ 尤侗著、杨旭辉点校：《尤侗集》（下），上海古籍出版社，2015年，第1161页。
④ 严迪昌：《清词史》，江苏古籍出版社，1990年，第37页。

二、时代变局中尤侗骈文创作的情感内蕴

《西堂杂组》是尤侗的文集,其骈文作品主要见于其中。尤侗的这些骈文作品,亦如其他文体创作一样,全面地展现了作家一生的心路历程。尤其在明清易代这一重大的历史风云背景下,作家不但要面临人生出处的痛苦的抉择,更需要对自我人生乃至整个社会进行种种深刻的反思,这些皆成尤侗骈文创作的主要题材和取向。在用骈文抒写其内心世界的时候,尤侗既有深沉凝重的笔调,也不乏揶揄嘲讽或是自我解嘲的姿态。

从其骈体赋《苏台览古赋》中,可以清晰地品味出其骈偶文字的深沉厚重。文中通过吴王姑苏台今昔盛衰两种境况的对比,寄寓了无限的兴亡之感。面对眼前的颓垣败址,作者遥想吴王阖闾筑建姑苏台时的情景,并进而深思盛衰逆转的历史教训,其文有曰:

> 向者经始九仞,落成五年。危峰冠日,杰阁参天。埒重壁于京周,等黄金于幽燕。倚西山为屏障,潴太湖为池泉。翠盖霓旌集其下,鸾箫蛟瑟鸣其巅。继以夫差好游,西施善舞。酒城既开,花洲爱处,画屎翩跹,锦帆容与,猎翠长林,采香极浦。朝醉红浆,夜歌《白纻》。登斯台也,鲜不目空晋、宋,胸吞齐、鲁,剑击西秦,鞭棰南楚。披大王之雄风,行美人之神雨,百官献万寿之觞,三军挝四征之鼓。胡为乎越来一炬,遂成焦土?台上何有?有乌栖矣!台下何有?有鹿走矣!鹤市已墟,鹧鸪飞矣;鸡陂已荒,狐兔薮矣!馆娃之山,丛枳棘

矣!香水之溪,飘芦荻矣!迄今几千百年,漠然徒见山空而水寒。斜阳古道,败址颓垣,绮罗散兮野草萎,箫管歇兮秋风酸。君王没兮玉床冷,宫嫔去兮香径残。惟有樵夫牧竖,踯躅而歌其间。歌曰:"梧宫秋,吴王愁,火姑苏兮沼长洲。柏梁兮废垒,铜雀兮哀丘。谅古今兮同尽,独感慨兮何求?"①

文中寥寥数笔,以虚笔写"向者"姑苏台之繁华境况,以"危峰冠日,杰阁参天"状建筑之崔嵬壮美,以"画屦翩跹,锦帆容与,猎翠长林,采香极浦"极写吴王宫中笙箫歌吹的喧阗,这些典故无不引人遐想。随后,作者笔锋陡转,连续设问,自问自答,再加上排复的句式,道尽了今日姑苏台已然"丛枳棘""飘芦荻",颓败荒寂,满目苍凉。面对眼前"斜阳古道""山空水寒"的凄恻之境,在今昔对比中,作者发出了这样的感慨:"胡为乎越来一炬,遂成焦土?"作者虽未作答,但一语之中却蕴含了无尽的历史沧桑和喟叹。其文辞虽华美瑰玮,然绝非一般的寻章摘句、唯靡丽是求的浮美之作可比。

这里需要说明的是,时人也曾指出尤侗骈文存在"稍杂"之病。此病虽不见于《苏台览古赋》这样的作品,但尤侗入清出仕时所作的一些应酬文章以及诸如《璇玑玉衡赋》《长白山赋》《帝京元夕赋》《西洋贡狮子赋》之类为清廷歌功颂德的骈偶文字,或皆不免此弊。如他在永平推官任上,为祝贺满洲权贵、礼部侍郎佟代弄璋之喜而作的《贺佟少宰生子帐词》,其中不乏虚饰逢迎之语,如"降麒麟于天上,公子之祥;筮凤皇于国中,大夫之兆。芝兰玉树,必使种于庭阶;弓冶箕裘,用能高其门户。……乍听啼声,便知英物;试观骨相,当号兴宗"②。尤侗曾

---

① 尤侗著、杨旭辉点校:《尤侗集》(上),上海古籍出版社,2015年,第153—154页。
② 尤侗著、杨旭辉点校:《尤侗集》(上),上海古籍出版社,2015年,第266页。

说过:"凡人著书立说,只当求慊于己,不必迎合于人。作者不能有美而无瑕,评不能有褒而无贬语云。"① 很显然,《贺佟少宰生子帐词》一类作品,已与其"求慊于己,不必迎合于人"的创作原则相悖,此殆为西堂老人本欲删繁汰杂而未及者乎?但我们也完全可以感受到尤侗在面对自己作品缺陷时的真诚。时代难免造成作者的某种局限,但尤侗对"只当求慊于己,不必迎合于人"这一创作原则的基本坚守当毋庸怀疑,也不必苛求。

对于尤侗在骈文创作上的这种"杂芜"之弊,晚清学者李慈铭在日记中将其归咎为仕清的经历,其中有谓:"西堂人品,余素薄之。其初注名社籍,驰骛声气,全不为根底之学。及鼎革时,叫嚣诅骂,一以俳谐芜鄙之词,寓其假饰忠孝之意,迹其所著,似非怀沙抱石,即披发入山矣。未几而列仕籍,膺征车,终以'真才子''老名士'之煌煌天语,炫耀邻里。立身若是,无怪其文章之浮薄也。"② 对于尤侗在明清易代之际的出处问题,薛若邻的《尤侗论稿》③ 论之甚详,兹不赘述。在此,笔者只想通过其骈文作品,来展现尤侗历经易代的痛苦和迷茫以及仕清后宦海沉浮的艰辛苦涩。尤侗论文主性情,谓"文生于情,情生于境"也,所以,他的许多骈文作品为我们提供了研究作家在明清易代之际的处境、心境的重要文本依据。

崇祯十七年(1644),尤侗的父亲尤瀹在苏州滚绣坊修葺亦园,二十七岁的尤侗应父命撰写了《亦园赋》,赋作以清丽雅致的骈偶文辞摹状了小园的胜景,行文至末,尤侗有云:"当此之时,虽沁水在左,辋川在右,吾犹以为小也。若夫百年之后,则此园之为桑田乎?沧海乎?

---

① 尤侗:《西堂全集》之《艮斋杂说》卷三,清文富堂刻本。
② 李慈铭:《越缦堂日记》(第1册),广陵书社,2004年,第192页。
③ 薛若邻:《尤侗论稿》,中国戏剧出版社,1989年,第5—32页。

又非主人所得而保也。"颇为巧合的是，此篇骈赋写完不久，就传来了北都沦陷的消息，对于这段往事，尤侗深有感慨，后来在文尾加上一段《自识》曰："予作赋时，在甲申之春，初不觉末语为谶也，亡何北都之变闻矣。其明年，大兵渡江，予仓皇出奔，此园遂废为牧马地。归来，台榭欹倾，池塘零落，惟有荻花枫叶，摇荡秋风耳。每咏李后主'雕栏玉砌'之词，与《芜城》一操同增悲涕。因作《后亦园赋》，其首云：'麦秀渐渐，禾黍油油。吴宫衰草，汉苑荒丘。'吟讽数过，哽咽不成声，辄投笔而罢。嗟乎！结绮歌残，望仙舞歇。变迁之后，山川陵阙，半化烟烬。况一丘一壑哉！人生如梦，阅此惘然。"① 仅观这段文学本事以及尤西堂识语中所援引《后亦园赋》起首的这段骈偶文字，就足以感摄读者之心魄。惜乎笔者寡陋，未见《后亦园赋》全文，但西堂在国变前后确实在骈文作品中表现出强烈的悲慨之情，其文辞之雄肆，情感之激越，置于清初骈文诸大家之列，亦无逊色。乙酉（1645年）六月六日，尤侗在好友汤传楹（字卿谋）的忌辰作《反招魂》。时值大清兵南逼江南，尤侗饱含着强烈的乡关之思和亡国之痛，写下了这篇充满着乱离之感的骚体赋。其中对清兵在江南的残暴行为作了详尽的描写和揭露。马积高在其《赋史》中认为："明清之际的野史如《扬州十日记》之类，具体记载清军暴行者颇多，在诗赋中，则就我所见，以此赋的描写最为具体。"② 此赋开端、结尾的数语便尽述"山川陵阙，半化烟烬"的实情以及作者绵绵不绝的"哀江南"情思："魂兮魂兮望江南，天地干戈行路难。吴之山，贺兰山。吴之水，鸭绿滩。吴之都，雁门关。朝为海，暮为田。辽东鹤，莫飞还，城郭人民伤心颜。……魂毋归来兮游

---

① 尤侗著、杨旭辉点校：《尤侗集》（上），上海古籍出版社，2015年，第16页。
② 马积高：《赋史》，上海古籍出版社，1987年，第579页。

旷野，原田每每牧牛马。萧条村落无庐舍，丘垄高低卧松槚。鬼哭青林碧磷洒，七十二峰洞壑赭。琴台镜阁成砾瓦，舞袖灰飞歌板哑。渔歌樵唱销风雅，两屐扁舟何处也。"① 原本富庶的江南，现在俨然成为贺兰、鸭绿、雁门这样的边塞关隘，满眼望去，"白骨赫然横"；侧耳倾听，尽是"晓角哀风暮笳鸣"；脑海中时时浮现的则是孤魂"游旷野"。这完全是作者在国变战乱之中，用心感受、用文字传达出的悲怆之音。

然而，清兵入关后，尤侗并没有像遗民志士一样坚拒不仕，而是在顺治、康熙时期二度出仕。这段经历引发了诸多争论，但是尤侗却并不认为这是一种失节的行为，在乙酉鼎革之际他就曾这样说过："国破家亡，主辱臣死，此卿大夫之责，非庶民妇女之事也。"② 在明亡以前，年仅二十四岁的尤侗就对自己的处境和生存状态有一个基本的审视和认识，即他从未把自己归入卿大夫之列，始终自视为一介贫寒之士。其在《自祝文》中说："居无十尺舍，郭无半顷田。仓无五斗米，囊无四铢钱。惟有书一卷，琴七弦，裘百结，食一箪。带子夏之小冠，衣袁充之葛衫，餐坡公之白饭，坐王子之青毡。五字能吟，人谓我诗瘦；一斗亦醉，人谓我酒颠。有退之之穷而无其学，有子云之贫而无其玄。有嗣宗之狂而无《广武》叹，有叔夜之懒而无《广陵》弹。有平子之愁而无《两都》之赋，有长卿之病而无《大人》之篇。"③

出于这样的认识和观念，尤侗并没有过多地拘泥于出处的"气节"问题。顺治三年（1646），他参加了南京的乡试，但仅得中副榜。在应试不第的打击下，尤侗又读到了当时江南士子间普遍流传的一首讽刺士人纷纷仕清的诗作，诗曰："圣朝特旨试贤良，一队夷齐下首阳。家里

---

① 尤侗著、杨旭辉点校：《尤侗集》（上），上海古籍出版社，2015年，第29页。
② 尤侗著、杨旭辉点校：《尤侗集》（下），上海古籍出版社，2015年，第1826页。
③ 尤侗著、杨旭辉点校：《尤侗集》（上），上海古籍出版社，2015年，第45页。

安排新雀帽,腹中打点旧文章。当年深自惭周粟,今日幡思吃国粮。非是一朝忽改节,西山薇蕨已精光。"① 江南地区的舆情将像尤侗这样参加清廷科举考试者讥讽为"改节"之士,尤侗饱含激愤,作《西山移文》,反讥那些"外谈高尚,中热浮名"者。此文的构思、立意,乃至遣词,多化自南朝文人孔稚珪的《北山移文》。通篇骈偶,字挟风霜,文章在开篇处就明确指出:"昔伯夷、叔齐,耻食周粟,气塞孟津,风鸣孤竹。开义士之先声,建名山之高躅。未可依样以效颦,岂容借题而翻局?"一方面,他对伯夷、叔齐"耻食周粟"的孤高品节给予高度评价,但同时他又坚持认为,夷、齐之为,"未可依样以效颦",应该视具体情况而论,对于眼下仕清的文人也应区别对待,绝不能若那些讽刺者"借题而翻局"。整篇文章中,尤侗非常坦诚地勾勒出自己在国变前后的心路历程:

> 当其羽檄晨驰,铁骑夜渡,微服潜行,挈家疾去,弃青衫其如遗,乞黄冠而归故。誓发肤之不伤,戟须眉而余怒,高角巾之巍峨,飘长袖之轩翥。姓氏已更,卜医别寓,多混迹于头陀,常寄生于农圃。家封介子之山,人祭田横之墓。骂冯道为老奴,嗤许衡为穷措。叱咤则《正气》再歌,唏嘘则《黍离》重赋,箧藏久久之文,空书咄咄之句。斗酒相劳,《离骚》自注。卜邻则龙、比同居,求友则随、光相遇。蓬头历齿,居然王霸之儿;椎髻布裙,宛若梁鸿之姁。
>
> 亡何烽烟少息,乡井多归。子啼麦饭,妻泣牛衣。渐过城市,试谒官司,口虽言而赧赧,足将进而迟迟。谋食先生之馔,咏怀高士之

---

① 褚人获:《坚瓠集》(上)《坚瓠五集》卷三,全国图书馆文献缩微复制中心,2002年,第413页。

诗。挂空名于养疾,托深意于观时。①

起初,清兵攻入苏州,"羽檄晨驰,铁骑夜渡",尤侗和家人为躲避战乱,避居于苏州城外的斜塘祖居,他在《避地斜塘》一诗中有云:"江关鼙鼓压城间,水竹村南问卜居。十里镜湖非诏赐,数间草屋即吾庐。相看雕甲争驰马,自着羊裘学钓鱼。莫便感怀成野史,闭门且著老农书。"② 此诗堪作《西山移文》中"微服潜行,挈家疾去,弃青衫其如遗,乞黄冠而归故"数语的注脚。兵燹之中切身的颠沛和苦痛,自然极易激发起作家慷慨的家国之情,所以,我们大可不必怀疑尤侗此时"誓发肤之不伤,戟须眉而余怒,高角巾之巍峨,飘长袖之轩鬐"以及"叱咤则《正气》再歌,唏嘘则《黍离》重赋,箧藏久久之文,空书咄咄之句。斗酒相劳,《离骚》自注"种种言行举止的真实性。但是,随着满洲政权的日渐巩固,江南亦被清军的铁骑基本平定后,"烽烟少息,乡井多归"的文士立即会遇到与尤侗一样的尴尬和无奈,面对"子啼麦饭,妻泣牛衣"的贫困,尤侗最终的选择是"为贫而仕,屈首以就功名"③。这实在是贫士不得已的艰难选择,用尤侗自己的话来说,也就是"挂空名于养疾,托深意于观时"而已,但其内心的苦楚自是外人所难以理解的,无怪乎他时时要说:"此中邑邑,有难为外人道者。不平之鸣,其容已乎?"④《西山移文》中"渐过城市,试谒官司,口虽言而赧赧,足将进而迟迟"数语,则写尽了其内心"邑邑"难遣的纠结与焦灼,此亦后文所谓的"悔一惭之不忍,叹五悲其如丧"。

---

① 尤侗著、杨旭辉点校:《尤侗集》(上),上海古籍出版社,2015年,第40页。
② 尤侗著、杨旭辉点校:《尤侗集》(中),上海古籍出版社,2015年,第509页。
③ 尤侗著、杨旭辉点校:《尤侗集》(中),上海古籍出版社,2015年,第508页。
④ 尤侗著、杨旭辉点校:《尤侗集》(中),上海古籍出版社,2015年,第508页。

出仕之后的尤侗,始终觉得自己的生活状态就好比是"许由之瓢,以盛鱼肉;严陵之竿,以钓圭组。太史之简,以颂升平;司农之笏,以朝新主"。其内心也始终处在一种自责的纠结之中,所以他才会在《西山移文》中有这样的愧疚之语:"使我碧巘包羞,丹崖受侮。绿竹汗颜,青松塞语。变驹谷为狐庭,污鹤帐为鸱宇。"① 但是面对周围人的质疑,他又不得不做出自己的回应和解释,诚挚地展现自己内心"邑邑有难为外人道者",并尖锐地指出只有那些"外谈高尚,中热浮名"者,才是真正应该被鄙夷的。在《西山移文》的后半部分,尤侗将这些"外谈高尚,中热浮名"者与伯夷、叔齐明确地区分开来,其文曰:

  左顾箕山,右瞻伊子,莫不起而吊予曰:夷与齐与?与汝居者,斯人之徒与?呜呼!逸民既往,空山无托。谁觍面目,遂欺丘壑。且夷齐之侣,不过兄弟,尔辈所至,呼朋引类,来如牛马,去如鬼魅;夷齐之歌,不过数言,尔辈所作,累牍连篇,蝇唱蚓和,传写田园;夷齐之食,不过薇蕨,尔辈所吞,酒肴饕餮,既醉既饱,骄人清节。此东陵之盗魁耳,岂西山之俊物哉?

  今有七松处士、五柳先生,渔樵长老,耕凿无营。惩前车之足戒,信茇臭之宜分。倘有久投尘网,暂步严扃,戎衣登岭,儒服归林。或有外谈高尚,中热浮名。子牙垂纶,买臣负薪,皆俗物之败意,亦竖子之欺人。急悬逐客之令,并勒绝交之文。于是黄鹤腾烟,玄豹起雾。清风扫门,白云封户。枝连蜷而难攀,溪潺湲而不渡。向首阳以问津,如武陵之迷路。②

---

① 尤侗著、杨旭辉点校:《尤侗集》(上),上海古籍出版社,2015年,第41页。
② 尤侗著、杨旭辉点校:《尤侗集》(上),上海古籍出版社,2015年,第41页。

据《庄子·骈拇》"伯夷死名于首阳之下，盗跖死利于东陵之上"①，后因以"东陵"代称盗跖。尤侗透过那些"外谈高尚，中热浮名"者的表象，彻底瞷透其"欺丘壑"的本质，文中"此东陵之盗魁耳，岂西山之俊物哉"的质疑，岂不与钱谦益诗中所讽刺的"悠悠名利笑排场，屈指东陵更首阳"②之现象如出一辙乎！

然而，尤侗在仕清之后的景况并不如意。特别是他在永平推官任上，因居官严肃，不善阿谀，"不任迎送"，"人皆怪其傲矣"，而"群小侧目"。③顺治十三年（1656），尤侗终因"坐挞旗丁"而被罢职。尤侗在晚年曾回忆这段经历："曾为小吏，远在穷边。当满汉之杂居，调停无术；值兵荒之洊至，救济无方。……真心劳而政拙，宁吏习而民安；三黜空归，一毫无补。"④尤侗在任职永平时期所作的《讨蚤檄》一文，就以骈体寓言的形式讥刺那些"群小"之辈。与尤侗同时代的文士读着这样的文字，不禁惊呼："韬龙虎犬豹于寸马豆人，阵雷火风云于浮眉蜗角，离奇光怪，洞目骇欢，非东方志怪之书，即西域化人之技。"⑤以前的研究者往往将尤侗的这一类文字视为戏谑、游戏之作。细读此文，则知西堂在嬉笑怒骂中寄寓了深刻而尖锐的批判之意，堪与朱鹤龄的《诛蚊赋》并举，为清初骈文作品中的佳制。

---

① 陈鼓应注译：《庄子今注今译》，中华书局，1983年，第239页。
② 钱谦益著，钱曾笺注、钱仲联标校：《牧斋初学集》（上），上海古籍出版社，1985年，第727页。
③ 尤侗：《西堂年谱》，载《北京图书馆藏珍本年谱丛刊》第74册，北京图书馆出版社，1998年，第16—17页。
④ 尤侗：《西堂全集》之《艮斋杂说》卷六，清文富堂刻本。
⑤ 黄始：《听嘤堂四六新书》卷七，载《四库禁毁书丛刊》集部第136册，北京出版社，1997年，第85页。

三、尤侗骈文创作的特点和艺术成就

通过对尤侗骈文作品的胪举和文史相互印证,尤侗的骈文成就也约略可知,若剔其敷衍应酬的浮泛之作,再以一种"理解的同情"去研究其人其文,我们自不应轻视其骈文艺术的成就。其实早在清初,周亮工就对尤侗骈文的艺术成就和特点作过言简意赅的论述,他在为尤侗的《西堂杂组二集》作序时有云:"先生觳核坟史,取精既多;渔猎辞林,征材不匮。故能遇物成赋,则谢月潘花;援笔为骚,则蕙纕兰佩。偶然戏册,皆是珪璋;率尔移文,如含霜雪。作记则驱山川于纸上,立论则定褒贬于毫端。序引无不畅之怀,赞颂发无言之蕴。……今者再读二集,美言可市,能招荡子之魂;妙义相宜,大吐才人之气。"① 下面我们就结合尤侗的骈文创作来具体理解、剖析周亮工的评骘之语,以便更好地体会尤侗在清代骈文史上的独特地位。

首先,文辞华美瑰玮是尤侗骈文作品给人最为强烈的第一印象,也是重要的艺术特点之一。

在清代文学史上,"才子""名士"是伴随尤侗一生的标签,倘非名高学博、文采斐然,自难得此殊誉,而其中最为世人所津津乐道的便是他的八股制艺《怎当他临去秋波那一转》。此文通篇承王实甫《西厢记》"最是那临去秋波一转"而来,紧扣崔莺莺"情转而通"的微微萌动与

---

① 周亮工:《西堂杂组二集序》,载尤侗著、杨旭辉点校《尤侗集》(上),上海古籍出版社,2015年,第145页。

秋波脉脉的"乍离乍合",语出骈偶,把崔莺莺邂逅张生之后的离别情思写得细腻绵渺:"最可念者,呖莺声于花外,半响方言,而今余音歇矣,乃口不能传者,目若传之。更可恋者,衬玉趾于残红,一步渐远,而今香尘灭矣,乃足不能停者,目若停之。唯见瀁瀁者,波也;脉脉者,秋波也。乍离乍合者,秋波之一转也。吾向未之见也,不意于临去遇之。"① 顺治帝读到此文,赏叹不已,连连誉其为"真才子",而清代著名学者徐珂将此文视为"熏香摘艳,文有赋心"② 之作的典范。

对于尤侗的文学才能和文章写作的技巧,前人颇多正面的肯定之词,清初学者沈雄有曰"晦庵(按:当作悔庵)人文压倒一世界",故作文章"不用树颠苦思,亦更层次有致,落笔便有隽上殊胜之想"③。读尤侗的诗文集,满目皆是周亮工所谓"谢月潘花"这般的文辞。对尤侗斐然的文采,周亮工更不惜用"睢水漾其绿波""莺羽调其慧舌"这样的语言加以品评。如其以摹状物态见胜的《鸳鸯赋》,通篇中多铺锦列绣式的描写:"初戢翼于高枝,徐哼吭于清池。戏蒲荷之翩反,穿荇藻之参差,斗雕云之烂缦,蹙锦水之涟漪。逐斑衣之雉子,伴红裙之鸭儿。"④ 读此,诚可知尤侗才思敏捷,"遇物成赋",文藻华美若"谢月潘花",殆非虚语。

文辞华美瑰玮是尤侗骈文给人的总体印象,如若具体到不同的文体和题材,也会表现出风格的多样性。对此,王崇简在《西堂杂组一集序》中说:"展成以沉博绝丽之材,驰声艺苑,所为操觚满志者,亦既综西京之尔雅,擅晋魏之蔚然矣。……读其赋骚以下,所谓漱芳六艺,采遗千载;非山间之苍崖霞落、古涧泉飞乎?读其文、传、序、记,所

---

① 尤侗著、杨旭辉点校:《尤侗集》(上),上海古籍出版社,2015年,第122页。
② 徐珂编撰:《清稗类钞》(第8册),中华书局,1984年,第3897页。
③ 沈雄:《古今词话》,载唐圭璋编《词话丛编》第一册,中华书局,1986年,第1040页。
④ 尤侗著、杨旭辉点校:《尤侗集》(上),上海古籍出版社,2015年,第157页。

谓澄心渺虑，耽思傍讯；非山间之翠潋云除、层峦雨沐乎？读其论、赞、铭、判，所谓踯躅于意表者，斯山间之风入松、雾迷壑，蟠虬兕而翔鸾鹤者，庶几似之。读其说、问、连珠诸类，端而曼，曲而直，正如平林日上，禽繁山响，诚可以晖旷远瞩，藻澈遐心矣。"①

其次，尤侗所作的骈文，多托物寄兴，以"蕙纕兰佩"之笔"援笔为骚"，体现出浓郁的抒情特质。

在其"性情独运"理论主张的大前提下，尤侗的骈文创作无不在积极践行着自我情感的抒写。他的骈文作品中，既有明清易代之际士人凄惶无依的惶恐和苦闷之情的写实，也有对现实社会弊政的指摘和批判，更多的则是自我人生际遇的暗寓表达，从而形成其作品中感慨沉挚、蕴旨遥深的风格。正如尤侗在《感士不遇赋》中所说："音慷忾以累息兮，气郁邑而低眉。神茕茕其若逝兮，形茫茫而无依。喟入室而自伤兮，欲出门而语谁。"② 尤氏这类作品将其人生失意寥落的困惑和悲苦写得真挚而深切动人。

这大概也是尤侗自己之所愿罢，他曾在《西堂杂组二集》的自序中这样说道："嗟乎！吾少也贱，上不能登大廷，簪笔视草；次不能从军旅，磨盾草檄；下不能伏处山岩，钻研经术，成一家之言。徒然仰视屋梁，俯隐几席，含毫吐墨，东抹西涂，借以磨耗须眉，驱除岁月。予之为此，亦以愆矣！既无高文典册，闳意妙指，乃取琐碎小篇，荟萃成之。"③ 在尤侗的自我陈述中，所谓"含毫吐墨""以磨耗须眉，驱除岁月"的创作状态，正可以清晰地解释其骈文作品"畅怀发蕴"这一最大

---

① 王崇简：《西堂杂组一集序》，载尤侗著、杨旭辉点校《尤侗集》（上），上海古籍出版社，2015年，第7页。
② 尤侗著、杨旭辉点校：《尤侗集》（上），上海古籍出版社，2015年，第151页。
③ 尤侗著、杨旭辉点校：《尤侗集》（上），上海古籍出版社，2015年，第147页。

艺术特点的成因与心理机理。

尤侗的不少长篇辞赋莫不如此,本文第二部分已多有举证,兹不赘述。即便是短章碎篇之作,乃至诗文作品的序言,尤侗都全情地熔铸自己人生经历中的种种情感积淀。尤侗在《西堂铭》的序言中自为问答,解释何以自号"西堂"。序文连续用典,借古人诗文作品中的内蕴抒发自我内心的怀抱,文中不乏这样语多沉挚、情愫激宕的辞句:"昔宋玉悲秋,以西堂为蟋蟀之所鸣;谢连入梦,以西堂为春草之所生。予今仰对西风而瑟然来者秋声,俯倚西窗而飘然去者梦魂。……托怨而歌《西洲曲》,为乐而读《西门行》。思公子兮西园,望美人兮西泠。叹逝陨西州之泪,捧心效西家之颦。悲别离兮唱《阳关》之西出,感行役兮写《中牟》之西征。"① 是以自号曰"西堂"也。在这里,作者将人生的悲慨、艾怨、伤感、凄楚等复杂的情绪,借助连续几个"兮"字的顿挫、延展、起伏,形成一唱三叹的抒情效果。这些文字真实反映了青年尤侗久困科场、仕途蹭蹬的郁闷、痛苦、无助,以及无可奈何之后的自我宽慰。

再次,尤侗的骈体文章,文体多变,常杂以滑稽谐谑,嬉笑怒骂皆成文章,"立论则定褒贬于毫端"。

尤侗的骈文创作,其门径颇正,由《离骚》《文选》而入,然而在《离骚》《文选》的基础上又多有新变。晚清学者、骈文家朱一新曾说:"西堂熟于《骚》《选》,拟《骚》及游戏文独工,虽或有伤大雅,以之启发初学则可。"② 尤侗这类带有游戏色彩的文章,其艺术创获和魅力不应被忽略。

尤侗才情敏捷,文名早著。曾以《怎当他临去秋波那一转》制艺以及

---

① 尤侗:《西铭堂并序》,载《续修四库全书》集部第 1406 册,上海古籍出版社,2002 年,第 253 页。
② 朱一新:《无邪堂答问》卷二,中华书局,2000 年,第 91 页。

《读离骚》乐府流传禁中,受顺治帝赏识;在史馆时进呈《平蜀赋》,又受康熙帝赏识,所谓"受知两朝,恩礼始终"①。综观尤侗一生所作文章,系为典型的才子文章,多新警之思,杂以谐谑,每一篇出,人所传诵。故而其好友计东在《西堂杂组二集序》中有如是识语:"尤子展成《西堂杂组初集》文,大半滑稽之雄也。然其书奔走海内,至蒙世祖嗟赏禁中,若汉武帝读司马相如赋,可谓荣遇矣。"② 对此,尤侗自己也从不讳言,甚至还在《今文存稿》的自序中颇为得意地说,自己早年的文章创作是"主于纵横阖辟,杂以滑稽,而人则以为诡诞而不驯"③。尤侗有三部文集称为《杂组》,盛行于世,如此取名,大概也正是其滑稽谐谑、诡诞不驯的作派,尤侗在其自序中有这样的说法:"雕虫之伎,悔已难追;鸡肋之余,弃复可惜。"④ 故而不以"文集"名之,径称之为《杂组》。

尤侗所作的大量语出谐谑滑稽、常被人们称为"才子文章"的骈文作品,都颇受争议。延君寿在《老生常谈》中说:"尤西堂文,恃才而怪,不可法。"⑤ 但是客观来看,尤侗的这类文章中不乏佳作,而且这些佳作无不体现着尤侗深厚广博的学识,甚至尤侗自己还认为,这类文章"嬉笑怒骂,皆髡朔之流风。固无解乎骈枝,或犹贤乎博弈"⑥。若其《一钱赋》,文中连续使用整饬的排句,将世人唯钱是瞻、奉钱为至尊至亲的丑态表现得淋漓尽致:"惟钱至尊,尊之如神;惟钱至亲,亲之如兄。朝廷爵禄,非钱不登;市井舟车,非钱不行;宾客交游,非钱不

---

① 潘耒:《遂初堂文集》卷十八《尤侍讲艮斋传》,载《四库全书存目丛书》集部第250册,齐鲁书社,1997年,第201页。
② 计东:《改亭文集》卷二《西堂杂组二集序》,载《四库全书存目丛书》集部第228册,齐鲁书社,1997年,第561页上。
③ 尤侗著、杨旭辉点校:《尤侗集》(下),上海古籍出版社,2015年,第1153页。
④ 尤侗著、杨旭辉点校:《尤侗集》(上),上海古籍出版社,2015年,第10页。
⑤ 延君寿:《老生常谈》,载郭绍虞编选、富寿荪校点《清诗话续编》,上海古籍出版社,2002年,第1795页。
⑥ 尤侗著、杨旭辉点校:《尤侗集》(上),上海古籍出版社,2015年,第10页。

盟；官司讼狱，非钱不赢；美人粉黛，非钱不呈；鬼神香火，非钱不馨；隐士买山，非钱不名；文人谀墓，非钱不称。朝而韦布，暮而金紫，三公五侯，只为钱市。昔如寇仇，今如兄弟，肝胆吴越，总为钱使。无令公怒，有令公喜，谁觑面目，唯钱是视，得之则生，不得则死。人生百年，与钱终始。美矣至矣，蔑以加矣！"而与这样的世风人情形成鲜明比照的，是尤侗自己的生活、处世态度："仆本窭人，一钱不持。留此空囊，可以背诗，或者橐笔，否则处锥。睹金花之夜落，玩石苔之晨滋，爱荷叶之的沥，乐荇菜之参差。古诗云：'清风明月不用一钱买。'何必鸡鸣而起，为利孳孳也哉？"① 纵横开阖的骈偶文字和戏谑幽默的风格，不仅充分展示了作者的文学才能，更将他戏谑文风的思想性和抒情性表现得尤为充分。

尤侗是清初一位极为重要的文学家，他文学成就全面，在诸体文章中，最为擅长的当数骈偶文。他所写的骈文，被清人认为是清初足与陈维崧相抗衡的不二人选："陈其年骈体，世以匹悔庵。"② 其"才既富赡，复多新警之思"，故所作骈散文章，"体物言情，精切流丽，读之使人心开目明。每一篇出，传诵遍人口，贾人辄梓行之，勿能止也"。③ 尤侗的骈文多遇物成赋、含情畅怀之作，往往在精切的体物和流丽的文辞之中，熔铸其内心深沉婉曲的情蕴。关于尤侗的戏剧尚有数量极少的研究和论述，但对他的骈文的研究，一直是学术研究的空白，本文即以其骈文创作为中心，着力探讨尤侗的文学理论主张在诗文创作中的表现，以显示他在清代骈文史上的地位。

---

① 尤侗著、杨旭辉点校：《尤侗集》（上），上海古籍出版社，2015年，第154—155页。
② 杨际昌：《国朝诗话》卷二，载郭绍虞编选、富寿荪校点《清诗话续编》，上海古籍出版社，1983年，第1725页。
③ 潘耒：《遂初堂文集》卷十八《尤侍讲艮斋传》，载《四库全书存目丛书》集部第250册，齐鲁书社，1997年，第200页。

"苦忆毗陵秋雨夜,竹楼灯火对论文"

——魏禧与清初常州古文家的理论交流及其影响考论

《礼记·学记》有曰:"独学而无友,则孤陋而寡闻。"因而,在中国古代学术史和文学史的发展历程中,"群居而切磋"几乎成为卓有建树者的人生轨迹中不可或缺的重要环节。这一现象在历史上屡见不鲜,而且随着个人交游的扩大,在切磋商量的涵养中,许多文人的学术视野渐为拓展和博大,识见日益深刻、邃密,其学问根底和艺术境界也得到极大的提升,终克大成。清初散文发展史上的代表人物魏禧,其学问和古文艺术的成就,完全遵循这一传统学术的进阶之路。

一、魏禧壬、癸出游前后文风之丕变

魏禧在明亡后,隐于宁都翠微峰,名所居曰易堂,与兄际瑞、弟礼

以及邱维屏、林时益、彭士望、李腾蛟、彭任、曾灿诸子，以学问、文章相砥砺，时有"易堂九子"之称。然而，身居翠微峰的魏禧，始终担心久隐山林，极易造成学识、视野的壅闭。他在《上郭天门老师书》中就将自己内心的这层隐忧吐露无余："壬、癸之际，私念闭户自封，不可以广己造大，于是毁形急装，南涉江、淮，东逾吴、浙，庶几交天下之奇士。"① 在四十岁左右，魏禧就决意外出游历，遍访同道，友士之贤者。他在结识杭州汪沨后，还在给汪沨的书信中反复申述这层意思："禧闭户穷山垂二十年，恒惧封己自小，故欲一游吴越，就诸君子以正所学。"②

正因有"广己造大"的自觉，魏禧外出游历，这对改变其学术祈向和文学风格有着至关重要的作用。对此，张舜徽曾有过一段公允之论：先是，"（禧）与兄祥（按：后改名际瑞）、弟礼，以学问文章相砥砺，一门之内，自为师友"。而在他四十岁以后，"乃出游四方，友其士之贤者，归而益以实学倡导后进"。③

在魏禧给郭天门的书信中，有一个时间节点非常值得注意，那就是"壬、癸之际"，也就是康熙元年（1662）至二年，此时魏禧年届不惑。这个时间节点，对魏禧的古文发展有着重要的意义，因而在"易堂九子"成员曾灿、邱维屏的笔下都特意拈出，加以强调。曾灿在《魏叔子文集序》中说道："叔子爱苏明允，故其文特雄健，而又不肯学古人专家，步趋其形容，摹其謦咳，往往好出高论奇识，凌厉古人。及壬、癸以来，则多和平呜咽，往复而不尽，又几几于欧阳文忠所为。然其精悍

---

① 魏禧：《魏叔子文集》之《外篇》卷六《上郭天门老师书》，中华书局，2003年，第266页。
② 魏禧：《魏叔子文集》之《外篇》卷六《与杭州汪魏美书》，中华书局，2003年，第293页。
③ 张舜徽：《清人文集别录》卷二《魏叔子文集》，中华书局，1963年，第38页。

之气，逼出于眉宇，不可得而驯伏也。"① 邱维屏在《魏冰叔集序》中说："然而冰叔执其文教授山中，则又其情日深，其气日和，以出而游江达淮，径吴越以反，其示予文，烟波呜咽，一唱而三叹，盖既又非吾之所望者。"② 在好友曾灿、邱维屏眼中，魏禧的古文在"壬、癸"出游之后发生了很大的变化。此前，其古文取法于北宋古文家苏洵，"既精强于事理，操术甚切，而笃于情，畅于其势，明于辨"③，表现出雄健凌厉之风，颇有战国纵横家之气度。而此后的古文虽然不失其"不可得而驯伏"的"精悍之气"，但和此前的作品相比，已经变得较为内敛，在他的文章中也能明显地感受到"和平呜咽，往复而不尽"，"烟波呜咽，一唱而三叹"之致。曾灿和邱维屏的序言，为我们清晰地勾勒出魏禧古文创作经历由纯粹单一恣肆文风转向"醇而肆"的发展路径。魏禧出游江淮与其文风转变之间的关联，不仅关乎其个人，而且在清代散文史上具有不可轻忽的认识价值和意义。然而在以往的散文史研究中，鲜有论者及此，故笔者不揣浅陋，通过文献钩稽，以魏禧与清初常州古文家陈玉璂、邵长蘅之间的交游和理论切磋为例，进一步论证邱维屏、曾灿的说法。

二、魏禧与陈玉璂、邵长蘅等人的交游

魏禧与清初常州古文家的交游颇有古人风调，他们完全是因文结

---

① 曾灿：《魏叔子文集序》，载魏禧《魏叔子文集》，中华书局，2003年，第27页。
② 邱维屏：《魏冰叔集序》，载魏禧《魏叔子文集》，中华书局，2003年，第25页。
③ 邱维屏：《魏冰叔集序》，载魏禧《魏叔子文集》，中华书局，2003年，第25页。

缘，因文而识。在谋面之前，无论是与邹祗谟，还是与陈玉璂、邵长蘅，魏禧"皆无一面之识，尺寸之书未通"①。先是，常州人邹祗谟在江西的时候，有幸读到宁都三魏兄弟的古文，甚是欣赏，屡称道之，便抄写誊录以还。康熙六年（1667）四月，邹祗谟自江西回乡，帮助陈玉璂编选《文统》，把"三魏"的古文选入《文统》。由于邹祗谟、陈玉璂等人的影响力，但凡入选的作者，大多由此名声渐起，宁都魏氏之名亦因此而扬名江南地区。

对于这段文坛掌故，赵申乔和陈玉璂在其文章中皆有反复提及。赵申乔在陆演蕴的墓志铭中说："与同里邹程村（按：邹祗谟）、黄艾庵（按：黄永）、陈椒峰（按：陈玉璂）、刘鲁庵（按：刘维祯）、龚琅霞（按：龚百药）、董宛轩（按：董以宁）诸名家共选古文若干首，名曰《文统》，海内珍之。"②陈玉璂对此事的记载更为详尽："予有《文统》之选，四方名下士，一义足录者皆登之。凡亲故客游，必属广搜采，邮寄之文，几致充栋。独亡友邹程村归自西江，携宁都魏氏三兄弟钞本百余篇，尤为心折。尝语程村：'文人古今所难得，或旷世而相接，或越在千里百里始得一二人。今乃聚于一室，异哉！'越五六年，善伯、冰叔先后主予家，复得纵观全稿。"③

而陈玉璂见到魏禧，却是在读其文五六年之后的康熙十年（1671）。虽然宁都与常州相隔千山万水，但随着《文统》的传布，魏禧在常州及江南的周边地区深得好评，许多常州文人对魏叔子已然是心期久之。康熙十年，魏禧来到常州，结识了恽日初，魏禧曾说："先生与为忘年交，

---

① 魏禧：《魏叔子文集》之《外篇》卷六《答友人论文统书》，中华书局，2003年，第283页。
② 赵申乔：《赵恭毅公剩稿》卷四《候选司训来亭陆公墓志铭》，乾隆刊本。
③ 陈玉璂：《学文堂集》，载《四库全书存目丛书补编》第47册，齐鲁书社，2001年，第51页。

出文集示余而命之序……先生性岩岩，与人寡合，年逾七十志不挫，独好吾兄弟，以为可与言。虽然，先生高士，非隐者也，是亦惟吾兄弟知之。"① 在给恽日初文集作序时，魏禧就畅谈其"明理""适事""经世"的古文观，其中有曰："惟文章以明理适事，无当于理与事，则无所用文，故曰文者载道之器。言事莫尚汉，言理莫尚宋；核事者每谬于理，宗理者迂阔不切事。其实相乖离，其文亦终无有能合者。先生以宋为体，以汉为气，深切明刚，皆足见诸行事，以正人心之惑溺，而救国家之败，此非可以文章求也。"② 在魏禧看来，恽日初的古文和自己一贯以来所坚持的古文评价标准合若符契，可谓是"同声相应，同气相求"，故而给予了很高的评价。

魏禧和陈玉璂甫及见面，陈玉璂就邀请魏禧及其兄魏际瑞两人"主予家"③，便与魏氏昆仲"谈相得"，"会须为家兄弟刻集，椒峰遂授馆舍，至淹旬时，日夜有校雠"④。陈玉璂不仅要为魏氏兄弟刊刻文集，且力邀其主陈氏馆舍，参与《文统》之选政。此番常州谋面，魏际瑞对陈玉璂的赏识推重深表感激，他在《赠陈椒峰进士》一诗中说："自昔才名推邺下，千中独步让陈思。文章千古真豪杰，兄弟三人辱品题（诗下自注：予兄弟文皆入《文统》）。一到似曾平日见，相逢翻恨十年迟。岁寒冰雪看颜色，恰好梅花小院西。"⑤ 而陈玉璂也显得特别兴奋，似乎在朋友圈中尤为津津乐道，他在《魏季子文集序》中有曰："予向为

---

① 魏禧：《魏叔子文集》之《外篇》卷八《恽逊庵先生文集序》，中华书局，2003 年，第 401—403 页。
② 魏禧：《魏叔子文集》之《外篇》卷八《恽逊庵先生文集序》，中华书局，2003 年，第 402 页。
③ 陈玉璂：《学文堂集》，载《四库全书存目丛书补编》第 47 册，齐鲁书社，2001 年，第 61 页。
④ 魏禧：《魏叔子文集》之《外篇》卷六《答友人论文统书》，中华书局，2003 年，第 282 页。
⑤ 魏际瑞：《魏伯子文集》卷八，易堂清康熙刻本。

《文统》一选，四方投赠之作几于充栋，而心折者首宁都三魏氏。其时未与魏氏兄弟交，迨后伯子、叔子相继过予斋，而季子亦最后至"，陈玉璂与"三魏"昆仲"谈论往昔，极友朋之乐"。① 魏氏兄弟与陈玉璂相互赠酬作序。在与常州文人的交游，以及与陈玉璂等人编选《文统》的过程中，魏禧与常州古文家时有切磋探讨，他们各抒己见，畅谈古文创作的心得体会，而相互之间的赠酬作序，就是切磋讨论的成果、结晶。

另一位常州古文家邵长蘅与魏禧的结识定交，亦应在康熙十年魏禧游寓常州时。邵长蘅在《魏叔子文集序》中记录了二人定交的情景："冬，叔子来毗陵，余识之寓楼，握手语移时，恨相知晚。盖余亦喜为文章，持论颇与叔子合。"② 结交之后，邵长蘅与魏禧时有书札往还，谈文论学，交流各自的创作经验，从不间断。虽然《魏叔子文集》中现已难觅二人之间的论文书札，但在邵长蘅的文集中还能清晰地感受到他们之间的交流和讨论，如邵长蘅在《与魏叔子论文书》中有曰："某顿首叔子先生足下，向辱示论文数书，学者作文之法綦备，独疑于文章之源，尚蓄而未发。意善《易》者不谭《易》耶？抑有所秘也。"③ 魏禧和邵长蘅之间密切的学术交往，一直持续到魏禧去世。魏禧去世之后，邵长蘅游历江西，感怀旧友，写下了这样的诗句："我来试问金精处，十二峰青响杜鹃。""苦忆毗陵秋雨夜，竹楼灯火对论文。"④ 常州古文家对与魏禧的交游，特别是古文论学之看重，可见一斑。

---

① 陈玉璂：《学文堂集》，载《四库全书存目丛书补编》第47册，齐鲁书社，2001年，第81页。
② 邵长蘅：《邵子湘全集》之《青门簏稿》卷七，载《四库全书存目丛书》集部第247册，齐鲁书社，1997年，第741页。
③ 邵长蘅：《邵子湘全集》之《青门簏稿》卷十一，载《四库全书存目丛书》集部第247册，齐鲁书社，1997年，第781页。
④ 邵长蘅：《邵子湘全集》之《青门旅稿》卷二《赣江舟中忆亡友魏叔子三首》（其二、其一），载《四库全书存目丛书》集部第248册，齐鲁书社，1997年，第74页。

三、魏禧与常州古文家的文论思想之交流

常州古文家之所以将魏禧视为同道,其中最为重要的原因就是,他们在文章"经世致用"的社会功能上达成高度一致的默契。

康熙六年(1667),陈玉璂开始编选《文统》,其最初的目的是"欲以国家所统之人文犁然毕备,以为本朝之文教在是也"。故而他论文章,极力主张:"古今文章虽多,实有关于家国天下、身心性命之故,无过理学、经济。言经济而不言理学,则无本;言理学而不言经济,则迂而无用。昔圣贤之书,论之已详。"一直以来,他就担心"深山穷谷之中,其人身名不见于世者,多致湮灭",[①] 所以,当他从邹祗谟那儿读到"三魏"的文章后,竟会不觉惊呼,"允为心折"。而邵长蘅在为魏禧文集作序时,则从文"必系治乱,关利弊,考鉴成败得失,为斯世有用之言"这一理论基石出发,对魏禧的古文也给予了很高的评价,他在序中所反复强调的,也正是魏禧古文强烈的现实精神,所谓:"其智略辐辏之气,时露眉宇间,故发为文章,每至谭说经济,识天下古今之变,率凿凿副名实,不为无用之言。"[②]

魏禧寓居常州期间,就成为常州古文作家群体的知音,过着"奇文共欣赏,疑义相与析"的文学风雅生活。对此,陈玉璂在其文中有相对

---

① 陈玉璂:《学文堂集》,载《四库全书存目丛书补编》第47册,齐鲁书社,2001年,第47—48页。
② 邵长蘅:《邵子湘全集》之《青门籚稿》卷七,载《四库全书存目丛书》集部第247册,齐鲁书社,1997年,第741页。

细致的描写，说自己和魏氏兄弟以及宜兴古文家任源祥、家塾师张古迁"朝夕相友善也，而好论文"①。在他们的朝夕论文中，"明理致用"自然成为最为重要的关键词。魏禧为常州重修延陵书院作记，陈玉璂就借评点之机来大谈"文章关乎世教"的问题："予尝语冰叔：吾辈作文，苟无关于世教，可以不作，虽遇极闲冷题，犹将借以发吾胸中所欲言，况题位本与世教相关者乎？此文叙理学渊源兴废，精当明确，立身处世之道，皆可于此取法，岂直文字之老洁为不可及哉？"② 在和常州文人的交往中，魏禧时时都在阐发其"明理致用"的古文主张，并系统地提出自己的古文理论。如他在为恽日初文集作序时就说：

> 惟文章以明理适事，无当于理与事，则无所用文，故曰文者载道之器。言事莫尚汉，言理莫尚宋；核事者每谬于理，宗理者迂阔不切事。其实相乖离，其文亦终无有能合者。先生以宋为体，以汉为气，深切明刚，皆足见诸行事，以正人心之惑溺，而救国家之败，此非可以文章求也。然有其志无其学，有其学无其识，有其识无其事，则文皆弗极于工。有志而无学，犹耕者之冀总径而不菑畲也，是谓虚而不实。有学而无识，犹作室者固垣墉而不牖户也，是谓塞而不通。有识而无事，犹浮海者之望三神山，不至而返也，是谓似而不真。虚而不实者，其文疏，不足以征事。塞而不通者，其文密，不足以达意。似而不真者，其文疑，不足以适用。天下之文得其一，失其一，故其为合也甚难。非不知也，才短而学薄，不足于识，不炼于事，志之而弗

---

① 陈玉璂：《学文堂集》，载《四库全书存目丛书补编》第47册，齐鲁书社，2001年，第61页。
② 魏禧：《魏叔子文集》之《外篇》卷十六《重兴延陵书院记》，中华书局，2003年，第745—746页。

能故也。①

魏禧这样评价恽日初,是深得清初常州古文创作的意旨和审美理想的。"志于古文",要到达古文之最高境界,"非可以文章求也",这样的理论表述,在常州文人的文集中比比皆是。如陈玉璂为同乡好友董以宁的文集作序时,就反复申说此意。董以宁(1630—1669),字文友,早年以艳词而著称,在扬州时被王士禛称曰"艳情中绘风手",成都人杨岱在为董氏《蓉渡词》作序时则以"嫣然以媚,婉约而多思"② 为评。但是,董以宁却不欲以此见赏于世,转而着意于诗,"越数年,则并诗摈去之,专为《史》《汉》,唐、宋大家文,尤留意天文、历象、乐律、方舆之学,故为文多所发明。越数年,则一概摈去,而专事于穷经"③。在四十年短暂的人生岁月中,伴随着董以宁文学观念的循序进阶,他的文学之路经历了一次又一次的自我反动和超越。究其内核,正是乾嘉时期阳湖派古文大家张惠言所说的"道成而所得之浅深醇厚,杂见乎其文,无其道而有其文者,则未有也"。因为相同的原因,张惠言在放弃了为自己赢得足够文学声誉的辞赋和词之后,转而专意古文,但随着古文研习的深入,他和董以宁一样,最终选择了"退而考之于经","求天地阴阳消息于《易》虞氏,求古先圣王礼乐制度于《礼》郑氏,庶窥微言奥义,以究本原"④。

因而,魏禧所说的"非可以文章求"者,首要的便是"学"。从顺、

---

① 魏禧:《魏叔子文集》之《外篇》卷八《恽逊庵先生文集序》,中华书局,2003年,第402页。
② 杨岱:《蓉渡词序》,载董以宁《蓉渡词》三卷,康熙留松阁刻本。
③ 陈玉璂:《学文堂集》,载《四库全书存目丛书补编》第47册,齐鲁书社,2001年,第54页。
④ 张惠言著、黄立新校点:《茗柯文编》,上海古籍出版社,1984年,第117—118页。

康以至于乾、嘉，"学""文"之间的关系，一直就是清代常州古文家最重视的理论命题，而且他们在认识上有着极大的相似性和承继性，即都非常重视学术的涵养，因而清代常州古文家大多表现出强烈的学者气质，其作品中的学术内蕴也就自然尤为深厚。除了上述的董以宁和张惠言外，可以再举二例。钱肃润在《学文堂文集序》中说："人之为文，莫重乎其学。学也者，所以明义理，通古今，始乎积累而成于涵养者也。义理明则讲道切，古今通则论事详，积累深、涵养熟则英华发越而光大，此文之不可不学也！"① 陈玉璂自己则在《徐竹逸愿息斋文集序》一文中，与钱氏之说相呼应："论者曰：'学者与作者分两途，以学者不必能作，作者不必尽借于学。'其说似是，不知学者之不能作固有之，若谓作者不必学，则非也！"②

邵长蘅亦亟言为文必须多读书，以厚植其根柢，所谓"诗文忌俗，诚如来书所云，然医俗无它法，惟平日多读书，则俗气自除"③。在他看来，包括奇正、疏密、布置、格局等在内的具体"文法"确系文章写作中不可或缺的重要部分，但非第一义者，因而古文创作绝不能仅仅满足于辞章字句间，由此，他提出了"文之源"一说，所谓"学文者必先浚文之源，而后究文之法"。那么，邵长蘅所谓的"文之源"到底是指什么呢？他在《与魏叔子论文书》中论之甚详，其中有云："浚文之源者何？在读书，在养气。夫《六经》，道之渊薮也，故读书先于治经。……然后综贯诸史，以验其兴废治忽之由。旁及子集，以参其邪正得失之故。又恐力不能兼营，史自左氏、司马、班、范、三国、南、

---

① 钱肃润：《学文堂文集序》，载陈玉璂《学文堂文集》，光绪丁酉武进盛氏重刊本。
② 陈玉璂：《学文堂集》，载《四库全书存目丛书补编》第47册，齐鲁书社，2001年，第56页。
③ 邵长蘅：《邵子湘全集》之《青门簏稿》卷十一《答贺天山》，载《四库全书存目丛书》集部第247册，齐鲁书社，1997年，第785页。

北、五代而外,子自庄、列、荀、扬、韩非、吕氏、贾、董而外,集自韩、柳、欧、苏、曾、王而外,或略加节抄,可备采择。此读书之渐也。韩愈氏有言:'气,水也;言,浮物也。水大而物之浮者大小毕浮。'是故其气盛者,其文畅以醇;其气舒者,其文疏以达;其气矜者,其文砺以纰;其气恧者,其文诐以刓;其气挠者,其文瓢以瑕。是故涵泳道德之途,葘畲六艺之圃,以充吾气也;泊乎寡营,浩乎自得,以舒吾气也……此养气之说也。二者所以浚文之源也。"①

在魏禧和邵长蘅的讨论中,他们忽视了生活的本源地位,而将读书、问学作为"文之源",自有其失之偏颇的地方,但他们论述的学以"成识"、学而"养气",最终实现"以学济文",则是非常重要的,而且也达成了一致。魏禧主张,"文章之根柢,在于学道而积理"②;问学之道,必要"能兼总而条贯之","条分缕析,刚柔文质,各异其宜","各因所已知而讨古论今,以成其说","既各成书,然后合并贯穿,畅其利,杜其弊,而尤必使众法杂陈之中,首尾不扞格","然必有一代制作之大意,其纤悉毕到处,与其大意必相通属"。③ 有了通达的识见,还必须要有浩然之气的贯注。对积学养气的重视,是贯穿常州古文家理论的重要传统。虽然董以宁的散文鲜受人关注,但他的笔下时有佳作。若其《唐太宗论》一文,独抒己见,议论风发,词露锋芒,所谓行文气厚力大者也,兹引其文尾一节如下:"曰:小人之过也必文,文过者,必自知其为过,则此心犹未至于尽丧,而尚得与于人之数也。至太宗不以过为过,更不知如文之文为愈矣!"而《陈定生先生墓表》一文,则以欹崎历落之构思与笔致,追述乡邦遗民志士陈贞慧(陈维崧父亲)之风

---

① 陈良运主编:《中国历代文章学论著选》,百花洲文艺出版社,2003年,第956—957页。
② 魏禧:《魏叔子文集》之《外篇》卷八《八大家文钞选序》,中华书局,2003年,第413页。
③ 魏禧:《魏叔子文集》之《外篇》卷五《答曾君有书》,中华书局,2003年,第218—219页。

神,笔笔史法,谓:"有结撰有精神,合班、马于韩、欧,是文友着意文字。"① 但是,在董以宁看来,"才"与"气"之雄健,自然是文章中不可或缺的,但若一味追求,舍此无他,则易有肆而不醇之弊。所以,董以宁认为六经、学问的根柢是使之归于沉厚的最佳途径和轨辙,这便有了他在《计甫草文集序》中提出的"合美并难"之说。在比较汪琬和计东的散文创作之后,董氏认为,若将汪琬散文"以法为尚""既洁且浑,而冲和淡宕"的特点,和计东散文中"如长江大川之直下而不可御""如惊雷闪电之忽至而不可测"的"至大之气"相结合,"合其美而各并其所难",就是散文创作的最高境界!

综观魏禧一生的古文创作,早年文风恣肆扬厉,在游历江淮以后,文势略有收敛,但他似乎是在朝着董以宁所说的"合美并难"方向在发展。故而就有了他在《与友人》一信中所说的:"故少年作文,当使才气怒发,奇思络绎,如入梓泽,如观沓潮,如骏马驰坂,健鹘摩空,要令横绝一时,然后和以大雅,洒以平淡,归于至醇,而犹有隐然不可驯之气,不可掩抑之光,斯为至尔。"② 陈玉璂对魏禧的推重盖因其雄健之才气,而对邵长蘅之赏识也因此。陈玉璂无意间读到了邵长蘅的文章,"及见其文,亦以气胜,尤爱之",立刻将邵长蘅视为"振兴古学"之业的新同道,怀揣着对未来的憧憬,陈玉璂的欣喜之色跃然楮墨间:"今得子湘而大振,讵不快哉!讵不快哉!"③

在"读书""养气"的基础上,再加以"文法"的辅益,才能创作出"畅以醇""疏以达"的文章。但是对前人法度的学习,绝不是亦步

---

① 董以宁:《正谊堂文集》之《唐太宗论》《陈定生先生墓表》等点评文字,首都图书馆藏康熙七年刻本。
② 魏禧:《魏叔子文集》之《外篇》卷七《与友人》,中华书局,2003年,第323页。
③ 陈玉璂:《学文堂集》,载《四库全书存目丛书补编》第47册,齐鲁书社,2001年,第58页。

亦趋的自我束缚，而应是实现自我创新的起点和根基，这就是魏禧所谓的"后之学者，必有以胜古人，而后古人可学而至"①。

在清初散文理论和创作的主流思潮中，奉"唐宋八家"为不祧之宗者比比皆是。而陈玉璂却认为，古文的取径决不能仅局限、止步于唐宋，更应由此而上，追本溯源，广收兼蓄，取法乎上："吾人有志古学，六经、四子书，其大原也。其外则贵有博览之学、变通之才。窃叹今世善学古人之文者，多奉唐宋大家为准的，不知大家之所以为大家者，非无本而然，或本周秦，或本两汉，其源流莫不可溯。昔人由周秦两汉，得成其为大家，今人第学唐宋大家，而不识周秦两汉为何书，大家岂遂能至？"②"吾人立意，止于唐宋大家，势必不得为唐宋大家。惟以六经为寝庙，以左史为堂奥，以唐宋大家为门户，而后上者可至于左史，下不失为唐宋大家。"③

在取法、学习前贤的过程中，不仅要有"博览之学"，更应具备"变通之才"。陈玉璂所谓的"变通"，是他对散文创作中"法"和"无法"进行辩证思考之后提出的一得之见。陈玉璂主张对前人的散文创造应该"博览"兼蓄，但他更强调在学习过程中不应完全被前人已有的"法"限制束缚，沦为简单的摹拟、剿袭，而应在散文创作中融汇、贯注自己的"性情""行谊"。"盖善学者，必内有以足乎己，而言随之，治其性情，端其行谊，使吾身有合乎古圣贤之道，而后融会通贯乎其言，不必有意摹拟，自可至于古人。"④

---

① 魏禧：《魏叔子文集》之《外篇》卷八《答孔正叔》，中华书局，2003年，第360页。
② 陈玉璂：《学文堂集》，载《四库全书存目丛书补编》第47册，齐鲁书社，2001年，第55页。
③ 陈玉璂：《学文堂集》，载《四库全书存目丛书补编》第47册，齐鲁书社，2001年，第47页。
④ 陈玉璂：《学文堂集》，载《四库全书存目丛书补编》第47册，齐鲁书社，2001年，第47—48页。

陈玉璂古文理论中关于"博览"和"变通"的学说，在其散文创作中也得到了充分的展现，魏际瑞在为《学文堂文集》作序时，就谈到这一特点，并且给予很高的评价，进而把陈玉璂引为同道："吾读陈子椒峰之文，始而视之，平平然，玩之则津津然。三四吟叹之，则山岳屹然峙立于其中，江河淮泗浑浩流行，而不知其际，若此者，盖非徒规模古人，与不规模古人之所能得者也。……吾尝谓冰叔曰：'善学古人者，熟于规矩，能生变化，其识精而议确；不斤斤学古人者，亦能自为变化，变化相生，自合规矩。'今观陈子之文，而于是察吾言之不谬也。"①

陈玉璂曾对他的朋友张侗说过，"为文贵立意，又必得才与气以辅之"，如果过分尊奉、依赖古人，完全宗法于某家、某法，那么，作家自己的"才与气束缚而多所不达"，写出的文章"虽揣摩极工肖，亦成其为古人之文，夫古人已有，其文何借于我？"② 这样的观点和意思，反复出现在陈玉璂与朋友的论文文字中，他在《与张黄岳论文书》中曾明确提出了超越"古人之法"，最终形成"我法"的观点："今人作文，莫病于摹拟，秦汉大家之前，未尝有秦汉大家，乃必规规然曰我学秦汉、我学大家。纵极肖，不过为古人奴隶，况不能肖乎？……仆尝语于人曰：'人知无法之为病，不知有法之为病。惟能不囿于法，始可得古人之法，始可自成为我之法。'"③ 陈玉璂对自成一家、独具个人风格之"我法"的重视和张扬，足见其平生所从事者，绝不肯像时贤一样堕入"唐宋八家"的窠臼。其致力于古文之功必勤且深，观其散文创作，故亦醇且肆矣！张侗在《学文堂文集序》中描写陈玉璂创作散文时的状态

---

① 魏际瑞：《学文堂文集序》，载陈玉璂《学文堂文集》，光绪丁酉武进盛氏重刊本。
② 张侗：《学文堂文集序》，载陈玉璂《学文堂文集》，光绪丁酉武进盛氏重刊本。
③ 陈玉璂：《学文堂集》，载《四库全书存目丛书补编》第47册，齐鲁书社，2001年，第432页。

曰:"尝见枷峰危坐凝神,奋笔迅扫,如风雨骤至,又如孤峰拔地而起,壁立千仞,飞泉喷薄,岩窦间若伏若见,望者莫可端倪。而其旁怪石嶔呀,林木掩苒,惊禽骇兽,烟云之属,皆为之助势,椒峰之文奇如此。"

相同的看法也时见于邵长蘅的文字表述中,他把"文法"分为两大类,即"有不变者,有至变者"。包括谋篇布局、字法、句法在内的技巧只是"法"之"不变者",还是比较容易掌握和传授的,其实它们都是作者在博览综贯六经、诸史、子、集之后积渐获得的写作经验,"可备而择",作为日后文章写作的借鉴。若局限于这些"面目"上的效仿,必然会出现这样的情况:"古文辞一道,曩学秦汉,流而为伪秦汉;近日学八家,又流而为伪八家。变症虽殊,病源则一。总是文无根柢,从古人面目上寻讨耳。"① 作为一位有所作为的古文家,要想改变这种"伪秦汉""伪八家"的弊症,就必须把个人的悟性灵气以及学养的涵泳积累融入文章之中,使"不变之法"成为"法"之"至变者",这也是形成个人独特风格的关键所在。就邵长蘅的散文创作而言,尤以传记文最为精彩,诚如张舜徽所说:"观其比事属辞,简炼而不芜冗,讲求蕴蓄,极自爱好,传志之文,尤峻洁有法,皆读书之效也。"②

常州文人的这些思想,对魏氏兄弟的影响是不可忽视的,在前引魏际瑞的《学文堂文集序》中就表现得极为明显。早年的魏禧,尤其醉心于三苏的文章,但在和常州文人的往还中,通过研习分析,他也尖锐地指出:"是以三苏之论,于古今为独绝;而议论之失平,亦苏氏最多。"③ 在对前人的批判性学习和吸收的基础上,魏禧逐渐形成自己成熟的古文

---

① 邵长蘅:《邵子湘全集》之《青门簏稿》卷十一《与彭子》,载《四库全书存目丛书》集部第247册,齐鲁书社,1997年,第788页。
② 张舜徽:《清人文集别录》卷三,中华书局,1963年,第79页。
③ 魏禧:《魏叔子文集》之《外篇》卷八《八大家文钞选序》,中华书局,2003年,第414页。

理论，他在批评当时文坛状况的时候就明确地说道："天下文章，最苦无真气；有真气者，或无特识；有特识者，或不合古人法度；合法度者，又或形迹拘牵，不能变化。故天下能者甚多，求其超逸绝群，足与古作者驰骋，便为少有。"① 魏禧在与"易堂九子"之一的彭士望论文时，更是强调："文之感慨痛快驰骤者，必须往而复还。往而不还，则势直气泄，语尽味止；往而复还，则生顾盼。此呜咽顿挫所从出也。欧文之妙，只是说而不说，说而又说。是以极吞吐往复、参差离合之致，史迁加以超忽不羁，故其文特雄。"②

此后，魏禧的古文创作逐渐走向成熟，不再是一味地恣肆扬厉，而是最终形成既有"和平呜咽，往复而不尽"的韵致，又有"其精悍之气，逼出于眉宇，不可得而驯伏"的气势，在奇肆中复有醇雅之气。

---

① 魏禧：《魏叔子文集》之《外篇》卷七《复沈甸华》，中华书局，2003年，第351页。
② 魏禧：《魏叔子文集》之《魏叔子日录》卷二，中华书局，2003年，第1121页。

清初传记散文中遗民形象书写的道德范式
——以清初遗民徐枋传记为例

一

在古代中国史官文化盛行的社会中,记人、记事的传统盛行不衰。清代学者章学诚以为,传记一体,战国时代已有之,只是到明清时期"集部繁兴"之后,才有"始以录人物者,区为之传;叙事迹者,区为之记"这样的区分。① 《史记》的问世,足以表明以本纪、列传为代表的传记体文章在西汉时期已经被史家和文人纯熟地驾驭和运用。

就在《史记》这一高峰形成的同时,太史公渐开中国古代纪传文章的道德评判传统。刘知幾在《史通》中这样概括司马迁的开创之功:"夫纪传之兴,肇于《史》《汉》。盖纪者,编年也;传者,列事也。编年者,历帝王之岁月,犹《春秋》之经;列事者,录人臣之行状,犹

---

① 章学诚撰、叶瑛校注:《文史通义校注》,中华书局,2014 年,第 232 页。《四库全书总目·史部·传记类》则有曰:"传记者,总名也,类而别之。则叙一人之始末者为传之属,叙一事之始末者为记之属。"(《四库全书总目》卷五十八,中华书局,1965 年,第 531 页)

《春秋》之传。《春秋》则传以解经。《史》《汉》则传以释纪。"① 刘氏的观点，在唐代属于史学界的通识。在唐初史官修撰《隋书》时，魏徵等人就曾结合古代中国的史学传统和汉武帝时期的政治文化生态，论及《史记》纪、传的社会功能和价值，其中有曰："武帝从董仲舒之言，始举贤良文学。天下计书，先上太史，善恶之事，靡不毕集。司马迁、班固撰而成之，股肱辅弼之臣，扶义俶傥之士，皆有记录。"② 唐代学者司马贞在其《史记索隐》中更是昌言："帝王书称纪者，言为后代纲纪也。"③"列传者，谓叙列人臣事迹，令可传于后世，故曰列传。"④ 这样的论述完全符合儒家思想体系中社会教化的政治理念，因而流衍甚广，在后世的史学实践中也得到了充分的体现。如《宋史》本传为了突显欧阳修"道德""文章"的成就，就将笔墨集注于描写他"羽翼大道，扶持人心"，"折之于至理"。若不是有"月上柳梢头，人约黄昏后"（欧阳修《生查子》），"爱道画眉深浅入时无""笑问鸳鸯两字怎生书"（欧阳修《南歌子》）这样的词作流传，欧阳修作为文士，其风流俶傥的一面，则将完全被史传所掩盖矣。

官修史书的传记观念自然而然深深地影响着文人别集中的传记散文的写作。明清易代之际遗民群体的生存状态及其文学活动，是近年来颇受人瞩目的研究课题。然而，笔者在研究中却发现一个重要的问题，我们所依据的各种《遗民录》以及史籍、地方志中的许多传记材料有一个

---

① 刘知幾著、张振珮笺注：《史通笺注》卷二《列传第六》，贵州人民出版社，1985年，第49页。
② 魏徵：《隋书》卷三十三《经籍志》二，中华书局，1973年，第981页。
③ 司马贞：《史记索隐》注，载司马迁《史记》卷一《五帝本纪》，中华书局，1959年，第1页。
④ 司马贞：《史记索隐》注，载司马迁《史记》卷六十一《伯夷列传》，中华书局，1959年，第2121页。

共同的重要史源，那就是此际文人别集中的传记文，而这些传记散文的写作者大多都与传主有着相同或相近的政治观念和人生出处的选择。因此，很多传记文的作者在对传主的评论中带上深厚的道德评判，往往会借作传的机会抒写个人情怀，从某种程度上说，这也算是写作者的道德自塑和政治宣言。尤其是当写作者面对的是一位众所周知，且足以成为遗民群体中的"道德楷模"的人物时，这样的范例就更会被写作者在道德塑造上发挥到极致，于是传记中的文字就会连篇累牍地出现诸如"不食周粟""深隐山林""足迹不入城市""绝意科举仕进""不与人交接"这一类的语汇，以及围绕这些概念而进行剪辑的可歌可泣的事迹。对于这一现象，布迪厄在《实践感》一书中有过精彩的论说："被集团公认为'贤人'或'头面人物'者，即使没有获得任何正式授权，也被委以一种得到默认的集团权力，他们理应（如人们所说，这是自视过高所导致的义务承担）通过自己的示范行为和特有的影响，不断提醒集团记住其认同的价值标准。"[1] 清初传记散文的这一做法最终导致的结果是，大量的遗民传记并没有达到郑天挺所说的"好的传记更要把这个人的个性、丰采、言谈、思想举止、神态，用文字或事迹衬托出来"[2]。人物塑造上强烈的道德共性，乃至于道德标签同质化，最直接的牺牲就是传记散文的文学色彩，尤其是鲜明的人物个性塑造。

　　本文试图通过对清初文献，尤其是别集中的人物传记散文做细致的梳理和考证，以徐枋为例，深入思考清初人物传记散文中人物形象道德范式形成的学术机理，以及这一现象存在的典型意义。

---

[1] 皮埃尔·布迪厄著、蒋梓骅译：《实践感》，译林出版社，2003年，第206页。
[2] 郑天挺：《探微集》，中华书局，1980年，第268页。

二

徐枋是清初江南遗民志士的代表人物，清人所作的传记文以及史志文献，特别着力于描述他作为遗民志士的道德风标及其高度，甚至将他的行止出处视为儒行之典范。乾隆时期苏州彭绍升就将徐枋的传记列入《儒行述》中，其中有曰：

> 徐昭法，名枋，江南长洲人。父汧，为明少詹事，明亡，沉水死。昭法少举于乡，既遭变，遂遁迹山中。居灵岩之上沙，布衣草履，终身不入城市。时上灵岩谒继起禅师，问佛法。家贫往往绝粮，继起馈之粟，受之。非继起弗受也。汤文正为巡抚，屏驺从访之，不得见，徘徊叹息而去。晚岁，志道益笃，宣城沈麟生诒之书，颂其志节之美，复书曰："缊袍不耻，是道何臧？学问之几，不舍一息。区区陈迹，犹然见诮，吾滋惧矣。"昭法殁，孤孙方幼，不克葬，故人戴冠自山阴来，卖字吴门，每纸得百钱。积二年，乃葬昭法于青芝山下。①

在彭氏看来，吴中前贤徐枋在明清易代之际隐遁山林，在孤独中"继志述事"，默默地坚守着天地存亡续绝之使命，其所作所为，完全可以和顾炎武、张履祥、朱用纯、汪沨、李颙等儒学大师相颉颃，故而在这组传记中，徐枋自应有一席之地。徐枋之所以能入选，大概也就如徐

---

① 彭绍升：《二林居集》卷十九《儒行述》，载《续修四库全书》集部第1461册，上海古籍出版社，2002年，第457页。

枋的老友叶燮所说:"先生于举世颓流之日,毅然以世道人心之责,只身肩之不敢辞,志以屈而伸,身以晦而荣,以视碌碌降且辱者,其相去何如矣!"①

在清初遗民群体中,徐枋确实具有举足轻重的地位和影响力,他与宣城沈寿民、嘉兴巢鸣盛并称"海内三遗民",他的传记及故事在当时极具代表性。当他的死讯传出后,"四方之士无论与先生识不识",莫不惊恸万分,"欷歔太息,至有泣下者","于先生之没也,不觉怃然失,悄然悲,等于泰山梁木之崩折也"。②作为一名穷居守志的遗民,徐枋的一生,"不求举世有一人知,而举世人知而景之者"③。如此,如何能不把他视为清初遗民的楷范。因而,徐枋其人及其传记也就具有研究的典型性。

纵观彭绍升的这篇传记,其中包含几乎所有清初隐遁遗民都会面临的四重尖锐而激烈的矛盾冲突:"殉节而死"与"不死苟活"、"出应世务"与"栖隐土室"、"与世交接"与"杜门避居"、"受赠馈遗"与"坚却不受"。面对一重重尖锐而复杂的矛盾冲突,该何去何从,这几乎成为易代之际士大夫道德操守的试金石,考量着每一位当事者的道德底线。在清初散文史上,以遗民志士为传主的传记散文中,这些道德维度的评判便逐渐形成传记写作中相对固定的"范式"。

---

① 叶燮:《己畦集》卷十六《孝廉徐俟斋先生墓志铭》,载《清代诗文集汇编》第104册,上海古籍出版社,2010年,第472页。
② 叶燮:《己畦集》卷十六《孝廉徐俟斋先生墓志铭》,载《清代诗文集汇编》第104册,上海古籍出版社,2010年,第472页。
③ 叶燮:《己畦集》卷十六《孝廉徐俟斋先生墓志铭》,载《清代诗文集汇编》第104册,上海古籍出版社,2010年,第472页。

(一)"殉节死"与"不即死"的纠结与煎熬

对于节义、生死的抉择,历来就是儒家政治伦理中一个至关重要的命题,先贤先圣早就有过"舍生取义""杀身成仁"的训示,因而中国历史上从来不缺乏"忠义殉节"的烈士,文天祥的一句"人生自古谁无死,留取丹心照汗青",直可视为古代儒士整体精神道德风貌的写照。

关于这一命题的讨论,在明清之际"国破山河在"的历史大动荡中,显得尤为突出和激烈。在存世的大量历史文献中,此际文人选择死难殉节者绝不在少数。纵览诸多史籍,特别是文集中的人物传记,在对死难者临终前夕悲怆欲绝的环境、氛围、情绪进行浓墨重彩的渲染之后,托出其最后的遗言,无不是振聋发聩:"其死固自求之,无所悔也","更何恃哉?直办一死耳,焉得不暇?"[①] 这些"决志于死而死者"的言行,都是钱澄之"所亲知灼见"者。受到无数英烈的感染,钱氏也曾发出这样的慷慨之辞:"狼曋所云'未得死所',予有死志,盍求死所乎?"[②] 嘉定黄淳耀、山阴祁彪佳等志士的事迹在江浙士人中广为传诵,他们在殉国前,几乎如出一辙地留下了这样的绝命之辞:"城亡与亡,岂以出处贰心?"[③]"予硁硁小儒,惟知守节而已","委贽为人臣,之死谊无二……含笑入九原,浩然留天地!"[④] 因而,从某种意义上来说,瞿

---

① 钱澄之撰、汤华泉校点:《藏山阁集》之《藏山阁文存》卷五《闽粤死事偶纪》,黄山书社,2004年,第422—423页。
② 钱澄之撰、汤华泉校点:《藏山阁集》之《藏山阁文存》卷五《闽粤死事偶纪》,黄山书社,2004年,第421—423页。
③ 张廷玉等撰:《明史》卷二八二《黄淳耀传》,中华书局,1974年,第7258页。
④ 徐芳烈:《浙东纪略》,浙江古籍出版社,1985年,第105—106页。

式耜临难前的那句"逃死而以卷土为之辞，他人能之，我固不能也"①，以及吴钟峦《霞舟随笔》中的那句"见危临难，大节所在，惟有一死"②，几乎成为易代之际士大夫道德评价的指归，自然也成为抗清义士传记中临终遗言的"标配"。

但是问题的关键却在于，殉国者固然值得世人崇敬，然而其数量和"不即死"的众生相比，绝对只在少数。如果一准"大节所在，惟有一死"这样的道德评判，"以卷土"为托词而"逃死"，就会招致无数的鄙夷，那么终生"苟活"且无所作为者，岂非无地自容耶？身处易代之际"忠义""节烈"这样深重的道德困惑中，个人的"生死抉择"自然极易引发无数的道德评判，每一位当事人在面临生命和道德的二难选择时，其内心所受的煎熬和挣扎是实实在在的沉重和艰难的。徐枋在清初遗民中具有典范意义，正是因其诗文作品中以细腻精微的笔触，具体而完整地展现了遗民处世"苟活"的隐秘心曲。在父亲徐汧选择自沉以殉明王朝，完成完美人格的自我塑造后，身为人子的徐枋，深受儒家思想的熏染，也绝不甘落后，故而他最初的选择也和其父一样，"誓必从死"，以此自明志节。然而最终的事实却是"死志未遂，苟存于时"，此后便开始他漫长的"束身土室，与世诀绝"的"苟活"人生。数十年来，"苟活者"的标签和烙印，使徐枋深陷于无休无止、终生不泯的自我谴责中难以自拔，就连晚年编订自己文集的时候，他还耿耿于此："余不佞，真千古之穷人而无告者也"，"时即碌碌苟安，无所龃龉，而伤心之悲，

---

① 王夫之：《船山全书》（第11册）《永历实录》卷二《瞿严列传》，岳麓书社，1996年，第375页。
② 黄宗羲著、沈善洪主编：《黄宗羲全集》（第8册）《明儒学案》卷六十一《霞舟随笔》，浙江古籍出版社，1992年，第870页。

终天之痛，惨灼酷烈，鲜民之生不如死之久矣"。①

徐枋的思想情感体验，在易代之际绝非孤立的个案。全祖望"生值有清雍、乾文网禁密之世，而搜辑明季遗闻轶事，表章民族志士，奋笔直书，无所顾忌，足补史乘之阙"②。纵览全祖望的《鲒埼亭集》，其中颇多这样的传记叙述文字，皆足以与徐枋的心迹相印。全祖望在为甬上遗民高宇泰作传时曾记述高氏的一段自序，颇耐人寻味。国变以来，高宇泰经历了诸盟友死难，自己又"累遭困折"，虽"于故国之感不少衰"，但他始终难以释怀的还是自己的"觍颜视息"，他在自己的文序中喟叹道："国难以来，华、王得追随范、倪诸老游于虞渊，而予觍颜视息，虽键户屏绝人事，以期不负此初盟，然以视亡友则可耻也。"③

如果一任这种道德化的标签无限制地扩大，甚至演化成一种道德评判的"苛论"，那么天下无数的遗逸之士自然无以安身。在这样的情势下，"自居遗民者亦须解释其未死，后死，犹存，为其生存的必要性取证，诸如养亲，抚遗孤，存遗文，存国史，以至图恢复（是其意义之尤大者），待后王，等等"④。天下称颂不已的死难殉国英雄张煌言的一段话，为大量"不即死"而苟活者的自我回护之论提供了足够的理论依据。他在《贻赵廷臣书》中说："自古废兴亦屡矣，废兴之际，何代无忠臣义士，何代无遗臣处士？义所当死，死贤于生；义所当生，生贤于死。"⑤ 是则，易代之际的生死选择，其蕲向在乎"义"，殉国而死，自

---

① 徐枋：《居易堂集》，华东师范大学出版社，2009年，序言第1页。
② 朱铸禹：《序例》，载全祖望撰、朱铸禹汇校集注《全祖望集汇校集注》（上），上海古籍出版社，2000年，第29页。
③ 全祖望撰、朱铸禹汇校集注《全祖望集汇校集注》（上）《鲒埼亭集内编》卷十四《明故兵部员外郎蘗庵高公墓石表》，上海古籍出版社，2000年，第267页。
④ 赵园：《明清之际士大夫研究》，北京大学出版社，1999年，第39页。
⑤ 张煌言：《张苍水集》（第一编），上海古籍出版社，1985年，第41页。

有义之所当者；然"不即死"者也不能排除"义所当生"者，其亦未尝没有"贤于死"者。

徐枋之"义所当生"者，其在文章中有过多次阐说，大概不外乎父命，其父临终前的一句"吾固不可以不死，若即长为农夫以没世，亦可无憾"，多次出现在徐枋致师友的书札之中，诸如《答吴宪副源长先生书》《与冯生书》等。① 叶燮在《孝廉徐俟斋先生墓志铭》中更是详细记载了徐父的临终之命："我死，不可不死也。自靖自献，不死即不忠。尔死，非不可不死也。不死，非不孝。我死君，固也。尔死亲，使尔有子，又将为亲死，则子孙递死无噍类，有是乎？尔不死，守身继志，所以成孝廉作忠也。"②"不即死"是其父命，"不即死"更是避免"子孙递死无噍类"，亦即保存薪火相传的有生之力量和希望，因而徐枋终生牢记，并恪守"农夫以没世""守身继志，所以成孝廉作忠"的父命。他数十年如一日，坚贞自守，即便在经历了"崩天之敌，稽天之波，弥天之网，靡所不加，靡所不遘，而再益之以饥寒之凛栗，风雨之漂摇，世事之诖误，骨肉之崎岖，靡所不更，靡所不极"这样的艰难境况，其抱朴守志之初心"未尝有毫厘之移，未尝有须臾之间"。③ 他在给父执前辈的书信中反复致意："枋纵不能学从亲止水之江镐，独不能学终身不西向之王衮乎？"④ 一直以来，徐枋对南宋爱国丞相江万里之子江镐从父"赴止水死"的义举是心怀崇敬的，虽然自己不能完成如此壮举，但他给自己所定的道德底线是效法"终身不西向"的王衮，隐遁山林以终

---

① 徐枋：《居易堂集》卷一《答吴宪副源长先生书》、卷三《与冯生书》，华东师范大学出版社，2009 年，第 7 页、59 页。
② 叶燮：《己畦集》卷十六《孝廉徐俟斋先生墓志铭》，载《清代诗文集汇编》第 104 册，上海古籍出版社，2010 年，第 472 页。
③ 徐枋：《居易堂集》，华东师范大学出版社，2009 年，序言第 1 页。
④ 徐枋：《居易堂集》卷一《答房师姜弱荪先生书》，华东师范大学出版社，2009 年，第 11 页。

老。王裒是西晋时期的孝义之士，入《晋书·孝友列传》，因父亲屈死于司马昭之手，"痛父非命，未尝西向而坐，示不臣朝廷也。于是隐居教授，三征七辟皆不就"①。徐枋终其一生，栖隐乡村、杜门避居以明志，确实也做到了王裒那样"三征七辟"不就。他"自二十四岁而遭世变，即与世决绝，长往不返"②，数十年间的言行举止，正如他自己所说的那样，"毕世不移，之死靡二，其诚可以贯金石、泣鬼神"③。最终，徐枋的"真隐之志颇为海内所谅"④。

时至乾隆时期，全祖望在叙述清初的这一段历史时，径将徐枋视为遗民之典范，认为其"保身之哲，可以为世法"⑤，并进而论说生死选择非遗民道德评判的唯一尺度。这就有了他在《移明史馆帖子五》中的著名论断："使必以一死一生，遂岐其人而二之，是论世者之无见也"，"且士之报国，原自各有分限，未尝概以一死期之"，"如汪沨、徐枋辈，不可谓阳春之松柏，无预于岁寒也"。⑥

既然徐枋的"保身之哲""真隐之志"堪"以为世法"，那么，他"栖隐土室""杜门避居""坚却不受"等具有典范性的遗民生活行止，自然也就被作为清初遗民传记散文中最为常见的道德范式来加以集中表现。

---

① 房玄龄等撰：《晋书》卷八十八《王裒传》，中华书局，1974年，第2278页。
② 徐枋：《居易堂集》，华东师范大学出版社，2009年，凡例第5页。
③ 徐枋：《居易堂集》，华东师范大学出版社，2009年，序言第1页。
④ 徐枋：《居易堂集》，华东师范大学出版社，2009年，凡例第5页。
⑤ 全祖望撰、朱铸禹汇校集注：《全祖望集汇校集注》（中）《鲒埼亭集外编》卷三十《题徐俟斋传后》，上海古籍出版社，2000年，第1360页。
⑥ 全祖望撰、朱铸禹汇校集注：《全祖望集汇校集注》（中）《鲒埼亭集外编》卷四十二《移明史馆帖子五》，上海古籍出版社，2000年，第1651页。

（二）"憔悴草莱之侧""栖隐土室"的避世选择

自商亡周兴，"天下宗周，而伯夷、叔齐耻之，义不食周粟，隐于首阳山，采薇而食之"①，最终饿死于首阳山。自此之后，伯夷、叔齐就成为中国文化史上遗逸之士的高标，为易代之际士大夫出处的道德楷范。再加上"兰出幽谷"这一传统思想的影响，即如潘耒诗中所谓："黄农世已遥，上士潜岩谷。滓蘙非我区，蝉蜕身不辱。"②徐枋在书信中自陈其志时亦有曰："譬如芝兰生于篱壁，而毋为之径路，则得以自全其芳；珠玉远在山海，苟有为之梯航，则不得自匿其宝。"③因而，坚拒世务，不做贰臣，隐遁山林，一直被视为易代之际遗逸之士出处的不二选择。所以，黄宗会对后死者的生活状态有过这样的概括："命塞而途穷，自宜戢景藏采，其声响昧昧，惟恐复闻于人。"④

"山林枯槁"，"贞默自守，以安时晦"，正可藏拙晦迹，借此可以实现"君子立身，期于无悔"。⑤所以徐枋在《诫子书》中曾意味深长地对儿子说："夫我之所以甘心畎亩之中，憔悴草莱之侧，长往而不返者，小子亦知其故乎？此非昔人抗志烟云，怡情岩壑，侈语嘉遁，自托高隐比也。实以抱恨终天，死有余痛，而志操寡薄，不能捐生，故不得已而出此耳。"⑥徐枋在其自述中反复申明"憔悴草莱之侧"的深意，说自己

---

① 司马迁：《史记》卷六十一《伯夷列传》，中华书局，1959年，第2123页。
② 潘耒：《遂初堂诗集》卷一《双塔寺雅集诗》，载《四库全书存目丛书》集部第249册，齐鲁书社，1997年，第514页。
③ 徐枋：《居易堂集》卷三《与王生书》，华东师范大学出版社，2009年，第61页。
④ 黄宗会：《缩斋文集》，载《清代诗文集汇编》第62册，上海古籍出版社，2010年，第605页。
⑤ 徐枋：《居易堂集》卷三《答休宁汪文仪书》，华东师范大学出版社，2009年，第56页。
⑥ 徐枋：《居易堂集》卷四《诫子书》，华东师范大学出版社，2009年，第77页。

愿意终生隐遁，完全是在步武夷、齐"采薇苟全"之遗泽，所谓"匿影空山，杜门守死，始则绝迹城市，今并不出户庭，亲知故旧都谢往还，比屋经年莫睹我面，佣力自活，采薇苟全"者也。① 所以，无论在徐枋的自陈中，还是故旧亲朋或是方志史籍中的徐枋传状中，无不强调"数十年"乃至"终身不入城市"，唯此才能彰显其"贞默自守"的坚毅与刚卓。

徐枋的传状只是众多清初遗民传记的一个缩影，"憔悴草莱之侧""栖隐土室"的避世选择，充盈在此际的遗民传记散文中，翻检清初传状文，真是不胜胪举，姑举一例如下。陈维崧之父陈贞慧，以气节著称于世，与方以智、侯方域、冒襄并称"晚明四公子"。明亡后，"乃谢绝故时诸名士，屏居村舍中者十有二年"②。对于这段"屏居村舍"的隐遁经历，黄宗羲、董以宁各自在为老友所作的传记文中都加以浓墨重彩的渲染和叙述。在黄宗羲笔下，陈贞慧在"国亡之后，残山剩水，无不戚戚可念"，于是便"埋身土室，不入城市者十余年"。然而，"先生即甚贫乎，而遗民故老时时犹向阳羡山中一问生死，流连痛饮，惊离吊往，恍然如月泉吟社也"。③ 黄宗羲将宜兴陈氏"土室"中的遗民聚会，直视为"月泉吟社"盛况之复现。而董以宁则在《陈定生先生墓表》中凝聚笔墨，写陈氏"凡十二年不入城"最后岁月的慷慨悲歌，其中有谓："一日客至，留饮至醉，命维崧兄弟诵屈大夫《卜居》，侑觞满座皆楚歌，先生闻而悲之。越数日，遂病以卒。"④

---

① 徐枋：《居易堂集》卷三《与冯生书》，华东师范大学出版社，2009年，第58页。
② 汪琬：《钝翁前后类稿》卷四十二《宜兴陈处士墓表》，载《四库全书存目丛书》集部第227册，齐鲁书社，1997年，第741—742页。
③ 黄宗羲著、沈善洪主编：《黄宗羲全集》（第10册）《陈定生先生墓志铭》，浙江古籍出版社，1993年，第386页。
④ 董以宁：《正谊堂文集》，载《清代诗文集汇编》第112册，上海古籍出版社，2010年，第422页。

其实,所谓"土室"也好,"岩穴"也罢,在遗民志士的心中无不寄寓了某种特殊的情怀,此正乃王夫之《闻极丸翁凶问不禁狂哭痛定辄吟二章》(其二)一诗中所谓"远游留作他生赋,土室聊安后死心"① 者也。全祖望在为遗民志士吴钟峦作传时,不吝篇幅援引了吴氏的《岁寒松柏集序》。吴氏此序中关于"环堵"之室的论述,对遗民"栖隐土室"的隐喻作了极为清晰的解说,兹引于下:"事去矣,是非其力所能及也,存吾志焉耳。志在恢复,环堵之中,不污异命,居一室,是一室之恢复也;此身不死,此志不移,生一日,是一日之恢复也。尺地莫非其有,吾方寸之地,终非其有也。一民莫非其臣,吾先朝之老,终非其臣也。是故商之亡,不亡于牧野之倒戈,而亡于微子之抱器;宋之亡,不亡于皋亭之出玺,而亡于柴市之临刑。国以一人存,此之谓也。"② 以一己之身而维系天下士子的"岁寒松柏"之节以及先朝的存续命脉,以"环堵""方寸"之"土室"而维系天下家国的恢复大业,其志伟,其诚可鉴,未免悲壮凄苦,但这确实是许多遗民普遍的心曲。衡之以徐枋,他确实做到了吴氏所说的近乎苛刻的自我要求,"于平居时,若履春冰之必陷也,若蹈虎尾之必咥也","矻矻穷年,孜孜不倦",其心"无一息之停也"。深居"土室"之中,他时常独自面壁向隅,从不停息自省:"于古于今,所闻所见有一人一事之可敬可羡者,辄以自验吾能如是否也;有一人一事之可羞可恶者,亦辄以自验吾能不如是否也;有一人之砥行于一世而失节于临时者,辄以自验吾能不如是否也;有一人之脱略于形骸而矜慎于衾影者,亦辄以自验吾能如是否也。"③

---

① 王夫之:《王船山诗文集》之《姜斋诗集・姜斋六十自定稿》,中华书局,1962年,第215页。
② 全祖望撰、朱铸禹汇校集注:《全祖望集汇校集注》(上)《鲒埼亭集外编》卷九《明礼部尚书仍兼通政使武进吴公事状》,上海古籍出版社,2000年,第908—909页。
③ 徐枋:《居易堂集》卷二《与葛瑞五书》,华东师范大学出版社,2009年,第26页。

基于清初遗民共同的出处选择和传记散文中普遍存在的写作"格套",无怪乎赵园要在其《明清之际士大夫研究》一书中慨叹:"在有关的传状文字中,遗民行为被依'土穴''牛车'一类模式标准化了。"①

(三)"杜门避居"中的"交接""应酬"之甄辨

遗民志士深居"土室",隐遁避世,以明不仕新朝,其意固坚,其与外界之交接自然不多,但作为社会人,正常的交接也不能完全避免。对易代之际的遗民来说,这无疑又是一个巨大的考验,因为身处特殊的历史场域,从一定意义上看,他们与外界的"交接""应酬"无不成为评判其道德心性的重要标尺。因为,"交接即在平世,也被认为节操所关。当明清易代之际,其严重性不能不百倍地放大了"②。

出于自我道德约束和自我形象塑造的需要,徐枋对此有特别清醒的认识,所以他不止一次明确地说道:"仆于今日实贵苟全,既欲苟全其余生,复欲苟全其微尚,大要日与世远,日与世疏则全,否则必不能全也。"③ 无怪乎他在《诫子书》中除告诫子嗣"毋荒学业""毋习时艺""毋预考试""毋服时装""毋渎亲长"之外,又反复强调"毋言世事""毋游市肆""毋预宴会""毋御鲜华""毋通交际"。④ 同为遗民的理学大师李颙,他的看法似乎比徐枋要严苛许多,他始终认为与世人频繁的交接"为害不浅",甚或觉得"骨肉至亲"亦应少有交接,他在《答张伯钦》一书中就有曰:"昔袁闳栖土室,范粲卧敝车,虽骨肉至亲,亦不

---

① 赵园:《明清之际士大夫研究》,北京大学出版社,1999年,第326页。
② 赵园:《明清之际士大夫研究》,北京大学出版社,1999年,第317页。
③ 徐枋:《居易堂集》卷三《与王生书》,华东师范大学出版社,2009年,第60页。
④ 徐枋:《居易堂集》卷四《诫子书》,华东师范大学出版社,2009年,第80—86页。

相见。而我之锁扉幽居，二三宿契之来，不免启钥晤言，破戒坏例，为害不浅。"①

显然，在对外"交接"的问题上，徐枋没有李颙那样严苛，但也是恪守不懈的，他的原则是"非其同志，虽通家世好，踵门不得见，与之书亦不答"②，潘耒的这一概括还是非常准确的。纵观徐枋的一生，在深受陈子龙、杨廷枢、杨补、张采、张溥、万寿祺、倪元璐、黄道周等父执辈的浸润和影响之外，其交接往还者，要么是诸如朱用纯、杨炤、葛芝、吴祖锡、姜垓、杨无咎、沈寿民、巢鸣盛、陈瑚、归庄、戴易等遗逸之士，要么是诸如弘储继起、剖石弘璧、檗庵正志（熊开元）、笁在大瓠（沈麟生）、月涵南潜（董说）、碓庵晓青等方外之交。徐枋视这些人为同志、同道，在与他们的相互依靠、相互砥砺中，时时汲取着"贞默自守"的精神力量，故而后人在题咏中就有"高谊得心友，刚肠皆血诚。清霜送陶令，孤月伴长庚"③ 这样的赞语。

遍检徐枋的诗文集，除有两三封坚拒地方官员接纳的书信外，几乎难觅新朝权贵或是仕清贰臣之身影。即在这几封书信中，徐枋也明确表示自己绝不愿意"望尘匍匐""随时俯仰"。在"时之久垂三十年"的漫长岁月中，他始终不渝地坚持"佣力自活，采薇苟全"，"概绝问遗"，"从未敢逾越分量，攀援一当世之士也"，也从不交接"当世之公侯卿相"。④ 徐枋如此坚毅的态度，被诸多文家写入徐枋传记之中，只是传记中与徐枋交涉者并不是文集中所提到的苏松兵备王之晋、长洲县知县田

---

① 李颙：《二曲集》卷十六《答张伯钦》，中华书局，1996年，第161页。
② 潘耒：《遂初堂文集》卷十二《徐俟斋先生祠堂记》，载《四库全书存目丛书》集部第250册，齐鲁书社，1997年，第117页。
③ 戴敦元：《题徐俟斋先生遗像遗嘱册》，载徐枋《居易堂集》，华东师范大学出版社，2009年，第662页。
④ 徐枋：《居易堂集》卷三《与冯生书》，华东师范大学出版社，2009年，第58页。

本沛、吴县知县汪燨南,而是名头更大的人物——江苏巡抚汤斌,这也许是文家的一种写作策略,似乎这样才更能显示出传主的决绝。

无论在当时文人所作的徐枋传记文中,还是各种苏州的地方志中,一直传诵徐枋拒见理学名臣、江苏巡抚汤斌的佳话。汤斌至苏州任江苏巡抚,下车伊始,就慕徐枋之高义,"屏徒从,微服至先生门",三访涧上草堂,徐枋却早已"避之秦余山",汤公以"终不得见"为憾。^① 同样的故事还发生在苏州另外几位遗逸之士身上。据顾公燮《丹午笔记》记载,汤文正公斌于"康熙二十二年抚吴,凡高士如徐俟斋、韩寄庵、周子佩(按:周茂兰,字子佩,号芸斋,周顺昌之子)辈,皆扁舟造访,但求一见为幸"^②。"长邑诸生韩洽,字君望,号寄庵。甲申之变,自溺于泮池,家人屡救,止之。乃筑室于阳山讲《易》,终身不入城市。康熙甲子,汤文正公抚吴,三造其庐,不见。"^③ 后来,苏州名贤顾沅在其《吴郡名贤图传赞》中也承袭了顾氏的这一记载。^④ 从以上几则文献来看,汤公的诚敬之意是有目共睹的,但结果却惊人地如出一辙,连续吃了闭门羹。韩洽的从曾孙韩骐在《寄庵公小传》中就曾讲到,汤斌"自抚吴召还京师"后,对此事始终难以释怀,在见到韩洽的从孙韩荄后,称赏其高洁之余,大叹"以求见不得为恨"。^⑤

但事实究竟是否如这些传记、方志所说的那样呢?顾公燮《丹午笔记》中"汤文正治吴"条的记载,其实并未明言徐枋逃遁秦余山坚拒不

---

① 叶燮:《己畦集》卷十六《孝廉徐俟斋先生墓志铭》,载《清代诗文集汇编》第104册,上海古籍出版社,2010年,第473页。
② 顾公燮:《丹午笔记》,江苏古籍出版社,1985年,第169页。
③ 顾公燮:《丹午笔记》,江苏古籍出版社,1985年,第153页。
④ 顾沅:《吴郡名贤图传赞》,载韩洽《寄庵诗存》,见《四库禁毁书丛刊》集部第149册,北京出版社,1997年,第184页。
⑤ 韩骐:《寄庵公小传》,载韩洽《寄庵诗存》,见《四库禁毁书丛刊》集部第149册,北京出版社,1997年,第183页。

见，而同书之"阐忠录"条中作有一篇徐枋的小传，其中说到一个细节，倒颇耐人寻味：

> 康熙乙丑，大中丞汤文正公三至其门，不见。俟斋遭母丧，汤公亲吊，又弗见，遂回车。俟斋跪于中道半山，叩首曰："孝子徐某叩谢大人。"汤公叹息良久，如闲云野鹤，可望不可即。①

汤公三访徐枋不遇，犹且不悔不忿，对徐氏父子依然敬重有加，一次又一次向徐枋表达自己的诚敬之意，其宽厚的气度似绝不逊于历史上的"三顾茅庐"。在苏州期间，汤斌先是为徐枋之父汧立祠于虎丘山，以彰表他的高风节义，潘耒《重建徐宫詹公祠碑铭》言之凿凿，可为明证："公没四十余年，而潜庵汤公来抚吾吴，为公建专祠于虎丘，载在祀典，有司春秋致祭，崇德报忠，甚盛典也。"② 现在又因徐母去世，汤斌亲往山中吊唁，徐枋终于感其诚。然而，出于遗民志士"杜门避居"拒交接、拒酬应的这层礼义大防，加之他所要面对的是新朝权贵、江苏巡抚这样的封疆大吏，为保持遗民之志节不受污，徐枋依然没有与之相见，但考虑到人伦孝道和基本的礼节，徐枋选择在汤公回程的半道上叩首致谢。面对汤斌的诚敬和友善，徐枋内心的挣扎与困惑自应与事俱增。关于他选择跪谢的良苦用心，近代著名学者陈去病的分析不失为包含理解之同情，正所谓："盖为朝廷来，可逾垣辟之；若为个人通殷勤，固无所用其麾却也。"③

---

① 顾公燮：《丹午笔记》，江苏古籍出版社，1985年，第153—154页。
② 潘耒：《遂初堂文集》卷十二《重建徐宫詹公祠碑铭》，载《四库全书存目丛书》集部第250册，齐鲁书社，1997年，第111页。
③ 陈去病：《五石脂》，江苏古籍出版社，1985年，第305页。

若与新朝权贵的交接、往还可分为公、私两端,于公必须坚拒以明志,于私则未必需要严防死守,岂非为易代之际遗逸之士处世中的重重羁縻束缚和种种困惑尴尬解套释困矣。陈去病在史料搜集和研究中就曾发现数封汤斌致徐枋的书信,其中所论及的无非有关书法、诗歌的切磋和探讨,至于政治、家国天下则绝口不谈,完全属于私人场域中的正常交游。且在其中一封书信中,汤斌明言"弟斌幸获拜见颜色,窃自以为不见绝于巢、许,此宿世有缘也"①,则事实并非如现存的所有传记文章所说,二人从未谋面。传记之艺术处理,与事实多少有些出入,其实这也只是传主的自我塑造和写作者的策略而已,后文将对此展开论述。

其实历史的实相是,在明清易代之际,遗民志士和当世新朝权贵之间非但不是绝缘的,甚至交往还很密切。若太原傅山,堪称遗民界的典范,但他交游甚广,绝没有概念化的"杜门扫轨"的行为。他密切联系各色人等,且公开与之唱和、赠酬。白谦慎在《傅山的交往和应酬——艺术社会史的一项个案研究》以及《傅山的世界——十七世纪中国书法的嬗变》中对傅山与仕清汉官的关系多有考论,进而探讨傅山书风的发展和演进,其论甚详。至于在文学上,傅山与这些仕清汉官也有着紧密的联络。若太原知府周令树,"雅好文学之士,所至延揽才隽如弗及,隐居岩穴者,或身造其庐"②,傅山就是他造访的一个重要人物。这位风雅的知府,曾在岁初"屏驺从,挈壶觞","躬造"傅山之草庐,"爰眺爰游,来集精舍",傅山亦与之"围炉命酒,讲论道德"。对傅山的举动,潘耒颇为肯定地说:"夫惟通人,贞不绝俗,隐君之谓矣。"③ 潘氏

---

① 陈去病:《五石脂》,江苏古籍出版社,1985年,第305页。
② 潘耒:《遂初堂文集》卷十九《太原太守周君墓志铭》,载《四库全书存目丛书》集部第250册,齐鲁书社,1997年,第225页。
③ 潘耒:《遂初堂诗集》卷一《双塔寺雅集诗序》,载《四库全书存目丛书》集部第249册,齐鲁书社,1997年,第514页。

之论，在当时绝对属于非主流，但它却为后人展现了经过剪辑处理后的人物传记所未能反映的历史真实。

在清初士人，尤其是遗民之中，普遍盛行的还是徐枋三拒汤斌这样的桥段，正缘如此，后来苏州又流传着叶燮"拒不接见"江苏巡抚宋荦，以致宋荦无奈叹息道"独立苍茫处，容我一立否"① 的故事。但到了乾隆年间，这一情形似乎略有改变。全祖望在为《春酒堂文集》作序时，对清初盛极一时的观念作出冷静而深刻的反思，强调不必拘泥于"交"与"不交"、"应"与"不应"，而应就出处之"大节"而论："往者同里左丈江樵，最持标格，其论先生，尚嫌其未绝酬应，遂以酬应而不无委蛇，因有商容之诮，此亦《春秋》责备贤者之义。然布衣报国，自有分限，但当就其出处之大者论之，必谓当穷饿而死，不交一人，则持论太过，天下无完节矣。"② 然而，对于全祖望的这一精彩论述，学界应之者也鲜。先师严迪昌教授关于余怀的一段论述具有一定的学术引领性和前瞻性，可为传统的遗民道德范式研究提供借鉴，故引于下："诚如林佳玑为其《江山集》所作序中说的：'今澹心豪情逸韵，能与人往来，所游领略辄去，不以衣食累诸公，焉往而不得志哉！'余怀这种优游周旋于草茅野老与大人先生之间的情状也不是偶见的事，清初名头相当大的遗民作家中如杜濬（于皇）、纪映钟（伯紫）等不同程度上都如此。因此，今天在探讨清初时期的文学发展时，对作家们复杂的政治生涯的出处进退的问题不必也不能简单化地去划分阵线。从史实出发，从他们的心态心境的微妙多变中去细加考察，是有助于对文学风气的演化

---

① 张壬士辑：《木渎小志》，成文出版社，1983年，第153页。
② 全祖望撰、朱铸禹汇校集注：《全祖望集汇校集注》（中）《鲒埼亭集外编》卷二十五《春酒堂文集序》，上海古籍出版社，2000年，第1222—1223页。

的认识的。"①

(四)"受赠馈遗"与"坚却不受"的政治道德底线

"不食周粟"作为一个重要的文学、历史典故,我们在今天的研究中有必要对它做一次重新审视。既然天下宗周,所谓"溥天之下,莫非王土;率土之滨,莫非王臣"(《诗经·小雅·北山》),天下岂有化外之地,亦何来化外之民?首阳抑何尝不属周土,采薇而食,岂非周粟乎?所以,这里所谓的"周",绝非地理概念之谓,在遗民的道德底线和心理防线中,更多的应该是在政权、政治概念层面的延伸和拓展。

对这一问题做如此的解读,绝非笔者一时之揣测臆断。其实早在清初,"不食周粟""坚却不受"等遗民圈中普遍盛行的话语主题词,已然受到了世人的质疑,而且所举之例证竟然是千古高士陶渊明,这是一个不能回避且难以逾越的难题。黄宗羲的弟弟黄宗会就曾受到他人的质问和批评:"陶彭泽,千古高士也,耻为宋臣,然而史载其与王弘、颜延之往反友善,未尝非之。然则子之论迂矣。"面对质疑,黄宗会以"出处大节"和"大旨"为应答,其中有谓:"夫效法古人,当求其大旨所归。史本言渊明达情无忤,故虽至独行乞食,不以为耻,往往形之歌咏,第以出处大节,不欲自屈于异姓。"② 这样的回答虽未免有些局促,但却道出了一个极为重要的问题——"不欲自屈于异姓"。很显然,这是就政治伦理和道德自律层面而言的,若结合其兄长黄宗羲的论说,则其解说非但具有较强的说服力,亦道出了遗民志士在现实世界中面对生

---

① 严迪昌:《清词史》,江苏古籍出版社,1990年,第35—36页。
② 黄宗会:《缩斋文集》,载《清代诗文集汇编》第62册,上海古籍出版社,2010年,第604页。

计时的无奈和艰辛。

黄宗羲在为浙江著名遗民余若水、周唯一作合志时，不避陶渊明在晋亡后与江州刺史王弘、始安郡守颜延之交往密切的这一敏感话题，一方面尽可能做出令人信服的解释，另一方面则明确强调，乞酒、讨食之事本无可厚非，唯要以"不屈身异代"为准绳："生此天地之间，不能不与之相干涉，有干涉则有往来。陶靖节不肯屈身异代，而江州之酒，始安之钱，不能拒也。"① 作如是之解，则不难明白陶渊明何以安心受"江州之酒，始安之钱"，且"欣然便共饮酌"，"必酣饮致醉"，因为这里更多的是纯粹的友朋之交，不涉任何政治、权贵之圈圜。但交接一旦与之有染，陶渊明则立即坚拒不受，故而就有檀道济"馈以粱肉"，"麾而去之"② 的故事，即便它与易代之事无关。不唯陶渊明，黄宗羲还举出了南宋末年爱国志士王炎午的例子，说他也"未常绝""当路之交际"，但其在交往中始终秉承"不屈身异代"的原则，故而"未便为失"也。③

这一"非力不食，馈遗不受"的基本道德底线，在清初还是具有较为普遍之意义的。明乎此，则不难理解徐枋接受馈遗的范围，其中自不乏戴易这样的遗逸之士以及以弘储继起为代表的方外高僧，也有"家产千金"的商人张隽，还有市井中乐于施舍号"瓶庵"者。在徐枋眼中，遗逸之士和方外高僧是可视为同道的，接受他们的馈赠，自无太多道德上的忧虞，不必多论。当自己处于"难衣食"的窘境，乐善好施的"瓶庵尝馈之，枋不辞"。④ 至于富商张隽长期以来"周余之急"的接济救

---

① 黄宗羲著、沈善洪主编：《黄宗羲全集》（第10册）《余若水周唯一两先生墓志铭》，浙江古籍出版社，1993年，第276页。
② 陶渊明著、袁行霈笺注：《陶渊明集笺注》，中华书局，2003年，第611页。
③ 黄宗羲著、沈善洪主编：《黄宗羲全集》（第10册）《宪副郑平子先生七十寿序》，浙江古籍出版社，1993年，第671页。
④ 魏禧：《魏叔子文集》之《外篇》卷十七《瓶庵小传》，中华书局，2003年，第872页。

助，徐枋受之如泰，且心怀感激，故而在张隽生日之际，"以文为寿"，作《张英甫传》。①

士农工商，只要不涉政治圈圜，突破道德准绳，或是"中觳入局"，徐枋的态度是受赠无愧的，然而一旦有所逾矩，则义正词严地坚却之。全祖望在《鲒埼亭集》中的一则记载就是最好的注脚。魏禧赠送银两给李天植，李天植坚辞不受，在听到魏禧说"此非盗跖物也"后，"乃纳之"。后来，魏禧"属曹侍郎倦圃（按：曹溶）纠同志，复为继粟之举，且谋其身后"，徐枋"闻凝叔（按：魏禧）之举，而卜先生之必不食"，且云："李先生不食人食，听其饿死可矣。"最终果如徐枋所言，蜃园先生以饿死完节，直使全祖望在传文中连连发出唶叹："其可谓相知以心者矣。"② 此盖缘曹倦圃在顺治元年（1644）就归顺清廷，成为贰臣，蜃园、俟斋不屑欤？由此，更可清晰完整地理解全祖望会对徐枋发出"秦余山人更绝奇，一粟寸丝都不苟"③ 的赞叹之辞，并将徐氏视为清初遗民形象的道德楷范的深层肌理。

三

前文不避琐赘，对清初传记散文中遗民形象书写的道德范式作了四个方面的梳理，然尚有一个重要的问题需要作出系统的解释，即这些传

---

① 徐枋：《居易堂集》卷十二《张英甫传》，华东师范大学出版社，2009年，第295—297页。
② 全祖望撰、朱铸禹汇校集注：《全祖望集汇校集注》（上）《鲒埼亭集内编》卷十三《蜃园先生神道表》，上海古籍出版社，2000年，第245—246页。
③ 全祖望撰、朱铸禹汇校集注：《全祖望集汇校集注》（下）《鲒埼亭诗集》卷五《南枝先生卖字歌》，上海古籍出版社，2000年，第2144页。

记散文中遗民道德范式的实现途径。

(一) 遗民的人生选择及人格自我塑造

前文所引彭绍升《儒行述》中的徐枋小传，其篇末表明史源为"《居易堂集》《苏州府志》"。是则，传主的自我人生选择，特别是诗文集中的自我抒怀和陈情，对身后为其写作传记、行状者，还是发挥至关重要的作用的。对此，徐枋本人是深信不疑的，这在其自编《居易堂集》的时候就表现得尤为突出，他在《自序》中这样说道：

> 圣人立教，首言文行，而文必先乎行者，以行必于文焉见之也。……所以有圣人贤人，即有圣人贤人之文，有忠臣孝子，即有忠臣孝子之文，诚积于中而形于言，是有所不得已者，如唐虞之所吁俞，伊周之所训诰，邹鲁洙泗之所称说，以至伯夷《采薇》之歌、屈原《怀沙》之篇、伯奇《履霜》之操，并悬日月，同敝天壤，使千古而下，读其书如见其人，如闻其声，为之或泣或歌，流连而不能已，是皆文之用也。①

"行必于文焉见之"，这是徐枋对文章社会功用的认识，对他自己来说，也显得极为重要，因为他已然将个人别集视为对人生出处、行止进行道德考量和评判的一个重要途径，所谓"读其书如见其人，如闻其声"，亦可想见其德。那么，也就不难理解为什么徐枋会不厌其烦地为自己编辑《居易堂集》，因为个人别集之编纂，在徐枋眼中，含有人格

---

① 徐枋：《居易堂集》，华东师范大学出版社，2009年，序言第1页。

自我塑造的重大意义，必须非常慎重。

在《居易堂集》的《凡例》中，有一点显得特别与众不同，即徐枋反复申明"文章重体类"。这本是文献编纂中的常见语，但徐枋在阐述中却赋予了其全新的意义。他说："集之居前者，大约须观其全集之次，惟其所重，以其文之多而有关系者为首列，斯为得体。今人文集动以赋与诗居首，此遵《文选》例也，不知《文选》固辞家之书，其所重在辞赋耳，未可概论。李汉编《昌黎集》亦然，甚非谓也。今拙集以书居首，盖此集中惟书为最多，以吾四十年土室，四方知交问讯辨论一寓于书，且吾自二十四岁而遭世变，与今之当事者谢绝往还诸书，及答一二巨公论出处之宜诸书，似一生之微尚系焉。伏读往册，如叔向贻子产书，于古文中亦惟书为早出，故吾集以书冠之。……如吾四十年往还诸书，俱不得已而应，非泛泛寒暄应酬之比。"①

徐枋的文集编纂体例，对长期以来约定俗成的别集编排体例作出重大的变易。在他看来，别集之"首列"者，必然是作者思想情感的重中之重，然而通行的做法却是按照《文选》之例、韩文之例，将诗赋"居首"。对此，徐枋是很不以为然的，他认为诗赋以辞章为务，"首列"集前，甚为不妥。徐枋在编定别集时，首选的是书信，因为这些书信俱"非泛泛寒暄应酬"者可比，"四方知交问讯辨论一寓于书"，端列卷首，方能全面真实地向世人袒露、昭示自己作为遗民的心性和坚守之念，并引起世人足够的重视。更可注意者，在诸多书信中，列在卷一的是向新朝官员苏松兵备王之晋、长洲县知县田本沛、吴县知县汪爁南自陈隐遁坚却，"以绝当世之垂念"② 的宣言式文字。这些书札无疑是在给世人和

---

① 徐枋：《居易堂集》，华东师范大学出版社，2009年，凡例第3—4页。
② 徐枋：《居易堂集》卷三《与王生书》，华东师范大学出版社，2009年，第61页。

当权者传递强大的讯息，在表明纯粹的遗民心迹之同时，也完成了遗民人格的自我塑造。明白这点，也就容易理解，为什么徐枋在编定自己的文集时，毫不犹豫地删除了深受汤斌好评的那篇古体诗《孤儿行》。①

（二）传记作者对传主形象的重塑与精神的提升

在易代之际的时代底色中，遗民群体普遍存在的精神风操与集体认同，使得像徐枋这样的遗民典型更具道德示范性和精神树型的流传意义。顾炎武曾对其弟子，也是徐枋的弟子潘耒说："自今以往，当思中材而涉末流之戒，处钝守拙……务令声名渐减，物缘渐疏，庶几免于今之世矣。若夫不登权门，不涉利路，是又不待老夫之灌灌也。"②潘耒得顾炎武之教导，又在徐枋的精神感召下，于此深有体会，在徐枋身后为其建俟斋祠堂时，作记有曰："（俟斋）守约固穷，五十年如一日。苦节至行，通于神明。是父是子同风合辙，忠孝廉节，萃于一门，殆造物者不欲使伦常坠地，而笃生斯人以维系之者也。……盖欲教民忠孝廉节，必褒崇忠孝廉节之人。以风厉之所贵，世实有其人，人实有其德，而不徒托诸空言也。往年汤中丞潜庵为文靖公立专祠于虎阜，而今宋公（按：指宋荦）复允众请为先生置祠，意在斯乎，意在斯乎！"③

在传主和传记作者的合力作用下，塑造了当时许多具有道德典范意义的遗民志士形象，这些形象在同道中引为共鸣，并成为时代精神风貌

---

① 汤斌读过徐枋的《孤儿行》后，在给徐枋的书信中有评曰："深见忠厚惓惓之意"，"弥见忠厚悱恻之意，令人读之，百回不厌，所诣至是，敢不敬佩！"但陈去病在《五石脂》中颇为不解地说道："惟《孤儿行》，《居易堂集》不载，甚奇。"（江苏古籍出版社，1985年，第305页）
② 顾炎武：《顾亭林诗文集》之《亭林文集》卷四《与次耕书》，中华书局，1983年，第79页。
③ 潘耒：《遂初堂文集》卷十二《徐俟斋先生祠堂记》，载《四库全书存目丛书》集部第250册，齐鲁书社，1997年，第117页。

的代表者。遗民精神风貌之传扬，自然少不了传记文作者的重塑之功，作家们在叙述传主生平经历的同时，更多的着力于抽象传主符合遗民道德传统的认知，从而实现其精神境界的提升。

全祖望在大量接触清初遗民史料文献之后，把"宣城沈眉生（按：沈寿民）、长洲徐昭法（按：徐枋）、嘉善巢端明（按：巢鸣盛）、钱塘汪魏美（按：汪沨）、会稽余若水（按：余增远）、鄞周唯一（按：周齐曾）六人"视为"同时遗民之高节者"。此六人者，栖闭"土室"，数十年"足不入城市"，却能够在海内声名远播，端赖于传记作者揄扬之功，所以，黄宗羲无限感慨地说道："顾六人者，皆得有力者之文以行世，故世艳称之。"① 这大概也正是黄宗羲数十年来一直甘愿抛心力于此，汲汲待访朱明王朝的遗逸之士，不愿"听其无传"而为之作传的重要原因。

至于遗民传记的具体写作方法问题，徐枋则有明确而系统的阐说，不失为中国古代散文史上难得的传记理论。他在《与杨明远书》中有曰：

> 今人为人家乘中作传，无非掇掠行状中语，隐括成文，即天下所推之文章大家皆然，未有自出一奇、自成一文者也。兄试拣世间名家之葬录或家谱阅之，即知之矣。弟今为尊翁先生作传，则独出手眼，另开生面，绝无一言一事与尊状中相同者，而又本来面目具在，恕先在焉，呼之或出也。前于万峰遇侯砚德，砚德最精于《史》《汉》，弟与之论史学云："人而操笔为人作传，不特其人之垆冶，直是其人之造物。"砚德曰："何谓也？"弟曰："若为其人之垆冶，则其人不过任我

---

① 全祖望撰、朱铸禹汇校集注：《全祖望集汇校集注》（上）《鲒埼亭集外编》卷六《薛高士家阙文》，上海古籍出版社，2000年，第849页。

之陶铸。今为人作传,则其人直惟我之生成矣,安得非造物耶?"砚德曰:"作传为其人之造物,极妙语,第须具无上识力,抉摘其人之生平,去取重轻,无毫厘冤枉,为得耳。"弟曰:"岂有造物而枉人者哉?君独不记'栽者培之,倾者覆之'耶?惟不枉,所以称造物也。"①

在这段理论阐述中,有四点颇值得注意:其一,徐枋对谀墓之文尤为厌恶,也反对简单地根据家人提供的诸多溢美之词,"掇掠行状中语,隐括成文",他不止一次地说自己"若违心从事,仅仅谀墓,则百无一焉"②。其二,在传记写作的过程中要注重素材的剪裁,"抉摘其人之生平,去取重轻",而所有的剪裁和加工处理,必须要服务于人物塑造,在舍形传神中,寥寥几笔,足以传达人物之风神,正乃徐枋书中"无毫厘冤枉"之谓也。其三,作传不是依样画葫芦,"为其人之垆冶"而已,而应熔铸作者的情感取向和道德价值之范式,通过作家之手让传主重新焕发出全新的艺术活力和永恒的精神魅力,此之谓"直是其人之造物""直惟我之生成"也。其四,传记散文的写作,还需形成自己的个性风格,所谓写作手法和谋篇布局上要"独出手眼,另开生面",使人物形象"本来面目具在",且又"呼之或出"。依此衡量清初诸多遗民传记散文,则它们往往多因相同的道德评判范式,使得遗民强烈的共性叙述掩盖了传主的个性特点,在人物写作艺术上略显欠缺。相形之下,徐枋所作的几篇传记散文,诸如《沈徵君传》《杨无补传》《姜如须传》等,倒还颇有可观之处。

---

① 徐枋:《居易堂集》卷一《与杨明远书》,华东师范大学出版社,2009年,第17页。
② 徐枋:《居易堂集》,华东师范大学出版社,2009年,凡例第5页。

(三) 方志、史书对人物道德范式的强化作用

自古以来官修史书所形成的通过史传树立道德楷模以教化民众的传统，在清代的方志编纂实践和理论中得到了前所未有的强化，这便是章学诚在《文史通义·答甄秀才论修志第一书》中所说的："史志之书，有裨风教，原因传述忠孝节义，凛凛冽冽，有声有色，使百世而下，怯者勇生，贪者廉立。……况天地间大节大义，纲常赖以扶持，世教赖以撑柱者乎？"① 因而，旧时的史书、方志在人物传记的写作和编纂处理中，多采用以类相从的体例。一部史书或方志，以道德评判为主要依据，将传主分别归入《名宦传》《名贤传》《儒林传》《文苑传》《孝友传》《忠义传》《隐逸传》《耆德传》《方技传》《列女传》。

旧时史书和方志的这种编纂方式，自有它存在的合理性，今人也不用过多苛责，但这一体例却有与生俱来的重大缺陷，也就是人物形象的类型化、语言表述的格套化。在方志学领域素有心得的章学诚也清醒地认识到这个问题，曾说："行皆曾、史，学皆程、朱，文皆马、班，品皆夷、惠，鱼鱼鹿鹿，何以辨真伪哉？"② "称许之间，漫无区别，学皆伏、郑，才尽班、扬，吏必龚、黄，行惟曾、史。且其文字之体，尤不可通，或如应酬肤语，或如案牍文移，泛填排偶之辞，间杂帖括之句，循名按实，开卷茫然。"③

清代史书和方志纂修中的这一普遍做法，在强化人物道德范式的同时，也在一定程度上削弱了史料的真实性，更极大地牺牲了古代散文中

---

① 章学诚撰、叶瑛校注：《文史通义校注》，中华书局，2014年，第751页。
② 章学诚撰、叶瑛校注：《文史通义校注》，中华书局，2014年，第772页。
③ 章学诚撰、叶瑛校注：《文史通义校注》，中华书局，2014年，第711页。

人物传记的艺术个性，这是在历史文献研究和文学史研究中应该注意的重要问题。

遗民作为清初历史和文学发展进程中的一支重要力量，其道德风操的引领作用，通过大量传记散文的创作和传播，确确实实得到了彰显和揄扬，这也正是清初许多学者不惜心力编纂各种《明遗民录》的思想动因。姑引清代康熙年间吴江人黄容其《明遗民录·凡例》中的数语为本文结语："故国孤臣，窜迹林莽，洁身栖遁，嚼然不缁之操，无愧完人。""幽人志士，山泽丘樊，埋照遗世，寒松幽壑之姿，高引冥鸿之概。纪述者悄然动容，披览者肃然起敬，列诸未仕，用志孤芳。"[①]

---

① 谢国桢：《晚明史籍考》，华东师范大学出版社，2011年，第750页。

晚清"危言体"散文的文学史审辨

在鸦片战争以来变法图强"自改革"的呼声中,不少仁人志士振臂高呼,前仆后继,一时涌现出诸如龚自珍、魏源、林则徐、冯桂芬、王韬、康有为、梁启超、黄遵宪、孙中山、章太炎等先贤,他们都是鲁迅倍加称赏的"中国的脊梁"。在这股风潮之中,以汤寿潜、郑观应、邵作舟为代表的文人士绅,承继《尚书》以来"危言危行"的文章传统,敢于直面时局,用激越的文字,向世人发出振聋发聩的呐喊。汤寿潜的《危言》是晚清"危言体"散文的发轫之作,此书问世后,在19世纪最后十余年时间内,连续再版十多次,而冠以"危言"的经世政论散文集更是如雨后春笋,名声最著者若郑观应的《盛世危言》、邵作舟的《邵氏危言》和梁启超的《瓜分危言》。这些冠以"危言"的政论散文,以尖锐激烈的言辞,对晚清时期陈腐堕落的社会进行针砭,可谓一针见血,直击其命门。这样的文章风格,与当时文坛主流所谓的"天下文章，其出于桐城"①的"雅洁"之风是格格不入的，故而被主流文学史视阈所轻忽。但是，汤寿潜等人的这些文章对晚清思想、文学发展的贡献确实是不容忽视的。"危言体"散文与此后梁启超的"文界革命"以及晚近白话文体的兴起，在文学史的层面上有着紧密的关联。有鉴于此，本文即以汤寿潜的《危言》为论述起点，将肇端于汤氏的晚清"危言体"散文书写置于晚清文学史进行宏观的审视和观照，并在此基础上进而分析它的语体、文风之特质，从而更好地理解晚清时期这一独特的散文写作方式的文学史意义。

一、汤寿潜引发的"危言体"散文写作热潮

汤寿潜（1856—1917）②，原名震，乡举后改今名，字蛰先、蛰仙，浙江山阴天乐乡（今属杭州市萧山区）人。汤寿潜"髫年颖异，弱冠有闻"，"用能疏通知远，达于政事"，③所以，他很早就"留心经制，推之世务，慨然有革易时弊之志"④，经世致用便成为贯穿其一生学术、社会活动的主线。张謇在《汤蛰先生家传》中这样评价这位老友："夙以

---

① 姚鼐著、刘季高标校：《惜抱轩诗文集》之《惜抱轩文集》卷八《刘海峰先生八十寿序》引周永年语，上海古籍出版社，1992年，第114页。
② 《马一浮集》（第二册）《绍兴汤先生墓志铭》曰："夫期命有常，修龄弗届，春秋六十二，中华民国六年六月，以疾卒于里。"（第242页）
③ 马一浮：《马一浮集》（第二册）《绍兴汤先生墓志铭》，浙江古籍出版社、浙江教育出版社，1996年，第241页。
④ 张謇：《汤蛰先生家传》引汤寿潜诫子之语，载政协浙江省萧山市委员会文史工作委员会编《萧山文史资料选辑》（四）《汤寿潜史料专辑》，1993年内部刊行，第127页。

时务致称，晚以铁路见贤。"① 纵观汤寿潜一生，孜孜于时务，诸如创办浙江兴业银行等，尤其是在江浙两省的保路运动中奔走呼号，挽回民族权利，都是值得世人称颂的，张謇之评亦属公论。这些与本文之论题关系较远，可略而不论。笔者所关注的是汤寿潜经世思想的形成，以及凝聚这一思想的重要论著《危言》的撰写。

光绪十二年（1886），汤寿潜入山东巡抚张曜幕，开始接触到清朝的政治体制，他发现在腐朽的封建官僚体系中，大清王朝早已是积弊丛生。在济南巡抚衙署中，汤寿潜深有感触地对同乡陆学源说道："天下大计什九败坏于奢；奢斯贪，贪斯无耻而贫且弱矣。"这段经历让虽无功名在身但年轻气盛的汤寿潜看清了晚清官场的种种真相，也对时局有了较为真切的认识，在"慷慨太息"之余，汤寿潜决意要"本所锲苦自立者，以厉世而摩钝"。② 书生的报国之道，除了历史上曾经出现过为数不多的投笔从戎典型之外，更多的则是拿起手中的笔，呼号呐喊，拯救世道人心。这正是汤寿潜的选择，诚如他后来在《自序》中所说："书生孱弱，不克荷戈，义愤所激，裂眦痛心。盱衡世变，钩拒时事，将攘其外先安其内。弊者剔之，衰者救之，痼者破之，蠓者发之。"③ 马一浮是汤氏的女婿，长期亲炙于汤氏，对岳父撰写《危言》系列政论文章的动机也非常清楚，他在《绍兴汤先生墓志铭》中就明确地指出，汤寿潜"历聘省院，周览得失，思以革易时敝，匡民理国。尝撰次所论，号曰

---

① 张謇：《汤蛰先生家传》，载政协浙江省萧山市委员会文史工作委员会编《萧山文史资料选辑》（四）《汤寿潜史料专辑》，1993年内部刊行，第128页。
② 陆学源：《危言·序》，载郑观应、汤震、邵作舟撰，邹振环整理《危言三种》，上海古籍出版社，2019年，第257页。
③ 汤寿潜：《危言·自序》，载郑观应、汤震、邵作舟撰，邹振环整理《危言三种》，上海古籍出版社，2019年，第258—259页。

《危言》。损益略举,张弛惟审,后之隐于辩说者,非其伦已"①。

"周览得失"的汤寿潜并没有放弃对大清帝国的期望,他希望君王能够正视现实,"革易时敝",通过系列的革故鼎新,"在上革浮靡之供亿,求弼亮之左右,删苛细之科条,与民更始;在下则磨厉其廉耻,浚瀹其性灵。……破除常格,可富可强"②。在儒者"治国平天下"的理想追求和强烈忧患意识的迪引下,汤寿潜于光绪十三年(1887)南还归里,开始着手撰写系列政论文章,以求实现自己"匡民理国"的政治抱负。为能够更好地了解最新的世界动态,他曾"多往来上海","镜求海国情状"。③ 在其后的三年多时间内,汤寿潜完成系列政论文章四十篇,在同乡好友陆学源的资助下,于光绪十六年(1890)编辑成集,名之曰《危言》,凡四卷。

文集命名之意,汤寿潜在《自序》中有过简明扼要的陈说:"嫠不恤纬,意良可矜。有道危言,尼山之旨,刺取其谊,以名吾篇。言者无罪,闻者足戒。"④ 由此可见,汤氏之命意,出自《论语·宪问》:"邦有道,危言危行;邦无道,危行言孙。"在这里有必要指出的是,在汤寿潜的心目中,大清王朝虽然积弊丛生,但总体上还是属于"邦有道"的状态,观乎《危言》一书,随处可见"我国家大一统之模,不诚足震今而轹古"⑤ 这样的文辞。所以,从这个意义上来说,汤寿潜还只能算是

---

① 马一浮:《马一浮集》(第二册)《绍兴汤先生墓志铭》,浙江古籍出版社、浙江教育出版社,1996年,第241—242页。
② 汤寿潜:《危言》卷一《迁鼎》,载郑观应、汤震、邵作舟撰,邹振环整理《危言三种》,上海古籍出版社,2019年,第265页。
③ 吴忠怀:《危言·跋》,载郑观应、汤震、邵作舟撰,邹振环整理《危言三种》,上海古籍出版社,2019年,第414页。
④ 汤寿潜:《危言·自序》,载郑观应、汤震、邵作舟撰,邹振环整理《危言三种》,上海古籍出版社,2019年,第259页。
⑤ 汤寿潜:《危言》卷三《兵制》,载郑观应、汤震、邵作舟撰,邹振环整理《危言三种》,上海古籍出版社,2019年,第332页。

封建末世的改良主义者。

所谓"危言",《论语注疏》中有谓:"危,厉也。孙,顺也。言邦有道,可以厉言行;邦无道,则厉其行不随污俗,顺言辞以避当时之害也。"① 说得更直接些,危言、厉言,都是慷慨直言,建言立论者不避个人之得失,冒着种种危险,无所顾忌地直陈社会真实本相,直击社会的要害、命门,让读者、听者无不感到惶惶不安,危如累卵。著名学者高华教授在论述晚清"危言"类著作时,曾得出这样的结论:"危言者,危险万状,不易说出的建言,又是危机深重、不得不讲的建言。"② 这一判断较为准确地揭示了汤寿潜等人写作的原初状态。汤寿潜在其《自序》中说,收入《危言》中的每一篇文章无不是在其"义愤所激,裂眦痛心"的状态下完成的,在"盱衡世变,钩拒时事"的时候,自己的内心时不时会掠过亡国之隐忧。正缘于此,汤寿潜在《自序》中表达自己的写作意图时,就直接用了"蟊不恤其纬,而忧宗周之隙,为将及焉"(《左传·昭公二十四年》)这一典故,自陈其"意良可矜"也。

光绪十六年(1890),汤氏《危言》便由浙江同乡陆学源为之刊刻问世,两年后再版时增益为五十篇。此后又不断再版,引起了一股不小的热潮。据浙江大学汪林茂教授考证,汤氏《危言》在初版之后"不到十年至少出现了近十种版本"③。尤其值得注意的是,汤氏以布衣身份撰写的政论文集《危言》,受到了清王朝最高统治集团的关注。

就在《危言》初版刊刻两年后,也就是光绪十八年(1892),汤寿潜赴京参加会试,得到主考官翁同龢的赏识,与蔡元培、张元济、叶德辉、唐文治等人同榜进士,授编修。光绪二十一年(1895),授职安徽

---

① 阮元等校定:《十三经注疏》(十)《论语注疏》,中华书局,1957年,第312页。
② 高华:《郑观应对中国政治现代化的建言》,《社会科学研究》2004年第3期。
③ 汪林茂:《汤寿潜〈危言〉版本及内容变迁考》,《浙江大学学报》2017年第5期。

寿阳知县。赴任前，座师翁同龢召见汤寿潜并与之长谈，翁同龢在日记中记载此事曰："汤生寿潜所著《危言》二卷，论时事极有识，今日招之来长谈，明日行矣，此人必为好官。"① 在《马关条约》签订的当天，翁同龢将汤寿潜的《危言》进呈光绪帝。在翁同龢、文渊阁大学士孙家鼐的推荐下，光绪帝不但自己阅读了《危言》，并要求刊印数千份发给各级官员阅读。

汤寿潜《危言》问世之后，在19世纪的最后十余年内引领了一波潮流，随后便涌现出一大批以"危言""放言"等为名的政论文章集，诸如郑观应的《盛世危言》、邵作舟的《邵氏危言》、王侃的《放言》、吴庄的《吴鳏放言》、钟体志的《筹海蠡言》、龚宝该的《控海刍言》等。顺便提及一个问题，即这一类著作多盛行于东南沿海地区，诚如吴忠怀所说："救焚拯溺，生常羊维者，谅同此心。"② 常羊维者，东南之地，语出《淮南子·天文训》。自晚近以来，东南沿海口岸通商，与西方交流日密，生长于此的士人相对更有放眼寰宇的眼光，以世界格局来审视中国当时的国情和政治局势，提出种种救国方略。

现在学界谈及晚清"危言体"著述，首推郑观应，历史的事实却是，郑氏之《危言》诞生于汤氏《危言》初刻之后四年，即光绪二十年（1894）。毫无疑问，汤寿潜正是晚清"危言体"政论散文的发轫者，如马一浮所说："先生当清季，负时望，有康济之略而不得行其志。……始议变法，造《危言》，诸所欲损益，皆计之甚早，见之最先。"③ 而且就目前

---

① 翁同龢著、翁万戈编、翁以钧校订：《翁同龢日记》（第6卷），中西书局，2012年，第2829页。
② 吴忠怀：《危言·跋》，载郑观应、汤震、邵作舟撰，邹振环整理《危言三种》，上海古籍出版社，2019年，第414页。
③ 马一浮：《马一浮集》（第二册）《汤蛰先生纪念碑》，浙江古籍出版社、浙江教育出版社，1996年，第253页。

较受学界关注的三种《危言》著作(汤寿潜《危言》、郑观应《盛世危言》、邵作舟《邵氏危言》)来说,汤寿潜的政论因其"极才人之笔"①而更具有文学性,因而它更具有作为晚清"危言体"散文代表的典型性。特别是其文风及语言上的"新变",与后来梁启超在"新文体"上的很多追求存在诸多的相近、相似,乃至于趋同之处,从散文史的角度看,视之为梁任公之先驱,亦不为不可。

二、晚清"危言体"散文与古文经世传统的承继

在清代文学史上,桐城派是最具有影响力的一大文派。在以"清真雅正"为尚,倡行"义法""雅洁"的桐城派文章家看来,以汤寿潜的《危言》为代表的"危言体"政论散文,随处可见"不可一世"的"横议",文风纵厉廉悍,无不充盈着戾气,这与典正"雅洁"的审美判若两途。然而正是这种非主流的文章,却形成了一股巨大风潮,以狂飙突进的态势冲击、动摇着桐城派在文坛上的统治地位。晚清时期"危言体"散文的涌现,是中国古代散文经世传统的强势回归。它的出现,是近代中国社会积贫积弱,外侮入侵之后思想界、文学界掀起"自改革"运动风潮中的必然现象。一些先知先觉者,以宏博的胸襟和广阔的视野,放眼世界,审视现实之后而发出"盛世危言"的呐喊,其文风极具

---

① 彭玉麟《邵氏危言·叙》曰:"顾《危言》之作,前有汤、郑,一时著述,标目偶同,而绎其宗旨,实各异趋。友人罗君闲论三书,谓香山所作多货殖之谭,山阴新论极才人之笔,而粹然儒术,厥维此编。"(载郑观应、汤震、邵作舟撰,邹振环整理《危言三种》,上海古籍出版社,2019年,第508—509页)

鼓荡人心、启发民智的重要历史意义。

中国古代散文的经世意识早已形成，作为中国古代主流意识形态的儒家学说更是将其推捱到至高的地位，曹丕的一句"盖文章经国之大业，不朽之盛事"①，便道尽了千古文章的价值和意义，也极大地影响了后世文章理论对经世意识的重视。唐宋古文发展中，诸如韩柳欧苏，都反复申说、强调文章"近道""羽翼夫道"②，以及有益于事功的观点。

明清以来，几乎所有的古文家都会承继唐宋以来所确立的基本观念。晚明以来渐兴的思想解放运动中，许多学者一方面针对明人学问空疏之弊进行学理上的反思，追索学术之源，另一方面也通过独立的思考、学术著述和文章书写，系统地传达出自己的经世致用的学风和文章理念。黄宗羲、顾炎武、王夫之堪称那个时代的典范和风向标，他们在这方面的论述尤为密集，兹举一二例，以作说明。

王夫之的学术著述和散文写作，"所作类多扶世翼教之心"③。黄宗羲则认为"儒者之学，经纬天地"，所以他极其轻鄙、反对"读书作文""目为玩物丧志"的做法，更将其视为"厕儒者之列，假其名以欺世"。④顾炎武在这方面的声音最为高亢，他认为："凡文之不关于六经之指、当世之务者，一切不为。"⑤"君子之为学，以明道也，以救世也。徒以诗文而已，所谓'雕虫篆刻'，亦何益哉？"⑥"无关于经术政理之大，则

---

① 曹丕：《典论·论文》，载萧统编、李善注《文选》卷五十二，上海古籍出版社，1986年，第2271页。
② 柳宗元：《柳宗元集》卷三十四《答韦中立论师道书》，中华书局，1979年，第873页。
③ 郭嵩焘：《答周昌辅》，载王夫之《船山全书》第16册附录《杂录之部》，岳麓书社，1996年，第609页。
④ 黄宗羲：《南雷文定后集》卷三《赠编修弁玉吴君墓志铭》，载王云五主编《丛书集成初编》第2465册，商务印书馆，1936年，第31页。
⑤ 顾炎武：《顾亭林诗文集》之《亭林文集》卷四《与人书》三，中华书局，1983年，第91页。
⑥ 顾炎武：《顾亭林诗文集》之《亭林文集》卷四《与人书》二十五，中华书局，1983年，第98页。

不作也。"① 晚年的顾炎武在《日知录》中更高举"文须有益于天下"之帜："文之不可绝于天地间者，曰明道也，纪政事也，察民隐也，乐道人之善也。若此者有益于天下，有益于将来，多一篇，多一篇之益矣。"② 作为有清一代学术开山之祖，顾炎武的学术思想以及文章理论影响深远至巨，梁启超在《清代学术概论》中高度评价顾炎武的经术、文章对于社会、政体的"经世"精神之影响："要之，其标'实用主义'以为鹄，务使学问与社会之关系增加密度……最近数十年以经术而影响于政体，亦远绍炎武之精神也。"③

梁启超所谓的"最近数十年"，中国经历了"鸦片战后，外侮迭乘"，面对社会、国家的动荡沧桑，"志士扼腕，尤思以致用自见，于是依附公羊今文之学，盛张微言大义之绪，后之鼓吹变法维新者，卒托此以行其说，力辟墨守，广揽新知"。④ 在这一救亡图存的浪潮中，经世致用的学术、文章传统得到了前所未有的彰显。常州学派的公羊今文之学，"盛张"变革的"微言大义"，被许多志士仁人引为思想资源。无论是常州本地阳湖文派的代表人物恽敬，还是深受常州学派影响的龚自珍，他们的笔端诞生了数量众多的经世散文，就其内容来看，往往集中于对社会现实的批判，进而鼓扬社会"自改革"的观点。观其行文，"往往引《公羊》义讥切时政，诋排专制"，"其文辞俶诡连犿"，⑤ "气必雄厉，力必鼓努，思必精刻"⑥。恽敬的系列政论文章《三代因革论》就

---

① 顾炎武：《顾亭林诗文集》之《亭林文集》卷四《与人书》十八，中华书局，1983年，第96页。
② 顾炎武著、黄汝成集释：《日知录集释》卷十九，岳麓书社，1994年，第674页。
③ 梁启超：《清代学术概论》，上海古籍出版社，1998年，第12页。
④ 张舜徽：《清人文集别录》，中华书局，1963年，自序第3页。
⑤ 梁启超：《清代学术概论》，上海古籍出版社，1998年，第75页。
⑥ 吴德旋：《初月楼古文钞》卷二《与王守静论大云山房文稿书》，道光三年刻本，第16A页。

"鼓努"其力,以"精刻"之思、"雄厉"之气和"峭实"而"多端"、"详雅"而"纵厉"①的文辞,将自己急切呼唤社会变革的热情和盘托出。龚自珍的《乙丙之际箸议》,更是借"古人不欲明言,不忍卒言"的"猖狂恢诡"之言,明确提出"自改革"这一重要概念,其中有谓:"一祖之法无不敝,千夫之议无不靡,与其赠来者以勍改革,孰若自改革?抑思我祖所以兴,岂非革前代之败耶?前代所以兴,又非革前代之败耶?"② 恽、龚这样的文章,岂非后来"危言体"散文之滥觞乎?从魏源提出"师夷长技以制夷",再到他和贺长龄一起,秉持"凡文字足备经济、有关治世者,无不搜录"的原则编辑《皇朝经世文编》,以至于后来"经世文编"的各种续编、补编多达二十余种;从林则徐的政论散文,到其弟子冯桂芬的《校邠庐抗议》;从汤寿潜创"危言体"散文,到后来康、梁的"变法维新"和梁启超的"文界革命",莫不借"公羊"之绪"力辟墨守,广揽新知"。

观乎汤寿潜的人生、学术经历,亦与这一时代大潮若合符契。汤寿潜幼承庭训,要以"经术济世务",其实这在山阴汤氏早已成为家训,③这些无疑奠定了汤寿潜一生学术文章的基本走向。在汤寿潜眼中,寻章摘句式、唯文字是务的文章,实乃当下儒者"寡效"、民生凋敝这一症结之所在,他在《〈婺学治事文编〉自序》中对这一现象有过激烈的批判:"衿缨之徒,方摘埴而索涂时文以为书,刓心铢肾,力争此膏火之锱铢,盱盱而虚,姝姝而迁,瞋瞋而疏,瞑瞑而愚,而吾儒且为杂流所诟病,不特岛族之侮笑之矣。呜呼!儒之寡效至此,彼南面者,亦知教

---

① 恽敬:《大云山房文稿二集》叙录,《四部丛刊初编》本。
② 龚自珍著、夏田蓝编:《龚定盦全集类编》卷四《乙丙之际箸议第七》,中国书店,1991年,第68页。
③ 汤寿潜:《利往公家传》(1884年),载政协浙江省萧山市委员会文史工作委员会编《萧山文史资料选辑》(四)《汤寿潜史料专辑》,1993年内部刊行,第455—456页。

养之贵焉否耶?"① 因而，他在大声疾呼学术、文章经世价值的同时，更学习前辈或时贤的经世文章，在自己的写作中积极践行之。就连参加光绪壬辰科会试，他的应试文章亦是踔厉风发，无怪乎考官读后要做如此之评："抚时慨事，所见独深，非有心世道者不能为，亦不敢为。"② 而在问及东南地理时，汤寿潜的对答则更让主考官大赞曰："熟于东陲形势，指陈凿凿，文渊聚米，德裕筹边，如见扪虱谈时之概。"③ 他论述上古井田制度的时文，大有阳湖文派中坚恽敬的矜厉廉悍之风采，甚或有过之而无不及，就连主考官也在批语中这样说道："于古今田制税则，实能洞其症结，贯其源流，假题发挥，觉马端临《田赋考》、恽大云《因革论》有斯翔实，无斯瑰玮。结处订正井字，匪夷所思，而谊确不可易，得此杷鼻，方许为汶长诤友。"④ 最终，汤寿潜因其文能"熔经铸史""茹古涵今"，所作"经策明通""翔核""渊懿"，获主考官一致赏识而得进士第。

明乎此，则汤寿潜《危言》、郑观应《盛世危言》这一类针砭时弊，又绝不是耸人听闻的"危言体"散文作品能广为流传，十年之内刊版多达十数次乃至数十次，也就完全符合情理了。

---

① 汤寿潜：《〈娄学治事文编〉自序》（1898年），载政协浙江省萧山市委员会文史工作委员会编《萧山文史资料选辑》（四）《汤寿潜史料专辑》，1993年内部刊行，第463—464页。
② 汤寿潜：《会试朱卷》，载政协浙江省萧山市委员会文史工作委员会编《萧山文史资料选辑》（四）《汤寿潜史料专辑》，1993年内部刊行，第427页。
③ 汤寿潜：《会试朱卷》，载政协浙江省萧山市委员会文史工作委员会编《萧山文史资料选辑》（四）《汤寿潜史料专辑》，1993年内部刊行，第451页。
④ 汤寿潜：《会试朱卷》，载政协浙江省萧山市委员会文史工作委员会编《萧山文史资料选辑》（四）《汤寿潜史料专辑》，1993年内部刊行，第432页。

三、晚清"危言体"散文形成的新语体、文风特质

就文章的内容主旨来看,汤寿潜、郑观应、邵作舟等人所创作的晚清"危言体"散文,是对恽敬、龚自珍、魏源以来政论散文革故鼎新、经世救国议题的承继和推衍;就文章写作的主体风格来说,晚清"危言体"散文是在"精刻""雄厉""猖狂恢诡""俶诡连犿"这类文风的发展之路上不断推进、发展,① 并和梁启超引领并力倡的"文界革命"作共时性的呼应,对中国古典散文旧有的一些美学风貌产生巨大的冲击,极大地推动了晚清至民国初年"新文体"和新语体的兴起和蓬勃发展。

梁启超作为近代史上的大家,曾明确打出"文界革命""小说界革命"的旗号,所以学界对他的关注除了思想史、学术史的创建和贡献之外,也不乏从文学史的角度来论述他的卓越贡献和地位。和梁启超相比,汤寿潜、郑观应等人则因"危言体"散文的问世流传,而被世人纯粹而单一地目为"革新者"或"思想家",学界所论也多集中于他们在立宪、教育、经济等经世实学方面的理论主张。至于汤寿潜、郑观应这类"危言"何以在极短的时间内引起世人的强烈关注,并使世人深受震撼,已有的史学研究成果,往往都是借用刘师培的一句"乃时势所趋,

---

① 邵作舟《论文八则·弁言》记载,他"年十八九学于杭州,与程君蒲荪(秉钊)、赵君㧑叔(之谦)游,聆听其议论,读龚定盦(自珍)诸集",深受其影响,在摒弃龚自珍"好为艰涩幽险之文"缺陷的同时,他极爱"其体用之以辩驳论难、发明利害,则驰骋豪爽、惊心动魄,而无颓弱艰涩之病"的"雄骏英锐之文"(邵作舟:《论文八则·六体》)。观邵作舟所作《邵氏危言》,正是他自己所推崇的免去艰涩之病,又让人读后觉得"驰骋豪爽、惊心动魄"的"雄骏英锐之文"。

相习成风"①轻描淡写地一带而过。在大清帝国末期的政治文化生态中，一部著述在极短的时间内迅速火爆盛行，作者若非大势位者，本是极难之事。汤寿潜等人都没有显赫的功名，汤氏写作《危言》时是一介布衣，郑观应只是洋场上的买办，邵作舟则长期以游幕为生，以他们这种身份来论天下家国之大计，最多也不过是"代表着民间知识者的声音"②，竟何以能上达天听？又岂易行之远耶？又何能鼓荡天下人心竟如此之激烈耶？

如果说汤寿潜的《危言》因座师翁同龢的赏识而得以推荐给光绪帝，多少有"借势"的成分，那么真正要在民间普通百姓中广为传播，则作者极具感染力甚至鼓动性的语体、文风以及写作方式，莫不起着重要的作用，至于政治权势资源的作用反倒没那么重要了。无论是汤寿潜《危言》中"忧愤之气，不可一世"的"横议"③，还是《邵氏危言》的"感愤激昂，穷极奸私，如鼎象物"④，都足以与晚清时期社会上越积越浓厚的危机感相碰撞、激荡，在广大知识分子和民众中产生巨大的波澜。彭玉麟在为《盛世危言》作序时，谈到这类"危言体"政论散文大受世人追捧的原因，除了文中"所说中西利病情形了如指掌"受人称道之外，更有文风等文章写作方面的因素，所谓"其忠义之气溢于行间字里，实获我心"。⑤ 然而，学界在论述这一问题时，几乎从未深入地触及

---

① 刘师培：《刘申叔遗书·左盦外集》（下册）卷一三《论近世文学之变迁》，江苏古籍出版社，1997年，第1649页。
② 邹振环：《危言三种·导读》，载郑观应、汤震、邵作舟撰，邹振环整理《危言三种》，上海古籍出版社，2019年，第12页。
③ 吴忠怀：《危言·跋》，载郑观应、汤震、邵作舟撰，邹振环整理《危言三种》，上海古籍出版社，2019年，第414页。
④ 胡汉民：《邵氏危言·序》，载薛玉琴、徐子超、陆烨编《中国近代思想家文库·马建忠、邵作舟、陈虬卷》，中国人民大学出版社，2015年，第222页。
⑤ 彭玉麟：《盛世危言·序》，载郑观应、汤震、邵作舟撰，邹振环整理《危言三种》，上海古籍出版社，2019年，第7页。

"危言体"政论散文的文章写作层面,因为汤寿潜等人都是以思想家的面貌出现在近代史上的,他们也未明确系统地提出过关乎文学革命的理论(即便近年新发现了邵作舟的《论文八则》,但也并未受到足够的重视),所以文学史的研究中几乎从未对他们有所关注,更遑论其在文学史上的意义。

旧时代的文人,基本的文学修养还是较为深厚的,这为他们从事一切与著述有关的活动奠定了极为重要的基础。汤寿潜"早岁颖异,以文学见称,闳敏有器识"①。彭玉麟读过汤氏《危言》之后,对其文章方面的造诣给予了很高的评价,赞之曰"极才人之笔"②。在晚清三种《危言》中,以汤寿潜的文学成就最为突出,下面就以此书为例对"危言体"散文的语体、文风特质试做论说。

(一)字挟风霜,激情横溢,是晚清"危言体"散文的总体特征

吴忠怀在《危言跋》中说汤寿潜文章的每一篇"横议"中无不充满着"不可一世"的"忧愤之气","其所论列,微词长言,泪与声俱,字字从忠恕之心流出。大旨讲明格致,缮固道德,而以变学校、正人心为亟"。③ 世人读到这样的文字,亦顿为之热血沸腾。汤寿潜在文章中是这样批判晚清时期的科举取士和人才培养制度的:

---

① 张謇:《汤蛰先先生家传》,载政协浙江省萧山市委员会文史工作委员会编《萧山文史资料选辑》(四)《汤寿潜史料专辑》,1993年内部刊行,第126页。
② 彭玉麟:《邵氏危言·叙》,载郑观应、汤震、邵作舟撰,邹振环整理《危言三种》,上海古籍出版社,2019年,第509页。
③ 吴忠怀:《危言·跋》,载郑观应、汤震、邵作舟撰,邹振环整理《危言三种》,上海古籍出版社,2019年,第414—415页。

呜呼！变而至于八股取士，弊将工者未必得，拙者未必失，且缪种流传而拙者反必得，在有明之季而冗滥为已极矣。黄宗羲探本于唐权德舆之驳柳冕，而极诋其弊，谓"徒使庸妄之辈充塞天下"。①

嗟乎！自选举之典废，而牙牙学语便以"黄金屋""万钟粟"歆动之。其未仕也，如饥蝇慕膻；其既仕也，如驽马恋栈。率天下人而尽归于顽钝无耻，病先入于人心，患卒中于家国。②

一句"如饥蝇慕膻"，一句"如驽马恋栈"，对科举制度下士人心态的描摹，穷形尽相，入木三分。至于这一腐朽制度造成的后果，作者归结为："率天下人而尽归于顽钝无耻，病先入于人心，患卒中于家国。"其调遣语言之犀利程度，则远胜于黄宗羲所谓。

除此之外，汤氏《危言》中所论述的莫不是"必有荦荦可纪者"，可"应宰物者之求，如算在握，如鉴在县……大之卢牟六合，小之震惊百里"，这些论题，世间那些"群醉众寝，百不瞥省"者读了之后，也会不由得"张脉偾兴"，③ 这正是汤氏此书"穷变通久之荜路"④ 的学术贡献所在。汤寿潜的好友张謇在读到这些文字之后，很敏锐地认识到，汤氏的文学成就和事功思想应该相提并论："综君之用心，盖有墨翟、宋钘之仁；其发为文章，则王符、仲长统之选也。德信足以抚众，智通足以虑物，果任足以成务，使其得位善世，则子产、西门豹之绩，宜若

---

① 汤寿潜：《危言》卷一《考试》，载郑观应、汤震、邵作舟撰，邹振环整理《危言三种》，上海古籍出版社，2019年，第274页。
② 汤寿潜：《危言》卷一《限仕》，载郑观应、汤震、邵作舟撰，邹振环整理《危言三种》，上海古籍出版社，2019年，第291页。
③ 汤震著，郑云山点校：《〈危言〉前言》，载政协浙江省萧山市委员会文史工作委员会编《萧山文史资料选辑》（四）《汤寿潜史料专辑》，1993年内部刊行，第215页。
④ 陆学源：《危言·序》，载郑观应、汤震、邵作舟撰，邹振环整理《危言三种》，上海古籍出版社，2019年，第257页。

可几。"① 要知道，王符、仲长统这些汉代的政论家的文章，在清代是大受推崇的，刘熙载《艺概》将"王充、王符、仲长统三家文"并列，视之为"皆东京之矫矫者"。② 张謇将汤寿潜的文章和王符、仲长统并举，已然看出他们之间在文风上的相近之处，或艺术上的某种渊源。严可均在《全上古三代秦汉三国六朝文》中对仲长统政论文章特点的概括，也大致适用于汤氏之《危言》，不妨援引如下："然其阊陈善道，指诃时弊，剀切之忱，踔厉震荡之气，有不容摩灭者。缪熙伯方之董、贾、刘、扬（按：指董仲舒、贾谊、刘向、扬雄），非过誉也。"③

（二）纵横扬厉的策士之风与"条贯毕陈"的理性思辨的结合

汤寿潜散文议论风发的特点，与他"欲为策士"之自我期许有很大的关系。在中国文学史上，战国策士以纵横捭阖、横肆扬厉的议论而著称，诸如三苏父子等后世散文大家无不得益于此。只是明清以还，似乎主流的古文家对这种议论文风唯恐避之不及，若某人之散文被贴上了"策士"之气、"纵横家"之风的标签，多少会招致文坛主流的非议。清初古文大家魏禧，因雅爱《战国策》及苏洵的文章，故"其为文特雄健"，"高论奇识，凌厉古人"，"精悍之气"，"不可得而驯伏也"，④ 但在清初文坛盟主王士禛眼中却是"殊非儒者之言"⑤。然而，汤寿潜对此却

---

① 张謇：《汤蛰先先生家传》，载政协浙江省萧山市委员会文史工作委员会编《萧山文史资料选辑》（四）《汤寿潜史料专辑》，1993年内部刊行，第128页。
② 刘熙载著，刘立人、陈文和点校：《刘熙载集》之《艺概》卷一《文概》，华东师范大学出版社，1993年，第62页。
③ 仲长统：《昌言上》，载严可均校辑《全上古三代秦汉三国六朝文》之《全后汉文》卷八十八，中华书局，1958年，第948页。
④ 曾灿：《魏叔子文集序》，载魏禧《魏叔子文集》，中华书局，2003年，第27页。
⑤ 王士禛：《分甘余话》卷四，中华书局，1989年，第93页。

并不介意，竟然公开宣称自己愿意做一名时代的"策士"，并自得于自己的文章带着战国纵横策士之风。

回溯中国古代散文史，这种所谓带有战国策士之气的文风的出现，每每与经世学风和思想潮流紧密相连。刘师培在梳理古代文章发展的史实之后，就曾作过这样的论断："明末之时，学士大夫多抱雄才伟略，故明末之文，多纵横家言。"① 左盦所论，不仅仅是在讲历史的过往，更是对晚清时期盛行的经世思潮和"危言体""新民体"等新兴语体、文风的归纳总结。就汤寿潜本人来说，他非但不讳言自己文章中的策士纵横之气，在上引《自序》之外，他还曾多次坦陈："寿潜自堕地有知识以来，乡难、族难、家难靡有已也。……天下不必有意为寿潜而构之，势之所凑，义之所激，不能不起而承其冲当。"② 他之所以撰写"危言体"散文，一则缘于"势之所凑"，二则更源于内心强烈的"义之所激"，故而"不能不起而承其冲当"也。

需要特别指出的是，汤寿潜等人的"危言"，绝不是那些"菇芦小生，罄其热血，见之空言"③，完全为了骇人耳目的"耸听"之论。虽然其中也有一些观点不尽正确，但是汤寿潜的论述还是有理有据的，他始终怀着学术研究的严谨态度，以学术逻辑的理路、架构来进行写作，他曾这样描述自己的写作状态："吾欲为策士，一制之立，必探其朔；一令之颁，必彻其终；一乱之根芽，必洞其症结。良医医病，见垣一方，乃医乃愈，乃以医国。……不屑剿说，不敢谰语。不必高论，不庸易

---

① 刘师培：《中国中古文学史　汉魏六朝专家文研究》，商务印书馆，2017年，第183页。
② 汤寿潜：《县学生鉴甫族祖传》（1904年），载政协浙江省萧山市委员会文史工作委员会编《萧山文史资料选辑》（四）《汤寿潜史料专辑》，1993年内部刊行，第471页。
③ 吴忠怀：《危言·跋》，载郑观应、汤震、邵作舟撰，邹振环整理《危言三种》，上海古籍出版社，2019年，第414页。

言。略古详今，蔓引公椟，屡述西事，律以文体，诚鳌绳墨。"① 在汤寿潜之后，曾引发了一波"危言体"散文的写作热潮，以这种写作方式论时事的一些后继者，就不免发表一些耸人听闻的言论。对这种不良的做派，吴忠怀给予了严厉的批评："今之言时务者，亦至于咙杂矣。大氐盛嘘西焰，震襮守旧者之耳目，以为名利羔雁。"② 与汤寿潜几乎如出一辙，郑观应、邵作舟在《危言》写作中也完全秉持客观冷静的理性精神。晚清湘军重要人物彭玉麟先后为郑、邵二氏的《危言》作序跋时都论及这一点，其评骘《邵氏危言》有曰："立旨端平，谋画邃密，不为高谭，无假僻论，古今治术，条贯毕陈，可以树基，可以驭变，洵经世大文、不朽盛世也。"③ 而在为《盛世危言》作序时，彭玉麟更借此机会来阐述三种《危言》在写作上"以经术作政论"这一共同的结构模式：

> 语云"识时务者为俊杰"，反是则为俗吏迂儒。当今日之时势，强邻日逼，俨成战国之局，虽孔孟复生，亦不能不因时而变矣。尝读《春秋》，知当时君相，无不周知各国山川险要、风俗民情、君臣贤否，日求富强之策，不以资格限人，似无异于今日泰西各国。我朝怀柔远人，海禁大开，亦当知某国何以兴，某国何以衰。知己知彼，洞见本原，方有著手之处，岂徒尚皮毛，购船炮而已乎？④

---

① 汤寿潜：《危言·自序》，载郑观应、汤震、邵作舟撰，邹振环整理《危言三种》，上海古籍出版社，2019年，第258—259页。
② 吴忠怀：《危言·跋》，载郑观应、汤震、邵作舟撰，邹振环整理《危言三种》，上海古籍出版社，2019年，第414—415页。
③ 彭玉麟：《邵氏危言·叙》，载郑观应、汤震、邵作舟撰，邹振环整理《危言三种》，上海古籍出版社，2019年，第508页。
④ 彭玉麟：《盛世危言·序》，载郑观应、汤震、邵作舟撰，邹振环整理《危言三种》，上海古籍出版社，2019年，第7页。

在中国古代散文的书写传统和习惯中，尤其是论辩类的文章，以"《传》有曰""语有曰""圣人有曰"为文章之挈领者绝不在少数，"《易》有曰：观乎天文以察时变，观乎人文以化成天下"则几乎成为一种"习套"。这一做法完全无可厚非，究其实质，就是援经入文，借经术以增文章之气势。之前的恽敬、龚自珍、魏源、林则徐皆如此，晚清时期咸与维新的改革者亦莫不如此，无怪乎后来梁启超要在《清代学术概论》中感慨："后之治今文学者，喜以经术作政论。"① 同样，三种《危言》无一例外都是采用"以经术作政论"的文章架构，在行文中"条贯毕陈"，最终实现"知己知彼，洞见本原"，"古今治术，可以树基，可以驭变"的写作意图。从中足见"危言体"散文并不是没有传统古文家所谓的"言之有物""言之有序"，汤寿潜所谓的"律以文体"正是最好的说明。他们在文中所体现的思路"条贯"，是乾嘉以来学术文章逻辑思辨的延续，只是没有了汉学家那种汗漫无边、连篇累牍式的书证援引和烦琐的考据求证，一变而为"损益略举，张弛惟审"② 的简洁廉悍之风。韩愈视这种简洁廉悍之风为古文的极高境界，并曾以此来赞誉柳宗元的散文："俊杰廉悍，议论证据今古，出入经史百子，踔厉风发，率常屈其座人；名声大振。"③ 那么，对汤寿潜为代表的晚清"危言体"散文的这一文风，我们又岂能置若罔闻？

---

① 梁启超：《清代学术概论》，上海古籍出版社，1998年，第77页。
② 马一浮：《马一浮集》（第二册）《绍兴汤先生墓志铭》，浙江古籍出版社、浙江教育出版社，1996年，第241页。
③ 韩愈撰、马其昶校注、马茂元整理：《韩昌黎文集校注》卷七《柳子厚墓志铭》，上海古籍出版社，1986年，第511页。

(三)"直言无隐"的写作和相应修辞技巧的综合运用

在对"危言体"散文进行系统的文本细读之后,我们会发现,这些晚近时期的作品与《战国策》中的文字还是存在较为明显的差异的,这正是晚清"危言体"散文作为特定历史背景中产生的新语体、新文风能够发展的关键。《战国策》中的策士面对群雄时代诸多薄德暴戾之庸主,在游说时多采用引类设譬的方式,在形象生动的引喻谐调中加以铺张扬厉、气势充沛的言辞,循序渐进地达到辩说的目的。但晚清"危言体"散文则完全不同,其论辩事实、推演观点多直截了当,用郑观应的话说,就是"直言无隐。窃愿比诸敢谏之木,进善之旌,俾人人洞达外情,事事讲求利病"①。吴忠怀在褒赞《邵氏危言》时就对那种"几几欲尽言,几几不敢尽言,凛乎有大惧"② 之"空言"、雅言,表示了鄙夷。郑观应《盛世危言》中的《日报》一篇,可以说对"直言"做了极好的阐述:

> 足以有益于人者,精心考核,列之报章。大、小官员苟有过失,必直言无讳……胸中不染一尘,惟澄观天下之得失是非,自抒伟论。③
> 盖秉笔者有主持清议之权,据事直书,实事求是,而曲直自分,是非自见,必无妄言谰语、子虚乌有之谈,以参错其间,然后民信不

---

① 郑观应:《盛世危言·自序》,载郑观应、汤震、邵作舟撰,邹振环整理《危言三种》,上海古籍出版社,2019年,第18页。
② 吴忠怀:《危言·跋》,载郑观应、汤震、邵作舟撰,邹振环整理《危言三种》,上海古籍出版社,2019年,第414页。
③ 郑观应著、夏东元编:《郑观应集》(上册)《盛世危言·日报上》,上海人民出版社,1982年,第347页。

疑。论事者可以之为准则，办事者即示之为趋向，使大开日报之风，尽删浮伪，一秉真胝。主笔者、采访者，各得尽言无隐，则其利国利民实无以尚之也。……中国泥守古法，多所忌讳。徇情面，行报复，深文曲笔，以逞其私图，与夫唯诺成风，嗫嚅不出，知而不言，隐而不发，皆为旷职。故中原利益无自而开，即民情亦不能上达，告谕亦不得周知。①

在郑观应看来，中国自古就有秉笔直书的史学传统，所谓"太史采风，行人问俗，所以求通民隐、达民情者，如是其亟亟也"，但是专制制度确立之后，"秦焚书坑儒以愚黔首，欲笼天下于智取术驭、刑驱势迫之中，酷烈熏烁"，②这一优良的史学传统便中绝许久。在西学东渐的进程中，郑观应极力提倡办报，就是希望借此实现上古时期"直言"传统的回归，他甚至建议朝廷："其有志切民生，不惮指陈，持论公平，言可施行者，天子则赐以匾额，以旌直言。"③郑观应的政论散文，一如其所倡。郑藻如在为《盛世危言》作序时说"陶斋之书之切直，洞中夫时局之隐微，斯不啻李将军射虎之矢，靡坚不摧"，并称誉之为"长沙之忠直""《治安》之谠论"，以为"若能由此书引绪而伸之，触类而长之，人事既工，天心弥眷，安见此日忧危之语，非即后日喜起之先声？"④若以"直言""尽言无隐"的标准来衡量晚清时期三种代表性的

---

① 郑观应著、夏东元编：《郑观应集》(上册)《盛世危言·日报下》，上海人民出版社，1982年，第350页。
② 郑观应著、夏东元编：《郑观应集》(上册)《盛世危言·日报上》，上海人民出版社，1982年，第345页。
③ 郑观应著、夏东元编：《郑观应集》(上册)《盛世危言·日报下》，上海人民出版社，1982年，第351页。
④ 郑藻如：《盛世危言·序》，载郑观应、汤震、邵作舟撰，邹振环整理《危言三种》，上海古籍出版社，2019年，第10页。

《危言》,则它们基本上都具有传统儒家知识分子"一秉真肫""据事直书""自抒伟论"的清议之风。

郑观应在《盛世危言》自序的结尾十分鲜明地讲到,提倡这样"直言无隐"的写作,"自知愤激之词,不免狂戆僭越之罪"。所谓"愤激",自是彰显了晚清"危言体"散文"直言无隐"之"清议"的价值取向,至于所谓的"横议"也好,"愤激之词"也罢,都必须通过一定的语言形态和文学修辞技法得以实现。下文就以晚清三种代表性《危言》为例证,对"危言体"散文常用的对比、诘问、骈偶、排句以及呼告等修辞技巧略作申说。

在"危言体"政论散文中,对比、诘问的行文是最惯常使用的,这样的行文毫无隐讳且尖锐地揭开了大清王朝的疮疤,激烈的遣词足以警醒世人。在《夷势》一篇中,汤寿潜在较为全面地审视国际形势的基础上,对列强与中国于军事、政治、外交诸方面进行对比之后,发出了这样的呼号:"审夷之势既无可援,而审我之势又无可恃,盗已穴壁直入,而主人尚蒙被熟睡,齁齁作鼾声可乎!……夫堂堂一尊之国,而求亲于夷,可耻也;求亲夷而夷不我亲,其可耻复何如也。"① 这绝不是什么危言耸听的言论,而是审时度势之直言、危言。然而,一直自诩为"天朝大国"的大清王朝,在形势危殆不已的情形之下,依然"蒙被熟睡,齁齁作鼾声"。在危危乎殆哉的景况之下,清廷以及社会上依然有一批反对变法图强的守旧势力,"危言体"散文对此多有反诘和责难,其文之气势磅礴凌厉,郑观应的《西学》一篇堪称典范:

---

① 汤寿潜:《危言》卷三《夷势》,载郑观应、汤震、邵作舟撰,邹振环整理《危言三种》,上海古籍出版社,2019年,第353—355页。

今之自命正人者,动以不谈洋务为高,见有讲求西学者,则斥之曰名教罪人、士林败类。噫!今日之缅甸、越南,其高人亦岂少哉!其贤者蹈海而沉湘,不贤者觍颜而苟活耳。沟渎之谅,于天时人事何裨乎?且今日之洋务,如君父之有危疾也,为忠臣孝子者,将百计求医而学医乎?抑痛诋医之不可恃,不求不学,誓以身殉,而坐视其死亡乎?然则西学之当讲不当讲,亦可不烦言而解矣。①

为了让"东方睡狮"能彻底觉醒,汤寿潜的《危言》一书以《迁鼎》开端,以《变法》终篇,系统地提出自己的变法主张。在全书收束的篇章中,汤氏一气呵成,连续使用骈偶排句,形成连环贯珠式的整句段落,极大地增强了文章的气势,其文有曰:

自有天地洎今,兹历代有历代之法,一代有一代之法……历代之法递变,一代之法亦递变……往往防一弊增一法,增一法滋一弊,驯致繁于牛毛,聚若凝脂,积伪生欺。吏反得舞法以嬉,而君且作法自缚,民则无所厝手足,内忧成,外侮至矣。夫弊者,病也;法者,方也,药也。天下病状万变,而牢牢欲执不变之方药以治之,虽樵僮筍妇,能不笑其病之日绵愆哉!……及宜变之时而不变,时将有不及变者矣。储能变之力而不变,力将有不能变者矣。②

骈偶排句以及连环贯珠式的整句段落在行文中的生势作用,此前已被许多文章家的创作实践所证实,很多文论家对此也有过具体而微的论

---

① 郑观应:《盛世危言》卷一《西学》,载郑观应、汤震、邵作舟撰,邹振环整理《危言三种》,上海古籍出版社,2019年,第25页。
② 汤寿潜:《危言》卷四《变法》,载郑观应、汤震、邵作舟撰,邹振环整理《危言三种》,上海古籍出版社,2019年,第409页。

述。桐城派散文家刘开就以为"骈俪之言而有驰骤之势,含飞动之彩,极瑰玮之观"①,他在《与王子卿太守论骈体书》中曰:"故骈中无散,则气壅而难疏;散中无骈,则辞孤而易瘠;两者但可相成,不能偏废。"② 若能在散文创作中合理地融合骈偶,定会使散文极大地增加"驰骤之势"。这一写作技巧,在"危言体"散文中同样得到了体现,从汤寿潜《变法》篇中的这段文字即可见出端倪。郑观应的文中也不乏"切时之学不可不习而知也,出类之才不能不教而成也"③ 这样的骈词俪句。此外,"危言体"作家还非常善于利用连续的短句和排比句为文章造势,若郑观应《〈盛世危言〉自序》中就有谓:

> 乃知其治乱之源,富强之本,不尽在船坚炮利,而在议院上下同心,教养得法。兴学校,广书院,重技艺,别考课,使人尽其才。讲农学,利水道,化瘠土为良田,使地尽其利。造铁路,设电线,薄税敛,保商务,使物畅其流。……育才于学堂,论政于议院,君民一体,上下同心,务实而戒虚,谋定而后动,此其体也。轮船火炮,洋枪水雷,铁路电线,此其用也。中国遗其体而求其用,无论竭蹶步趋,常不相及,就令铁舰成行,铁路四达,果足恃欤!④

在"危言体"政论散文中还有一个颇为有趣的现象,就是作者在文章中比较喜欢使用呼告的修辞,希望通过文章振臂高呼,使天下人云集响

---

① 刘开:《刘孟涂集》之《骈体文》卷二《书〈文心雕龙〉后》,道光六年姚氏檗山草堂刻本。
② 刘开:《刘孟涂集》之《骈体文》卷二《与王子卿太守论骈体书》,道光六年姚氏檗山草堂刻本。
③ 郑观应:《盛世危言》卷一《考试上》,载郑观应、汤震、邵作舟撰,邹振环整理《危言三种》,上海古籍出版社,2019年,第32页。
④ 郑观应:《盛世危言·自序》,载郑观应、汤震、邵作舟撰,邹振环整理《危言三种》,上海古籍出版社,2019年,第16页。

应。于是我们便会在晚清"危言体"散文中发现，作者时常会在文中提炼出简劲有力而又振聋发聩、警策人心的警句或口号。如汤寿潜的《书院》篇中就有谓："贫于财之非贫，而贫于才之谓贫。"这是汤氏通过较为完整的论述之后所得出的重要观点。面对残酷的现实，汤寿潜极力主张改革教育体制，加强实用人才的培养，他在文中言之凿凿曰："人知中国之财所由贫，而不知中国之财之贫，枢纽于中国之才之贫也。五十年来，创不谓不巨也，痛不谓不深也，而尚聚讼于汉宋，桎梏于八股，湛溺于声律，规橅于楷法，岂盲者遂忘视，蹷者遂忘履欤！抑中国之大，人才之众，而所教非所求，所求非所用，所用非所习欤。蒙尝议变考试矣，然而四五百年之宗尚，我朝二百四五十年所损益，一旦欲移易其耳目，拔去其根株，举学校之制荡涤而摧陷之，必有哗于列者，必有议其后者。"① 汤寿潜的这一口号，在当时确乎引起了不少人的共鸣，郑观应的《盛世危言》在《西学》《考试》诸篇中就有很多呼应，文长不引。

纵观中国历史上的很多警句格言或鼓动性的口号，皆因其通俗易懂、朗朗上口而广为流传。早在殷商时期，庶民因不满纣王的横征暴敛、穷奢极欲，就发出"天何日丧，吾与汝偕亡"的呼号，陈涉起义时的"王侯将相宁有种乎"，以至明清之际顾炎武的"天下兴亡，匹夫有责"，还有魏源的"师夷长技以制夷"，莫不如此。到了近代社会，这种通俗而简劲的警句式口号，在鼓动社会变革潮流中所起的作用自不应小觑。朱自清在《论标语口号》一文中就有曰："现代标语口号不但要唤醒集体的人群或民众起来行动，并且要帮助他们组织起来。标语口号往

---

① 汤寿潜：《危言》卷一《书院》，载郑观应、汤震、邵作舟撰，邹振环整理《危言三种》，上海古籍出版社，2019年，第278页。

往是这种集体运动的纲领。"① 晚清"危言体"政论散文中的这些警句、口号,虽然最终并没有成为集体运动或是革命的纲领,真正将民众组织起来有所作为,但这些文章在写作技法上的尝试与努力,或许正体现了文学史发展中"由文趋质,由深趋浅","俗语入文","修俗语,以启渝齐民"②的时代需要和形态特征,郑观应所谓"文意粗浅,取其易知"③是也。

在汤寿潜兴起"危言体"政论风潮之后,梁启超倡导的"文界革命"以及后来的五四新文化运动,一浪高过一浪的学术文化思潮,对中国古典散文进行彻底的革新,最终迎来了现代散文的新篇章。虽然"危言体"政论散文的风潮远不及梁启超"文界革命"以及五四新文化运动所掀起的声势和带来的影响那么巨大,但是其发轫之功以及对梁任公之影响毕竟不可没。④ 诚如马一浮在《汤蛰先生纪念碑》中所说:"始议变法,造《危言》,诸所欲损益,皆计之甚早,见之最先。"⑤ 汤寿潜是一位在近代文学史上长期被轻忽的先觉、先驱,而他在中国古代散文史

---

① 朱自清著、朱乔森编:《朱自清全集》(第3册)《论标语口号》,时代文艺出版社,2000年,第920页。
② 刘师培:《中国中古文学史 汉魏六朝专家文研究》,商务印书馆,2017年,第168页。
③ 郑观应:《盛世危言》卷一《日报》,载郑观应、汤震、邵作舟撰,邹振环整理《危言三种》,上海古籍出版社,2019年,第42页。
④ 光绪二十七年(1901),梁启超为《清议报》百期作长文《〈清议报〉一百册祝辞并论报馆之责任及本馆之经历》,在第四部分《〈清议报〉之性质》中指出,他自己之所以甘愿抛心力于报章文,正在于以"其愿力所集注","以精锐之笔","养吾人国家思想"。他自陈所作"《瓜分危言》《亡羊录》《灭国新法论》等,陈宇内之大势,唤东方之顽梦",而诸如"《少年中国说》《呵旁观者文》《过渡时代论》等,开文章之新体,激民气之暗潮"。[梁启超:《梁启超全集》(第1册),北京出版社,1999年,第478—479页] 在梁启超的自述中,从《瓜分危言》《亡羊录》《灭国新法论》到《少年中国说》《呵旁观者文》《过渡时代论》的发展轨迹,很显然曾受到汤寿潜、郑观应等人"危言体"政论文章的影响。关于汤寿潜等人的"危言体"政论散文与梁启超的"文界革命""新民体"的关系,笔者拟将另撰专文论述。
⑤ 马一浮:《马一浮集》(第二册)《汤蛰先生纪念碑》,浙江古籍出版社、浙江教育出版社,1996年,第253页。

上的成就和地位，虽"不假于宣扬，不资于辩说，而人自不能忘之"①。尤其是经过梁启超等后继者的推衍发展，中国古典散文最终走上了现代化的进程。他们在学术史上的相互关联和影响，正乃曾国藩所谓："倡者启其绪，和者衍其波；倡者可传诸同志，和者又可诏诸无穷；倡者如有本之泉放乎川渎，和者如支河沟浍交汇旁流。先觉后觉，互相劝诱，譬之大水小水，互相灌注。"②

---

① 马一浮：《马一浮集》（第二册）《汤蛰先先生纪念碑》，浙江古籍出版社、浙江教育出版社，1996年，第252页。
② 曾国藩：《曾国藩全集·诗文》之《劝学篇示直隶士子》，岳麓书社，1986年，第443—444页。

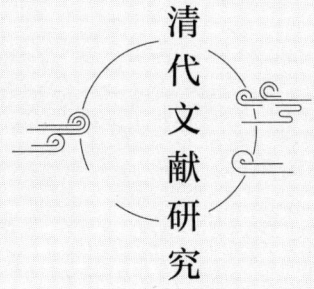

清代文献研究

齐梁文化的基因特质与明清常州文化之繁荣

常州,古称"毗陵""晋陵",地处长江三角洲,襟江带湖,人杰地灵,是环太湖人文生态圈中的重要组成部分,历来就有"东南望郡"之美誉。若从春秋时期季札奔吴,以礼让为教于吴中算起,两千多年漫长而悠久的历史长河中,常州府人才辈出,正可谓"诗书之泽,惟积乃厚,如水之渟,流演可久"①。对此,明代常州学者唐鹤徵在《万历三十三年修武进县志序》中明确地说道:"武进自季子以礼让为教,千载而下,至阖城死国,其灵秀之所钟,郁为人文,何可数记?"②

纵观两千多年来常州府文化产生、发展、繁荣的历程,齐梁时期和明清两朝属于高峰。江左齐梁,常州一府的文化滋养尤为丰厚,特别是齐梁萧氏家族在政坛、文坛上的活跃,以及由此而形成的学术、文化集群,积渐而成毗陵一郡久盛不衰的人文传统。齐梁文化的法乳滋养在唐

---

① 钱维乔:《竹初文钞》卷六《处士吕府君墓志铭》,载《清代诗文集汇编》第396册,上海古籍出版社,2010年,第274页。
② 唐鹤徵:《万历三十三年修武进县志序》,载张球等纂修《(光绪)武进阳湖县志》,光绪己卯刻本。

代历史文化的发展中表现得十分突出,欧阳修和宋祁在编修《新唐书》时,竟情不自禁地在《萧瑀传》中作赞语曰:"梁萧氏兴江左,实有功在民,厥终无大恶,以浸微而亡,故余祉及其后裔。自瑀逮遘,凡八叶宰相,名德相望,与唐盛衰。世家之盛,古未有也。"① 作为常州本土的后来者,面对乡邦悠久的历史、繁荣发达的文化,自然都会像赵怀玉一样油然而生强烈的自豪感,形诸文字则盈溢着对家乡的深切挚爱:"延陵在周为吴小邑,秦属会稽郡,齐梁以来,人物辈起,帝王、名臣、吏治、儒林、忠义、孝友、节烈、高行卓卓可纪,实于东南称望郡焉。"② 作为清代常州学术文化的代表人物,赵怀玉的这段话不但表达了朴素的乡曲之情,更在一定程度上追溯了清代常州人文风气蔚然盛况的历史渊源,其中蕴涵了赵怀玉对齐梁文化基因遗传和发展变迁的历史审视和总结。本文就承赵怀玉的这一论题,充分展开论述,探讨齐梁文化对常州文化的发展,尤其是对明清常州学术文化繁荣的意义。

一、明清常州文化的"务博""务通"

晚清学者李慈铭绝少轻许,但却在其《越缦堂日记》中盛称"清朝常州人才,甲于天下"。仅以郡城和武进、阳湖二县而论,由一大批才华斐然、成就卓著的文人所建构的文人社区集群,在"群居而切磋"的学术探索、艺术创新以及丰富多彩的文学生活中,构筑了清代常州繁荣

---

① 欧阳修、宋祁:《新唐书》卷九十二《萧瑀传》,岳麓书社,1997年,第1461页。
② 赵怀玉:《亦有生斋集》文卷三《云溪乐府自序》,载《续修四库全书》集部第1470册,上海古籍出版社,2002年,第43页。

瑰丽的文化景观,以至在中国传统学术、文化的各个领域都形成了各类流派,如常州学派、常州画派、常州词派、毗陵诗派、阳湖文派、常州派骈文等等,为常州赢得了"天下名士有部落,东南无与常匹俦"(龚自珍《常州高才篇送丁若士履恒》)的美誉。

从以上的简单胪举中,我们可以清晰、直观地感受到清代常州学术、文化的全面繁荣,几乎涉及中国古典文化的所有领域,彰显的是一种"务博""务通"的学术文化气度,这正是常州文化的独特之处。而且,这种"博通"精神在个人身上也得到了淋漓尽致的展现,清代学术文化史上的常州人大多集多重身份于一身,如:赵翼,史学家、文学家;孙星衍,诗人、经学家、文献学家、金石学家;洪亮吉,文学家、史学家、经学家、地理学家、文献学家;张惠言,词人、古文家、经学家、《易》学大师、文献学家;赵怀玉,文献学家、诗人;李兆洛,地理学家、文献学家、古文家、骈文巨匠、诗人;董祐诚,词人、骈文家、天文历法学家、地理学家、数学家……乾嘉朴学大师钱大昕在为赵翼的《廿二史劄记》作序时,就曾对其"博通""宏远"的学术境界给予极高的评价:"窃叹其记诵之博,义例之精,论议之和平,识见之宏远,洵儒者有体有用之学,可坐而言,可起而行者也。……先生上下数千年,安危治忽之几,烛照数计,而持论斟酌时势,不蹈袭前人,亦不有心立异……颜师古以后,未有能见及此者矣!"[1]

张舜徽历数清代学术流派,有曰:"余尝考论清代学术,以为吴学最专,徽学最精,扬州之学最通。无吴、皖之专精,则清学不能盛,无扬州之通学,则清学不能大。"[2] 出于彰表扬州学派的初衷,张舜徽并没

---

[1] 钱大昕:《廿二史劄记序》,载赵翼《廿二史劄记》,世界书局,1939年,第1页。
[2] 张舜徽:《清代扬州学记》,广陵书社,2004年,第2页。

有提及常州学派，而常州文人群体在清代学术文化史上的地位是绝不能忽视的。至于清代常州学术、文化的特点，早已不用后人多置喙了，张惠言的弟弟张琦在《答赵乾甫书》中就曾有过明确的宣言：

> 古昔帝王体国经野之大，圣贤持身涉世之故，古今治乱兴废，天下民俗利病，博稽而切究之。蓄之于心者既深以博，由是而识日以精，气日以充。发而为文，抒其素所蓄积而已，不必规规然体格章句是务。①

"博稽而切究"，首先强调的是"博稽"，这就要求在学术文化领域的研究中，治学门径要宽广，经过通达而深沉的思考与研究，使"古今治乱兴废，天下民俗利病"之类的研究一归于"经世致用"。在张琦看来，离开了"博稽"这一基础，"识""精""深""通"只能是一种奢谈而已。面对"诸儒博士""搜拾灶觚蠹简"的拘局之弊，常州文人颇多不满，恽敬在其《三代因革论》的第一篇中就曾鲜明地指出："书之言止一隅，必推之千百隅，而以为皆然；书之言止一端，必推之千百端，而以为不可不然。"② 就恽敬本人而言，无论他的学术研究，还是古文写作，都严格地践行着"不主故常""推之千百隅""推之千百端"的理念。他肆力于学，不仅仅是以儒家学说深求古今治乱之理，更旁及道、纵横、名、法、兵、农、阴阳、佛家之言，这些使得他在学术观念（包括文学观念）上显得多通识与变达之处，这一点集中地体现在他的《上曹俪生侍郎书》一文中，自然也造就了他"纵横捭阖，精察廉悍"的独

---

① 张琦：《宛邻集》卷四《答赵乾甫书》，《宛邻书屋丛书》本。
② 恽敬：《大云山房文稿初集》卷一《三代因革论（一）》，《四部丛刊初编》本。

特文风。宜兴人吴德旋在古文师法上与恽敬相去天壤，两人多有争论，但吴德旋对恽敬"不主故常""博闻广识"非常钦佩，因而在所撰《恽子居先生行状》中说："盖先生尝自言其学，非汉非宋，不主故常，故其说经之文，能发前人所未发。……先生于阴阳、名法、儒墨、道德之书，既无所不读，又兼通禅理。"①

常州学术文化界"不主故常"的"务博""务通"精神，在当时很快获得了学术界的认同，除了龚自珍之外，另一位近代著名思想家魏源在为常州学者李兆洛作传时有云："自乾隆中叶后，海内士大夫兴汉学，而大江南北尤盛。苏州惠氏、江氏，常州臧氏、孙氏，嘉定钱氏，金坛段氏，高邮王氏，徽州戴氏、程氏，争治诂训音声，瓜剖钗析，视国初昆山、常熟二顾及四明黄南雷、万季野、全谢山诸公，即皆摈为史学非经学，或谓宋学非汉学，锢天下聪明知慧，使尽出于无用之一途。武进李申耆先生生于其乡，独治《通鉴》《通典》《通考》之学，疏通知远，不囿小近，不趋声气，年甫三十而学大成，兼有同辈所长，而先生自视嗛然如弗及。"② 有了这样的开头，魏源似乎还嫌不够，又在传末论曰："近代通儒，一人而已。魏源曰：乾隆间经师有武进庄方耕侍郎，其学能通于经之大谊，西汉董、伏诸老先生之微渺，而不落东汉以下。至嘉庆、道光间而李先生出，学无不窥，而不以一艺自名，醇然粹然，莫测其际也。并世两通儒皆出武进，盛矣哉！余于庄先生不及见，见李先生，故论其大旨于篇。"③

---

① 吴德旋：《初月楼文钞》卷八《恽子居先生行状》，载《清代诗文集汇编》第486册，上海古籍出版社，2010年，第76页。
② 魏源：《魏源集》，中华书局，1976年，第358—359页。
③ 魏源：《魏源集》，中华书局，1976年，第361页。

二、齐梁文化:"博通"基因特质的源头

以上列论,仅其概要而已,但足以彰显明清时期常州学术、文化"务博""务通"的特点。若要追溯这一特质的源头,诚如赵怀玉所说,自应上推南朝齐梁。在对历史的审视中,我们会发现,由于兰陵萧氏政权的大力提倡,尤其是梁武帝萧衍"及据图箓,多历岁年,制造礼乐,敦崇儒雅,自江左以来,年逾二百,文物之盛,独美于兹"①。观其成效,齐梁文化的成就绝不在某一方面,而是全方位的立体发展,文学、史学、哲学、宗教以及艺术、科学等方面都取得了令人瞩目的成就,对后代影响也较为深远。因而,我们完全有理由认为,明清时期常州文化的繁荣、发达,是齐梁文化的基因特质经过长期传承、积淀、演进,最终结出的硕果。

齐梁时期的学术、文化,因君王的推崇,在各个方面都得到了长足的进步。赵翼在详稽齐梁历史典籍之后,曾发表过这样一番精彩的议论:

> 南朝经学本不如北,兼以上之人,不以此为重,故习业益少。统计数朝,惟萧齐之初,及梁武四十余年间,儒学稍盛。《齐书·刘瓛传》谓:晋尚玄言,宋尚文章,故经学不纯。齐高帝少为诸生,即位后,王俭为辅,又长于经礼,是以儒学大振。建武以后,则日渐衰废。

---

① 李延寿:《南史》卷七《梁武帝本纪》,岳麓书社,1998年,第129页。

《梁书》姚察论曰：崔伏、何严等遭梁之崇儒重道，皆至高官。稽古之力，诸儒亲遇之。《陈书·儒林传序》亦谓梁武开五馆，建国学，置博士，以五经教授，帝每临幸，亲自试冑，故极一时之盛。陈初，未遑劝课，间有以经学名者，亦皆梁之遗儒云，益可见经学之盛衰，总由于上之轻重也。①

齐梁时期的经学研究，与汉儒引经据典式的烦琐注疏相去天壤，学者们往往在博取以往各家各派的基础上，兼取佛、道、玄的学说，进行适当的综合、取舍，表现出"博通"的学术气度和较为自由开放的学风。诚如曹道衡所说，他们"承袭魏晋以来的学风比较自由活泼，敢于独立思考，敢于吸取佛道二家思想中的有益成分，较之汉儒的笃守'家法'与'师法'，往往陷于烦琐之弊，自更有益于文学创作"②。梁代学者皇侃所著《论语义疏》堪称其中的典范，吴承仕曾这样论述道："自何氏（按：何晏）《集解》以讫梁、陈之间，说《论语》者，义有多家，大抵承正始之遗风，标玄儒之远致，辞旨华妙，不守故常，不独汉师家法荡无复存，亦与何氏所集者异趣矣。皇氏本通《三礼》，尤好玄言，故其为《论语疏》，颇采华辞以饰经说。"③

从晚唐诗人杜牧笔下"南朝四百八十寺"一说中，我们可以感性地了解梁武帝萧衍对佛教的尊崇，但是他对儒学依然不弃不斥，而且躬自研究儒家经典，撰著疏解。据《梁书·武帝纪》记载，梁武帝亲自组织人力，命沈约、徐勉等群儒制定"五礼"（包括"嘉礼""宾礼""军礼""吉礼"

---

① 赵翼：《廿二史劄记》卷十五《南朝经学》，世界书局，1939年，第195页。
② 曹道衡：《兰陵萧氏与南朝文学》，中华书局，2004年，第92页。
③ 吴承仕：《经典释文序录疏证》，中华书局，1984年，第146页。

"凶礼"),这在儒学史上堪称"洪规盛范,冠绝百王;茂实英声,方垂千载"① 的壮举。此外,梁武帝本人还对《周易》《毛诗》《春秋》《尚书》《孝经》等儒家经典以及《老子》作出系统的疏解和阐释,"又造《通史》,躬制赞序,凡六百卷"。梁武帝尊崇佛教,然而也能兼蓄儒、道,注重历史的研究。帝王的身体力行,极具学术风向标的导引作用,上行下效,自然使齐梁时期的学术文化形成了"广博""宏通"的特质。

虽然齐梁文学在发展中存在较大的弊病,但其在中国文学史上承前启后的地位是无论如何都不容忽视的。早年的梁武帝在尚未取得政权之前,常常出入南齐竟陵王萧子良的西邸,与文人交游甚密,与沈约、谢朓、王融、萧琛、范云、任昉、陆倕并称"竟陵八友"。南齐永明年间,竟陵王萧子良的西邸高朋云集,大家诗文往还,相互探究,形成了诗歌史上著名的"永明体"。在"永明体"形成的过程中,受佛教"经呗新声"的影响和启发,周颙发现了"四声",沈约又据以提出"四声""八病"的学说,这是对近体诗格律的初步探索,虽然其说不免苛细,也并没有完全付诸实践,但对中国诗歌史的发展意义重大,为唐诗的繁荣兴盛奠定了基础。齐梁是一个文学氛围浓厚的时期,在这样的时世背景中,出现了结集各体文学作品的总集《文选》和专门体裁的总集《玉台新咏》;总结、研究文学作品规律也成为一时的风尚,"体大而虑周""思深而意远"的《文心雕龙》和《诗品》分别出于刘勰、钟嵘之手。这些都是泽被后世的不朽著作。所以,有学者这样评价兰陵萧氏家族,说萧氏族人不仅"建立了齐、梁两个皇朝,而南朝文风的丕变也正发生在这个时期",他们在文坛的活跃和号召力曾一度影响了中国文学的发展,更为重要的是,昭明太子萧统所编的《文选》和"徐陵在萧纲鼓励

---

① 姚思廉:《梁书》卷二十五《列传第十九·徐勉》,中华书局,1974年,第382页。

下编纂的《玉台新咏》,不但是留存至今最早的两部文学总集,而且对后代的文学起着十分重大的影响"。①

　　文学和艺术之间的交融渗透也足以说明齐梁文化"博通"的基因特质。长期以来,中国的绘画一直以表现人物为主,随着山水诗在刘宋时期兴起,在齐梁时期逐渐成熟和盛行,许多画家逐渐懂得"山水以形媚道"这一道理。所以,到了齐梁时期,山水景色不再只是人物画的背景和陪衬,逐渐成为独立的绘画题材内容,虽然这一时期很多画家仍然以人物画著称,但已经有人能在团扇上画出"咫尺之内而瞻万里之遥"的山水境界。若再进一步追寻山水诗兴起、发展的深层原因,则势必会联系到佛老、玄学思潮的影响,刘勰在《文心雕龙·明诗》中就曾有过精辟的分析:"宋初文咏,体有因革;庄、老告退,而山水方滋。"② 在"庄老(哲学)—文学—绘画"这种层层相因的连锁反应中,彰显的是一种"交融""贯通"的文化精神,也正是在这样的状态和连锁反应中,中国的绘画在齐梁时期得到了长足的发展,不唯在创作实践上,也在绘画理论的思辨和总结上。齐梁时期的画家谢赫,撰著了中国绘画史上现存最早的一部完整的评论画家艺术的论著——《画品》(后人习称为《古画品录》)。他把中国哲学上引人争论的形、神这一对概念运用到绘画理论中,主张绘画要做到传神,要表现神气,在其"六法论"的论述中,谢赫把"气韵生动"列为第一品,从而使中国绘画出现了高层次的美学追求,对后世中国绘画理论的影响深远,因而这部著作被后世誉为"万世不移"之作。

---

① 曹道衡:《兰陵萧氏与南朝文学》,中华书局,2004年,自序第1—2页。
② 刘勰:《文心雕龙》,上海古籍出版社,2015年,第32页。

梁武帝对学术、文化的尊崇，齐梁文化的全方位发达和兴盛，其影响不断地向更大的区域拓展，甚至逾越了南、北政权对峙的疆界，使得北朝统治区域内的士大夫心驰神往。东魏的高欢曾说"江东复有一吴儿老翁萧衍者，专事衣冠礼乐，中原士大夫望之以为正朔所在"，因而他十分担心"士子悉奔萧衍"。① 而齐梁文化的影响断不止于此，历经千年的迁延、洗礼和蓄积，到了明清时期，就在同一片土地上再度绽放出异彩和光华。若要从学理上探究其间的奥秘，笔者以为，明清常州文化的繁荣不是仅就外在形态上对齐梁文化的简单复制，而是一种极具生命力的文化基因在新的历史条件中的必然。跨越千年岁月的沧桑，大气磅礴的学术文化胸襟和气度——"务博""务通"，正是常州文化基因的"统绪"，自齐梁到明清一脉相承，瓜瓞绵绵，长盛不衰。

三、文化基因的历史延续性

虽然南朝齐梁政权加起来不超过八十年，但是齐梁文化的内涵绝不是兰陵萧氏七十余年执政期间的昙花一现，否则齐梁文化也就很难取得中国文化史上"承前启后"的重要地位。所谓"承前启后"，就内因而言，自有其生命力恒久的内在文化基因足供后人袭继；但是，后人若不能承宣先贤之德而褒大其功，亦断难承担"承前启后"的历史重任。纵观常州文化的发展，学术文化的历史延续性正是常州文人对齐梁文化"博通"基因特质的注解之一。在经历了漫长的文化积淀之后，到明清

---

① 李百药：《北齐书》卷二十四《列传第十六·杜弼》，中华书局，1972年，第347—348页。

时期，这一文化基因被一大批常州文化人激活，并发扬光大，再一次创造了灿烂辉煌的文化繁荣局面。所以，从这个意义上来讲，齐梁文化的核心区域应该是在江南常州府，这里不仅诞生了齐梁政权的创立者，孕育了令后人瞩目的齐梁文化，更把齐梁文化的精髓和内核继承、发扬到了极致。有鉴于此，笔者坚信："博通"文化基因在常州一地顽强坚韧的生命力是我们从事齐梁文化研究最有价值的一部分，其中的史鉴价值，无疑对发展今天的现代文化有重要的参考价值。

齐梁文化的高潮衰歇之后，萧氏后人文化影响力的后续惯性一直到唐代还时有表征，除了欧阳修所感慨的"八叶宰相，名德相望"之外，特别值得一提的就是兰陵萧氏后人萧颖士，他在唐代文学史上扮演着文学思想革命的先驱角色，被人奉为"萧夫子"。"萧颖士的门生极多，遐迩闻名，逐渐形成'萧门'，推动了当时的学术研究与诗文创作，其影响所及，远至日本国。"[①] 如果没有萧夫子精心传道授业，奖掖后进，推引提携，韩柳古文运动的声势和规模也就很难假想。自此之后，常州文人在中国文化进程的历史舞台上似乎风光不再，一下子进入到沉寂、休眠状态。"这种沉寂并不可怕，只要能在沉寂中默默积蓄力量，一旦时机成熟，气候土壤适宜，它便会自然而然地浮出水面。这一较长的休眠期内，常州的家族和地域文化正处于一种新的整合和迁衍之中。"[②] 在这一迁衍、整合的过程中，常州文人不仅保存了齐梁以来的优质文化基因，而且也在不断地从南迁的北方文化家族中吸纳新的养料，还从苏东坡、杨时等流寓常州的著名文人身上找寻到了学术文化的新高标。这种

---

① 吴企明：《"萧门"考》，载中国唐代文学学会等主编《唐代文学研究》第六辑，广西师范大学出版社，1996年，第467页。
② 杨旭辉：《清代经学与文学——以常州文人群体为典范的研究》，凤凰出版社，2006年，第22页。

对外来文化、异质文化的兼收并蓄岂不正是"博通"精神的具体表现吗？对此，本文随后将详加论述。

随着明代中后叶唐氏家族的崛起，以及当地其他文化家族的相互佐翼，常州府出现了"滋士向学"，户诵弦歌的盛况，不仅"科名焉奕相望"①，而且以常州府无锡县东林党为代表的清流一时成为士林舆论之冠冕，以唐顺之为代表的常州文人在文坛上也受到了世人空前的瞩目，由此拉开了常州一郡科第和著述辉煌、显达的序幕，到清代乾隆、嘉庆年间达到巅峰。因而常州也就有了"文学之盛，郁萃中吴；科第之繁，著称江左"② 之美誉。

唐顺之作为常州文化再度勃兴进程中的代表人物，"对常州文士生活的各个方面影响深远"，甚至成为他们的精神导师和领袖。③ 他"学问渊博，留心经济，自天文、地理、乐律、兵法以至勾股、壬奇之术，无不精研，深欲以功名见于世"④。其治学门径之宽、之博，世所罕见，与他同时代的著名学者焦竑说："荆川唐先生于载籍无所不窥，其编纂成书以数十计。尝语其徒曰：'读书以治经明理为先，次之诸史，可以见古人经纶之迹；又次则载诸世务，可为应用资者。数者本末相稜，皆有益之书。余非所急也。'"⑤ 据《江苏艺文志·常州卷》的搜录，唐荆川的著述有诸如《历代地理指掌图》、《武编》前后集、《海防图志》、《医纂》、《勾股六论》、《历算书稿》、《奇门六壬翻擎》等实学之书。唐顺之

---

① 王祖肃：《乾隆三十年修武进县志序》，载张球等纂修《（光绪）武进阳湖县志》，光绪己卯刻本。
② 张球等纂修：《（光绪）武进阳湖县志》卷十九《选举》，光绪己卯刻本。
③ 艾尔曼著、赵刚译：《经学、政治和宗族——中华帝国晚期常州今文学派研究》，江苏人民出版社，1998年，第29页。
④ 永瑢、纪昀主编，周仁等整理：《四库全书总目提要》卷一七二，海南出版社，1999年，第905页。
⑤ 焦竑：《澹园集》卷十四《荆川先生右编序》，中华书局，1999年，第141页。

的出现，使得"通才""通识"教育成为常州（包括武进、阳湖二县）学校、书院的共识。《（光绪）武进阳湖县志》中有这样的记载："武进、阳湖经学、文章各有源派，英才教育蔚为通儒。滥觞于国初，极盛于乾、嘉之际，揆厥所由，盖右文之世，学校如林，师承有自，儒者遂远绍微言大义，勿拘拘于谨曲空谈也。两邑科目之盛，著作之富，分详《选举》《艺文》矣。"① 所以，在清代常州学术文化勃兴的巅峰时期，唐顺之甚至被本地文人学士尊为常州文化传统复兴的第一人。赵怀玉曾历数常州文章的渊源，认为唐氏的开创之功不可没："吾邑以文章名者，自唐襄文顺之倡于前，后百余年邵山人长蘅、杨学士椿、蒋教授汾功相继趾其盛，虽所得不同而挟持既深，信皆可垂于世。"②

在以上总纲式的全景扫描之后，我们不妨再通过一个具体的例子作微观的审视和阐述。在齐梁时期的史学研究和著述中，形成了宏观考察历史，通过历史上治乱兴衰经验教训的探究，借"序""论"以"正一代得失"的史学传统，诸如沈约《宋书》、萧子显《南齐书》中的议论尤多精意深旨，往往切中要害，表现出对历史非凡的洞察能力。而梁武帝敕命编定的《通史》，虽然书已不存，但其融会贯通历史的格局和气度，在很大程度上避免了断代史叙述容易割断历史发展脉络之弊。宋代学者郑樵撰著《通志》，亦从中受到很大的启益。这些都足以体现齐梁为代表的南人之学"清通简要，得其英华"③ 的特征。所谓"清通简要"，简言之，就是指学术文化既要思想清明，闻识博通，又要在著述中表现出文辞简朴、要言不烦的特点。这种"清通简要"的风习不仅在齐梁史学研究中表现得非常突

---

① 张球等纂修：《（光绪）武进阳湖县志》卷五《学校》，光绪己卯刻本。
② 赵怀玉：《亦有生斋集》文季十六《毛先生墓表》，载《续修四库全书》集部第1470册，上海古籍出版社，2002年，第216页。
③ 《北史·儒林传》《隋书·儒林传》等史籍中都有同样的说法。

出，在清代常州学者中更得到了进一步的发扬，赵翼和洪亮吉都堪称典范。赵翼的《廿二史劄记》被钱大昕誉为"硕学淹贯，通达古今"①的典范，在清代学术史上与钱大昕《廿二史考异》、王鸣盛《十七史商榷》并称三大史学名著。出于对"史鉴"作用的充分认识，洪亮吉坚持认为："古今之大文曰经、曰史。经道乎理之常，史则极乎事之变，史学固与经学并重也。"②于是，他便与好友吴裕垂合作撰写了《历朝史案》，该书"融会诸儒之论，折衷至当，以成一家之言"③。另一位常州学者孙星衍在题诗中誉之曰："备览廿一史，条分更缕析。辨事推至隐，贤奸洞胸臆。……高论何澜翻，并用有笔舌。是非谅不爽，稽古贵特识。"④洪、赵二人，是清代常州文化群彦中的杰出者，他们自幼富读典籍，且能融会贯注于胸，既能承前人之英华，又有新的创获，真正做到了羽翼前哲，接武齐梁，使常州一地的文脉前承后继，绵绵不断。这是齐梁文化基因的生命张力所在，也是后代常州文人深知卓识文化品质的必然结果。

四、对外来文化的兼蓄性

历览齐梁以后常州文化的发展，我们会发现，常州文化非常善于吸纳外来文化的有益因子，并将它们和本地文化的基因传统结合，形成文

---

① 钱大昕：《廿二史劄记序》，载赵翼《廿二史劄记》，世界书局，1939年，第1页。
② 洪亮吉：《历朝史案序》，载洪亮吉编、吴裕垂著、纪晓岚等订《历朝史案》，巴蜀书社，1992年，第1页。
③ 纪晓岚：《历朝史案序》，载洪亮吉编、吴裕垂著、纪晓岚等订《历朝史案》，巴蜀书社，1992年，第2页。
④ 孙星衍：《历朝史案赠》，载洪亮吉编、吴裕垂著、纪晓岚等订《历朝史案》，巴蜀书社，1992年，第5页。

化发展进程中的"杂交优势"。其实这个优点在齐梁文化的发展中就已表现得非常明显了。曹道衡曾对齐梁萧氏执政时期的文化背景和"大势"作过一番系统的梳理和总结,认为:"儒、道、佛三家的学说不但互相驳诘,同时也互相渗透。因此形成了思想学术方面的大融合和大变化时代。梁武帝正是在这种形势下对这种学术进行了总结。"① 在齐梁文化发展的过程中,以儒、道为代表的中国本土文化和来自天竺(今印度)的佛教文化之间既有驳难和碰撞,同时又不乏融合和渗透,在两者的共同作用下,齐梁文化具有了集成、总结的历史地位和意义。这正是本文前面章节中反复申说的齐梁文化"博通"基因特质产生的历史文化背景和底色。

因"画龙点睛"而脍炙人口的齐梁著名画家张僧繇在绘画技法上的创新,就得益于印度佛教文化的影响。在绘画技法上,张僧繇在广收博取的基础上,又能做到独辟蹊径。他曾将晋代女书法家卫铄《笔阵图》中的书法用笔融入绘画创作中,创造出一种"笔才一二,像已应焉","笔不周而意周"的疏体画法;同时他又吸收和消化外来佛教艺术的表现手法,在建康(今江苏南京)一乘寺用天竺(今印度)传入的凹凸画法创作壁画,所绘物象,远观具有立体感,近视则平,因而他所绘制的佛像被后世称为"张家样"。

自魏晋以来,一些文人对诗文创作中的声律问题开始有了初步的思考,陆机在其《文赋》中就有云"暨音声之迭代,若五色之相宣"②,但是还仅限于朦胧的认识,并没有提出具体的主张。到了齐梁时期,文人学者致力于佛教经典的探索,逐渐注意到梵语和汉语语音的差异,梁代

---

① 曹道衡:《兰陵萧氏与南朝文学》,中华书局,2004年,第88页。
② 陆机:《文赋》,载严可均校辑《全上古三代秦汉三国六朝文》之《全晋文》卷九十七,中华书局,1958年,第2013页。

高僧慧皎就曾指出："自大教东流，乃译文者众，而传声盖寡。良由梵音重复，汉语单奇。若用梵音以咏汉语，则声繁而偈迫；若用汉曲以咏梵文，则韵短而辞长。是故金言有译，梵响无授。"① 笃信佛教的竟陵王萧子良受到僧人诵经的启发，于是"招致名僧，讲语佛法，造经呗新声，道俗之盛，江左未有也"②。与竟陵王及其西邸文人交往甚密的周颙在"经呗新声"中发现了"四声"，而"竟陵八友"之一的沈约在周颙发现的基础上，把平、上、去、入四声用于诗歌的格律，并且归纳出了比较完整的诗歌声律理论："夫五色相宣，八音协畅，由乎玄黄律吕，各适物宜。欲使宫羽相变，低昂互节，若前有浮声，则后须切响，一简之内，音韵尽殊；两句之中，轻重悉异。"③ 明确提出了高低、轻重不同的字音在诗歌中互相间隔运用的原则，以力求诗歌的音节错综和谐，这也就是后来近体格律诗所强调的"调和平仄"。如果没有齐梁时期对外来文化兼收并蓄的气度，很难想象中国诗歌近体格律化的进程将会是怎样的。

以上两例足以说明兼收并蓄的胸襟和气度是齐梁文化"博通"基因的重要表征，也是齐梁文化取得卓特成就的原因之一。唐宋以后，常州文化的发展进入相对沉寂的阶段，但在这样的情势之中，兼收并蓄的齐梁文化精神依然故在。常州人积极主动地吸纳齐梁文化养料，并将它逐渐融入本土文化的发展基质中，特别是宋代大文豪苏轼和大儒杨时流寓常州，常州士人在对他们的文化精神认同中，逐渐丰厚了自身的文化涵养和资源。近代学者顾公燮在其《丹午笔记》中以极其简要的文字，清晰勾勒出宋代大儒对常州学术文化的深刻影响以及常郡士人对两位宋儒

---

① 慧皎：《四朝高僧传》（第1册），中国书店，2018年，第209页。
② 萧子显：《南齐书》卷四十《竟陵文宣王子良》，中华书局，1972年，第698页。
③ 沈约：《宋书》卷六十七《谢灵运传》，中华书局，1974年，第1778页。

的师法、兼蓄:"宋杨龟山(按:杨时)先生寓毗陵十八年,数往来梁溪,故毗陵、梁溪皆有先生书院。在毗陵者曰道南,在梁溪者曰东林。道南废已久,东林则万历年间顾端文成公宪成、高忠宪公攀龙重建,曰道南祠。岁集文士为会,至者常千人。海内清修之士,闻风慕义,以东林为归。"① 以顾宪成、高攀龙、钱一本等常州府文人领衔的东林党在明代中后叶俨然为天下文士清议之权舆,也成为历史的焦点。外来文化的滋养就像涓涓细流,在"草色遥看近却无"的静寂中积聚,在悄无声息中激荡着本土文化基因的活力,最终掀起了"朝士慕其风者,多遥相应和""闻风响附,学舍至不能容"② 这样的文化巨潮。

清代历史上,常州人才辈出,在诸多一流的学者和文学家中,李兆洛被公认为"博通"之儒的代表,他不但在文学上兼采骈散,是阳湖文派的代表作家,而且在学术研究上更是"学无不窥","覃然粹然,莫测其际","不以一艺自名",所以,近代著名思想家魏源将李兆洛视为"近代通儒"的唯一人选。③ 综观李兆洛的学术成就,除了传统的文史学术领域之外,历算、舆地为其毕生精力之总会,他在舆地之学上用功尤深,所辑撰的《李氏五种》刊行之后,被学者尊为"布帛菽粟之书",在19世纪中后叶就一连三次再版。李兆洛的舆地和历算研究,特别注意吸收西洋的最新研究成果和方法,他以朱墨二色绘制的《历代地理沿革图》以及多种地图都标注了经纬度;因为历算研究的需要,他亲自铸造了天球铜仪及日月行度铜仪,以观测天象。他还著有《海国集览》一书,与好友魏源的《海国图志》相互印证,成为后来洋务派的理论基础。在李兆洛身上,无不集中体现着常州文人放眼外界,善于吸收外来

---

① 顾公燮:《丹午笔记》,江苏古籍出版社,1985年,第87页。
② 张廷玉等撰:《明史》卷二三一《顾宪成传》,中华书局,1974年,第6032页。
③ 魏源:《魏源集》,中华书局,1976年,第361页。

文化的禀性，而且随着以盛宣怀为代表的常州文人在晚清的政坛上逐渐崭露头角，积极地践行着张之洞"中体西用"的主张，大力推行洋务运动，这一文化基因特质也表现得更加突出。

五、家族化、群体性的"群居切磋"

陈寅恪在论述六朝文化的时候曾说过："东汉以后学术文化，其重心不在政治中心之首都，而分散于各地之名都大邑。是以地方之大族盛门乃为学术文化之所寄托。中原经五胡之乱，而学术文化尚能保持不坠者，固由地方大族之力，而汉族之学术文化变为地方化及家门化矣。故论学术，只有家学之可言，而学术文化与大族盛门常不可分离也。"① 陈寅恪的论述，对我们研究齐梁文化有极为重要的启发意义。通过对史籍的系统梳理和稽考，我们可以明确地感受到，齐梁文化的兴衰与成就莫不与兰陵萧氏这一掌握政权的文化家族有着密切的关系。以兰陵萧氏为核心，形成了家族化、群体性的文化集群，在"群居而切磋"的探讨和研究中，齐梁文化在各个方面日渐发达繁荣。

在诸多文化集群中，最负盛名的当数以南齐竟陵王萧子良为中心的西邸文人群，时有"竟陵八友"之号。据《南齐书·竟陵文宣王子良》记载："子良少有清尚，礼才好士，居不疑之地，倾意宾客，天下才学皆游集焉。善立胜事，夏月客至，为设瓜饮及甘果，著之文教。士子文

---

① 陈寅恪：《金明馆丛稿初编》，上海古籍出版社，1980年，第131页。

章及朝贵辞翰，皆发教撰录"①，"移居鸡笼山邸，集学士抄《五经》、百家，依《皇览》例为《四部要略》千卷"②。

这种家族化、集群化的"群居切磋"状态后来竟成为常州文化的一大传统，一直延续到明清时代。明清常州文人在学术、艺术，尤其是文学诸多方面取得的卓特成就，完全得益于社区集群间密切而频繁的往还和切磋。关于明清常州文人的文化集群盛况，笔者在后文《清代江南社区文化集群与文人的精神家园——以常州白云渡为例》中有详细的考论，在此不再赘述。

这里想要重点谈论的问题是，无论是萧氏齐梁，还是明清时期由常州文人构建的文化集群，在一次次的文化聚会活动中，自始至终都严格尊奉传统儒家"君子和而不同"的训诫，在学术文化的往还、探究中表现出对不同学说的包容性。

东晋南北朝时期，佛教在统治者的支持下得到空前的发展，在南朝梁武帝时取得了唯一"正道"的地位。但是也就在这个时候，出现了中国古代哲学史上伟大的无神论者范缜，而他的学说就是在一次次的驳诘、论难、切磋中逐渐形成的。南齐竟陵王萧子良担任宰相期间，在其建康（今江苏南京）西邸官舍召集了大批的贵客和名僧，大力宣讲、弘扬佛教学说。在这样的场合，范缜针锋相对地驳斥了佛家"因果报应"的学说，并在这场空前激烈的争论之后，退论其理，写就了名垂青史的哲学巨著《神灭论》。天监三年（504），佛教被尊为唯一"正道"之后，梁武帝萧衍对范缜及其"神灭论"这一"异质"学说并没有采取粗暴的镇压，相反倒显得较为大度和宽容，他亲自撰写《敕答臣下〈神灭

---

① 萧子显：《南齐书》卷四十《竟陵文宣王子良》，中华书局，1972年，第694页。
② 萧子显：《南齐书》卷四十《竟陵文宣王子良》，中华书局，1972年，第698页。

论〉》一文,并组织曹思文等六十四人,写作了七十五篇文章,与范缜展开更大规模的论战。在范缜积极应战、严密辩驳之后,曹思文等人不得不自认失败:"情识愚浅,无以折其锋锐。"①

这种"和而不同"的事例,在明清常州文人的"群居切磋"中更是屡见不鲜。赵翼与洪亮吉,在经历了宦海的沉浮之后,都选择了白云溪边家居著述的生活,在读书著述的过程中,二人时或切磋交流,结下了深厚的友谊。当赵翼在着力撰写《瓯北诗话》时,洪亮吉也在撰写《北江诗话》,赵翼就把《瓯北诗话》的前半部分"唐宋金七家诗话"呈送给好友雅正。洪亮吉读后,不禁对赵翼赞赏有加,并明确指出自己的诗学主张与赵翼有相同之处,那就是"独向毫端抉性情",但是对赵翼的有些观点还是存有不同的看法,如提出"初白差难踵后尘",根据诗句下的注解"君意欲以查初白配作八家,余固止之"② 可知,洪亮吉不同意赵翼对本朝诗人查慎行的极力标举。为了能与好友更好地"切磋",洪亮吉也加快了《北江诗话》的写作进度。在"和而不同"的友好状态下,诞生了清代诗学史上的两部重要诗话,它们都将"性情"视为诗歌之核心价值,但在诗歌今、古的问题上,即便洪亮吉有"固止"之举,赵翼还是坚持将查慎行列入《瓯北诗话》中进行专门讨论。此种"君子和而不同"的古韵遗风,彰显的不仅是"博通"的文化格局和气度,更是博大豁朗的胸襟和伟大的境界!

---

① 释僧祐撰、李小荣校笺:《弘明集校笺》卷九,上海古籍出版社,2013年,第492页。
② 洪亮吉:《洪北江诗文集》(下)《更生斋诗》卷四《赵兵备翼以所撰唐宋金七家诗话见示率跋三首》,商务印书馆,1935年,第1195页。

六、独领时代风骚：学术文化的开创性

诗圣杜甫在《戏为六绝句》（其六）中有谓"转益多师是汝师"，要求诗人在对前人的师法上完全突破一家一法的门户界限，尽可能多地吸收有益的养分，并在此基础上不断地开拓、进取。许多学者都认为，老杜的这句话集中展现了唐人对待文学遗产的科学态度和博采旁搜的气度，这样博大的胸襟，正是唐代诗歌繁荣的直接原因。那么，通过上面的详细论述，我们也完全有理由相信，"务博""务通"的文化基因特质，是齐梁文化和明清常州文化繁荣兴盛的重要源泉。正是在这一内因的决定作用下，常州文化无论在齐梁时代还是明清时期，都结出了丰硕的成果，而且多具有学术文化史的开创意义，故而能独领时代风骚。

《文心雕龙》《诗品》《文选》《玉台新咏》《高僧传》《宋书》《南齐书》《古画品录》等大量带有学术集成性质的巨著在齐梁时期的涌现，完全确立了齐梁文化在中国历史上不可替代的重要地位。诚如金克木所说，这种总结式的大著作成批出现，"标志着一个长期文化时代的开端而不是结束。看来可以承认梁代及其前后是中国文化发展中的关键时刻之一"[①]。

至于在经学、诗、词、散文、骈文、绘画、医学等诸多领域全面辉煌的明清常州文化，更是在中国社会历史近代化的进程中扮演着转捩关键的角色。近代学者金松岑在对常州学派的论述中就明确地表达出这样

[①] 金克木：《〈玉台新咏〉三问》，《文史知识》1986年第2期。

的意见：

> 常州为革新派，即今文学也。庄方耕著《春秋正辞》，审密有条理，至刘申受述公羊学，全祖董江都（按：董仲舒）、何劭公（按：何休），一时才华之士颇喜之。其徒有宋浮溪（按：宋翔凤）、龚定盦（按：龚自珍）、魏默深（按：魏源）、戴子高（按：戴望）。子高又笃信斋学说。由默深而影响于湘潭王壬秋（按：王闿运），壬秋传之井研廖季平（按：廖平），季平传之康有为，有为传之梁启超，同时湖南有皮鹿门（按：皮锡瑞）、谭嗣同、唐才常，皆与梁启超友善，唱今文公羊家言，素王改制，九世复仇，而革命起，清室亡矣。①

常州文化的开创性，不仅仅限于自身文化成就的"独领风骚"和杰出的历史贡献，在"博通"文化基因的深层作用下，常州的学术文化还表现出不断"创新""求变"的精神。早在齐梁时期，昭明太子萧统就表达了"创新""求变"的文学观念，他在《文选·序》中曾说："若夫椎轮为大辂之始，大辂宁有椎轮之质；增冰为积水所成，积水曾微增冰之凛。何哉？盖踵其事而增华，变其本而加厉；物既有之，文亦宜然。随时变改，难可详悉。"② 他的这个观点显然是受到了葛洪《抱朴子·钧世》中"诸后作而善于前事，其功业相次千万者，不可复缕举"③ 的影响，虽然后世的文学成就不一定就能超越前代，但是萧统始终坚持认为"踵世增华""变本加厉"，后世的文学是可以超越前代的。在常州，与

---

① 金松岑：《清代学术之变迁及其结果》，载金蕴琦编《暑期学术演讲集》，青年协会书局，1929年，第5页。
② 萧统编、李善注：《文选》，上海古籍出版社，1986年，序言第1页。
③ 葛洪：《抱朴子》外篇《钧世卷第三十》，上海书店，1986年，第156页。

萧统这一文学观念遥相呼应的是清代诗人赵翼，他的几首《论诗》绝句更把齐梁时期萧统的文学观念发挥到了极致，其诗曰："词客争新角短长，迭开风气递登场。自身已有初中晚，安得千秋尚汉唐？"① "满眼生机转化钧，天工人巧日争新。预支五百年新意，到了千年又觉陈。""李杜诗篇万口传，至今已觉不新鲜。江山代有才人出，各领风骚数百年。"② 由于强烈的用世之志，以及历史学家的身份，赵翼深谙变易之理，所以无论他的史学观念还是文学观念，都能够做到不拘守一定成规和习见，具有强烈的创新精神和开拓性。在"博通"基质中生成的开拓、创新精神，不断地鼓涌、激荡，终于造就了"天下名士有部落，东南无与常匹俦"的盛况局面。

"江山代有才人出，各领风骚数百年"，这是赵翼在二百多年前的殷切希望。从萧氏齐梁到明清时期，历经千年一直被常州文化所秉承的"务博""务通"文化基因，能否在更历二百多年的"踵世增华"之后，再度绽放出华美的群芳，结出丰硕的果实呢？这无疑是值得今人深刻思考的问题。

---

① 赵翼著，李学颖、曹光甫校点：《瓯北集》（下），上海古籍出版社，1997年，第1375页。
② 赵翼著，李学颖、曹光甫校点：《瓯北集》（上），上海古籍出版社，1997年，第630页。

清代江南社区文化集群与文人的精神家园

——以常州白云渡为例

"天下名士有部落,东南无与常匹俦"(龚自珍《常州高才篇送丁若士履恒》),这是近代著名思想家龚自珍基于常州文人集群在学术史、文学史上卓特的成就、地位所作出的评骘。关于常州文人集群的学术、文学成就,自当有专门的论说,拙著《清代经学与文学——以常州文人群体为典范的研究》一书已有较为详尽的论述,这里可以暂且不论。常州"名士部落"作为清代学术史和文学史上的一个重要集群,其组织形态以及逐渐形成、壮大的过程,则是本文着力关注的焦点。笔者力图通过对常州白云渡文人社区集群这一典型案例的细致剖析,进而探索清代江南地区文人社区集群文化活动的精神生态层面的意义及其在清代学术史、文学史进程中的推动作用和价值。

一、白云渡的地理环境与人文生态

根据光绪本《常州府坊厢字号全图》,西蠡河水从西门小水关流入,横贯常州旧城,至白云尖遂分二途,北支经唐家湾北至迎春桥,出北水关,是谓之"子城河";南支经顾塘桥、葛仙桥,出东水关,和京杭大运河汇合。南支系宋代时由知州李余庆疏浚,被常州人称为"后河"。子城河自马山埠到唐家湾一段的河水长一里左右,因附近的三角地白云尖而得名"白云溪",溪边有渡口名曰"白云渡"。虽然在地理疆域广阔的中国版图中,白云渡小得微不足道,但它在清代学术文化长河中的卓特地位绝不会因此而受到轻忽,历史的记忆也并不会因为这条小溪已然消失在现代舆图中的悲剧性的结局而被淡忘。

常州"自昔亦号雄繁邦,却少山水供眺览"①,这是赵翼的弟子浙江人祝德麟对常州的印象,这样的说法应该说是近乎事实的,就连清代常州本地作家汤成烈也有谓:"毗陵一隅,绝少山水,分嶂孟岭,登峰必待乎粮,割圆具区,层波亦惊于豆剖。"② 然而,就是这么一条流经常州城内的小溪,却倍受本地文士的青睐,更借由常州文人学士的褒奖而得以名扬天下,何也?这一切皆缘于密匝的社区文化集群及其弥久不绝的弦诵传统而带来的丰厚人文生态,正如美国学者梅尔清所说:"城市景点的重要性与景点所在城市的命运息息相关。在晚期帝国,景点和景点

---

① 祝德麟:《悦亲楼诗集》卷三十《常州守令诸公宴我于舣舟亭观东坡洗砚池》,载《清代诗文集汇编》第 402 册,上海古籍出版社,2010 年,第 292 页。
② 汤成彦:《听云仙馆骈俪文集》卷二《游城东记》,同治八年刻本。

中活动的人物都是一座城市在地域文化等级中地位及声誉的资源和标志。"①

　　白云渡的声誉和历史价值，并不缘于其山川之秀与风月之胜，而完全来自清代常州文人集群学术、文化以及艺术活动积淀、凝聚所得的厚实文化遗产与学术财富。其实这样的命题在古人眼中早已是一种通识了。明人茅瑞征在《赤壁集》的序言中曾说到，若无苏轼，"则黄州无赤壁矣"②。清初常州文学家董以宁在游历了黄州赤壁之后，深有感慨地说道："山川得名，多因人杰，未有苏公之游，赤壁一顽石也。苏公既游之后，虽荒台残榭，赤壁一名山也。"③ 其实，诸如黄州赤壁这样的例子，在中国古代文化史、文学史上实在是屡见不鲜的。康熙年间，张大受在为《天下名山记钞》作序时，曾有过一句尤为精彩的总结之辞："山水得人而尤灵"。这也就是尤侗在张氏之前的一篇序言中所说的："山水借文章以显，文章亦凭山水以传……至于千岩竞秀，万壑争流，若无骚人墨客登放其间，携惊人句搔首问青天，则终南、太华等顽石耳。"④ 而常州的白云溪又何尝不是这样的显例呢？

　　自从白云渡在宋代疏浚之后，在常州人的心目中，它就关乎一地的文脉。《武进阳湖合志》中有谓："自此文风浸盛，士人相继高第，三十年当有魁天下者，尔之子孙咸有望焉。"⑤ 与之相应，在民间更出现了这样的说法："后河利于科第，玉带河利于迁擢。"其实，这倒不完全是出于迷信。明清时期，白云渡就以其便利的交通以及沿岸良好的自然环

---

① 梅尔清著、朱修春译：《清初扬州文化》，复旦大学出版社，2004 年，第 29—30 页。
② 茅瑞征：《赤壁集·序》，载黄冈市赤壁管理处组编、汪燊纂辑、王琳祥点校《黄州赤壁集》，华中师范大学出版社，2010 年，第 29 页。
③ 董以宁：《董文友全集》卷十五《游赤壁记》，首都图书馆藏康熙七年刻本。
④ 以上二序均见吴秋士辑《天下名山记钞》卷首，康熙刻本。
⑤ 《武进阳湖合志》卷三《舆地志·水利》，道光刊印本。

境，吸引了诸多世家巨族聚居于此。对此，曾长期居住在白云渡外家的洪亮吉就有云："云溪一曲，自运河及南运河分派入城，南运河即西蠡河，上承洮割、滆诸湖水，故极清驶。溪南岸多旧家楼阁，北岸为阳湖县治，迤东间有吏胥及百姓家，然屋皆修整，窗棂腻日，帘幕映波，烟水空蒙，中时有一二人唤渡，余则渔舟两三叶而已。"①

下图是笔者截取光绪本《常州府坊厢字号全图》中的一部分，并综合地方文献和诗文别集的记载标注声名显赫的室名、堂号，略作加工而成。

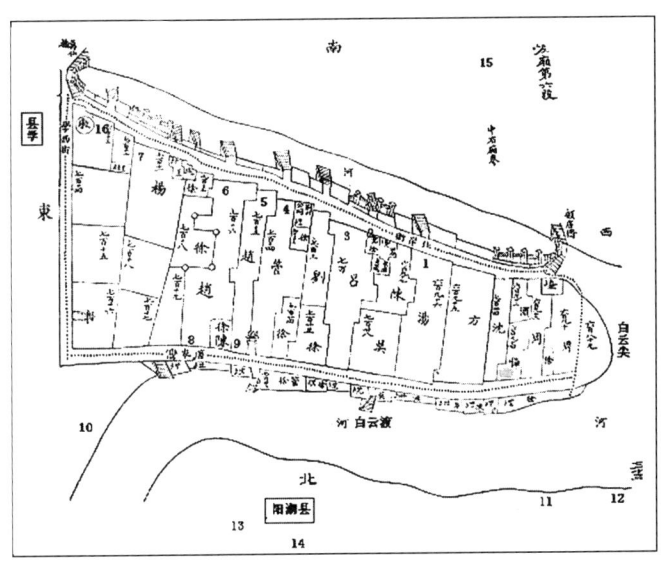

白云渡社区文人集群分布示意图

（图例：1.藤花旧馆；2.徐氏"云溪草堂"；3.吕星垣"白云草堂"；4.管世铭"读雪山房"；5.赵翼"湛贻堂"；6.蒋氏"杏花楼"；7.杨氏"腾光馆"；8.赵氏"魁星阁"；9.恽格"瓯香馆"；10.赵怀玉"味辛斋"；11.庄氏"宝砚斋"；12.黄仲则"两当轩"；13.杨氏"敦本堂"；14.杨伦"九柏山房"；15.孙星衍"平津阁""岱南阁"；16.陆继辂"崇百药斋"）

---

① 洪亮吉：《外家纪闻》，授经堂家刊本。

通过这张地图，我们可以非常直观地感受到，除唐氏、西营（后改称"西瀛"）刘氏外，常州本地最重要的文化世族几乎都聚集于此。不到一里之长的白云渡，曾经涌现出如此众多卓有成就的文人，他们在清代学术文化史和文学史上熠熠生辉，白云溪竟然是一条璀璨"星河"。笔者不禁要惊叹龚自珍遣词之精妙绝伦。这张《白云渡社区文人集群分布示意图》，也许能让我们理解"部落"一词的真正含义。这一社区"部落"，无论是其规模，还是其影响力和在学术史的地位，在中国历史上是极为罕见的。

缙绅耆旧聚居在白云溪两岸，自然带来了琅琅的读书讲习之声。早年幼孤的洪亮吉，终其一生，对家乡的白云渡始终有着两段刻骨难忘的记忆，一是在灯影中他的读书声与母亲蒋氏的织机声交织在一起的场景，为此他专门请人绘制了《机声灯影图》，当时题咏者甚多；二是自己寄寓外家蒋氏杏花楼，在杨氏腾光馆的读书生活。

常州蒋氏一族中，最负盛名者莫过于著名的《楚辞》学者山带阁主人蒋骥，系洪亮吉外祖蒋敦淳的三哥；而洪亮吉的从外祖蒋汾功（蒋敦淳堂弟）及其子蒋和宁（洪亮吉称之为侍御舅氏者，字用安，一字蓉庵），在常州地方文化的发展中以其卓著的贡献而倍受世人的尊崇。作为常州后学的陆继辂曾在文中说道："蓉庵蒋先生以辞章，一时后进之士翕然从之……蒋先生之学一传为洪稚存编修、黄仲则少尹、杨西河大令、赵味辛司马，继洪、黄、杨、赵而起者，至今遂不可胜数。……故其教泽之所被如是其深且久也。"① 蒋和宁去世后，赵怀玉（味辛）饱含深情地回忆起侍御先生对自己的教益："洎公归田后，晨夕长追随。有

---

① 陆继辂：《思补斋诗集序》，载刘持原等纂修《武进西营刘氏家谱》卷五，民国十八年重修本。

文即就质，凡事皆得师。公亦若谷怀，相与同析疑。"① 洪亮吉自幼在蒋氏从学，颇得蒋氏诸子之益，终生难忘，故有《外家纪闻》之作。

蒋氏杏花楼前的杨氏腾光馆，始建于杨廷鉴，据其孙杨椿云："大父修撰公始迁府城白云溪之左，去县学不数十武。"② 杨廷鉴崇祯十六年（1643）进士及第，是明代历史上最后一位状元，明亡后归里隐居，捐金建学馆。再加上以后杨氏科第隆兴，人才辈出（廷鉴五世孙杨述曾中乾隆七年〔1742〕榜眼），杨氏腾光馆在常州士人心目中就有着非同寻常的地位，遂"为里中课文之所"③。作为学者和古文家的杨椿，也受到常州后学的推崇，"毗陵七子"之一的赵怀玉在为杨椿《孟邻堂文钞》作序时直将其视为常州一郡"文之冠"者。④ 在寄寓外家的日子里，到隔壁杨氏腾光馆会课论学，也就成了洪亮吉生活中的常事。他在《外家纪闻》中饱含深情地说："余弱冠时，与里中诸同人结会课于杨氏腾光馆，共四十人，诸老宿俱在，而侍御舅氏评其文，以余为第一，因是始至舅氏宅起居。舅氏因渐教余作诗古文之法，并逢人说项焉。"⑤

在琅琅书声中，积渐出现了白云渡的科第之隆，继杨廷鉴之后，白云渡连续出了三位状元和多位一甲及第者，对此，洪亮吉《外家纪闻》中有较为详细的记载："云溪之秀，甲于郡中，环溪亦皆名族所居，记前哲胡芋庄⑥诗曰：'皇朝五十有七载，出四公卿两状元。'公卿为大学

---

① 赵怀玉：《亦有生斋集》诗卷九《哭侍御蒋丈和宁》，载《续修四库全书》集部第1469册，上海古籍出版社，2002年，第363页。
② 杨椿：《孟邻堂文钞》卷十五《孟邻堂记》，载《续修四库全书》集部第1423册，上海古籍出版社，2002年，第200页。
③ 洪亮吉：《外家纪闻》，授经堂家刊本。
④ 赵怀玉：《亦有生斋集》文卷三《孟邻堂文钞序》，载《续修四库全书》集部第1470册，上海古籍出版社，2002年，第41页。
⑤ 洪亮吉：《外家纪闻》，授经堂家刊本。
⑥ 胡芋庄与恽格、陈炼、杨宗发、唐恽宸、董大伦并称"毗陵六逸"。

士吕公宫、尚书赵恭毅公（按：赵申乔）、副都御史徐公琪、工部侍郎周公清源，二状元即吕公及外曾王父赵侯赤熊诏先生（按：赵申乔之子）也。芋庄作诗后不及六十年，又出三公卿一状元，三公卿为协办大学士刘公于义、司业庄君楷、侍郎庄公存与，一状元则侍郎之弟学士培因，其它官侍从，擢巍科者又不一而足，可云盛矣。"① 赵申乔之子熊诏得中状元后，遂在白云渡祖居建"魁星阁"。若要算上宋代的霍端友，以及明代最后一位状元、腾花馆杨氏的首位主人杨廷鉴，白云渡先后共出了五位状元。后来，洪亮吉自己也中了榜眼，好友赵翼得中探花，要不是阴错阳差，赵翼也许就是白云渡出产的第六位状元郎。

科第之盛，无疑是常州白云渡社区人文生态之兴的重要表征，如此盛况，在中国古代教育史上亦属罕见，就连不轻赞他人的李慈铭也在其《越缦堂日记》中盛称"清朝常州人才，甲于天下"。常州白云渡人文社区就是由这样一大批才华斐然、成就卓著者建构的，他们在此间"群居而切磋"，一次次的学术探索、艺术创新以及丰富多彩的文学生活，构筑起了白云渡文人社区集群繁荣、瑰丽的文化景观，以至于在中国传统学术、文化的各个领域都形成了各类流派，如常州学派、常州画派、常州词派、毗陵诗派、阳湖文派、常州派骈文等等，为常州赢得了"天下名士有部落，东南无与常匹俦"的美誉。这是一个城市人文景观的华彩乐章，也是其深厚历史文化底蕴的荣光，更是弥足珍贵的文化遗产和资源，正所谓"龙泉太阿之精光"，又岂会被汹涌的现代商业大潮完全消融和吞噬？

---

① 洪亮吉：《外家纪闻》，授经堂家刊本。

二、"群居切磋"的文学景观

孔子曰："诗可以兴，诗可以观，诗可以群，诗可以怨。"（《论语·阳货》）关于孔子的"兴观群怨"理论，"群"是久被忽视的一个重要命题。纵观中国古代文学史发展历程，历代文人丰富而充满活力的文学生活与文学的每一次发展莫不有着重要的关联，无论是先秦时期诸子间的论学质难、建安时期文人清夜游西园的雅集，还是盛唐时期李杜、元白、刘白之间的诗歌往还。"群"者，"安其学而亲其师，乐其友而信其道"（《礼记·学记》）也，"君子以文会友，以友辅仁"（《论语·颜渊》）也。文人们在"朋友切切偲偲，兄弟怡怡"（《论语·子路》）般的状态中"群居切磋"，促成各自在学业上的进阶，以至推动学术、文学的发展。

时至明清时代，"标榜文人习"[①]日炽，几乎每一个文学集群都会在一次次的文学活动中逐渐形成自己的文学观念，又通过其创作实践造成或大或小范围内的某种热潮，以至于发动地区性或全国性的文学潮流。清代各种文学体式的流派迁衍，与遍布各地的诸多文学集群观念、创作观念的更替，仿佛是一对孪生姐妹。如果我们不对数量众多的清代文人集群及其文学活动作具体而微的规模考察，要想真正准确把握清代文学的发展脉络，实非易事。

清代常州文人在学术、艺术，尤其是文学诸多方面取得的卓特成

[①] 陆继辂：《崇百药斋续集》卷二《读汉书》，载《清代诗文集汇编》第506册，上海古籍出版社，2010年，第258页。

就，完全得益于社区集群间密切而频繁的往还和切磋。白云渡一带的许多家族在训诫儿孙时，都有"得益于师友"这样的说法，所谓"离群索居，则孤陋而寡闻，读书求益师之外惟友，友诚不能无也"①，"人之一生约而计之，其得益于师之日短，得益于友之日长"②。杨椿在书信中回忆自己与蒋汾功之间的文学交往时说："回忆少壮时，与兄邻巷而居，每一文成，就正于兄，兄或不以为然，必往复再三，尝一日数过，或连四五日，或至旬日而后已。今相隔数千里，此时光景何可复得？思之恍如昨日，又渺若异世。"③九柏山房杨伦是清代著名的杜诗学者，因工诗而名列"毗陵七子"，他也特别看重友朋之间的诗艺切磋与交流，在诗中曾云："平生妄意希著述，特借益友相磨磋。"④王文治对杨伦"论交情最切，谈艺气尤雄"⑤这一句评价，道出白云渡文人文学生活中的普遍共性。清末常州学者赵震在辑录《毗陵诗录》时也发现了这一问题，于是便在是书卷首的《绪言》中历数清代常州的文学雅集名胜：

> 有清武、阳（按：指武进、阳湖二县）夙称诗国。清初六逸，洪北江先生以杨（按：杨宗发）为首，邹讦士（按：邹祗谟）、董文友（按：董以宁）、陈赓明（按：陈玉璂）、龚介眉（按：龚百药）四先生称毗陵四家，其时有谷诒社、浣花社、峨眉社、碧山吟社，互张旗鼓，学子翕

---

① 吕继午等纂修：《毗陵吕氏族谱》卷首《祖训·漪园公邮寄芝楣公训言六则》，光绪戊寅增修本。
② 赵怀玉：《亦有生斋集》文卷十一《诫子六则》，载《续修四库全书》集部第1470册，上海古籍出版社，2002年，第147页。
③ 杨椿：《孟邻堂文钞》卷十三《与蒋东委书》，载《续修四库全书》集部第1423册，上海古籍出版社，2002年，第166页。
④ 杨伦：《九柏山房诗集》卷九《蔡进士吕桥用鄱集中同徐惕庵尚之家春如集东洛山房作次韵见赠率尔奉酬仍用前韵》，嘉庆十七年遂初堂刻本，叶11A。
⑤ 王文治：《梦楼诗集》卷十七《阳湖杨西河进士以诗见赠赋谢二章兼以留别》其一，载《清代诗文集汇编》第370册，上海古籍出版社，2010年，第782页。

然从之。乾隆壬寅、癸卯间，味辛先生偕蒋莘仲（按：蒋熊昌，字辛仲，号立庵，室名息养斋）、程命三（按：程景傅，字命三，号霖岩）、庄勉余（按：庄勇成，字勉余）、蛰英（按：庄绳祖，字蛰英）、皋直（按：庄选辰，字皋直，存与三子）五先生共举吟社，闻风入社，时有增加。数十年大略言之：杨氏腾光馆，赵氏山茶厅、味辛斋，汤氏东坡遗馆，左氏念宛斋，洪氏卷施阁，管氏读雪山房，陆氏崇百药斋、双白燕堂，汪氏采真轩，为诗人觞咏最盛之所。庚申后仅存山茶厅、读雪山房、东坡遗馆、采真轩，赓歌久绝，采真轩今且为握算之所矣。①

赵氏所胪举的诗歌雅集，大多地属白云渡文化社区，现择其要者略作说明，以睹白云渡"群居切磋"的文学盛景。

（一）汤氏"东坡遗馆"（"藤花旧馆"）

"藤花旧馆"，又称作"东坡遗馆"，是宋代大文豪苏轼晚年在常州的居住地。苏东坡曾前后两度来常州，一直欲以常州为人生的最后归宿，在贬谪岭南的时候，他曾向朝廷两上《乞常州居住表》，终于在宋徽宗建中靖国元年（1101）五六月间，从岭南来到常州，寓居顾塘桥孙氏宅，直到七月病逝。孙氏旧馆中有一株紫藤，"相传为宋苏文忠公寓孙氏宅时手植"，后"宅归汤方伯雄业"。② 一代文豪与常州白云溪之间的特殊渊源，使得苏轼在旧时常州文人的文学活动中具有无比尊崇的地位，尤其是其文学作品中表现出的心魂和人格魅力，不仅令常州一府文人仰慕不已，甚至幻化为一种文化符号，对于增进白云渡社区文化集群

---

① 赵震辑：《毗陵诗录·绪言》，民国十一年铅印本。
② 洪亮吉：《洪北江诗文集》（下），商务印书馆，1935年，第1172页。

的凝聚力起着重要的作用。居住在常州府城的文人都会选择在苏东坡生日（十二月十九日）、忌辰（七月二十八日）等带有纪念意义的日子里，自发聚集到藤花旧馆中，写诗作文以为纪念。其中最为盛大的当数康熙四十年辛巳（1701），以"毗陵六逸"领衔的常州文人，举行了一次盛大的苏轼逝世六百周年的诗会纪念活动，"六逸"之一的陈炼在一首诗歌的题目中就将这一盛况全面地展示出来："东坡先生以宋建中靖国辛巳七月二十八日卒于常州白云溪上孙氏寓馆，到今康熙辛巳，六百年矣。今岁，方庶常共枢延予主西塾，坐卧处即孙氏馆地，低徊吟叹，不释于怀，爰以是日招同学诸子及门人辈凡十九人，肇祀先生，拈眉山二字记事二首。"① 洪亮吉的诗歌还生动形象地记载了乾隆年间汤氏"东坡遗馆"中古藤花开放时的盛景："沿溪左右三十家，一半看花尽升屋。"② 足见苏东坡藤花旧馆在常州士人心目中非同寻常的地位，如此高涨炽烈的热情，经久不衰，直至民国时期依然如故。

（二）徐氏"云溪草堂"

杨椿撰《云溪草堂图记》一文，详述徐氏草堂的来由："云溪草堂，同邑辛斋徐先生读书处也。辛斋自年十三四时，父副都公殁于京师，母潘淑人筑室白云溪之上，故居之旁颜曰春晖堂，命辛斋读书其中，即今草堂是也。淑人教子甚严肃，有河东韩夫人风，而辛斋能自树立，卒成母氏之志。"③ 徐永宣，字学人，一字辛斋，号茶坪，家居白云溪畔数十

---

① 陈炼：《西林诗钞》卷三，康熙五十六年刻《毗陵六逸诗钞》本。
② 洪亮吉：《洪北江诗文集》（下），商务印书馆，1935年，第1172页。
③ 杨椿：《孟邻堂文钞》卷十四《云溪草堂图记》，载《续修四库全书》集部第1423册，上海古籍出版社，2002年，第183页。

年,肆力于诗古文辞,诗学苏轼。与同里庄令舆、汤自奇为诗友,常在云溪草堂中唱酬,《清代毗陵书目》卷五著录有三人"群居切磋"的《毗陵唱和集》。康熙四十年(1701),徐永宣曾和同里陈炼等人在"藤花旧馆"组织东坡辞世六百周年祭。为了保存乡帮文献,徐永宣和好友庄令舆汇辑同里文人恽格、杨宗发、胡香昊、陈炼、唐恽宸、董大伦六人之诗,编为《毗陵六逸诗钞》二十三卷。徐永宣的曾孙徐书受在《教经堂谈薮》中谈到祖居云溪草堂,说先祖曾请山水画大师王石谷绘制《云溪草堂图》,画卷上"一时名公题诗殆遍"。徐书受亦颇有先祖之遗风,乾隆三十九年(1774),与黄景仁、洪亮吉、孙星衍、赵怀玉、杨伦、吕星垣等人在白云溪边作诗文会,人称"毗陵七子"。徐书受在诗歌中追忆与六子群居唱和的文学生活时有云:"诸子俱星散,当时是快游。醉嫌繁议论,业喜富春秋。(注:谓洪杨孙吕诸君)酒力悲逾壮,诗怀澹更幽。年年怜契阔,及此暂淹留。"① 又在《怀人绝句》组诗中逐一叙次六子及其他常州文士诗客曰:"论交一世谁低首?怀抱平生耻自媒。杨子门前九株柏(注:西河),钱生结屋傍湖开(注:鲁思)。""赖此数人谈笑定,时时有客欸蓬门。(注:稚存)悲来把酒携狂吕(注:应尾),兴到题诗忆瘦孙(注:渊如)。""天涯传唱柳枝辞,病骨经春苦自知。(注:仲则)不及赵家池上柳,年年春到柳垂丝。(注:亿生)"②

(三)赵怀玉"味辛斋"雅集

前引赵震《毗陵诗录》中的一段话,其史源大多出于赵怀玉的《亦

---

① 徐书受:《教经堂诗集》卷五《秋日赵大亿生枉过有诗次韵》其四,载《清代诗文集汇编》第429册,上海古籍出版社,2010年,第138页。
② 徐书受:《教经堂诗集》卷五《怀人绝句》其一、其二、其七,载《清代诗文集汇编》第429册,上海古籍出版社,2010年,第140页。

有生斋集》。赵怀玉的诗文中多有味辛斋雅集的真实记载。赵怀玉《息养斋诗序》有云："乾隆壬寅、癸卯间，里中六人共举吟社，太守蒋君辛仲先生（按：蒋熊昌，字辛仲，室名息养斋）其一也；其五人则程学博命三、庄文学勉余、大令蕙英、进士皋直及余而已。自余闻风入社，时有增加。而此六人未尝更易。每浃旬必一举拈题赋诗，征经史，作新令，往往流连达旦。惜乎仅及二年而止。"①《文学庄君墓志铭》曰："岁壬寅，乞假归省，偕君（按：即墓主庄勇成，字勉余）举吟社，同会者程君景傅、蒋君熊昌及君族子绳祖、选辰，它客或有增减，此六人常在座。每集拈题分体后，各出觞政，务为新奇以取胜，往往达旦不止，乡党友朋之乐是岁为极盛。"② 赵怀玉无时无刻不在尽情享受着白云溪边的"乡党友朋"之乐，他在闲步白云渡时，就随口吟诵出这样的诗句："结庐在前溪，十年老蟫蠹。溪上白云深，笑指吾家住。颇无车马喧，雅有朋交素。卬须期共济，利涉问前路。结网亦何心，褰裳自洄溯。待月月未升，清风起官渡。"③

味辛斋雅集不仅仅只有文人的诗歌唱酬，更有灯船歌舫、笙箫沸天的热闹场景。洪亮吉在《外家纪闻》中有过一段非常精彩的记载："缓云阁东，即方玉堂，以辛夷花得名。自此斜北至迎春桥，为文昌阁，为雪洞，为云窝，为味辛斋。大半皆赵家楼阁也。白云湾在方玉堂下。每午日前后，灯船歌舫，齐舶湾中；箫鼓之声，自昏达旦。而赵家三层阁上，亦结采悬灯以应之。或呼姑苏清音及里中十番弟子陆开三、谢赐书、庄象昆、

---

① 赵怀玉：《亦有生斋集》文卷四《息养斋诗序》，载《续修四库全书》集部第 1470 册，上海古籍出版社，2002 年，第 55 页。
② 赵怀玉：《亦有生斋集》文卷十八《文学庄君墓志铭》，载《续修四库全书》集部第 1470 册，上海古籍出版社，2002 年，第 242 页。
③ 赵怀玉：《亦有生斋集》诗卷二《晚步白云渡》，载《续修四库全书》集部第 1469 册，上海古籍出版社，2002 年，第 286 页。

罗凌云等为胜会,则云溪水陆填塞,几无隙地。甲戌、乙亥间,大令赵思勤先生尚在,先祖母季弟也。清门世泽,宦橐稍余,每间一岁,辄为胜举,并于水中构飞楼以贮百戏,盈河士女,目不暇给;丝竹偶停,杂以烟火。此时蒋家南楼,亦已北窗齐揭,幕影灯光,高与北斗掩映。余前制《云溪曲》,已略述其胜,盖非年丰民乐,物力充盈,不能然也。"①

(四) 赵翼山茶厅"湛贻堂"

赵翼原先并不住在常州城中,直到乾隆四十八年(1783),始移居白云渡的湛贻堂(据赵翼《自西干村移居郡城顾塘桥即事》诗注,因"宅有山茶一株,大合抱,为郡城之最",故此宅又被时人称为"山茶厅"),自此以后,他也就开始参与白云渡社区集群的文学生活。在定居白云渡不久,赵翼就有诗表达自己内心的喜悦之情:"近市依然少市咻,闲坊前后绕清流。好联北郭新吟社,(诗注:城中程霖岩、蒋立庵辈诗社甚盛)恰近东坡旧寓楼。(诗注:坡公晚年殁于顾塘桥孙氏宅,距余舍仅十余丈)未免花时增酒费,稍欣蒲节省船游。(诗注:宅后为白云渡,每岁午节龙舟毕集,有水阁可坐观)"② 赵翼湛贻堂的位置极佳,"所居前后皆枕溪",难怪洪亮吉会在诗中赞之曰:"占得云溪好景多,前门船向后门过。诗翁住处人能识,八字门临八字河。"③

赵翼与洪亮吉的诗文往还颇有惺惺相惜之意味。在洪亮吉经过流放伊犁,九死一生回到常州,将自己的寓斋改名为"更生斋"之时,赵翼赠长诗以慰之,而洪亮吉的回赠之作将赵翼远赴贵西任边臣与自己流放

---

① 洪亮吉:《外家纪闻》,授经堂家刊本。
② 赵翼著,李学颖、曹光甫校点:《瓯北集》(上),上海古籍出版社,1997年,第613页。
③ 洪亮吉:《洪北江诗文集》(下),商务印书馆,1935年,第1175页。

新疆相提并论，视赵翼为同病相怜者："老结云溪寂寞邻，词场宦局几番新。七千里外寻陈语，十四科中认后尘。雪舫正堪谈往事，云山难得共闲身。玉堂此度真天上，公作边臣我逐臣。"① 在经历了宦海的沉浮之后，洪、赵二人都选择了家居著述的生活，在著述的过程中，二人时或切磋交流。在"君子和而不同"的氛围中诞生了清代诗学史上两部重要诗话——《瓯北诗话》《北江诗话》。

（五）吕星垣"白云草堂"

吕星垣，毗陵七子之一，赵怀玉《湘皋公墓志铭》中说他"气骨清峻，风采棱岸，而性尤纯笃，颖悟过人，为文章操笔立就。里中二三子，如洪君稚存、杨君西禾、黄君仲则、孙君渊如，以文学词章相器识。而君及余，文燕往来，少小相结，称莫逆焉"②。吕氏白云草堂的文燕传统在吕星垣的从兄吕兆行、从侄吕佺孙身上表现得更为淋漓尽致。据吕兆行之子吕嗣麟所作《漪园公事述》记载，其父所交往的本地文士有"庄学博隽甲、秀才贵甲，吴大令堂，蒋征君承曾、上舍维垣，钱明经梦云、秀才季重，吴太守阶，薛孝廉任之，周秀才锦，赵上舍学愈、廷英、州倅学濂、太守学辙，秀才刘廷伟、别驾廷俊、经历廷彦，徐上舍祐求、京兆准宜、明经芬，汤上舍贻相、通守贻宪，刘主簿叔重，丁大令履恒。不肖幼时尝见诸丈相过从，间时为文酒之会"③。吕佺孙之子懋恒在《中丞公行状》中回忆父亲在世时的情况说："家居，常广集郡中知名士及亲知之佳子弟，俾与诸叔父辈为文会，府君与之讨论得失，

---

① 洪亮吉：《洪北江诗文集》（下），商务印书馆，1935年，第1154页。
② 吕继午等纂修：《毗陵吕氏族谱》卷十四，光绪戊寅增修本。
③ 吕继午等纂修：《毗陵吕氏族谱》卷十七，光绪戊寅增修本。

评骘当否,谆谆反复,有余味焉。故诸叔父及亲知中多掇科第者,府君诱诲之力也。府君为文详审精密,凡所著述及当官文字,每不存稿,故散佚者多。兼通金石之学,考订精详,一时鲜有及者。"①

(六)管氏"读雪山房"

常州华渡里管氏定居白云溪边,始于晚明时期的管绍宁、管绍怡兄弟。清廷剃发令出,绍宁因留发而遭到满门抄斩,唯其长孙管滋琪藏于外家安阳杨氏而得幸免。滋琪子管抡遂以杨姓避祸,后复姓,管世铭即为管抡曾孙。管世铭乡居时,不但著述甚丰,亦喜与文士往还,奖掖后进,且多有唱和,好友周景益说他"独以文章志节诱掖后进为己任,一时才彦多从之游",后来在京城做官时亦复如此不倦,"每退直,时群弟子鱼贯而前,析疑辩难,韫山拥皋比,手批口答,必寓以立身行己之要,至日旰无倦容,以故门下闻人鹊起,卓然皆以学行称"。②他的书斋"读雪山房"因此名遍南北。③

(七)陆氏"崇百药斋"

乾隆、嘉庆时期的常州文坛、诗界,可谓是人才辈出,盛极一时。其后以"毗陵七子"为代表的一大批学者、文学家相继谢世,使得白云

---

① 吕继午等纂修:《毗陵吕氏族谱》卷十八,光绪戊寅增修本。
② 周景益:《韫山堂诗集序》,载管世铭《韫山堂诗集》,见《清代诗文集汇编》第393册,上海古籍出版社,2010年,第359页。
③ 按:管世铭之子管学洛有《先人官京师日辟小斋题曰读雪山房余归既买庄氏宅以居因构数弓地筑室三楹仍颜旧额怆然有作》诗,见其《祇可轩删余诗稿》卷一。由此可知,管氏在北京和常州的住所皆名"读雪山房"。

渡文人社区的后来者们颇为忧虑，如何承继前贤的文学业绩和辉煌，已然成为他们平日群居文学生活中必须深思的问题。强烈的责任感和使命感在陆继辂身上体现得尤为突出，在诸老凋零之后，他在给好友左辅的信中不无担忧地说了这样一番话："自惕庵、稚存、味辛、渊如诸先生相继溘游，吾乡久无宏奖风流，激劝后进之人，有其学而无其位，则力不足以振拔单寒；有其位而无其学，则识不足以鉴别真赝。天使明公早遂初衣，兼斯二者，此诚一时文学之彦所引领企躅，望作楷模，待长声价者也。继辂前书称誉恽洁士征君（按：恽秉怡）之子汇昌（按：陆继辂以长女妻之），稍发其端，尚有所知；如葆琛先生子又朔字稚萱、叔讷大令子振镳字豫堂、稚存先生子胙孙字子余，皆闭户勤读父书，志承先业。又吴嘉之、赵芸友、丁诵孙三孝廉，周叔澄、汪逸云、庄梅叔、汤予钦四茂才，或工骈俪，或耽声韵，才思横溢，志气不凡，谨以献之左右。至如方彦闻、董晋卿、董方立、张彦惟，其才其学，高出继辂甚远，非继辂所敢称道者矣。大臣在位，则以人事君，大臣退闲，则为国造士，窃以为报称之大，无过于此。而为执事今日所宜，自任还山以来，计与仲平、筱山、申耆、道久诸君相见必数，当更有瑰伟之材出于继辂耳目闻见之外者，可一一得之也。"① 陆氏的这一番陈述，清晰地昭示了这样一个文学史的事实，那就是，"七子"之后，常州白云渡文人社区集群在全国范围的影响力确实折损不少，然而文人社区的规模并没有因此而萎缩，依然有一大批或是子孙哲嗣，或是弟子学生在支撑着白云渡，乃至整个常州文化社群的发展。嘉、道之际，在陆继辂、张惠言之子张成孙（字彦惟）、张惠言之甥董士锡（字晋卿）等人的积极弘扬

---

① 陆继辂：《合肥学舍札记》卷十一《节录寄左蘅友侍郎书》，载《续修四库全书》子部第1157册，上海古籍出版社，1996年，第393页。

与迪引下,阳湖文派依然沿承前贤的功业前行,其卓异的成就在清代文学史上也是不容抹杀的。

三、精神家园的文学记忆

清澈的白云溪水养育了常州的文人士子,但白云渡之于清代常州文士的意义,并不仅仅局限于此。更值得引起后人关注的是,密布于白云渡周边的文化世族部落、社区文人集群带来的超高人气,以及由此积淀起来的丰厚人文气息,终使白云渡成为清代常州学者文士、骚人墨客内心深处永远的精神家园和情感绿洲。随着各自科第、仕宦的进阶和升迁,或是艰辛谋食的飘蓬徙转,常州文人对家乡这一方心灵家园的眷恋与日俱增,而这种真切而深沉的情愫,往往通过他们的文学写作得以淋漓尽致地摅泄。纵览清代常州文人的诗文别集,白云溪绝对是其中重要的关键词之一。正因为他们在文学作品和艺术作品中对白云渡进行了精心摹状和描绘,这一原本并不被外人所熟知的地名,就随着恽南田、洪亮吉、赵翼、黄仲则、孙星衍、赵怀玉、杨伦、吕星垣、管世铭、钱维乔、钱伯坰、陆继辂等一批诗人作家的创作成就及声名远播全国各地,顿时成为清代历史上具有全国影响力的文学圣地。如果白云渡之旧貌能在今天得到完好保存的话,昔日的楼台旧馆也会因为其深厚的历史人文底蕴而不断增加其文化魅力,完全可以成为现代的风景名胜。

在接下来的篇幅中,笔者将以洪亮吉的诗文作品为范例,充分感受常州文人文学记忆中的精神家园——白云渡。

洪亮吉在丹阳时,曾请人为他画过一幅《云溪一曲图》,此图一出,立即引起了其同道好友的强烈共鸣,他们纷纷写诗咏叹,抒发各自内心对白云渡的深厚情谊。洪亮吉由此图想到了昔日好友黄仲则,遂作诗以赠云:"门前水,屋下流,屋小亦若蜻蜓舟。蜻蜓舟轻举家住,杨柳门深不知处。沿溪柳色摇空春,春来只思楼上人。楼前流水深三尺,楼上人今去为客。溪南狂客唫欲颠,月出唤渡愁无钱。沿溪湾环百回走,摇尽东风岸头柳。溪花初开溪水鲜,溪禽窥客还少年。芒鞋布袜岸南立,复有笠影垂吟肩。元卿居,子云宅。此时莫问楼头客,一在江南一江北。"① 黄仲则诗歌中对往事的追述与洪亮吉的诗句完全吻合:"君家云溪南,我家云溪北。唤渡时过从,两小便相识。"② 味辛斋赵怀玉在看到《云溪一曲图》之后,不禁情由中来,作诗以为怀旧:"我家五世居云溪,君迁云溪亦三世。环溪居人半君识,载酒游踪日相继。溪南溪北衡相望,岑牟单绞人嫌狂。隔林闻声笑招手,日莫往往联轻舠。微波如烟月如雾,烂醉狂歌不归去。西风吹衣酒欲醒,立久初浓草头露。岂知二鸟忽远飞,溪边杨柳长依依。溪柳频为送行折,溪船不见行人归。知君饥驱为将母,吏为年荒支八口。天涯谁其负米心,遣画沧洲入良友。柴门风雪当岁寒,草草亦得还家欢。浊醪如金诗作命,不惜春衣典将髭。朝来新涨碧欲浮,送君重上沙棠舟。东台湖光芍陂水,何似溪色明高楼?高楼沉沉春独闷,不启帘栊放花气。八公山远疑欲仙,一夜别梦随君前。"③ 昔日"烂醉狂歌"的联吟生活历历在目,不由得心潮澎湃,神

---

① 洪亮吉:《附鲒轩诗》卷七《丹阳郦布衣为予写云溪一曲图时予客句曲而黄二景仁则远在淮颍间因并命写入图复作诗寄黄》,载《清代诗文集汇编》第413册,上海古籍出版社,2010年,第329页。
② 黄景仁著、李国章标点:《两当轩集》卷十五《题洪稚存机声灯影图》,上海古籍出版社,1983年,第376页。
③ 赵怀玉:《亦有生斋集》诗卷六《云溪一曲图为洪大礼吉题》,载《续修四库全书》集部第1469册,上海古籍出版社,2002年,第320页。

往不已，尤其是当他们都身处异乡，孤寂无聊赖之时，脑海中浮现的画面越发得真切贴近。睹画诵诗，思乡之情油然而生，然而这种情感比一般意义上的"莼鲈之思"复多一层，难怪杨伦看了《云溪一曲图》之后会有如许的喟叹："江村风物正撩人，游子偏嗟越乡苦。高堂白发常倚闾，季鹰何止怀莼鲈！"那么，"何止"之外的又是什么呢？是对少年往事的缱绻难忘，以及对重回云溪过群居垂钓生活的向往，这正如杨伦诗句中所说的："我观此图增太息，思亲念友三踟蹰。中年哀乐伤罢羸，熟处难忘是年少。何时粗具粥与饘，结屋溪旁看垂钓。"①

　　洪亮吉还写过一篇骈体的《八月十五夜泛舟白云溪诗序》，尽情挥洒其华赡之文采，将白云渡边文人雅士通宵达旦、诗酒风流、其乐融融的场面叙写殆尽。其文曰："小雨忽晴，秋花转媚；云溪小阁，月来沉沉。钱唐郭生，南巷吕子，或携壶觞，远挈箫篴。予与孙君，买舟深巷，径可十尺，租才百钱。王生居廛，叠市甘脆，菱栗之属，粲已盈艇。与二三子，拍浮其中，幛袖作帆，折柳代楫。西经红桥，东阻北郭，两岸宿鸟，一川游鱼，随波沸腾，离树上下，啾啾唧唧，声不得歇。沿溪以北，梢有竹树，下荫密藻，宽可弥亩。黑白万羽，浮沉千头，波喧叶飞，悉萃其里。从洲以南，檐瓦可数，桥阴数尺，乃界中外。孤箫一声，高树答响，吕生歌狂，不觉离口。楼阁半里，钩帘一时，儿童不眠，应以拊掌。歌韵欲寂，盈觞劝酬，欣罗狂谭，乐说旧事。忽复相睹，首已如沐，唫肩既冷，零露可挹。离离星辰，方讶西暗；川东晓华，惊见日出。相与登岸，因而赋诗。里传其狂，朋讶为逸。嗟乎！半世之乐，成于奉亲；百昼之娱，奚若迭夕。奈何中岁，各

---

① 杨伦：《九柏山房诗集》卷三《题稚存云溪一曲图》，嘉庆十七年遂初堂刻本，叶 11A—11B。

值多故,星辰渝乎昔约,风雨破其奇怀。颜非朱而潭鲤惊,衣皆麻而林鸟讶。此则揽盈尺之照,则逃影于闺;聆入秋之声,而离树却走也。以少岁之游,毕于此夕,故振笔序之,以贻数子,亦以志不忘耳。"① 泛舟云溪、觞咏不绝时的诸位同道,大都还是白衣卿相,因而他们的文字中全然看不出任何的哀怨和沉郁。这也正如洪亮吉后来回忆所说,他与孙星衍等人都有抟扶摇直上九万里的气宇和魄力,更有一种天下之事何患不成的壮志,然而在经历了人生多难的路途以后,他们却惊讶地发现,当年的想法简直如梦一般,残酷的现实把它们击得粉碎。

在饱尝人世辛酸,阅尽人间沧桑之后,人们往往会寻找一个真正属于自己的情感皈依。洪亮吉在经历了进万言书而触逆嘉庆帝龙颜,终遭贬放新疆伊犁的挫折之后,心绪自是难平。他也常常自称为"天山戍客",但在冰天窖地的生活中,他的心中始终涌动着一股暖流,那就是对家乡白云渡的牵挂与眷怀。在不知是否还能梦回云溪的情景下,洪亮吉挥舞起手中的笔墨,结聚他全部的情感撰写了带有回忆性质的《外家纪闻》、《南楼忆旧》诗、组词《江南好·云溪春词》等作品。这些作品和先前的《八月十五夜泛舟白云溪诗序》等相比,似乎没有了"盈觞劝酬""狂歌高答"的诗酒逸兴和风雅,更多了些对往事的追思与伤感。洪亮吉在《江南好》组词中说,身处冰窖中的他时时梦回家乡,正所谓"乡园梦,昨已到云溪"。梦回云溪与友人弦诵联吟,所谓"乡园梦,昨已到花桥。对舫乍怜诗社歇,隔河添得酒旗飘,灯火彻清宵"。"乡园梦,好友递将迎。木杪轩中搜逸句,竹初庵(按:钱维乔斋号)内证长生,奇论尚纵横。""乡园梦,群从亦翩翩。坐我小楼敲句好,输卿长日

---

① 洪亮吉撰、刘德权点校:《洪亮吉集》(第1册),中华书局,2001年,第296—297页。

枕书眠，屋外水周天。"①

在幸运地逃过人生的劫难之后，遇赦的洪亮吉，避祸全身回乡，改斋号曰"更生"，和旧友赵翼一样，选择了栖居归养白云渡，以著述终其一生，"老结云溪寂寞邻"。于是白云渡畔不仅复现当年瓯北、北江诗歌唱和的琅琅韵律，又多了如琢如磨的学术探讨之声。白云渡不仅造就了诗名远播的赵翼、洪亮吉，也成就了以经学、史学留名清代学术史的赵翼和洪亮吉。

"光景流连潘陆才，争抒谢朓惊人句。灵之来兮倏如云，流杯宴集饶风趣。水之滨，岸之圃，飞尽落霞与孤鹜，文人学士挥毫赋。"② 这是民国时期常州文人潘振华凭吊白云渡时所写的一首诗。光阴荏苒，潘陆巨才已绝，流杯宴集不复，宣城惊人句难觅，学士挥毫赋何在？但只要能够真正潜心进入白云渡社区文人集群的精神世界之中，我们也就完全有理由相信：歌箫雨打风吹去，难绝云溪昭代传！

---

① 洪亮吉：《洪北江诗文集》（下），商务印书馆，1935年，第1305—1306页。
② 潘振华：《鸥舫诗文钞》卷二《过白云渡漫兴》，文海出版社，1935年，第64页。

从朴趾源《热河日记》看清代经学思想之歧变

朴趾源（1737—1805），字美仲，号燕岩，汉城（今首尔）人，是韩国历史上杰出的文学巨匠之一，也是李朝后期卓越的实学派学者。他出身于名门贵胄之家，但并不热衷于科举，而是倾心民生，醉心于经世济民、利用厚生的学术研究。（关于其生平，韩国学者李佑成在《燕岩朴趾源先生事迹碑》①一文中有相当详细的介绍，兹不赘述。）乾隆四十五年（1780），弘历大帝七十寿诞，韩国派遣使团前来贺寿，朴趾源以观光客身份随任使团正使的堂兄朴明源一起赴北京朝贺。回国后，他将沿途所见所闻整理成日记体纪行文字《热河日记》。在此以前，这样的纪行文字在韩国并不鲜见，但多是对中土山水风物、文物名胜、典章制度之类的介绍。作为文学家的朴趾源，其《热河日记》的文学价值自不用多说，无论表现内容的丰富性，抑或文字的优美，但这并非本文所关注的焦点。

---

① 李佑成：《燕岩朴趾源先生事迹碑》，载朴趾源著、朱瑞平校点《热河日记》，上海书店出版社，1997年，第387—389页。

作为一个外国人,在中国三个多月的时间里,朴趾源常常以局外人的身份冷眼看中国,所以他观察中国社会的视角常常是中国人没注意到的,或者是看到了却不一定敢说的。在当时的中国,也许后者是更为主要的,因为此间清王朝政治文化生态的严酷,以及士人的噤若寒蝉,龚自珍早就以"万马齐喑"为结。因而朴趾源在《热河日记》中的叙述可以在更真实的层面上反映出当时的历史事实,尤其是对爱新觉罗王朝赖以支撑的意识形态,以及身处清政权统治下的汉族士大夫的微妙心态的描写,对我们今天研究清代经学思想的歧变有极为重要的价值。正鉴于此,本文着力于作为思想家和史学家的朴趾源在《热河日记》中所反映的乾隆朝经学思想迁衍历程中的原生态情状,与中国同时代有关文献印证,作一次深入的思考。

一、"其愚天下之术,可谓巧且深矣"

"其愚天下之术,可谓巧且深矣"①,这是朴趾源在《热河日记》卷四《审势编》中对清王朝官方经学思想所做的断语,即笔者所谓歧变之一:官学对传统儒学之歧变。这并非朴氏的信口之辞,而是他在沿途与中国知识士人进行数次深入的笔谈交流之后,从众多中土学者士子的言谈中概括演绎而来的。朴趾源的个人学养足以使其把握经学流变之脉搏,这也是我们不应轻视其结论的原因之一。在与中国士人的交谈中,他的经学思想和功力是广为大家所接受和认可的,诚如《热河日记》中

---

① 朴趾源著、朱瑞平校点:《热河日记》卷四《审势编》,上海书店出版社,1997年,第219页。

的田仕可所云:"相公虽生偏邦,气宇轩昂,文能识孔孟之书,礼能达周公之道,即一君子也。"①

通过将清政权学术生态下中国学者的著述与朴趾源的《热河日记》作一番细致的比较之后,我们将会感受到此结论的精辟和分量。

《热河日记》中的《忘羊录》《审势编》《鹄汀笔谈》等章节,是朴趾源在结交尹亨山、王鹄汀,和他们进行了深入的笔谈后,对清王朝的政治、社会思想状况作出的精辟的总结:

及清人入主中国,阴察(按:着重号为笔者所加,下同)学术宗主之所在,与夫当时趋向之众寡,于是从众而力主之,升享朱子于十哲之列,而号于天下曰:"朱子之道,即吾帝室之家学也。"遂天下洽然悦服者有之,缘饰希世者有之。所谓陆氏之学,几乎绝矣。呜呼!彼岂真识朱子之学而得其正也?抑以天子之尊,阳浮慕之?此其意,徒审中国之大势而先据之,钳天下之口而莫敢号我以夷狄也。何以知其然也?朱子尊中国而攘夷狄,则皇帝尝著论而斥宋高宗不识《春秋》之义,讨秦桧主和之罪;朱子集注群书,则皇帝集天下之士、征海内之书,为《图书集成》《四库全书》,率天下而唱之曰:"此紫阳之绪言而考亭之遗旨也。"其所以动遵朱子者,非他也,骑天下士大夫之项,扼其咽而抚其背,天下之士大夫率被其愚胁,区区自泥于仪文节目中而莫之能觉也。……但天下之士大夫顾无可安之术,则姑尊朱子之学大慰游士之心。其豪杰敢怒而不敢言,其鄙佞因时义而为身利。一以阴弱中土之士,一以显受文教之名。非秦之坑杀而乾没于校雠之役,非秦之燔烧而离裂于聚珍之局。(原注:乾隆以《四库全书》板名之曰

---

① 朴趾源著、朱瑞平校点:《热河日记》卷一《粟斋笔谈》,上海书店出版社,1997年,第41页。

聚珍板）呜呼！其愚天下之术，可谓巧且深矣。所谓购书之祸甚于焚书者，正指此也。①

如此高招，远胜于前代，连王鹄汀都不由得为之惊叹："前代强本弱枝之术，不过隳名城、杀豪杰，不然，则徙诸田屈昭于关中，而不识所以抚绥之方。本朝文谟武烈远过前代，尊尚儒术，专界中土，阴销豪杰不逞之心……民可使由之，不可使知之，此尧、舜之意，而孔子述之而秦人用之也。"② 好一个"骑项""扼咽"而又"抚背"的黒弱策略！朴趾源的这几段话一针见血，直指清廷思想统治之要害。下文便试结合清初的经学发展作一简要说明。

清代经学史的流变是由兼采综取和多元汇聚开始的。在这期间，我们可以历数诸如顾炎武、王夫之、黄宗羲、万斯同、万斯大、全祖望、颜元、李塨等大批一流的学者，他们大多高举经世致用的大旗，探求"博综经世多方之学"③。学以致用，这本是好事，但问题就在于清初诸儒所谓的致用是有其特定的内涵的，对此钱穆有过一段精深的阐释：

若夫清初诸儒，虽已启考证之渐，其学术中心，固不在是，不得以经学考证限也。盖当其时，正值国家颠覆，中原陆沉，斯民涂炭，沦于夷狄，创巨痛深，莫可控诉。一时魁儒畸士，遗民逸老，抱故国之感，坚长遁之志，心思气力，无所放泄，乃一注于学问，以寄其守先待后之想。其精神意气，自与夫乾、嘉诸儒，优游于太平禄食之境

---

① 朴趾源著、朱瑞平校点：《热河日记》卷四《审势编》，上海书店出版社，1997年，第218—219页。
② 朴趾源著、朱瑞平校点：《热河日记》卷四《鹄汀笔谈》，上海书店出版社，1997年，第240页。
③ 钱穆：《国学概论》，商务印书馆，1997年，第267页。

者不同也。又况夫宋、明以来，相传六百年理学之空气，既已日浓日厚，使人呼吸沉浸与其中，而莫能解脱。而既病痛百出，罅漏日甚，正心诚意之辨，无救于国亡种沦之惨。则学者怵目惊心，又将何途之出，以为我安身立命之地，而期康济斯民之实？此又当时诸儒一切已之问题也。①

抛开文中对乾嘉诸儒的不实评价，这段分析确实深入清初学者内心的最敏感处。然而，这样的经世致用言无可验，其势不长，几为绝学。其中的理由其实再简单不过，作为清王朝的统治者，他们的卧榻之下，又岂容他人酣睡？于是乎，历史上焚书坑儒的一幕又一次重演，凡及前代史实，尤触忌讳。直到"满州乾隆三十九年，既开四库馆，下诏求书，命有触忌讳者毁之"，对于历经甲申之变的清初大儒的著作就更为关注，"自明之亡，一二大儒，孙氏则《夏峰集》，顾氏则《亭林集》《日知录》，黄氏则《行朝录》《南雷文定》，及诸文士侯（按：方域）、魏（按：禧）、丘（按：维屏）、彭（按：士望）所撰述，皆以诋触见烬"。②

据现有的文献材料，我们完全有理由说，《四库全书》的编修是在更大范围内掀起了一场声势浩大的文字狱。当然，文字狱并非弘历的发明，其祖康熙帝手中已不乏此行。但是，康熙帝深谙中原文化，他的高明之处就在于，不但采用文字狱这样的"大棒政策"，更兼用"请君入彀"的怀柔政策。因为康熙帝的心中非常清楚，想要制汉，在政权上取得绝对的强势，就必须占领意识形态这个战略制高点，来瓦解汉人的抵触情绪，使他们的精神和意识崩溃，而唯一的途径就是利用汉族政权原

---

① 钱穆：《国学概论》，商务印书馆，1997年，第246页。
② 章炳麟著、朱维铮编校：《訄书：初刻本、重订本》，中西书局，2012年，第272—273页。

有的思想意识形态和制度基础，即通过恢复科举和设立"博学鸿词"科，以达到延揽人心、诱导入彀的目的。虽然，诸如傅山、顾炎武、黄宗羲等志士仁人至死不受清廷之召，但是人们处世态度的变迁并"不缘于灿烂之学理，而缘于自存之本能而实现"①。问题就在于，并非人人都可以做到"富贵不能淫，贫贱不能移，威武不能屈"。在文字狱的淫威下，在功名和物质的诱惑下，出于对生存的渴望，作为适应性角色的读书人也就没有了别的出路，大多数人渐渐适应了这种坑陷天下聪明才力之士的陷阱，且以为这是人世间唯一的津梁了。于是，"天下英雄入吾彀中矣！"②

当然，要让汉族知识分子进入其正常的轨道，就必须制定出一个像样的标准和规范。"专制时代，君主卿相操功名之权，以驱策天下士，天下士亦以君主卿相之好尚为准则。"③ 这正是统治者的真正用意所在。"故（康熙）三十三年，考试翰詹于丰泽园，命题'理学真伪论'，所以正人心、学术者，至为深切。"④ 康熙帝所谓的"正"，就是要把一切不轨的"异端邪说"涤荡一清。顺治帝、康熙帝都曾大规模地组织人力、物力，搜集、编纂和注释古代的典籍，最后都冠以"钦定"或"御制"的名衔，在数量上远远超过了以前任何一朝，做足了稽古右文、崇兴儒学的姿态。但问题的关键正在于，经过"钦定"或"御制"的儒学教本是否还是原汁原味的元典呢？

试以《春秋》一经为例，王掞、张廷玉、李光地等几十位学者奉康熙帝之命，编定了专门解说《春秋》大义的官书《钦定春秋传说汇纂》

---

① 林语堂著、黄嘉德译：《吾国与吾民》，湖南文艺出版社，2016年，第50页。
② 王定保：《唐摭言》卷一《述进士上篇》，上海古籍出版社，1978年，第3页。
③ 梅光迪著，罗岗、陈春艳编：《梅光迪文录·评提倡新文化者》，辽宁教育出版社，2001年，第4页。
④ 赵慎畛：《榆巢杂识》卷上，中华书局，2001年，第15页。

三十八卷和《日讲春秋讲义》六十四卷，作为经筵讲习的专供，定于一尊。康熙大帝的这项修文盛典，一直为其裔孙所钦慕不已，乾隆帝在编修《四库全书》时尚且称羡不已："钦惟圣祖仁皇帝道契天经，心符圣义，于尼山笔削洞鉴精微。虽俯念士子久诵胡《传》，难以骤更，仍缀于《三传》之末。而指授儒臣，详为考证，凡其中有乖经义者，一一驳正，多所刊除。至于先儒旧说，世以不合胡《传》摈弃弗习者，亦一一采录，表章阐明古学。盖以圣人之德居天子之位，故能荡涤门户，辩别是非，挽数百年积重之势，而反之于正也。"①《四库全书总目提要》中所讲的胡传到底是何方"妖孽"，竟然会令祖孙两代如此痛恨，不仅"钦定《春秋传说汇纂》中，驳胡传者数百条"，而且乾隆"御制文亦屡辟其说"，② 直至乾隆癸丑科便将其彻底荡涤出科举之门户。如果我们了解到这部胡传的撰述意图是"尊君父、讨乱贼、辟邪说、正人心，用夏变夷，大法略具。庶几圣王经世之志，小有补云"③，就能理解了。这样反复申述华夷之辨，宣扬尊王攘夷的观点，在宋明时期早已较为广泛地流传，如若再让它肆意流毒，岂不殆哉！因而毫无疑问必须把它从儒学中清除出去！因而乾隆帝利用手中的政权威势，盗用学术的名义，对思想意识形态做了一次彻底的外科手术，将他们眼中的"思想毒瘤"毫无保留地切除。那么，"钦定"教本所谓的"因宋儒进御旧体，以阐发微言"④，也就只是指部分的宋儒，这当中最受康熙帝青睐并大加表彰的就数朱子了，而且这也只是经过技术处理的朱子。

---

① 永瑢、纪昀主编，周仁等整理：《四库全书总目提要》卷二九《钦定春秋传说汇纂》，海南出版社，1999年，第158页。
② 吴振棫：《养吉斋丛录》卷九，北京古籍出版社，1983年，第95页。
③ 胡安国：《春秋传》，岳麓书社，2011年，序言第2页。
④ 永瑢、纪昀主编，周仁等整理：《四库全书总目提要》卷二九《日讲春秋解义》，海南出版社，1999年，第158页。

清代文庙中的十哲之祀，到"康熙间，以朱子昌明圣教，升位其次（原注：系奉特旨）（仅次于孔子）"。① 康熙帝在晚年举行的一次千叟宴上又下了一道圣谕，其中的字句颇值得我们仔细回味，他认为"前代诸儒惟朱子学问最大"，提倡"为人须尽这个人的道理"，个中原委，"书生评论帝王每多苛刻，惟朱子最为公平"，② 一语中的。那么，他凭什么说朱子最为公平呢？那也就无外乎朱子"所讲明者不过仁义礼乐天理人欲之辨，所遵守者又不过国家之条法，考其归趋，无非欲为臣者忠，为子者孝而已。……自古天下国家未有可以外此而为治者"③；"君尊于上，臣恭于下，尊卑小大，截然不可犯"④；"凡有狱讼，必先论其尊卑、上下、长幼、亲疏之分，而后听其曲直之辞。凡以下犯上、以卑凌尊者，虽直不佑；其不直者，罪加凡人之坐"⑤。若有论者说把这些科律看作康熙帝垂青朱子的原因是臆测的话，也许真的是一件很难的事。那么，在朱与胡之间，孰去孰从，则无须再作过多的解释。宋人激于时弊而托《春秋》大义所生发的讽时讥世，以及尊王攘夷之辞被一笔勾销，代之以尊尊卑卑、君君臣臣的平允通达的价值体系。尤其值得注意的是，《钦定春秋传说汇纂》一书连"三传"也要进行必要的加工、删削或曲解，《公羊传》因其中"革命"思想的存在，也就倍受"照顾"。

上之行之，下之效之；上之崇之，下之近之。封建时代的知识分子，或多或少都有一种奢望政治人物青睐的心态，尤其在这样的氛围

---

① 赵慎畛：《榆巢杂识》卷上，中华书局，2001年，第55页。
② 萧奭：《永宪录》卷一，中华书局，1959年，第5页。
③ 朱熹：《晦庵集》卷一二《甲寅拟上封事》，载文渊阁《四库全书》第1143册，上海古籍出版社，1987年，第207页。
④ 朱熹：《朱子语类》卷六八，载文渊阁《四库全书》第701册，上海古籍出版社，1987年，第399页。
⑤ 朱熹：《晦庵集》卷一四《戊申延和奏札》，载文渊阁《四库全书》第1143册，上海古籍出版社，1987年，第228页。

中,要想实现价值观念的超越几乎成为一种幻想,因为不少人都主动放弃了反思的能力,这正是清廷的初衷。汪由敦作为乾隆帝身边的重臣,谙熟主子的内心隐曲,对于康、乾祖孙文化策略的用心曾有过鞭辟入里的描述:"圣祖仁皇帝德合圣明,功符作述,《会编》萃六籍之精奥,《渊鉴》汇朱子之全书,盖将复集四千余年之大成,以昭百王经世之大训。"而乾隆帝又"远接洙泗之心传,近绍考亭之问学,诸凡钦定经史,颁储黉序,所以陶淑真儒,成天下之材而收得人之效者,实在此。于是,上作下应,欲从风动",乃至于"僻壤山陬,海隅日出,罔弗家敦礼乐、户泽《诗》《书》"。① 最终的结果便是以朱子一家替代儒学之全部,以钦定的教泽渐濡天下仕子,在这样的"陶淑"下,天下的读书人都成为诰封的"真儒"。

在这样的政治学术氛围中是很难做到直露无遗的,但在汪氏的含蓄表述中,我们却能够体会到海外著述所说的完全是差近实相的实录。

二、"今夫齐竽秦筑,以异声而不和"②

纵观儒学的发展历史,一方面政权势力往往利用儒家力量来维系,表现为儒家文化政治化,王莽便是一例,"王莽僭窃,动引经义以文其奸","其侮圣言以济其私也如此"③。而另一方面,儒家学说又是一种转化政治

---

① 汪由敦撰,张秀玉、陈才校点:《松泉集》之《松泉文集》卷十四《婺源县重建尊经阁碑记》,黄山书社,2016年,第757页。
② 洪符孙:《齐云山人文集》,载《丛书集成续编》第134册,上海书店出版社,1994年,第552页。
③ 赵翼:《廿二史劄记》卷三《王莽引经义以文其奸》,世界书局,1939年,第46—47页。

和社会道德的精神源泉。古往今来，每一位有识见的儒家知识分子都会把后者作为自己所秉持的精神信念。面对政治的高压，他们宁愿"不求荐举，穷约自甘，心独伟之"①，体现出强烈的个性与傲岸的品格，这无疑是在皇清学术主旋律中演奏了一曲"齐竽秦筑，以异声而不和"。纵观历史上的"真正学者，为一国学术思想之领袖，文化之前驱，属于少数优秀分子，非多数凡民所能为也。故欲为真正学者，除特异天才外，又须有严密之训练，高洁之精神，而后能名副其实"②。只有真正了解那些"齐秦之士"的精神世界，我们才能更准确地把握其思想学术之脉搏。

"磨而不磷""涅而不缁"是儒家重要的人生信条，而在官式文化的威逼利诱下，整个士风日渐衰微，甚至有堕落之嫌。在稍后一个时期的人们的眼中，乾嘉之际的士风可以说是一无是处了。"历观史传以来，士习之衰，未有甚于今日者也。"③ 这是一个"道德废，功业薄，气节丧，文章衰，礼义廉耻何物乎，不得而知"④ 的社会。身处其时的志士们就不免要感慨"叔世难容真士夫"⑤。

但这是否就是乾嘉时期的全部了呢？"长期以来，探讨中国的传统文化和文化传统的论著层出不穷，但无论见解多么新奇，认知的立足点，却总是以为政治重心必为文化重心，国都的文化必定表征全国文化。这不符合历史实相……"⑥ 严迪昌师在《清诗史》绪论二中的论断，在方法上对笔者解决这一学术难题启益颇多："清代诗史嬗变流程的特

---

① 李兆洛辑《旧言集》所录杨瑀《旭楼集》前之小传，道光九年刻本。
② 梅光迪著，罗岗、陈春艳编：《梅光迪文录·论今日吾国学术界之需要》，辽宁教育出版社，2001年，第16页。
③ 管同：《因寄轩文二集》卷一《说士》上，光绪五年重刻本。
④ 姚莹：《中复堂全集》之《东溟文集》卷一《师说》上，同治六年刊本。
⑤ 黄世则：《读书古东林院追怀邵文庄公》其二，载顾光旭辑《梁溪诗钞》卷四十六，乾隆五十九年顾氏自刻本。
⑥ 朱维铮："维新旧梦已成烟"——戊戌"百日维新"的前一百年，载钱伯城、李国章主编《中华文史论丛》第58辑，上海古籍出版社，1999年，第55—56页。

点是：不断消长继替过程中的'朝''野'离立。……成为洞见一朝诗史扑朔迷离、胶结纷纭现象的聚焦之点。"① 既然官式文化辐射下的学术文化风气已堕落如斯，那么，我们只有把眼光聚集到身处弱势的在野的学人和诗人身上，也许野逸风习会给我们带来一丝意外和震撼，《热河日记》所表现的正是这样的一批知识士人。

清廷为了控制意识形态，巧妙地盗用学术观念，在不小的程度上将政治标准强加到学术之上，各种钦定以及各种御制便是最好的例证。在这样一个学术的独立品格缺少保证的时代里，权力总是倾向于把一切问题都归结为政治，一旦归结成功，便没有讨论的可能。而弱势一方即便讨论政治，也只好以"学术问题"的样子面世。钱穆在讲到清初诸儒时，就曾有过这样一段阐述："盖当其时，正值国家颠覆，中原陆沉，斯民涂炭，沦于夷狄，创巨痛深，莫可控诉。一时魁儒畸士，遗民逸老，抱故国之感，坚长遁之志，心思气力，无所放泄，乃一注于学问，以寄其守先待后之想。"② 借此来描述乾嘉朴学大师们的隐曲也当言出有据了。那么，"守先待后"也就是乾嘉朴学大师留给后人最好的精神文化遗产。如果没有这一"待"，学术就会完全沦为政治的工具，也就根本谈不上有什么真正的学术。求真的学统一失，那么，他们所谓的"学术问题"也就断难真正恢复其本来面目，近代史上那位横空出世的启蒙思想家龚自珍也就会是一位乌有先生。

乾嘉朴学大师与诗人，凭借其智慧，从容地直面重重高压和拘禁，不但顽强地生存下来，而且进行着一幕令清朝皇权感觉可以高枕无忧的演出，学术好似成为权力的俘虏。假如权力强势运行，那么，以"学术

---

① 严迪昌：《清诗史》（上），浙江古籍出版社，2002年，第16页。
② 钱穆：《国学概论》，商务印书馆，1997年，第246页。

问题"自命并不足以成为万无一失的避风港,假如权力强势瓦解,导致强弱易位,"学术问题"仍然会恢复其政治问题的本相。当学术问题不过是作为弱者发言的自我保护时,人的大脑中绳索重重,总是顾忌是否触犯了禁忌,所以它暂时还不可能释放出思考的全部能量。可是,在官式文化群氓支配范畴内,自然极易形成市民意识广泛的、下意识的奴化形态;而学术的最主要的作用就在于可使人保持"头脑的清明"。① 今天,唯有在最小的弱势群体中,在个人的私密精神空间之中,才有一些和先知的圣灵相感通的东西在极微弱地搏动。而在这种平和的背后正孕育着一场决裂,其最终神秘、奇异而又雄心勃勃地成为尖兵,是为乾嘉朴学对官学的歧变。

如此说来,在"歧变之歧变"后,乾隆时期的经学研究成果才是直近元典的儒学精髓。但乾嘉经学以朴学考据为研究形态之独异性,造成多年来学界的误会。因为我们习惯了这样的论调,凡是"切近"现实都是积极进步的,凡是"腾离"者都是消极避世的。其实历史上的不少"腾离"者又未尝不意味着思想上另有进境,由清初顾、黄、王的"进"而至乾嘉的"退",毋宁说是思想者在惨烈的社会生态中,由致用转向求是,由事功转向学理,由志士转向学者,由行动转向静观,由高亢激越转向平实,在暂时的沉默中继续探求真理的良知,此法也是当时社会生态下最好的选择。因为当历史的尘埃落定时,我们今天就完全可以体会到它们在"草色遥看近却无"的非主流文化演进过程中蕴蓄着无声的生命力量,最终起到了学术别动队的作用。

虽然乾嘉朴学大师们无一不在使用训诂考据这一方法,但它必须和

---

① 马克斯·韦伯著、冯克利译:《学术与政治:韦伯的两篇演说》,生活·读书·新知三联书店,1998年,第43页。

范围大于考证训诂的意义结构联系起来,才有其现实意义。若是以"考据"二字总括其学术造诣的话,立即会听到强烈的反对呼声,扬州学派不就宁愿人称其为"古学",钱大昕的门人不就习称师学为"朴学"吗?如果仅以"考据"涵盖一切的话,那是对大师的亵渎,因为扎实的朴学研究精神少不了学术研究的基本动力——自我反思的能力。我们必须注意到,在清代朴学兴盛的时候,思想学术领域中占主导地位的是用作意识形态的官学,既然作为官用,无疑就容易带上"独断"的官化作风,儒学在官化的过程中就极易失真或变形。而朴学的实证研究,却是要以求真务实、非征不信的作风来使儒学恢复原貌,追求元典精神。很有意思的一个现象是,不少朴学家的经学著作都以"原始""古微""本义""正谊""正解"等冠名,这是一种偶合,还是乾嘉学者心有灵犀的默然神契呢?这不得不引起我们的注目和深思。

训诂之法注重对儒家经典的逐字逐句的考索,它基本上是以古义为参照原本,将儒家经典文本作为研究的客体,进行语义学上的钩稽与考辨,其义理之说的最终成果也将逐渐明晰。从纯真纯实的学理角度来讲,跳过训诂而不谈,并要在训诂之外再新建一个政治的或道德的标准,最终的义理只能对儒家元典的精神作出歪曲的解说。所以钱大昕一直坚持"训诂者,义理之所由出,非别有义理出乎训诂之外者"[①]。顾炎武早在清初就提出的"恢复元典"这一呼声,到此时已被学者普遍绍述。

在封建时代,圣贤经典一而再、再而三地被重新解释。每一次解释在思想学术文化领域所惊起的波纹各自有异,彼此之间很难找到什么内

[①] 钱大昕撰、吕友仁标校:《潜研堂集》之《潜研堂文集》卷二十四《经籍纂诂序》,上海古籍出版社,1989年,第392—393页。

在的必然联系,这些都是由于人为原因而附加在其上的粉饰。所以顾炎武提出廓清儒学,恢复元典,于是就有了"理学,经学也"这样的命题:"理学之名,自宋人始有之。古之所谓理学,经学也,非数十年不能通也。"① 常州先贤陈玉璂首先接下了顾亭林的这一话由,更将这一矛头指向康熙时定于一尊的朱子之注:"国家以经义试士,所以明经,而明经不尽在制举业;遵朱注所以尊经,而尊经不尽在朱注。"并就朱子批毛诗序为凿空一事发表评论云:"毛公距夫子已四百年,固为凿空;朱子又后千五百年,反不凿空,非理矣。"② 他在读到同里庄氏《诗经导窾》时,不禁拍案叫好:"毛公发微阐幽,可谓曲尽诗人之致,乃宋儒师心薄古,概诋为妄作,只据诗中文字,断以己意,创为新说,到于今尊信之。……自有朱注,学者已目不识古序为何书。即知之,孰敢背今而师古。承讹袭谬,为有识者所深叹。郡先达庄太仆鹤坡先生与其兄鹤澜先生著《诗经》讲义若干卷,名曰《导窾》。未尝不宗元晦,然于毛公之说多所发明;元晦之太戾乎古人者,则阴斥之。虽以国家制科用朱注,不敢力为攻击,而先生之意则已可见矣!"③ 无论陈氏,抑或庄氏,仍只能"阴斥之",而到了后来,扬州学派中焦循的《寄朱休承学士书》则更为深入:"说者分别汉学、宋学,以义理归之宋。宋之义理诚详于汉,然训故明乃能识羲、文、周、孔之义理。宋之义理,仍当以孔之义理衡之。未容以宋之义理,即定为孔子之义理也。"④ 如此一来,作为定

---

① 顾炎武:《顾亭林诗文集》之《亭林文集》卷三《与施愚山书》,中华书局,1983年,第58—59页。
② 陈玉璂:《学文堂集》序一《毛诗本义序》,载《四库全书存目丛书补编》第47册,齐鲁书社,2001年,第10页。
③ 陈玉璂:《学文堂集》序一《诗经导窾序》,载《四库全书存目丛书补编》第47册,齐鲁书社,2001年,第11—12页。
④ 焦循:《雕菰集》卷十三《寄朱休承学士书》,载《续修四库全书》集部第1489册,上海古籍出版社,2002年,第240页。

于一尊的朱子之学岂不就岌岌可危了吗？

　　以训诂方式做思想义理的反思，戴震自是最为杰出的代表。他在《与某书》中故调重弹，且锋芒逼人，直捣宋学之根基："治经先考字义，次通文理，志存闻道，必空所依傍。汉儒故训有师承，亦有时傅会。晋人傅会凿空益多。宋人则恃胸臆为断，故其袭取者多谬，而不谬者在其所弃。我辈读书，原非与后儒竞立说，宜平心体会经文，有一字非其的解，则于所言之意必差，而道从此失。……宋以来儒者，以己之见，硬坐为古贤圣立言之意，而语言文字实未之知。其于天下之事也，以己所谓理强断行之，而事情原委隐曲实未能得，是以大道失而行事乖。"① 这样说来，只有六经才是儒学的元典，其他的一切注疏和阐释都只是著述者的一己之私，这不就是康熙帝命李光地等人所作钦定经典的内心隐秘吗？洪亮吉之子洪符孙在《张问西明府日锄斋日记序》中论述前人说经者甚众，细数其流弊，大致有四："粉饰""异端""神怪""伪托"，凡此种种都不是"实是之学"。如他在论"粉饰"一弊时说：许多经生，为迎合统治者的心意，不惜杜撰出"瑞图""祥麟"之类的"异识"，其实这些都只是"媚上之文，莫与称先之旨"，离儒学本义犹天壤，作为学者应立即把这些玩意儿从经学的原旨中扫除，是即洪符孙所谓的"立扫群弊"。② 经过这样一番考辨，钦定典籍的可信度就大打折扣了，因为它只不过是统治者的政治工具而已，那么官方儒学的地位就岌岌乎殆哉。后来，李兆洛弟子蒋彤所谓的"好古而乐道"③，便是其师长

---

① 戴震著、戴震研究会等编纂：《戴震全集》（第一册）《孟子字义疏证》卷下《与某书》，清华大学出版社，1991年，第211页。
② 洪符孙：《齐云山人文集》，载《丛书集成续编》第134册，上海书店出版社，1994年，第554页。
③ 蒋彤：《丹棱文钞》卷一《辨扬子云四则》其一，载《丛书集成续编》第141册，上海书店出版社，1994年，第196页。亦见于卷二《书朱秀水扬雄论后》，第211页。

辈学者们苦心经营学术的表露。尊古好古其实是大多数杰出学者所假借的幌子，因为尊孔尊经本身并不会受到过多的干预，在这一顶保护伞下，以训诂、校勘、辨伪等朴学方法来廓清统治者涂饰在儒家元典中那些诸如"粉饰""异端""神怪"与"伪托"之类的"侮圣言者"①，正所谓"委蛇以保身，而成其道也"②。

在训诂之外，更有甚者，便是疑古辨伪一端。因为这一朴学活动虽然有着考据的外衣，但其宗旨却并不那么简单，它往往把落脚点定在对理学的清算上。从清初开始就有陈确的《大学辨》，借训诂、小学为津筏，对《大学》之成立发难质疑，直接威胁到理学的安身立命之本，天下无不骇然，理学家更纷纷移书相争不息。此后又有毛奇龄作《四书改错》，冲击朱熹《四书集注》的权威，也曾有过"聚九州四海之铁，铸不成此错"③的大胆抨击。但此时发生了一件非常有趣的事，值得我们格外注意：毛奇龄在得晓康熙帝尊崇朱子后，吓得赶紧销毁了《改错》的书版！其内在的心理动因何在，不言自明。至于阎若璩《尚书古文疏证》、胡渭《易图明辨》对经典的怀疑，更是引起了极大的恐慌，在随后的若干年中确实引起了极大震动，一直到乾隆年间尚未平息。在阎若璩之后，这样的讨论便在更大更广的范围内深入地展开。于是，在士人群中就形成了一种强烈的呼声，既已可证《尚书》系伪托之作，那么，便可在科举考试中弃《尚书》而不用。这在统治集团中造成更大的惊慌。在确证如山的考据面前，知其为伪，但封建统治者仍要维持《尚书》等经籍的经典地位。这倒并不能说这些人完全不懂得学理，因为他

---

① 蒋彤：《丹棱文钞》卷二《书庄方耕先生春秋正辞后》，载《丛书集成续编》第141册，上海书店出版社，1994年，第201页。
② 蒋彤：《丹棱文钞》卷二《书朱秀水扬雄论后》，载《丛书集成续编》第141册，上海书店出版社，1994年，第211页。
③ 毛奇龄：《四书改错》卷一，嘉庆十六年学圃重刊本。

们所忧虑的是，若无《大禹谟》，则理学绝矣！封建道统的理学根源在伪古文，如废去则将何以维系国家的意识形态？如果真的这样，岂不是国将不国了吗？

正是出于这样的考虑，常州学者庄存与原本对阎若璩廓清伪古文的功劳屡屡称道，可是他在任上书房师傅期间，当得知清廷拟采纳阎若璩的考据成果，废除《古文尚书》时，立即向乾隆帝上奏，以为此举万万不可。作为一名学者，庄存与却能够不避抱残守缺之讥，不顾自己的声誉，而极力维护已有定论的伪《古文尚书》，其真正动机完全是将经学、国家权力的合法性、政治阐释三者合为一体了，他给予终极关怀的不是小学和考据学本身，而是政治权力和意识形态。关于他的这一片苦心，唯有龚自珍《资政大夫礼部侍郎武进庄公神道碑铭》有洞若观火的论说。

所幸的是，当时的乾隆帝并未能够读出这些"避触时忌，聊以自藏"[①]的学术话语之深意，误以为天下已是"人心混混而无口过也，似治世之不议"[②]。于是乎，他对这样的一种学术风尚也就默许了。作为国家学术文化生活中的纲领性文件的《四库全书凡例》就体现了这一点："刘勰有言：'意翻空而易奇，词征实而难巧。'儒者说经论史，其理亦然。故说经主于明义理，然不得其文字之训诂，则义理何自而推；论史主于示褒贬，然不得其事迹之本末，则褒贬何据而定。"[③]戴震、邵晋涵、程晋芳、赵怀玉等朴学家都曾参与这项浩大工程，对这一原则的把握还是非常有分寸的。有了皇帝给予的这把尚方宝剑，朴学家们就可以

---

① 梁启超：《清代学术概论》，上海古籍出版社，1998年，第71页。
② 龚自珍著、夏田蓝编：《龚定盦全集类编》卷四《乙丙之际箸议第九》，中国书店，1991年，第68页。
③ 永瑢、纪昀主编，周仁等整理：《四库全书总目提要》卷首《凡例》，海南出版社，1999年，第12页。

大显身手了，因为"作为一种用古代中国文字撰写的深奥文章汇编，经典保存了古代圣人传授的正统学说和政治制度。经史著作成为一代又一代积极投身政治活动者的中心议程"①。他们选择了正误辨伪之学，经由这一道程序，达到在文献考据的层面上动摇朱子之学的正宗地位的目的。也许这其中的奥秘，还是要由朴趾源来揭开，他在《热河日记》中这样说道：

> 而中州之士如此其耻之者，盖有所激于阳尊而为御世之资耳，故时借一二集注之误以泄百年烦冤之气，则可征今之驳朱者，果异乎昔之为陆耳。然而吾东之人不识此意，乍接中州之士，其草草立谈，微涉朱子则瞠然骇听，辄斥以象山之徒，归语国人曰："中原陆学大盛，邪说不熄。"听之者又不究本末，若见此等谈论，先怒于心。噫！斯文乱贼之讨，虽莫远施于中土；容默异端之过，固难见恕于士林。罨溪花下少饮，阅次《忘羊录》及《鹄汀笔谈》，因滋笔花露为此义例，使后之游中国者，如逢肆然驳朱者，知其为非常之士，而毋徒斥以异端。善其辞令，征质有渐，庶几因此而得觇夫天下之大势也哉！②

"因滋笔花露为此义例，使后之游中国者，如逢肆然驳朱者，知其为非常之士，而毋徒斥以异端"，这是朴趾源对当时韩国国内学人之告诫，何尝不有益于今天我们对清初经学思想嬗变的认识呢！

通过以上的辨析，我们完全能够体会到以"无征不信"为特征的朴学中所蕴含的思辨力量和睿智，而这种哲理的睿智是在对具体生命气质

---

① 艾尔曼著、赵刚译：《经学、政治和宗教——中华帝国晚期常州今文学派研究》，江苏人民出版社，1998年，第50页。
② 朴趾源著、朱瑞平校点：《热河日记》卷四《审势编》，上海书店出版社，1997年，第220页。

的感受中回味出来的。"避触时忌，聊以自藏。"这是梁启超在《清代学术概论》中对乾嘉朴学的精要评价，其中蕴含的道理再简单不过了，如果无所触忌，又何须自藏呢？乾嘉朴学家有意地将思想自藏（那个年代必须这样做，以求自保），所以使我们产生种种错觉，以为这是一个思想平庸、空洞乃至于空白的社会，实际上在思想史上这正是一段"此时无声胜有声"的阶段，平庸并不属于真正的思想家。在表面的文化认同中，却掩藏着思想上的分歧和裂变的因子，只不过这一裂变的因子暂时还处在休眠状态，为新的突变默默地蓄势，等待时机成熟。而事实上，清帝国自乾隆后期开始已渐露颓势，当诸多矛盾聚集的时候，思想的巨大裂变就会立即发生。

绍复汉儒兴熙乾嘉的吴中惠氏经学

在中国传统的学术研究中，经学乃一切学术之首。在漫长的传习过程中，先是秦燔烈烈，儒家著作仅靠口耳相传，方得以不绝如缕；而后又出于各种目的，对儒家先圣留下的经典一而再、再而三地重新解释。每一次解释在思想学术领域所惊起的波纹各自有异，彼此之间很难找到内在的必然联系，这些都是由于人为而附着其上的粉饰。直到爱新觉罗王朝统治天下，这一做法更是达到登峰造极的地步。清廷为了控制意识形态，巧妙地盗用学术观念，在不小的程度上将政治标准强加到学术之上，各种钦定以及各种御制的儒家经典便是最好的例证。这无疑是儒家思想的一次灾难，如果就此发展下去的话，也就断难成就清学的辉煌。就在清初，著名的学者顾炎武提出了一个清代经学史上极其重要的命题："理学之名，自宋人始有之。古之所谓理学，经学也，非数十年不能通也。"① 同时，他身体力行，以实学之风研究经学，这对廓清儒学，

---

① 顾炎武：《顾亭林诗文集》之《亭林文集》卷三《与施愚山书》，中华书局，1983年，第58—59页。

恢复元典起到了很大的作用，为清代朴学导引先路。而能够沿承这一学术道路，并将清学引向繁荣的当数吴中惠氏。杨向奎在《清儒学案新编·三惠学案》中说道："此风（按：指清代朴学）顾亭林开其端，惠士奇畅其流，至惠栋、戴震、钱大昕而张大其帜，段玉裁、孔广森、王念孙时遂臻极盛。"①

苏州惠氏，其先世本居扶风，后徙洛阳。宋靖康末扈跸临安，家湖州，后迁吴县东渚。七传而至惠有声（号朴庵），乃迁居郡城。

惠氏一族，自惠有声以下，世传经学，《易》学更为家传之学。关于这一点，我们从惠栋的《易汉学·自序》中可以获得一个大概的印象："栋曾王父朴庵先生尝闵汉《易》之不存也，取李氏《易解》所载者，参众说而为之传。天崇之际，遭乱散佚，以其说口授王父；王父授之先君子，先君子于是成《易说》六卷，又尝欲别撰汉经师说《易》之源流而未暇也。栋趋庭之际，习闻余论，左右采获，成书七卷。自孟长卿以下五家之《易》，异流同源，其说略备。呜呼！先君子即世三年矣，以栋之不才，何敢辄议著述，然以四世之学，上承先汉，存什一于千百，庶后之思汉学者犹知取证，且使吾子孙无忘旧业云。"②

在对惠栋《易汉学》作重点分析之前，先对惠氏家学谱系作一简单的回顾。

惠有声，号朴庵，明贡生，以九经教授乡里。至于他的《易》学著述，经天崇之乱，本就无传，我们今天也就难以窥测一斑。但从惠栋的叙述中可知，惠有声的学术思想已被其子惠周惕所承继。惠周惕，原名恕，字元龙，一字研溪，少传家学，并与父执徐枋等游，工诗、古文

---

① 杨向奎：《清儒学案新编》（第三册），齐鲁书社，1994年，第117页。
② 惠栋：《易汉学》，商务印书馆，1937年，自序第1页。

辞。著有《易传》《春秋问》《三礼问》《诗说》和《研溪先生诗文集》。惠周惕"长于说经，力追汉儒之学"①。惠周惕的《诗说》，不仅体现了其严谨朴实的学风，更体现了他比较通达的学术思想观念。他研究《诗》，"于《毛传》《郑笺》《朱传》无所专主，多自以己意考证"，"引据确实，树义深切，与枵腹说经，徒以臆见决是非者，固有殊焉"。② 这样的学术路数在其家族中历传几代而久久未泯。

惠氏四世中，能以大家称者，首推惠士奇（1670—1741）。士奇字天牧，自号半农人，早年奋志力学，晨夕不辍，遂博通六艺九经诸子及《史》《汉》等典籍。据江藩《国朝汉学师承记》记载，士奇尝与名流宴集，坐中有难之者曰："闻君熟于《史》《汉》，试为诵《封禅书》。"③ 惠士奇朗诵终篇，不遗一字，众人皆惊服。正是由于他博极群书，学有根柢，所以他的《易说》一书有一个很大的特点：虽然惠士奇说《易》专宗汉学，以象为主，有意矫正王弼以来空言说经之弊，但其在著作中却征引极博。如释讼卦，引荀爽之说；更有甚者，在全书的第一则论《乾象传·大明终始》中征引《庄子·在宥篇》，并在结尾处作这样一番评说："孰谓庄周不闻道哉？庄周精于《易》，故善道阴阳，后儒说《易》者，皆不及。故特揭，以待后之学者焉。"④ 这样的说法，难免不经，但其以博通之眼光说经，实有不可磨灭处。如他在《礼说》中引《墨子》以证司盟之诅，取其去古未远，可资旁证，并谓不读非圣之书者，非善读书。此诚为精研之得也。

---

① 永瑢、纪昀主编，周仁等整理：《四库全书总目提要》卷二九《半农春秋说》，海南出版社，1999年，第162页。
② 永瑢、纪昀主编，周仁等整理：《四库全书总目提要》卷一六《诗说》，海南出版社，1999年，第96页。
③ 江藩、方东树著，徐洪兴编校：《汉学师承记（外二种）》之《国朝汉学师承记》卷二"惠周惕 惠士奇 惠松崖"，中西书局，2012年，第23页。
④ 阮元编：《清经解》（第二册）卷二百零八《易说》，上海书店，1988年，第1页。

惠士奇对清代朴学影响最大的还是他以朴实的训诂来说经，而不是理学之附会。由于本文将集中更多篇幅来探讨惠栋的《易》学研究，不拟对惠士奇在这方面的贡献作过多的文献称引，只是以《四库全书总目提要》中对他的一段评骘做一简单的收束："古圣王经世之道，莫切于礼。然必悉其名物，而后可求其制度，得其制度，而后可语其精微。"基于这样的认识，惠士奇的《礼说》"于古音、古字皆为之分别疏通，使无疑似，复援引诸史百家之文，或以证明周制，或以参考郑氏所引之汉制，以递求周制，而各阐其制作之深意"。①

　　惠栋（1697—1758），字定宇，自幼受家学熏陶，趋庭之际，习闻余论，左右采获，终成为经学大师。惠栋所谓"习闻余论"并非虚语，其《禘说》上下卷，完全是从其父惠士奇《春秋说》卷一《禘之说有三》条演义而来。这种承继如果说还只是表层的话，那么，惠栋对其父经学遗产的继承和弘扬，更多体现在学术理路的内在演进上，而且这一进程在后来已不再仅限家学的畛域之内了。就其大要，有以下数端，试作逐一论述。

（一）尊汉传统和实事求是的学风

　　惠栋尊崇汉学的原因，其实再简单不过了，他在《上制军尹元长先生书》一文中说："以汉犹近古，去圣未远故也。"② 这一学术理念在后来的朴学家那儿更是推而广之，就连章学诚在修方志时也强调："地近

---

① 永瑢、纪昀主编，周仁等整理：《四库全书总目提要》卷一九《礼说》，海南出版社，1999年，第110页。
② 惠栋：《松崖文钞》卷一《上制军尹元长先生书》，载《续修四库全书》集部第1427册，上海古籍出版社，2002年，第275页。

则易核，时近则迹真。"① 实际上，在惠栋本人看来，汉儒之学"去圣未远"，并不仅仅拘泥于"时近"这一方面，更为重要的是汉人之经学渊源有自，虽有秦燔之灾，而师法传承不绝，故而圣人之说至汉犹得存原貌。

惠栋尊崇汉学，影响至巨，正如钱大昕后来所说："今士大夫多尊崇汉学，实出先生绪论。"② 诸如钱大昕等汉学家承惠栋之余绪，所着力的也就是刚刚所说的这一点。钱大昕在《左氏传古注辑存序》中有过明确的表述："汉之经师，其训诂皆有家法，以其去圣人未远。魏晋而降，儒生好异求新，注解日多，而经益晦。"③ 与汉人的经学研究相比，魏晋而降，不唯时则趋远，更树好异求新之学风，遂使经义益晦，元典之本真不传。欲求元典之精神内涵，唯有以实事求是、无征不信的为学态度与方法，远绍两汉，坚持对历史与文献的实证研究。

追溯经典之"原始""本义"或"正解"的学者，不可能如今天之学者，还可以看到免于祝融之灾的地下文献，于是只能如洪亮吉等人所说的，"儒者读书稽古，而情深于帝德王猷之慕者，未尝不叹惜痛恨于秦始之一烬也"④。在叹息之余，清代的朴学家们找到了汉人的经学家法、音义、诂训，因为这些都足以发明元典。

在惠栋之前，已经有一位常州籍的经学家对张大朴学进行了卓有成效的研究，他便是臧琳（1650—1713）。臧琳尤熟于声音训诂，一贯主

---

① 章学诚撰、叶瑛校注：《文史通义校注》，中华书局，2014年，第771页。
② 钱大昕撰、吕友仁标校：《潜研堂集》之《潜研堂文集》卷二十四《古文尚书考序》，上海古籍出版社，1989年，第384页。
③ 钱大昕撰、吕友仁标校：《潜研堂集》之《潜研堂文集》卷二十四《左氏传古注辑存序》，上海古籍出版社，1989年，第387页。
④ 洪亮吉编、吴裕垂著、纪晓岚等订：《历朝史案》之《秦·烧书》，巴蜀书社，1992年，第85页。

张不解字不能读书,不通训诂不能明经。因而他在贯通汉注、唐疏的基础上,广为收集,研经考古,别白精审,往往有自己的独到之得,著《经义杂记》三十卷、《尚书集解》一百二十卷。虽然这些著作本身还有一定宋学的影响,但是,在普遍墨守宋学的社会风气中,已经渐开清学广征博引,先全面占有原始资料,再以训诂的途径进行思辨判断的实学之风。臧琳的一生是在"键户著述"中度过的,江藩说他"世无知者"。① 臧氏的经学成绩为同道所嘉许,《经义杂记》就是由阎若璩作序的,而他的学术思路也被其后人所继承和发扬。所谓世无知者,主要是指他的著述刊刻较晚,《经义杂记》要到其玄孙——又一位经学家臧庸手里才得以问世。后来,钱大昕在臧氏著作刊刻时总结说:"诂训必依汉儒,以其去古未远,家法相承,七十子之大义犹有存者,异于后人之不知而作也。"②

和臧琳相比,惠栋的经学思想在当时就产生了重要且深远的影响。虽然从时间上来看,惠氏生卒略晚于臧琳,但是要说到张大朴学精神,影响深远者,还是非惠栋莫属。《四库全书总目提要》卷六《经部》是这样评价惠栋的《易汉学》的,说它"采辑遗闻,钩稽考证,使学者得略见汉儒之门径"③。这首先明确了惠栋经学思想中最重要的一个方面,也就是近人谈论惠氏经学时常常说的他重汉人家法,虽然很多学者对这一"汉人家法"还多少有些理解上的偏颇,但重视"汉人家法"这一提法本身却是不争的事实。

---

① 江藩、方东树著,徐洪兴编校:《汉学师承记(外二种)》之《国朝汉学师承记》卷四"洪亮吉 张惠言 臧琳",中西书局,2012年,第82页。
② 钱大昕撰、吕友仁标校:《潜研堂集》之《潜研堂文集》卷二十四《臧玉林〈经义杂识〉序》,上海古籍出版社,1989年,第391页。
③ 永瑢、纪昀主编,周仁等整理:《四库全书总目提要》卷六《易汉学》,海南出版社,1999年,第40页。

惠栋的《易汉学》能够让当时的人们略见汉儒之门径，首先是因为他自己邃深经术，对汉儒之门径是非常清晰的。其《松崖文集》中有关的文字比比皆是，如他在《韵补序》一文中云"孔子殁后，至东汉末，其间八百年，经师授受咸有家法，故两汉诸儒多识古音"①，因而汉人的经学主张也就比较可信。他在《九经古义述首》中则系统地阐述了惠氏四代治经的学术理路："汉人通经有家法，故有五经师，训诂之学皆师所口授，其后乃著竹帛，所以汉经师之说立于学官，与经并行。五经出于屋壁，多古字古言，非经师不能辨，经之义存乎训。识字审音，乃知其义，是故古训不可改也，经师不可废也。余家四世传经，咸通古义，守专室，呻稿简，日有省也，月有得也，岁有记也。"② 这一经学思想贯穿在他的每一经的研究中。惠栋论《易》曰："《易》始于伏羲，盛于文王，大备于孔子，而其说犹存于汉。不明孔子之《易》，不足与言文王；不明文王之《易》，不足与言伏羲。舍文王、孔子之《易》，而远问庖牺，吾不知之矣。汉儒言《易》，如孟喜以卦气，京房以通变，荀爽以升降，郑康成以爻辰，虞翻以纳甲。其说不同，而指归则一，皆不可废。今所传之《易》，出自费直。费氏本古文，王弼尽改为俗书，又创为虚象之说，遂举汉学而空之，而古学亡矣。……圣人观象而系辞，君子观象而玩辞。六十四卦皆实象，安得虚哉！"其论《周礼》曰："《礼经》出于屋壁，多古字、古音。经之义存乎训，识字审音，乃知其义，故古训不可改也。康成注经，皆从古读，盖字有音义相近而伪者，故读从之。后世不学，遂谓康成好改字，岂其然乎！康成三《礼》、何休

---

① 惠栋：《松崖文钞》卷一《韵补序》，载《续修四库全书》集部第1427册，上海古籍出版社，2002年，第272页。
② 惠栋：《松崖文钞》卷一《九经古义述首》，载《续修四库全书》集部第1427册，上海古籍出版社，2002年，第269页。

《公羊》，多引汉法，以其去古未远，故借以为说。"①

在惠栋的经学研究中，《易汉学》无疑是最有代表性的一部。他追考汉儒《易》学，通过细致的掇拾，使得我们能够初窥汉人《易》学之绪论大凡。是编共计八卷，孟长卿（喜）《易》二卷、虞仲翔（翻）《易》一卷、京君明（房）《易》二卷、郑康成（玄）《易》一卷、荀慈明（爽）《易》一卷，最后一卷则为惠栋自己发明汉《易》之理，以辨证《河图》、《洛书》、先天、太极之学。从惠栋的钩稽考辨中，我们可以看到，他所注目的《易》学家法并不局限于某一家，而能够做到兼采众家，这其中不仅有今文之家法，也有古文之家法。这倒正好说明了惠栋经学研究的又一重要特点：通达的学术观念，他的经学并没有完全拘泥于某一家的家法谱系之中。

（二）通达的学术观念

为了更清楚地认识惠栋《易汉学》中的各家情况，我们有必要对汉代《易》学的发展脉络作一个简单的回顾。秦始皇焚书坑儒后，据说因为《易》用于卜筮而未绝于世。汉室承祚，田何传《易》，受之者有王同、周王孙、服生、丁宽。丁宽授田王孙，田王孙再传于施雠、孟喜、梁丘贺。孟氏之学传于焦延寿，焦延寿又传京房，是为京氏《易》也。到东汉时期，虞世光传孟氏《易》，取世而至三国吴人虞翻。施氏、孟氏、梁丘氏、京氏在西汉时都曾被列入官学，都属于今文经学的范畴。但是，惠栋之《易》学研究，在"专宗虞仲翔"的同时，也"参以荀、

---

① 江藩、方东树著，徐洪兴编校：《汉学师承记（外二种）》之《国朝汉学师承记》卷二"惠周惕　惠士奇　惠松崖"，中西书局，2012年，第24—25页。

郑诸家之义。约其旨为注，演其说为疏"，正因为这样，惠栋的《周易述》才被江藩称道："汉学之绝者千有五百余年，至是而粲然复章矣。"①事实也确实如此，惠栋在《易汉学》卷三中引虞翻《奏上〈易注〉》之语说，其在汉末诸家《易》学中最推崇荀谞（按：荀爽一名谞）："颍川荀谞，号为知《易》，臣得其注，有愈俗儒。"② 那么，荀爽、郑玄之《易》是源于何处呢？我们有必要来回顾一下《易》古文学的流脉。《易》古文学有费氏一家。费氏《易》出于费直，西汉时未被列入官学，其具体的来源不可考。《汉书·艺文志》云："刘向以中《古文易经》校施、孟、梁丘经，或脱去'无咎''悔亡'，唯费氏经与古文同。"③ 但今文家一直对这一说法表示怀疑，对刘向的话则予以否认。东汉的时候，陈元、郑众、马融、郑玄、荀爽等都研习费氏《易》，于是费氏说大兴。

在惠栋看来，费氏《易》说到了王弼手中，虽仍依费氏旧本，然往往以老、庄说《易》，尽扫汉儒的象数之论，已完全超出了汉学的范围。所以惠栋始终认为："《易经》为王氏所乱……惟王辅嗣以假象说《易》，根本黄老，而汉经师之义荡然无复有存者矣。故宋人赵紫芝有诗云：'辅嗣《易》行无汉学，元晖诗变有唐风。'盖实录也。"④ 他著《易汉学》《周易述》都是想通过钩稽汉人《易》说，廓清王弼之不良影响，引申触类，以贯通象数之旨。

惠栋主张"辅嗣《易》行无汉学"，而对与汉学家数相去天壤的宋儒学说也就有颇多訾议，尤其是对"图书"一派。惠栋对《周易》的考

---

① 江藩、方东树著，徐洪兴编校：《汉学师承记（外二种）》之《国朝汉学师承记》卷二"惠周惕　惠士奇　惠松崖"，中西书局，2012年，第28页。
② 虞翻：《奏上〈易注〉》，载严可均校辑《全上古三代秦汉三国六朝文》之《全三国文》卷六十八，中华书局，1958年，第1420页。
③ 班固：《汉书》卷三十《艺文志第十》，中华书局，1962年，第1704页。
④ 惠栋：《易汉学》，商务印书馆，1937年，自序第1页。

证,尊崇汉儒的《易》说,反对宋人《易》象数中的《河图》《洛书》之学。他从考据的角度出发,论证《河图》《洛书》完全是后出之物,与《系辞》无关。他是继胡渭之后,又一位否定理学家《河图》《洛书》的学者。只要仔细阅读一下他的《易汉学》的最后一卷,定会有这样强烈的印象。他否定《河图》《洛书》:"乃知汉以来并未有图书之象……虽先儒皆信其说,吾不敢附和也。"① 斥《先天》《后天》:"栋按:宋人所造纳甲图,与先天相似。蔡季通遂谓《先天图》与《参同契》合。殊不知纳甲之法,乾坤列东,艮兑列南,震巽列西,坎离在中,(下自注:详虞仲翔《易注》)别无所谓乾南坤北,离东坎西者,道家所载乾坤方位,亦与《先天》同,而以合之《参同契》,是不知《易》,并不知有《参同》者也。盖后世道家亦非汉时之旧,汉学之亡,不独经术矣。"②

在否定"先天""无极"《河图》《洛书》之后,惠栋对宋人义理一派则以别解的方式来实现对它的反动。其中最有名的当数他对"理"的多次别解,在《周易述·易微言下》一段中,惠栋是这样解释"理"的:"理字之义,兼两之谓也。人之性禀于天性,必兼两。在天曰阴与阳,在地曰柔与刚,在人曰仁与义,兼三才而两之,故曰性命之理。《乐记》言天理,谓好与恶也,好近仁,恶近义,好恶得其正谓之天理,好恶失其正谓之灭天理。《大学》谓之拂人性。天命之谓性,性有阴阳、刚柔、仁义,故曰天理。后人以天人理欲为对待,且曰'天即理也',尤谬。"③ 惠栋反对把"理"和"欲"对立起来,也反对"天即理"的观点。这一段论述,虽然从哲学命题的思辨高度来看,远不能与理学相抗衡,但就是惠栋这一点还不能算是尽善的学术研究,却对曾受学于他的

---

① 惠栋:《易汉学》卷八《辨河图洛书》,商务印书馆,1937年,第112页。
② 惠栋:《易汉学》卷八《辨先天后天》,商务印书馆,1937年,第113页。
③ 惠栋:《周易述》卷二十三《易微言下》,中华书局,2007年,第504页。

戴震产生了深远的影响。

戴东原自幼就有志闻道，但对宋人之"理"颇有存疑，他就一如惠栋那样，利用训诂考据之法，对宋儒所谓的"理"进行了潜心细致的考辨。对于这一段学术经历，他在给段玉裁的信中自陈："仆自十七岁时有志闻道，谓非求之《六经》、孔孟不得，非从事于字义、制度、名物，无由以通其语言。宋儒讥训诂之学，轻语言文字，是欲渡江河而弃舟楫，欲登高而无阶梯也。为之卅余年，灼然知古今治乱之源在是。"最终他发现宋儒之"理"乃释老之学羼杂后的怪胎："后儒以理欲相对，实杂老氏无欲之说。"① 戴震又在《孟子字义疏证》卷上《理》中作进一步的申述："程子、朱子就老、庄、释氏所指者，转其说以言夫理，非援儒而入释，误以释氏之言杂入于儒耳；陆子静、王文成诸人就老、庄、释氏所指者，即以理实之，是乃援儒以入于释者也。"② 对弃欲存理之说，他又在《孟子字义疏证》卷下《权》中给以最激烈的抨击："老释之学，则皆贵于'抱一'，贵于'无欲'；宋以来儒者，盖以理之说，其辨乎理欲，犹之执中无权；举凡饥寒愁怨、饮食男女、常情隐曲之感，则名之曰'人欲'，故终其身见欲之难制；其所谓'存理'，空有理之名，究不过绝情欲之感耳。何以能绝？曰'主一无适'，此即老氏之'抱一''无欲'，故周子以一为学圣之要，且明之曰'一者，无欲也'。天下必无舍生养之道而得存者，凡事为皆有于欲，无欲则无为矣；有欲而后有为，有为而归于至当不可易之谓理；无欲无为又焉有理！"③ 经过

---

① 戴震著、戴震研究会等编纂：《戴震全集》（第一册）《与段若膺论理书》，清华大学出版社，1991年，第213—214页。
② 戴震著、戴震研究会等编纂：《戴震全集》（第一册）《孟子字义疏证》卷上《理》，清华大学出版社，1991年，第166页。
③ 戴震著、戴震研究会等编纂：《戴震全集》（第一册）《孟子字义疏证》卷下《权》，清华大学出版社，1991年，第208—209页。

这一番繁复的诂训和推理,我们明白饥寒愁怨、饮食男女,都是人的自然情欲的流露,而这种自然情欲更是人的天性,即所谓"举凡饥寒愁怨、饮食男女、常情隐曲之感,则名之曰'人欲'"。而后戴震得出一个惊世骇俗的结论,认为自宋儒以来的"理"实际上与"酷吏"无甚区别,所谓"酷吏以法杀人,后儒以理杀人"①也。中国思想史上最精警的观念,若没有惠氏学术理路之导引,其能否出现,很难设想。

惠栋对汉《易》的态度,成为后来常州《易》学大师张惠言的基本理路,张氏在此基础上继续发展,取得了丰硕的成绩。

张惠言作为《易》学专家,在他看来,"自魏王弼以虚空之言解《易》,唐立于学官,而汉世诸儒之说微"。"其后古书尽亡,而宋道士陈抟,以意造为《龙图》,其徒刘牧以为《易》之《河图》《洛书》也。河南邵雍,又为《先天》《后天》之图,宋之说《易》者,翕然宗之,以至于今,牢不可破,而《易》阴阳之大义,盖尽晦矣。"古学之不存,这是对儒学元典莫大的歧变,因而"我大清之有天下百年,元和征士惠栋,始考古义孟、京、荀、郑、虞氏,作《易汉学》,又自为解释曰《周易述》。然掇拾于亡废之后,左右采获,十无二三。其所自述,大抵祖祢虞氏,而未能尽通,则旁征他说以合之"。这一段论说极为明确地提到了一个问题,即乾嘉朴学家辑存汉人旧说的目的,无非是为了肃清唐宋以来经典中附饰的内容,以力复经典本义。于是张惠言就身体力行,对汉人说《易》的文字作了一番艰辛而又细致的辑佚工作,尤其是对唐朝资州人李鼎祚的《周易集解》多有取益,因为在张惠言看来,此书"颇采古《易》家言,而翻注为多"。这些工作最后的成果,汇总于

---

① 戴震著、戴震研究会等编纂:《戴震全集》(第一册)《孟子字义疏证》卷下《与某书》,清华大学出版社,1991年,第212页。

嘉庆道光年间刊刻的《张皋文笺易诠全集》。经由他辑佚的汉人《易》说有《周易虞氏义》九卷、《周易荀氏九家》三卷、《周易别录》十四卷等，因而我们现在可以较为集中地看到虞翻以及孟（喜）氏四家、京（房）氏三家、费（直）氏七家《易》。在辑录的基础上，张惠言还经进一步理性的思考，"求其条贯，明其统例，释其疑滞，信其亡阙"，"又表其大旨"，著《周易虞氏消息》等发覆其奥义消息的著作，真正达到了"探赜索隐，以存一家之学"的目的。① 当然，他在辑佚和探求义理外，也还做了一些甄别和辨伪的工作，如《易图条辨》等。

此后更有焦循异军突起，但这已经不再是拙文短小的篇幅所能尽论的了。拙文就以清人的评骘作为收尾吧。陶澍《惠氏四世传经遗像书后》云："东吴惠氏，以经学世其家。乾隆中叶，海内之士知钻研古义，由汉儒小学训诂以上溯七十子六艺之传者，定宇先生为之导也。"②

---

① 张惠言著、黄立新校点：《茗柯文编》之《茗柯文二编》卷上《周易虞氏义序》，上海古籍出版社，1984年，第38—39页。以上所引述俱见于此篇。
② 陶澍：《陶澍集》（下册）《文集·跋书后》，岳麓书社，1998年，第176页。

苏昆生"困于吴"之考辨

巫医乐工之人,斑斑于载籍者自古鲜见。而清初著名昆曲演员苏昆生却以传奇的经历,更以卓特的艺术造诣,颇受此际文人之青睐,他们甚至不避"失轻重""倒却文章家架子"之讥①而为之作传、赋诗。然而就是这样一位名伶,却在昆曲的大本营苏州受困碰壁,不为所重,困于萧寺之中,最后端赖吴梅村书荐赴如皋冒辟疆水绘园。昆生之困厄,非仅关其一身,更关乎明清昆曲发展历程中的一大关目,甚至对于今日思忖昆曲这一文化遗产的继承与创新亦不无启益,故特为拈出,细作考辨,详绎其原委,请方家博雅审之辨之。

苏昆生历困一事,载籍最详者莫过于吴梅村《楚两生行》一诗及诗序,兹作节录如下:

> 吴中以善歌名海内,然不过啴缓柔曼为新声,苏生则于阴阳抗坠,分刌比度,如昆刀之切玉,叩之粟然,非时世所为工也。尝遇虎丘广场大集,生睨其

---

① 黄宗羲:《撰杖集》,载《清代诗文集汇编》第32册,上海古籍出版社,2010年,第591页。

旁,笑曰:某郎以某字不合律。有识之者曰:彼伧楚乃窃言是非。思有以挫之,间请一发声,不觉屈服。顾少年耳剽日久,终不肯轻自贬下,就苏生问所长。生亦落落难合,到海滨,寓吾里。萧寺风雪中。

一生嚼徵与含商,笑杀江南古调亡。洗出元音倾老辈,叠成妍唱待君王。一丝萦曳珠盘转,半黍分明玉尺量。最是《大堤》西去曲,累人肠断杜当阳。忆昔将军正全盛,江楼高会夸名胜。生来索酒便长歌,中天明月军声静。将军听罢据胡床,抚髀百战今衰病。一朝身死竖降幡,貔貅散尽无横阵。祁连高冢泣西风,射堂宾客嗟蓬鬓。羁栖孤馆伴斜曛,野哭天边几处闻。草满独寻江令宅,花开闲吊杜秋坟。鹍弦屡换尊前舞,鼍鼓谁开江上军。楚客祇怜归未得,吴儿肯道不如君?①

"阴阳抗坠,分刌比度,如昆刀之切玉,叩之栗然",是吴梅村对苏昆生演唱技艺的基本认定,而这正是古人对乐工的最高嘉奖。早在唐代,段安节在《乐府杂录·歌》中就云:"善歌者必先调其气,氤氲自脐间出,至喉乃噫其词,即分抗坠之音。既得其术,即可致遏云响谷之妙也。"② 而序文中所记虎丘曲会为某郎正音之遗事,竟使"四方歌曲必宗"③ 的吴门曲家亦为之而汗颜,"不觉屈服",由此可知吴梅村在向冒辟疆引荐昆生时所云"于声音一道,得其精微"④,绝非虚语一句。

复证之以同时之诗文别集,可知昆生之艺精湛绝佳。声情并长,抗坠之中无不熔铸着明清易代的兴亡旧事,正乃"唱不尽兴亡梦幻,弹不

---

① 吴伟业著、李学颖集评标校:《吴梅村全集》(第三册)卷十《楚两生行(并序)》,上海古籍出版社,1990年,第246—247页。
② 段安节:《乐府杂录》,商务印书馆,1936年,第15—16页。
③ 徐树丕:《识小录》卷四《梁姬传》,载孙毓修编《涵芬楼秘笈》第一集第二册,商务印书馆,1916年,第562页。
④ 冒辟疆编:《同人集》卷四,康熙间如皋冒氏水绘庵刻本。

尽悲伤感叹,凄凉满眼对江山"①。因而,清初士人对苏昆生之演唱,不唯其分刌比度,按拍沉吟之音如"娇莺哀狄",亦因其曲慷慨激越、哀以多思:

> 洛阳苏生善度曲,今夕相见秦淮河。秦淮渺渺江水涨,其时月出清光多。生也惜良会,临风为我歌。清音不使管弦佐,娇莺哀狄樽前过。一座搔首闻《白雪》,四邻倾耳拟青娥。却忆盛年时,欢场擅高誉。珠履主人最有情,玉颜弟子从无数。乐极哀来世运迁,东西亡命发皤然。楚水吴山如旧日,翠翘红袖总寒烟。还家那有妻儿在?绝技唯闻坎壈缠。往事纷纭勿复道,今日词人吾亦老。风尘困顿谁相识?身世欢娱恨不早。曲罢出门何所之?石头城上笳声晓。②

> 客舍何人堪共饮,独歌独酌劝孤影。今日邻翁致鱼脍,良朋偶尔成高会。坐中绝调有苏生,含商激羽倾公卿。当筵按拍丝管乱,一字沉吟更漏换。空阶玉佩翩珊珊,重崖乳瀑寒潺潺;忽闻巨石堕千仞,惊猿骇鹤啼秋山。可怜此曲真可惜,会须一饮尽十石。我看四坐各忘言,况是天涯白头客。刘郎故旧叹何哉,子山摇落《哀江南》。是夕轻风动杨柳,飞来片月明寒潭。贫贱伤局促,富贵多倾覆,笑杀柴桑翁,惟恨饮不足。孙楚楼前酒再沽,桃叶渡头歌重续。与君烂醉梨花春,明日东西南北人!③

---

① 洪昇著、吴人评点、李保民点校:《长生殿》卷下第三十八出《弹词》,上海古籍出版社,2016年,第122页。
② 吴嘉纪著、杨积庆笺校:《吴嘉纪诗笺校》卷六《秦淮月夜集施愚山少参寓亭听苏昆生度曲》,上海古籍出版社,1980年,第173页。
③ 施闰章撰,何庆善、杨应芹点校,刘学锴审订:《施愚山集》(第二册)《施愚山诗集》卷二十《秦淮水亭集郭汾又杨商贤吴野人汪舟次听苏生度曲》,黄山书社,1992年,第386页。

"绝技唯闻坎壈缠""子山摇落《哀江南》",直道尽苏昆生曲中内蕴的深沉,这也正是引发故家子弟之无限怅惘的真正原因。陈维崧有词云:"正值客心凄处,那禁夜乌啼断","愁似长空扬絮,泪比真珠脱线。君休唱,惹青衫湿了,再无人管"。①"忽听一声河满子,也非关、雨湿青衫透。是鹃血,凝罗袖。"②

如此凄绝感奋人心之词,并没有过多的包装与缀饰,也无丝管伴奏之为"托腔",而完全是凭借昆生之清唱,正乃汪楫《秦淮月夜集施愚山少参寓亭听苏昆生度曲同郭汾又杨商贤吴野人赋》一诗所说:"歌声自断还自续,一肉能兼丝与竹。"③ 昆生所习全系魏良辅以来,不"借锣鼓之势","闲雅整肃,清俊温润"④ 的清唱传统。"良辅转喉押调,度为新声,疾徐高下清浊之数,一依本宫,取字齿唇间,跌换巧掇,恒以深邈助其凄泪。吴中老曲师如袁髯、尤驼者,皆瞠乎自以为不及也。"⑤ 这是清代文学家余怀《寄畅园闻歌记》一文对魏良辅的评价,就前引吴嘉纪、施闰章、陈维崧诗词所描摹而断,似乎昆生也已臻于魏良辅之境界。在听完昆生度曲之后,汪氏还与之讨论度曲辨字,"我闻审音先辨字,新声古拍皆其次;生言辨字须求全,要令文义随声传"⑥,便是这一过程的实录。苏昆生所坚持的"辨字须求全",实际上是魏良辅以来昆曲"审音先辨字"传统的一种延续,在演唱时,腔调运行须明确体现字调的抑扬变化,口法上也应交代清楚每一个字的声韵特征。也即明人沈

---

① 陈维崧:《迦陵词全集》卷二十二《喜迁莺·华汉章招饮听苏昆生度曲》,载《续修四库全书》集部第1724册,上海古籍出版社,2002年,第325页。
② 陈维崧:《迦陵词全集》卷二十六《贺新郎·赠苏昆生》,载《续修四库全书》集部第1724册,上海古籍出版社,2002年,第361页。
③ 汪楫:《山闻诗》,载《清代诗文集汇编》第140册,上海古籍出版社,2010年,第710页。
④ 魏良辅:《曲律》,载中国戏曲研究院编《中国古典戏曲论著集成》第五册,中国戏剧出版社,1959年,第6页。
⑤ 余怀:《寄畅园闻歌记》,载张潮辑《虞初新志》卷四,河北人民出版社,1985年,第66页。
⑥ 汪楫:《山闻诗》,载《清代诗文集汇编》第140册,上海古籍出版社,2010年,第710页。

宠绥《度曲须知》卷上所说的："尽洗乖声，别开堂奥，调用水磨，拍捱冷板，声则平上去入之婉协，字则头腹尾音之毕匀，功深镕琢，气无烟火，启口轻圆，收音纯细。"① 以此为基础，而后才有"文义随声传"，也就是习常所说的"腔由字生"，在"转腔换字之间，别有一种声口"②，凭借声腔与音乐，从情感方面将语言、文字的内涵予以延伸和强化。若就戏曲史之正宗接武承流而言，吴梅村致冒辟疆书中所云"王烟客赏音之最，称为魏良辅遗响尚在苏生"③，确是历史之实相，无论声腔，抑或情韵。

王烟客，太仓名士王时敏，以画名于后世。自其祖父王锡爵始，就有极深的戏曲渊源，其家班中不乏魏良辅嫡传弟子赵瞻云及魏氏东床张野塘，由此不难发现太仓王氏曲学之嗜癖当在魏氏唱口。而康熙二年（1663）冬苏昆生避居太仓时，王时敏"延苏昆生教家僮时曲为娱老计"④，也缘于王氏对昆生正宗路数之肯定。

而在王时敏之前，还有一位文人也因苏昆生之清唱正宗而对其颇为敬重。他就是人称"汪家画舫"的主人汪然明，汪氏以选伎征歌，曲藏斗室而驰誉士林。画舫主人以为昆曲宜清歌，并以"俳优作剧"为忌，因而在老家新安遇到苏昆生时，其激动之情跃然笔端："忽于新安遇吴友苏昆生，典型宛然，殆天作之合也。"⑤ 所谓"典型宛然"，也就意味画舫主人已将苏昆生视作昆曲之正宗。

诸多的文献佐证，苏昆生之困厄非个人造诣之欠缺，那么其缘何在

---

① 沈宠绥：《度曲须知》，载中国戏曲研究院编《中国古典戏曲论著集成》第五册，中国戏剧出版社，1959年，第198页。
② 李渔：《闲情偶寄》，天津人民出版社，2017年，第109页。
③ 冒辟疆编：《同人集》卷四，康熙间如皋冒氏水绘庵刻本。
④ 顾文彬：《过云楼书记》卷六，江苏古籍出版社，1990年，第150页。
⑤ 汪汝谦：《春星堂诗集》卷五《次儿去粤西三年不通音侠入夏焦劳成疾伏枕浃旬得诗八章自嘲并示儿辈》其七，乾隆刊本。

呢？细绎之，实自昆曲界新、旧门户之严防。汪汝谦之孙汪鹤孙（号梅坡，与洪昇友善）在苏昆生逝后，作《哀苏昆生》诗三首，其二云："新声竞响沸朱门，俗赏谁怜古调存？泉下重逢知己在，从今不用哭平原。"① 昆生古调"非时世所为工也"，与吴中新声之"啴缓柔曼"自是格格不入，诚哉梅村所云。"啴"者，"舒缓自放纵之貌"②，这正是魏良辅《曲律》以来的清唱一派反对的"做腔卖弄"，因为这样极易导致字音"交付不明"。然而现实中，昆生古调清曲却只能是知音难觅，所谓"新声竞响沸朱门，俗赏谁怜古调存？"甚至还不得不接受这样的事实："一生嚼徵与含商，笑杀江南古调亡。"

字正腔圆的清唱传统对昆曲唱腔的演进起了重要的作用，也丰富了其演唱的风格；而明清之际戏剧创作的兴盛，含有剧场歌唱特点的剧曲新声使昆曲增添了通俗的"优词"特色，更为群众喜闻乐见，大有取而代之之势。吴县派戏剧之盛，自在苏州形成了"新声"一统的局面，虽吴地也不乏坚持传统者。这只要看一下常为人称引的张岱《虎邱中秋夜》一文即可知：

> 虎邱八月半，土著流寓、士夫眷属、女乐声伎、曲中名妓戏婆、民间少妇好女、崽子娈童及游冶恶少、清客帮闲、傒僮走空之辈，无不鳞集。自生公台、千人石、鹤涧、剑池、申文定祠，下至试剑石、一二山门，皆铺毡席地坐，登高望之，如雁落平沙，霞铺江上。天暝月上，鼓吹百十处，大吹大擂，十番铙钹，渔阳掺挝，动地翻天，雷轰鼎沸，呼叫不闻。更定，鼓铙渐歇，丝管繁兴，杂以歌唱，皆"锦

---

① 汪鹤孙：《延芬堂集》卷上，载《清代诗文集汇编》第162册，上海古籍出版社，2010年，第8页。
② 王褒：《洞箫赋》，载萧统编、李善注《文选》卷十七，上海古籍出版社，1986年，第787页。

帆开澄湖万顷"同场大曲,蹲踏和锣丝竹肉声,不辨拍煞。更深,人渐散去,士夫眷属皆下船水嬉,席席徵歌,人人献技,南北杂之,管弦迭奏,听者方辨句字,藻鉴随之。二鼓人静,悉屏管弦,洞箫一缕,哀涩清绵与肉相引,尚存三四,迭更为之。三鼓,月孤气肃,人皆寂阒,不杂蚊虻,一夫登场,高坐石上,不箫不拍,声出如丝,裂石穿云,串度抑扬,一字一刻,听者寻入针芥,心血为枯,不敢击节,惟有点头。然此时雁比而坐者,犹存百十人焉。使非苏州,焉讨识者。①

旧时虎邱"为郡人习清唱之地"②,而此番喧闹的曲会更多带有一种民间通俗的集体性娱乐活动性质。只有三鼓之后,"月孤气肃,人皆寂阒",才会听到"不箫不拍,声出如丝,裂石穿云,串度抑扬,一字一刻"之清曲,而此刻"女乐声伎、曲中名妓戏婆、民间少妇好女、崽子娈童及游冶恶少、清客帮闲、傒僮走空之辈"已渐散去矣,雁比留坐者唯有知音赏音。在这样的曲坛状况下,或许苏昆生的命运早就注定了,即"必遇词人始放歌"③。无疑,汪然明、吴梅村、王时敏、陈维崧、吴嘉纪、汪楫以及后来的冒辟疆等,都应属苏昆生的知音"词人",然就共时的曲界大势而言,其数量并不占优,更难成主流。且因由来已久的"物莫能两大"④ 之心理机制,历来号称昆曲渊薮的苏州,岂肯自逊于中州,则昆生之蹙于世也就势所难免。乾隆时期的书法家邓石如也曾面临这般遭际,其书"一以古作者为法,其辞辟俗陋,廓如也",而"一至

---

① 张岱撰、马兴荣点校:《陶庵梦忆》卷五,上海古籍出版社,1982年,第46—47页。
② 顾禄:《桐桥倚棹录》卷三,上海古籍出版社,1980年,第38页。
③ 汪楫:《山闻诗》,载《清代诗文集汇编》第140册,上海古籍出版社,2010年,第710页。
④ 洪亮吉撰、李解民点校:《春秋左传诂》卷六,中华书局,1987年,第253页。

京师，京师之名能书者争摈斥之，嘿嘿以去"。① 所以，吴梅村诗中"吴儿肯道不如君"之质问，出语含蓄，却绵里藏针，意味深远。

我们今天再回首历史，去讨论这一段公案时，完全可以抛开更多的个人感情因素，更应借此深刻地思虑昆曲遗产的保护与继承这一重大理论问题。昆曲之发展承继，若存迷恋骸骨之情结，尽按昆生独弹古调，昆曲之委顿衰敝自当不免矣，因为昆曲发展的历史已作出了明确的回答。但对于苏州昆曲而言，若真如吴梅村《楚两生行》诗序中所说的，苏州曲界之名流，"耳剽日久"的少年某郎，明明颇有"不合律"处，心知己非，"终不肯轻自贬下，就苏生问所长"，且"思有以挫之"，且困之，亦绝非大家之气度。这于昆曲之传扬承继光大之业，何尝有益，照此以往，昆曲是否姓昆，亦是问题。

上述问题，如皋水绘园家班已作出较为圆满的解答。冒氏家班之见赏于时人之口，比比也。如王士禛诗云："黄金屈膝玉交杯，坐烬银荷叶上灰。法曲只从天上得，人间那识紫云回？"② 虞山瞿有仲有诗云："歌声宛转落珠玑，放诞风流试舞衣。可道杨枝都占尽，半妆早已让徐妃。"③ 至如陈维崧这样久居水绘园的熟知故交，更无论矣。这些都与苏昆生的直接指导密不可分，诚如吴梅村的举荐信中所说的那样，"于声音一道，得其精微，四声九宫，清浊抗坠，讲求贯串于微眇之间"的苏昆生，自是"水绘园中不可无"之"客"。④ 昆生至雉皋，与原本熟稔的

---

① 张惠言著、黄立新校点：《茗柯文编》之《茗柯文补编》卷上《跋邓石如八分书后》，上海古籍出版社，1984 年，第 178 页。
② 王士禛：《渔洋山人精华录》（上）卷二《杨枝紫云曲二首》其二，齐鲁书社，1992 年，第 190 页。
③ 瞿有仲：《观剧杂成断句呈巢翁先生并似杀梁青若两年道兄一粲》，载冒辟疆编《同人集》卷六，康熙间如皋冒氏水绘庵刻本。
④ 冒辟疆编：《同人集》卷四，康熙间如皋冒氏水绘庵刻本。

旧属阮大铖乐部的演员以及陈九、朱音仙等一起,擘画指点,共助辟疆演习乐部。然而,冒氏乐部所习不仅仅是苏昆生阴阳抗坠,昆刀切玉这样的清曲,更有得之阮氏旧属的优词新声,以及包括唱、做、念白在内的各种技艺。唯有如此,冒氏家班才能有更好的演出收益,负担起谋食款客之需。冒辟疆《附书邵公木世兄见寿诗后》一文便将这一实相揭出:"家生十余童子,亲教歌曲成班,供人剧饮,岁可得一二百金,谋食款客。"① 而此对昆曲之艺术价值亦无妨。王时敏长子王挺深谙清曲旨奥,曾有云:"其所教之童子,无不按拍中节,尽致极妍,紫云善舞,杨枝善歌,秦箫俊爽,吐音激越,能度北曲,听者凄楚。"② 由此足见冒氏综清曲唱口与优词新声之长,铸成冒家班艺术上尽致极妍,收益尚为可观,岂非今日拯救昆曲遗产者足为受用者耶?

但是,冒氏的成功经验似乎并未为人所关注,昆生清曲与吴中新声之间这般离立状态依然极为盛行。时至"乾隆中,吴中叶先生(按:叶堂)以善为声,老海内。海内多新声,叶刌而律之,纳于吭。大凡江左歌者有二:一曰清曲,一曰剧曲。清曲为雅宴,剧为狎游,至严不相犯"③。在雅俗"至严不相犯"的状况下,名伶金德辉从清曲大师叶堂的第一弟子钮树玉(字蓝田,号非石)学"哀秘之声",并以之试唱新曲:"试之忽肖,脱吭而哀,坐客茫然不省,始犹俗者省,雅者喜,稍稍引去。俄而德辉如醉、如癫、如倦、如倚、如眩瞀,声细而谲,如天空之晴丝,缠绵惨暗,一字作数十折,愈孤引不自已,忽放吭作云际老鹳叫声,曲遂破,而座客散已尽矣。"④ 高水准的清曲缠绵惨暗,一字数十

---

① 冒辟疆编:《同人集》卷三,康熙间如皋冒氏水绘庵刻本。
② 王挺:《奉贺冒巢民老伯暨伯母苏孺人五十双寿序》,载冒辟疆编《同人集》卷二,康熙间如皋冒氏水绘庵刻本。
③ 龚自珍:《龚自珍全集》第二辑《书金伶》,上海人民出版社,1975年,第180—181页。
④ 龚自珍:《龚自珍全集》第二辑《书金伶》,上海人民出版社,1975年,第182页。

折,犹如天空晴丝,却落得个"座客散尽"的遭遇!这也就是苏昆生当年"困于吴"之症结所在,而苏生对此并不清楚。但试声之后的金伶与钮树玉立即有所反思,"钮悔曰:技之上者,不可习也。吾误子,子幸韬之,而习其中。德辉意亦悔,徐扶起,烧其谱,故其谱竟不传;而德辉获以富,且美誉终"①。清曲,技之上者,曲高和寡,完全复制到舞台演出,自是不通;金德辉虽毁其谱,却能由清曲之哀秘"获以富",从中得益匪浅,终成一代名伶。惜哉昆生!未如金伶,及时自省,"而不免为吴儿所困"②。作此考辨,聊为昆生受困号脉可也。

---

① 龚自珍:《龚自珍全集》第二辑《书金伶》,上海人民出版社,1975年,第182页。
② 冒辟疆编:《同人集》卷四,康熙间如皋冒氏水绘庵刻本。

附录

耗尽心力传诗魂

——读严迪昌教授《清诗史》

苏州大学文学院严迪昌教授生前最后一部学术著作《清诗史》，先后于 1998 年、2002 年由台北五南图书出版有限公司和浙江古籍出版社出版，得到学术界的高度评价，先后获得 1999 年江苏省社科优秀成果一等奖和 2001 年教育部第三届人文社会科学优秀成果二等奖。这部著作是目前学术界第一部完整的清代诗歌史研究论著，总计 90 万言。全书着重以人文生态与心态之审视，辨析清诗发展过程中诸种诗风、诗群之构成以及诗人们各自的流变分合与历史地位，运用"诗文化学"批评方法，关注并契入科举文化、隐逸文化、地域文化、家族文化诸基因，以认辨清代诗歌繁复的诸多特定现象。意在通过"史"的全景式梳理整合，揭示清代诗歌贯串始终的"朝""野"离立之势，并与晚明诗史、与人们通常认定的"近代"诗史相贯联观照，以显现"因""变"承续的轨迹。严先生学术个性鲜明，独树一帜，在学术界是有口皆碑的，

《清诗史》亦不例外，新见创见迭现，综而言之，以下三方面尤为卓特。

一、廓清"偏胜文学"史观对清诗认识的雾障，以整部中国文学发展史的宏阔背景为视野，揭示了清诗的认识价值

自从王国维在《宋元戏曲史自序》中提出"一代有一代之文学"之文学史观以来，学术界长期以此为圭臬，中国的诗歌史似乎讲到唐代或是宋代就足够了，至于清代的文学史则又完全可以视作戏曲小说史，因此清诗被冷落也就在情理之中了。"由于这一观念的不断地被推崇和延伸，简单化地从纵向发展上割断某一文体沿革因变的持续性，又在横向网络中无视同一时代各类文学样式之间的不可替代性，终于导致原本丰富多采、无与伦比的中国文学史变成一部若干断代文体史的异体凑合缝接之著。"① "在文学研究领域内架构任何定于'一尊'的格局都是非科学的，其本身不符合文学发展的史程实际。"② "诗史的宏伟性和丰富性，原由她的各个历史阶段的独异性和多样性构建成，脱卸去任何一个阶段，必将损伤其完整性。"③ 面对中国诗歌史最后三百年的发展进程，其中丰富的"因""变"信息，以及中国诗学最后的集大成，《清诗史》以敏锐的学术眼光和冷静的学理思考，抓住了中国诗歌史后期演进的大关目——甘作偏裨，自领一队。正如绪论一中所说："清诗价值固应沿这视线深入开掘，一代清诗之所以波澜层叠，精芒迭现，其基本的活力机

---

① 严迪昌：《清诗史》（上），浙江古籍出版社，2002年，第2页。
② 严迪昌：《清诗史》（上），浙江古籍出版社，2002年，第2页。
③ 严迪昌：《清诗史》（上），浙江古籍出版社，2002年，第8页。

制其实亦正源自此。"① 以此论述清诗的认识价值,清诗就是清诗,完全没有必要虚悬"唐诗"或"宋诗"的标杆来绳衡清代诗歌,因为不同时代的诗歌相互间存在着无可类比性,这就远较前人似唐似宋的争辩更有意义。

二、融汇诸种文化因素,对清诗的人文生态作出全方位的把握,在此基础上对清诗的发展脉络作出高屋建瓴的归纳

  清代文学的发展是建立在纷繁密匝的人文生态网络之上的,很多问题不是仅在文学研究层面就能够解决的。面对浩瀚的清代文献典籍,要对清代诗歌史作出近于实相的整体提炼绝非易事。在现有的清诗研究成果中,大多纠结于散点的透视,障目处也就难免,而《清诗史》在研究方法上,以宏阔的文化视野,注意到清诗发展中的地域文化、家族文化、科举文化、隐逸文化、遗民现象、学术文化,并将以这些为纽结而形成的诗歌群体、流派作为整书的叙述重心,注意到清代诗歌贯串始终的"朝""野"离立之势,从而使得《清诗史》这一学术著作在史的叙述框架上更具包容性,使清诗研究更为立体,层次更为丰满。因而,清诗的历史地位已得到越来越肯定的论证。所以,《清诗史》超越历来纠缠不清的宗唐祧宋、崇才主学等表面征象的争辩,在绪论二中提出了"清诗的嬗变特点——'朝''野'离立之势"这一重要观点,将庙堂与草野间的互动关系确立为清诗衍变的一条主线。全书在论述诸如钱谦益、王士禛、朱彝尊、查慎行、赵执信、沈德潜、袁枚、黄景仁等世称

---

① 严迪昌:《清诗史》(上),浙江古籍出版社,2002年,第9—10页。

大诗人时，力求不囿陈说，逐一剖析不相重复的文化构成及个体性独异现象，置于"史"的宏观参照下详加微观论辨。作者通过对文献做别具手眼、"披沙拣金"的发覆和整合，对钱谦益、王士禛、沈德潜、翁方纲等文坛诗界的"大有力者"们多有冷峻的思考。究其实，他们之中多有以爵位势分缘饰于其间而取名声争坛坫的因素。作者指出钱谦益的"徇乎名利"之"巧"，王渔洋"神韵说"底里乃所谓"士君子涉世之法"之折射，沈德潜恪守和鼓吹的"温柔敦厚"诗教无疑加剧了诗坛的"褒衣大袑"之气。至于历来为人们忽略轻慢已久的布衣草根诗人，作者则跳脱传习偏嗜之见与模式框架，从上千部诗别集与有关史料中探溯流变，厘清脉络，谋持一己学力所及特多论列，几近三百家，以图为有清一代诗歌首次作一较全面的整合，还置数百诗人于应占的历史位置。

三、对人生底蕴和历史沉重的体审，以我心智传存清代诗人心魂

《清诗史》理性思辨的所得，无疑应归功于作者敏锐的感性体悟。清诗作为清人言志抒情的载体，作家诗人笔底的任何哀乐悲欢，均导之于他们对现实人生的体察和辨味，他们的心绪情思的涟漪波澜，实即生活于其间的社会众生相和人格化了的自然环境在心魂深处激起的回应。面对这样的研究对象，研究者如果没有丝毫的情感投注，没有对创作主体及其作品神交冥漠的体味与把握，缺乏那种锐敏的感觉，只是貌似客观冷静地，说些不关痛痒，亦复屡见于各类文学史著的陈词滥调，这样的研究只能算是低层次的重复，很难称得上具有原创性，所谓的"科

学"和"理性"的量度将从何说起？严迪昌教授在《以累积求新创——我对清代诗词研究的认识》一文中，对其清代诗词研究有过自述："积断续30年间的悟解，并促动我甘愿耗大心力，决意为3000灵鬼传存他们驻于纸上的心魂，是因为我深深体验及曾经生存在爱新觉罗氏王朝270年间的这一代代文士所承受的心灵压抑和创痛是史程空前的。尤其是神魂的羁缚、扭曲之惨酷以及他们在即使是放浪形骸或野逸自得形态下的挣扎、奔突、惊悚、迷茫的苦楚，时时震撼着我。"① 因而，《清诗史》一书，对于寒贱枯槁的"草根阶层"常抱深挚的同情与炽烈的赞肯，并由此提升为别一种意义的收获——对历史沉重的体审，对人生底蕴的感知，更多的则是渐渐明晰起"士人"们曾经置身的特定历史人文生态，以及他们各自的心灵轨迹。再加之以审慎严缜的考证，对人文生态即清代诗人生存、生活状态（诸如文字狱、游幕、科举等）有了准确的把握之后，隐性的甚而曲深的心态每易迎刃而解，因而使得《清诗史》所论述的每一位诗人都各具风神，且每传其神旨。这是习见诸种文学史著所难以企及的高度。

严迪昌教授以献身学术的虔诚，耗尽毕生的心力，继《清词史》《阳羡词派研究》等著作后，完成的绝笔《清诗史》，以其厚重的学术价值，在整体上对清诗的发展轨迹和轮廓有了准确的把握，为后来的学者进一步研究清诗打下坚实的基础。该书诗文化学的批评方法和宏阔的文化视野，也洞开了清诗研究的一方天地。严迪昌先生在《清诗史》完成之后，更欲在此基础上，率众弟子对清诗做群体与流派的综合研究，使清诗研究进入邃密深沉之境。惜乎，先生驾鹤西去，其遗志亦有赖于严门诸贤继之。

---

① 严迪昌：《以累积求新创——我对清代诗词研究的认识》，《古典文学知识》1996年第2期。

主要参考书目

A

艾尔曼著，赵刚译. 经学、政治和宗族——中华帝国晚期常州今文学派研究. 南京：江苏人民出版社，1998.

B

班固. 汉书. 北京：中华书局，1962.

C

曹道衡. 兰陵萧氏与南朝文学. 北京：中华书局，2004.

柴德赓. 史学丛考. 北京：中华书局，1982.

陈炼. 西林诗钞. 康熙五十六年刻《毗陵六逸诗钞》本.

陈良运主编. 中国历代文章学论著选. 南昌：百花洲文艺出版社，2003.

陈去病. 五石脂. 南京：江苏古籍出版社，1985.

陈寅恪. 金明馆丛稿初编. 上海：上海古籍出版社，1980.

陈玉璂. 学文堂文集. 光绪丁酉武进盛氏重刊本.

陈垣. 清初僧诤记. 北京：北京师范大学出版社，1982.

陈子昂. 陈子昂集. 北京：中华书局，1960.

褚人获. 坚瓠集. 北京：全国图书馆文献缩微复制中心，2002.

丛书集成续编：第134、141册. 上海：上海书店出版社，1994.

D

戴震著，戴震研究会等编纂. 戴震全集. 北京：清华大学出版社，1991.

戴震著，张岱年主编. 戴震全书. 合肥：黄山书社，1995.

邓之诚. 清诗纪事初编. 上海：上海古籍出版社，1984.

邓之诚著，邓瑞点校. 桑园读书记. 沈阳：辽宁教育出版社，1998.

丁履恒. 思贤阁诗集. 咸丰四年聚珍本.

丁祖荫编. 虞山丛刻　虞阳说苑. 扬州：广陵书社，2018.

董以宁. 蓉渡词. 康熙留松阁刻本.

董以宁. 正谊堂文集. 首都图书馆藏康熙七年刻本.

杜甫著，仇兆鳌注. 杜诗详注. 北京：中华书局，1979.

杜甫著，杨伦笺注. 杜诗镜铨. 上海：上海古籍出版社，1980.

F

范希曾编，方霈点校整理. 书目答问补正. 南京：江苏古籍出版社，2000.

方以智. 方以智全书. 上海：上海古籍出版社，1988.

房玄龄等撰. 晋书. 北京：中华书局，1974.

冯班. 钝吟杂录. 北京：中华书局，2013.

冯舒. 默庵遗稿. 康熙世彡堂刻本.

G

葛洪. 抱朴子. 上海：上海书店，1986.

龚自珍. 龚自珍全集. 上海：上海人民出版社，1975.

顾公燮. 丹午笔记. 南京：江苏古籍出版社，1985.

顾光旭辑. 梁溪诗钞. 乾隆五十九年顾氏自刻本.

顾禄. 桐桥倚棹录. 上海：上海古籍出版社，1980.

顾随. 顾随全集. 石家庄：河北教育出版社，2000.

顾文彬. 过云楼书画记. 南京：江苏古籍出版社，1990.

顾炎武. 顾亭林诗文集. 北京：中华书局，1983.

顾炎武著，黄汝成集释. 日知录集释. 长沙：岳麓书社，1994.

管同. 因寄轩文二集. 光绪五年重刻本.

归有光著，周本淳校点. 震川先生集. 上海：上海古籍出版社，1981.

郭绍虞编选，富寿荪校点. 清诗话续编. 上海：上海古籍出版社，1983.

郭绍虞. 照隅室语言文字论集. 上海：上海古籍出版社，1985.

H

韩愈撰，马其昶校注，马茂元整理. 韩昌黎文集校注. 上海：上海古籍出版社，1986.

杭世骏. 道古堂全集. 光绪十四年刻本.

洪亮吉编，吴裕垂著，纪晓岚等订. 历朝史案. 成都：巴蜀书社，1992.

洪亮吉. 洪北江诗文集. 上海：商务印书馆，1935.

洪亮吉. 外家纪闻. 授经堂家刊本.

洪亮吉撰，李解民点校. 春秋左传诂. 北京：中华书局，1987.

洪亮吉撰，刘德权点校. 洪亮吉集. 北京：中华书局，2001.

洪昇著，吴人评点，李保民点校. 长生殿. 上海：上海古籍出版社，2016.

洪业等编纂. 杜诗引得. 上海：上海古籍出版社，1985.

侯学愈辑. 续梁溪诗钞. 锡成公司铅印本，1920.

胡安国. 春秋传. 长沙：岳麓书社，2011.

黄冈市赤壁管理处组编，汪燊纂辑，王琳祥点校. 黄州赤壁集. 武汉：华中师范大学出版社，2010.

黄景仁著，李国章标点. 两当轩集. 上海：上海古籍出版社，1983.

黄侃. 文心雕龙札记. 上海：华东师范大学出版社，1996.

黄裳. 来燕榭读书记. 沈阳：辽宁教育出版社，2001.

黄生. 黄生全集. 合肥：安徽大学出版社，2009.

黄宗羲编. 明文海. 北京：中华书局，1987.

黄宗羲. 黄宗羲全集：第19、20册. 杭州：浙江古籍出版社，2012.

黄宗羲著，沈善洪主编. 黄宗羲全集：第8、10册. 杭州：浙江古籍出版社，1992、1993.

惠栋. 周易述. 北京：中华书局，2007.

J

嘉兴藏：第26册. 台北：新文丰出版股份有限公司，1988.

蒋鸿翮. 唐人五言排律诗论. 寒三草堂刻本.

蒋金式. 菰米山房诗钞. 乾隆十六年刻本.

蒋湘南. 七经楼文钞. 郑州：中州古籍出版社，1991.

焦竑. 澹园集. 北京：中华书局，1999.

K

孔尚任. 孔尚任诗文集. 北京：中华书局，1962.

L

李百药.北齐书.北京：中华书局，1972.

李延寿.南史.长沙：岳麓书社，1998.

李邺嗣著，张道勤校点.杲堂诗文集.杭州：浙江古籍出版社，1988.

李颙.二曲集.北京：中华书局，1996.

李渔.闲情偶寄.天津：天津人民出版社，2017.

李兆洛编，殷海国、殷海安校点.骈体文钞.上海：上海古籍出版社，2001.

李兆洛辑.旧言集.道光九年刻本.

李兆洛.养一斋文集.光绪戊寅刻本.

梁启超.梁启超全集.北京：北京出版社，1999.

梁启超.论中国学术思想变迁之大势.上海：上海古籍出版社，2001.

梁启超.清代学术概论.上海：上海古籍出版社，1998.

林语堂著，黄嘉德译.吾国与吾民.长沙：湖南文艺出版社，2016.

刘持原等纂修.武进西营刘氏家谱.民国十八年重修本.

刘开.刘孟涂集.道光六年姚氏檗山草堂刻本.

刘师培.刘申叔遗书·左盦外集.南京：江苏古籍出版社，1997.

刘师培.中国中古文学史　汉魏六朝专家文研究.北京：商务印书馆，2017.

刘熙载著，刘立人、陈文和点校.刘熙载集.上海：华东师范大学出版社，1993.

刘知幾著，张振珮笺注.史通笺注.贵阳：贵州人民出版社，1985.

柳宗元.柳宗元集.北京：中华书局，1979.

陆继辂.崇百药斋文集.光绪四年兴国州署重刻本.

陆继辂. 合肥学舍札记. 光绪四年兴国州署重刻本.

吕继午等纂修. 毗陵吕氏族谱. 光绪戊寅增修本.

M

马积高. 赋史. 上海：上海古籍出版社，1987.

马一浮. 马一浮集. 杭州：浙江古籍出版社、浙江教育出版社，1996.

毛奇龄. 四书改错. 嘉庆十六年学圃重刊本.

冒辟疆编. 同人集. 康熙间如皋冒氏水绘庵刻本.

梅尔清著，朱修春译. 清初扬州文化. 上海：复旦大学出版社，2004.

O

欧阳修，宋祁. 新唐书. 长沙：岳麓书社，1997.

P

潘振华. 鸥舫诗文钞. 台北：文海出版社，1935.

朴趾源著，朱瑞平校点. 热河日记. 上海：上海书店出版社，1997.

浦起龙. 读杜心解. 北京：中华书局，1961.

Q

齐周华著，周采泉、金敏点校. 名山藏副本. 上海：上海古籍出版社，1987.

钱澄之撰，彭君华校点. 田间文集. 合肥：黄山书社，1998.

钱澄之撰，汤华泉校点. 藏山阁集. 合肥：黄山书社，2004.

钱大昕撰，吕友仁标校. 潜研堂集. 上海：上海古籍出版社，1989.

钱穆. 国学概论. 北京：商务印书馆，1997.

钱谦益著，钱曾笺注，钱仲联标校. 牧斋初学集. 上海：上海古籍出版社，1985.

钱锺书. 管锥编. 北京：中华书局，1986.

清代诗文集汇编：第 20、32、62、104、112、140、162、370、393、396、402、413、429、486、506 册.上海：上海古籍出版社，2010.

全祖望辑选，沈善洪等点校.续甬上耆旧诗.杭州：杭州出版社，2003.

全祖望撰，朱铸禹汇校集注.全祖望集汇校集注.上海：上海古籍出版社，2000.

R

阮元编.清经解.上海：上海书店，1988.

阮元.揅经室集.北京：中华书局，1993.

S

沈乃文主编.明别集丛刊：第 3 辑第 64 册.合肥：黄山书社，2015.

沈约.宋书.北京：中华书局，1974.

施闰章撰，何庆善、杨应芹点校，刘学锴审订.施愚山集.合肥：黄山书社，1992.

司马迁.史记.北京：中华书局，1959.

四库禁毁书丛刊：集部第 11、136、149 册.北京：北京出版社，1997.

四库全书存目丛书补编：第 47 册.济南：齐鲁书社，2001.

四库全书存目丛书：集部第 227、228、247—250、261、384 册.济南：齐鲁书社，1997.

四库全书存目丛书：史部第 137、236 册.济南：齐鲁书社，1996.

四库未收书辑刊：五辑 30 册、六辑 26 册.北京：北京出版社，2000.

孙德谦.四益宧骈文稿.瑞华印务局线装铅印本，1936.

孙康宜著，李奭学译.陈子龙柳如是诗词情缘.西安：陕西师范大学出版社，1998.

孙希旦.礼记集解.北京：中华书局，1989.

T

汤成彦.听云仙馆骈俪文集.同治八年刻本.

陶澍.陶澍集.长沙：岳麓书社，1998.

陶渊明著，袁行霈笺注.陶渊明集笺注.北京：中华书局，2003.

W

汪懋麟.百尺梧桐阁集.上海：上海古籍出版社，1980.

汪汝谦.春星堂诗集.乾隆刊本.

汪由敦撰，张秀玉、陈才校点.松泉集.合肥：黄山书社，2016.

汪中著，田汉云点校.新编汪中集.扬州：广陵书社，2005.

王昶编纂.湖海诗传.南京：凤凰出版社，2018.

王定保.唐摭言.上海：上海古籍出版社，1978.

王夫之.船山全书：第11、16册.长沙：岳麓书社，1996.

王夫之.王船山诗文集.北京：中华书局，1962.

王士禛.分甘余话.北京：中华书局，1989.

王士禛.王士禛全集.济南：齐鲁书社，2007.

王士禛.渔洋山人精华录.济南：齐鲁书社，1992.

王嗣奭.杜臆.上海：上海古籍出版社，1983.

王嗣奭.管天笔记外编.鄞县张氏约园1937年刻本.

王嗣奭.夷困文编.鄞县张氏约园1935年刻本.

王先谦编.骈文类纂.杭州：浙江古籍出版社，1998.

王应奎撰，王彬、严英俊点校.柳南随笔　续笔.北京：中华书局，1983.

魏际瑞.魏伯子文集.易堂康熙刻本.

魏禧.魏叔子文集.北京：中华书局，2003.

魏裔介.兼济堂文集.北京：中华书局，2007.

魏源.魏源集.北京：中华书局，1976.

魏徵.隋书.北京：中华书局，1973.

翁同龢著，翁万戈编，翁以钧校订.翁同龢日记.上海：中西书局，2012.

吴承仕.经典释文序录疏证.北京：中华书局，1984.

吴德旋.初月楼古文钞.道光三年刻本.

吴嘉纪著，杨积庆笺校.吴嘉纪诗笺校.上海：上海古籍出版社，1980.

吴企明，杨旭辉注评.历代题画绝句评鉴.合肥：黄山书社，2018.

吴秋士辑.天下名山记钞.康熙刻本.

吴振棫.养吉斋丛录.北京：北京古籍出版社，1983.

X

萧奭.永宪录.北京：中华书局，1959.

萧统编，李善注.文选.上海：上海古籍出版社，1986.

萧子显.南齐书.北京：中华书局，1972.

谢国桢.晚明史籍考.上海：华东师范大学出版社，2011.

谢正光，佘汝丰编著.清初人选清初诗汇考.南京：南京大学出版社，1998.

徐达源编.国朝吴郡甫里诗编.苏州市图书馆藏稿本.

徐芳烈.浙东纪略.杭州：浙江古籍出版社，1985.

徐枋.居易堂集.上海：华东师范大学出版社，2009.

徐珂编撰.清稗类钞.北京：中华书局，1984.

续修四库全书：集部第 1397、1406、1417、1423、1425、1427、1453、1461、1469、1470、1472、1489、1497、1724、1726 册.上海：

上海古籍出版社，2002.

续修四库全书：子部第 1157 册.上海：上海古籍出版社，1996.

薛若邻.尤侗论稿.北京：中国戏剧出版社，1989.

薛寿.学诂斋文集.广雅书局，光绪十五年刻本.

薛玉琴，徐子超，陆烨编.中国近代思想家文库．北京：中国人民大学出版社，2015.

Y

严迪昌.清词史.南京：江苏古籍出版社，1990.

严迪昌.清诗史.杭州：浙江古籍出版社，2002.

严可均校辑.全上古三代秦汉三国六朝文.北京：中华书局，1958.

扬雄著，汪荣宝撰.法言义疏.北京：中华书局，1987.

杨大鹤.赐研斋诗钞.常州图书馆藏清代钞本.

杨道徐等修纂.安阳杨氏族谱.敦睦堂同治十二年重修本.

杨伦.九柏山房诗集.嘉庆十七年遂初堂刻本.

杨向奎.清儒学案新编.济南：齐鲁书社，1994.

杨旭辉.清代经学与文学——以常州文人群体为典范的研究.南京：凤凰出版社，2006.

杨旭辉.清代骈文史.北京：人民出版社，2013.

姚鼐著，刘季高标校.惜抱轩诗文集.上海：上海古籍出版社，1992.

姚思廉.梁书.北京：中华书局，1974.

姚莹.中复堂全集.同治六年刊本.

叶燮.原诗.北京：人民文学出版社，1979.

永瑢、纪昀主编，周仁等整理.四库全书总目提要.海口：海南出版社，1999.

尤侗.西堂全集.清文富堂刻本.

庾信著,倪璠注.庾子山集注.北京:中华书局,1980.

Z

曾国藩.曾国藩全集.长沙:岳麓书社,1986.

张潮辑.虞初新志.石家庄:河北人民出版社,1985.

张岱撰,马兴荣点校.陶庵梦忆.上海:上海古籍出版社,1982.

张鸿辑.常熟二冯先生集.民国十四年铅印本.

张煌言.张苍水集.上海:上海古籍出版社,1985.

张惠言辑.七十家赋钞.道光四年宏达堂刊本.

张惠言著,黄立新校点.茗柯文编.上海:上海古籍出版社,1984.

张琦.宛邻集.《宛邻书屋丛书》本.

张球等纂修.(光绪)武进阳湖县志.光绪己卯刻本.

张球等纂修.武进阳湖县合志.光绪己卯重修本.

张壬士辑.木渎小志.台北:成文出版社,1983.

张仁青.中国骈文发展史.杭州:浙江大学出版社,2009.

张舜徽.清代扬州学记.扬州:广陵书社,2004.

张舜徽.清人文集别录.北京:中华书局,1963.

张舜徽.清儒学记.武汉:华中师范大学出版社,2005.

张廷玉等撰.明史.北京:中华书局,1974.

张寅彭选辑,吴忱、杨焄点校.清诗话三编.上海:上海古籍出版社,2014.

张中行.张中行作品集.北京:中国社会科学出版社,1995.

张忠纲等编著.杜集叙录.济南:齐鲁书社,2008.

章太炎.訄汉三言.沈阳:辽宁教育出版社,2000.

章学诚撰，叶瑛校注.文史通义校注.北京：中华书局，2014.

赵尔巽等撰.清史稿.北京：中华书局，1977.

赵申乔.赵恭毅公剩稿.乾隆刊本.

赵慎畛.榆巢杂识.北京：中华书局，2001.

赵翼.廿二史劄记.上海：世界书局，1939.

赵翼著，李学颖、曹光甫校点.瓯北集.上海：上海古籍出版社，1997.

赵园.明清之际士大夫研究.北京：北京大学出版社，1999.

赵震辑.毗陵诗录.民国十一年铅印本.

郑观应、汤震、邵作舟撰，邹振环整理.危言三种.上海：上海古籍出版社，2019.

郑观应著，夏东元编.郑观应集.上海：上海人民出版社，1982.

郑天挺.探微集.北京：中华书局，1980.

中国戏曲研究院编.中国古典戏曲论著集成.北京：中国戏剧出版社，1959.

钟嵘著，古直笺，许文雨讲疏，杨焄辑校.诗品.上海：上海古籍出版社，2020.

周采泉.杜集书录.上海：上海古籍出版社，1986.

周富骏辑.清代传记丛刊.台北：明文书局，1986.

朱鹤龄辑注，韩成武等点校.杜工部诗集辑注.石家庄：河北大学出版社，2009.

朱鹤龄注，蒋金式批.杜工部诗集辑注.浙江大学图书馆藏本.

朱一新.佩弦斋杂存.光绪二十二年龙氏葆真堂刻本.

朱一新.无邪堂答问.北京：中华书局，2000.

后　记

　　儿时不知何时起，我就梦想着要成为一名历史学家，进入高中，此愿望越发强烈。高考那一年，我和同届的考生一样，经历史上唯一一次二度填报高考志愿，在两次志愿填报中，历史都是我的第一志愿。最后的结果是，我被中文系录取了，为此我消沉过好一段时间。母校江苏省溧阳中学的谢志忠老师（高中历史老师）、朱梁芳老师（高中语文老师）都以"文史不分家"开导我，在他们的引导下，我走出低谷，这似乎也奠定了我后来在问学中文史结合的底色。我谨遵老师的教诲，在中文系努力把古汉语的基础打好，这毕竟是为学的基础。"读书必先识字"，这是古人常说的，也是最为浅显的道理，然而到了今天似乎被大家遗忘了。

　　为了学好古汉语，我开始大量阅读、背诵古文，还有抄书。直到今天，我还保留着当年手抄的《杜诗详注》《李贺诗歌集注》等书籍。大学阶段，大量的时间都耗在了图书馆里，花的都是"笨功夫"，做的都是"傻事"。我的这些"笨功夫"因一次课堂检查而受到了罗时进老师的关注，罗老师把我推荐给了吴企明先生。此时的吴先生正全力以赴投入《新编全唐五代诗》的整理编纂工作，需要人手做一些基础性的文献工作。此后，我就在吴先生的指导下开始阅读、校勘古籍，为项目做卡片。能在大学低年级就享受到研究生的待遇，这是我一生深感幸运的事。后来，我获得保送读研的机会，顺理成章成为吴老师门下的正式弟子。当时的我完全沉浸在浩繁的唐宋文献中，乐此不疲，在校勘《文苑英华》这样的大书中找到了无限的快乐。当时觉得，我将毕生沉浸缱绻于唐宋文学的优美典雅中，好友王建兄曾戏谑道："兄当少吃糖（唐），应该清淡一点。"不意，这里居然暗藏着人生的某种玄机。

20世纪最后一年的初夏，是我终生难忘的。我毕业留校工作的场所《全唐诗》编纂办公室，是一座有近百年历史的老建筑，因白蚁的蛀蚀，大梁轰然坍塌，不偏不倚就砸在我们的办公桌上，所幸坍塌发生时我们不在办公室，故性命无虞。吴老师依然坚强地带着师母和我在瓦砾堆里扒拉出了一些图书和资料，不久以后吴老师主动提前退休，我当时的无助感和苍凉感，至今难以忘怀。几乎同时，我报考本校古代文学博士生，又一次真真切切体味到了"捐弃"的滋味……就在我孤立无援乃至绝望的时候，严迪昌先生将我收容，用先生后来的话说，这叫保护"读书种子"。虽然我没有报考明清文学研究方向，但就此开始了我的明清诗文学习，先生的"枯鱼斋"也就成为我蔽避风雨的心灵茅庐，我也在师生、同门的相濡以沫中，安魂敞扉，抒摅积郁，渐得"乐全得志"之境，此中情味实未足为外人道也。

对于交际和言辞，我一向不是很自信，和严老师的话自是不多，但先生在关键时候的一两句点拨，对我影响深远。

博士刚入学的第一学期，严老师就要远赴台北客座，临行前，先生约我进行了一次简单的深谈，话不多，但对我的影响深远。严老师希望我能在较短的时间内熟悉明清文献，同时要充分利用过去的积累，融入明清文学的研究中，至今我依然清晰记得他不紧不慢地说道："明清时期，尤其是清代，是中国传统学术文化的大总结时期，若没有前代文学、文献和学术的积累，明清文学是很难真正有深入的研究和推进的。对明清文学若仅停留在文学的层面去研究，那研究的只是辞章之学，文学作为心灵史展现的载体，更需要关注政治、思想、学术、艺术等多个维度。因此，你需要大量地阅读、思考。好在据我的观察，你是管得住自己的人。"先生所言，一直是我在阅读、学习中不断努力靠近的方向，只是距先生的要求还很远，但先生的一句"管得住自己"，循循善诱，时时鞭策着我默默前行。

一学期之后，严老师从台北回苏，同门师兄弟以独特的方式和先生一起迎接新世纪。也就在那次聚会中，老师的一番话勾起了我对过往的回忆，触动了我深藏于内心的痛和涩，一盅白酒就灌倒了对酒量颇为自负的我。而我在醉意中隐然听老师说："今天这一醉对旭辉的人生意义非同寻常，告别今天，他会更成熟和更坚强。也可以送给你们一句话：幸福的都是毛毛虫，只有痛苦并不被击倒的，才是有出息的。"那次之后，我读懂了先生著作中以前一直没有理解的章节和段落，先生也成了我诉说心事、寻找激情的长辈。我渐渐明白，中国古代文学，尤其是明清诗文的研究，若没有人生的历练和人生的体会，很多时候只能是隔靴搔痒。直到现在，我在论文或论著中，行文至触动处，也会偶发一下感怀，虽然清楚这是时下不大被接纳的，但我还是喜欢这样。

一次闲聊中谈及"枯鱼斋"的命意，先生戏称："当今的'网络'时代，弥布着各种名目繁多的这网那网，住在螺丝浜上、网师园边，想要幸免大罾小罟的网罗捕虏,讵可得乎?唯今之计,只有枯鱼尚能逃过劫数。"2001年,老师为仲谋师兄《明词史》作序,有一段意味深长之语,我一直铭记在心:"我则近二十年来冷蠹茧守,每为高明所不为之事,沿借刻下新话语,即枯坐自处边缘化境地。""文学史事之研究,贵以有所发现有所发明,而按之学术生涯,原乃持志寂寂冷窗前事。"现而今,明清诗文研究几乎已成为古典文学研究的显学,学界的追新求变,红妆、粉妆、艳妆……层出不穷,但各种时世妆好像天生与我是绝缘的,这大概与我木讷的个性和较少外出参加各种学术活动有一定关系,而主要的还是在于恪守老师的教诲。在向时尚和潮流的妥协中赢得的一杯羹中闪现的只能是禄蠹的光怪陆离,而绝非思想的光芒。当现代人渐成坠网劳蛛之时,草泽之中"深居"的枯槁之客,"冷蠹茧守""持志寂寂",也就显得"萧疏自殊调"了。

有一次先生和我谈及我新藏的一部《蚕桑经》,说为学与蚕事实无二致,为学之道断不可自设拘限,自小门径,更不能作茧自缚,怡然陶醉于某某专家的名头终其一生,只能是僵踞禄位而不思进取的懒汉和懦夫。所以他特别推崇古人所谓的"蛾性淫"。因《清词史》的成就,严老师被学界誉为"清词专家",而先生颇不以为意,并不欲以自限,他曾这样说道:"我自己不认为此乃'定位'之谈,我不希企生前定位,更不喜欢定势。"严先生一生都在追求"努力不去重复自己"的"法无定法",他也再三关照我,治学应如蛾性,力戒偏狭。老师在他的绝笔文字《游弋"古""今"两界间》中说道:"偏狭,乃治学大忌,在某一领域内流连忘返,最易自碍手眼,僵老思想,应为智者不取。见'异'思迁,在学术领域内是很高的境界,只要不是趋利心驱动的'跑码头'行为。""不重复自己""不作茧自缚",这是老师对吾等后生小子的期望，难度可想而知，虽不能至，然心向往之，必孜孜以求之。

往事历历在目，然岁月倥偬，严老师离开快二十年了，我之问学，由唐入清，也已二十余年，其间零零星星写了一些文章，多率尔操觚，或有感而作，很随性，更不成系统。南京大学徐雁平教授策划《江南文脉·清代文学与文献研究》丛书，盛情约稿，其情可感。遂借此机会，将零散小文辑为一编，名之曰《清代诗文探微》，权当对问学经历的盘点。清代文学研究与明代每多关涉，故而本书中所论亦有时及明代者，特此说明。

《清代诗文探微》所收录的论文时间跨度较长，有的成文于二十年前，当年的幼稚和不成熟，都是事实。既然是盘点和回顾，也就不必再对历史的过往做太多的修饰，发现问题之后，只需记住朱子"旧学商量加邃密，新知培养转深沉"的训诫就是。旧文所引文献，多为收藏于各地图书馆的线装书，考虑到核对引文之便利，参考文献多改用后出版的整理本或是大型影印文献丛刊，此番结集唯一所做的技术处理即此。为此，博士生赵江华付出了大量的心血，顺致谢意。

《清代诗文探微》是我问学之路不成熟的记录，幼稚浅陋之处时有。回首前尘往事，读、思带来的快乐远甚于疏离的萧瑟。闭门自省，自己在学业上的不足和遗憾，更鼓促着我在"探微赜奥，穷理尽性"的路上一往无前。所幸明清诗文研究的同道越来越多，时有同声相应、意合相亲之乐，更可医我之孤陋寡闻也。最后，再次感谢南京大学文学院徐雁平教授之盛情，给我提供了一个与学界朋友切磋学习的绝好机会。

拉杂写下，不知所言，权为后记。

辛丑立夏日
写于姑苏城中菰蒲深处